Paul Ozenda

Die Vegetation der Alpen

Die Vegetation der Alpen

im europäischen Gebirgsraum

Von Paul Ozenda

Aus dem Französischen übersetzt
von Hannes Mayer und Andreas Zirnig

223 Abbildungen und 1 farbige Karte

SEMPER BONIS ARTIBUS

Gustav Fischer Verlag · Stuttgart · New York · 1988

Anschrift des Verfassers:
Prof. Dr. PAUL OZENDA, Professor an der Universität Grenoble,
5 Avenue de la Foy, F-38700 Corenc

Anschrift der Übersetzer:
Prof. Dr. Dr. HANNES MAYER, Institut für Waldbau an der Universität für Bodenkultur,
Peter-Jordan-Str. 82, A-1190 Wien

Magister ANDREAS ZIRNIG, Dolmetscher-Institut der Universität, A-1190 Wien

Eine französische Ausgabe erschien unter dem Titel:
«La végétation de la chaîne alpine dans l'espace montagnard européen« 1985 im Verlag Masson, Paris.

CIP-Kurztitelaufnahme der Deutschen Bibliothek

Ozenda, Paul:
Die Vegetation der Alpen im
europäischen Gebirgsraum / von Paul Ozenda. Aus
d. Franz. übers. von Hannes Mayer u. Andreas
Zirnig. – Stuttgart ; New York : Fischer, 1988.
Einheitssacht.: La végétation de la chaîne
alpine dans l'espace montagnard européen ⟨dt.⟩
ISBN 3-437-20394-0

Wollgrasweg 49, 7000 Stuttgart 72 (Hohenheim)

Satz: Filmsatz Jovanović, Ruhstorf
Druck und Einband: Graphischer Betrieb Fr. Pustet, Regensburg
Printed in Germany

ISBN 3-437-20394-0

Vorwort

Das Buch ist das Ergebnis jahrelanger Forschungsarbeiten, die von den See-Alpen ausgingen, allmählich auf den gesamten Alpenbogen und schließlich auch auf verwandte Gebirgsmassive ausgeweitet wurden. Eine Zeitlang erwog ich, mich auf die Westalpen zu beschränken, die ich naturgemäß am besten kenne. Doch damit wäre ich einem Prinzip untreu geworden, das meine Mitarbeiter und ich bei allen Arbeiten verfolgt haben; beim Studium der Alpen muß der geographische Rahmen der Größe der Fragen angepaßt sein. Außerdem erwiesen sich frühere Publikationen über die Zentral- und Ostalpen für unsere eigenen Untersuchungen so fruchtbringend, daß ich einerseits diese Alpengebiete, die in der Literatur vorwiegend deutsch oder italienisch beschrieben werden, einem größeren Kreis frankophoner Leser zugänglich machen und andererseits den mitteleuropäischen Ökologen eine Beschreibung der westalpinen Vegetation vorlegen wollte, die in sich geschlossen, zugleich aber in den Rahmen der gesamten Alpen eingegliedert ist.

Dieses Buch ist keine Abhandlung über die gesamte Alpenvegetation, sondern eine Interpretation, die durch das Herausarbeiten einheitlicher Grundlagen ein allgemeines biogeographisches Alpenmodell entwirft und dessen Anwendungsmöglichkeit bei anderen europäischen Gebirgen aufzeigt. Da die Alpen das komplizierteste und am genauesten erforschte Gebirge sind, läßt sich gerade die Gültigkeit allgemeiner Konzepte sehr gut überprüfen. Insbesondere sollen zwei Fragen erörtert werden. Erstens, kann von der Vegetation der Alpen auf andere Gebirge geschlossen werden, und zweitens, inwieweit verändern Untersuchungen anderer Gebirge traditionelle Bilder, die sich möglicherweise nur deshalb bis heute erhalten haben, weil die Biogeographie in den Alpen ihren Ausgang nahm.
Die Bewältigung einer so umfassenden Aufgabenstellung war nur durch das völlige Abgehen von traditionellen, schon zur Routine gewordenen vegetationskundlichen Methoden möglich.
Zunächst galt es, aus der äußerst umfangreichen einschlägigen Fachliteratur eine Auswahl zu treffen, eine heikle Aufgabe, da ich mich grundsätzlich an keiner Schule orientiere, kein bestimmtes Denkmodell bevorzuge und daher besonders darauf achten mußte, nichts Wesentliches zu übersehen. So weit wie möglich wurden wissenschaftliche Arbeiten und Bücher herangezogen, die bereits abgeschlossene Modelle enthalten, so daß auf traditionelle oder veraltete Quellenhinweise und Zitate verzichtet werden und die Bibliographie auf den aktuellen Stand gebracht werden konnte. Im Buch wird man vergeblich nach einer erschöpfenden Aufzählung aller alpinen Vegetationsgesellschaften mit ihren unentwirrbaren Durchdringungen suchen; eine derart umfangreiche Bezugnahme hätte mindestens die Hälfte des Buches eingenommen und den meisten Kapiteln einen deskriptiven Charakter verliehen. Damit wäre kaum Raum für eine grundsätzliche Erörterung geblieben, die schließlich das Hauptgewicht bilden soll.
Ausarbeitung und Darstellung des Materials wurden nach einer fortschrittlichen, integrierten Methode vorgenommen, die dem heutigen ökologischen Verständnis entspricht. So wird im Rahmen der Umweltstudien auch schon auf biologische Auswirkungen eingegangen und umgekehrt in den späteren Kapiteln jeweils auf das Milieu Bezug genommen. In dieser Arbeit soll nicht so sehr versucht werden, einem starren Schema zu folgen, sondern vielmehr, in kleinen Schrit-

ten vom Einfachen zum Komplexen vorzudringen. Die wichtigsten Probleme werden daher mehrmals, jeweils von einem anderen Gesichtspunkt aus besprochen: beispielsweise enthält das erste Kapitel eine bioklimatische Definition und vorläufige Umgrenzung des inneralpinen Raumes, die in den Kapiteln III und IV biologisch verfeinert und dann in einer noch umfassenderen biozönotischen Studie, vor allem im zweiten Teil des VII. Kapitels, noch zusätzlich charakterisiert wird. Während ich grundlegende Konzepte wie Nomenklatur, pflanzensoziologische Hierarchie oder den Begriff der dynamischen Reihe anfangs zur Klassifizierung heranziehe, versuche ich abschließend, mich von diesen starren Kategorien zu lösen, um zu einer dynamischen Methodik zu gelangen.

Am Beginn jedes Kapitels werden in einer kurzen Einleitung die jeweiligen Hauptprobleme aufgezeigt. Einige Einführungen mögen vielleicht überzogen erscheinen. Es schien mir jedoch wichtiger, neue Fragen aufzuwerfen, als bei klassischen Lösungen noch eine Dezimalstelle hinzuzufügen.

All jenen möchte ich danken, die mir im Laufe meiner jahrelangen Arbeiten, deren Ergebnis dieses Buch ist, in verschiedener Weise geholfen haben. Ich bin unsicher, ob ich nicht den einen oder anderen von ihnen ungerechtfertigt vergessen habe. Zunächst möchte ich meine verstorbenen Lehrer und Freunde nennen: E. Aichinger, P. Chouard, H. Gams, P. Fukarek, J. Futak, Ph. Guinier, J. Gobert, W. Lüdi, B. Pawłowski, R. Tomaselli, M. Wraber und besonders H. Gaussen, dessen Untersuchung der Pyrenäen lange die Grundlage für unsere Forschung in den Alpen bildete.

Mein Dank gilt außerdem allen Kollegen und Freunden, die mich über ihre Arbeiten auf dem laufenden hielten und mir, wie ich hoffe, nach der Lektüre dieses Buches wiederum ihre Beobachtungen und ihre Kritik mitteilen werden: M. Barbero (Marseille), A. Baudière (Montpellier), G. Bono (Turin), R. Carbiener (Straßburg), G. Cadel (Grenoble), N. Doniţă (Bukarest), G. Dupias (Toulouse), Cl. Favarger (Neuchâtel), F. Fliri (Innsbruck), P. Gensac (Grenoble), M. Guinochet (Paris), H. Hartl (Klagenfurt), F. Kral (Wien), F. Klötzli (Zürich), A. Lacoste (Paris), E. Landolt (Zürich), W. Lippert (München), H. Mayer (Wien), L. Marinček (Ljubljana), F. Montacchini (Turin), R. Nègre (Marseille), R. Neuhäusl (Prag), H. Niklfeld (Wien), G. Pautou (Grenoble), F. Pedrotti (Camerino), S. Pignatti (Rom), H. Pitschmann (Innsbruck), P. Plesnik (Bratislava), P. Quézel (Marseille), H. Reisigl (Innsbruck), P. Rey (Toulouse), J.L. Richard (Neuchâtel), L. Richard (Grenoble), S. Rivas-Martinez (Madrid), H. Schiechtl (Innsbruck), P. Seibert (München), R. Stern (Innsbruck), W. Trautmann (Bonn), S. Wegmüller (Bern), G. Wendelberger (Wien), T. Wojterski (Poznan).

Meine ganz besondere Anerkennung möchte ich zwei Kollegen aussprechen, deren Hilfe von außerordentlichem Wert war: H. Walter (Stuttgart), dessen Publikationen und Ansporn für meine biogeographische Entwicklung ausschlaggebend waren und H. Wagner (Salzburg), von dessen Erfahrungen im gesamten Alpenbogen ich seit 20 Jahren profitiere, und mit dem mich auch eine enge Freundschaft verbindet, ohne die ich vielleicht nie gewagt hätte, dieses Buch in Angriff zu nehmen.

Das technische Zustandekommen der vorliegenden Arbeit ist weitgehend das Verdienst des Zeichnerteams und des Sekretariats unseres Institutes: A. Guichard, J. Hivert, Ch. Maque, † M. Cl. Neuburger, A. Tonnel, J.P. Guichard. Für Mühe und Geduld bei der Übersetzung bin ich Herrn Prof. Dr. H. Mayer und seinen Mitarbeitern sehr dankbar.

Paul Ozenda

Vorwort der Übersetzer

Die Übersetzung wurde von der Arbeitsgemeinschaft Institut für Waldbau durchgeführt. Magister Andreas ZIRNIG, Dolmetscher-Institut der Universität Wien, besorgte die Grundübersetzung. Spezielle Übersetzungshilfe leistete der Romanist Dr. Johannes MAYER. Prof. Dr. Dr. Hannes MAYER übernahm die fachliche Überarbeitung und die Gesamtredaktion.

Die Schreibarbeiten zur mehrfachen Erstellung des Manuskriptes führten in dankenswerter Weise Frau Elisabeth KURZBAUER und Fräulein Brigitte IRMSCHER aus.

Der Buchstabe «Ü» im Text erläutert, daß es sich um eine Anmerkung der Übersetzer handelt.

Inhalt

I. Natürliche Umwelt in den Alpen

Das erste Kapitel möchte, durch umfangreiche Abbildungen unterstützt, die wesentlichsten Züge des Reliefs, der geologischen Struktur, des Klimas und der Böden in den Alpen, soweit sie die Vegetation beeinflussen, kennzeichnen. Hauptsächlich wird das Klima analysiert. Zuerst werden die allgemeinen Charakteristika des Gebirgsklimas behandelt und dann spezielle Eigenschaften in den Alpen beschrieben, besonders die Klimaunterschiede zwischen Randalpen und Inneralpen.
Diese Umweltanalyse führt zu einer ersten Gliederung in biogeographische Sektoren, die sich stark von den klassischen, rein geographischen Unterteilungen unterscheiden. Diese Sektoren stellen ökologische Einheiten mit einem spezifischen und strukturellen biologischen Inhalt dar (vgl. III und IV).

1. Stellung der Alpen in den großen Gebirgssystemen Europas

1. Acht europäische Gebirge (Abb. 1.1) erstrecken sich über 1000 km oder mehr. A) Alpen; B) Karpaten; C) System Dinarisches Gebirge – Pindos; D) Apennin; E) Pyrenäisch-Kantabrische Kette; F) Fennoskandische Gebirge; G) Ural; H) Kaukasus. Aber nur die Alpen und der Kaukasus übersteigen 4000 m.

2. Die anderen europäischen Gebirge können folgendermaßen gruppiert werden:
– **Ketten von alpinem Typus,** aber von einer geringeren Länge, die teilweise ziemlich hoch sein können: a) Andalusisches Gebirgsland (Betische Kordillere); b) Iberisches Hauptscheidegebirge; c) Jura; d) Rhodopen; e) Balkan; f) Krim.
– **Massive von herzynischem Typus** (nicht auf der Abbildung dargestellt): Schottland, der Norden Englands und Wales, das Böhmische Viereck (Massiv) und seine Ausläufer, Harz, Schwarzwald, Vogesen und Französisches Zentralmassiv.
– Die großen gebirgigen Inseln des Mittelmeeres, deren Ketten nach der Struktur ihrer Berge einen Spezialfall darstellen: Mallorca, Korsika (g); Sardinien, Sizilien (h); Kreta.
– **Island,** wo die Vegetation lediglich einen randlichen Saum außerhalb der Berge bildet.

3. Abgesehen vom Kaukasus, der im Vergleich zu Europa eine randliche Lage einnimmt, kennzeichnen die **Alpen:**
- die mächtigste Kette hinsichtlich Länge, Breite und mittlerer Höhe
- eine Kette mit größter Komplexität hinsichtlich Geologie, Klima und Biogeographie. Die Alpen können als mehrere, von der thermo-mediterranen bis zur nivalen Stufe übereinandergelagerte Lebensräume aufgefaßt werden, die mit den mediterranen, atlantischen, adriatischen, mitteleuropäischen und pannonischen Regionen in Verbindung stehen.
- Schließlich nimmt die Alpenkette eine zentrale Stellung ein und wurde zugleich am intensivsten vegetationskundlich untersucht. Deshalb eignen sich die Alpen als **Modell** für alle europäischen Gebirge und insbesondere

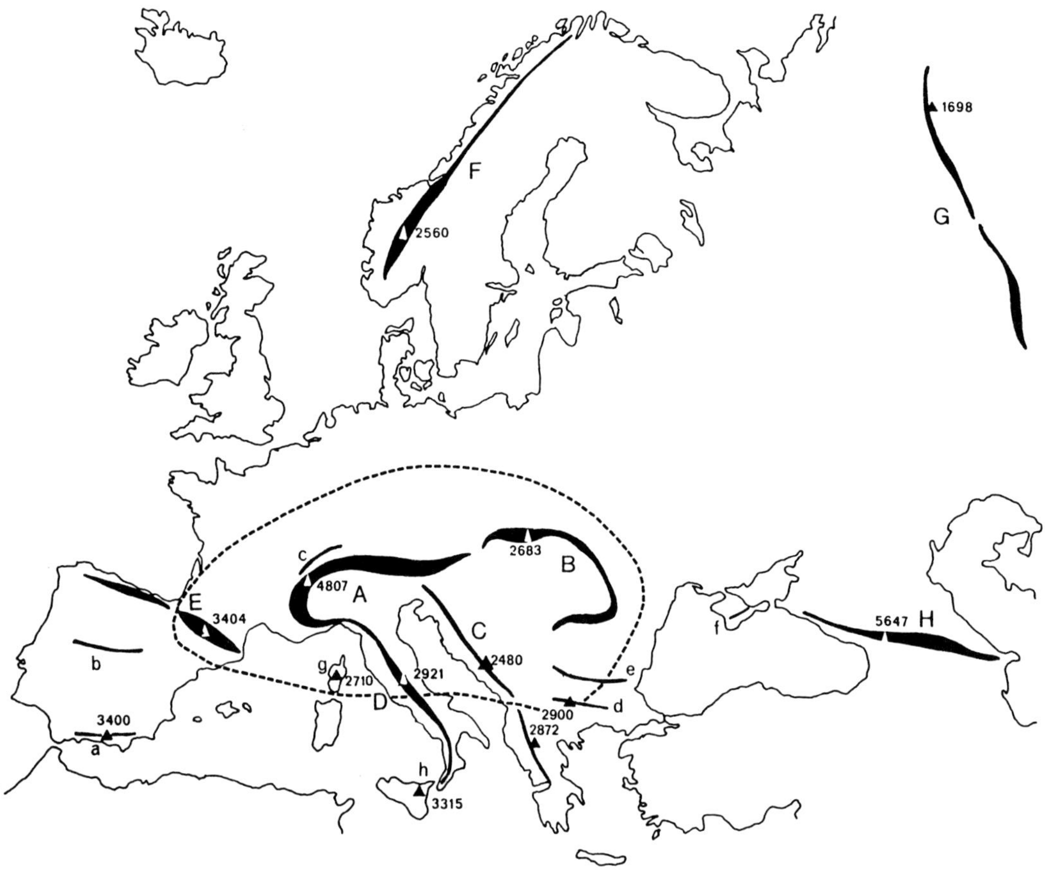

Abb. 1.1: Schematische Darstellung der wichtigsten Gebirgsmassive Europas mit den höchsten Gipfeln. A bis H, acht Gebirge mit einer Länge von über 1000 km; a bis g, andere Gebirge mit einer Höhe von annähernd 2000 m oder mehr. Einzelheiten im Text. Der herzynische Bogen wurde nicht eingezeichnet. Die gestrichelte Linie grenzt nur das gesamte alpine System im weiteren Sinne ab, wie es im Kapitel XIII definiert wurde.

für einen Vergleich der wichtigsten Ketten. Dabei darf nicht übersehen werden, daß zwischen Norden (Skandinavien) und Süden (Sizilien) über 30 Breitengrade liegen, wodurch sehr große Klima- und Vegetationsunterschiede entstehen: obwohl sich die Ketten in gewisser Hinsicht ähneln, ergeben sich doch beträchtliche Höhenverschiebungen der Vegetationsstufen als Folge der unterschiedlichen geographischen Lage.

4. Es schien zweckmäßig, das Vergleichsstudium des alpinen Modells vorerst auf die den Alpen benachbarten Ketten zu beschränken, die in Abb. 1.1 innerhalb der gestrichelten Linie liegen. Diese Einheit, die wir als «alpine Platte» oder «generelles alpines System» bezeichnen und deren Eigenständigkeit im Kapitel XIII besprochen wird, schließt folgende Gebirge aus: mediterrane Gebirge der drei großen Halbinseln und der Inseln, atlantische Gebirge von der Skandinavischen bis zur Kantabrischen Kette, selbstverständlich Ural und Kaukasus, deren Entfernung einen Vergleich fraglich macht.

2. Relief und Struktur der Alpen

2.1. Lage und Abgrenzung der Alpen

Die Alpen (Abb. 1.2) erstrecken sich von Nizza bis Wien in einem 1200 km langen Bogen, innerhalb eines Rechteckes von 900 × 500 km. Die größte Breite der Kette beträgt in der Mitte der Ostalpen (Tirol – Dolomiten) 240 km, während ihre geringste Breite (ungefähr 140 km) in den nordwestlichen Alpen, wo die höchsten Bergmassive zu finden sind, erreicht wird. Oberfläche rund 200 000 km². Fast die gesamten Ostalpen liegen nördlich des 46. Breitengrades, während sich der größte Teil der Westalpen südlich dieser Linie befindet. Nizza und Wien liegen rund 5 Breitengrade entfernt. Deshalb können homologe Vegetationsstufen an beiden Enden der Alpen um mehrere hundert Meter verschoben sein. Dieser Unterschied wird jedoch teilweise durch den schrägen Verlauf der auf den Meeresspiegel reduzierten Isothermen ausgeglichen (vgl. Abb. 1.17).

Die **Abgrenzung der Alpen** gegenüber anderen Gebirgssystemen ist eindeutig. Die 20 km lange Ebene des Wiener Beckens trennt den voralpinen Wienerwald von den kleinen Karpaten. Am anderen Ende der Kette führt die geographische und vor allem biologische Einheit der See- und Ligurischen Alpen dazu, den Apennin beim Cadibona-Paß beginnen zu lassen und nicht am Tende-Paß, da dies keine natürliche Grenze wäre. Im Westen folgt die Rhône, von zwei lokalen Abweichungen abgesehen, genau der Grenze zwischen den Kalkvoralpen der Drôme und den kristallinen Gebieten des östlichen Randes des Zentralmassivs. Die Rhône-Grenze hingegen, zwischen Savoyer Voralpen und dem südlichen Jura, ist mangels eindeutiger Unterschiede nach Relief, Grundgestein und Vegetation, eher als eine Konvention aufzufassen, wie auch die Trennlinie zwischen den Alpen und den slowenischen Dinariden am Postojna-Paß. Keine dieser Grenzen wurde jedoch bisher ernsthaft bestritten.

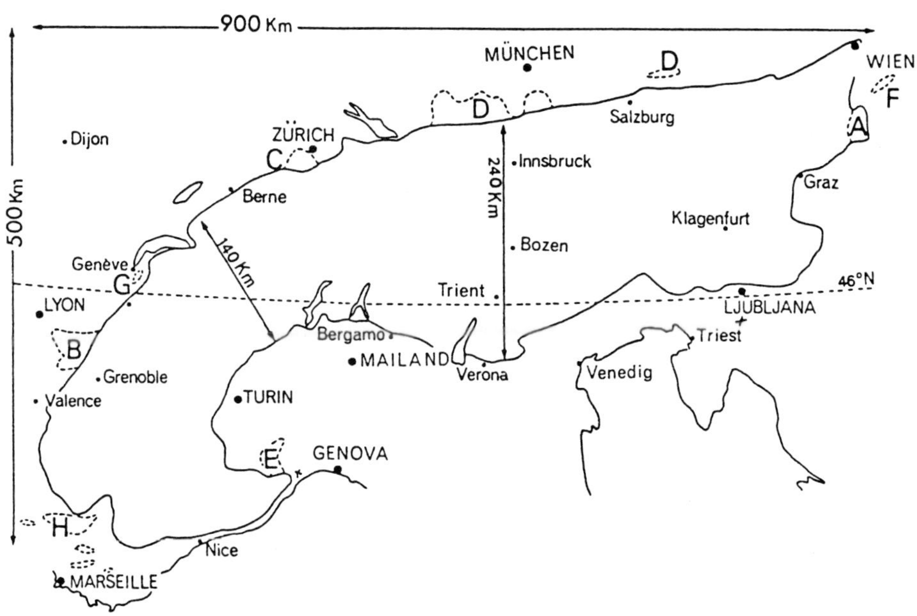

Abb. 1.2: Lage, Abgrenzung und Ausdehnung der Alpen. Erklärung im Text.

Abb. 1.3: Orographie der Alpen.
Erklärung im Text. Die Abbildung stellt das Gebiet oberhalb der 1000-m-Linie dar; in schwarz die Teile über 2000 m.

Weniger klar ist die Abgrenzung gegenüber dem Alpenvorland in Gegenden, wo den Randalpen mehr als hügelige Hochflächen vorgelagert sind, über deren alpine Zugehörigkeit man streiten könnte. Die zwei wichtigsten dieser randständigen Einheiten, beide mit einer Fläche von mehr als 1000 km^2 und einer Höhe von über 900 m, sind die Bucklige Welt (Abb. 1.2/A) im Norden der Steiermark und das Dreieck Terres froides – Chambaran (B) im Dauphiné. Die Höhen von Reinach (C) nördlich von Luzern und die Schwäbisch-Bayerische Hochebene (D) bilden großflächige Gebiete nördlich der Randalpen. Die Hügel der Langhe (E) sind der Turiner-Ebene vorgelagert und verlängern dadurch die Ligurischen Alpen gegen Nordosten. In allen diesen Gebieten stehen geologisch Flysch, Molasse oder Moränen an. Anderorts bilden Hügelketten aus Kalk die alpinen Vorposten: Leithagebirge (F) südöstlich von Wien, der Mont Salève (G) in der Nähe von Genf und insbesondere eine Menge kleiner Hügelketten, einige über 1000 m, die sich zwischen den provençalischen Alpen und der Mittelmeerküste erstrecken; am wichtigsten Lubéron (H). (Die kristallinen Massive der östlichen Provence, Maures, Tanneron und Estérel sind hingegen in jeder Beziehung Fragmente eines alten tyrrhenischen Massivs, das der alpinen Gebirgsstruktur völlig fremd ist).

2.2. Orographie der Alpen

Das Gebiet oberhalb der 1000-m-Linie beschreibt den allgemeinen Umriß der Alpen recht gut (Abb. 1.3). Teile über 2000 m (schwarz dargestellt), entsprechen weitgehend der nivalen, alpinen und hochsubalpinen Stufe und damit der Vegetation oberhalb der Waldgrenze. Ihre Verteilung vermittelt einen recht guten Eindruck über die Asymmetrie der Westalpen (die piemontesische Abdachung fällt viel steiler ab als die französische), die weitgehende Nord-Süd-Symmetrie der Ostalpen und die allgemeine Abnahme der Höhen gegen den Ostalpenrand zu.

Große **Längstäler** sind ebenfalls ein Wesenszug des alpinen Reliefs: namentlich oberes Durancetal oder Briançonnais (a), Grésivaudan (b), Wallis (c), Vorderrheintal (d), Oberinntal (e), Täler von Salzach und Enns (f), Murtal (g), Klagenfurter Becken (h), Veltlin (i) und Vintschgau (k). Ein Teil dieser Täler liegt ziemlich randlich und trennt Inner- und Randalpen (b, f, h). Andere sind tief eingeschnitten in den Hauptgebieten mit Erhebungen von über 2000 m (dort befindet sich auch die Mehrzahl der Gipfel von mehr als 3500 m) und stellen somit Kontinentalitätsinseln dar (a, c, e, k).

Ein weiteres wesentliches geographisches Kennzeichen der Alpen sind große **Seen am Alpenrand** als Folge der glazialen Erosion. Bedeutendste Seen: Genfersee, Bodensee, Chiemsee, Langensee, Luganersee, Comersee, Iseosee und Gardasee (Abb. 1.3, 1.8).

Die Namen der klassischen geographischen Unterteilungen können einem Atlas entnommen werden. Diese Unterteilungen entsprechen im allgemeinen keinen strukturellen, klimatischen oder biologischen Einheiten. Ihr traditioneller Rahmen und Gebrauch geht oft auf unbegründete Meinungen zurück.

2.3. Geologische Struktur der Alpen

In den Alpen unterscheidet die Geologie (Abb. 1.4) größere, auf der **Tektonik** beruhende Einheiten. Dieser Gesichtspunkt unterscheidet sich natürlich stark vom Blickpunkt des Biologen, den die physikalischen und chemischen Eigenschaften der Gesteine und die sich daraus entwickelnden Bodentypen mehr interessieren als ihr Ursprung. Zum Glück stimmen beide Einteilungen weitgehend überein, da in jeder tektonischen Haupteinheit oder Untereinheit ein Gesteinstyp vorherrscht. So bestehen gewisse Einheiten zum größten Teil aus Kalk, während in anderen wiederum Silikate überwiegen. Diese Unterscheidungen sind nur in

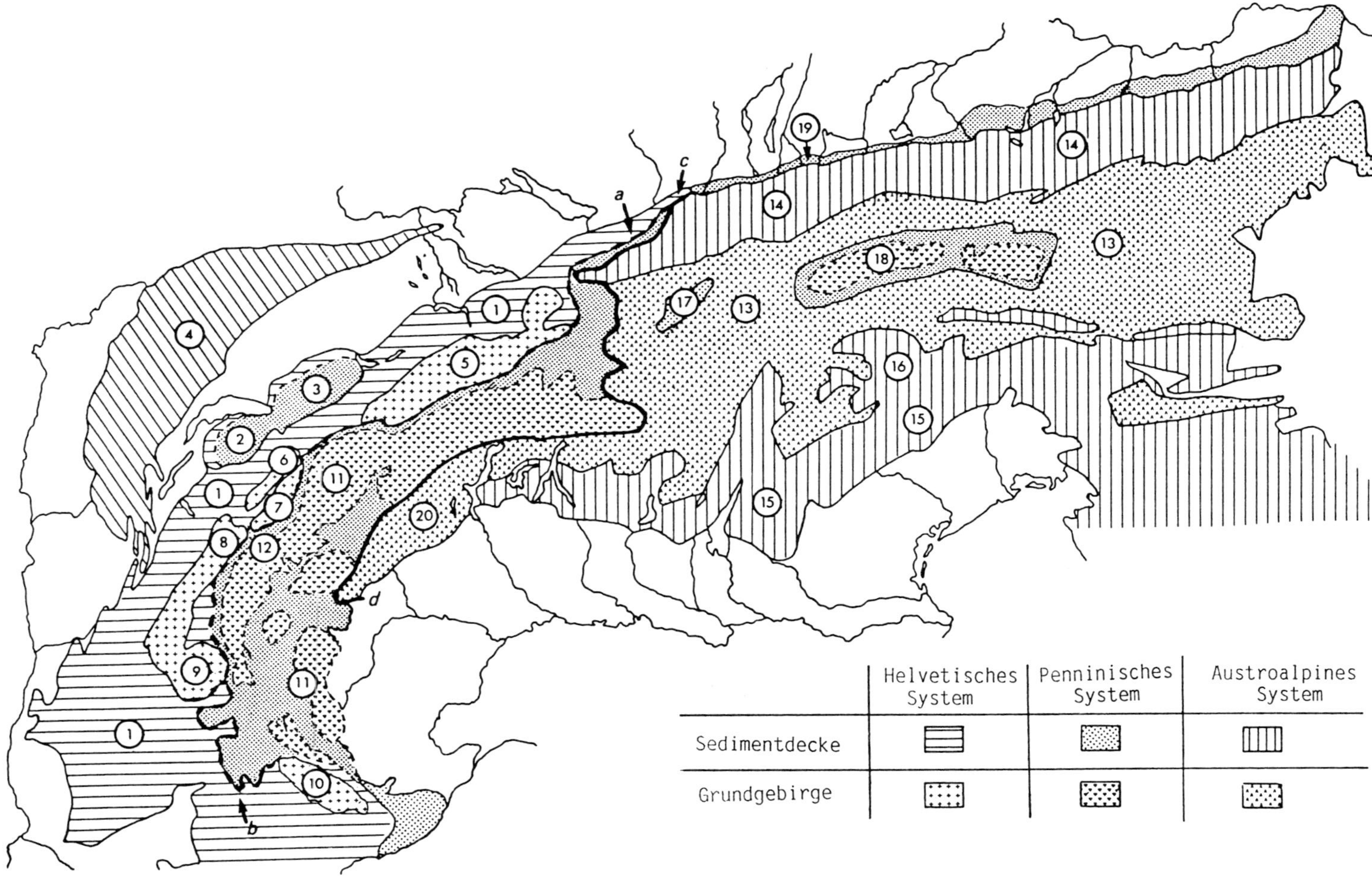

Abb. 1.4: Vereinfachte geologische Struktur der Alpen (nach Debelmas und Lemoine). Erklärung im Text.

kleinem Maßstab gültig, da eine kristalline Region immer Enklaven oder sogar ganze Massive aus Kalk enthält und umgekehrt. Zudem nehmen verschiedene Gesteinstypen eine Zwischenstellung ein, deren ökologische Bedeutung später besprochen wird: Sandstein, Gips, Ton- oder Glimmerschiefer, Grüngestein, Gabbro, Serpentin.
Die Struktur der Ost- und Westalpen ist sehr verschieden. Eine Trennlinie zwischen den beiden Hälften wird in der Höhe des Gotthard-Passes gezogen, besser etwas östlicher verlaufend entlang einer Linie, die Bodensee und Comersee verbindet. Der Aufbau der Alpen setzt sich schematisch aus drei Systemen zusammen: Der erste, «helvetisch» genannt, ist autochthon und bildet die äußere Hälfte der Westalpen. Der zweite, penninische Teil besteht aus Decken, die auf die helvetischen aufgeschoben wurden (in Abb. 1.4 ist die Trennlinie dieser Decken durch die gestrichelte Linie a–b dargestellt) und bildet den Hauptteil der zentralen Westalpen. Der dritte, ostalpine Teil wurde auf die beiden vorigen als Deckenpakete geschoben (Kontaktlinie c–d) und nimmt fast die gesamten Ostalpen ein, mit einem Ausläufer, der bis in die Lombardischen Voralpen hineinragt.

In den **Westalpen** setzt sich der autochthone helvetische Untergrund aus zwei Untereinheiten zusammen. Die äußerste Untereinheit ist eine Sedimentdecke, die fast vollständig aus Kalkstein besteht (1, 1.4) und von der Schweiz bis zur Provence (von den Geologen z.T. als subalpin bezeichnet) die voralpinen Massive bildet. Nur zwei Massive, Chablais (2) und Freiburger Alpen (3), gehören dem penninischen Bereich an und wurden verfrachtet; sie bestehen ebenfalls aus Kalk. Auch der Jura (4), gleichermaßen aus Kalk aufgebaut, besitzt eine gewisse vegetationskundliche Ähnlichkeit mit den Randalpen, obwohl Ursprungsort sowie Fazies dieser Gesteine verschieden sind. Die innere Untereinheit kennzeichnet eine Reihe kristalliner Massive: Aar-Gotthard (5), Aiguilles Rouges (6), Mont Blanc (7), Belledonne (8), Pelvoux (9) und Mercantour (10).
Der penninische Teil ist viel komplizierter von mehreren, übereinander gelagerten Decken (11) aufgebaut sowie aus Zonen, die an der penninisch-helvetischen Kontaktzone zerdrückt wurden (12). Silikat- und Kalkgestein, Schiefer, metamorphe Glimmerschiefer und Sandstein sind ineinander verzahnt; in Abb. 1.4 vereinfacht dargestellt.

Der Aufbau der **Ostalpen** ist verhältnismäßig einfacher. Die helvetischen und penninischen Decken tauchen unter der überschobenen ostalpinen Decke unter, die namentlich aus einem kristallinen Kern (13) besteht und von einer Sedimentdecke überlagert wird. Letztere wurde über dem Kern durch Erosion abgetragen, bildet aber randlich einerseits die nördlichen Kalkrandalpen (14) und andererseits die südlichen Randalpen (15), sogar einige mächtigere Massive wie die Dolomiten (16). Der südlichste Teil der südlichen Randalpen ist vielleicht autochthon. Infolge Erosion, die selbst den kristallinen Kern angegriffen hat, tritt die penninische Decke in den beiden Fenstern des Engadin (17) und der Hohen Tauern (18) auf und streicht am Rand der Bayerischen und Österreichischen Randalpen in Form einer schmalen Flyschzone aus (19). Am östlichen Alpenrand verschwindet die ostalpine Decke unter den Sedimenten der ungarischen Tiefebene; der kristalline Kern steht in direktem Kontakt mit den Sedimenten, ohne daß sich die Kalkvoralpen dazwischenschalten, so daß die Randalpen der Steiermark einen eigenständigen, vorwiegend aus Silikatgestein bestehenden Sektor bilden. Dieses ostalpine Kristallin weist auf der westlichen Seite einen Ausläufer (20) auf, der gegen Südosten vorspringt und auf das penninische Kristallin trifft, so daß auch die Randalpen des Nord-Piemonts vorwiegend kristalliner Natur sind.

3. Klima der Alpen

Das Klima der Alpen kennzeichnet zwei Komponenten:

- **Allgemeine Eigenschaften des Gebirgsklimas,** die mit der Höhe (Zunahme der Einstrahlung, der Niederschlagsmenge und der Schneedecke, Abnahme der Temperatur) oder mit dem Relief (Einfluß der Exposition) zusammenhängen.
- **Spezifische alpine Eigenschaften.** Diese hängen von dem komplexen Bau der Alpen und namentlich mit ihrer Mächtigkeit und ihrer Lage am Rande mehrerer ausgeprägter klimatischer Provinzen sowie mit den von ihnen bewirkten allgemein klimatischen Veränderungen in Süd- und Mitteleuropa zusammen.

Vor allem **Jahres- und Monatsmittel** werden beurteilt. Einwände, die bei Verwendung von Mittelwerten gemacht werden, sind bekannt, ebenso die heutigen Bestrebungen der Klimatologen, die mehr und mehr die Streuungsparameter, d.h. die Schwankungen von Jahr zu Jahr, betrachten. In der Bioklimatologie müssen doch an erster Stelle die Reaktionen der Pflanzen und der Biozönose berücksichtigt werden. Dabei ist zu bedenken, daß die Wirkung der jährlichen Schwankungen durch ein gewisses Beharrungsvermögen des Ökosystems abgeschwächt wird und ausdauernde Pflanzen integralen, mehrjährigen klimatischen Bedingungen ausgesetzt sind. Wesentlicher ist, daß die Mittelwerte aus biogeographischer Sicht eine viel größere Rolle spielen als die Streuung. Letztere gehorchen statistischen Gesetzen, die voraussehbar sind und von Fall zu Fall weitgehend gleichbleiben (solange man nicht Extremfälle betrachtet wie aride Länder, wo die Verteilung der Niederschläge über viele Jahre nicht mehr dem Modell von Gauss folgt, wie dies für die Alpen nie zutrifft). Mittelwerte hingegen variieren von einem Ökosystem zum anderen und erlauben somit die Ökosysteme einfach und ausreichend miteinander zu vergleichen. Die Verwendung von Mittelwerten wurde etwas zu voreilig kritisiert, bevor diese ausschöpfend ausgewertet wurden.

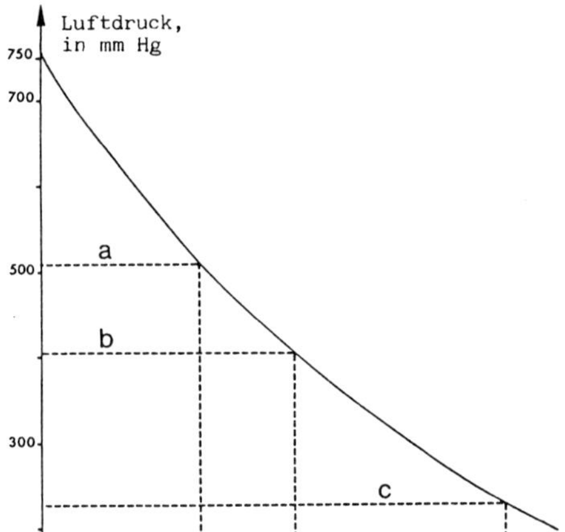

Abb. 1.5: Abnahme des Luftdruckes in Abhängigkeit von der Meereshöhe. Drei mit a, b und c gekennzeichnete Werte sind aufschlußreich: Auf 3000 m beträgt der Luftdruck zwei Drittel des Druckes auf Meereshöhe; auf der Spitze des Mt. Blanc fällt er auf etwas über die Hälfte dieses Wertes ab, und auf dem Gipfel des Mt. Everest auf ein Drittel.

3.1. Allgemeine Komponenten des Gebirgsklimas

3.1.1. Wirkung der Höhenlage

Betrachten wir zuerst einmal den einfachsten Fall. Wenn wir uns auf einem Hang mit einheitlicher Neigung und Exposition an einem isolierten Berg aufwärts bewegen, wird der Einfluß aller anderen Komponenten mit Ausnahme der Höhenveränderung ausgeschaltet.

3.1.1.1. Abnahme des Luftdrucks

Der Luftdruck nimmt mit der Höhe exponentiell ab (Abb. 1.5). Dies hätte keinen

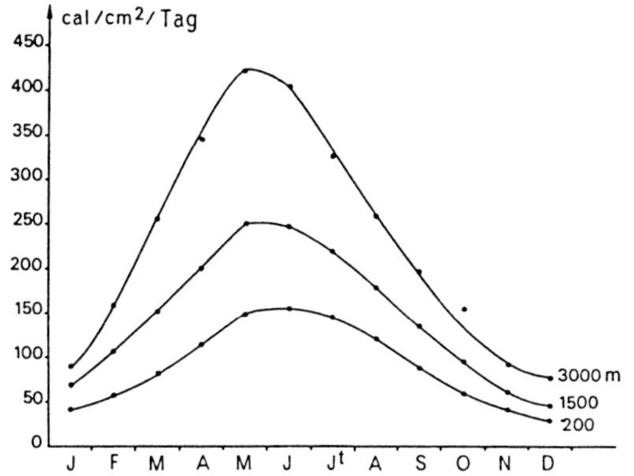

Abb. 1.6: Jährliche Schwankungen der Sonneneinstrahlungs-Intensität (nach Daten von FRANZ 1978). Der Unterschied in verschiedenen Meereshöhen ist besonders im Sommer während der Vegetationszeit ausgeprägt.

nennenswerten Einfluß auf die Pflanzen (im Gegensatz zu gewissen tierischen Organismen), wenn sich nicht gleichzeitig Auswirkungen auf Einstrahlung und Temperatur ergeben würden.

Eine direkte Wirkung der Abnahme des CO_2-Drucks auf die Photosynthese wurde bisher nicht bestätigt.

3.1.1.2. Zunahme der Sonneneinstrahlung

Die **Strahlungsintensität,** meist in Kalorien pro Minute und Quadratzentimeter auf einer senkrecht zur Sonne stehenden Fläche ausgedrückt, nimmt mit der Höhe zu, da diese Strahlung eine dünnere Luftschicht durchdringen muß als im Tiefland. Die obere Grenze der Strahlungsintensität beträgt ungefähr 2 cal/cm^2/min. In jeder Höhenlage variiert die Strahlung in Abhängigkeit von Jahreszeit (Abb. 1.6) und Bewölkung.

Die von den Pflanzen aufgenommene Licht- und Wärmeenergie hängt nicht nur mit der direkten Sonneneinstrahlung zusammen. Dies ist vielmehr das Ergebnis einer komplizierten Aufteilung des Lichtes in diffuse Himmelstrahlung, reflektierte Strahlung (Albedo) und in Strahlungen, die aus dem Erwärmungs- und Abkühlungszyklus des Bodens resultieren.

Auch die spektrale Zusammensetzung des Lichtes ändert sich mit der Höhe, wo sie reicher (genauer gesagt, weniger verarmt) an kurzwelligen Strahlen ist. Man hat diesem relativ hohen Anteil an UV-Strahlung physiologische und morphogenetische Wirkungen auf die Pflanzen zugeschrieben. Trotz vieler Arbeiten über dieses Problem sind die Ergebnisse widersprechend (s. in FRANZ 1979).

3.1.1.3. Abnahme der Temperatur

Vom ökologischen Standpunkt aus ist dies der eindeutigste und wichtigste Faktor.

Das Jahresmittel der Lufttemperatur nimmt linear um rund 0,55° pro 100 m ab. Dieser Gradient von 0,55° ist ein Mittelwert, behält aber seine Gültigkeit für die verschiedensten Gegenden.

Frankreich: 0,57° (ANGOT)
Schweiz: 0,57° (SELTZER)
Algerien: 0,55° (SCHRÖTER)
Gemäßigte Länder: 0,56°
(SCHIMPER, Mittel von 24 Werten)
Tropische Länder: 0,54°
(SCHIMPER, Mittel von 14 Werten)

Bemerkenswert ist die praktisch **lineare Abnahme;** und dazu handelt es sich beim Wert des Gradienten nahezu um eine Universalkonstante. Exakte Messungen würden eine leichte Veränderung dieses Gradienten mit der Höhe aufzeigen, wobei diese Tatsache nicht immer zutrifft und zweitrangig ist. Ähnlich sind geringfügige und unregelmäßige Veränderungen in Abhängigkeit vom Breitengrad. Bei der geringen Ausdehnung der Alpen, die sich über wenige Breitengrade erstrecken, können diese Schwankungen vernachlässigt werden.

Bei unregelmäßigem, hügeligem Relief verzerren lokale Bedingungen jeder Meßstation selbstverständlich die theoretisch zu erwartenden Werte, wobei aber Abweichungen selten ±1 °C überschreiten (Abb. 1.7).

Der Wert 0,55° bezieht sich auf das Jahresmittel, mit den **Jahreszeiten** variiert er aber beträchtlich (Abb. 1.8). Er ist im Sommer

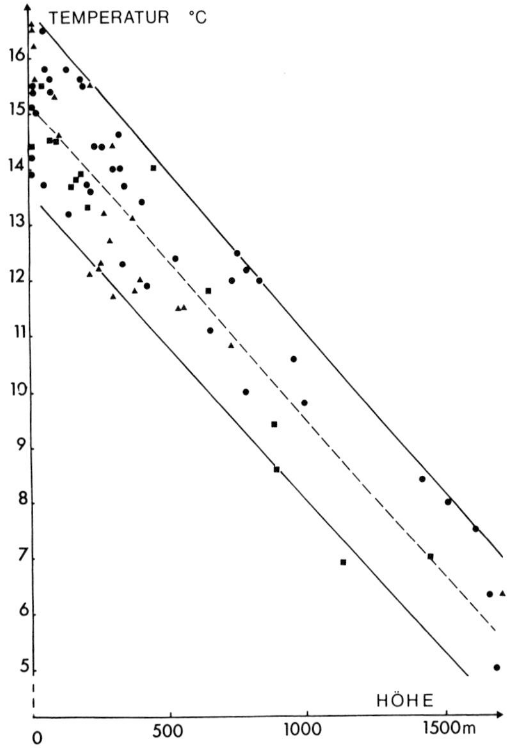

Abb. 1.7: Abnahme der Jahresmitteltemperatur als Funktion der Meereshöhe in den Südwestalpen (nach AIME und SARRAILH). Die Punkte beziehen sich auf die Stationen der französischen Meeralpen, die Dreiecke auf Ligurische Stationen, die Quadrate auf Stationen des Var-Tales und der Haute-Provence. Der Mittelwert des Gradienten, gestrichelte Linie, beträgt 0,56° je 100 m Höhendifferenz.

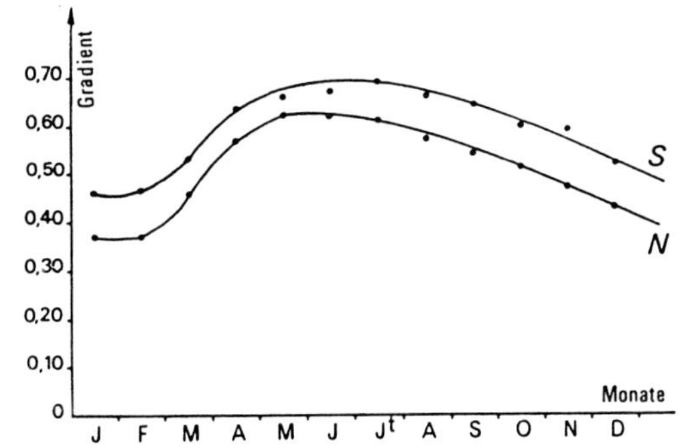

Abb. 1.8: Jahreszeitliche Schwankungen des Höhen-Temperaturgradienten: Abnahme des Monatsmittels je 100 m Höhendifferenz (nach Westen von FRANZ). Der Gradient ist im Sommer deutlich größer als im Winter, auf der Südseite (Sonnseite) etwas erhöht gegenüber Nordlage (Schattseite).

(ca. 0,70°) viel höher als im Winter (ca. 0,4°). Dies läßt sich dadurch erklären, daß die Jahresamplitude, d.h. die Differenz zwischen dem Mittelwert des wärmsten und des kältesten Monats, mit der Höhe abnimmt, wie aus der folgenden Reihe (SCHRÖTER) hervorgeht:

- 460 m: 19,4°
- 800 m: 17,1°
- 1800 m: 14,5°
- 2500 m: 13,8°
- 7700 m: 2°

Jahreszeitliche Unterschiede, die im Weltraum und auch in der Stratosphäre nicht vorhanden sind, betragen ab 10 000 m schon praktisch Null, wo die Temperatur, von zufälligen Störungen abgesehen, während des ganzen Jahres dem Mittelwert entspricht. Da in tieferen Lagen die Temperatur im Sommer höher ist, soll deswegen der Temperaturgradient im Sommer ausgeprägter als im Winter sein.

Die **Bodentemperatur** kann von der Lufttemperatur erheblich abweichen. Auch sie nimmt mit steigender Höhe ab, da die Bodentemperatur die Tendenz hat, sich der nach oben abnehmenden Lufttemperatur anzugleichen. Diese Abnahme wird aber abgeschwächt infolge der mit der Höhe zunehmenden Absorption der Sonnenstrahlung durch den Boden und durch höhere Bodentemperaturmittelwerte in den Wintermonaten infolge der schützenden Schneedecke.

Deshalb verläuft der Temperaturgradient im Boden je 100 m Höhenzunahme flacher als bei der Luft, 0,45° statt 0,55°. Aus diesem Grunde weicht das Jahresmittel der Bodentemperatur gegenüber der Lufttemperatur nach oben zunehmend ab, die z. B. für 1800 m Höhe auf etwa 2–3° geschätzt wird (Abb. 1.9).

Wenn man nur die Jahresmitteltemperatur betrachtet, so ist diese praktisch unabhängig von der **Bodentiefe**, wie die Werte einer Station im Engadin auf 1800 m belegen. Die

Messungen wurden jeweils um 13.30^h durchgeführt (SCHRÖTER).

Lufttemperatur	1,79°
Bodentemperatur in 5 cm Tiefe	5,12°
Bodentemperatur in 30 cm Tiefe	4,53°
Bodentemperatur in 60 cm Tiefe	4,52°
Bodentemperatur in 120 cm Tiefe	4,92°

Die **oberen Bodenschichten** erhitzen sich in der Sonne am meisten und kühlen sich umgekehrt während der Nacht am stärksten ab. Dies gilt nur für den Sommer, da im Winter bereits eine 20–30 cm hohe Schneedecke ausreicht, um eine Beeinflussung der Bodentemperatur durch Tagesschwankungen der Lufttemperatur zu verhindern. Die Bodentemperatur ist ziemlich unabhängig von der Jahreszeit, unter 10 cm Tiefe praktisch konstant.

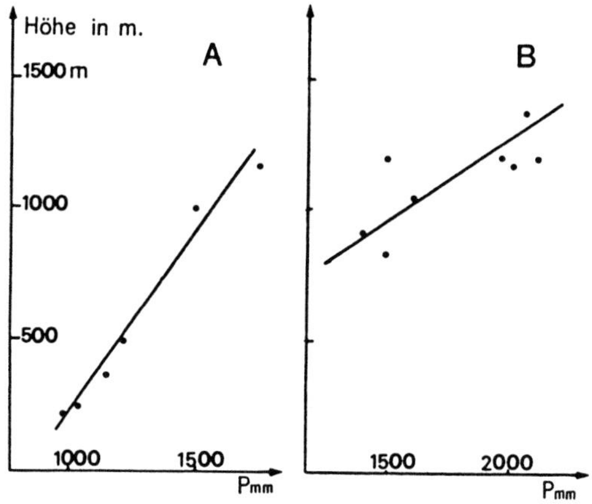

Abb. 1.10: Zunahme des mittleren jährlichen Niederschlages mit der Höhe für sechs Stationen der Randalpen von Grenoble (A) und acht Stationen der Tiroler Randalpen (B).

3.1.1.4. Schwankung der Niederschläge

Hier besteht weder eine lineare Funktion wie bei der Temperatur noch eine regelmäßige Veränderung wie beim Luftdruck, sondern die Zusammenhänge sind komplex bei allgemeiner Zunahme der Niederschläge mit der Höhe, zumindest in den Alpen (Abb. 1.10) und den gemäßigten Gebirgen, von besonderen lokalen Situationen abgesehen.

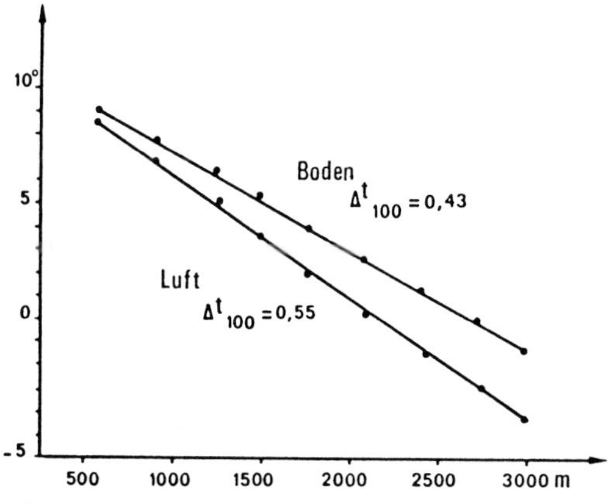

Abb. 1.9: Vergleich der Schwankungen der Jahresmitteltemperatur von Luft und Boden (in 1,20 m Tiefe) in Abhängigkeit von der Meereshöhe in den Alpen (nach Zahlen von MAURER, aus SCHIMPER und FABER).

Es regnet in den Bergen mehr als im Vorland. Diese Zunahme wird manchmal als «**Steigungsregen**» bezeichnet. So erhalten die französischen Alpen, die $^1/_{15}$ der Fläche Frankreichs einnehmen, $^1/_5$ seines gesamten Niederschlages.
Es gibt aber auch viele Ausnahmen, meistens als Folge topographischer Faktoren. Am wichtigsten in inneralpinen Tälern, wo die Niederschläge oft nahezu unabhängig von der Höhenlage sind (siehe später, Abb. 1.23, 1.25).

3.1.1.5. Schneedecke

Mit ansteigender Höhe verursachen sowohl die höheren Niederschläge als auch die tieferen Temperaturen eine Zunahme der Schneefälle. Der Begriff «Schneekoeffizient» beinhaltet den Anteil des Jahresniederschlages in fester Form. In den Dauphiné-Alpen beträgt er (Größenordnung) 20–25 % bei ca. 1000 m, 50–60 % auf ca. 2000 m, 80–90 % bei ungefähr 3000 m und erreicht 100 % in rund 3800 m Höhe. In den Schweizer Alpen, die nördlich liegen, wird dieser Wert bereits bei 3600 m erreicht.
Auch die **Dauer der Schneebedeckung** nimmt mit der Höhe zu und ermöglicht eine Vege-

tationszeit nur während der Aperzeit. Die Schneedecke bildet sowohl eine Wasserreserve, die dann im Laufe der Vegetationsperiode mobilisiert werden kann, als auch im Winter eine thermische Isolation. Auf die Schneedeckenandauer und ihrer biologischen Auswirkung geht (siehe später) ein Hauptunterschied des Klimas in den Alpen und den Trockengebirgen oder den arktischen Regionen zurück.

3.1.2. Biogeographische Folgen des klimatischen Höhengradienten

3.1.2.1. Auftreten von Vegetationsstufen

Der Wechsel der klimatischen Faktoren mit der Höhe führt zu einer vertikalen Abfolge verschiedener Klimaräume, die sich in den Alpen vom mediterranen bis zum alpinen (arktisch-ähnlichen) Klima erstrecken. In erster Linie ist die Wirkung der abnehmenden Temperatur entscheidend.

Dabei ist die Temperatur der einzige ökologische Faktor, der sich sowohl in Abhängigkeit vom Breitengrad wie auch von der Höhe auf eindeutige, einfache und parallele Weise verändert:

- **einfach:** Die Veränderung der Temperatur ist praktisch eine lineare Funktion der Höhe (0,55° je 100 m Höhenunterschied) und des Breitengrades (0,60° pro Breitengrad).
- **eindeutig:** Von lokalen Unregelmäßigkeiten abgesehen erfolgt eine einheitliche Abnahme mit der Höhe oder gegen Norden.
- **parallel:** Steigt man im Gebirge höher oder fährt man in der Ebene von Süden nach Norden, so wirkt sich dies in beiden Fällen durch eine biogeographische Zonierung immer kälterer Vegetationstypen aus.

Gegen den lange angewandten klassischen Vergleich der Abfolge von Höhenstufen und Breitenzonen können zwei Einwände vorgebracht werden.

Auf der einen Seite ist es nicht offensichtlich, daß die oben erwähnten Abfolgen zwangsläufig unterbrochene und gut unterscheidbare Stufen (Gebirge) oder Zonen (Ebene) annehmen. In beiden Fällen könnte man auch an ein «**Kontinuum**» denken, d.h. in den Alpen oder um Europa bestehe ein fließender Übergang zwischen der mediterranen und der arktischen Vegetation. Tatsächlich bestehen Unterbrechungen, so daß Stufen und Zonen regelmäßig beobachtet werden können. Diese Situation ist weitgehend dadurch bedingt, daß eine Unterteilung durch Waldklimaxgesellschaften möglich ist (s. Kap. III). In Europa ist die Zahl der Baumarten sehr begrenzt infolge der eiszeitlichen Verarmung, so daß auch die Zahl der möglichen Waldklimaxgesellschaften stark beschränkt ist, und daß in Extremfällen eine einzige Klimaxart lokal eine Stufe oder Zone bildet.

Auf der anderen Seite sind die **ökologischen Bedingungen** wie z.B. Strahlungsrhythmus oder Mächtigkeit der Schneedecke im Hochgebirge und im hohen Norden nicht vergleichbar. Man sollte diese Unterschiede auch nicht übertreiben und jede Übereinstimmung verneinen. Wie wäre sonst die Ähnlichkeit von Flora und Fauna oder die Existenz arktisch-alpiner Arten zu erklären? Einige Vorteile können sich aus vergleichenden Untersuchungen von Stufen und Zonen ergeben, vorausgesetzt, daß einige Vorsichtsmaßnahmen beachtet werden.

Die **Profile,** welche ältere Autoren durch die Alpen legten, und die durch Begriffe wie Kulturstufe, Laubwaldstufe, Nadelwaldstufe, Stufe der Alpenmatten oder des ewigen Schnees beschrieben wurden, beruhten mehr auf physiognomischen Beobachtungen als auf ökologischen Daten (vgl. Abb. 3.1). Heute sind sie bei weitem überholt und sollten durch eine neue, genauere Definition ersetzt werden. In Kapitel III wird dargelegt, wie man heute die Höhenstufe als einen Komplex biozönotischer Einheiten mit spezifischen ökologischen Bedingungen auffassen kann. Nach dieser Methodik, die hier entwickelt wird, wird somit jede Stufe zu einem typisch aufgebauten **Ökosystem-Komplex.** Vorerst soll die Vegetationsstufung einfach der Jahresmitteltemperatur zugeordnet werden, z.B., welche Temperaturdifferenz dem Übergang von einer Höhenstufe zur nächsten entspricht. Die Vegetationsstufen der Alpen erstrecken sich über einen mittleren Höhenumfang von rund 700 m, so daß die Temperaturdifferenz innerhalb einer Stufe rund 4° betragen dürfte. Ist eine Vegetationsstufe durch eine dominante Klimaxart gut charakterisiert, so kann geschätzt werden, daß diese Art eine ökologische Amplitude von ±2° in ihrem Optimum hat.

Unter diesen Bedingungen ist die Stufe kein Begriff, der einer bestimmten Höhenlage zugeordnet ist, sondern einem **Temperaturintervall.** Dies kommt dem Ersatz einer rein geometrischen Definition durch eine ökologische gleich. Zumindest als Arbeitshypothese werden somit zwei Stufen, die in verschiedenen Teilen einer Kette oder in zwei verschiedenen Ketten auftreten, dann als homolog betrachtet, wenn sie ähnliche Temperaturen und folglich einen großen Anteil an gemeinsamen Arten oder besser an gemeinsamen Vegetationsgesellschaften aufweisen, auch wenn sie in verschiedenen Höhenlagen zu finden sind. Diese nach der Mitteltemperatur, und nicht mehr nach der Höhe, biologisch definierte Stufe muß offensichtlich eine **vertikale Verschiebung** erfahren, wenn die Temperaturwerte sich entsprechend verändern. Dies gilt namentlich für Gebirgsketten oder Teilen, die auf sehr unterschiedlichen Breiten vorkommen. Wie früher OZENDA (1954) gezeigt hat, entspricht eine Verlagerung um einen Kilometer nach Norden (zumindest unter mitteleuropäischen Bedingungen) einem weitgehend gleichen Temperaturrückgang wie ein Ansteigen um einen Meter nach oben. Ebenfalls soll ein Unterschied von einem Breitengrad (111 km) die Jahresmitteltemperatur wie eine Höhendifferenz von 111 m annähernd gleich beeinflussen. Deshalb erreicht eine bestimmte Stufengrenze, z.B. die obere Grenze der Buchenwälder, in den Vogesen 1200 m, südlicher Jura 1600 m, Dauphiné 1500 m, Korsika, zentraler Apennin 1800 m, Kalabrien 2000 m (abgerundete Mittelwerte). Somit ist die Höhenlage der Buchengrenze weitgehend eine lineare Funktion des Breitengrades (Abb. 1.11).

Besonders günstig kann die senkrechte Verschiebung der Vegetation in Abhängigkeit der geographischen Breite bei der langen **Ural-Kette** abgeschätzt werden, die sich über 2000 km in nordsüdlicher Richtung erstreckt. Im Bereich zwischen 59° und 69° n.B.

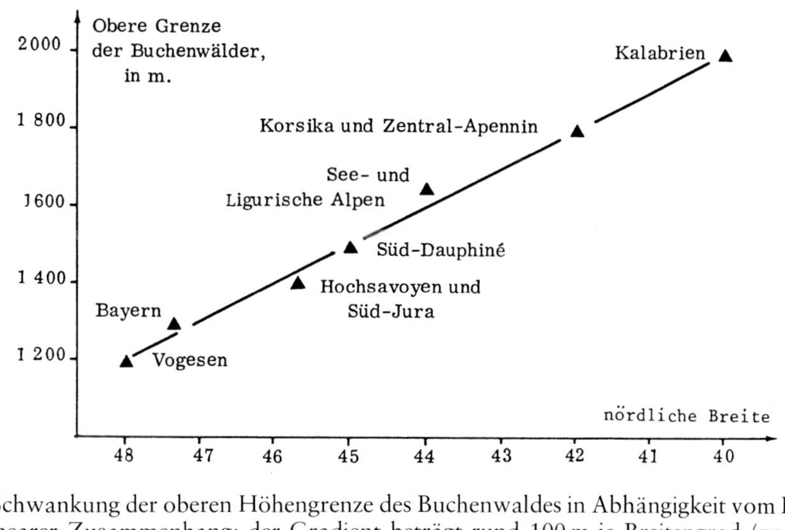

Abb. 1.11: Schwankung der oberen Höhengrenze des Buchenwaldes in Abhängigkeit vom Breitengrad. Praktisch linearer Zusammenhang; der Gradient beträgt rund 100 m je Breitengrad (nach OZENDA 1975, ergänzt).

verlagert sich die obere Grenze der Fichte und der Birke am Westhang sowie jene der Lärche am Osthang sehr regelmäßig um 90 bis 100 m je Breitengrad (GORCHAKOVSKY 1966).

Wenn A_1 und A_2 die mittleren Höhenlagen einer gleichen Vegetationsstufe in zwei Massiven sind, die eine vergleichbare Höhenstufung aufweisen, aber bei verschiedenen geographischen Breiten L_1 und L_2 vorkommen, so kann man die empirische Beziehung $A_2 = A_1 + 110\ (L_1 - L_2)$ annehmen, wobei A in Metern und L in Breitengraden ausgedrückt wird. Diese Beziehung ist lediglich eine Faustregel und muß mit Vorsicht angewandt werden. Sie gilt nur zwischen 30° und 60° n.B. und mit Vorbehalt bei anderer Längenlage. Zudem kann die **Exposition** in Extremfällen Korrekturen von 200–300 m verursachen: im gleichen Tal können Nord- und Südhang von zwei verschiedenen Vegetationsstufen eingenommen werden. Trotzdem ist dieses empirische Gesetz bei den meisten in diesem Buch durchgeführten Vergleichen anwendbar.

3.1.2.2. Phänologie der alpinen Vegetation

Die Phänologie umfaßt alle Beobachtungen über den jahreszeitlichen Ablauf der biologischen Erscheinungen infolge des jährlichen Rhythmus der ökologischen Faktoren.
Auch hier spielt die Temperatur eine ausschlaggebende Rolle und die Auswirkungen von Höhe und geographischer Breite laufen parallel. **Phänologische Karten,** die z.B. das mittlere Aufblühdatum oder den Zeitpunkt der Fruchtreife einer Art angeben sowie das allmähliche phänologische Fortschreiten von Süden nach Norden in den europäischen Ebenen beschreiben, sind allgemein bekannt. Ähnliches läßt sich auch im Gebirge beobachten. Das Blühen der Soldanelle im schmilzenden Schnee zeigt das Einsetzen der Vegetationsperiode an, das Blühen der Narzissen den Anfang des typischen Frühlings und das Blühen der Herbstzeitlose den Frühherbst. Je höher man steigt, desto später beginnt der Frühling und desto frühzeitiger setzt der Herbst ein. Oberhalb einer bestimmten Höhe ist z.B. der Anbau des Roggens unmöglich, da die Temperatursumme für die Reife nicht mehr genügt. Ab einer bestimmten Höhe gibt es für die Vegetation keinen Sommer mehr.
Mit steigender Höhe wird die Vegetationsperiode kürzer und die Höchsttemperaturen sinken. In einer niederschlagsfeuchten Kette wie den Alpen entspricht diese Abnahme allerdings parallel der Zunahme der Schneebedeckungsdauer (Abb. 1.12), so daß bestimmte Gesellschaften der alpinen oder subalpinen Stufe mit ziemlicher Genauigkeit

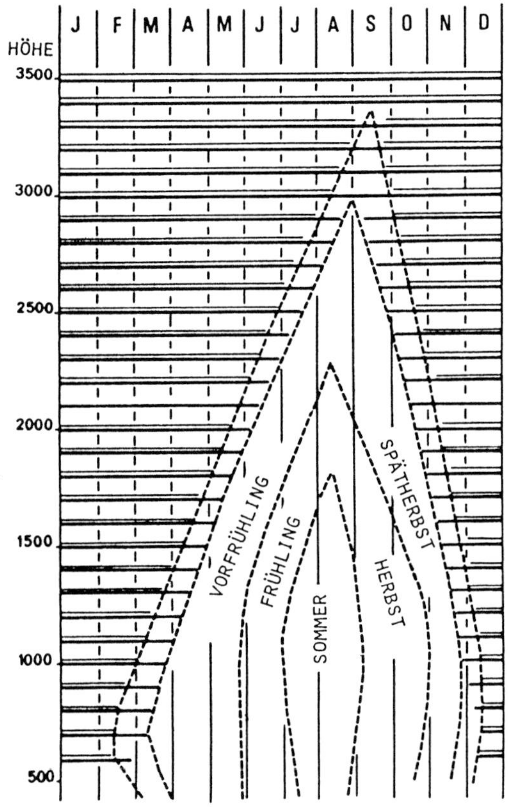

Abb. 1.12: Phänologisches Diagramm in Abhängigkeit von der Meereshöhe. Die dicken horizontalen Striche stellen die Schneebedeckungsdauer am Nordhang, die dünnen horizontalen Striche die Schneebedeckungsdauer am Südhang dar (nach Beobachtungen von KERNER im mittleren Inntal, aus SCHRÖTER). In der Mitte der Abbildung ein ungefährer Vergleich mit den Jahreszeiten im Tiefland (nach GAMS, verändert). Die Verkürzung der Vegetationszeit unterhalb 500 m ist eine Folge der Temperaturinversion während des Winters in der Talsohle.

keit (in der Größenordnung eines Monats) von der Dauer der Aperzeit abhängen (vgl. Kap. IX).
Es wird darauf hingewiesen, daß das «zwiebelförmige» Diagramm (Abb. 1.12), das die Vegetationsperiode darstellt, nicht symmetrisch ist. Das Hinaufsteigen des Frühlings verläuft langsamer als das Absteigen des Herbstes. Nach Beobachtungen in den Schweizer Alpen führt SCHRÖTER folgende Zeitintervalle je 100 m Höhenunterschied an (gerundete Mittelwerte):

- Schneeschmelze im Frühjahr 7,6 Tage
- erster herbstlicher Schneefall 3,8 Tage
- Andauer der Aperzeit 11,5 Tage
- Austreiben der Buche im Frühling 4,1 Tage
- Laubverfärbung der Buche im Herbst 3,3 Tage

Ähnliche oder auf andere Arten beruhende Beobachtungen aus den Vogesen (ISSLER) oder in den Dauphiné (Abb. 1.13) liefern Werte in der gleichen Größenordnung.

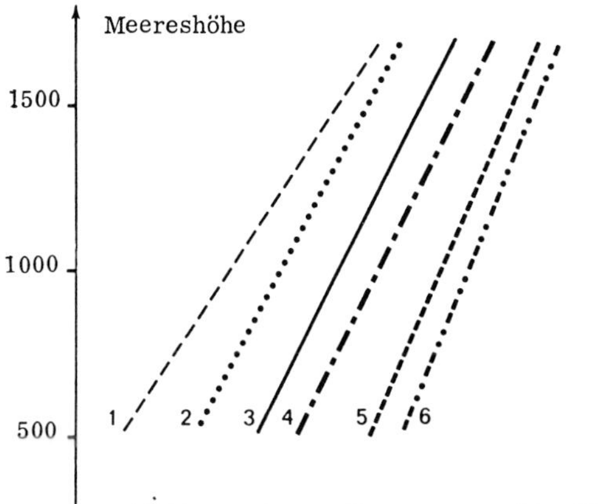

Abb. 1.13: Phänologie der verschiedenen Entwicklungsstadien von Dactylis glomerata in den Dauphiné-Alpen (nach FLEURY 1983). 1 = Beginn des Austreibens; 2 = 10 cm Anwuchs; 3 = Aufwuchs; 4 = Blütezeit; 5 = Fruktifikation; 6 = Ansamung. Mittelwerte von vier Jahren. Bemerkenswert ist nicht allein die Verzögerung, sondern auch die Verkürzung der Vegetationsperiode mit zunehmender Höhe.

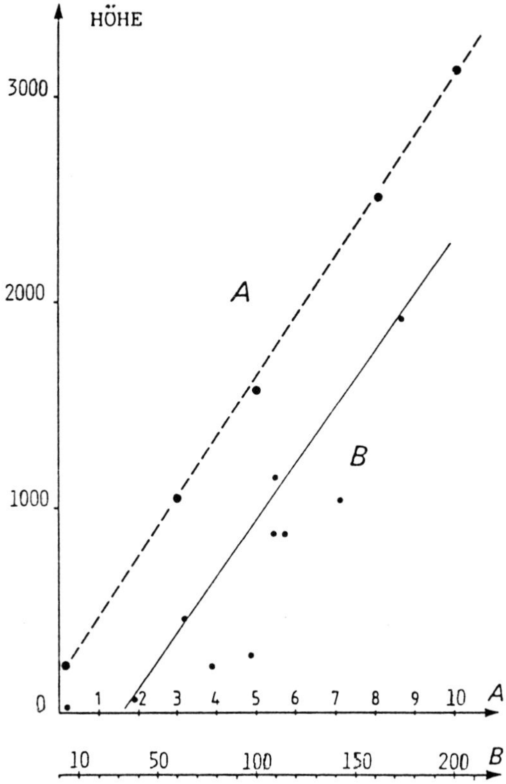

Abb. 1.14: Veränderung der Frostgefahr mit der Höhe in den Nordwestalpen. A) Anzahl der Monate mit Temperaturmittel unter 0 °C. B) Mittlere Anzahl der Frosttage je Jahr (nach Zahlen von VEYRET 1972, 1979).

Die mit der Höhe zunehmende **Dauer der Frostperiode** (oder Frostgefahr zu einem bestimmten Zeitpunkt) ist ein weiterer ähnlicher Faktor (Abb. 1.14). Zufällige thermische Störungen werden zu einem verbreitungsbegrenzenden Faktor, wenn sie trotz ihrer kurzfristigen Wirkung eine Artenselektion auslösen.
Dies ist möglich bei Frösten während der Vegetationsperiode. Viele Arten können sich zwar einem niedrigen Jahresmittel oder einer langen Winterkälte anpassen, sie werden aber durch sommerliche Extremtemperaturen ausgeschaltet. Im Säntisgebiet rechnet man auf 2500 m mit durchschnittlich 10 Frosttagen im Juli oder August. Bekanntlich beeinflussen Frühjahrsfröste die geographische

Verbreitung oder die Höhenverteilung gewisser Arten sehr stark. Sie sind entscheidend beim Ausschluß der Buche von kontinentalen Tälern. Aus dem gleichen Grund steigen Bäume auf Nordhängen gelegentlich höher hinauf als auf Südhänge, wo sie durch frühzeitigere Schneeschmelze stärker den Spätfrösten ausgesetzt sind.
Umgekehrt erwacht im Winter nach einer außerordentlichen Wärmeperiode vorübergehend die Vegetation und es blühen einzelne Arten. Biogeographisch spielt das allerdings keine große Rolle.

3.1.3. Wirkung des Reliefs

Bisher wurde lediglich ein Berg theoretisch betrachtet, der von anderen Erhebungen getrennt einheitliche Hänge aufwies. Unter realen Verhältnissen hat ein Berg eine bestimmte Form, ist Teil einer Kette oder eines komplexen Massivs. Der **Temperaturgradient** ist dann gestört, im gewissen Sinne moduliert durch die Wirkung noch anderer Faktoren als die Höhe, deren wichtigste Ursachen näher betrachtet werden sollen.

3.1.3.1. Exposition

Die Wirkung der Exposition auf die Vegetation ist häufig zu beobachten und in allen Gebirgsgegenden wurden lokale Begriffe für den besonnten bzw. den beschatteten Hang geprägt: «soulane» und «ombrée» (Pyrenäen); «adret» und «ubac» (Südwestalpen); «endroit» und «envérs» (Nordwestalpen); «indritto» und «inverso» oder «adritto» und «opaco» (italienische Alpen); und schließlich **Sonnenhang und Schattenhang** (Ostalpen), Begriffe, die in der Folge verwendet werden.

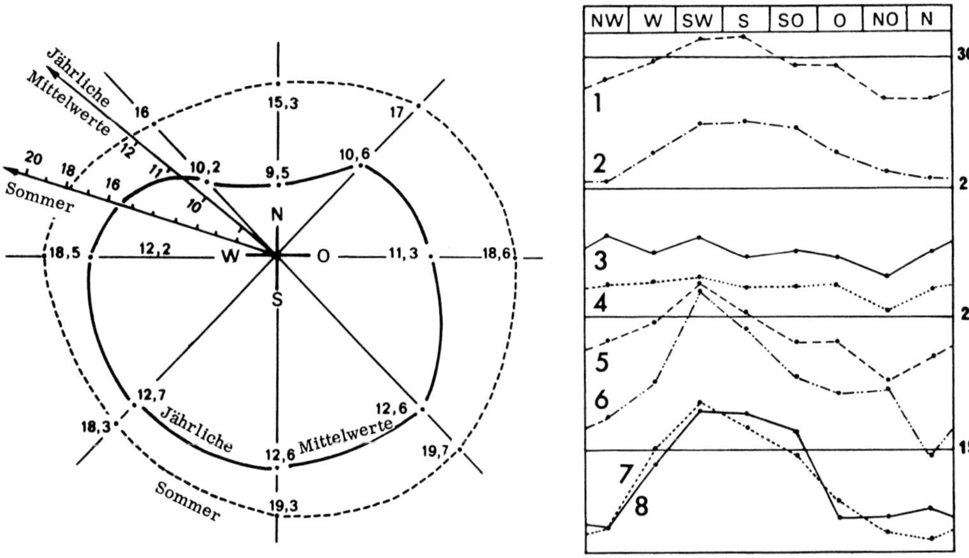

Abb. 1.15: Einfluß der Exposition. Links: Schwankung der Bodentemperatur in Abhängigkeit von der Exposition. Die innere Kurve bezieht sich auf das Jahresmittel, die äußere auf das Sommermittel: Die Temperaturen wurden von 8 °C ausgehend und mit einer doppelt so großen Skala für die Kurve der Jahresmittel als Polarkoordinaten aufgetragen (OZENDA 1954; erstellt nach Zahlen von KERNER für eine Station mit einem Jahresmittel von 11,5 °C, die z. B. dem Klima der Pariser Gegend entspricht). Rechts: Schwankungen verschiedener Höhengrenzen in Abhängigkeit von der Exposition im Ortler-Massiv (nach FRITSCH aus SCHRÖTER). 1) klimatische Schneegrenze; 2) untere Grenze der isolierten Schneeflecken; 3) obere Baumgrenze; 4) obere Waldgrenze; 5) obere Grenze der Sennhütten; 6) obere Grenze der Fettwiesen; 7) obere Grenze der Dauersiedlungen; 8) obere Grenze des Getreidebaus.

Die Beziehung zwischen Exposition und Temperatur wurde unterschiedlich untersucht, sowohl im Tiefland als auch im Gebirge. So durch das Anordnen von Thermometern auf den verschiedenen Seiten eines regelmäßigen Stammes (KRENN, aus WALTER) oder durch das Messen der Bodentemperatur benachbarter, aber unterschiedlich besonnter Parzellen (KERNER, aus SCHRÖTER). Werden die Resultate in Polarkoordinaten eingetragen, mit dem Radius proportional zur Temperatur, so erhält man eine **exzentrische Kurve,** die an eine «Herzkurve» erinnert. Sie weist im Norden eine Verflachung auf (Abb. 1.15). Die Unterschiede zwischen den Extremwerten (z.B. Nord- und Südwestseite) betragen ungefähr drei bis vier Grad. Die Kurve der Temperatursummen eines Tages in Abhängigkeit von der Exposition hat eine ähnliche Form.

Der **Gegensatz zwischen Süd- und Nordhang** kann auch quantitativ nach der unterschiedlichen Höhenlage der klimatischen Schneegrenze dargestellt werden. Diese Höhendifferenz beträgt in den Schweizer Alpen (SCHRÖTER) zwischen 150 und 600 m: Ostschweiz 200 m, Berner Alpen 150 m, Bernina 200–300 m, Penninischen Alpen 500 m. Die obere Waldgrenze weist Werte auf, die in der gleichen Größenordnung liegen, aber etwas geringer sind; 100 bis 200 m; diese Werte können übrigens stark schwanken, je nachdem ob die obere Baumgrenze oder die obere Waldgrenze betrachtet wird (Abb. 1.15 rechts und 8.8).

Der Einfluß der Exposition wirkt sich auch bei der **Niederschlagsverteilung** aus. Die meisten, wenn nicht alle Berge, sind diesbezüglich asymmetrisch, wie einige bekannte Beispiele belegen; so der Gegensatz zwischen der niederschlagsreichen französischen Abdachung in den Pyrenäen und dem sehr trockenen, stellenweise sogar semiariden, spanischen Gebirgsabfall oder nahezu doppelte Niederschlagsunterschiede an der elsässischen im Vergleich zur lothringischen Abdachung der Vogesen. Im ganzen Alpenbogen sind die Verhältnisse komplizierter; eindeutiger bei bestimmten Massiven, wie z.B. bei der Chartreuse:

Nordwestliche atlantische Abdachung:
- St. Laurent du Pont (410 m): 1700 mm
- St. Pierre d'Entremont (650 m): 1740 mm
- St. Pierre de Chartreuse (950 m): 2010 mm

Südöstliche Abdachung:
- Corenc (450 m): 1200 mm
- St. Hilaire du Touvet (1150 m): 1680 mm

Im allgemeinen schirmen die randalpinen Ketten die zwischen- und zentralalpinen Massive gegenüber regenbringendem Wetter ab und sind somit hauptverantwortlich für die relative Trockenheit der inneralpinen Täler.

3.1.3.2. Geländeform

Das lokale Relief beeinflußt verschiedenartig die Temperaturverteilung. Lediglich größere Veränderungen werden erwähnt, die von geographischem Interesse sind; geringfügige Wirkungen des Mikroreliefs werden nicht behandelt. Die wichtigste Störung ist die **Temperaturinversion** am Grunde von Tälern. Einerseits erreicht die Sonne im Winter den Talgrund nicht und andererseits sammeln sich dort Kaltluftmassen durch Konvektion an. Diese Umkehrung des thermischen Höhengradienten kann kurzfristig beachtliche Werte annehmen: bis zu 2 °C Erwärmung je 100 m Höhenzunahme.

Aus diesem Grund liegen, in tief eingeschnittenen Tälern, alte Siedlungen und Kulturen auf halber Höhe des Südhanges, während nur Handelsweiler entlang der Straße in der Talsohle gebaut wurden.

In **Karstgebieten** verursacht die Temperaturinversion **«Frostlöcher»**, wie etwa im Hoch-Jura, wo subalpine Enklaven inmitten montaner Wälder zu finden sind (AUBERT und LUQUET). In den am tiefsten eingeschnittenen Geländevertiefungen kann schließlich die Temperaturinversion so ausgeprägt sein, daß es zur Umkehrung der Vegetationsstufung kommt.

Die Doline auf der Gstettneralm, nahe bei Lunz am See (Niederösterreich), scheint ein Kältepol Mitteleuropas zu sein mit einem absoluten Minimum von −52,6° (Abb. 1.16). Das mittlere Minimum, das auf den umgebenden Hügeln −17° beträgt, fällt nur

Abb. 1.16: Auswirkung der Temperaturinversion auf die Vegetation in der Doline Gstettneralm in Österreich. Abnehmende Höhe der Fichten mit zunehmender Annäherung an den baumlosen Dolinengrund, der eine Art pseudoalpine Enklave darstellt (nach (MOHR).

100 m tiefer, am Dolinengrund (1250 m), auf −44° ab. Von 1932 bis 1941 wurden achtmal Temperaturen unter −50° gemessen. Der Grund wird von einem See und von Rasen ohne Bäume eingenommen. Auf halber Höhe, rund um die Doline folgt eine Zone mit Krüppelfichten, die dann am Rücken in einen hochstämmigen Fichtenwald übergeht (MOHR 1961).

Derartige **subalpine Enklaven** in mittleren Berglagen, wo der Boden oft auch während des Sommers gefroren bleibt als Folge von geomorphologisch bedingten Temperaturinversionen, wurden an verschiedenen Stellen in den Alpen beschrieben: Dauphiné (Cirque de Sainte-Même, Chartreuse), Trentino (Boche di ghiaccio di Appiano, PEDROTTI 1980), Karawanken (AICHINGER 1932) und sogar aus dem Schweizer Jura (Creux du Van).

3.1.3.3. Mikroklima

In dem Maße, wie kleinere Unebenheiten des Geländes, wie z. B. die Feuchtigkeit eines kleinen Tales oder der Schatten eines Steines eine ökologische Nische für Lebewesen bilden, kommen ebensoviele verschiedene Mikroklimate vor. Ihre ausgleichende Wirkung ist umso wichtiger, je extremer die Umweltbedingungen sind, die vom Regional- oder Lokalklima abhängen. Diese mikroklimatische Wirkung wird in den Extremfällen ausschlaggebend, wenn ein begrenzender Faktor, sei es Kälte (in großer Höhe) oder Trockenheit (in ariden Gebieten) auftritt. Deshalb spielt das Mikroklima eine wesentliche Rolle in der extrem rauhen alpinen Stufe, so daß die Vegetationsdecke mosaikartig differenziert ist (Kap. IX).

3.2. Bioklimatische Eigenarten der Alpen

Der Alpenbogen berührt mit einem Ende die mediterrane Region, während das andere an die pannonische Region grenzt. Eine Längsseite ist der Adria zugewandt, während die andere, längere (über 1000 km, wodurch große Unterschiede zwischen den einzelnen Sektoren entstehen) atlantisch beeinflußt ist. Zudem bilden die Zentralalpen eine von den Randalpen sehr verschiedene kontinentale Zone. Dadurch existieren von vornherein mindestens **fünf klimatische Unterregionen,** nach einer immer noch sehr groben Beurteilung. So zeigt das inneralpine Zentrum, das durch Donau, Rhein, Rhône, Po und Etsch (gleichzeitig sind dies Eindringungswege für verschiedene Klimaeinflüsse) entwässert wird, nur dann eine Einheitlichkeit, wenn man es mit den randalpinen Bergmassiven vergleicht.

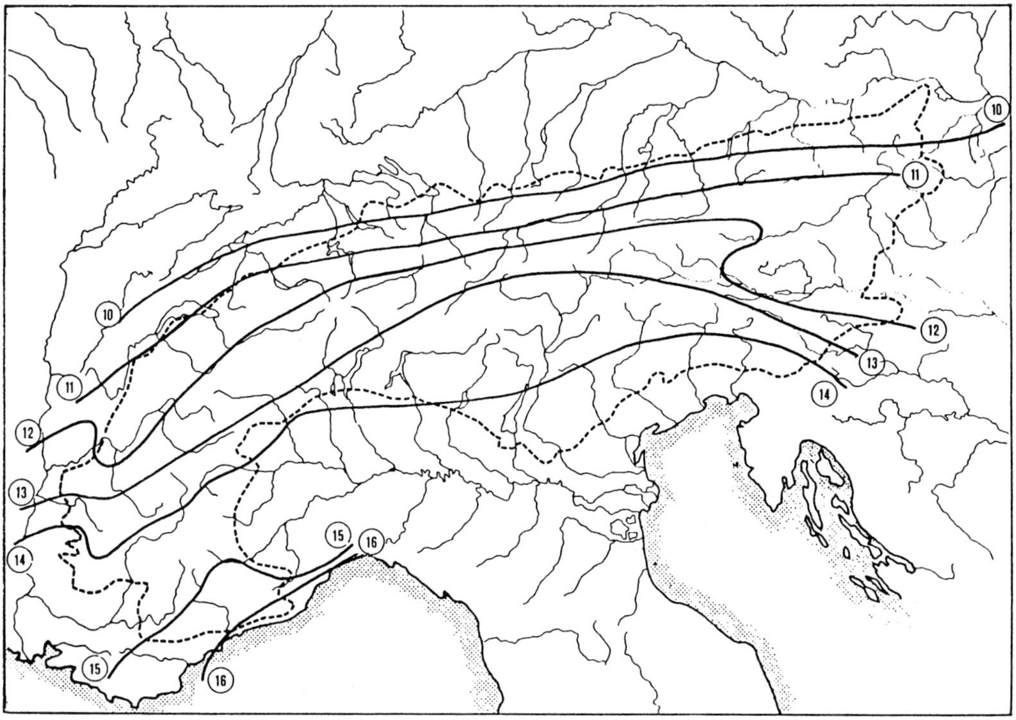

Abb. 1.17: Isothermen der auf dem Meeresspiegel reduzierten Temperaturen in den Alpen. Kommentar im Text.

3.2.1. Temperatur

Eine Kartierung der realen Temperatur wäre nicht von großem Nutzen, da sie sich auf den ersten Blick nicht von einer Höhenschichtlinienkarte unterscheidet und wesentliche Hinweise von Einzelheiten des Reliefs überdeckt werden. Wichtiger ist das Verständnis, inwiefern die Alpen das thermische Klima der eingenommenen Fläche sowie der Umgebung verändern.

3.2.1.1. Reduzierte Isothermen

Natürlich ist es schwierig, sich die räumliche Verteilung der Temperatur des südlichen Mitteleuropas ohne Alpen vorzustellen. Inwiefern ist eine solche Fragestellung überhaupt sinnvoll? Auf alle Fälle ist der Entwurf einer theoretischen Karte der «auf den Meeresspiegel reduzierten Isothermen» lehrreich. Wenn das Jahresmittel (in Grad Celsius) einer auf der Höhe h (in Metern) liegenden Station ist, so beträgt die reduzierte mittlere Temperatur $t_0 = t + 0{,}55 \times h/100$.

Reduzierte Isothermen, die in großen Ebenen von kontinentalem Maßstab ein Bündel Ost-West verlaufender Linien bilden, haben in den Alpen im Vergleich zu den Breitengraden einen schiefen Verlauf. In den Ost- und Zentralalpen (Abb. 1.17) folgen sie recht genau der Richtung der Alpen und weisen in den Westalpen eine vergleichbare Neigung auf. Deshalb sind **biologisch** die Unterschiede in den Höhengrenzen der Vegetationsstufen zwischen den verschiedenen Gebieten der Alpen geringer, als nach den verschiedenen Breitengraden zu erwarten wäre.

	RANDALPEN					INNERALPEN				
	ORT	Höhe (in m)	Tatsächliche Temperatur	Auf 0 m reduzierte Temperatur	Mittelwerte	ORT	Höhe (in m)	Tatsächliche Temperatur	Auf 0 m reduzierte Temperatur	Mittelwerte
I	La Mure	882	6,1	11	11,15	Barcelonnette	1134	7,3	13,5	13,3
	Lente	1080	4,3	11,3		Briançon	1300	6,7	13,9	
						Aiguilles	1460	4,5	12,5	
II	Bern	572	8,1	11,2	10,9	Sion	550	9,8	12,8	12,3
	St-Gallen	680	6,9	10,6		Serre	550	9,3	12,5	
						Chur	633	8,2	11,7	
III	Lunz	615	6,4	9,8	9,8	Heiligenblut	1404	4,7	12,4	12,9
	Zell am See	754	5,7	9,8		Obergurgl	1927	2,8	13,4	

Abb. 1.18: Temperaturüberschuß in der inneralpinen Zone im Vergleich zu den Randalpen. Innerhalb dreier Gruppen wird das Klima von Standorten verglichen, die auf vergleichbarer geographischer Breite liegen: Dauphiné-Alpen (I), Berner Alpen (II), und nordösterreichische Ostalpen (III).

3.2.1.2. Thermische Bevorzugung der Inneralpen

Die **Zentralalpen** weisen eine um ca. 1 bis 2° höhere Temperatur auf als Orte der Randalpen desselben Breitengrades und analoger Höhe (Abb. 1.18). Dieser Unterschied wird durch neuere und sehr ausführliche Arbeiten von Fliri über das Tiroler Klima bestätigt (vgl. Kap. VII, Abb. 7.12/B).

Deshalb steigen die Stufengrenzen in den Inneralpen um 200–300 m höher, z.B. Vergleich homologer Grenzen im Gebiet von Grenoble und von Briançon (Cadel – Gilot 1962).

Die Gründe sollen nicht diskutiert werden, die zur Erklärung dieses Phänomens angeführt wurden (Effekt der Massenerhebung, Lichtintensität, höhere klimatische Schneegrenze).

3.2.1.3. Spalierwirkung

Infolge ost-westlicher Ausrichtung können die Alpen als gewaltiger, nach Norden gerichteter Schirm aufgefaßt werden. Dementsprechend besitzen die südliche Abdachung und Regionen am Fuß der Alpen ein verhältnismäßig wärmeres Klima. Abb. 1.17 zeigt deutlich, daß die Isothermen viel weiter auseinander liegen als an der Nordabdachung.

In den küstennahen Seealpen, wo die Alpen die Küste mit schroffem Relief berühren, überschreitet eine Enklave mit thermomediterraner Vegetation die Nordgrenze ihres Hauptverbreitungsgebietes um 200 km. Außerdem steigt dort im Hinterland *Quercus ilex* höher als 800 m. Am Gardasee werden Oliven angebaut, viel weiter nördlich als das geschlossene Areal. In gleicher Höhe

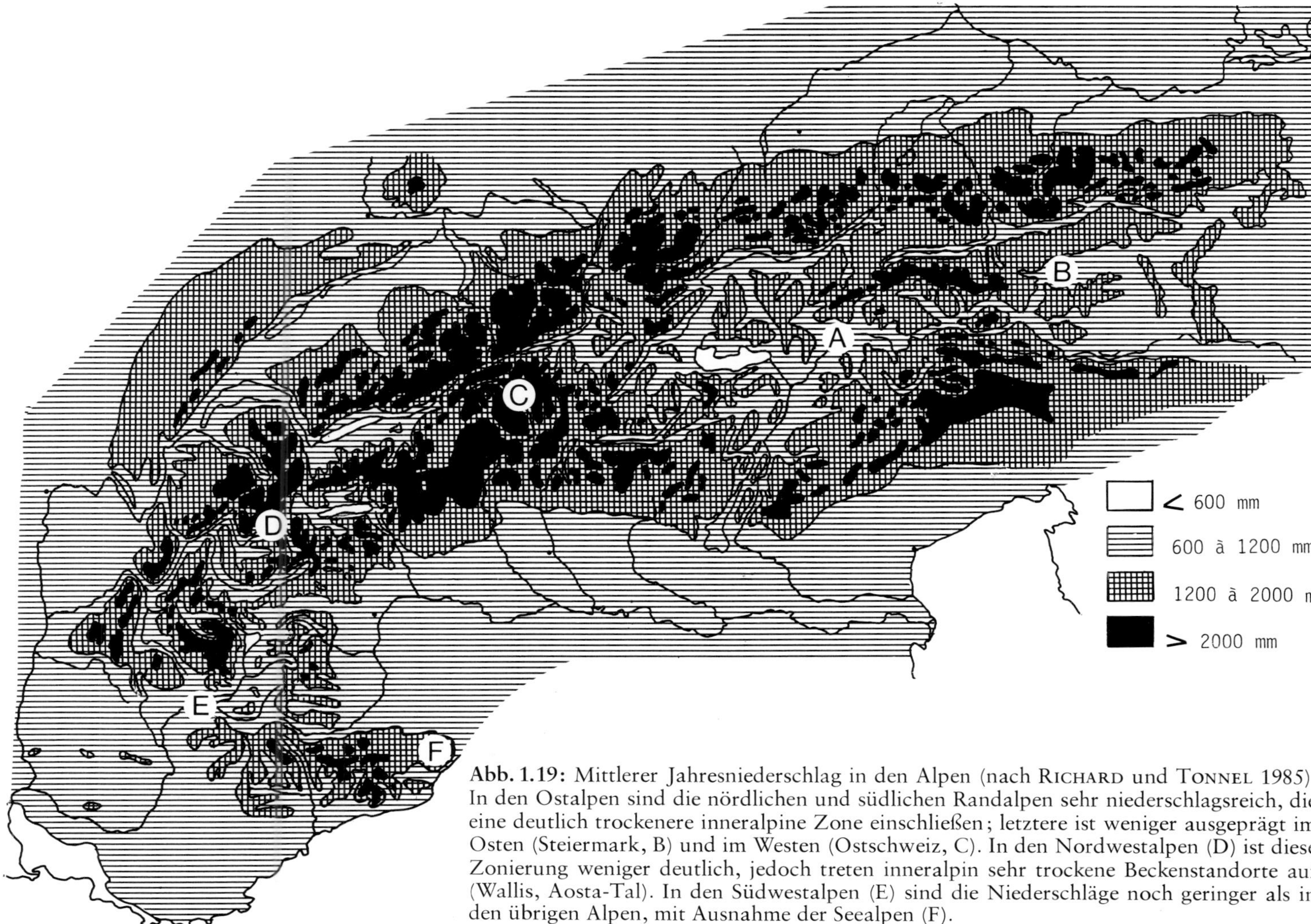

Abb. 1.19: Mittlerer Jahresniederschlag in den Alpen (nach Richard und Tonnel 1985). In den Ostalpen sind die nördlichen und südlichen Randalpen sehr niederschlagsreich, die eine deutlich trockenere inneralpine Zone einschließen; letztere ist weniger ausgeprägt im Osten (Steiermark, B) und im Westen (Ostschweiz, C). In den Nordwestalpen (D) ist diese Zonierung weniger deutlich, jedoch treten inneralpin sehr trockene Beckenstandorte auf (Wallis, Aosta-Tal). In den Südwestalpen (E) sind die Niederschläge noch geringer als in den übrigen Alpen, mit Ausnahme der Seealpen (F).

kann die Vegetation der nördlichen und südlichen Randalpen um eine ganze Stufe verschoben sein: so erreicht der obere Buchenwald in den Dolomiten oft die Höhenlage des höchsten Fichtenwaldes an der nördlichen Abdachung, weshalb er oft irrtümlich als subalpin bezeichnet wurde.
Die thermischen Bedingungen der Hochgebirgslagen sind in den gesamten Alpen weitgehend gleich. Auch die Grenzen der alpinen Stufe schwanken nur wenig von einem Massiv zum anderen. Nördliches und südliches Alpenvorland hingegen unterscheiden sich dagegen stark. Dadurch weicht zwangsläufig der Temperaturgradient in Abhängigkeit von der Höhe von seinem theoretischen Wert 0,55°/100 m etwas ab, der auf der südlichen Abdachung etwas größer sein muß, während folglich die Vegetationsstufen am Südabfall etwas schmäler entwickelt sind. Dieser Unterschied zeichnet sich bereits am Beispiel der Südwestalpen ab (Abb. 4.13, vgl. Kap. IV).
Andere regionale Einflüsse werden, bei wesentlichem Einfluß auf die Vegetation, in den nachfolgenden Kapiteln erwähnt.

3.2.2. Niederschlag

Niederschläge sind die Hauptursache der großen regionalen Unterschiede.

3.2.2.1. Jahresniederschlag

Abb. 1.19 zeigt die mittlere Höhe des Jahresniederschlages für die gesamten Alpen. Auf den ersten Blick fällt der Gegensatz zwischen dem niederschlagsarmen inneralpinen Gebiet und den viel feuchteren Randalpen auf. Die Vielfalt der randalpinen Klimate, die als Gebirgsform des jeweiligen voralpinen Klimas aufgefaßt werden können, weist feine Unterschiede auf.
Besonders auffallend ist das Auftreten von **Trockengebieten** in den inneralpinen Becken. Die Niederschläge sinken dort unter 700 mm mit einem absoluten Minimum im Mittelwallis (450 mm). Die trockensten Gebiete liegen im Westen (Becken von Haute Durance, Aostatal, Wallis, oberes Etschtal und namentlich Vintschgau), vermutlich deshalb, da es sich um die am tiefsten einge-

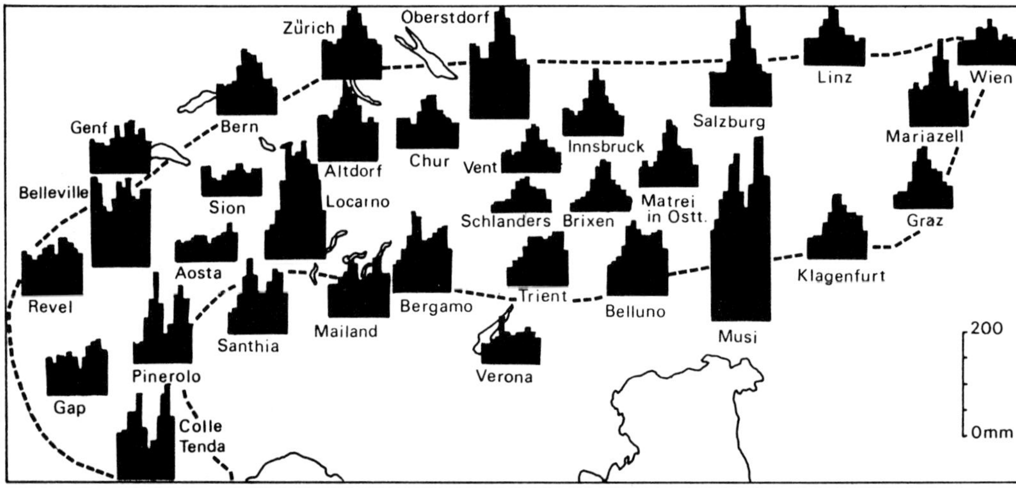

Abb. 1.20: Monatsniederschläge verschiedener Stationen in den Alpen (nach FLIRI). Geringe Niederschläge in der inneralpinen Zone (Aosta, Sion, Schlanders) gegenüber hohen Niederschlägen in den nordwestlichen (Belleville), Bayerischen (Oberstdorf), Tessiner (Locarno) und Julischen Randalpen (Musi). Fast überall tritt das Maximum im Sommer ein. Eine Ausnahme bilden die Südwestalpen, wo sich das sommerliche Niederschlagsminimum des Mittelmeerklimas bis ins Aostatal auswirkt. Die gestrichelte Linie grenzt die alpine Kette ab.

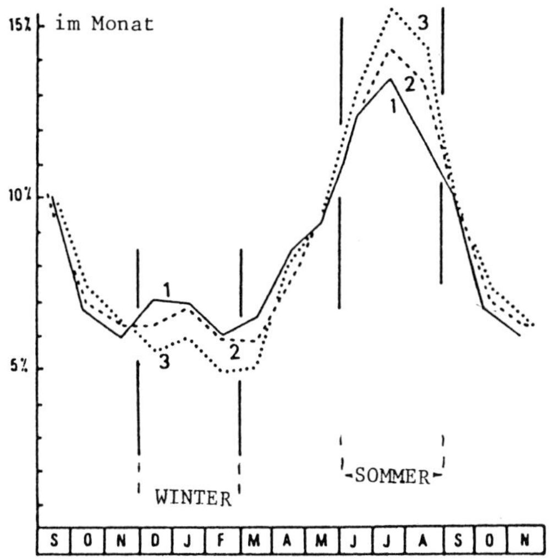

Abb. 1.21: Jahreszeitliche Niederschlagsverteilung für drei Gruppen ostalpiner Stationen. 1) Chiemgauer Alpen, in der randalpinen Zone; 2) Kitzbüheler Alpen, in der zwischenalpinen Zone; 3) Hohe Tauern und Zillertal, in der inneralpinen Zone. Die drei Zonen weisen übereinstimmende Niederschlagsverteilung auf: Maximum im Sommer, Minimum im Winter. Bei den monatlichen Niederschlagswerten handelt es sich um relative (% der jährlichen Menge) und nicht um absolute Werte. (Nach H. MAYER, 1963).

schnittenen Täler in den höchsten Gebieten der Alpen handelt. Bei den drei ersten Becken wirkt sich außerdem zunehmender mediterraner Einfluß aus. Die anderen inneralpinen Trockentäler weisen etwas günstigere Niederschlagsverhältnisse auf; 700 bis 850 mm. Die Vegetation dieser Becken wird im Kap. VII behandelt (inneralpine montane Stufe).

Unter den **randalpinen Gebirgen** sind die nordöstlichen Randalpen (Chartreuse bis Chablais), lombardische Alpen und Tessiner Alpen, die Bayerischen Alpen und die Julischen Alpen die feuchtesten Gebiete. Der Jahresniederschlag übersteigt in mittleren Höhen regelmäßig 2 m und wird für die nicht übermäßig hohen Gipfel auf über 3 m geschätzt.

3.2.2.2. Jahreszeitliche Verteilung des Niederschlages

Mit Ausnahme der Südwestalpen entspricht die Niederschlagsverteilung fast in den ganzen Alpen dem kontinentalen Typ mit Sommermaximum, auch in den äußeren Randalpen (Abb. 1.20).

Randalpine und zentrale Gebirge unterscheiden sich recht wenig, wenn man nicht die absolute Niederschlagsmenge, sondern den monatlichen Anteil des Niederschlages an der Jahressumme betrachtet. Die drei Sommermonate mit Niederschlagsmengen von ungefähr je 13 bis 15% der Jahressumme erreichen zusammen fast den halben Jahresniederschlag (Abb. 1.21; s. auch Abb. 7.12/C).

Abweichend ist die Situation in den Südwestalpen (Abb. 1.22), wo sich das mediterrane Klimaregime in der Provence und in Ligurien durch eine ausgeprägte Sommerdürre auswirkt. Niederschläge im Juni, Juli und August können zusammen nur ein Zehntel der Jahressumme erreichen. In der Haute-Provence und in den Seealpen sind Steigungsregen gleichmäßig auf alle Monate verteilt, und das Sommerminimum bleibt trotz einer allmählichen Abschwächung bis zum 45. Breitengrad bemerkbar, d.h. bis zur ungefähren Grenze zwischen den Süd- und Nordalpen (Paß von Croix-Haute). An der piemontesischen Abdachung tritt das Sommerminimum noch viel weiter nördlich auf. Dieses Minimum ist auch noch in der inneralpinen Zone bei Briançon (1300 m) bemerkbar; sogar bis Aosta.

3.2.2.3. Kontinentalitätsindex

Obwohl der allgemeine Trend, Zunahme der Niederschläge mit der Höhe, sich in den gesamten Randalpen beobachten läßt, gilt er nur zum Teil für die inneralpine Zone (Abb. 1.10).

Beim Ansteigen in einem **inneralpinen Tal** bleibt die Jahressumme der Niederschläge weitgehend konstant oder nimmt sogar etwas

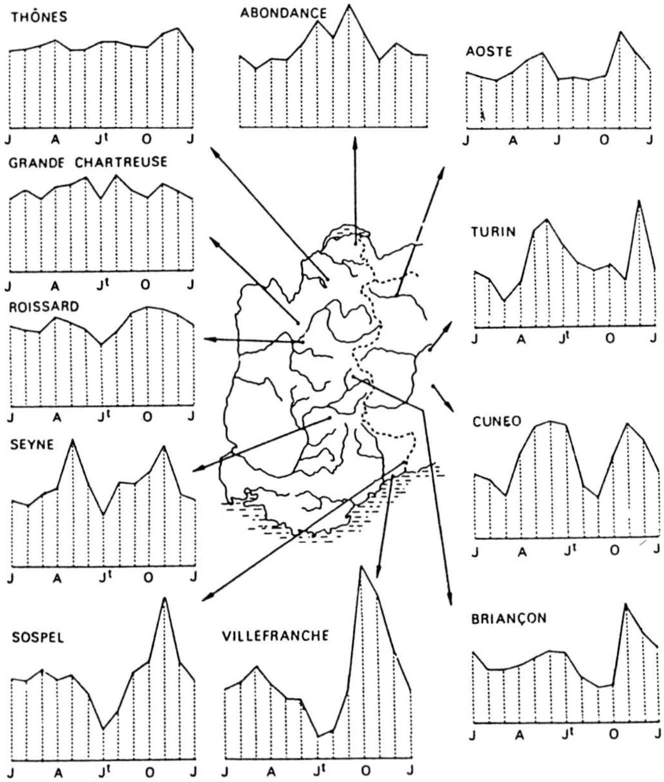

Abb. 1.22: Monatliche Niederschlagsverteilung der Westalpen. Das deutliche, mediterran bezeichnende Sommerminimum (Villefranche und Sospel) schwächt sich gegen Norden allmählich ab und geht in eine ausgeglichenere subatlantische oder in eine kontinentale Niederschlagsverteilung mit Sommermaximum über (Abondance). Mittel der Jahre 1911–1950, ausgenommen Villefranche, 1880–1910. (Zusammengestellt nach BLANCHARD 1956, und für italienische Stationen nach dem Atlas von WALTER-LIETH).

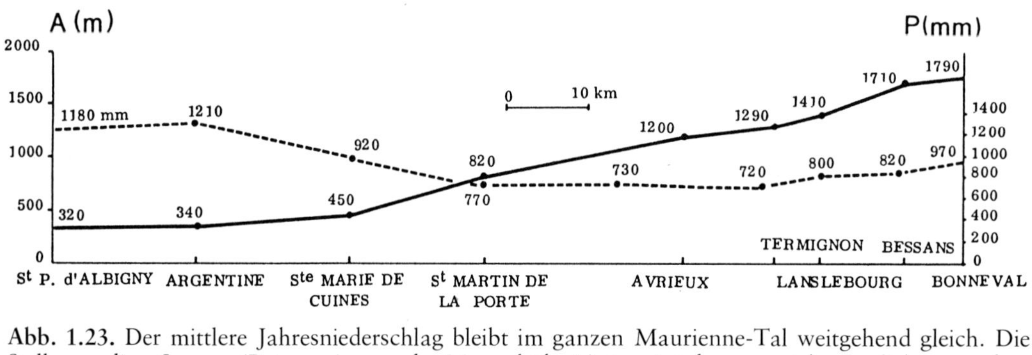

Abb. 1.23. Der mittlere Jahresniederschlag bleibt im ganzen Maurienne-Tal weitgehend gleich. Die Stelle, wo diese Summe (P, in mm) unter der Meereshöhe (A, in m) sinkt, entspricht ziemlich genau dem Beginn der inneralpinen Zone (nach RICHARD und PAUTOU 1983).

ab. So im Maurienne-Tal (Abb. 1.23), wo die Jahressumme (in mm) im ganzen unteren (randalpinen) Teil des Tales die Meereshöhe (in m) deutlich übertrifft, während im oberen (inneralpinen) Teil das Gegenteil eintritt.

Es kann interessant sein, durch eine Art Symmetrie mit den auf den Meeresspiegel bezogenen Isothermen auch die Niederschläge unabhängig von der Höhe zu vergleichen. Dazu verwenden wir das Verhältnis P/A, wobei P die Jahressumme der Niederschläge in Millimetern und A die Meereshöhe eines bestimmten Ortes in Metern darstellt (im weiteren Text sowie in den Legenden der Abb. 1.23, 24 und 25 werden diese Symbole beibehalten). Gams (1922) hat einen hygrischen Ozeanitätskoeffizienten definiert, der als Winkel ausgedrückt wird, deren Tangente diesem Verhältnis entspricht. Umgekehrt einen **hygrischen Kontinentalitätswinkel,** dessen Kotangente demselben Verhältnis entspricht (Abb. 1.24). Aus hier nicht dargelegten Gründen ist es zweckmäßiger, die Winkelwerte zu verwenden als das Verhältnis P/A, das durch große Amplitude schlechter handzuhaben ist.

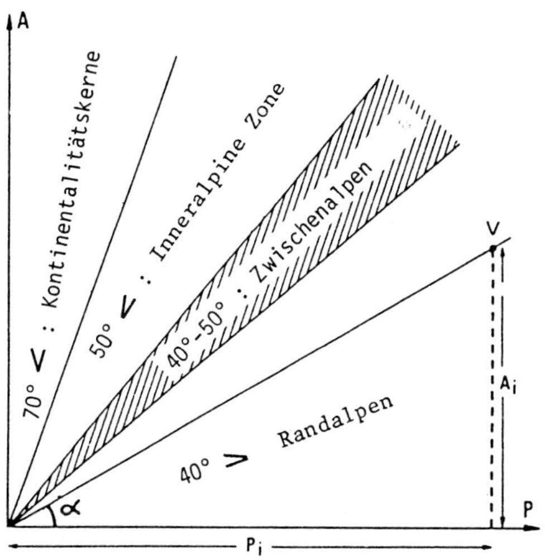

Abb. 1.24: Kontinentalitätswinkel von Gams, dargestellt am Beispiel Villard-de-Lans im Vercors (VL). Die Kontinentalität kann anhand des Verhältnisses P/A der mittleren Jahressumme der Niederschläge (P) und der Meereshöhe (A), ausgedrückt werden, d. h. durch die Kontangente des Winkels. Dieser Winkel liegt unter 40° für Gebiete mit ozeanischem Klima, wie z. B. Randalpen, über 50° für inneralpine kontinentale Zonen und über 70° bei stark ausgeprägten Kontinentalitätspolen gewisser Täler. Werte, ungefähr zwischen 40 und 50°, entsprechen weitgehend den «Zwischenalpen».

In sehr feuchten und tiefgelegenen Regionen des Alpenvorlandes liegt dieser Kontinentalitätswinkel unter 10°, während er in den trockensten inneralpinen Tälern 70° übersteigen kann. Werte zwischen 40° und 50° entsprechen der «Übergangszone zwischen dem Buchenklima und dem der Föhren und der Zirbe», d.h. weitgehend der Zone, die wir als Zwischenalpen bezeichnen.

Auf einem Diagramm, wo die Niederschläge (mm) auf der Abszisse und die Meereshöhe (m) auf der Ordinate dargestellt werden, liegen die Punkte voralpiner Orte mit ozeanischem Klima unter der Halbierungsgrenze der Achsen (Linie mit der Steigung 1), während die inneralpinen Orte mit kontinentalem Klima über dieser Linie erscheinen. Zudem nehmen die Niederschläge in den Randalpen mit der Höhe zu, während sie in inneralpinen Tälern mit der Höhe weitgehend konstant bleiben.

Abb. 3.11 verdeutlicht die Verbreitung der drei für die montane Stufe bezeichnenden Formationen in der äußeren und inneren Zone sowie in der Zwischenzone.

Gams hat Karten der Kontinentalitätszonen in den Alpen publiziert, die nur schwer zu interpretieren sind, weil er Einzelheiten des Reliefs berücksichtigt hat. Dabei muß der Begriff der Kontinentalität auf die Alpen oder wenigstens auf bestimmte Alpengebiete beschränkt werden. Ein größerer Maßstab (z.B. isoliertes Tal) ist wenig sinnvoll. Eine neue Karte, der die Notwendigkeit einer umfassenden Betrachtung zugrunde liegt und wo neuere und einheitlichere Niederschlagswerte aus dem Atlas von Walter und Lieth berücksichtigt wurden, wurde gefertigt (Abb. 1.26): zur Vereinfachung wurden nur Stationen der inneralpinen Zone im engeren Sinn (Winkel größer 50°) und der randalpinen Zone (Winkel kleiner 40°) aufgeführt. Für die Südwest-Alpen müßte diese

Karte anhand anderer Quellen vervollständigt werden.
Es muß betont werden, daß der **Kontinentalitätsindex** hinsichtlich seiner Anwendung für mittlere Höhen der Alpen definiert wurde. Nur mit größter Vorsicht kann er auf andere Lagen übertragen werden. Eine Anwendung im Tiefland oder im hügeligen Alpenvorland hat offensichtlich keinen besonderen Sinn, da infolge der geringen Meereshöhe das Verhältnis P/A sehr hohe Werte annimmt und der Winkel gegen Null tendiert. Außerdem haben sich Anwendungsversuche in anderen Gebirgen, die wir durchgeführt haben, als ziemlich enttäuschend erwiesen. Schließlich darf dieser Index, zur Erfassung trockener inneralpiner Zonen, keineswegs mit einem Ariditätsindex verwechselt werden. Die Niederschlagsminima, die immer noch um 500 bis 600 mm betra-

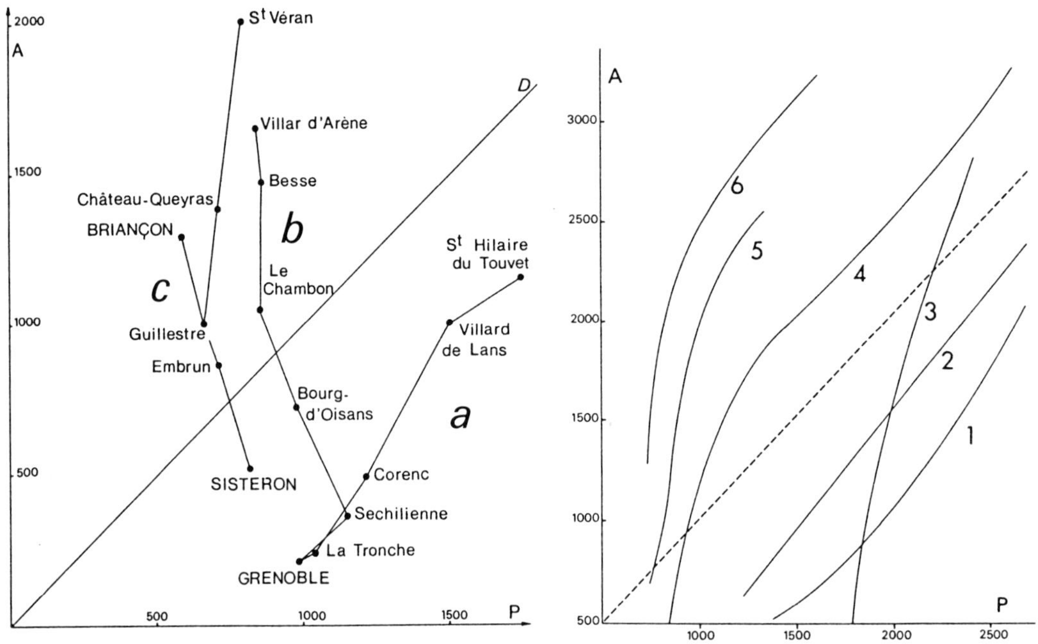

Abb. 1.25: Beispiele für die Veränderlichkeit des Kontinentalitätswinkels in der randalpinen und inneralpinen Region. Links: Dauphiné-Alpen (nach OZENDA 1981). a) Steigt man von Grenoble (200 m, Niederschlag 980 mm) in die randalpinen Gebirge hinauf, nehmen die Niederschläge stark zu (Villard-de-Lans im Vercors, St. Hilaire-du-Touvet in der Chartreuse). b) Bewegt man sich nach Osten und dringt in die inneralpine Zone ein, dem Romanche-Tal folgend, bleiben die Niederschläge trotz der zunehmenden Meereshöhe unverändert. Die Gerade D stellt die Winkelhalbierende der Achsen dar, d. h. die Lage der Orte, wo P in mm gleich A in m ist und wo grundsätzlich der Übergang von der äußeren randalpinen Zone (unterhalb der Gerade) zur inneralpinen Zone (oberhalb der Gerade) liegt. Tatsächlich befindet sich Bourg d'Oisans noch im Buchenareal, während bei Chambon die ersten Lärchenwälder auftreten. c) Ähnliches läßt sich auch im Durance-Tal beobachten, wo Embrun noch in der Übergangszone liegt, während Guillestre bereits zum inneralpinen Gebiet gehört. Rechts: in den Zentralalpen (nach AULITZKY 1974). 1) Allgäu (Bayern); 2) Achensee-Gegend (Tirol); 3) Tessin; 4) Schweizerische Inneralpen; 5) und 6) nördlicher bzw. südlicher Teil des Ötztales (Tirol). 1 und 2 liegen in den Randalpen, und die Kurven liegen unterhalb der gestrichelten Geraden, die dem Winkel 45° entspricht; die Niederschläge nehmen mit der Höhe deutlich zu. 5 und 6 liegen in inneralpinen Zonen, und die Niederschläge sind nahezu unabhängig von der Meereshöhe. Der Tessin (3) stellt eine Ausnahme dar: die Niederschläge sind in tiefen Lagen schon so hoch, daß sie nur noch schwach mit der Höhe zunehmen.

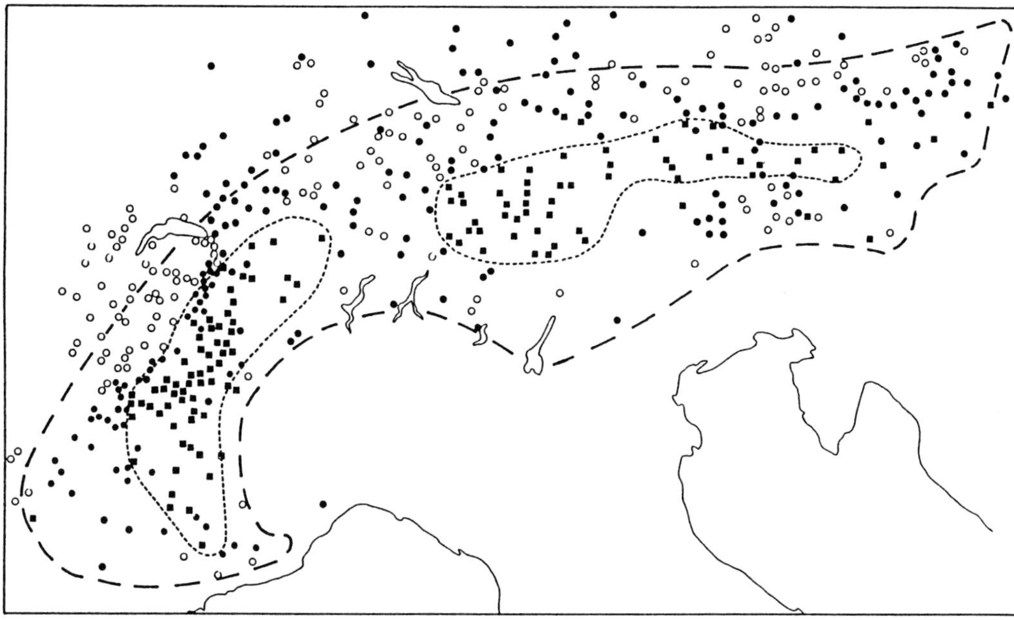

Abb. 1.26: Kontinentalitätsindex von GAMS in den Alpen für Orte, die über 800 m liegen. Die Quadrate entsprechen Orten mit einem Index von über 55° und gruppieren sich in zwei Regionen, die weitgehend den Kontinentalitätspolen der Abb. 1.31 entsprechen. Punkte kennzeichnen Werte zwischen 40 und 30° und die Kreise unter 30°. Punkte und Kreise repräsentieren die randalpine Region. Zwecks Übersicht wurden mittlere Werte (40–50°) nicht eingezeichnet. Die gestrichelten Linien entsprechen den äußeren Grenzen der Kette und den zwei Kontinentalitätspolen (Aufgestellt nach Zahlen des Klima-Atlas von WALTER-LIETH). Siehe auch Abb. 4.15 und 7.13.

gen, befinden sich in inneralpinen, aber hochgelegenen Tälern mit einem verhältnismäßig kühlen Klima: somit ist keine mediterran-ähnliche Aridität möglich und der MARTONN'sche Ariditätsfaktor liegt immer über 30. Die Vegetation dieser Talbecken zeigt einen deutlich xerophilen Einschlag, aber die in solchen Fällen oft verwendete Bezeichnung «Steppe», wie z.B. im schweizerischen Unterwallis, scheint übertrieben.

4. Böden der Alpen

Auf die Böden wird nur kurz eingegangen. Einerseits sind sie, wie alle Gebirgsböden, noch wenig bekannt, andererseits hängen sie gleichermaßen von der Vegetation wie von der Umwelt ab. Eine genauere Beschreibung erfolgt deshalb für jede große Vegetationseinheit getrennt, um die lokale Situation zu kennzeichnen.

4.1. Eigentümlichkeiten der Bodenbildung

Die Böden der Alpen und großer Gebirge weisen drei wesentliche Eigenschaften auf, die gegenüber Böden des Tieflandes abgrenzen.

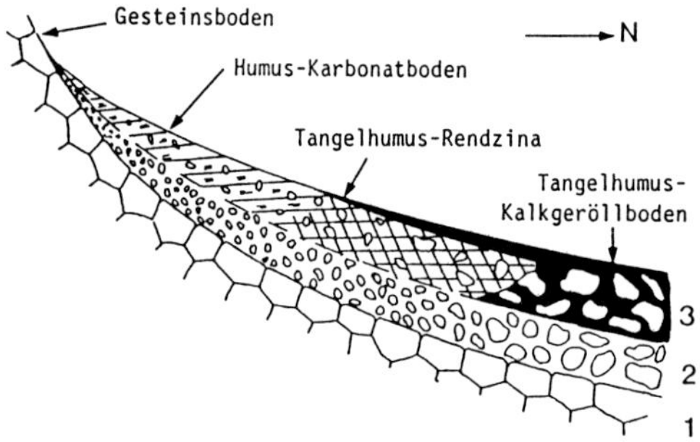

Abb. 1.27: Bodenreihe (Catena) auf einer Karbonat-Schutthalde (nach DUCHAUFOUR, verändert). 1) nicht verwittertes Gestein; 2) unveränderte Schutthalde; 3) geringmächtige, sich zum Boden entwickelnde Schicht der Schutthalde.

a) Ihre **Entwicklung geht nur langsam** vor sich und bleibt oft unvollständig: langsam infolge der tiefen Temperaturen und unvollständig, weil die Bodenreifung durch dauernde Verjüngung infolge Erosion gehemmt ist.

b) Diese Böden entstehen nicht immer aus dem anstehenden Muttergestein, sondern viel häufiger aus **Ablagerungen,** die bereits durch Erosion, Erdrutsch oder Transport durch Wildbäche oder Gletscher verändert wurden. Bei diesen Ablagerungen handelt es sich um Schutt, um kolluviale oder alluviale Sedimente oder um Moränen. **Geomorphologische Vorgänge,** aus welchen diese sekundären Substrate hervorgegangen sind, spielen eine ebenso wichtige Rolle wie die Bodenbildung selbst. Das Muttergestein im pedogenetischen Sinn ist somit oft ein neugebildetes Substrat und nicht die ursprüngliche geologische Formation.

c) Auch der quantitative Beitrag der verschiedenen Faktoren zur Bodenbildung ist nicht gleich wie im Tiefland. So spielen in den Anfangsphasen die physikalischen Faktoren eine viel größere Rolle. Erhitzung des Felsgesteins, Frostsprengung und auch Schwerkraft, die sich in Schutthalden, in der Unstabilität des Grobmaterials, dem Mitreissen des Feinschuttes, der Entwässerung des Hanges und der neigungsbedingten Auswaschung der Nährstoffe äußern. Eine Folge davon ist das Entstehen von «**Bodenreihen**» oder **Catenas** entlang der Hänge (Abb. 1.27). Unter «**Gebirgsböden**» muß man zugleich typisch entwickelte Böden, wie auch wenig entwickelte Böden und schließlich Substrate, die nicht oder nur wenig verändert wurden und als Ausgangsmaterial für die Bodenbildung dienen, verstehen.

4.2. Höhenstufen der Böden

Mit steigender Höhe nimmt der Anteil der Rohböden und der gering entwickelten Böden gegenüber reifen Böden zu. Diese Verschiebungen verursachten das stärker ausgeprägte Relief, das die Erosion fördert, abnehmende Temperaturen und die Verkürzung der schneefreien Zeit. Die beiden letzten Faktoren bewirken eine verlangsamte Bodenbildung. Im Hochgebirgsraum sind die Böden der alpinen Stufe zu einer flachgründigen Schicht ohne differenzierte Horizonte reduziert, die direkt auf dem Muttergestein ruht (A-C-Böden, Silikat-Ranker; Abb. 1.28). Durch tiefe Temperaturen häuft sich Humus an, da die Mineralisation der organischen Substanz und ihre Vermengung mit den Tonkolloiden verhindert oder verlangsamt wird. Mit steigender Höhe bilden sich immer mächtiger werdende **Humusansammlungen,** die schließlich in gewissen alpinen Rankern das ganze Profil beherrschen.

Abb. 1.28: Profile von Hochgebirgsböden (nach LEGROS und CABIDOCHE 1977). A) alpiner Moder-Ranker auf Granit, Plan de l'Aiguille, Chamonix (vgl. Abb. 1.29); B) Eisen-Humus-Podsol am Fuß einer Schutthalde, Col des Montets, Chamonix (vgl. Abb. 1.30); C) subalpiner Moder-Ranker auf Schutt unter einem Rhododendrongebüsch, Aran-Tal, Pyrenäen. A_0: Streuschicht. A_1: Humusschicht. A_2: Auswaschungshorizont (ausgebleicht). Bh: organischer Anreicherungshorizont. Bfe: Eisen- und Aluminium-Anreicherungshorizont. C: anstehendes Grundgestein. ▶

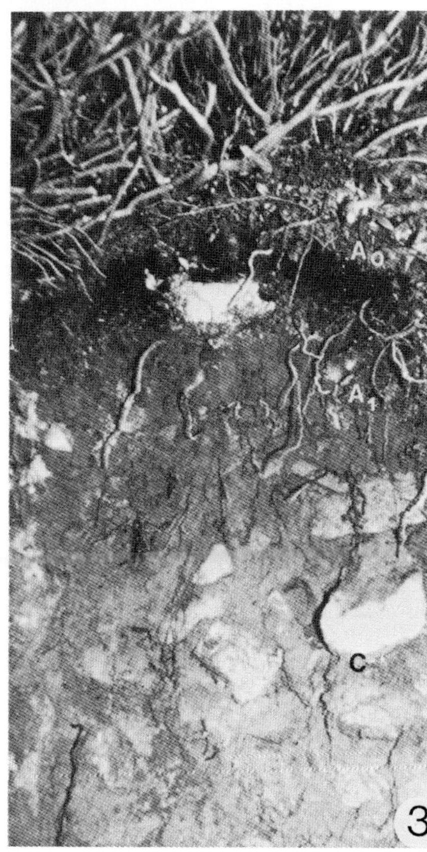

Abb. 1.28

Diese nachteiligen Faktoren werden aber teilweise durch andere aufgewogen:
– Die **Schneedecke** besitzt eine thermisch isolierende Wirkung, so daß verschiedene chemische Reaktionen oder die verlangsamte Aktivität gewisser Mikroorganismen auch während der kalten Jahreszeit, bei Temperaturen um den Gefrierpunkt, weiter ablaufen können.
– Die **Niederschläge** nehmen mit der Höhe zu, wodurch die Tonverlagerung als ein Hauptfaktor der Bodenbildung gefördert wird.
Diese Zunahme von Tonverlagerung und Humusgehalt bewirken eine Bodenversauerung, die sogar zur **Podsolierung** führen kann. So stellten NEUWINGER – CZELL (1961), welche die Böden in der alpinen und sub-

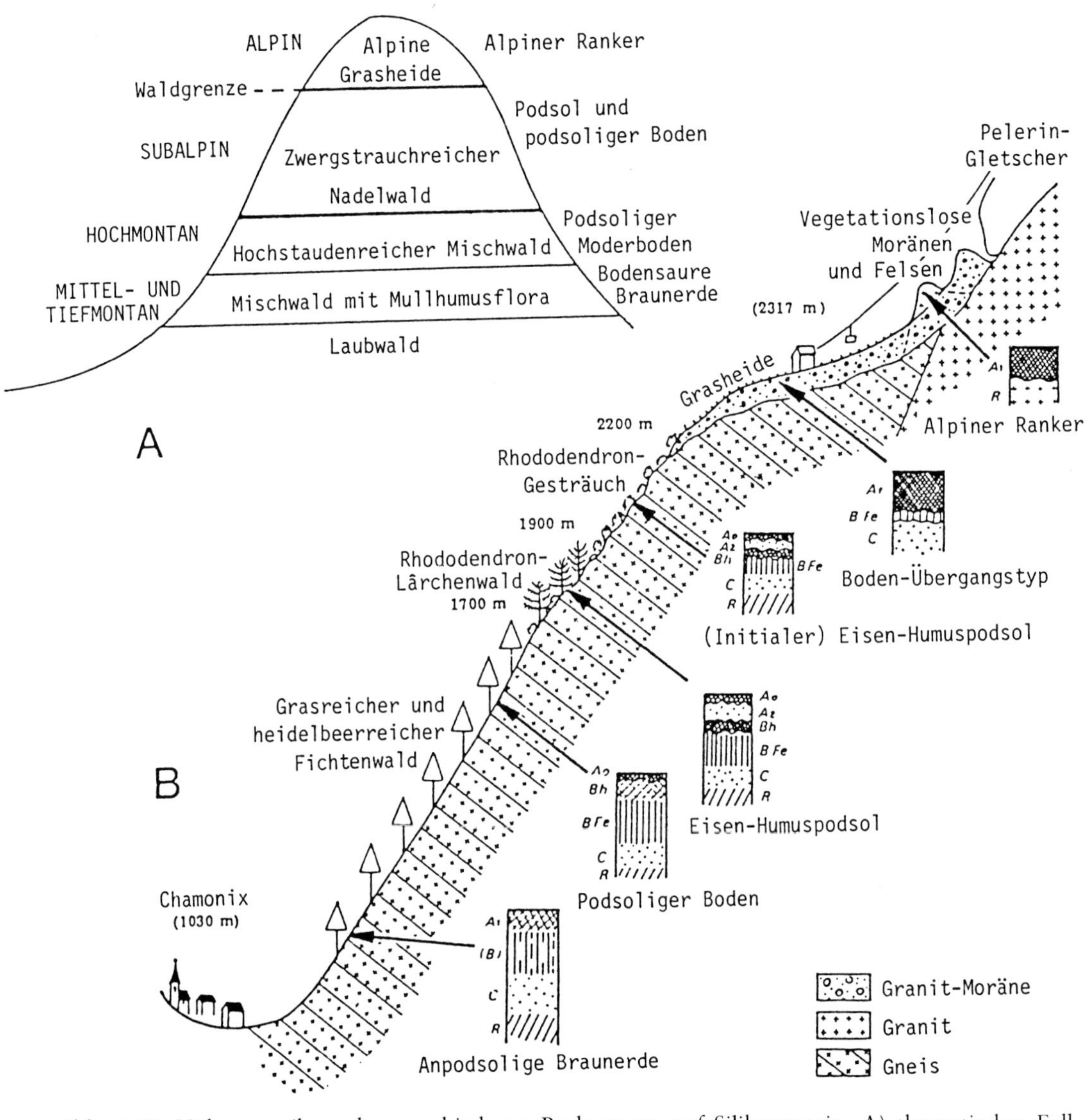

Abb. 1.29: Höhenverteilung der verschiedenen Bodentypen auf Silikatgestein. A) theoretischer Fall (nach DUCHAUFOUR 1983). B) Konkretes Beispiel aus dem Chamonix-Tal, Obersavoyen (nach LEGROS und CABIDOCHE).

alpinen Stufe im Raume Obergurgl (Ötztaler Alpen) untersuchten und kartierten, durchwegs eine teilweise bis vollständige Podsolierung fest. Allgemein herrschen oberhalb der montanen und subalpinen Kontaktgrenze saure Böden vor und das auch auf Karbonat (Tangelhumusrendzina). Diese Entwicklung wird noch dadurch verstärkt, daß ausgewogene Laub-Nadel-Mischwälder mittlerer Höhenlagen durch vorherrschende subalpine Nadelwälder mit Zwergsträuchern ersetzt werden.

Die klimatischen Höhengradienten und die Verteilung der Vegetationsstufen bedingen eine Abfolge der Böden in Abhängigkeit von der Meereshöhe, ähnlich der Bodenzonierung im Tiefland.

Abb. 1.29 gibt eine Übersicht dieser stufenförmigen Anordnung von Böden und Vegetation auf kristallinem Untergrund, der bei höheren Gebirgsgruppen vorherrscht. Komplizierter ist der Aufbau auf kalkhaltigem Substrat, mit auffälligen Unterschieden je nach Muttergestein: Hartkalk, Dolomit oder leichter verwitternde Mergel (Bartoli 1966; Bottner 1972). Weitere, eher spezielle Gesteinstypen, zeigen eine gewisse Annäherung zu Kalkstandorten: Sandstein mit Kalk-

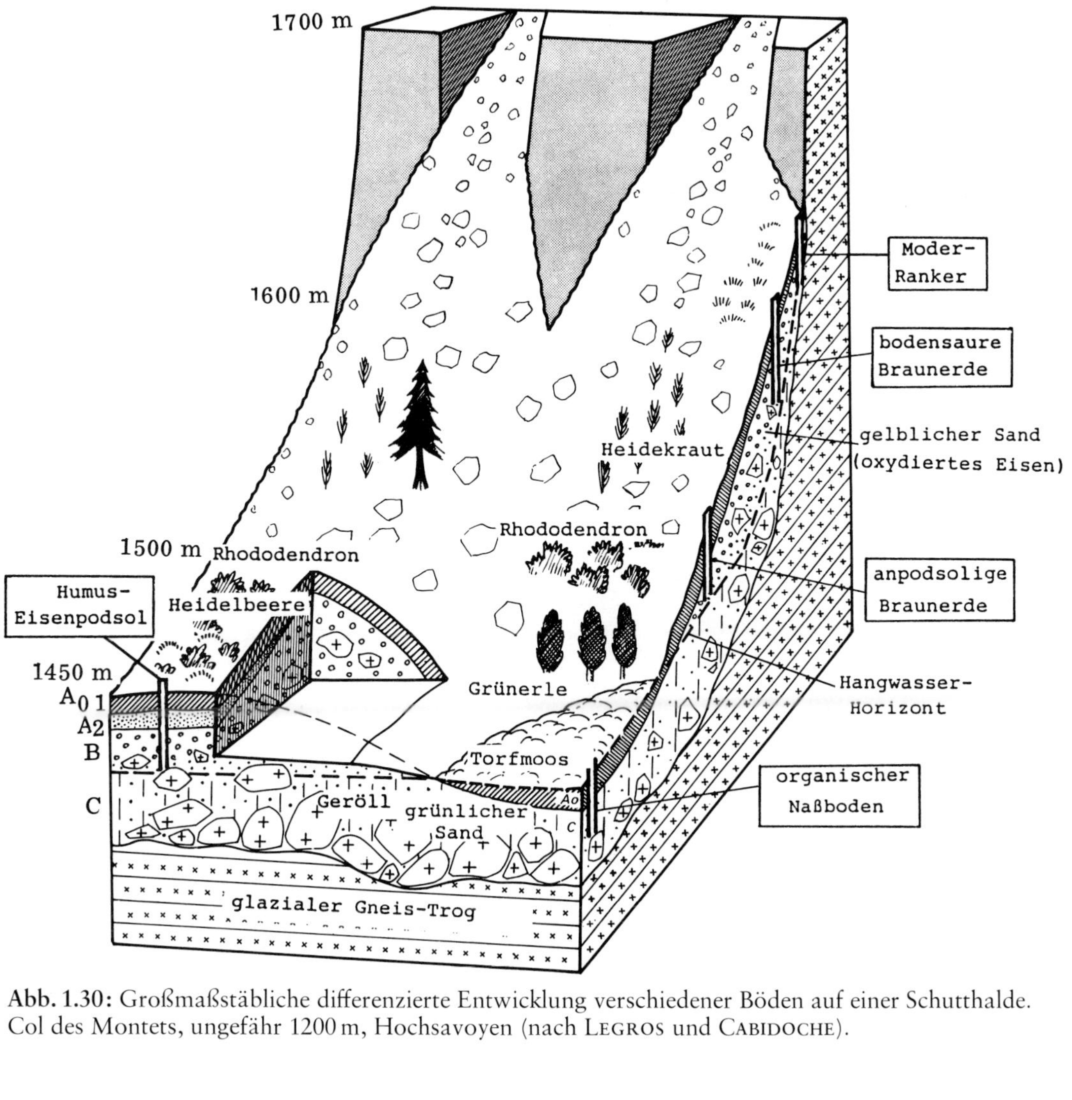

Abb. 1.30: Großmaßstäbliche differenzierte Entwicklung verschiedener Böden auf einer Schutthalde. Col des Montets, ungefähr 1200 m, Hochsavoyen (nach Legros und Cabidoche).

zement (Guinochet 1938), Gips (Gensac 1977) sowie ein Teil der Grüngesteine oder Ophiolit (Maurer 1966, Gams 1975, Verger 1979, 1983, 1987).
Die Amplitude der Höhenstufen, die Vielfalt der lokalen Standortsbedingungen und unterschiedliche topographische Situationen stören meist die theoretische Stufung. Dies führt je nach Hangneigung, Lage, Körnung, Wasserversorgung und Kleinstandort zu einem komplizierten Mosaik von Bodentypen. Deshalb können auf gleichem Muttergestein die verschiedensten Böden nebeneinander am gleichen Bergstock und auf verhältnismäßig kleiner Fläche vorkommen.

5. Primäre ökologische Gliederung der Alpen

Der Vergleich der Abbildungen
1.3 Höhenlage oberhalb 2000 m
1.14 Geologische Struktur
1.19 Jahresniederschlag
1.26 Kontinentalitätsindex
zeigt einen sehr scharfen Gegensatz zwischen zwei großflächigen Gebieten, der inneralpinen Zone und dem Kranz randalpiner Bergmassive mit ausgeprägter Vielfalt (Abb. 1.31).

– *Der randalpine Gürtel* wird durch Berggruppen gebildet, die nicht so hoch sind als die inneralpine Zone. Sie stehen fast alle unter einem ozeanischen Klimaeinfluß und bestehen, vom Piemont und von der Steiermark abgesehen, vorwiegend aus Kalkgestein. Gliederung:

- die sehr homogenen **nördlichen Kalk-Randalpen** (2) erstrecken sich von Ober-Savoyen bis Niederösterreich;
- die submediterran beeinflußten **südlichen Kalk-Randalpen,** bestehend aus drei Sektoren: Haute Provence (7), Illyrische und Gardasee-Gegend (4) und Präligurien (6);

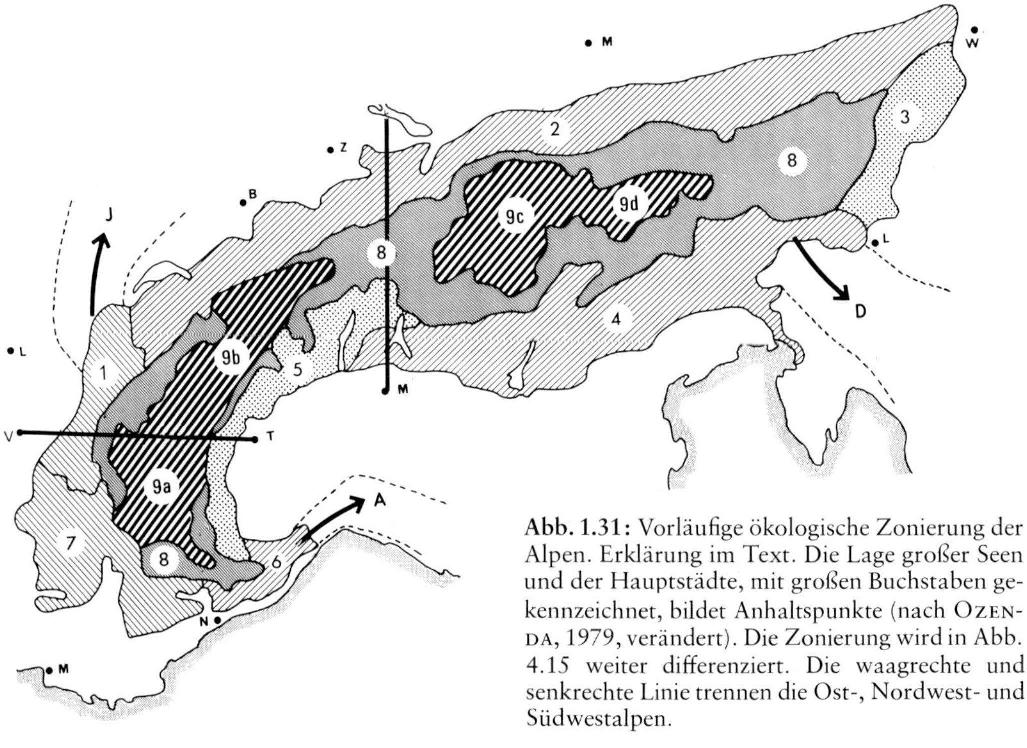

Abb. 1.31: Vorläufige ökologische Zonierung der Alpen. Erklärung im Text. Die Lage großer Seen und der Hauptstädte, mit großen Buchstaben gekennzeichnet, bildet Anhaltspunkte (nach Ozenda, 1979, verändert). Die Zonierung wird in Abb. 4.15 weiter differenziert. Die waagrechte und senkrechte Linie trennen die Ost-, Nordwest- und Südwestalpen.

- ein delphino-jurassischer Sektor (1),
- vorwiegend aus Silikat bestehen die Sektoren: **Randalpen** des Piemonts (5) und der Steiermark (3).

– *Die inneralpine Zone* ist verhältnismäßig homogen mit hoher mittlerer Meereshöhe. Das Klima ist kontinental und Silikatgesteine herrschen vor. Der größte Teil der alpinen Stufe befindet sich hier sowie die inneralpinen Trockentäler. Die Zentralalpen können in zwei konzentrische Regionen gegliedert werden. Der eine Teil umfaßt zwei Kontinentalitätspole (9), von denen der westliche in einen nördlichen bzw. südlichen Teil (9a und 9b) unterteilt werden kann, die beiderseits einer Linie auf der Höhe des Galibier-Passes liegen; der östliche Abschnitt zerfällt ebenfalls in zwei Teile (9c und 9d), von denen der letztere (9d) eine schwächer ausgeprägte Kontinentalität aufweist. Der andere Teil umfaßt die Zwischenalpen, die um das östliche Kontinentalitätszentrum einen zusammenhängenden Gürtel bilden, der im Westen aufgesplittert ist (8).

Die Karte Abb. 1.31 zeigt auch die ungefähre biogeographische Trennung zwischen Ost- und Westalpen entlang einer Linie, die ziemlich dem Meridian von Mailand entspricht und Comer- sowie Bodensee miteinander verbindet. Eine weitere Trennung folgt weitgehend dem 45. Breitengrad von Valence bis Turin und trennt die nordwestlichen von den südwestlichen Alpen.

Schließlich weisen drei Pfeile auf Beziehungen zwischen gewissen randalpinen Massiven und Kalkketten im Umkreis der Alpen hin: J) Verbindung der Randalpen der Dauphiné und Savoyens mit dem Jura; A) Verbindung der Ligurischen Alpen mit dem Nordapennin; D) Verbindung zwischen den Slowenischen Alpen und ihrer Verlängerung in den nördlichen Dinariden (Kap. X).

Das Kapitel IV wird die Untergliederung dieser Sektoren (Abb. 4.14) mit den wichtigsten Vegetationsformationen (Abb. 4.15) erläutern.

II. Die Alpenflora und ihr Ursprung

Der Überblick über den aktuellen Stand und die Entwicklungsgeschichte der Alpenflora beschäftigt sich mit Fragen, die häufig in anderem Zusammenhang und unabhängig voneinander diskutiert werden. Mit Schwergewicht werden die großen Zusammenhänge dargestellt und von den zahlreichen klassischen Beispielen nur die anschaulichsten erwähnt. Die Leitgedanken weichen in vielen Punkten vom üblichen Schema ab, daran wird auch der Schluß des Kapitels erinnern. Bei diesem Gesamtüberblick mußten gewisse «fixierte Lehrmeinungen» in Frage gestellt und unter neuen Gesichtspunkten beleuchtet werden.

1. Quantitativer Schätzungsversuch

Die Alpen sind ohne Zweifel das Gebiet mit der reichhaltigsten Pflanzenwelt Europas, wie aus Abbildung 2.1, Beispiel Gefäßkryptogamen, zu ersehen ist.

Der **geographische Artenreichtum** (sog. «richesse aréale» der französischen Autoren), üblicherweise nach der Gefäßpflanzenzahl in einem Quadrat mit 100 km Seitenlänge berechnet, dürfte sich in den Alpen in einer Größenordnung von 2000–3000 Arten je Sektor bewegen, während das mitteleuropäische Flachland nur 1200–1500 und die nordischen Länder weniger als 1000 Arten aufweisen. In Europa ist der Artenreichtum je Flächeneinheit wahrscheinlich nur auf der Iberischen- und der Balkanhalbinsel noch größer.

Nach Stichproben und Vergleichsuntersuchungen, auf die nicht näher eingegangen wird, kann die Gefäßflora der Alpen im weitesten Sinn, also alle Arten, die in dem in Abbildung 1.2 umgrenzten Gebiet natürlich vorkommen, auf 5000 ± 500 Arten (in der bei der Flora Europaea üblichen Definition) geschätzt werden, das sind ungefähr $^3/_7$ der Flora des gesamten europäischen Kontinents.

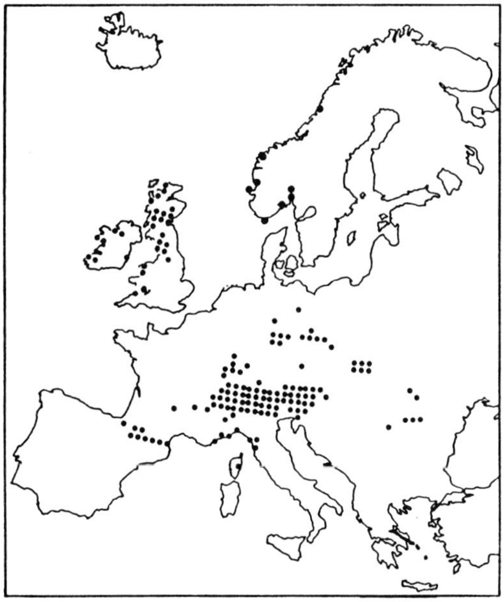

Abb. 2.1: Reichhaltigkeit der alpinen Flora im Vergleich zum übrigen Europa, am Beispiel der Pteridophyten. Die Punkte bezeichnen die Areale (entsprechend einem Quadrat von 50 km Seitenlänge), in denen die Zahl bekannter Arten und Unterarten der Gefäßkryptogamen 43 übersteigt, das ist 30 % der europäischen Pteridophyten-Flora (nach Atlas Florae europaeae, Bd. 1).

Eine genaue Schätzung ist äußerst schwierig, hauptsächlich aus zwei Gründen:

- Der Begriff «Alpenflora» ist nicht exakt definiert. Nach unserem Wissen wurde diese Flora bisher noch nie in ihrer Gesamtheit dargestellt, näher bestimmt oder auch nur statistisch erfaßt. Selbst auf der systematischen Ebene der Familien und großen Gattungen gibt es so gut wie keine Monographien für den gesamten Alpenbereich. Die beschriebenen Floren beschränken sich auf politische Gebiete oder Verwaltungsbezirke, wo meist das Vorland gegenüber dem eigentlichen alpinen Raum dominiert. Die dort auftretenden Pflanzen gehören außerdem verschiedenen biogeographischen Gruppen an (einige nur Kosmopoliten). Die Grenzen zwischen der allgemein verbreiteten Flora, die auf den Alpenraum übergreift, und der typischen alpinen Flora sind zum Großteil nur durch Konvention festgelegt.
- Die **Heterogenität der Dokumentation.** Die regionalen Floren wurden zu verschiedenen Zeitpunkten und unterschiedlich genau untersucht. Der Begriff der Art wird je nach Autor einmal weiter und einmal enger gefaßt. Die Abweichungen einzelner Darstellungen voneinander betragen allerdings weniger als 10% (ausgenommen einige Gruppen wie *Alchemilla* oder *Hieracium*, von denen «artenpulverisierende» Monographien existieren). Weitaus störender sind Nomenklatur-Unterschiede zwischen der west- und ostalpinen Flora; indessen erlaubt die fünfbändige Flora Europaea, die vor kurzem erschienene dreibändige Flora d'Italia (PIGNATTI et al. 1983) und der Atlas de la Flore suisse (WELTEN – SUTTER 1982) eine bessere Transparenz.

Die fehlende Gesamtdarstellung der Alpenflora verursacht zweifellos noch eine große Lücke. In diesem Zusammenhang sind noch zwei Bemerkungen angebracht:

- Eine Gesamtdarstellung ist nur dann sinnvoll, wenn sie über den Alpenraum hinausgreifend, auf jede Art eingehend, das gesamte Areal angibt, so daß sie in die gesamteuropäische Gebirgslandschaft als übergeordnete Einheit eingeordnet werden kann, von der die Alpen nur ein, wenn auch der wichtigste Teil sind. Nur das Studium des gesamten Komplexes ermöglicht ein umfassendes Verständnis.
- Für eine biogeographisch-ökologische Untersuchung wie in diesem Buch sind beim gegenwärtigen Wissensstand nur ein Bruchteil, vielleicht tausend der vermutlichen 5000 Arten der Alpenflora von primärem Interesse.

Interessanter als eine allgemeine Statistik sind regionale Unterschiede. Der Artenreichtum ist in verschiedenen Alpengebieten sehr unterschiedlich. In Ermangelung genauer Zahlen des Artenreichtums von bestimmten Gebieten mit vergleichbarer Fläche muß sich das Hauptaugenmerk auf den wahrnehmbaren Unterschied zwischen Nord- und Südalpen richten. Beim Vergleich der nördlichen und südlichen Kalkrandalpen der Ostalpen hat der Alpensüdrand mindestens 1,5mal mehr Arten als der nördliche Alpenrand. In den Westalpen ist dieses floristische Gefälle noch viel deutlicher, bei einem Höhepunkt in den Seealpen mit mehr als 2800 Arten, also mindestens der Hälfte aller in den gesamten Alpen bekannten Gefäßpflanzen.

2. Bäume und Sträucher

Holzgewächse, Bäume und Sträucher haben bei der biogeographischen Interpretation der Pflanzendecke, der Definition sowie der Bestimmung der Klimaxgesellschaften (Kapitel III) eine entscheidende Bedeutung.

2.1. Die Baumflora

Wie überall in Europa verhältnismäßig arm, beträgt in den gesamten Alpen die Zahl ursprünglicher Baumarten nicht mehr als vierzig, darunter keine endemischen Arten.

In dieser Gruppe finden sich nur acht **Nacktsamer:**

Abies alba	*Pinus sylvestris*
Picea abies	*Pinus uncinata*
Larix decidua	*Pinus mugo*
Pinus cembra	*Pinus nigra ssp. austriaca*

Dazu sind noch zu zählen: *Taxus baccata*, für die Südwestalpen der zuweilen baumförmige *Juniperus thurifera*, *Pinus mesogeen-*

sis und *Pinus halepensis*, die bis weit in die Täler vordringen sowie die in einigen Gebirgen subspontan gewordene *Cedrus atlantica*.

Bedecktsamer sind etwas zahlreicher:

Salix appendiculata	*Castanea sativa*
Salix triandra	*Quercus pubescens*
Salix pentandra	*Quercus petraea*
Salix fragilis	*Quercus robur*
Salix alba	*Ulmus glabra*
Salix caprea	*Ulmus minor*
Populus tremula	*Sorbus aucuparia*
Populus nigra	*Sorbus mougeotii*
Populus alba	*Sorbus aria*
Betula verrucosa	*Laburnum alpinum*
Betula pubescens	*Acer pseudoplatanus*
Alnus viridis	*Acer platanoides*
Alnus incana	*Acer opalus*
Alnus glutinosa	*Acer obtusatum*
Fagus sylvatica	*Acer campestris*
Corylus avellana	*Acer monspessulanum*
Carpinus betulus	*Fraxinus excelsior*
Ostrya carpinifolia	*Fraxinus ornus*

Dazu kommen noch *Quercus ilex* (lokal *Quercus cerris*) in den submediterranen Randlagen und (subspontan) die leider einwandernde *Robina pseudacacia*.
Die Armut dieser Baumflora zeigt sich daran, daß es in den Alpen nur 6 *Acer*-Arten gibt, während Europa 11, Nordamerika 16 und Ostasien 80 Arten beherbergt. Einer einzigen alpinen *Abies*-Art stehen 10 im Mittelmeerraum, 12 in Nordamerika und 16 in Ostasien gegenüber. Diese Verarmung geht bekanntlich auf die eiszeitliche Vergletscherung mit schwierigen Wanderungsbedingungen zurück.

2.2. Strauchflora

Bei deutlich größerer Artenzahl sind drei Gruppen von besonderer Bedeutung, da sie Gesellschaften aufbauen, dominieren oder prägen:

- *Juniperus* mit sechs Arten: *communis, alpina (= nana), sabina, thurifera, phoenicea, oxycedrus;*
- Heide-Zwergsträucher mit elf Arten: *Rhododendron ferrugineum, Rhododendron hirsutum, Rhodothamnus chamaecistus, Erica herbacea (= carnea), Vaccinium myrtillus, Vaccinium vitis-idaea, Vaccinium uliginosum, Calluna vulgaris, Arctostaphylos uva-ursi, Arctostaphylos alpina, Loiseleuria procumbens.* Diese Familie prägt biogeographisch besonders, da auf den sauren Böden der montanen und subalpinen Stufe ausgedehnte und dichte Gesellschaften gebildet werden.
- *Salix* mit 18 Straucharten, die planar, in der kollinen und montanen Stufe *(cinerea, aurita, repens, purpurea, viminalis)* sowie subalpin auftreten *(breviserrata, alpina, glaucosericea, myrsinifolia, hegestschweileri, mielichhoferi, glabra, laggeri, foetida, waldsteiniana, hastata, helvetica, caesia).*

Zu diesen drei Gruppen kommen noch andere Arten mit unterschiedlicher systematischer Zugehörigkeit, insbesondere Strauchheidearten der trockenen montanen Stufe (*Prunus spinosa, Prunus brigantiaca, Berberis vulgaris*, verschiedene Rosengewächse), Hülsenfrüchtler *(Genista cinerea, Sarothamnus scoparius, Cytisanthus radiatus), Sambucus, Rhamnus, Daphne* sowie *Lonicera* und *Buxus sempervirens.*

2.3. Chamaephyten

Teilweise verholzt umfassen sie, abgesehen von den erwähnten niedrigwüchsigen Arten (wie die subalpine *Salix*), eine größere Anzahl von Hülsenfrüchtlern *(Ononis, Astragalus sempervirens)* und Lippenblütlern *(Lavandula, Satureja, Thymus)* sowie einige *Helianthenum*- und *Globularia*-Arten, *Polygala chamaebuxus* und *Linnaea borealis.*

Einen speziellen Fall stellen Polster- oder Spalierarten dar *(Empetrum hermaphroditum, Rhamnus pumila, Dryas octopetala, Salix retusa, Salix reticulata)* sowie die größten Polsterpflanzen. Die Grenze zur Grasflora ist jedoch schwierig genau zu ziehen.

3. Areale

Dem einheitlichen äußeren Anschein widersprechend ist das Problem äußerst komplex, wie besonders Arbeiten von MERXMÜLLER gezeigt haben. Das geographische und taxonomische Wissen ist sehr ungleichmäßig und lückenhaft, wobei sich der Mangel an Gesamtdarstellungen besonders stark bemerkbar macht. Das Areal der eindeutigen Taxone sowie der endemischen und besonders makroendemischen Arten ist ausreichend bekannt, weit weniger jedoch schwierige Grenzfälle bei Gruppen mit vielgestaltigen oder untereinander verwandten Arten.
Karten von alpinen Verbreitungsgebieten finden sich bei HEGI, MERXMÜLLER (1952, 1963), LIPPERT (1981) und PIGNATTI et al. (1983).
Ganz allgemein sind die Areale in den Ostalpen viel eindeutiger zu bestimmen als in den Westalpen, da erstere einen eindeutigen geologischen und klimatischen Aufbau besitzen. Das kristalline Silikat-Zentrum wird mehr oder weniger symmetrisch von zwei Kalkbändern eingerahmt. In den Westalpen dagegen ist der Nord-Süd-Unterschied stark ausgeprägt, besonders durch das Ansteigen südlicher Arten in den großen Tälern.
Im folgenden werden die verschiedenen Arealtypen nicht systematisch klassifiziert, sondern mit Hilfe der Abbildungsunterschriften 2.2 bis 2.5 auf einige Modellfälle beschränkt. Andere Beispiele werden zusammen mit der Geschichte der Alpenflora und in späteren Kapiteln behandelt.

3.1. Verbreitung in den gesamten Alpen

Viele weit verbreitete Gebirgsarten oder Flachlandgewächse, die bis ins Gebirge vordringen, treten in den gesamten Alpen auf, eventuell im einen oder anderen Sektor fehlend. Nicht alle der zahlreichen Beispiele sind von gleichem Interesse. Fichte (Areal Abbildung 3.5) kommt mit Ausnahme der südwestlichen Voralpen überall in den Alpen vor, allerdings nicht mit gleicher Häufigkeit. In einem Großteil der Nordalpen ist sie die häufigste Baumart, die in den südöstlichen Voralpen oder in den inneren Nordwestalpen nur unbedeutend auftritt.
Bei Arten mit wichtiger biogeographischer Bedeutung genügt es nicht, Areale zu bestimmen, sondern auch die Häufigkeit des Vorkommens in verschiedenen Teilen des Areals zu beurteilen (Abb. 2.2).

3.2. Gegensatz Innen- und Randalpen

Nach Kapitel I (Abb. 1.31) bildet das inneralpine Zentrum mit vorwiegend silikatischem Untergrund und kontinentalem Klima gegenüber den Randalpen mit überwiegendem Kalkgestein und relativ ozeanischem Klima einen ausgeprägten ökologischen Kontrast. Dieser Gegensatz soll nochmals am Beispiel von zwei bedeutenden Baumarten, Buche und Lärche (Abb. 2.2) und zwei ebenfalls sehr wichtigen Sträuchern (Alpenrosen, Abb. 2.3) erläutert werden.
Schwierig ist zu entscheiden, inwieweit bei diesem Kontrast klimatische (ozeanisch/kontinental) oder edaphische Faktoren (Kalk/Silikat) vorrangig sind. Nur Anbauversuche schaffen Klarheit. Bekanntlich treten zahlreiche Paare von edaphischen Analogarten auf, deren Areale unabhängig vom Klima und dem Verbreitungstyp Randalpen/Innenalpen nebeneinander auftreten. So nach FAVARGER, 1972:

Kalkliebende Arten:	**Kalkmeidende Arten:**
Cerastium latifolium	*Cerastium uniflorum*
Achillea atrata	*Achillea moschata*
Androsace helvetica	*Androsace alpina*
Gentiana lutea	*Gentiana punctata*
Gentiana clusii	*Gentiana acaulis*
Leontodon montanus	*Leontodon helveticus*
Doronicum grandiflorum	*Doronicum clusii*

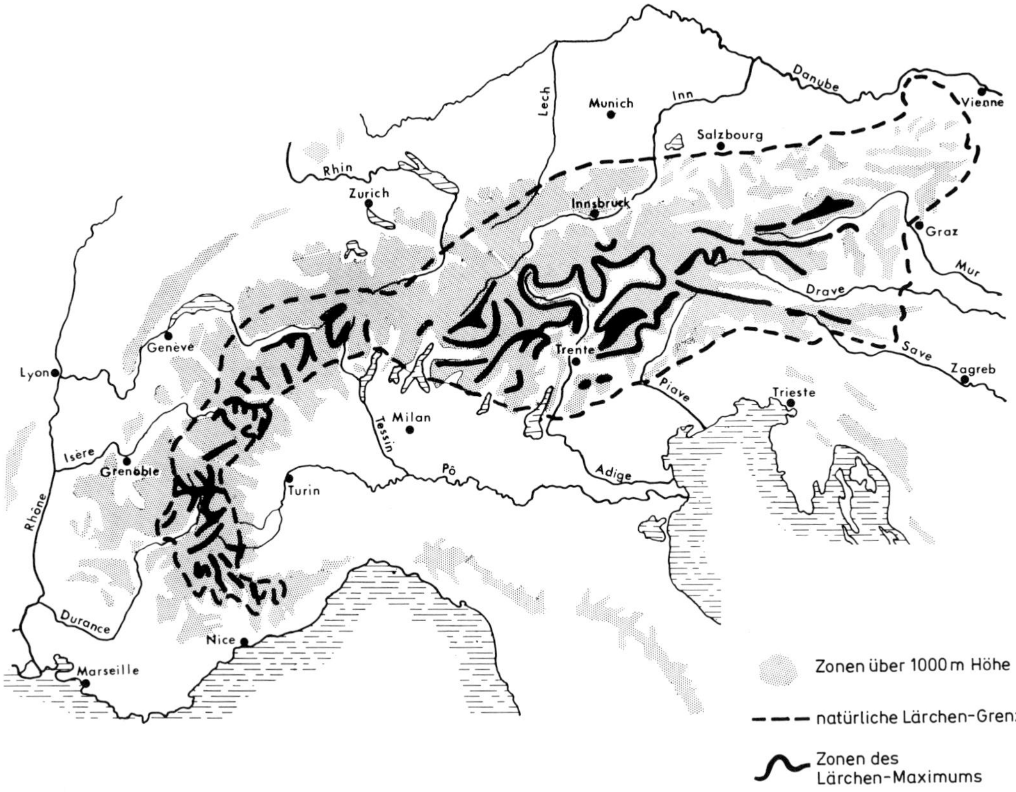

Abb. 2.2: Gegensatz randalpin/inneralpin: Areale von **Buche** und Lärche. Die Verbreitung der wichtigsten Buchenwälder in den Alpen ist in Abb. 7.2 angegeben. Sie bilden einen Kranz in den randalpinen Gebirgen und fehlen inneralpin, wo Buche durch das kontinentale Klima ausgeschaltet wird: Trockenheit und vielleicht auch zu große Temperaturamplitude, besonders Spätfröste. Wie in Kap. I ausgeführt stimmt das Areal von Buche gegen das Alpeninnere zu gut mit dem Kontinentalitätsgrad von 45° nach GAMS überein.
Bei der dargestellten Verbreitung der **Lärche** (nach FOURCHY) fällt das unterschiedliche west- und ostalpine Areal auf. In den Westalpen ist das zentralalpin beschränktere Areal ziemlich genau jenem der Buche entgegengesetzt (Lärche siedelt darüber hinaus im wesentlichen nur subalpin). In den Ostalpen ist Lärche weit in den Randalpen verbreitet und drängt randlich in die montane Stufe ein. Vermutlich geht dieser Unterschied auf andere Ökotypen zurück. Die Frage stellt sich auch für andere alpine Arten, wenn man die umfassendere Differenzierung berücksichtigt (siehe unten, 2.4 und 2.20).
Die gegenseitige Ergänzung der beiden Artenareale würde andere Erklärungen aufheben, z. B. eine bestimmte edaphische Begünstigung der Buche durch randalpine Kalkböden. Bodensaure Buchenwälder sind aber gleichmäßiger in den Alpen, vor allem in den Randalpen von Piemont verbreitet. Lärche ist gegenüber dem geologischen Substrat indifferent. Möglicherweise basieren die Verbreitungsunterschiede teilweise auf vegetationsgeschichtlichen Ursachen: das hohe Alter der Lärche in der inneralpinen Zone und teilweises Überdauern während der Eiszeit, und im Gegensatz dazu das Verschwinden der Buche in der Eiszeit und die postglaziale Besiedlung von randlichen Refugien aus. Die Buche hatte dann keine Möglichkeit, in die inneralpinen Täler einzudringen. Insgesamt ist das Klima die Hauptursache für das völlige inneralpine Fehlen der Buche.
Neuerlich wird auf die wichtige Tatsache aufmerksam gemacht, die auf jeden Fall als Erklärung für die Arealunterscheidung ausreicht, in welchem eine Art insgesamt auftritt und in jenen Teilen mit maximalem Auftreten. Obwohl die Lärche beinahe überall in den Ostalpen vorkommt, besiedelt sie nach der stärksten Verbreitung und der Verbindung zu bestimmten pflanzensoziologischen Gesellschaften eine gut charakterisierte zentralalpine Zone wie in den Westalpen.

3.3. Gegensatz Ost- und Westalpen

Viele Arten sind, vermutlich zum Teil aus einwanderungsgeschichtlichen Gründen, nur jeweils in einer Alpenhälfte zu finden.
Die beiden subalpinen *Pinus uncinata* und *P. mugo* ergänzen sich fast völlig in ihrem Areal (Kapitel III, Abb. 3.6). Beide, an die subalpine Stufe gebunden, sind hauptsächlich kalkliebend. Doch tritt *P. uncinata* in den Pyrenäen und Westalpen auf, *P. mugo* dagegen in den Ostalpen, Karpaten und im Balkan.
Areale von zwei *Achillea*-Arten (Abb. 2.4) werden wie bei den 2 *Rhododendron*-Arten durch edaphische Unterschiede deutlich getrennt. In Abb. 2.20 ist mit der Gattung *Senecio* ein weiteres Beispiel einer Ost-West-Vikarianz dargestellt. Drei Viertel aller heimischen Alpenpflanzen sind für eine der beiden Alpenteile typisch.

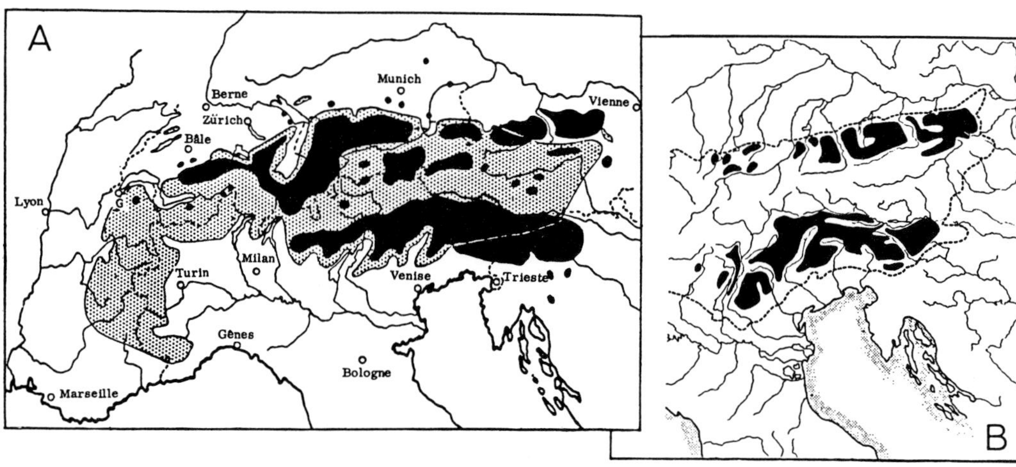

Abb. 2.3: A) Alpines *Rhododendron*-**Areal:** *Rh. ferrugineum* (grau) und *Rh. hirsutum* (schwarz). Hier wirkt sich wesentlich die edaphische Begünstigung aus. *Rh. ferrugineum* ist azidophil und maximal im gesamten inneralpinen Raum verbreitet. *Rh. hirsutum* ist neutro- bis basiphil; lokal in den östlichen und mittleren Randalpen verbreitet, dringt sie bei Kalkgebirgen in die inneralpine Zone ein. Wenn dieser ökologische Unterschied genügt, um die Verbreitung der beiden Areale abzuschätzen, so wird dadurch nicht das Fehlen von *Rhododendron hirsutum* in den Westalpen erklärt. Dieses Ausbleiben ist wahrscheinlich eine Folge der Herkunft aus südost-asiatischen Gebirgen, von denen die Wanderung nach Westen erfolgte. Die Areale der verschiedenen Arten sind am Wanderungsweg gestaffelt. *Rhododendron ferrugineum* ist am weitesten vorgedrungen, d. h. westlicher verbreitet (Pyrenäen, gesamte Alpen), während sich das *Rh. hirsutum*-Areal auf die mittleren und östlichen Alpen erstreckt, auch Nord-Dinariden.
B) Areal der **Zwergalpenrose** *(Rhodothamnus chamaecistus)* noch ausgeprägter beschränkt in den östlichen Randalpen (mit einem Ausläufer bis Kroatien, nicht eingezeichnet). Dieser Arealcharakter entspricht vielen anderen Arten (*Achillea clavennae*, Abb. 2.4) und vor allem von Endemiten der Ostalpen wie *Dianthus supinus*, *Ranunculus hybridus*, *Salix waldsteiniana*, *Saxifraga burseriana* (nach Merxmüller 1963); gelegentliches lokales Eindringen bis zu inneralpinen Karbonat-Gebirgsgruppen.
Unter den krautigen Pflanzen hat die Ranunculaceae-Gattung *Callianthemum* eine analoge Verbreitung wie *Rhododendron*. *C. coriandrifolium* ist bodenindifferent, aber nichtsdestoweniger auf die inneralpine Zone beschränkt. *C. anemonoides* und *C. kernerianum* sind dazu im Gegensatz Endemiten einer begrenzten östlichen Kalkalpen-Randzone. Ähnlich ist das Paar *Homogyne alpina* – *H. discolor*, erstere ist allgemein in den Alpen verbreitet, die zweite auf die Südostalpen begrenzt.

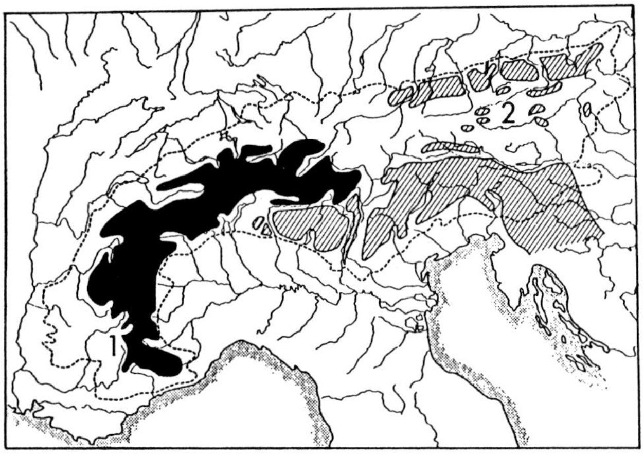

Abb. 2.4: *Achillea nana* (1, schwarz) ist eine inneralpine Silikatart, *A. clavennae* (2) eine randalpine Kalkart. Darüber hinaus ist die erstere auf die westliche Hälfte beschränkt. Derartige Arten erscheinen wie zwei Vikarianten.

3.4. Gegensatz Nordalpen–Südalpen

Carpinus betulus (Hainbuche) und *Ostrya carpinifolia* (Hopfenbuche) sind zwei Waldbäume mit annähernd vergleichbarer Ökologie und bilden einen wesentlichen Bestandteil der meso-hygrophilen Wälder der kollinen Stufe. Während *Carpinus* (in einem Großteil Westeuropas) in den nördlichen Randalpen von der Dauphiné bis in die Steiermark verbreitet ist, findet sich die submediterrane *Ostrya* in den südlichen Randalpen, von den Ligurischen Alpen bis nach Kärnten. Abb. 2.5/links enthält zwei Beispiele von Gräsern.

Das Areal von vielen submediterranen Arten ist, wie die beiden Arten in Abb. 2.5/rechts, auf die Südwestalpen beschränkt, nur ver-

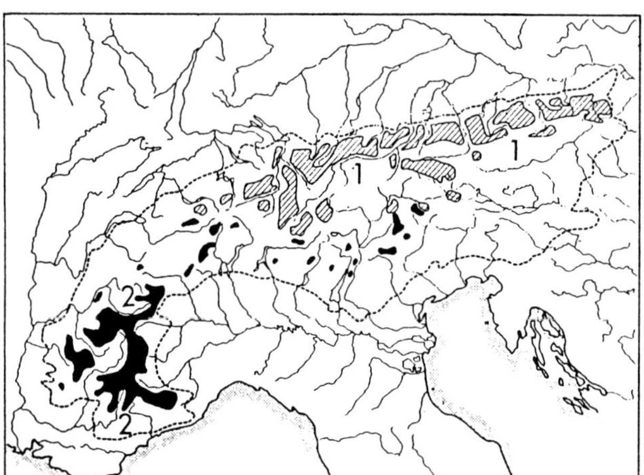

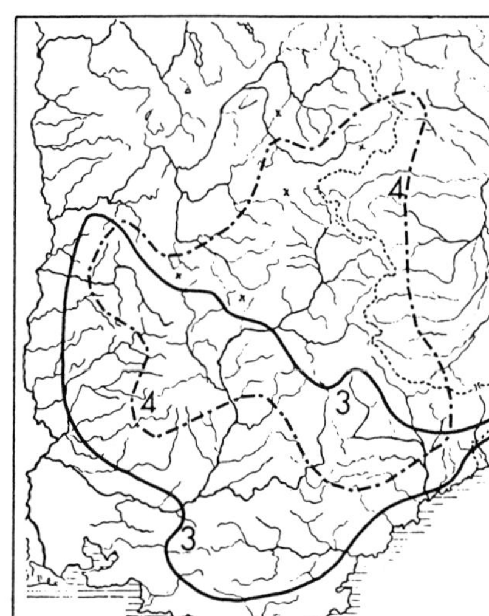

Abb. 2.5: Areal-Beispiele von lokal beschränkten Arten in den Nord- und Südalpen. Links: 1) schraffiert, *Saxifraga aphylla*, Kalkart in den Nordostalpen. 2) schwarz, *Vitaliana primuliflora*, eine in den gesamten Südwestalpen verbreitete Kalkart. Rechts: 3) *Genista cinerea*, auf Haute-Provence begrenzte submediterrane Art. 4) Endemit *Ononis cenisia*.

einzelte Standorte in den südöstlichen Randalpen, wie bei *Vitaliana primuliflora*. Gleiches gilt besonders auch für einige typische Arten der Flaumeichen-Serie (Kap. IV).
Eine sehr deutliche **floristische Zäsur** der Alpen verläuft entlang der Linie Boden- und Comersee und trennt die West- von den Ostalpen. Gleichzeitig verengt sich auch das inneralpine Gebiet ziemlich stark (Abb. 1.31). Diese sehr artenarme Region («Tessinerlücke» nach KERNER und PAMPANINI) trennt zwei Gebiete mit sehr unterschiedlichen, vielfältigen Floren, wie auch beim Endemismus zu beobachten ist. Eine weitere westlich gelegene Zäsur entlang der Linie Genfer See – Aostatal wurde einige Male vorgeschlagen (VIERHAPPER, MERXMÜLLER, penninisch-savoyische Zäsur von FAVARGER 1972), scheint jedoch statistisch weniger gesichert. Ein zweiter ausgeprägter Einschnitt dagegen, den WAGNER (1965) aufgezeigt hat, trennt auf der Höhe von Valence–Turin deutlich die Nordwest- von den Südwestalpen und bildet die Nordgrenze vieler submediterraner Arten.
Diese Dreiteilung Südwestalpen, Nordwestalpen bis in die Ostschweiz und Ostalpen wird noch ausgeprägter, wenn man nicht nur die Flora, sondern auch die gesamte Biozönose betrachtet.

4. Etappen der Vegetationsentwicklung: Paläeobiogeographie der Alpen

Die jetzige Alpenvegetation ist das Ergebnis einer sicherlich sehr komplexen historischen Entwicklung, in der sich die Entwicklung der Alpen widerspiegelt. Als eine Art Leitfaden wird sie wie folgt zusammengefaßt:

1. Während der **Hebung der Alpen** bildete sich aus der damaligen europäischen Flora nach und nach ein immer stärker differenziertes Pflanzenkleid. Die europäische Flora hatte bis ins Miozän (4.1.1) subtropischen Charakter und wurde dann von einer gemäßigten Vegetation abgelöst, die sich während der Abkühlung des Pliozän allmählich über den ganzen Kontinent ausbreitete (4.1.2). Ein Teil der Alpenvegetation scheint von östlichen Gebirgen zu stammen (4.1.3).

2. Durch **quartäre Vergletscherung** wurde diese Flora verarmt, ihr thermophiler Anteil ausgemerzt und die gemäßigten Arten mehr oder weniger ausgeschaltet oder in geschützte Gebiete, vorwiegend im südlichen Vorland, abgedrängt. Die Aufeinanderfolge von glazialen und interglazialen Perioden führte offensichtlich zu einem regelmäßigen Florenwechsel und besonders zur Ausbildung des sogenannten arkto-alpinen Anteils.

3. Nach dem **Ende der Eiszeit** wurden die Alpen von kältegeschützten Refugialgebieten aus (einige inneralpine Regionen, ausgedehnte Gebiete im Vorland, besonders im Norden der mediterranen Halbinseln) neu besiedelt.

Klassische Darstellungen einer Geschichte der Alpenflora weisen viele Ungenauigkeiten und Widersprüche auf. Die verschiedenen Phasen werden nicht klar voneinander getrennt. So werden vorglaziale Anteile manchmal verwechselt und ihre relative Bedeutung nicht ausreichend erörtert. Die Auswirkung der glazialen Katastrophe und der nacheiszeitlichen Wiederbesiedlung werden etwas überbewertet. – Die Vorstellung von einer fast völligen Zerstörung der alpinen Vegetationsdecke mit einer anschließenden Neubildung in nur 15 000 Jahren erscheint nicht sehr realistisch. Langsame und anhaltende biogeographische Entwicklungen werden auf einer logarithmischen Zeitskala ungenau beschrieben und die jüngsten, am besten bekannten Epochen werden zu sehr in den Vordergrund gerückt.

4.1. Praeglaziale Phase

Zunächst stellt sich die Frage, in welchem Zeitabschnitt das Alpenmassiv gebildet wurde. Zu unterscheiden ist zwischen der **Gebirgsbildung im Untergrund,** die biogeographisch nur insofern von Interesse ist, als durch tektonische Bewegungen große lithologische Komplexe entstanden sind, und der **eigentlichen Hebung,** die eine Ausbildung der Gebirgsflora einleitete. Schematisch folgten auf eine tektonische Vorbereitungsphase im Kreide- und Palaeogenzeitalter periodische Hebungsbewegungen, die vom Miozän bis in das Pleistozän andauerten. Sie fanden in der Zeit der klimatischen Abkühlung auf der nördlichen Hemisphäre statt, die seit dem mittleren Tertiär einsetzte (Abb. 2.6/A). Demnach entwickelte sich die **Gebirgsflora** aus einer Ebenen-Flora, die ursprünglich (Miozän) aus einer mosaikartigen Mischung von tropischer oder subtropischer (sog. arkto-tertiärer) und gemäßigter Vegetation bestand. Eine ähnliche Vegetationslandschaft ist heute im Südosten der USA, in Teilen Chinas oder am Südwestabfall des Kaukasus in der Kolchis zu finden.

4.1.1. Arkto-tertiärer Florenanteil

Im Neogen nahm der Anteil der arkto-tertiären Flora in Mitteleuropa rasch ab (Abb. 2.6/B), die bei der Alpenflora wahrscheinlich nie dominierte. Fälschlich nehmen viele Autoren von vornherein an, daß sie den Hauptteil der präglazialen Alpenflora gebildet hat. Wenn dies zutreffen würde, dann müßte eine größere Ähnlichkeit mit den heutigen intertropischen Gebirgsfloren bestehen; tatsächlich sind nur einige Gattungen gemeinsam. Zwingender ist die Annahme, daß sich die Alpenflora hauptsächlich aus gemäßigten Elementen der miozänen Vegetation entwickelt hat, die für die Besiedelung des Geländes besser angepaßt war. Sicher haben die Eiszeiten wesentlich zur Beseitigung der arkto-tertiären Folgevegetation, vor allem des kälteempfindlichsten Teiles, beigetragen. Durch vermutlich geringe Häufigkeit dieser Flora dürfte sie durch Konkurrenz in jedem Fall ausgeschaltet worden sein. Wenn sich bestimmte thermophile Arten in interglazialen Ablagerungen erhalten haben, dann vorwiegend an ebenen Vorland-Standorten.

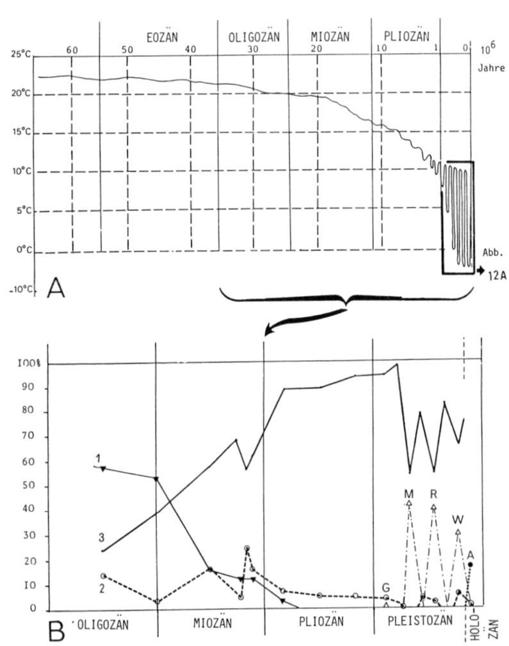

Abb. 2.6: A, Oben: Vermutliche Schwankungen der Mitteltemperaturen im Laufe tertiärer und quartärer Zeitalter in Mitteleuropa. Andauer eines tropischen Klimas während der ersten beiden tertiären Zeitabschnitte. Dann zunehmender Rückgang der Temperatur im Laufe des Miozän und Pliozän bis zur Einregulierung auf das gegenwärtige gemäßigte Klima. Große Schwankungen bei Vereisung am Ende des Pliozän und im Quartär (im Zeitmaßstab wurde das Quartär fünffach ausgedehnt. Dieser eingerahmte Teil wurde vergrößert, siehe Abb. 2.12A).
B, Unten: Relative Veränderungen der verschiedenen geographischen Elemente in der Tertiär-Flora Mitteleuropas nach Pollenanalysen in Schlesien und Süd-Polen. 1) tropisch und subtropisch. 2) mediterran. 3) gemäßigt im weiteren Sinne. G, M. R und W: arktisch-alpin während der Günz-, Mindel-, Riss- und Würmeiszeit. A. Synanthropische holozäne Elemente (nach SZAFER 1961, in WALTER und STRAKA 1970).

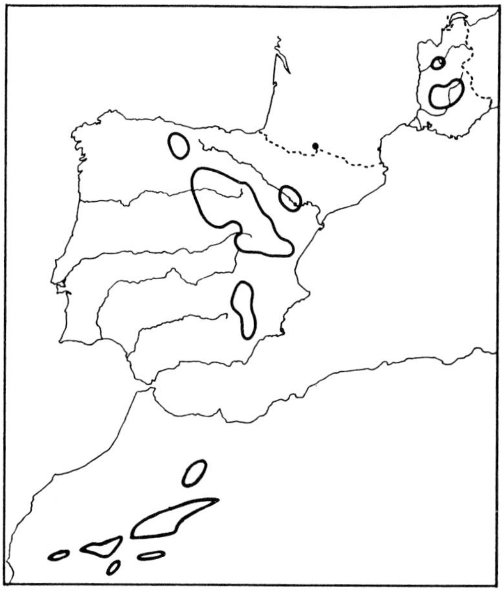

Abb. 2.7: Gesamtes Areal von *Juniperus thurifera*. (Auch ein Standort in Korsika).

Von der Baumvegetation kann *Juniperus thurifera* der alpinen Folgevegetation von arkto-tertiärem Ursprung zugeordnet werden. Das Hauptareal befindet sich heute in zentral-iberischen und südmarokkanischen Gebirgen (Abb. 2.7, 2.8). Aber auch große Kolonien in den Südwestalpen, wo sich der Weihrauchwacholder eiszeitlich am Rand der südlichen Dauphiné erhalten haben dürfte (Kap. VI, Abb. 15). Ein Beispiel aus der Rasenvegetation ist *Berardia lanuginosa*, die in der subalpinen und alpinen Stufe der Südwestalpen heimisch ist bei einer vermutlichen Verwandtschaft mit anderen Gattungen von Korbblütern in Afrika (s. Abb. 2.27). Ähnliches gilt für *Borderea (Dioscorea) pyrenaica*, die in den zentralen Kalk-Pyrenäen endemisch ist, und drei *Ramonda*-Arten, die in den Pyrenäen und Balkan-Gebirgen beheimatet zu den einzigen europäischen Vertretern der tropischen Familie der *Gesneraceae* gehören (s. Abb. 12.4).

4.1.2. Bodenständiger Anteil gemäßigter Arten

Im holarktischen Gebiet, dem gemäßigten Teil der nördlichen Hemisphäre, entwickelten sich aus einem umfangreichen, floristischen Bestand, der heute noch sehr einheitlich ist, eine Serie von mehreren Gebirgsfloren in den verschiedenen Gebirgen. Der **homogene Grundbestand** belegt die heutige Verwandtschaft der europäischen, nordasiatischen und nordamerikanischen Gebirgsfloren; auch die verschiedenen Wande-

Abb. 2.8: Geschützter Standort von *Juniperus thurifera* in St. Crepin, 1000 m (Hautes-Alpes, Frankreich; Bild OZENDA).

rungen, siehe Punkt 4.1.3. In den mittel- und südeuropäischen Gebirgen bildete sich durch diese Differenzierung ein weitläufiger Gebirgsvegetationskomplex aus, der über die Alpen hinaus im gesamteuropäischen Zusammenhang gesehen werden muß, d.h. im gesamtalpinen System von den Pyrenäen bis zum nördlichen Balkan (OZENDA 1981). Möglicherweise war dieses Gebirgssystem massiger und weniger zergliedert als heute.

Durch Untereinheiten der Gebirgsformationen, die sich aus verschiedenen Vegetationsregionen gebildet haben, lassen sich mehrere «Verzweigungen» unterscheiden, zumindest zwei:

– Der **typische holarktische Anteil,** der sich aus der nichtmediterranen Flora entwickelt hat. Als Beispiel könnte die Unterart *Juniperus communis* ssp. *alpina* angeführt werden, die sich eindeutig aus dem gemeinen Wacholder entwickelt hat und jetzt morphologisch und ökologisch ziemlich differenziert ist (Abb. 2.9). Da in den perimediterranen Gebirgen Kümmerformen von *Juniperus communis* auftreten, die Anpassungsformen oder Unterarten auf dem Weg zur Isolation darstellen *(Juniperus hemisphaerica)*, hält diese Entwicklung auch heute noch an, ebenso bei anderen Gattungen *(Anthoxanthum, Biscutella)*, wo dieselbe Art vom Flachland bis in hohe Lagen morphologisch einheitlich, aber mit leicht differenzierten Chromosomen-Rassen auftritt. Zu diesem gemäßigten Vegetationsanteil, der sich entsprechend der Gebirgshebung örtlich ausbildete, sind mit WALTER-STRAKA beispielsweise folgende Arten zu zählen («echte Alpenelemente», «alpigene Arten»): *Arabis caerulea, Viola calcarata, Gentiana bavarica, Valeriana supina, Valeriana saxatilis, Cirsium spinosissimum* und natürlich noch andere, zahlreiche, die in den Alpen, Karpaten, Pyrenäen und im Mittelgebirge gemeinsam vorkommen.

– Zum **mediterranen Anteil** gehören insbesondere die alpinen *Campanula-, Silene-, Dianthus-, Iberis-, Hutchinsia-, Petrocallis-, Erinus-, Horminum-, Globularia-, Linaria-* und *Sempervivum*-Arten. Dies hat vielleicht teilweise zum überreichlichen Vorkommen endemischer Arten in den südalpinen Kalkgebirgen im Osten und im Westen geführt (Abb. 2.10, 2.23).

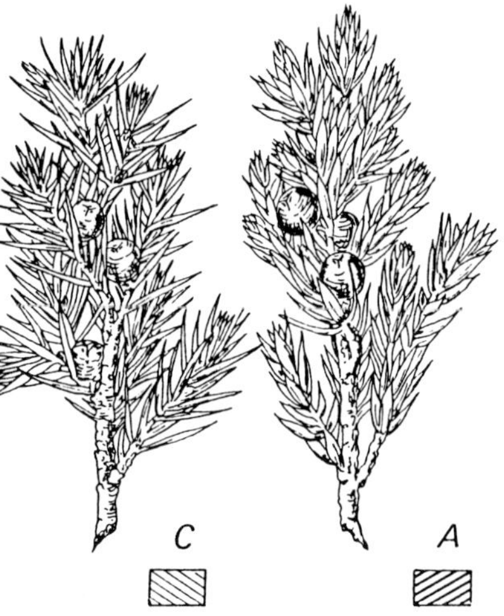

Abb. 2.9: Unterarten von *Juniperus communis* und ihr europäisches Areal. C) ssp. *communis*, kosmopolitisch in Ebenen und mittlerer Höhe der Gebirge, mit langen, abstehenden Nadeln. A) ssp. *alpina (Juniperus nana, J. sibirica)*, subalpin mit kurzen, breiten und anliegenden Nadeln (nach SCHRÖTER und nach Atlas Flora Europaea).

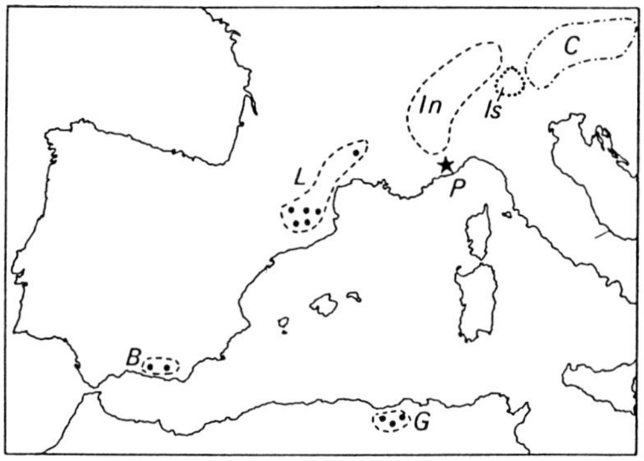

Abb. 2.10: Ein alpines Element von wahrscheinlich Mésogeenne-Stamm: Gegenwärtige peri-mediterrane Verbreitung von *Senecio* der Gruppe *incanus*. In) *Senecio incanus* s. str., westalpin. Is) *S. insubricus*, zentralalpin. C) *S. carniolicus*, ostalpin; diese drei Arten siehe auch Abb. 2.20. L) *S. leucophyllus*, Zentralmassiv und Ost-Pyrenäen; B) *S. boissieri*, Sierra Nevada. G *S. gallerandianus*, östliche Kabylie, P) *S. personii*, Ligurische Alpen (nach BARBÉRO).

4.1.3. Bereicherung durch Wanderung

Die Alpenflora wurde ständig durch Arten anderer Gebirge (oder von anderen kalten Regionen) bereichert und umgekehrt.
Besonders fällt die Verwandtschaft mit den gemäßigten zentralasiatischen Gebirgsfloren auf. So erreichen die gemeinsamen Arten der heute waldfreien Flora der Schweiz mit diesen Gebirgen 30%. Gattungen wie *Primula*, *Pedicularis*, *Gentiana* und *Saussurea*, die in asiatischen Gebirgen am weitesten differenziert sind, haben sicher zum Hauptanteil der wandernden Arten beigetragen.

Obwohl das ausgedehnte Gebirgssystem und die Lage der Alpen an einem Ende des euroasiatischen Blocks auf intensive Wanderungsbewegungen schließen lassen (Abb. 2.11), bestehen dennoch einige Probleme. Einerseits liegen diese Gebirge nicht auf der gleichen geographischen Breite wie die Alpen (außerdem leichte Positionsverschiebung der Pole) und daher kann nicht mit Sicherheit ein

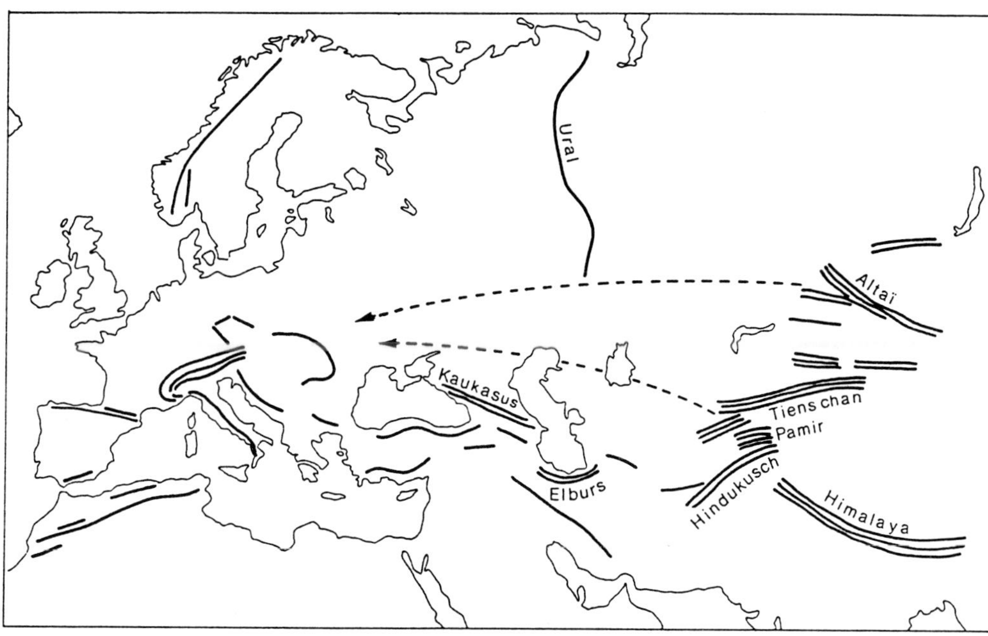

Abb. 2.11: Vermutliche Wanderungen alpiner Arten nach Verlassen zentralasiatischer Gebirge.

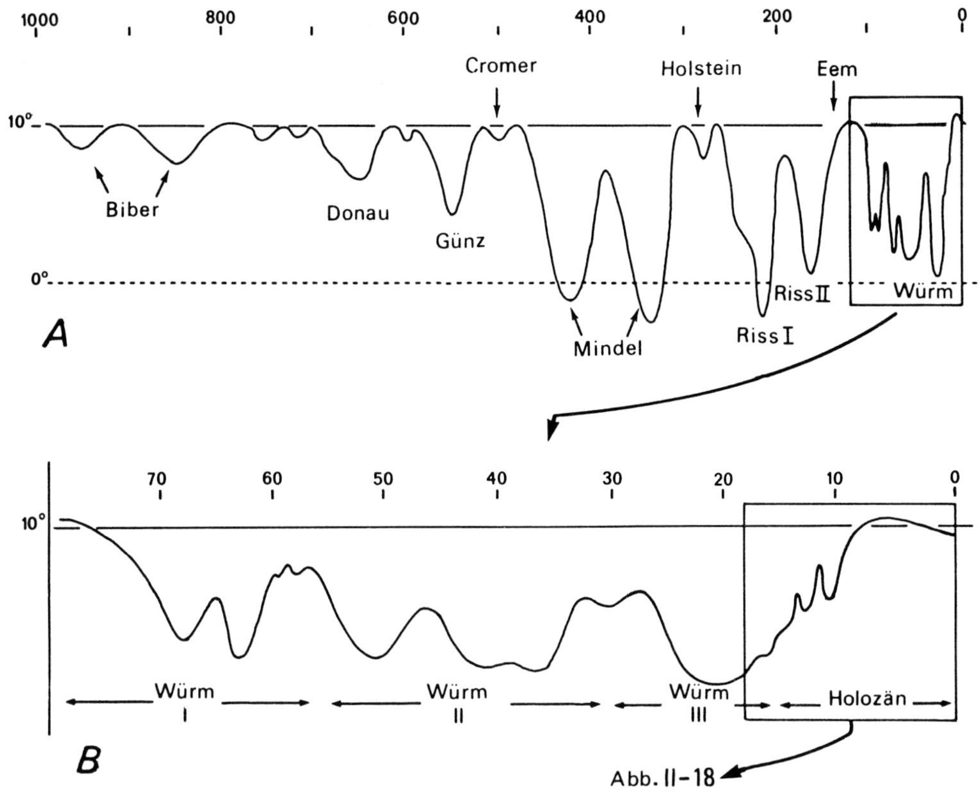

Abb. 2.12: Vermutliche Schwankung der Jahresmitteltemperatur während der Eiszeit; Zeitskala in 1000 Jahren. A) Während der gesamten Eiszeit (im Gefolge der Abb. 2.6); der eingerahmte Teil entspricht der Würmeiszeit und ist vergrößert in B. Der in B eingerahmte Teil wird in Abb. 2.18 vergrößert (angepaßt nach WOLDSTEDT in WALTER-STRAKA). Die waagerechten Linien 0° und 10° entsprechen der geschätzten Jahresmitteltemperatur.

Abb. 2.13: Europa und die Alpen während der quartären Eiszeiten. ▶
A) Europa. Die stark ausgezogene Linie entspricht der Ausdehnung der würmeiszeitlichen Gletscher. Teilweise bedeckte eine Eiskappe die britischen Inseln, Skandinavien und die baltischen Regionen. Kleinflächig war die Eisbedeckung in den Pyrenäen, den Alpen und im Kaukasus. Stark reduzierte Vergletscherung hatten einige Gebirgsgruppen der Karpaten; nicht eingezeichnet. In Südosteuropa herrschte ein Steppenklima, dessen Zeugen Lößablagerungen sind, das von dem Eisschild durch eine Tundra-Zone getrennt war. In Südeuropa stellen die schraffierten Gebiete Refugien für die gemäßigte und warme Flora während der Eiszeiten dar.
Die Riss-Eiszeit war noch ausgedehnter und die skandinavische Vereisung breitete sich bis zur gekreuzten Linie aus; ähnlich ausgedehntere Vergletscherungen in den Alpen.
B) Alpen (nach MERXMÜLLER 1963, verändert). 1) Grenze der Riss-Vergletscherung. 2) Grenze der Würm-Vergletscherung. 3) Alpengrenze. 4 und 5) schwarz, nicht vergletscherte Gebirgsteile mit Refugialstandorten der Gebirgsflora. 4) Refugien in den Alpen (Nunataker). 5) Größere randliche Refugien (Jura, Südwestalpen, Nord-Apennin, Illyrische Region).

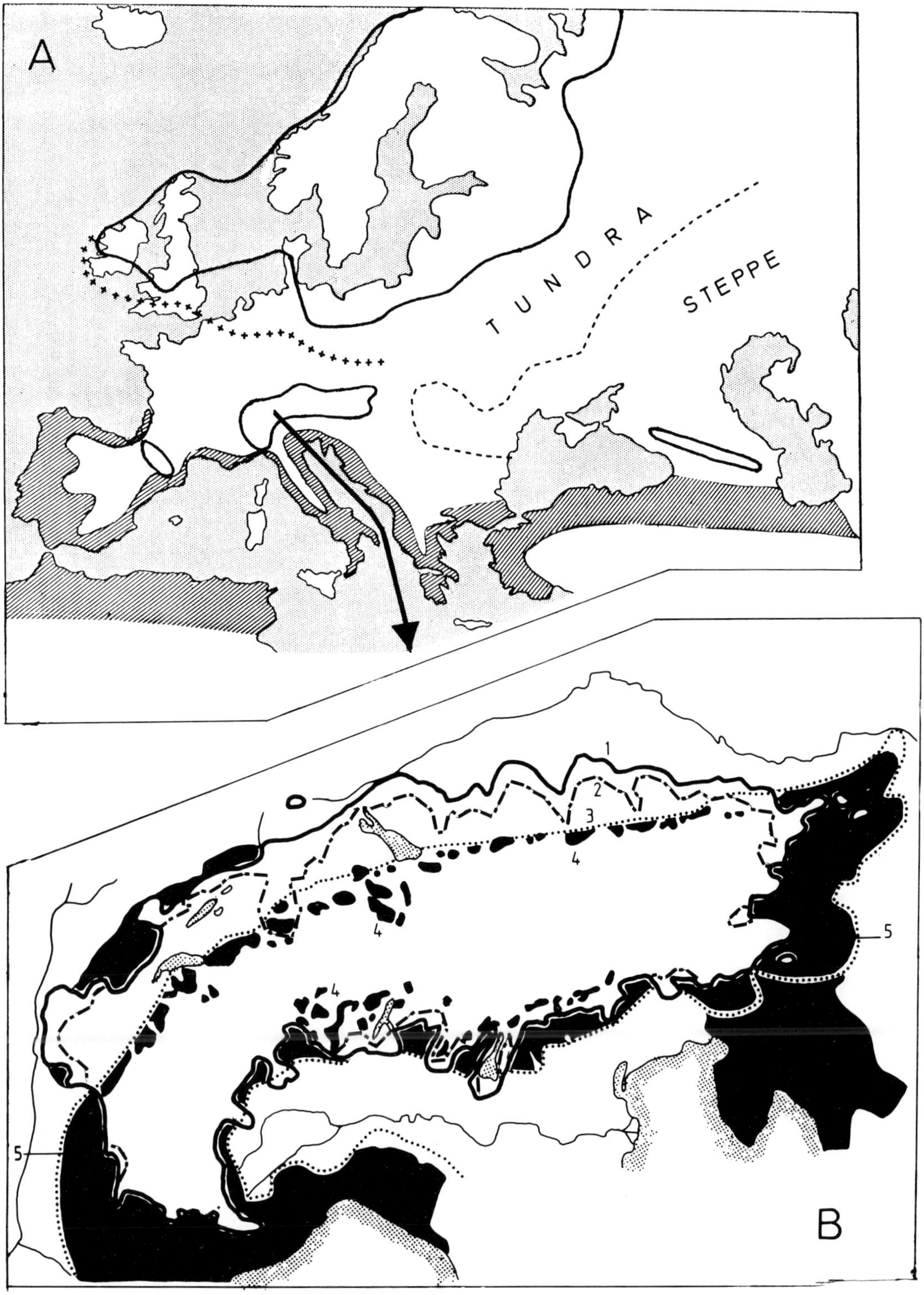

Abb. 2.13

völlig vergleichbares Pflanzenkleid angenommen werden. Andererseits wurden die europäischen Gebirge durch weite Flachlandgebiete voneinander getrennt und es ist schwer vorstellbar, wie die Wanderung von Hochgebirgspflanzen über Gebiete mit teilweise noch subtropischem Klima erfolgt sein soll. Zur Klärung dieses Problems wurde von FAVARGER die Hypothese aufgestellt, daß nicht die jetzigen Arten selbst, sondern ihre Vorgänger gewandert sind, die mit einer Biologie ähnlich wie die heutigen kollinen Pflanzen kleinere Erhebungen besiedeln konnten. Beispielhaft sind dafür die hochwüchsigen Enziane vom Typ *Gentiana lutea*, wo durch örtliche Differenzierungen andere Sektionen der Gattung *Gentiana* gleichzeitig in verschiedenen Gebirgen entstanden sind.

Weitere Einwanderer kamen sicher von Norden und sogar vor der Eiszeit. Dies belegt die sogenannte **alpin-nordische Verbreitung** von Arten: *Cryptogramma crispa*, *Nigritella nigra*, *Pulsatilla vernalis*, *Ajuga pyramidalis*, *Euphrasia minima*. Ihre Wanderung könnte ebenso wie jene östlicher Arten verlaufen sein über intermediäre Vorgänger im Mittelgebirge, die z.B. entlang der herzynischen Gebirge vordrangen.
Einwanderung aus anderen Regionen ist eher zufällig. Vorhandene Flachlandarten mit amphi-atlantischer Verbreitung (Areale in Nordamerika und Westeuropa) deuten darauf hin, daß Gebirgspflanzen auch über ehemalige atlantische Landbrücken von einem Kontinent zum anderen wandern konnten.

4.2. Glaziale Krise

Nach übereinstimmender Annahme gab es in Europa und besonders in den Alpen sechs Eiszeiten, die insgesamt ungefähr eine Million Jahre dauerten (Abb. 2.12). Sie wurden durch **interglaziale Phasen** unterbrochen und umfaßten mehrere Abkühlungsperioden, die mit Unterbrechung, sogenannten **Interstadialen,** abwechselten. Von der letzten Eiszeit trennen uns nur zirka 18000 Jahre und kein Zeichen spricht dafür, daß die Eiszeiten damit vorbei sind. Durchaus möglich ist es, daß wir uns derzeit in einer interglazialen Phase oder sogar nur in einem einfachen Interstadial befinden. Nur die letzten beiden Eiszeiten, **Riss- und Würmeiszeit,** haben in den Alpen auch noch heute deutlich sichtbare Spuren hinterlassen (Abb. 2.13). Letztere scheint nicht so ausgeprägt gewesen zu sein, da die Würmmoränen im Vergleich zu den Rissmoränen nicht so weit vorgedrungen sind. Lange wurde angenommen, daß die Alpen während des glazialen Höhepunktes von einer Eiskappe bedeckt waren mit Ausnahme einiger kleiner Inseln, sogenannte «Nunataker» nach skandinavischer Bezeichnung, wo die Flora geschützte Standorte fand. Heute neigt man eher zur Auffassung, daß die mächtigen eiszeitlichen Gletscher sehr stark zergliedert waren, wie heute in Island und daß die inneralpinen Refugialgebiete viel ausgedehnter waren als die vermutlichen Nunataker. Zwei andere große Gletschersysteme entwickelten sich in den Pyrenäen und im Kaukasus, während die Vergletscherung der anderen südeuropäischen Gebirge offensichtlich begrenzt war. Nordeuropa war von einer ausgedehnten Eisdecke überzogen. Zwischen Skandinavien und den Gletschersystemen in den Gebirgen erstreckte sich eine ähnliche Landschaft wie heute in der arktischen Tundra, die gegen Osten in eine kalte Steppe überging.

Die Eiszeiten wirkten sich auf den bereits ziemlich differenzierten Vegetationsteppich der Alpen wie folgt aus:
– der **arkto-tertiäre Anteil** wurde fast völlig ausgeschaltet
– der Großteil der **gemäßigten Flora** in den perialpinen oder inneralpinen Refugialgebieten wurde zurückgedrängt und dadurch das Areal zahlreicher Arten aufgesplittert
– der rege **floristische Austausch** mit anderen Gebirgen und nördlichen Regionen wurde beträchtlich intensiviert.

Dieser Florenaustausch ist für die sogenannten **arktisch-alpinen Pflanzen** besonders wichtig. Durch die allgemeine Abkühlung des europäischen Kontinents setzte sich in den mitteleuropäischen Ebenen eine Kälte-Flora fest, die östliche Elemente besonders aus dem großen sibirischen Reservoir sowie Arten umfaßte, die durch Vergletscherung im Norden und in den Alpen verdrängt wurden. Bei jeder interglazialen Klimabesserung und wahrscheinlich auch bei jedem Interstadial wurde diese kälteliebende Flora durch Wärme und vordringende südlichere thermophile Floren zurückgedrängt. Sie wanderte dann in die nördlichen «kalten Refugialgebiete», vor die nördliche Gletscherfront und in Hochlagen der Alpen und anderer Gebirge (darunter auch asiatische Gebirge). Aus diesem Grund haben heute Arten mit primärer subarktisch-nordischer Verbreitung sekundäre Areale in den Alpen und anderen nicht zusammenhängenden Hochgebirgen. Solche arktisch-alpine oder arktisch-alpin-altaische Florenelemente sind zahlreich. Allein die Gruppe der Gefäßkryptogamen in Europa erreicht an die 10%, und Gattungen wie *Saxifraga* haben einen noch höheren Prozentsatz. Einige Arten mit Zwischenstandorten in den nordeuropäischen Ebenen, gegenwärtig oder fossil, beweisen die ehemalige Kontinuität ihres Areals; z. B. *Dryas octopetala* (Abb. 2.14). Andere, wie *Salix* (Abb. 2.21), haben sowohl im Norden als auch im Gebirge Ersatz-Taxone ausgebildet.

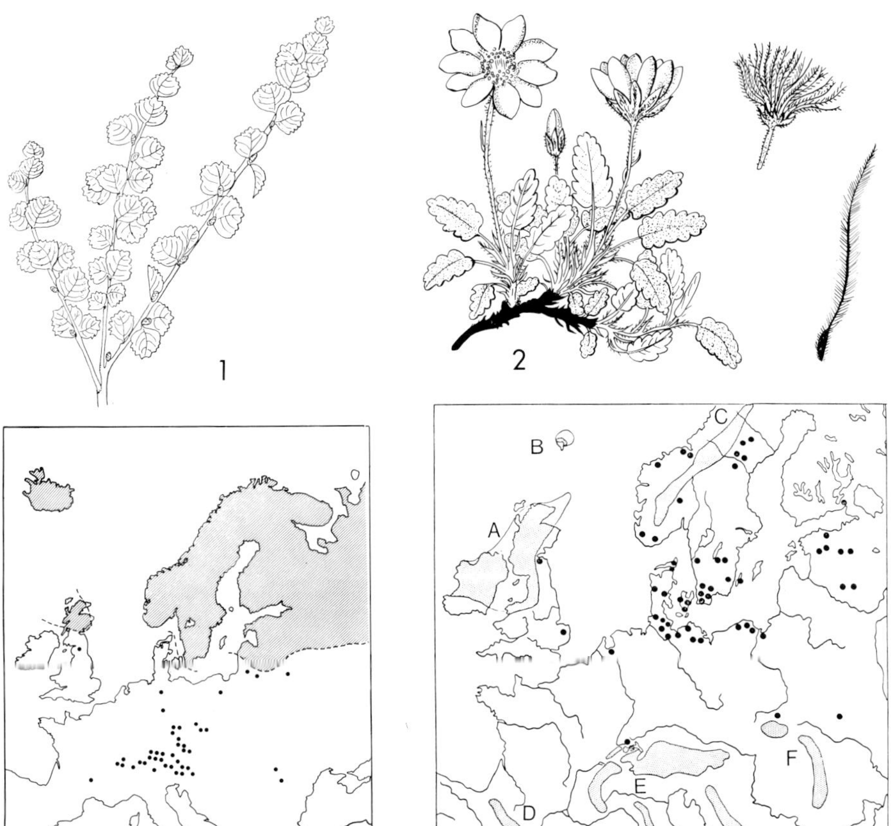

Abb. 2.14. Zwei arktisch-alpine Arten.
1) *Betula nana* mit arktischem und subarktischem Hauptareal (grau) kommt in Mittel- und Südeuropa nur als isoliertes Relikt vor (Punkte).
2) *Dryas octopetala*. Das Areal nimmt den Großteil der Gebirge (grau) von Skandinavien bis zum Balkan ein; aber auch fossile Standorte (Punkte) in den dazwischen liegenden Ebenen.

Mit den heutigen arktisch-alpinen Elementen im Hochgebirge muß auch das Überdauern der kalten Floren in tieferen Lagen und mitunter sogar im Vorland im Zusammenhang gesehen werden: Auftreten von *Rhododendron ferrugineum*, der Flechte *Cetraria cucullata* in einer Höhe von 660 m in der Steiermark (ZIMMERMANN), desselben *Rhododendron* zwischen 850 und 1000 m auf feuchten Geröllhalden in den östlichen Ligurischen Alpen (ORSINO 1972) sowie von *Carex diandra*- und *Salix repens*-Flachmooren im Roc de Chère bei Annecy (GUINIER 1906, KLÖTZLI 1970, MANNEVILLE et al. 1985).

Nichtsdestoweniger muß das übliche Modell der arktisch-alpinen Flora in einigen Punkten wesentlich modifiziert werden.

Wären diese Arten tatsächlich auf subarktischen Standorten entstanden, wie oft mehr oder weniger vorausgesetzt wird, dann müßte diese subarktische Region weitaus vielfältiger sein und mehr heimische Arten enthalten als vorhanden sind. Ihre artenarme und uniforme Flora läßt eher auf eine Restflora in Grenzlage schließen. Viel wahrscheinlicher entstanden in Gattungen wie *Primula* oder *Pedicularis*, die in den asiatischen Gebirgen hunderte, in den europäischen Gebirgen aber jede nicht mehr als 20–30 Arten, in Nord-Europa noch weniger umfassen, Gebirgsarten, die dem Rückgang der Gletscher nach Norden folgten und daher nicht wie die *Carex*- oder *Salix*-Gattungen arktisch-alpin, sondern im Gegenteil alpin-arktisch sind. So erreichen von den 420 Hochgebirgsarten, die nach JEROSCH die Gipfelflora der Schweizer Alpen darstellen, die Primelgewächse im Gegensatz zu den *Carex*- und *Salix*-Gattungen nur einen geringen Anteil in der Arktis und Subarktis:

	Gesamtzahl	davon arktisch s.l.
Primula	8	1
Androsace	8	1
Carex	24	13
Salix	12	8

Eine genaue Studie würde wahrscheinlich zeigen, daß alpin-arktische Arten viel bedeutender sind als typische arktisch-alpine Pflanzen.

Möglicherweise haben sich, wie TOLMATCHEV annimmt, diese Arten mit getrennten Arealen tatsächlich an den Rändern eines kalten Ebenenkomplexes mit sibirischem Ursprung gebildet, wodurch im Norden und Hochgebirge identische Taxone polygenen Ursprungs oder sehr ähnliche Vikarianten entstanden. Diese beiden differenziert entstandenen Bestände könnten sich dann während des Klimawechsels im Eiszeitalter ausgetauscht haben.

4.3. Postglaziale Wiederbesiedelung

Das sogenannte Postglazial nach der Würmeiszeit dauerte bis heute ungefähr 18000 Jahre. Die Vegetationsgeschichte dieser Zeit ist hauptsächlich durch die pollenanalytische Untersuchung von Torfmoorablagerungen bekannt, und zum kleineren Teil durch Grobreste wie Blattabdrücke oder verkohltes Holz.

Der Wissensstand ist aber nicht für alle Gebiete der Alpen und des Vorlandes gleich gut. In den Zentral- und Ostalpen sind die Untersuchungen viel weiter fortgeschritten, da dort die Torfmoore zahlreicher sind (besonders auf schwach geneigten, ungenügend entwässerten Hochflächen mit Grundmoränen und bei feuchtem Klima in den nordöstlichen Voralpen) und die Untersuchungen bereits zu Anfang des Jahrhunderts begonnen wurden. In den Westalpen dagegen gibt es weniger Untersuchungsstellen und die umfassenden Arbeiten sind jüngeren Datums (Abb. 2.15).

Wichtige Arbeiten stammen von FRENZEL et al. (1969) und KRAL (1974) für die Ostalpen, WEGMÜLLER (1977) für die Nordwestalpen, DE BEAULIEU (1978) für die Südwestalpen, BOREL et al. (1984) für die gesamten französischen Alpen, KRAL (1979) für die gesamten Alpen.

Durch pollenanalytische Untersuchungen konnte das Einwandern der wichtigsten Baumarten in dieser Periode verfolgt und Arealkarten dieser Arten während verschiedener Phasen gezeichnet werden. Außerdem wurden die **postglazialen** Wanderungswege rekonstruiert (Abb. 2.16 und 2.17). Durch zahlreiche Arbeiten konnten die Wander-

wege von Arten, die sich auf denselben Strecken und vielleicht mehr oder weniger synchron bewegten, verfolgt werden. So drangen beispielsweise thermophile Arten nach der letzten Eiszeit über die Dauphiné-Pässe (VIDAL–OFFNER) in die Nordwestalpen vor bzw. über die Karawanken («südliche Einstrahlungen», HARTL 1970) nach Kärnten.
Auch die Höhenstufen-Verschiebungen der wichtigsten Waldtypen konnten rekonstruiert werden, die erst in Kapitel IV nach der Erörterung der gegenwärtigen Vegetationsstufen (Abb. 4.5) beschrieben werden.
Darauf aufbauend konnten durch den Arealvergleich verschiedener Arten indirekt klimatische Faktoren und ihre Schwankungen im Laufe der postglazialen Periode, insbesondere Durchschnittstemperatur, bestimmt werden. Demnach herrschte zwischen 6000 und 4000 v. Chr. eine wärmere Periode als heute. Durch diese Temperaturschwankung stieg die obere Waldgrenze während der zwei ersten Drittel der postglazialen Epoche an und sank im Laufe der letzten fünf bis sechs letzten Jahrtausende wieder gering. Abb. 2.18 stellt diese Schwankungen durch zwei übliche Zeitmessungen (mit Namen oder römischen Ziffern bezeichnete Perioden) und absoluten Zeitangaben nach Radiokarbon 14 – Datierungen dar.

4.4. Gegenwärtige Schwankungen

Die postglaziale Zeit dauert immer noch an. Einige Arten mit weiter Höhenausdehnung, vom Flachland bis in die subalpine Stufe, deuten auf einen Anstieg in jüngster Zeit hin. Diese äußert sich oft, wenn auch nicht immer, in einer einfachen Chromosomen-Differenzierung, die durch den Phäenotyp nicht eindeutig erkennbar ist: *Anthoxanthum odoratum* (gewöhnlich tetraploid) entspricht als Hochgebirgsart *Anthoxanthum alpinum*

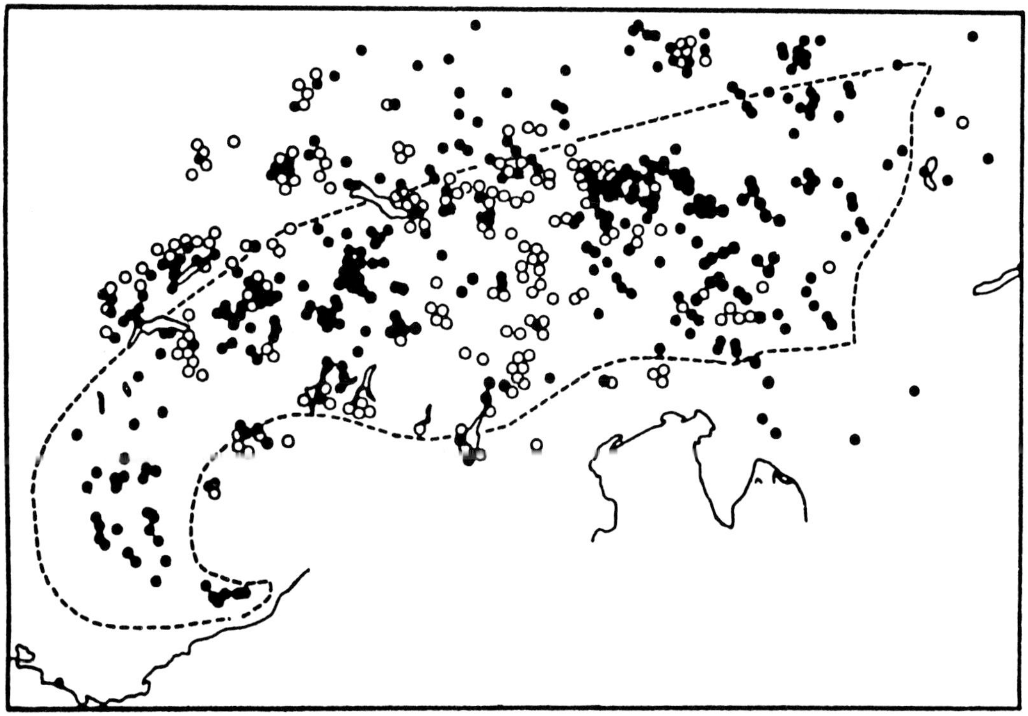

Abb. 2.15: Lage pollenanalytischer Bohrungen in den Alpen und im Vorland (nach KRAL 1979) für das Spät- und Postglazial. Weiße Kreise, Bohrungen vor 1950; schwarze Kreise, Bohrungen nach 1950.

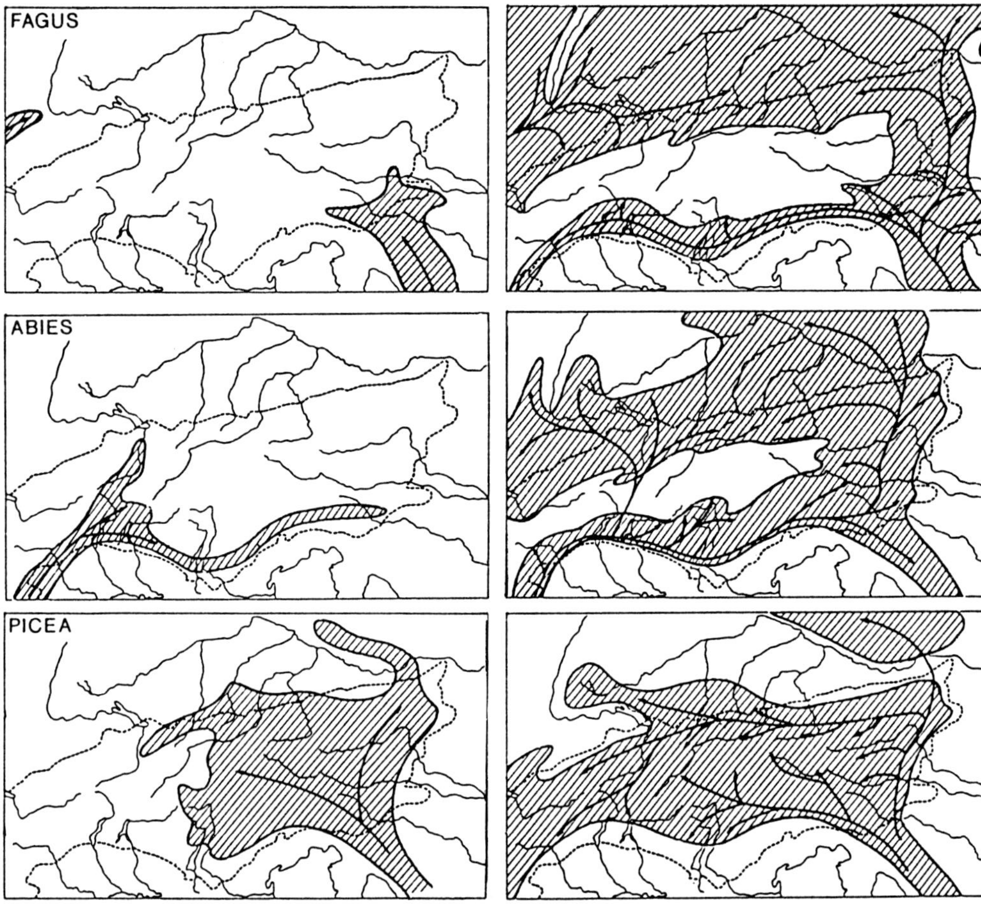

Abb. 2.16: Postglaziale Wanderungen von Fichte, Tanne und Buche in den Alpen (nach KRAL, vereinfacht). Links: Ausdehnung und wahrscheinliche Wanderwege im Boreal. Rechts: Subatlantischer Zustand.

(diploid), die sich morphologisch von ersterer nur durch etwas andere Gestaltung der Blattscheide, Blattspreite und Hüllspelze unterscheidet (TEPPNER 1969). Umgekehrt dringen Arten der Alpen ins Flachland vor, entweder durch langsame Ausbreitung oder mechanisch durch die Abschwemmung von Samenkörnern (Verschwemmung in Flüssen). Die sog. «dealpinen» Arten wurden seit etwa zwanzig Jahren intensiv untersucht und in Typen zusammengefaßt (THORN 1957, SCHÖNFELDER 1968, ZIMMERMANN 1972). Schon geringste klimatische Veränderungen scheinen sich auszuwirken. Durch leichte Erwärmung, seit einem Jahrhundert, gehen die Gletscher zurück, steigen die obersten Höhengrenzen der Gefäßflora an. Dadurch wurde die nivale Stufe angereichert, wie periodische Untersuchungen über Jahrzehnte von BRAUN–BLANQUET und GAMS (Kap. IX, 2.2) zeigten. Die Neubesiedlung von Moränen nach Gletscherrückgang spiegelt in kleinem Maßstab die postglaziale Wiederbewaldung wider.

4.5. Relative Bedeutung der verschiedenen Florenanteile

In Ermangelung einer Gesamtdarstellung der alpinen Flora kann die relative Bedeu-

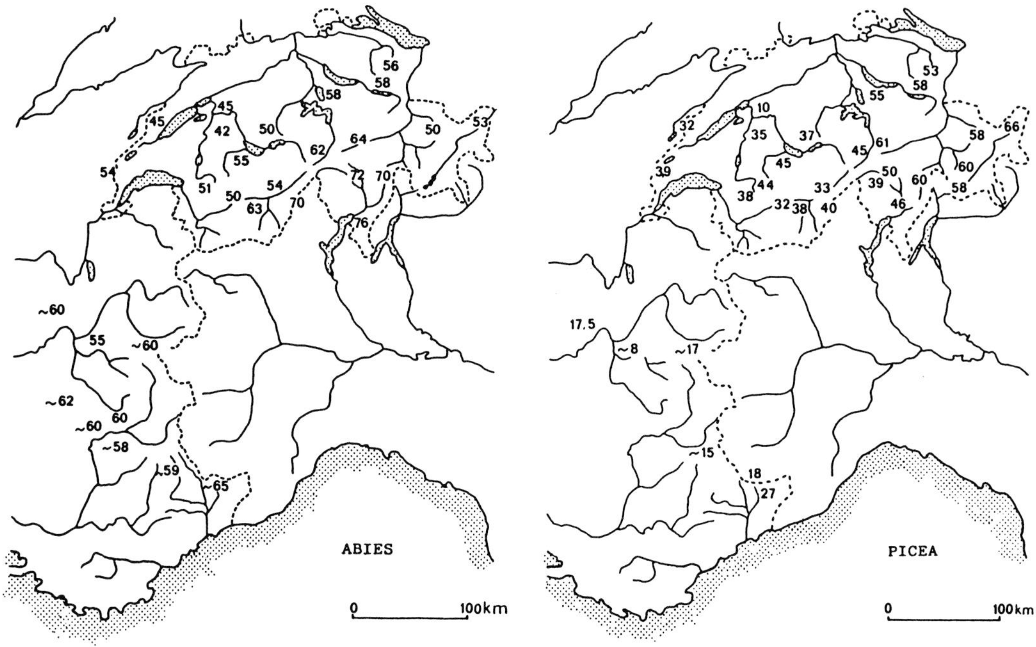

Abb. 2.17: Zeitliches Auftreten von Tanne und Fichte in Pollendiagrammen der Westalpen; Anzahl der Jahrhunderte v. Chr. (nach WEGMÜLLER 1977). Die Verspätung der Fichte betrug (im Mittel) nur einige Jahrhunderte in der Zentral-Schweiz, 1500 Jahre in der Westschweiz und 3000–4000 Jahre in den französischen Alpen, wo sie überdies in den südlichen Randalpen fehlt. Ausbreitung der Tanne von Süden und der Fichte von Osten her.

tung der verschiedenen Florenanteile nicht genau bestimmt werden. Nur für Teilbereiche existieren statistische Angaben. Klassisch ist die Untersuchung von 420 Arten der alpinen s. str. und nivalen Hochgebirgsflora der Schweiz durch JEROSCH. Das thermophile arktisch-tertiäre Element fehlt völlig. Der gemäßigte, örtlich gebildete Florenanteil stellt mit 15 % typisch alpinen Arten und 38 % gemeinsamen Arten im Gipfelbereich der Pyrenäen, Alpen und Karpaten die Mehrheit dar. Nach der Häufigkeit kommt dann der arktisch-alpine s. l. Anteil mit 30 % der Arten, davon 8 % arktisch-alpin und 22 % arktisch-alpin-altaisch. Die Zuwanderer machen 9 % aus, davon 4 % nordisch-alpin und 5 % altaisch-alpin; allerdings kann die Unterscheidung zum arktisch-alpin-altaischen Element nicht genau getroffen werden und ein Teil müßte eigentlich zu den 5 % altaisch-alpin gezählt werden. Insgesamt zählt diese Hochgebirgsflora dennoch 7 % von Ebenen-Arten oder biologische Ubiquisten.

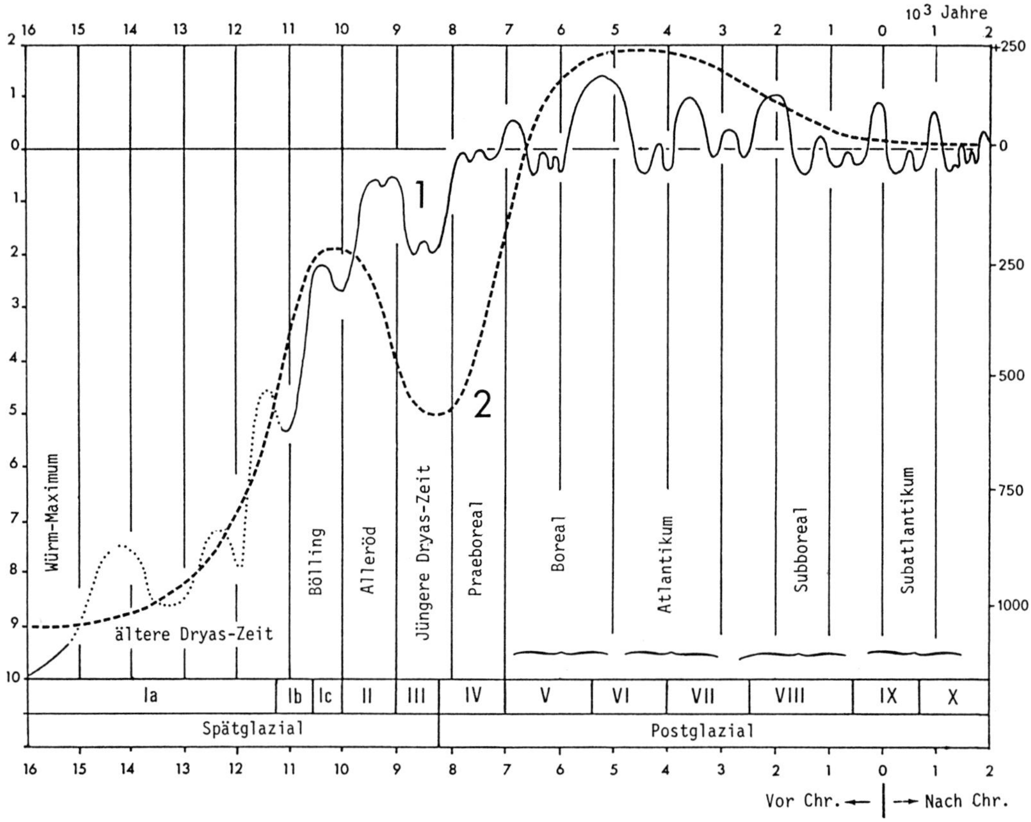

Abb. 2.18: Geschätzte Schwankung der mittleren Sommertemperatur im Vergleich zur aktuellen Temperatur (0) in Mitteleuropa (Kurve 1) und vermutliche Schwankungen der oberen Waldgrenze in den Alpen (Kurve 2, gestrichelt). Unten entsprechende römische Ziffern der Chronologie nach FIRBAS, unterste Linie absolute Zeitstellung nach Radiocarbon-Datierung in 1000 Jahren. Temperaturmaßstab von − 10° bis + 2° links; Maßstab der Höhenschwankung der Waldgrenzen rechts, von − 1000 m unter die aktuelle Waldgrenze bis + 250 m maximale thermische Begünstigung im Subboreal.

5. Wege der Artenbildung

Artenbildung umfaßt Prozesse, die zur Bildung und systematischen Isolierung der Arten führen. Für die Alpenflora gelten verschiedene Ursachen. Der **Einfluß des Gebirgsklimas** begünstigt die Bildung von Gebirgsarten aus dem planaren Bestand des Vorlandes (besonders durch Bildung von Polyploiden). Innerhalb der Gebirgsflora spielten auch **genetische Mechanismen,** insbesondere bei kleinen, isolierten Populationen (Hybridenbildung zwischen den verschiedenen Stufen von Polyploidie, Aneuplodie) eine Rolle. Phänomene der Artenbildung bzw. von taxonomischen Veränderungen in Beziehung zu der Ökologie bilden den Gegenstand einer Disziplin, die heute Genecologie genannt wird. Bei der Gebirgsflora wurden noch keine großen Fortschritte gemacht, doch könnte sich eine genaue Untersuchung rentieren.

Die vergleichende Studie der Chorologie der Alpenpflanzen und gegebenenfalls auch ihres Chromosomensatzes belegt verschiedene Stufen der Artenbildung (Abb. 2.19, 2.20).

a) **Niveau der Varietäten:** Einige Arten sind zwar morphologisch einheitlich, weisen jedoch – nach den **karyologischen Untersuchungen** – geographisch unterschiedliche

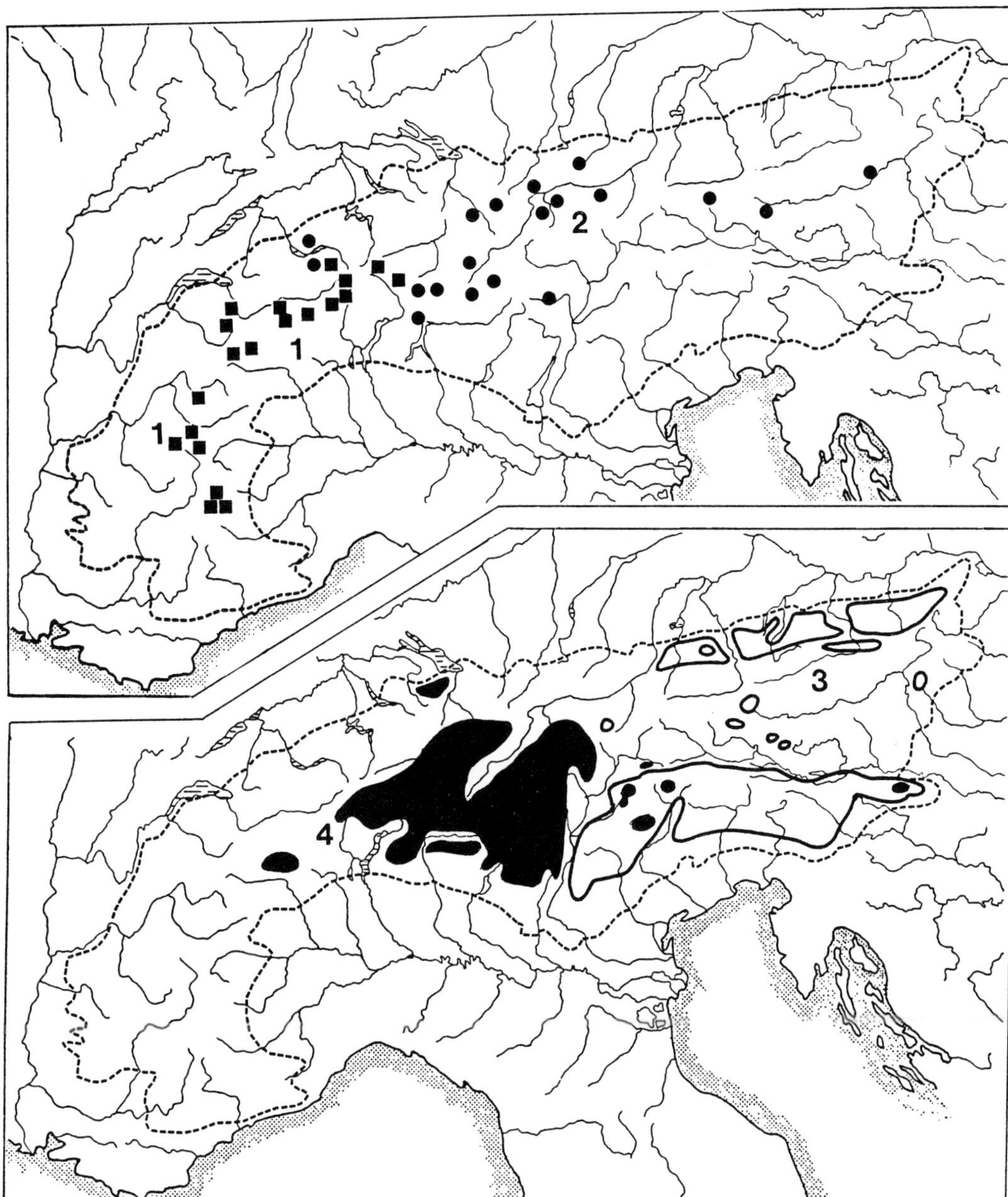

Abb. 2.19: Oben: Alpine Verbreitung der wichtigsten Chromosomen-Rassen von *Tanacetum alpinum (Leucanthemum alpinum):* 1) var. *hutchinsifolium*, diploid. 2) var. *cuneifolium*, tetraploid. Unten: *Senecio abrotanifolius*, Kalkart der Ostalpen (3) und seine Silikat-Varietät *tirolensis*, inneralpin (4). Nach FAVARGER (1972).

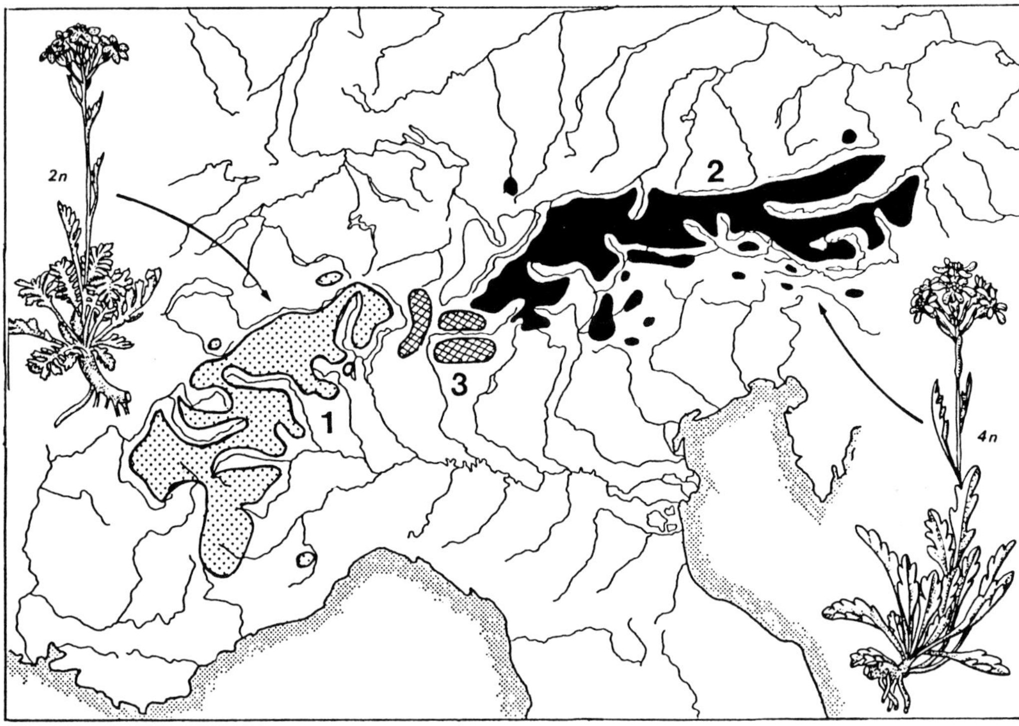

Abb. 2.20: Differenzierung der Unterarten von *Senecio incanus* in den Alpen. 1) ssp. *incanus*, diploid. 2) ssp. *carniolicus*, tetraploid. 3) ssp. *insubricus* (nach MERXMÜLLER 1952, verändert).

Populationen auf: *Bupleurum ranunculoides* ist im Süden der Alpen diploid, im Norden dagegen tetraploid. Diese Unterschiede können sich auch auf die Morphologie auswirken und zur Ausbildung von Varietäten führen, wie beispielsweise bei *Tanacetum (Leucanthemum) alpinum* (Abb. 2.19 oben).

b) So entstandene Varietäten weisen oft ökologische Unterschiede auf, stellen also **Ökotypen** dar. Das typische *Senecio abrotanifolius* ist z.B. eine basiphile Pflanze der östlichen Randalpen, während die Varietät oder Unterart *tirolensis* in den inneralpinen kristallinen Zentralalpen vorkommt (Abb. 2.19, S. 55). Eine verwandte Art, *Senecio adonidifolius*, hat sich im französischen Zentralmassiv und den Pyrenäen differenziert. *Myosotis alpestris* bildet zwei Ökotypen, einen diploiden (2n = 24) und acidophilen, der in Schneetälchen und Schutthalden zu finden ist, und einen tetraploiden (2n = 48) auf Kalk, teilweise in subalpinen Wiesen (BLAISE). Solche Ökotypen mögen schon zwischen noch morphologisch und karyotypisch untrennbaren Rassen erscheinen: so haben SCHÜTZ und URBANSKA (1984) beobachtet, daß Samen aus saurem Silikat- und aus Karbonatstandort von **Taraxacum alpinum** ein unterschiedliches Keimverhalten darstellen.

c) **Niveau der Unterarten.** Die kollektive Art des Kreuzkrautes, *Senecio incanus*, spaltet sich in eine diploide Form *ssp. incanus* in den Westalpen und eine tetraploide *ssp. carniolicus* in den Ostalpen, wobei beide Unterarten analoge Ökologie aufweisen. Eine dritte Unterart, *ssp. insubricus*, tritt teilweise in den Zentralalpen auf (Abb. 2.20). Ebenso gliedert sich *Valeriana celtica* in zwei Unterarten auf, *ssp. celtica*, tetraploid (2n = 96), tritt im Westen auf und die diploide (48) *ssp. pennina* in den östlichen Alpen. Auffällig ist die weite geographische Distanz der zwei Taxone und daß die westliche Unterart tetraploid ist.

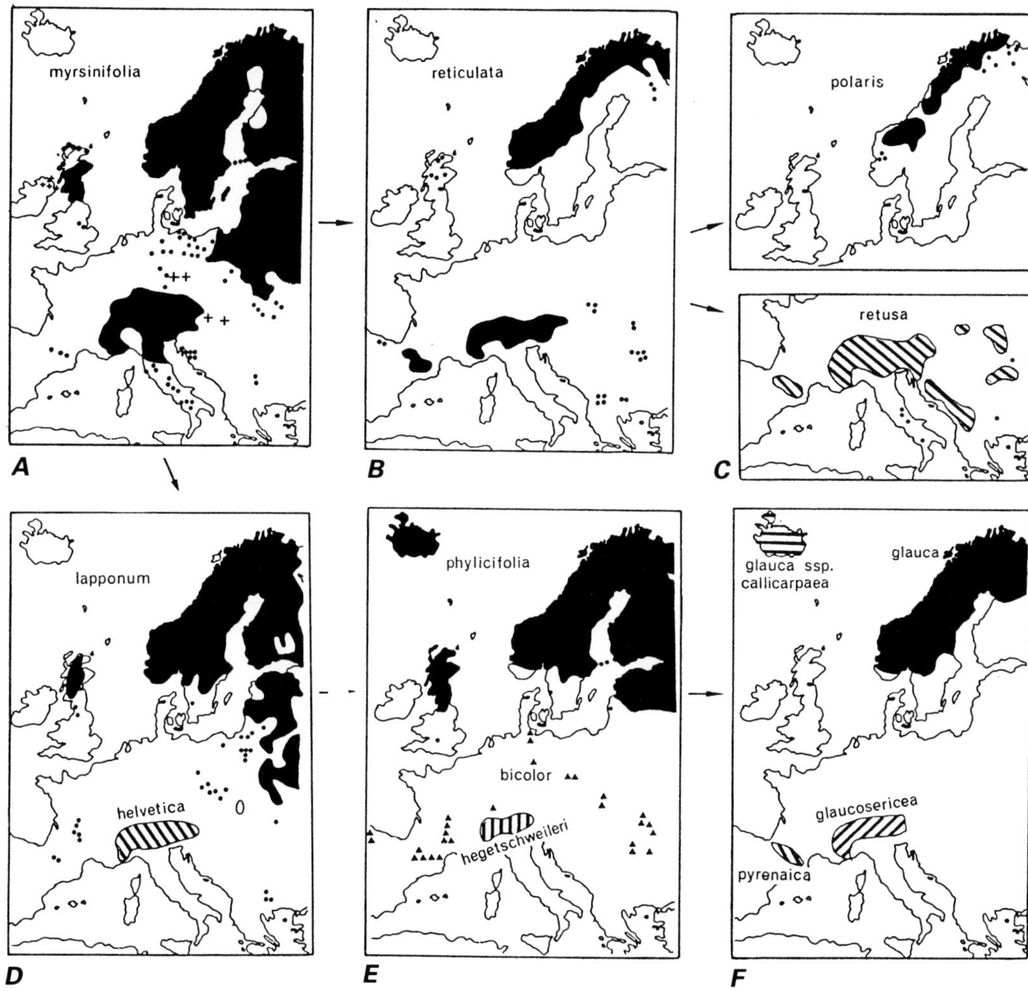

Abb. 2.21: Fortschreitende Artbildung bei den arkto-alpinen Weiden.
A) *Salix myrsinifolia* hat einerseits ein ausgedehntes nordisches Areal: Schottland, Fennoskandien und einen Teil der Baltischen Staaten. Andererseits ein südliches Areal in den ganzen Alpen, übergreifend in den Apennin mit isolierten Vorkommen in den Pyrenäen und am Balkan. Andere isolierte Standorte quer durch Mitteleuropa verbinden die beiden Areale. B) Verbreitung von *Salix reticulata* ist geschlossener, aber die Art ist einheitlich von Lappland bis zu den Pyrenäen (unter dem Vorbehalt von möglichen Ökotypen als Folge der unterschiedlichen arktischen und alpinen Standortsbedingungen). C) Ein fortgeschritteneres Stadium ist die Trennung in zwei Areale begleitet von der Differenzierung in 2 benachbarte aber deutliche Arten wie das Paar *S. polaris* (Skandinavien). – *S. retusa* (Alpen und südeuropäische Gebirge. D) Obwohl die beiden nordischen und südeuropäischen Areale von *S. lapponum* durch Zwischen-Standorte verbunden scheinen und diese Art auch morphologisch einheitlich von Lappland bis in die Pyrenäen ist, haben sich alpine Populationen zu einer deutlichen Art entwickelt, die lange Zeit verwechselt und dann als *S. helvetica* beschrieben wurde. E) In der Gruppe *phylicifolia* sind die mittel- und südeuropäischen Populationen differenziert durch eine verwandte Art, *S. bicolor* mit Ausnahme der Alpen, wo sich eine dritte Art gebildet hat, *S. hegetschweileri*. F) In der Gruppe von *S. glauca* hat die Spezialisierung zugleich das südliche Areal betroffen, wo Pyrenäen und Alpen 2 Arten beherbergen (*S. pyrenaica* und *S. glaucosericea;* diese wurden lange mit dem *S. glauca*-Typ verwechselt), und das nördliche Areal, wo Populationen von Island eine Unterart differenziert haben, *S. glauca* ssp. *callicarpaea*.

d) **Niveau der Arten.** Die Gattung *Iberis* hat beispielsweise in den Südwestalpen drei sehr ähnliche Arten ausgebildet, alle mit 2n = 18, die in verschiedenen Regionen heimisch sind: *Iberis candolleana* vom Vercors bis ins Ventoux, *Iberis aurosica* vom Aurouze bis zur Tinée und *Iberis nana* in den Ligurischen Alpen.

Ein besonders interessantes Beispiel bietet der Arealvergleich arktisch-alpiner *Salix*-Arten. Diese Gattung weist eindeutig nordische Verwandtschaft auf, denn die Zahl der Arten nimmt von Norden nach Süden regelmäßig ab. Von den etwa 60 bekannten europäischen Arten siedelt etwa die Hälfte in Nordeuropa (davon zirka zehn endemisch), wo *Salix* in der Flora viel bedeutender ist als in temperierten Regionen, ungefähr 25 Arten in den Ostalpen, 20 in den Südwestalpen bzw. Pyrenäen, nur 15 im Apennin. Etwa 12 *Salix*-Arten werden mit arktisch-alpiner Verbreitung eingeordnet, doch inzwischen ergab sich, daß einige Dubletten von zwei sehr verwandten, aber verschiedenen Arten existieren, nämlich eine nordische und eine in den Alpen oder in anderen südeuropäischen Gebirgen beheimatete. Diese Arten belegen eindrucksvoll die Ausweitung des Differenzierungsmechanismus (Abb. 2.21).

Bei Favarger finden sich zahlreiche Beispiele für die Auswirkung karyo-systematischer Modifikationen auf den Artenbildungsvorgang. Viele Beispiele für Vikarianten, wie bei den *Iberis*-Arten oder folgenden Paaren, existieren:

Alpen
2n = 34: *Cirsium spinosissimum*
2n = 36: *Minuartia lanceolata*
2n = 40: *Senecio personii*

Pyrenäen
2n = 34: *Cirsium glabrum*
2n = 36: *Minuartia cerastifolia*
2n = 40: *Senecio leucophyllus*

bei manchen ähnlichen Arten treten aber Pseudovikarianten mit verschiedenen Chromosomensätzen auf:

Alpen
2n = 40: *Viola calcarata*
2n = 20: *Viola cenisia*
2n = 18: *3 Endemiten Iberis*

Pyrenäen
2n = 22: *Viola cornuta*
2n = 34: *Viola diversifolia*
2n = 14: *Iberis spathulata*

Andererseits ist damit zu rechnen, daß Arten mit weiter vertikaler Verbreitung im Flach-

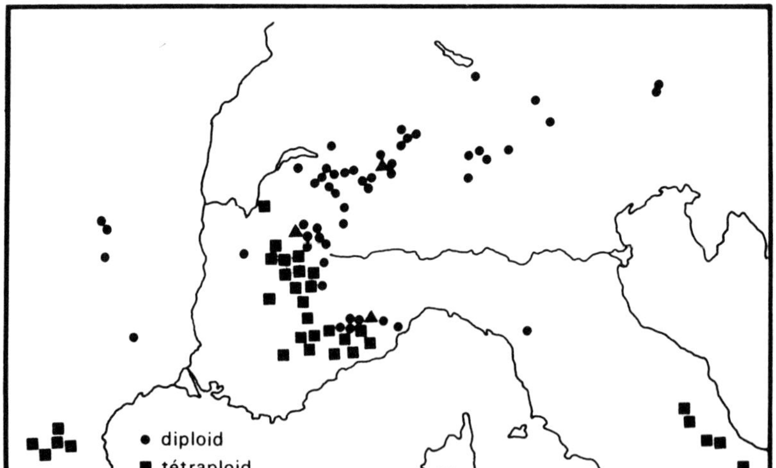

Abb. 2.22: Chromosomen-Rassen von *Sempervivum arachnoideum* (nach Welter 1979). Die Verbreitung der drei entdeckten Rassen ist ausreichend eindeutig in den Alpen, aber viel komplexer, wenn man die gesamten untersuchten Gebiete berücksichtigt.

land eher durch diploide, im Hochgebirge mit kaltem Klima eher durch polyploide Arten vertreten sind. Das gilt nicht für das Paar *Anthoxanthum odoratum – Anthoxanthum alpinum;* ebenfalls ist *Lotus corniculatus* tetraploid und die subalpine Vikariante *Lotus corniculatus* diploid.

Jedenfalls lassen sich von verschiedenen Chromosomenrassen nur dann **geographische Taxone** abtrennen, wenn die Arten räumlich isoliert sind (Abb. 2.21). Die Ursache für eine derartige Aufsplitterung könnte insbesondere in den Randalpen auf das vielfältige Alpenrelief, das sehr unterschiedliche Klima als Folge davon sowie auf episodische Katastrophen wie die Eiszeiten zurückgehen. SCHARFETTER stellte eine zusätzliche Hypothese auf, nach der sich die verschiedenen Alpenteile nicht gleichzeitig gehoben haben, sondern bestimmte Gebirgsgruppen abgetragen wurden oder sich senkten, während sich andere hoben. Dadurch wären seiner Meinung nach aus einem anfänglich einheitlichen Areal verschiedene systematische Formen entstanden. MERXMÜLLER wiederum gelangte zu dem Schluß, daß sich die Artenbildung, die zwangsläufig lange Zeit in Anspruch nimmt, im wesentlichen in der Voreiszeit (praediluvial) abgespielt hat und die Eiszeiten eine Umgruppierung der Areale bewirkten. Dies würde erklären, warum Arten mit verschiedenem floristischem Ursprung heute ähnliche Areale einnehmen: Ökologische Ansprüche und folglich auch Reaktionen auf Klimaveränderungen müssen die gleichen gewesen sein.

Die **Ursachen für die Artenbildung** liegen noch weitgehend im Dunkeln. Welche Umweltfaktoren sind für den veränderten genetischen Code verantwortlich? Vorläufig kann nur auf den Gegensatz zwischen kalk- und silikatliebenden Pflanzen (vgl. C 2) und dem ausgesprochenen Artenreichtum der randalpinen Kalkgebirge verwiesen werden (Abb. 2.23 und 2.26).

6. Der alpine Endemismus

6.1. Quantitative Erfassung

Statistiken über den Endemismus sind sehr schwer zu erstellen, da langwierige Bestandsaufnahmen, Bestätigungen der Synonyme und Vergleiche mit anderen Gebieten notwendig werden. PAWŁOWSKI (1970) ist eine solche außerordentlich mühsame Arbeit für die Alpen und die Karpaten zu verdanken. Die Zahl der endemischen Alpenpflanzen nach dem LINNÉ-schen System bestimmte er mit ungefähr 350, zu denen noch etwa 30 subendemische Arten kommen, die etwas über die Grenzen der Alpen hinausreichen. Die alpinen Endemiten in den Alpen umfassen daher ca. 3% der europäischen Florenelemente und 7–8% der alpinen Arten. Damit ist der Endemiten-Anteil höher als in anderen Gebirgen, sogar höher als in Korsika, aber dennoch geringer als auf der Iberischen und der Balkanhalbinsel. Der manchmal angeführte Anteil von 30% ist falsch: man muß die Zahl der Endemiten auf sämtliche Alpenpflanzen beziehen, nicht nur auf die waldfreien, typisch alpinen Florenelemente, da die meisten endemischen Pflanzen in mittleren Höhen beheimatet sind.

6.2. Systematische Verteilung

6.2.1. Stark endemische Gattungen

Der Anteil endemischer Pflanzen ist bei Gattungen mit vielen **Hochgebirgsarten** besonders hoch: *Saxifraga*, *Primula*, *Gentiana*, *Campanula* und *Salix*, die 26 Alpenarten umfaßt, von denen 7 endemisch sind. Das Beispiel von *Campanula* und *Primula* zeigt Abb. 2.23 und 2.24.

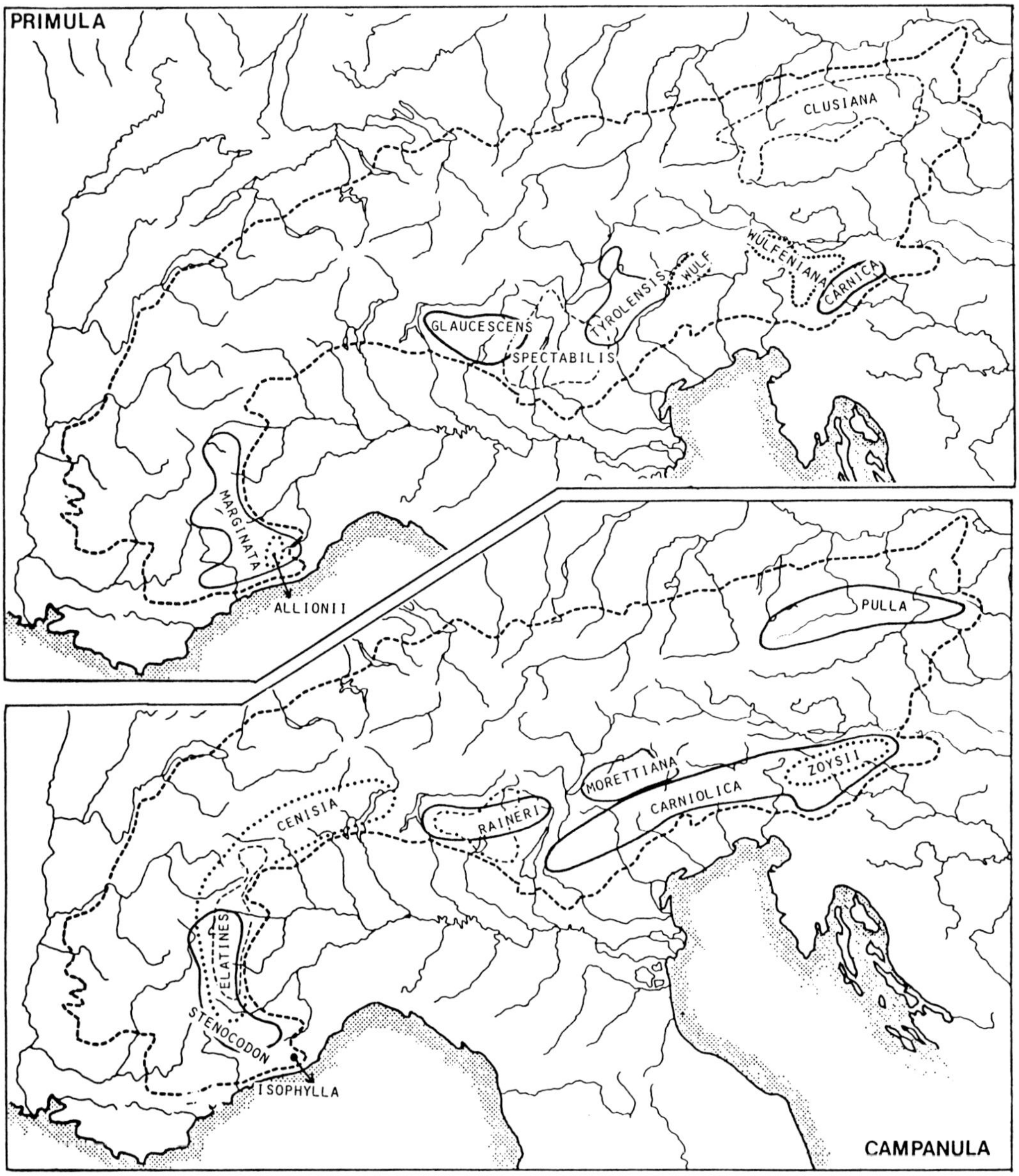

Abb. 2.23: Zwei Gattungen mit stark ausgeprägtem alpinem Endemismus: *Primula* und *Campanula*.

Abb. 2.24: Einige alpine endemische *Campanulae:* A) *Campanula alpestris* und B) *C. cenisia* (Bild Gensac). C) *C. macrorhiza* (Bild Ozenda). D) *C. zoysii* (Bild Aichinger).

6.2.2. Supraspezifische Taxone

Etwa ein Zehntel der endemischen Alpenflora gehört monospezifischen Gattungen an *(Berardia)* oder besitzt nur einen einzigen Vertreter der Gattung *(Wulfenia)* bzw. eines Gattungsbereichs (*Saxifraga florulenta*, Abb. 2.25) in den Alpen. Abb. 2.26 orientiert über diese supraspezifischen Taxone.

6.2.3. Mikro-Endemiten

Neben typischen Endemiten nach dem Linné-schen System sind in den Alpen natürlich eine große Zahl von Unterarten oder endemischen Varietäten anzutreffen. Ein Ausmaß kann allerdings mangels einer Gesamtstudie für die Alpen nicht bestimmt werden. Das Problem wird durch die systematische Aufsplitterung von Gattungen wie *Hieracium* oder *Alchemilla*, durch natürliche Ursachen wie Apogamie, aber auch durch die «Entfesselung» einiger Systematiker noch zusätzlich kompliziert.

6.3. Geographische Verbreitung

Die meisten Endemiten kommen entweder in der östlichen oder in der westlichen Hälfte der Alpen vor. Lediglich 15 % treten zugleich in beiden Teilen auf und eine noch geringere Zahl ist zentralalpin beheimatet.

Abb. 2.25: *Saxifraga florulenta*, endemisch im Mercantour-Massiv (nach einem alten Aquarell).

Nach Aufzeichnungen von PAWŁOWSKI ergibt sich für die gesamten Alpen folgende Tabelle (1970):

	endemisch	subendemisch	gesamt
Panalpin	66	8	74
Zentralalpen	9	1	10
Westalpen	133	32	165
(davon Seealpen)	(32)	(9)	(41)
Ostalpen	125	78	203
	333	119	
	452		

Nach einer statistischen Untersuchung von kleineren geographischen Sektoren (Abb. 2.26) ist der Endemismus in den Südalpen weitaus größer und in drei Sektoren besonders ausgeprägt: Seealpen und Ligurischen Alpen, Lombardische Randalpen und Karnische sowie Julische Alpen. Diese Sonderstellung ist einerseits auf die geographische Aufsplitterung dieser Gebirgsgruppen und die damit verbundene Isolierung kleiner Populationen und andererseits auf die weitgehende Verschonung während der Vergletscherung zurückzuführen.

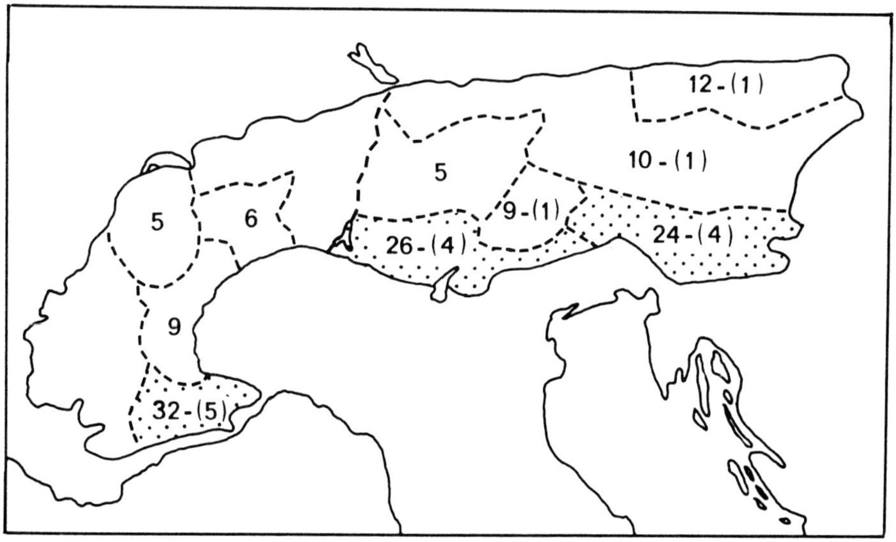

Abb. 2.26: Der Endemismus in den Alpen (nach PAWLOWSKI 1970). Die erste Ziffer nennt die Anzahl der echten Endemiten in jedem Gebiet. Die zweite Ziffer in Klammern die Zahl der überspezifischen endemischen Sippen (Sektionen oder Gattungen). Die beiden großen Pole des Endemismus der Alpen (grau) sind ein Teil der östlichen Haute-Provence, See- und Ligurischen Alpen und darüber hinaus Südostalpen.

Bei weiterer Differenzierung können innerhalb jedes Sektors geographische Gruppen endemischer Arten unterschieden werden, wie in Abb. 2.27 für die Südwestalpen.

6.4. Ökologische Verbreitung

6.4.1. Nach Vegetationsstufen

Endemiten treten in allen Höhenstufen auf und nicht nur – wie man annehmen könnte – in der Hochgebirgsflora; diese enthält allein in den Alpen ca. 130 Arten (s. Kap. IX, 2). Die meisten Arten dürften sogar in der submontanen und unteren montanen Stufe vorkommen. Die nivale Stufe ist eigenartigerweise arm an endemischen Arten.

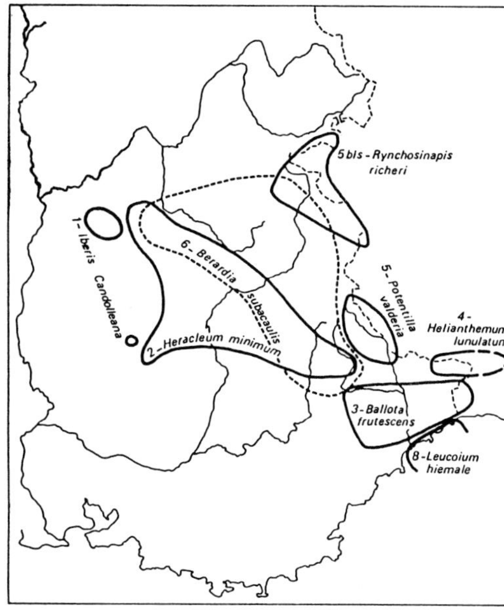

Abb. 2.27: Areal einiger Endemiten in den Südwestalpen. Die Ziffern entsprechen jeweils einer Artengruppe mit einem vergleichbaren Areal, das in der Abbildung dargestellt ist (2 Arten sind in der Gruppe 5 repräsentativ besonders entwickelt) (Nach OZENDA, 1966.)

6.4.2. Nach Standort

Silikatgebirge scheinen artenärmer zu sein als **Kalkgebirge.** Dieser Unterschied ist aber wahrscheinlich weniger auf die Bodenbeschaffenheit als vielmehr auf das einheitlichere Relief (Morphologie, reifere Böden) des inneralpinen Silikat-Zentrums und dem zersplitterten, stark gegliederten Saum der Kalkperipherie zurückzuführen.

Pionier- oder weniger weit entwickelte **Gesellschaften** weisen bei weitem die meisten Endemiten auf. 35%–40% der endemischen Arten siedeln auf Fels oder Schutt und von diesen wiederum ein Drittel der supraspezifischen Taxone. Die Hälfte der 32 Endemiten in den Seealpen sind an Felsstandorte gebunden (PAWŁOSWKI 1969).

Umgekehrt sind die ausgedehnten, homogenen und relativ jüngeren **Klimax-Waldgesellschaften** ärmer an Endemiten: In den Südwestalpen kann zum Beispiel als Endemit einer Waldgesellschaft nur *Androsace chaixii* in bestimmten mesophilen Buchenwäldern angeführt werden. Die Wiesen haben eine Zwischenstellung: bemerkenswert ist auch der relative Artenreichtum der *Seslerion*-Gesellschaften *(Caricetum firmae, Seslerio-Semperviretum)*.

Abschließend soll nochmals auf die unzulänglichen Angaben in den einschlägigen Werken über Statistik und Geschichte der Alpenflora hingewiesen werden:

1. Der Begriff Verbreitungsgebiet müßte quantitativ erweitert werden, indem Zonen mit reichlichem, eher spärlichem oder nur sporadischem Vorkommen einer Art voneinander getrennt werden. Mit der gegenwärtigen kartographischen Technik könnte das Areal so quantitativ abgestuft werden. Damit wäre eine viel bessere Arbeitsunterlage als die einfache Darstellung des Vorhandenseins oder Fehlens einer Art (lediglich Arealgrenze) geschaffen. Für Waldbäume müßte das Areal noch qualitativ differenziert werden (Wuchsleistung, Anmerkung des Übersetzers).

2. Man muß besonders den Unterschied beachten zwischen:

– der Flora, die man «alpisch» nennen könnte und sämtliche Pflanzen in den Alpen aller Höhenstufen umfaßt, und

– der «alpinen» oder «waldfreien» Flora im herkömmlichen Sinn, die sich aus den Pflanzen der höheren Stufen zusammensetzt und die zum großen Teil für mehrere Gebirge (Alpen, Pyrenäen, Karpaten, Zentralapennin etc.) gemeinsam ist. Insbesondere gehört eine Reihe von Endemiten nicht der alpinen Flora an.

3. Die Alpen dürfen nicht als isolierter biogeographischer Bereich gesehen werden, sondern als Teil des großen holarktischen Territoriums, in dem sich die alpine Pflanzenwelt bei allgemeiner Orogenese des eurasiatischen Kontinents entwickelt hat und mit den kalten Gebieten im Norden in Wechselwirkung stand.

4. Die arkto-tertiäre Hinterlassenschaft wird eindeutig überbewertet und oft mit der wichtigen Phase verwechselt, in der sich die Bergfloren der Alpen wie auch anderer holarktischer Gebirge zum größten Teil oder vielleicht ausschließlich zu Lasten einer schon temperierten Ebenenflora differenziert haben.

5. Die Auswirkungen der Eiszeiten und der postglazialen Wiederbesiedlung werden im Verhältnis zum Präglazial stark überbewertet. Am Ende der Voreiszeit, die ja wesentlich länger dauerte, war die Differenzierung der Bergflora im wesentlichen bereits abgeschlossen, wenn auch die Eiszeiten mit wiederholter neuerlicher Ausbreitung und Rückwanderung diese völlig durcheinanderbrachten. Über die voreiszeitlichen Phasen ist das Wissen relativ gering, da die Spuren oft verwischt sind und sich Wissenschaftler daher leicht zu Hypothesen hinreißen lassen. Bei der kurzen postglazialen Phase hingegen besteht die Schwierigkeit, die unzähligen Einzelbeobachtungen zu einem klaren Gesamtbild zusammenzusetzen und abzuschätzen, inwieweit eine Übertragung auf interglaziale und interstadiale Perioden möglich ist. Der unterschiedliche Wissensstand über das Holozän und die vorangehende Zeit verleitet natürlich dazu, den tatsächlichen Zeitablauf logarithmisch darzustellen, wodurch jüngere Stadien gestreckt werden. Diese zeitliche Verzerrung müßte aber dann durch eine Gesamtschau wieder relativiert werden, so wie bei der Wahrnehmung einer Landschaft die optische Perspektive im Gehirn des Beobachters richtiggestellt wird.

III. Bewaldung als Grundlage für eine Biogeographie der Alpen

Drei Gründe sprechen für eine entscheidende Bedeutung der Baumarten:

– Theoretische Überlegungen. Baumarten spiegeln die Umweltbedingungen umfassend wider. Durch ihre oberirdische Größe und dem aufgeschlossenen Bodenraum sowie durch Langlebigkeit integrieren sich die Umweltbedingungen zeitlich und räumlich. Bäume als dynamische Endphase kennzeichnen auch deutlich den Klimaxzustand.

– Praktische Gründe.

a) Wälder fallen dem Beobachter zuerst auf sowohl bei Feldstudien als auch bei der Interpretation von Luftbildaufnahmen. Bäume und Wälder wurden von Anfang an der Definition von Vegetationsstufen zugrunde gelegt.

b) In den Bergen haben sich Wälder in der Regel weit besser erhalten als im Tiefland.

c) Schließlich stammen die meisten verfügbaren Unterlagen von Wäldern. Forstliche Karten waren oft zuerst da oder sind noch die einzigen Unterlagen für bestimmte Gebiete, gleiches gilt auch für wissenschaftliche Arbeiten. Zum Beispiel beschäftigen sich neuere Übersichten von MAYER *(1973, 1984) sowie von* ELLENBERG-KLÖTZLI *(1974) mit der Typologie und ökologischen Charakterisierung der ost- und zentralalpinen Wälder.*

– Zweckmäßigkeitsgründe schließlich durch die Bedeutung der Bäume unter verschiedenen Gesichtspunkten für die Bergland-Bewirtschaftung (Alpweide, Forstwirtschaft, Schutzwald, Naturschutzgebiete), sowie durch den Nutzwert von dynamischen Untersuchungen für die Landschaftsgestaltung.

Wenn ich der Beschreibung der Waldgesellschaften einen größeren Wert als üblich beimesse, bin ich im Einklang mit modernen Auffassungen der Pflanzengeographie mit dem Hinweis, daß gut die Hälfte des für Mitteleuropa grundlegenden Buches von ELLENBERG *(1978) dem Studium der Waldgesellschaften gewidmet ist.*

1. Eine biologische Definition des Begriffes «Höhenstufe»

Nach Kapitel I stellen die Höhenstufen eine erste Unterteilung dar, die durch Zusammenhang mit dem **Temperaturgradienten** primär auffallen. Letzterer ist im Gebirge von grundlegender Bedeutung im Gegensatz zum Tiefland, wo edaphische Faktoren ausschlaggebend sind. Indirekt wirkt sich dieser Gradient auf Feuchtigkeitsabstufung, Bodenbildung und landwirtschaftliche Bodennutzung aus.

1.1. Historischer Überblick

SCHRÖTER (1903) hat die im 19. Jahrhundert vorgeschlagenen Stufungskonzepte in einer Vergleichstafel mit 25 Kolonnen zusammengestellt. Die meisten Systeme beruhen auf entscheidenden geographischen Faktoren wie Meereshöhe, klimatische Schneegrenze usw. oder aber auf verschiedenen Nutzungsformen im Gebirge wie Äcker, Wälder, Weiden. Die natürliche Vegetation wurde nicht in dem Maße berücksichtigt, wie es heute der Fall ist. Der Begriff der Höhenstufe wurde früher weiter gefaßt und allgemeiner verwendet als die Vegetationsstufe im engeren Sinne. Stark betonen wir den **anthropogenen Faktor** wie die «Alpwirtschaft», eine Bewirtschaftungsart, die sich seit Jahrhunderten mit der Ökologie im Gleichgewicht befand. Nicht notwendig ist es, näher auf diese verschiedenen Einteilungsarten einzugehen. Durch bisherige Fortschritte in der Standortskunde (Meteorologie, Bodenkunde usw.) und Vegetationskunde sind sie weitgehend hinfällig geworden.

Nach einem Vergleich schlug SCHRÖTER folgende, als «Regionen» bezeichnete Höhenstufen vor:

– Kolline Kulturregion bis zur oberen Grenze des Weinstocks.
– Montane Region der Laubwälder bis zur oberen Buchengrenze.
– Subalpine Region der Nadelwälder bis zur Baumgrenze.
– Alpine Region mit vier Unterstufen:

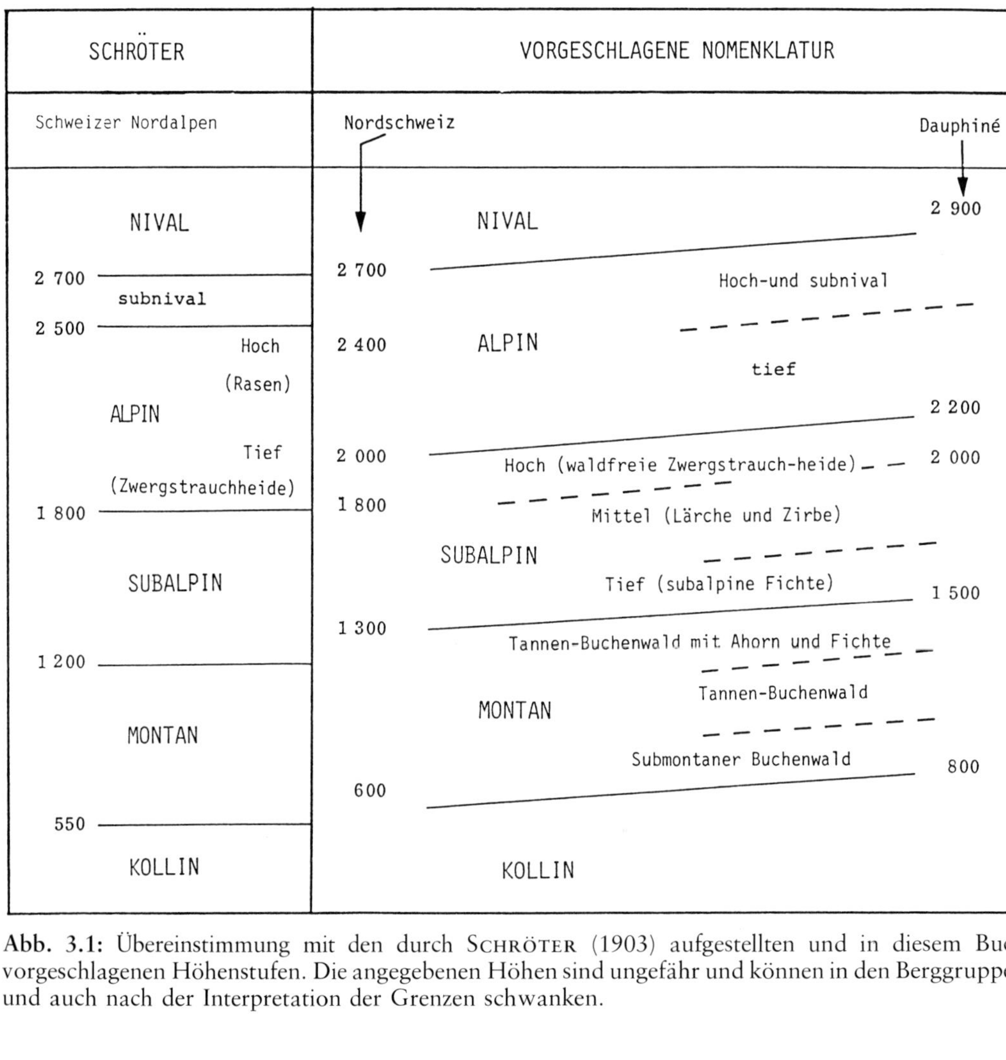

Abb. 3.1: Übereinstimmung mit den durch SCHRÖTER (1903) aufgestellten und in diesem Buch vorgeschlagenen Höhenstufen. Die angegebenen Höhen sind ungefähr und können in den Berggruppen und auch nach der Interpretation der Grenzen schwanken.

a und b – Typische alpine Region, gliedert sich in einen Strauchgürtel bis zur oberen Grenze von Krummholz und Grünerle und einen Rasengürtel bis zur oberen Grenze der zusammenhängenden Grasheiden.

c – Subnivale Region der perennierenden Schneeflecken und vereinzelten Rasenflekken.

d – Nivale Region.

Nachfolgende Tabelle führt Höhengrenzen für die Schweizer Alpen nach SCHRÖTER an. Beachtenswert ist die Amplitude dieser Stufen von 500–900 m bei einem Durchschnittswert von 650 m.

	nördliche Randalpen	Wallis Engadin (Zentral-alpen)	Tessin (südliche Randalpen)
nival			
alpin	2500	2900	2700
subalpin	1800	2200	2000
montan	1200	1300	1500
kollin	550	800	700

Dieses Schema von SCHRÖTER kann in verschiedener Hinsicht kritisch beurteilt werden.

1. Die **Unterscheidung von Rand- und Zentralalpen,** als zusätzliche Differenzierung zur Höhenstufung, beruht lediglich auf einer Verschiebung der Höhenlagen und nicht auf fundierten qualitativen Unterschieden. SCHRÖTER weist lediglich auf die fehlende Buche im Wallis und im Engadin hin, stellt aber deshalb die Definition der montanen Stufe nicht in Frage.

2. Die zwei **Höhenstufen mit Laub- bzw. Nadelbäumen** sind heterogen und ihre Definition kann nicht buchstäblich aufgefaßt werden. Die heute erkannten Zusammenhänge zwischen Buchen- und Tannenwald sind oft so eng, daß sie als einzige Assoziation betrachtet werden. Häufig herrschen in der sogenannten Höhenstufe des «Laubwaldes» Tanne und Fichte auf ausgedehnten Hängen vor. In den buchenfreien Innenalpen wird diese Höhenstufe vollständig von Nadelbäumen, in erster Linie von Fichte und Waldkiefer, eingenommen, wobei montane Fichtenwälder mit subalpinen in Kontakt treten. In solchen Fällen läßt sich die montane und subalpine Stufe ohne eingehende biozönotische Analyse nur schwer trennen. Deshalb haben ältere Autoren den obersten Teil der montanen Stufe der subalpinen angegliedert, wodurch die montane Stufe eine zu geringe Höhenausdehnung und die subalpine eine zu große Amplitude erhielt. Außerdem wurde in den Innenalpen fast die gesamte montane Stufe mit der subalpinen zusammengefaßt, wodurch immer wieder Interpretationsfehler entstanden.
Abb. 3.1 faßt zusammen und vergleicht die Unterteilungen, die in dieser Bearbeitung benutzt werden, mit jenen von SCHRÖTER und älteren Autoren.

1.2. Vegetationsstufe, als biozönotisch strukturelle Einheit

Obwohl die Waldvegetation schon der ersten physiognomischen Definition der Höhenstufen zugrunde lag und die Erfassung regionaler Unterschiede sowie die Eigenständigkeit des inneralpinen Zentrums ermöglichte, müssen heute **zwei wesentliche Entwicklungen** berücksichtigt werden:
– Moderne Untersuchungsmethoden für Pflanzengesellschaften, die eine genaue floristische, strukturelle und ökologische Analyse der Biozönosen und der mit ihrer abiotischen Umwelt gebildeten Ökosysteme liefern.
– Einführung der Begriffe **Vegetationsdynamik und Klimax.** Die allmähliche Evolution der Gesellschaften führt im Laufe der Zeit bei geeigneten Umweltbedingungen zu einem in der Regel bewaldeten Endstadium. Dieses Endstadium, die sogenannte Klimax, steht dann im Gleichgewicht mit den jeweiligen ökologischen Bedingungen am Standort.
In einer bestimmten Höhenlage, z. B. in einer durch Buche charakterisierten montanen Stufe, führt die Dynamik zur Ausbildung verschiedener Typen von spezifischen Bu-

chenwäldern, Tannen-Buchenwäldern und Buchenwäldern mit Fichte und Bergahorn. Dazu kommen noch in mosaikartiger Mischung verschiedene Entwicklungs- oder Degradationsstadien. In der gleichen Höhenstufe können aber auch weitere Klimaxgesellschaften vorkommen, z.B. auf trockenen Südhängen Kiefernwälder mit den spezifischen Begleitgesellschaften, entlang von Wildbächen, Erlen- und Weidengebüsche oder auch Pflanzengesellschaften, die sich nur sehr langsam bis überhaupt nicht weiterentwickeln wie an Felswänden. Zusammensetzung dieser Gesellschaften, gegenseitige Beziehungen, Raumkonkurrenz und ihre Entwicklung werden durch mosaikartige Umweltbedingungen bestimmt. Das Ganze bildet eine strukturelle Einheit. Die Vegetationsstufe ist somit nicht nur die Vegetation einer bestimmten Höhenlage, sondern ein **durch ähnliche ökologische Ansprüche in der gleichen Höhenstufe zusammengehöriges System von Pflanzengesellschaften** (Gesellschaftskomplex) nach einer schon von EMBERGER vorgeschlagenen Definition. Wir werden z.B. in Kap. VII sehen, wie Definition und Beschreibung der montanen Stufe den ursprünglichen Begriff «Buchenstufe» erheblich ausgeweitet haben, obwohl Buche die bezeichnendste Art dieser Stufe bleibt.

1.3. Ausdehnung und Beschränkung des Begriffes Höhenstufe

Diese verfeinerte Auffassung der Höhenstufe ist ein wertvolles **Modell,** das weiter entwickelt werden kann. Es eignet sich sowohl für einen Ansatz zu Untersuchungen im Gebirge als auch für die Synthese. Mit diesem sensiblen Begriff muß man entsprechend vorsichtig umgehen.

a) Die Vegetationsstufe ist keine natürliche Einheit an sich, sondern ein Begriff des Biogeographen zur Verwendung als Arbeitshilfsmittel. Ein **zweckmäßiges Profil** dient der Beschreibung der Höhenfolge der Vegetation. Dabei folgt die Reihenfolge der Höhenstufen einer klaren Ordnung. Dadurch ergeben sich analoge Abfolgen auf verschiedenen Bergen, ja in verschiedenen Gebirgen. Die **Höhenstufen der Alpen** besitzen im großen und ganzen eine weitgehend allgemeine Gültigkeit; sie lassen sich im allgemeinen auf weiter südlich bzw. östlich liegenden Gebirge übertragen. Diese Ähnlichkeit war nicht zwangsläufig voraussehbar und ist auch nicht immer absolut gewährleistet; der Schluß liegt aber nahe, daß diese Gleichartigkeit nicht zufällig ist,

---

Abb. 3.2: Die Wiedergabe eines Luftbildes mit dem nördlichsten Teil des Vercors-Massivs im Gebiet Bec de l'Echaillon (Ziffer 1, auf dem Bild überdruckt). Der Bergstock endet mit einer Reihe senkrechter Abstürze von mehreren hundert Metern (Portland-Kalk), die im Schatten liegen (2). Den Fluß Isère (3) kann man durch weiße Sandbänke (4) unterscheiden, der das Massiv abgrenzt und das in eine nahezu vollständig kultivierte Ebene ausläuft. Bei (5) Mischkulturen auf kleinen Flächen (vor allem Mais), (6) Obstgärten von Nußbäumen, (7) Wiesen, (8) Weinberg, den man durch vergrößerte Pflanzenreihen ausreichend unterscheiden kann. (9) Feuchtwald am Fluß-Ufer. Das Gebirge ist im Gegensatz nahezu völlig bewaldet. Vercors ist jene Gegend Frankreichs mit dem größten Bewaldungsprozent und einem sehr ausgedehnten Staatswald (Lente, ungefähr 30 km südlich). (10) Tieflagen-Buchenwald an der Nordseite, (11) Mittellagen-Buchenwald ca. 900 m. (12) Buchenwald mit Tanne und Fichte angereichert. (13) Montane Kulturen mit buschreicher Ausbildung, die Felder sind eingerahmt von Eschen-Anpflanzungen. (14) Flaumeichenwald auf südöstlich orientiertem Abhang; beim Vergleich von den vorherigen Wäldern sehr verschieden. (15) Wald und Kultur auf einem, am Fuß des steilen Oberhanges gelegenen kleinen Beckens. (16) Buchenwald am Nordabfall eines Hanges, dessen Hauptteil sich im Süden der Aufnahme befindet. (17) Dorf Noyarey. Man kann feststellen, daß die beiden Abhänge eines Tales in gleicher Höhe zwei verschiedene Höhenstufen tragen können: z. B. (14) kolliner Flaumeichenwald auf dem felsigen Südabhang, (16) montaner Buchenwald; denn die Vegetationsstufe bildet eine biologische Einheit und ist kein Höhenabschnitt. ▶

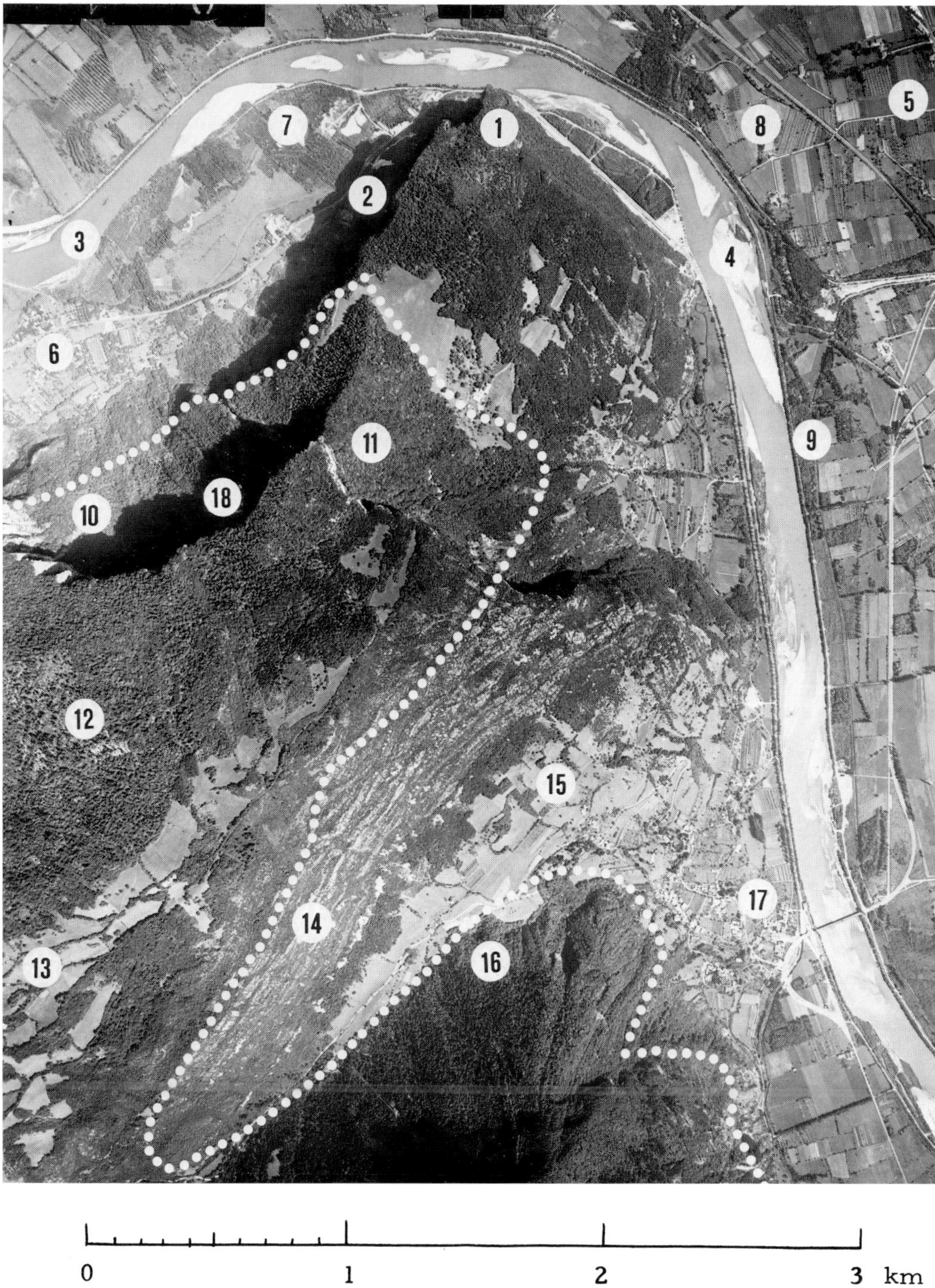

Abb. 3.2

sondern auf einer grundlegenden Einheitlichkeit der holarktischen Vegetation beruht.

b) **Der Begriff «Stufe» muß dem entscheidenden ökologischen Faktor, der Temperatur, zugeordnet bleiben.** Wie die Temperatur ist auch die Höhenstufung eine skalierte Gliederung. Künftige Arbeiten müssen genauer als bisher die Beziehungen zwischen dem Optimum und den Grenzen der Vegetationsstufe und der charakterisierenden Temperaturmittel und Extremwerte herausschälen. Wesentlich erscheint (vgl. Kap. I, Abb. 1.11), daß eine derartige thermisch und vegetationskundlich definierte Stufe nicht mehr an eine bestimmte Höhenlage gebunden ist. Durch **Klimaunterschiede** zwischen verschiedenen Gebieten und namentlich durch unterschiedliche geographische Breite entstehen lokal und regional **vertikale Verschiebungen.**
Diese vertikale Verschiebung haben wir als **Translation** bezeichnet, eine grundlegende, allzu oft vernachlässigte Erscheinung. So steigt die alpine Stufe im Norden Skandinaviens auf Meereshöhe herab, während in Nordafrika die kolline Stufe, durch die mediterrane Vegetation nach oben verdrängt, bis auf 2000 m reicht. Diese Tatsache ist unzweifelhaft; in solchen Fällen könnten höchstens die Bezeichnungen «alpin» bzw. «kollin» durch treffendere ersetzt werden. Aber selbst in den Alpen muß die vertikale Höhenverschiebung berücksichtigt werden. Wenn Buchenwälder der südlichen Randalpen in gleicher Höhenlage wie die subalpine Stufe der nördlichen Randalpen auftreten, bedeutet das nicht, wie zu lesen ist, daß sie subalpinen Charakter haben; vielmehr steigt die montane Stufe höher, da das regionale südalpine Klima wärmer ist als in den Nordalpen.

c) Schließlich müssen noch andere Faktoren berücksichtigt werden, namentlich die **Feuchtigkeit,** die im Tiefland und vor allem in ariden und semiariden Gebieten entscheidend ist. (Unter «Feuchtigkeit» verstehen wir Niederschlag, Nebel, Bodenwasser, Schnee, usw.) Im Gebirge kommen hygrische Komponenten nach den thermischen erst an zweiter Stelle, haben aber trotzdem eine oft beachtliche Bedeutung. Deshalb wurden in jeder Höhenstufe der Alpen drei Typen ausgeschieden: hygrophil, mesophil und xerophil. In Ermangelung einer besseren Bezeichnung wird «Modus» (OZENDA 1963) vorgeschlagen. Durch die **hygrische Unterteilung** senkrecht zum Temperaturgradienten wird die einfache Höhenstufung in eine räumlich gegliederte Tabelle («Gitter») mit zwei Eingangsvariablen verwandelt (z.B. Abb. 3.8).

d) Weitere ökologische Faktoren müssen berücksichtigt werden, speziell edaphische. Während Faktoren wie Temperatur und Feuchtigkeit unter Bedingungen wie in den gemäßigten und nachhaltig feuchten Tieflagen Mitteleuropas nicht begrenzen, rücken **Bodenfaktoren** in den Vordergrund, die im Gebirge zumeist erst an dritter Stelle rangieren. Wir erinnern an den Begriff der «**Faktorenhierarchie**», der trotz seiner Selbstverständlichkeit in Erinnerung gerufen wird.

e) Allgemein werden Zusammensetzung und Grenzen der Stufen von vielen Faktoren beeinflußt, die in Abhängigkeit von Exposition, Geomorphologie und Lokalklima variieren können. Vielfach werden Süd- und Nordhang eines Tales bei gleicher Höhenlage von zwei verschiedenen Höhenstufen eingenommen (Abb. 3.2).

Außerdem haben gewisse Pflanzengesellschaften eine größere **ökologische Amplitude** als eine Vegetationsstufe. So sind Fels- und Schuttgesellschaften von der kollinen bis zur alpinen Stufe gleich oder sehr ähnlich ausgebildet, wie z.B. bei der *Achnatherum calamagrostis*-Gesellschaft, die im gleichen Gebirge von 500 bis 2000 m auftreten kann. Bäume wie Waldkiefer haben eine ähnliche weite Höhenverbreitung, wobei je nach Höhenstufe verschiedene Gesellschaften ausgebildet werden. Auch einzelne für eine Höhenstufe charakteristische Gesellschaften können bei günstigem Lokalklima als natürliche Enklaven in einer benachbarten Höhenstufe auftreten, wie subalpine Fichtenwälder in Kaltluftmulden der montanen Stufe.

f) Läuft der Begriff der Vegetationsstufe, der damit auf eine relative Bestimmung durch indirekte Wirkung eines dominierenden ökologischen Faktors beruht, nicht Gefahr, nur beschränkt und dadurch nicht umfassend genug angewendet zu werden? Die vielseitige Anwendungspraxis gibt eine ausreichende Antwort. Da sich der Wert eines Prinzips weniger durch noch so enge Auslegung rechtfertigen läßt als durch zusammenhängende Auswertbarkeit seiner Folgerungen, drängt sich der Begriff der Stufe, bei aller gebotenen Einschränkung als Ansatz bei der Untersuchung der Gebirgsvegetation geradezu auf. Dies schließt nicht aus, daß in der Biogeographie der Gebirge viele weitere Schritte notwendig sind als lediglich das Ansprechen von Höhenstufen.

2. Begriff «Vegetations-Serie»

2.1. Gesellschaftsdynamik

Dieser grundlegende, bekannte Begriff soll nach dem verwendeten Sinn und dem genauen Inhalt der verschiedenen Einzelbegriffe definiert werden.
Bekanntlich ändert sich die Vegetation eines Gebietes ohne anthropogenen Einfluß in der Regel spontan und langsam, wobei sich an jedem Standort verschiedene Pflanzengesellschaften ablösen. So ist die allmähliche **Verbuschung** von Ödland ein Aspekt dieser Dynamik. In günstigen Fällen und bei zusagenden Umweltbedingungen erreicht die Vegetation nach einer gewissen Zeit, vielleicht einem Jahrhundert, ein **bewaldetes Stadium,** dessen Zusammensetzung von den ökologischen Faktoren des Standortes abhängt. Diese Phase wird vorläufig als **Praeklimax** bezeichnet, die einem beginnenden Gleichgewichtszustand entspricht, währenddessen der Wald langsam zu einem Endstadium heranreift. Dieses Endstadium, selbstverständlich von herrschenden ökologischen Faktoren abhängig, wird **Klimax** genannt.
Naturereignisse wie Lawinen, Erosion, Stürme oder durch Blitzschlag entstandene Waldbrände können eine Veränderung bzw. eine tiefgreifende Rückentwicklung der Klimaxgesellschaft bewirken. Überwiegend ist die Degradation aber anthropogenen Ursprungs. Der Einfluß des Menschen, inbegriffen Viehweide und in letzter Zeit auch im Gebirge zunehmender Maschineneinsatz, bleibt in günstigen Fällen darauf beschränkt, die natürliche progressive Entwicklung zu verhindern (Entbuschung, Unkrautbekämpfung, mäßig starke Beweidung). Meist wird aber die Vegetation in ein primitiveres Stadium zurückgeführt (Kahlschlag, Feuer) und so eine rückläufige Entwicklung oder **Degradierung** eingeleitet, die schließlich zu nacktem bis erodiertem Boden führen kann.
Verschiedene Maßnahmen (Bodenschutz, Bodenregeneration durch Grassaaten, Wiederaufforstung) können eine neue progressive Entwicklung einleiten, die nur dann vollständig zum Klimax führen kann, wenn die Umweltbedingungen in der Zwischenzeit unverändert geblieben sind. Wenn dies nicht der Fall ist, bleibt die Entwicklung fragmentarisch und bei einem Zwischenstadium stehen, das als **Subklimax** bezeichnet wird. Die Stabilität des Subklimax kann sowohl auf andauerndem anthropogenen Einfluß als auch auf einer irreversiblen Veränderung der Umweltbedingungen (Bodenerosion, Entwässerung) beruhen.
Oft weicht der Regenerationsvorgang vom ursprünglichen Verlauf in Richtung auf ein anderes Schlußstadium ab, **Paraklimax** genannt, das sich vom ursprünglichen Klimax unterscheidet. Dies ist häufig bei Waldersatzgesellschaften, die später (Kap. unten, 5) behandelt werden. Diese sind natürlich oder teilweise anthropogen entstandene Paraklimax-Einheiten, die aber keinen künstlichen Aufforstungen gleichgesetzt werden dürfen. Schließlich können auch lokale ökologische Bedingungen eines bestimmten Standortes die Entwicklung der Serie zu

einem anderen Stadium als zum Klimax blockieren und das Verharren im Subklimax, auch Lokalklimax oder **Dauergesellschaft** genannt, bewirken, wenn z.B. Wind im Waldgebiet das Aufkommen von Bäumen verhindert. Möglicherweise entstehen in einer Serie Enklaven mit besonderer Vegetation, meist bei speziellen Bodenbedingungen (**Spezial-Gesellschaften**).

Nach den Arbeiten von GAUSSEN und ihrer Auswertung bei der Vegetationskartierung von Frankreich (Maßstab 1 : 200000, 62 Blätter) bezeichnet man mit «Reihe» oder «Serie» die Gesamtheit eines Klimax mit Pflanzengesellschaften, die durch progressive Entwicklung dahin tendieren und solchen, die durch Degradation (inkl. Kulturen) davon abgeleitet werden können (Waldgesellschaftskomplex, nach MAYER 1984).

2.2. Beispiele von Vegetations-Serien

Untersuchungen seit mehreren Jahrzehnten in den Alpen und besonders in den Westalpen haben gezeigt, daß sich die Vegetationsdecke der Alpen hinreichend genau durch etwa 30 Vegetations-Serien beschreiben läßt, deren synthetische Darstellung durch OZENDA–WAGNER (1975) erfolgte.
Diese Serien wurden aber sehr ungleichmäßig untersucht und wir sind weit davon entfernt, sie in allen Einzelheiten zu kennen; bei einigen progressive und regressive Entwicklungsstadien und Ursachen der Entwicklungsdynamik. Manchmal wurde nur der Klimaxzustand untersucht. Die nähere Bestimmung des Begriffes ist klarer und weiter gediehen auf **Süd-(Sonn-)Seiten,** wo der Wald gewöhnlich nur eine Teilfläche be-

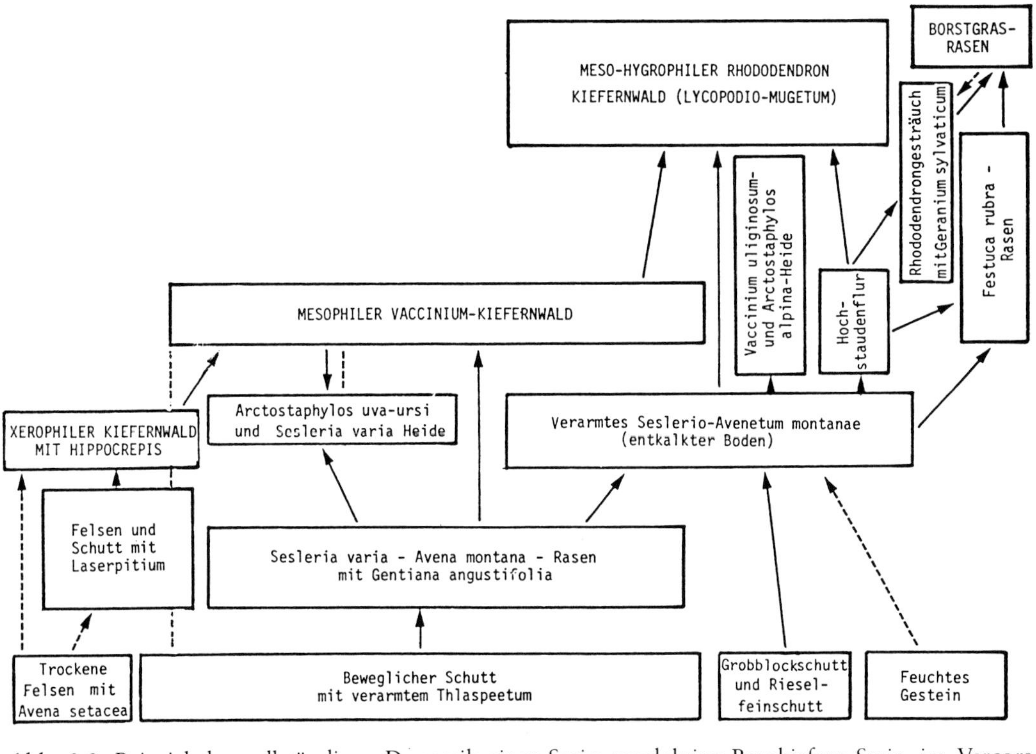

Abb. 3.3: Beispiel der vollständigen Dynamik einer Serie: randalpine Bergkiefern-Serie, im Vercors (nach FAURE).

stockt. Im Gegensatz dazu ist sie viel bescheidener auf **Nord-(Schatt-)Seiten** und noch weniger in Serien mit dichter Waldbestockung in der humiden montanen Stufe der Randalpen.
Eine der am besten bekannten Serien ist die sogenannte supra-mediterrane, westliche **Flaumeichen-Serie,** die detailliert in Kapitel VI bei der kollinen Stufe behandelt wird. Sie läßt sich vorteilhaft darstellen, da im größten Teil des Areals eine Vegetationsstufe eingenommen wird, die dadurch gut begrenzt ist. Die Serie erreicht eine bedeutende territoriale Ausdehnung und bestockt mehr als die Hälfte der Fläche im Umkreis von ungefähr 200 × 100 km, gleichzeitig etwas mit der Haute Provence zusammenhängend. Sie ist verhältnismäßig gut mit verschiedenen Stadien bekannt und liefert bezeichnende Beispiele der Entwicklung von **Unter-Serien** und verschiedenen **Typen** anthropogener Beeinflussung; Paraklimax der Ersatzgesellschaften, Wiederbewaldungsvorgang, Bodenregeneration (Abb. 6.9). Außerdem ergeben sich enge Beziehungen zu anderen Serien, deren Klimax gleichermaßen von Flaumeiche gebildet wird, während sich Ökologie und Verbreitung unterscheiden. Dies erlaubt den Begriff der Serie auch umfassend anzuwenden und den Begriff **Serien-Komplex** einzuführen, den man auch als **Hyper-Serie** bezeichnen könnte (Abb. 6.11).
Zwei andere, ebenfalls gut untersuchte Serien sind die randalpine *Pinus uncinata*-**Serie** in der subalpinen Stufe der Westalpen und die xerophile *Pinus sylvestris*-**Serie** in der montanen Stufe der Innenalpen. Die Dynamik der ersten Serie ist nunmehr sehr gut bekannt (Abb. 3.3) und die zweite wird in Abb. 7.19 diskutiert.
Wir betonen, daß bei diesen drei Beispielen die Benennung der Serie nicht allein nach der herrschenden Klimaxbaumart, sondern gleichzeitig mit einer ökologischen Bezeichnung erfolgt (xerophil, supramediterran) oder einer pflanzengeographischen (westlich, randalpin). Zunächst könnte man denken, daß die Definition der Serie mit einer einzigen Bezeichnung wie der Baumart genügen müßte: tatsächlich reicht das in den Pyrenäen aus, wo dieser Serienbegriff definiert wurde. Aber die Ausgangslage ist in den Pyrenäen wesentlich einfacher als in den Alpen und die Zahl der Klimaxbaumarten viel stärker reduziert. Das komplexe Vegetationsgefüge in den Alpen und ganz allgemein der methodische Fortschritt haben bewiesen (OZENDA 1962, 1966), daß eine Baumart die Klimax mehrerer ökologisch sehr verschiedenen Serien sein kann, wie nachfolgend in 4 zu ersehen ist.

2.3. Vorteil und Anwendungen der dynamischen Untersuchungen: Potentielle Vegetation

In Ländern mit geringer Bevölkerungsdichte hat sich die Vegetationsdecke noch weitgehend natürlich erhalten. Klimax-Einheiten sind auf nennenswerten Flächen vertreten und die Vegetation repräsentiert über weite Flächen ein Mosaik von Schlußwäldern. In Europa existiert dieser Zustand nur noch in einem Teil Fennoskandiens, Jugoslawiens und Nordrußlands. Überall sonst ist die Vegetationsdecke – sogar im Gebirge, wo sie noch einen weitgehend natürlichen Eindruck macht – von vielen zumeist stark veränderten Wäldern, Degradationsstadien und Kulturen zusammengesetzt. Im 19. Jhdt. erreichte dieser menschliche Einfluß ein Maximum, der aber seit rund hundert Jahren quantitativ infolge Landflucht abnimmt, qualitativ (industrielle Umweltbelastung) zunimmt. Eine Ausnahme bilden Länder mit der höchsten Bevölkerungsdichte, wo die Vegetation fast vollständig zerstört wurde und der landwirtschaftliche Druck weiterhin stark aufrecht bleibt.
Trotz einer beunruhigenden Lage infolge schneller Zunahme nichtlandwirtschaftlicher Betriebe, scheint in den Alpen die Vegetation noch über weite Flächen einen halbnatürlichen Zustand mit vielen Regenerationsstadien aufzuweisen.

Umweltbedingungen bestimmen nicht nur das Schlußwaldstadium (Klimax), sondern

von Anfang auch die Entwicklungsrichtung. Somit ist bereits die initiale Ausbildung der Serie von vornherein fixiert. Deshalb erlaubt das Studium früher Stadien einen sicheren bis sehr wahrscheinlichen Rückschluß auf das Entstehen der gegebenen Schlußgesellschaften, d.h. auf einen Waldtyp innerhalb einer Serie oder auf die mögliche, davon abgeleitete Gesellschaft, wie beispielsweise einen Kulturtyp einer bestimmten Serie (potentielle Vegetation) zuzuordnen.
Somit ist es möglich, durch Untersuchung und Kartierung einer Vegetationsreihe ein ökologisch homogenes Gebiet zu umschreiben, in welchem ein einheitlicher Charakter herrscht: **homoökologische** oder äquipotentielle **Zone.** Jede Serie wird mit einer einheitlichen Farbe dargestellt, wobei unterschiedliche Farbtöne die tatsächlichen Stadien (Wald, Heide, Rasen) kennzeichnen. Damit wird gesichert, daß bestimmte Maßnahmen (Wiederaufforstung, neue Kulturen), die an einem Standort der Serie einen Erfolg oder Mißerfolg verzeichnet hatten, mit hoher Wahrscheinlichkeit im gesamten Bereich der Serie sich ähnlich auswirken werden. Darin besteht der Nutzen von Klimax-Karten aber auch von Karten der potentiellen Vegetation mit ihrer besonders gut durch mittlere Maßstäbe angepaßten Form; Karten der Vegetations-Serien.
Biogeographische Untersuchungen lassen sich besonders fruchtbar praktisch anwenden.

2.4. Kritik und Grenzen des Begriffes Serie

Die aktuelle Frage ist in vollem Fluß und das schon klassisch gewordene Konzept der Vegetations-Serie muß merklich überprüft und verbessert werden.

a) Der Vorgang der **Entwicklungsdynamik** ist nicht zwangsläufig, so daß man vom äußeren Eindruck gewöhnlich, aber nicht immer, eine **Art umkehrbarer Sukzession** ableiten kann: «Nackter Boden – Rasengesellschaften – Strauchgesellschaften – Waldgesellschaften – Klimaxwald». Sehr oft kann ein Klimaxwald angesprochen werden, ohne alle früheren Stadien oder Degradationsformen mit den dynamischen Beziehungen zu kennen. Die Klimax kann außerdem sehr alt sein und sich darüber hinaus nach unseren Annahmen unter anderen Bedingungen gebildet haben: Sie ist in keinem ausgewogenen Gleichgewicht mit der Umwelt (inneralpine Tannenwälder sind wahrscheinlich Reliktheinheiten). Die Entwicklung kann beschleunigt oder abgebrochen sein. Bei der Moränen-Besiedlung können die Baumarten sehr bald mit Ende des Pionierstadiums einwandern. Die fortschreitende Entwicklung kann auch halbnatürliche Stadien enthalten, wie alte Kulturen.

b) **Serien und Klimax** haben nicht alle die gleiche ökologische Wertigkeit. Unterschieden werden müssen reife Gesellschaften, wo die bestandesbildende Baumart die Umwelt vereinheitlicht hat und eine stabile Zusammensetzung der Klimaxgesellschaft bewirkt (teilweise bei Buchenwäldern, allgemein bei dichten Wäldern unter feuchtem Klima und auf entwickelten Böden). Im Gegensatz dazu stehen Gesellschaften, wo die bestandesbildende Art schwachen Umwelteinfluß ausübt, die Klimaxgesellschaft deshalb weniger dicht und weniger einheitlich erwächst und die Böden geringer entwickelt sind wie z.B. bei den *Pinus*-Serien.

c) Die Entwicklung geht nicht auf gleiche Art und mit gleicher Geschwindigkeit in allen Höhenstufen vor sich. Kollin und montan erfolgt die Entwicklung streng im klassischen Sinne. Für die alpine Stufe gilt dies nicht, die keine richtigen Serien enthält, aber besonders ein Mosaik von Dauer- oder Spezialgesellschaften, welche durch extreme Umweltbedingungen in der Entwicklung verlangsamt oder verhindert werden. Zwischen der alpinen und montanen Stufe ist eine subalpine Übergangsstufe, in der Dichte, Höhe und deshalb auch Biomasse je Oberflächeneinheit mit der Höhenlage abnehmen. Die Konkurrenz zwischen Arten und Gesellschaften vermindert sich in gleicher Weise. Im Gegensatz dazu nimmt die Abhängigkeit von den Umweltbedingungen von der unteren zur oberen Grenze der Höhenstufe zu.

d) Besonders wichtig für das Verständnis ist, daß die Serien tatsächliche bis annäherungsweise Profile zum erleichterten Studium des Vegetationskleides darstellen. Dies sind keine von vornherein und unabhängig von diesen Studien bestehenden Gebilde, welche der Beobachter wiederfinden müßte. Die Serien, die in den Alpen oder in den Gebirgsgruppen unterschieden werden können, sind der Zahl nach nicht begrenzt. Gliederung und Feindifferenzierung, die wir im Laufe dieser Studien näher bestimmen wollen, können dem Untersuchungsziel entsprechend schwanken. Wenn zwei benachbarte Serien auftreten und die Frage auftaucht, ob sie verschieden sind oder nur zwei Unter-Serien darstellen, ist das ein Scheinproblem ohne besonderes Interesse. Man kann nach einer offensichtlichen Synthese feststellen, daß die gleiche Serie in verschiedenen Gebieten durch verwandte Klimax-Gesellschaften vertreten sein kann. Sozusagen wird dadurch etwa auf zwei Konzepte, das der Serie und des pflanzensoziologischen Verbandes von gleichem Inhalt hingewiesen, wie vorausgesetzt wurde (Ozenda 1963). Oder man bevorzugt in einer großmaßstäblichen Studie zum Beispiel besonders fein zu untergliedern. Jedenfalls ist es nicht wünschenswert, die Nomenklatur erstarren zu lassen, wie dies die Pflanzensoziologie bei den eigenen Einheiten tut. Das Konzept der Serie muß anpassungsfähig bleiben, aufnahmefähig für eine dauernde Anpassung, ja sogar für einen Wechsel der Benennungen.

3. Übereinstimmung mit anderen pflanzengeographischen Systemen

Der größte Teil der neueren Unterlagen über Pflanzengesellschaften der Alpen wurde mittels des pflanzensoziologischen Systems der Schule Zürich-Montpellier erarbeitet. Bei anderen Arbeiten in der Schweiz und im Piemont wurden die Systeme von Schmid verwendet, die weniger zahlreich sind aber meist in einer einfach anwendbaren Vegetationskarte vorliegen.

Die in dieser Studie verwendeten Vegetationseinheiten, namentlich die **dynamischen Serien,** beruhen ursprünglich auf Prinzipien von Gaussen, die sich von früheren Systemen stark unterscheiden. Unvertretbar beim Versuch einer Synthese ist, einen wesentlichen Teil der verfügbaren Unterlagen unberücksichtigt zu lassen. Somit war eine neue Methode notwendig, um den gesamten Informationsgehalt darzustellen und in ein einheitliches System einzugliedern. Prinzipielle Voraussetzungen (Ozenda 1963):

– Grundsätzlich sollte es möglich sein, die verschiedenen Auffassungen und verwendeten Begriffe der wichtigsten pflanzengeographischen Schulen, die bisher als unvereinbar gegolten haben, zur Übereinstimmung zu bringen.

– Die Untersuchung der Vegetation in einem bestimmten Gebiet durch verschiedene Schulen sollte nicht zu grundsätzlich anderen Ergebnissen führen, sondern die Interpretation dieser Vegetation müßte sich wie die verschiedensprachigen Übersetzungen des gleichen Textes verhalten und für alle verständlich sein, vorausgesetzt, daß sorgfältig ein gutes Fachwörterbuch zusammengestellt wurde.

Zumindest als Arbeitshypothese haben erste Vergleichsuntersuchungen die Möglichkeit aufgezeigt, einerseits die dynamische Serie im Sinne von Gaussen, und andererseits die Vegetationsgürtel von Schmid oder Verbände der Pflanzensoziologen vergleichbar zu machen. So hat die Aufnahme der Vegetationskarte in den Westalpen dazu geführt, drei Serien mit Buche zu unterscheiden (Tannen-Buchenwald, mesophiler Buchenwald, bodensaurer Buchenwald), deren Klimaxtypen dem *Asperulo-Fagion* (einschließlich *Abieti-Fagion*), *Cephalanthero-Fagion* und dem *Luzulo-Fagion* recht genau entsprechen. Mitarbeiter, die unter meiner Leitung verschiedene Kartenblätter aufgenommen haben, suchten dann systematisch nach einer Ähnlichkeit zwischen den beobachteten Gesellschaften und den am besten entsprechenden pflanzensoziologischen Einheiten. Eine Synthese für die Südwestalpen (OZENDA 1966) wurde anläßlich der XIV. Internationalen pflanzengeographischen Exkursion vorgestellt, welche die allgemein gültige Übereinstimmung der Systeme von BRAUN-BLANQUET, SCHMID und dem von uns entwickelten nachwies. Ein dritter Schritt war die Verallgemeinerung unseres einheitlichen Systems für die gesamten Alpen (OZENDA-WAGNER 1975), namentlich dank der Mitarbeit von WAGNER und BARBÉRO und gestützt auf die in der Zwischenzeit erschienenen Zusammenstellungen (SEIBERT 1968, TOMASELLI 1971, ELLENBERG-KLÖTZLI 1972, MAYER 1974, vgl. MAYER 1984).

Die Bedeutung, die meine Mitarbeiter und ich auf die Verwendung der Pflanzensoziologie für einen biogeographischen Überblick gelegt haben, erläutern einige zusätzliche Bemerkungen. Für uns ist die Pflanzensoziologie ein Mittel, um Pflanzengesellschaften objektiv und genau zu beschreiben. Gleichzeitig liefert sie Daten für eine viel breitere Anwendung als lediglich zur Beschreibung von Phytozönosen verschiedenen Ranges, die bisher nicht umfassend ausgewertet wurden. Diese Daten können auf unterschiedlichen Stufen gewonnen werden: Grund-Vegetationsaufnahmen oder Tabellen von Assoziationen oder Verbänden. Solange der objektive Inhalt dieser Unterlagen nicht verändert wird, schließt ihre Anwendung keine neuerliche Verarbeitung in anderer Form aus, als die Autoren dies ursprünglich vorgesehen haben.

Der grundlegende Unterschied zwischen der hier verwendeten Arbeitsmethode und der Pflanzensoziologie liegt zweifelsohne in der Einstufung der behandelten Einheiten. Assoziation und Verband haben sich als Grundlagen für unsere Untersuchungen sehr fruchtbar erwiesen. Die Erfahrung zeigt deutlich, ohne näher darauf einzugehen, daß die höheren pflanzensoziologischen Einheiten (Klassen und Ordnungen) die auf floristischen (tatsächlich physiognomischen) Kriterien beruhen, sich nur schwer mit ökologisch begründeten Eingliederungen wie Vegetationsstufen und dynamischen Serien vereinbaren lassen, ohne die Assoziationen und Verbände umzuordnen. Dies zerstückelt aber diese höheren Einheiten. Der künstliche Charakter sowie der rein formale Aspekt ihrer wiederholten Umänderungen von den Pflanzensoziologien stellt zunehmend ihren Wert in Frage.

Aber auch am anderen Ende der pflanzensoziologischen Gliederung ist es schwierig, den heutigen Tendenzen folgend, Assoziationen aufzuspalten und sie nach seltenen oder endemischen Arten zu benennen. Solche Methoden werden dann rein beschreibend und begeben sich daher jeglicher Möglichkeit zur Synthese. Wichtig scheint vielmehr, die näherstehenden Assoziationen zu Verbänden zu gruppieren, so daß neue ökologische und biogeographische Tatsachen erkannt werden. Die Pflanzensoziologie wird durch das Gewicht ihrer Detail-Veröffentlichungen belastet und die zunehmende Weitschweifigkeit der Beschreibungen und der Nomenklatur zwingt, eine strenge Auswahl zu treffen, um nicht durch eine überlastete Literatur überfordert und ausgeschaltet zu werden. Deshalb darf nicht darüber gestaunt werden, daß in den folgenden Kapiteln pflanzensoziologische Zitate auf wesentliche und unerläßliche beschränkt wurden, entsprechend meinen Ausführungen 1979 über die Buchenwälder: «Für jene, welche die Nomenklatur nicht als Selbstzweck betrachten, kann die Versuchung groß sein (vielleicht zu Unrecht), die heute wuchernde Terminologie als Nebenerscheinung aufzufassen und nur das reichhaltig vorhandene Unterlagenmaterial, wie zum Beispiel Vegetationstabellen, zu erhalten, um auf andere Art und Weise für eine Synthese zu verwenden. Eine solche Synthese läuft dann Gefahr, außerhalb der Pflanzensoziologie sich zu entwickeln, obwohl sie ihr sehr viel verdanken würde.»

Eine Absicht des Buches ist eindeutig darzulegen, daß die Zeit für eine solche Synthese mit neuen Maßstäben gekommen ist.

4. Ausarbeitung einer Serien- und Klimax-Tabelle

Die hier verwendete Methode zur Ansprache und Ordnung der Serien ist zugleich analytisch und synthetisch:
– analytisch: Ausgangspunkt waren die thermischen Höhenstufen, die sekundär nach Feuchtigkeitsgrad und Gesteinsunterlage weiter unterteilt wurden. Dann wurden verschiedene Fazies bestimmt, so daß schließlich jede Waldgesellschaft abgegrenzt werden konnte. Dabei wurde vorausgesetzt, daß diese Waldgesellschaften etwa der Klimax entsprechen und so eine erste Skizze der Serien und Unter-Serien erlauben.
– synthetisch: Alle bisher beschriebenen Gesellschaften wurden inventarisiert und nach einer kritischen Durchsicht in den vorläufig definierten Serien integriert, die dadurch genauer umschrieben wurden.

Ich werde keine theoretische Rechtfertigung versuchen, sondern lediglich an die logische Regel erinnern, nach der sich ein **Prinzip** durch die Genauigkeit seiner Auswirkungen überprüfen läßt. In diesem Fall also durch die Gültigkeit einer stetigen Gegenüberstellung des vorgeschlagenen Systems und der beobachteten Tatsachen, die überall in den folgenden Kapiteln angeführt werden. Zunächst wird eine Tabelle der Serien wiedergegeben (Abb. 3.8), die als roter Faden das Verständnis der Kapitel VI bis IX erleichtert. Vorausgehend einige Begründungen, die zur Aufteilung der ausgedehnten Waldformationen (Buchen-, Eichen- und Fichtenwälder) führten sowie zur Vorgangsweise bei der Trennung der unterschiedenen Serien innerhalb dieser Formationen.

4.1. Mediterrane Stufe

Streng genommen wäre von einer **mesomediterranen Stufe** zu sprechen, da der wärmere Teil des mediterranen Vegetationskomplexes, die sogenannte thermomediterrane Stufe, selbstverständlich nicht in den Alpen vorkommt und das Alpenvorland in den Seealpen kaum streift. Die mesomediterrane Stufe wird durch Steineiche *(Quercus ilex)* und durch die *Quercetum ilicis*-Assoziation charakterisiert. Dies bedeutet aber eine starke Vereinfachung, da diese Gesellschaft sehr vielfältig und in den Alpen meistens untypisch ausgebildet ist. Wie in Kapitel VI eingehender beschrieben, müssen mehrere Serien, in denen Steineiche vorkommt, unterschieden werden. Sie sollten jedoch nicht mehr nach dieser Art, sondern jeweils individuell nach der am besten charakterisierenden Art benannt werden: Serie des Johannisbrotbaumes (thermomediterran); Serie der Korkeiche (in den Alpen nur randlich); Serie der Aleppo-Kiefer; mediterrane Serie der Flaumeiche; tieferer Teil der supra-mediterranen Serie der Flaumeiche (Abb. 6.3). Bemerkenswert die Bedeutung der Aleppo- und der Seestrand-Kiefer in Ersatzgesellschaften (siehe 5).

4.2. Laubbäume der kollinen Stufe

Zu dieser Stufe gehören die meisten **laubwerfenden Baumarten** mit Ausnahme von Buche, Bergahorn sowie einigen Nebenbaumarten, die in der montanen Stufe stocken.
In den **Südwestalpen** (von den östlichen Seealpen abgesehen), ist der Aufbau relativ übersichtlich. Die kolline Stufe ist ziemlich gut charakterisiert durch den Komplex der Flaumeichenwälder. Nach Beschreibung in Kap. VI zerfällt er in mehrere Serien, von denen eine bis in die Südostalpen reicht.

In **anderen Alpengebieten** wird *Quercus pubescens* durch das feuchtere Klima benachteiligt und die kolline Stufe wird von hygro- bis mesophilen Bäumen beherrscht. Die Zusammenhänge sind ziemlich kompliziert und werden stark vereinfacht wie folgt zusammengefaßt:

a) Auf **Kalk-Untergrund,** der nährstoffreiche und neutrale Böden bildet, stockt der Hainbuchenwald. Dieser wird durch zwei vikariierende Arten aufgebaut. Im Norden, von Savoyen bis Oberösterreich, von *Carpinus betulus* (Charme commun, Hainbuche, Carpino bianco), die oft mit *Quercus petraea* vergesellschaftet ist. Im Süden, von der Lombardei bis Slowenien (und ebenfalls östliche Seealpen) von *Ostrya carpinifolia* (Charme houblon, Hopfenbuche, Carpino nero), oft von *Quercus pubescens* begleitet.
b) Auf **Silikat-Unterlage,** die sich zu sauren und zuweilen nährstoffarmen oder podsolierten Böden entwickelt, stockt der bodensaure Eichenwald mit Edelkastanie. Auch hier muß zwischen den nördlichen Randalpen mit vorwiegend *Quercus petraea* und den piemontesischen und insubrischen Randalpen mit hauptsächlich *Quercus robur* unterschieden werden. Dieser geographische Unterschied ist aber nicht so scharf wie die Trennung der Hainbuchen- und Hopfenbuchenwälder.

c) **Alluviale Böden** tragen je nach Bodenstruktur und Feuchtigkeitsgrad entweder eine Serie auf Tonböden mit *Quercus robur,* die z.T. in Flachmoorgesellschaften (namentlich mit *Alnus glutinosa*) übergehen kann, oder einen Fluß-Auwald, der als *Alnus incana*-Serie beschrieben wird.
Ökologisch werden die Beziehungen zwischen diesen Serien, die durch viele Fazies und Übergangstypen verknüpft sind, bei Abb. 3.4 zusammengefaßt.

Nach der **geographischen Verbreitung** lassen sich die neun kollinen Serien zu drei größeren Einheiten zusammenfassen (vgl. Abb. 6.1):
– **Westlicher Typ** (ibero-provenzalisch) mit den suprameditерranen, delphino-jurassischen und inneralpinen Serien der Flaumeiche.
– **Östlicher (illyrischer) Typ** mit der östlichen Serie der Flaumeiche und der Hopfenbuchen-Serie.
– **Mitteleuropäischer Typ** mit der Serie der Hainbuche, dem bodensauren Eichenwald, dem alluvialen Eichenwald sowie der Auwald-Serie.
Ergänzend wird bemerkt, daß zwei Kiefern-Arten in der **kollinen Stufe** eine größere Bedeutung haben:
– In den **Südwestalpen** bildet Waldkiefer

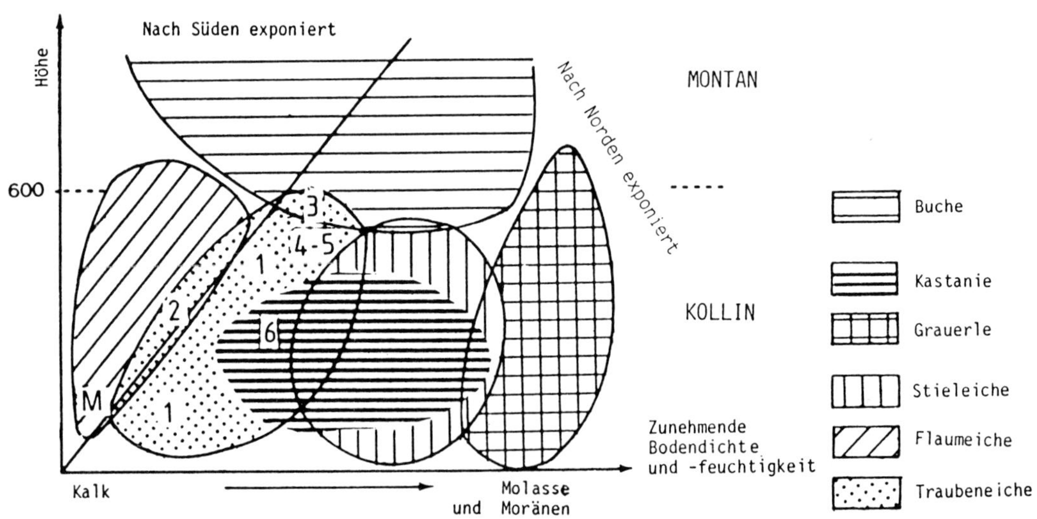

Abb. 3.4: Relative ökologische Verteilung der kollinen Serien in der Region von Grenoble. Die Ziffern geben die verschiedenen Fazies der Traubeneichen- Hainbuchen-Serie an: 1) Haupt-Hainbuchen-Fazies, 2) xerophile Flaumeichen-Fazies, 3) submontane Buchen-Fazies, 4) und 5) Linden-Eschen-Fazies, 6) Edelkastanien-Fazies (nach CLERC, verändert).

sehr häufig eine Paraklimax der Flaumeichenwälder.

– In den **Ostalpen** bauen *Pinus*-Bestände auf kargen Böden, namentlich auf Dolomit, Spezialgesellschaften auf. Auch hier besteht eine Vikarianz zwischen den nördlichen Randalpen, wo diese Gesellschaften von *Pinus sylvestris* gebildet werden, und den südöstlichen Randalpen, wo vor allem *Pinus nigra* ssp. *austriaca* vorherrscht (vgl. Abb. 6.18).

4.3. Buchenwälder

In den gesamten randalpinen Gebirgen, welche die Alpen umgürten, ist **Buche** in mittleren Lagen überall häufig. Nach unserer Definition entspricht diese Art genau der **montanen Stufe.** An ihrer unteren Grenze treten kolline Laubbäume zurück, etwa 1000–1200 m in den Südwestalpen, 700–900 m Dauphiné, 500–600 m nordöstliche Randalpen. Die obere Grenze schwankt weniger, im Durchschnitt bei 1500 m, erreicht in der Haute-Provence gelegentlich 1700 m und sinkt in den nördlichen Randalpen auf etwa 1300 m. Später wird begründet, die oberen Vorkommen des Buchenwaldes, gelegentlich als subalpiner Buchenwald bezeichnet, in der montanen Stufe zu behalten.

Buchenwälder der Alpen lassen sich, wie in anderen europäischen Gebirgen, in die erwähnten Haupttypen gliedern. Wie schon betont entsprechen diese den klassischen Verbänden des Fagion-Komplexes und werden als drei Serien aufgefaßt. Trotzdem existieren viele in jeder Hinsicht interessante regionale Abweichungen. Diese werden (vgl. Abb. 7.2) im Kapitel VII (montane Stufe) behandelt.

4.4. Tannenwälder

a) Im Areal der Buche sind sie meist mit *Fagus* und den üblichen Begleitern der feuchteren Buchenwälder vergesellschaftet. Sie werden dann zur Serie des Tannen-Buchenwaldes gerechnet. Wie in Kapitel VII ausgeführt, begründet kein triftiger Grund die Abtrennung dieser Tannenwälder von den feuchten Buchenwäldern.

b) In der zwischen- und inneralpinen Zone außerhalb des Buchenareals ändert sich die Zusammensetzung der Tannenwälder etwas, vor allem wegen der Humus-Versauerung, auch infolge der Laubbaumverarmung. Deshalb wurde eine innere Serie der Tanne abgegrenzt, die dem klassischen Abietetum der Ostalpen homolog ist; in den Seealpen allerdings eine eigenständige Ausbildung.

c) Tanne kann zudem in die tiefsubalpine Stufe eindringen (Alpenrosen-Tannenwald) und bildet dann die subalpine Tannen-Serie, die in Gebirgsgruppen, wo die subalpine Fichten-Serie fehlt, diese ersetzen kann.

4.5. Waldkiefernwälder

Pinus sylvestris bereitet einige Schwierigkeiten. Die ökologische Anpassungsfähigkeit dieser Art ist so ausgeprägt, daß sie wie schon Flaumeiche und Buche, aber noch viel ausgeprägter die Klimax mehrerer, eindeutig verschiedener Serien bilden kann. Zudem weist ihr stark von Konkurrenzfaktoren geprägtes Verhalten in verschiedenen Alpengebieten Unterschiede auf.

a) Um die Mannigfaltigkeit der von der Waldkiefer beherrschten Gesellschaften zu verstehen, müssen zuerst die Südwestalpen mit der größten Ausdehnung von *Pinus sylvestris* untersucht werden.

In den Südalpen ist Waldkiefer die am weitesten verbreitete Baumart, in den Seealpen auf 25 % der Fläche, in der Haute Provence vermutlich mehr. Dieser Ubiquist hat die geringsten ökologischen Ansprüche und schließlich die abwechslungsreichste Begleitflora. Waldkiefer bildet nicht nur eigene Serien, sondern nimmt als Ersatzgesellschaft (Paraklimax) wesentliche Flächen anderer Serien ein.

Bereits in der **kollinen Stufe,** zumindest im oberen Teil der supramediterranen Serie der Flaumeiche, kann Waldkiefer mit Eiche in Wettbewerb treten oder sie soweit verdrängen, daß auf den ersten Blick eine Klimax vorgetäuscht wird, wie schon unter B angedeutet.

In den gesamten Südalpen ist Waldkiefer der dominierende Baum in der **montanen Stufe.** Mindestens zwei Serien mit diesem Baum in der Schlußwaldgesellschaft müssen unterschieden werden. Eine **mesophile Serie** ist vor allem in den Randalpen entwickelt, wo Buche konkurriert und in den Innenalpen eine **xerophile Serie,** vor allem in der inneralpinen Zone, die deshalb als innere Serie der Waldkiefer bezeichnet wird.

Schließlich scheint sie der einzige Baum **tiefsubalpin** in einem Teil der Gebirgsgruppe der Haute-Provence zu sein. In dieser Höhe kommt nur eine stark degradierte Vegetation vor, die als obere Serie der Waldkiefer benannt wurde (Ozenda 1966). Unter **altimediterran-subalpine** Serie wird sie in Kapitel VII beschrieben.

Waldkiefer greift zudem lokal in die nördliche Flaumeichen-Serie, in die Serie des mesophilen Buchenwaldes sowie in den oberen Teil der *Ostrya*-Serie über. Weiter kann sie auch in vielen Spezialgesellschaften eine wesentliche Rolle spielen, so z.B. in Moorstandorten oder Quellmooren mit *Molinia.*

Möglicherweise beruht die unterschiedliche Ausbreitung der Waldkiefer in den Südwestalpen und in den übrigen Alpen auf einem einfachen waldgeschichtlichen Grund. Demnach hatte die Waldkiefer früher eine größere spätglaziale Verbreitung und wurde seither durch Fichte und in geringerem Maße durch Buche und Eiche vor allem aus randlichen Teilen der nördlichen Zentralalpen verdrängt. In den Südwestalpen hingegen konnte sich Waldkiefer besser erhalten, weil Fichte dort nur kleine Flächen einnimmt und eine geringere Besiedlungspotenz aufweist. Vielleicht läßt sich dieser Unterschied schon allein durch den submediterranen Klimaeinfluß erklären, der Kiefer gegenüber Laubbäumen und hygrophileren Nadelbäumen begünstigt.

b) In den **nördlichen Randalpen,** von Savoyen bis Österreich und den südöstlichen Randalpen, wird Waldkiefer durch die Buchenkonkurrenz verdrängt und fehlt als Klimax. Sie bildet dort nur noch eine edaphische Lokalklimax in Form von Enklaven in der Buchenstufe auf ärmsten Böden; Dolomit, Sand. Diese Enklaven können als Vorposten der mesophilen Serie der Waldföhre aufgefaßt werden (nacheiszeitliche Relikte auf relativ frischeren Standorten; Ü).

c) In der **inneralpinen Zone** hingegen fehlt die Konkurrenz der Buche völlig und bis zu einem gewissen Grad auch von Tanne, so daß Waldkiefer nur noch mit Fichte in Konkurrenz steht. In den am stärksten kontinentalen Tälern, wo die innere Serie der Waldkiefer vom Vintschgau bis zum Ubaye-Tal auftritt, tritt Fichte gegenüber Kiefer vollständig zurück. In der Zwischenzone der nord- und südwestlichen Alpen besteht eine Vikarianz zwischen den verschiedenen Ausbildungen der zwei inneren Serien von Waldkiefer und Fichte auf Sonn- und Schattenseiten. Sie lösen sich allmählich ab und kommen im Maurienne-Tal (Savoyen) ungefähr gleichmäßig verbreitet vor.

4.6. Fichtenwälder

Abb. 3.5 gibt die geographische Verbreitung der Fichte in den Alpen sowie die Hauptunterschiede zwischen den Ost- und Westalpen wieder, wobei sich die Arealgrenze der Fichte in den Südalpen deutlich abzeichnet.

Ökologisch und pflanzensoziologisch bilden **Fichtenwälder** keine homogene Einheit, sondern eine konvergente Gruppe. In ihrer Vielfalt liegt sicher die Hauptschwierigkeit für die Interpretation der Alpenvegetation. Nach Gaussen ist es nicht übertrieben, daß man die Fichte zunächst völlig ausklammern muß, um die Pflanzengeographie der Alpen zu verstehen.

Vier **Vegetationstypen** werden von der Fichte beherrscht:

a) **Typische Fichtenwälder,** bestehend aus zwei Vegetations-Serien mit Fichte als Klimax-Bildner (Abb. 3.5):

– In der montanen Stufe entspricht die **innere Fichten-Serie** als Klimax der Assoziation *Piceetum montanum* und ist praktisch auf die Zentralalpen beschränkt (Ostalpen nur zentral).

– **Subalpine Serie der Fichte** *(Piceetum subalpinum)* in der tieferen Hälfte der subalpinen Stufe, welche in den gesamten Alpen sowohl in der inneren als auch in der rand-

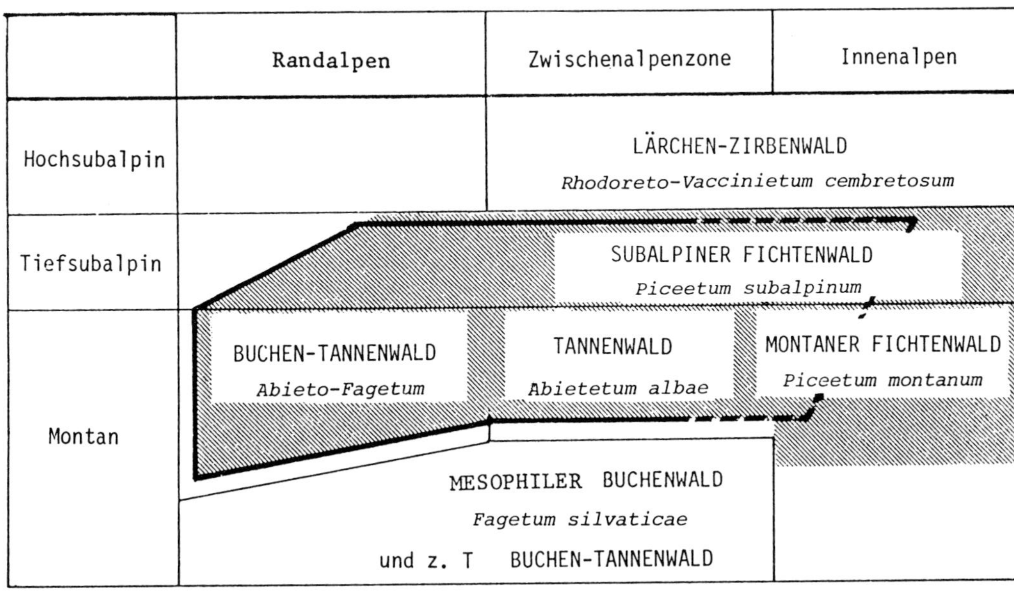

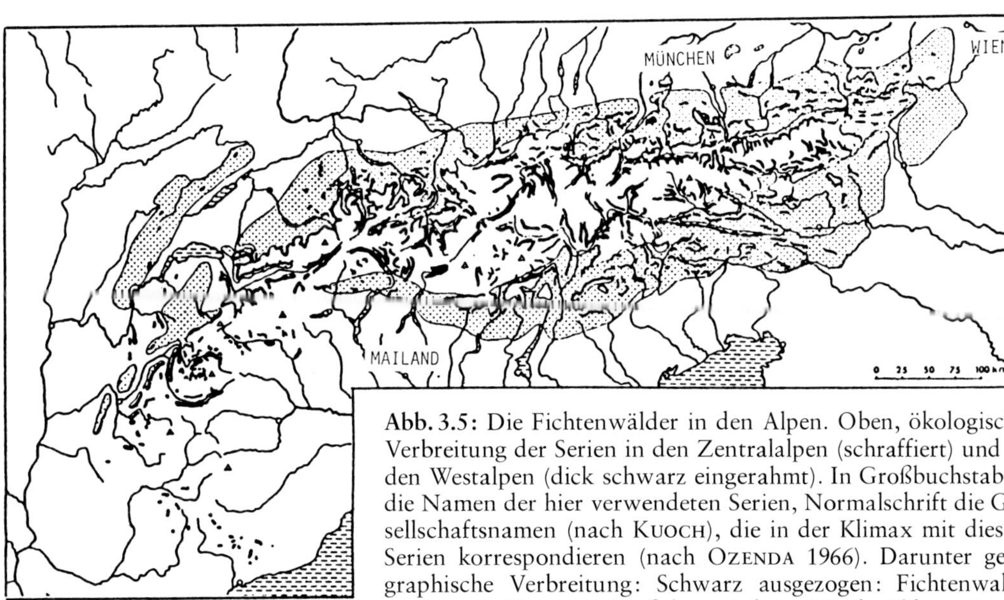

Abb. 3.5: Die Fichtenwälder in den Alpen. Oben, ökologische Verbreitung der Serien in den Zentralalpen (schraffiert) und in den Westalpen (dick schwarz eingerahmt). In Großbuchstaben die Namen der hier verwendeten Serien, Normalschrift die Gesellschaftsnamen (nach KUOCH), die in der Klimax mit diesen Serien korrespondieren (nach OZENDA 1966). Darunter geographische Verbreitung: Schwarz ausgezogen: Fichtenwald, punktiert: Zonen mit fichtenreichen Mischwäldern (nach GENSAC 1970).

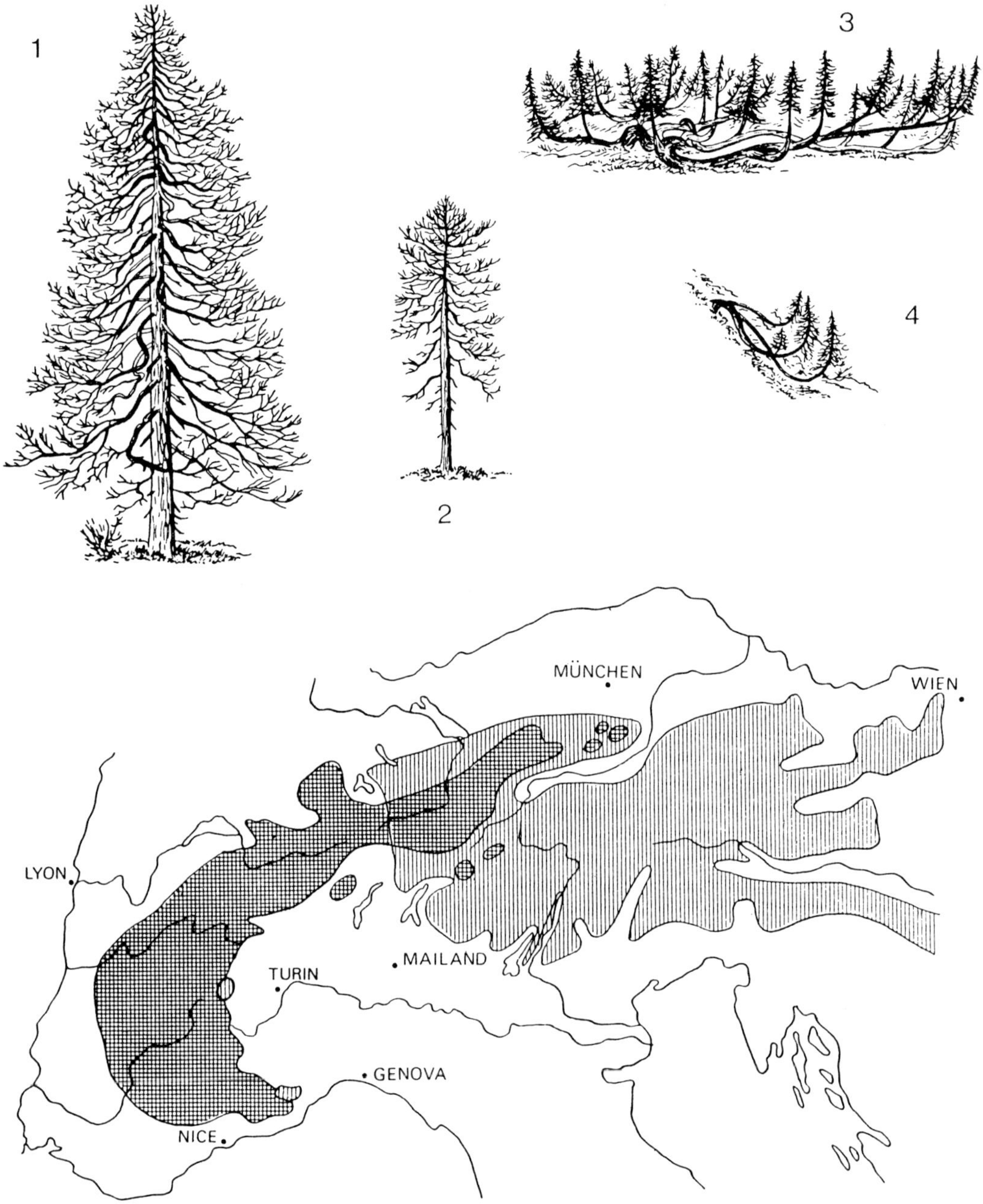

Abb. 3.6: Kiefern der Gruppe *Pinus montana* in den Alpen. 1) und 2) *Pinus uncinata*. 1) subalpiner Baum bemerkenswert entwickelt. 2) Kränkelndes Exemplar von mittelmontanem Hochmoor. 3) und 4) Legföhre, *Pinus mugo*. 3) Ein Exemplar speziell entwickelt mit auf dem Boden liegenden knorrigen Ästen, die sich dann wieder aufrichten. 4) Sehr schwaches Exemplar an einem Hang wachsend. Die vier Zeichnungen im gleichen Maßstab (nach SCHRÖTER).
Darunter das alpine Areal der beiden Arten. Kreuzschraffiert *Pinus uncinata*, beschränkt auf die westlichen und mittleren Alpen. Senkrechte Schraffur *Pinus mugo*, begrenzt auf die Ostalpen (Zwischenformen und vermutliche Hybriden sind nicht eingezeichnet).

lichen Zone auftritt (allerdings ohne einen großen Teil der Südwestalpen).
Inneralpin lösen sich diese zwei Serien mit der Höhe ab, allerdings mit einem Übergang, der zusammen mit der stärkeren Artenverarmung manchmal ihre Unterscheidung erschwert.

b) **Fazies mit Fichte** in anderen Serien. Fichte kommt meist individuenreich in der sogenannten Serie des Tannen-Buchenwaldes vor und nimmt dort mit steigender Höhe an Bedeutung zu (Abb. 7.4 und 7.6). Sie ist ebenfalls häufig in der inneren Tannen-Serie, die für die Zwischenalpen charakteristisch, jedoch in der mesophilen Buchen-Serie etwas schwächer vertreten ist. Schließlich steigt Fichte oft in die submontan-kolline Stufe der niederschlagreichsten Gebirgsgruppen ab.

c) **Spezialgesellschaften** als Enklaven in den Serien der montanen Stufe, namentlich im Tannen-Buchenwald: *Asplenio-Piceetum*, *Sphagno-Piceetum* usw.

d) Schließlich **Fichtenforste,** die an vielen Standorten der Alpen wie in Europa größere Flächen einnehmen sowie verschiedene mit Fichten angereicherte Gesellschaften.

4.7. Subalpine Kiefern

Bekanntlich wurden unter dem Namen *Pinus montana* oder *Pinus mugo* während langer Zeit zwei Arten mit vorwiegend (aber nicht ausschließlich) subalpiner Ökologie zusammengefaßt, die durch zahlreiche Übergangsformen verbunden, aber geographisch getrennt sind (Abb. 3.6):
– Die **Legföhre** *(Pinus mugo = Pinus mughus)*, oder **Latsche,** eine östliche Art aus dem Balkan, dem Apennin und den Ostalpen, erreicht in der Schweiz ihre Westgrenze, wurde erst kürzlich an verschiedenen isolierten Stellen der Westalpen entdeckt. Diese scheinbar kalkliebende Art bildet in den subalpinen Randalpen ein 1 bis 3 m hohes Gebüsch *(Mugetum)*, das oft an der Waldgrenze oberhalb der subalpinen Fichten-Serie einen Gürtel bildet. Sie kann aber ebenfalls auf Silikat vorkommen und die Legföhren-Serie greift auch auf den inneralpinen Raum über.
– Die einstämmige **Bergföhre oder Spirke** *(Pinus uncinata = Pinus mugo* ssp. *arborea)* ist ein aufrecht wachsender Baum mit einem Areal in den Westalpen (mit Vorposten in den Zentral- und Ostalpen) und Pyrenäen. Dazu kommen vereinzelte Standorte im Jura und im Zentralmassiv. Wie bei Legföhre reicht die subalpine Art bis zur hochmontanen Stufe. Wegen ihrer Indifferenz gegenüber den Bodeneigenschaften und geringer ökologischer Ansprüche werden Standorte, die mangels Konkurrenzfähigkeit durch andere subalpine Pflanzen frei geblieben sind, bestockt, namentlich verkarstete Kalkgebiete der randlichen Gebirge oder inneralpine Südhänge. In den nordwestlichen Kalk-Randalpen (Obersavoyen bis Vercors) ist eine voralpine Serie der Legföhre entwickelt. Lokal kommt in den inneren Südwestalpen eine wichtige Fazies vor, die wir als Unter-Serie der inneralpinen Zirben-Lärchen-Serie ansprechen (siehe Kap. VIII, 5.6.2 und 5.6.3).

Ursprünglich wurden beide Taxonen unter einer Gesamtart *Pinus montana* vereinigt, und die Frage ist durch mehrere Zwischenformen (fixierte Bastarde ?) unsicher geworden. Nach sorgfältigen biometrischen Studien tausender Exemplare hat SANDOZ (1987) festgestellt: 1. daß die beiden Arten eher nach Nadelhistologie als nach Zapfenmorphologie unterscheidbar sind. 2. daß die entdeckten Standorte der Legföhre in den Südwestalpen tatsächlich zu *Pinus mugo* gehören.

4.8. Lärchen- und Zirbenwälder

Lärche tritt zwar überall in den Ost- und Zentralalpen auf, aber mit einem relativen Maximum im inneralpinen Zentrum (s. oben, Abb. 2.2). **Zirbe** hat eine ähnliche Verbreitung (Abb. 8.20), ist aber in den nördlichen Randalpen weniger häufig und der inneralpine Schwerpunkt ist viel deutlicher ausgeprägt als bei der begleitenden Lärche. In Begleitung der Lärche spielt Zirbe inneralpin physiognomisch und pflanzensoziologisch

Abb. 3.7: Lärchen-Höhenstufe im Tal von Le Casset mit Ostabfall des Pelvoux-Massives, Dauphiné. Lärche bildet einen ununterbrochenen und dichten Gürtel zwischen 1500–2400 m. Es handelt sich um eine «Ausbildung», nicht um eine einheitliche Höhenstufe. Unten (a) lockere Bestockungen, zum großen Teil Wiederbesiedlung von Wiesen (Lärchenwiesenwald) und Kulturen in der hochmontanen Stufe, in welcher die Bäume von oben eingedrungen sind («herabsteigender Lärchenwald»). Ganz oben (c) lockere hochsubalpine Bestände. Zwischen diesen Stufen dichte Lärchenbestände (b) im mittel- und tiefsubalpinen Bereich.

eine sehr wichtige Rolle. Deshalb wurde diese subalpine Formation von mitteleuropäischen Autoren fast immer unter dem Namen «Zirbe» («Cembro») beschrieben. Dies ist sowohl theoretisch hinsichtlich der Gesellschaftstreue als auch vom praktischen Standpunkt aus durch relative Häufigkeit eine zutreffende Benennung.

In den **Westalpen,** im Norden und Süden, wie auch in der westlichen Schweiz, besteht eine ganz andere Ausgangslage. Das Areal der Lärche ist eng auf die eigentliche innere Zone beschränkt, die sie somit genau umgrenzt. Lärchenwälder nehmen eine derart ausgedehnte Fläche ein und sind so gut ausgebildet, daß sich der Begriff **Lärchen-Stufe** von vornherein aufdrängt. Verglichen mit ihrer Begleiterin vermittelt Zirbe weniger deutliche Konturen. In den westlichen Nordalpen tritt Zirbe etwas weiträumiger auf als Lärche und dringt in die Zwischenalpen vor, bleibt aber überall ziemlich selten. Von der Mercantour-Gruppe abgesehen, fehlt Zirbe in den Südalpen fast völlig.

Wie in Kapitel VIII (subalpine Stufe) ersichtlich, wurde für die gesamten Alpen eine einzige, aber sehr vielgestaltige Serie der Zirbe und Lärche beibehalten. Lärche ist jedoch oft auch in anderen Serien anzutreffen, einerseits in der gesamten montanen Stufe, in die sie oft hinuntersteigt und namentlich alte Brachflächen besiedelt (Abb. 3.7) und andererseits, aber nur südwestalpin, im östlichen Teil der subalpinen-altimediterranen Serie und in der subalpinen Serie der Fichte. Auf allen diesen Standorten außerhalb der typischen Serie der Zirbe und der Lärche werden Ersatzgesellschaften aufgebaut (siehe E).

5. Problemkreis Ersatzgesellschaften

Wie an vielen Standorten nehmen auch in den Alpen Nadelbäume einen großen Teil der Fläche ein, die eigentlich Laubbaum-Schlußwälder bestocken würden. Entweder wurden Nadelbäume aus waldbaulichen Gründen begünstigt, oder sie besiedelten infolge ihres raschen Wachstums und der geringeren Bodenansprüche als erste baumlose Flächen nach Erosion oder Kahlschlag. **Kiefern,** von den Forstleuten gerne als «Nomaden» bezeichnet, stehen bei diesen Ersatzgesellschaften an erster Stelle.

– **Ersatz der Klimax-Laubbaumart**
- Steineiche durch Aleppokiefer tiefmediterran auf Karbonat-Gestein;
- Korkeiche durch Seestrandkiefer in der mediterranen Stufe auf Silikat;
- Flaumeiche durch Seestrandkiefer hochmediterran;
- Flaumeiche durch Waldkiefer supramediterran;
- Buche durch die Waldkiefer in einem großen Teil der mesophilen montanen Stufe;
- verschiedene Laubbäume durch den «herabsteigenden Lärchenwald» in aufgegebenen Kulturflächen und Weiden der montanen Stufe.

Auf der anderen Seite können Nadelbäume auch andere Nadelbaumarten ersetzen:

– **Ersatz der Klimax-Nadelbaumart**
- Tanne durch Waldkiefer in einem Teil der montanen Stufe der Seealpen;
- Fichte durch Lärche in einem Teil des subalpinen Fichtenwaldes.

Nach Beobachtungen wächst sehr oft die Klimax-Art im Schutz der Ersatzgesellschaft auf und nimmt mit oder teilweise auch ohne Hilfe des Forstmannes ihren Platz wieder ein. So im ersten und in den beiden letzten der acht angeführten Beispiele. Diese von Ersatzgesellschaften eingenommenen Flächen sind trotzdem beachtlich. Vielleicht ein Drittel des Flaumeichenwaldes in den Südalpen wurde durch einen geschlossenen *Pinus sylvestris*-Wald ersetzt, der oft direkt an den montanen Kiefernwald anschließt und so ausgedehnte Bestände bildet, die physiognomisch so einheitlich erscheinen, daß die Stufengrenzen völlig verschwinden.

6. Tabelle der Serien und Prinzipien der Beschreibung

Abbildung 3.8/A und B geben eine Übersicht aller Serien, die hier unterschieden wurden. Sie sind entsprechend ihrer Ökologie eingeteilt, nach ihrer Zugehörigkeit zur **Höhenstufe** und nach ihrem xerischen oder hygrophilen, kalkliebenden oder kalkfliehenden Charakter. Selbstverständlich sind klimatische und edaphische Faktoren theoretisch voneinander unabhängig, die aber oft parallel verlaufen. Die auf der Abbildung dargestellte Einteilung liefert nur eine annähernde Beschreibung mit hinweisendem Wert.

Abb. 3.8 beschreibt zwar die gegenseitigen Beziehungen der Serien, aus denen sich die Vegetationsdecke der Alpen zusammensetzt, vermittelt aber nur ein sehr undeutliches ökologisches Bild. Dieses soll später genauer erweitert werden. Interessant ist jetzt die Art und Weise, wie unsere Kenntnisse vertieft werden können, namentlich dank der **Vegetationskartierung.** Die Vorgangsweise wird durch die Abbildungen 3.9 und 3.10 illustriert.
Abb. 3.9 gibt ein Diagramm von Rey aus den

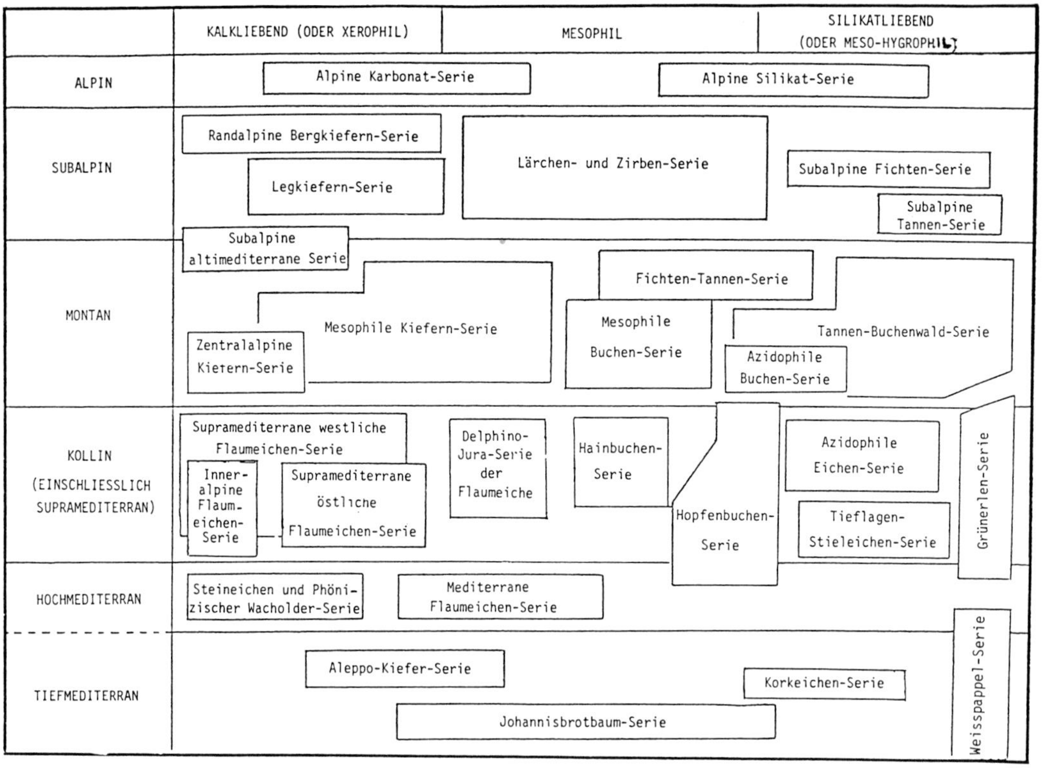
KALKLIEBEND (ODER XEROPHIL)
MESOPHIL
SILIKATLIEBEND (ODER MESO-HYGROPHIL)
ALPIN
Alpine Karbonat-Serie
Alpine Silikat-Serie
SUBALPIN
Randalpine Bergkiefern-Serie
Legkiefern-Serie
Lärchen- und Zirben-Serie
Subalpine Fichten-Serie
Subalpine Tannen-Serie
Subalpine altimediterrane Serie
MONTAN
Mesophile Kiefern-Serie
Zentralalpine Kiefern-Serie
Fichten-Tannen-Serie
Mesophile Buchen-Serie
Tannen-Buchenwald-Serie
Azidophile Buchen-Serie
KOLLIN (EINSCHLIESSLICH SUPRAMEDITERRAN)
Suprameditерrane westliche Flaumeichen-Serie
Inner-alpine Flaum-eichen-Serie
Suprameditерrane östliche Flaumeichen-Serie
Delphino-Jura-Serie der Flaumeiche
Hainbuchen-Serie
Hopfenbuchen-Serie
Azidophile Eichen-Serie
Tieflagen-Stieleichen-Serie
Grünerlen-Serie
HOCHMEDITERRAN
Steineichen und Phönizischer Wacholder-Serie
Mediterrane Flaumeichen-Serie
TIEFMEDITERRAN
Aleppo-Kiefer-Serie
Korkeichen-Serie
Johannisbrotbaum-Serie
Weisspappel-Serie

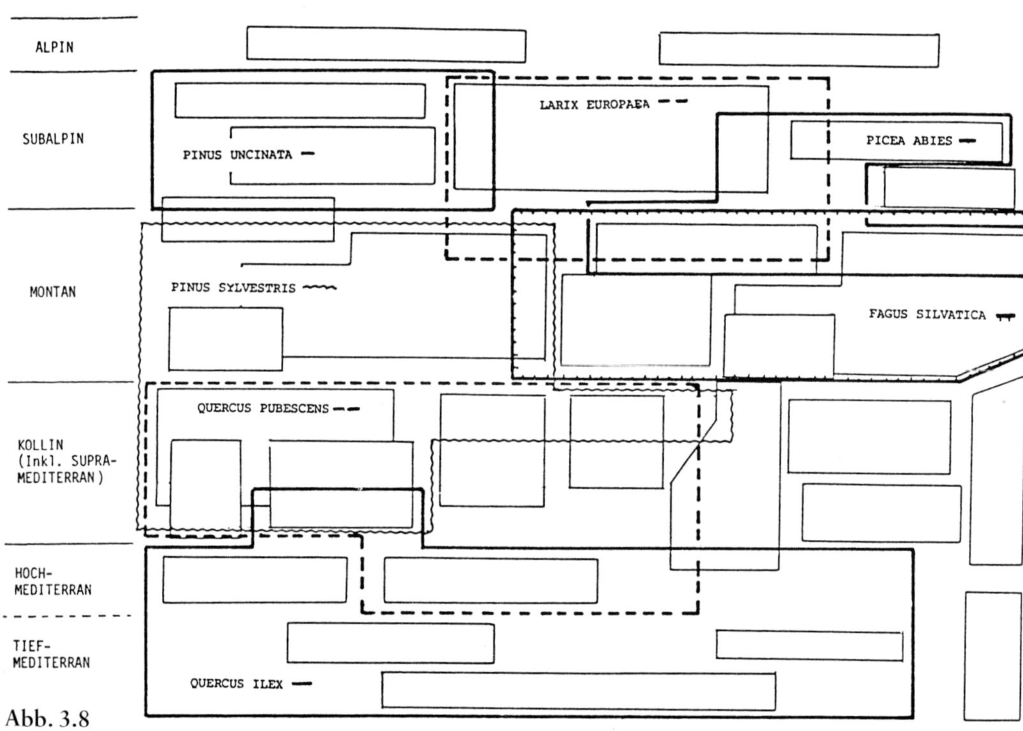
ALPIN
SUBALPIN
LARIX EUROPAEA
PINUS UNCINATA
PICEA ABIES
MONTAN
PINUS SYLVESTRIS
FAGUS SILVATICA
KOLLIN (Inkl. SUPRA-MEDITERRAN)
QUERCUS PUBESCENS
HOCH-MEDITERRAN
TIEF-MEDITERRAN
QUERCUS ILEX

Abb. 3.8

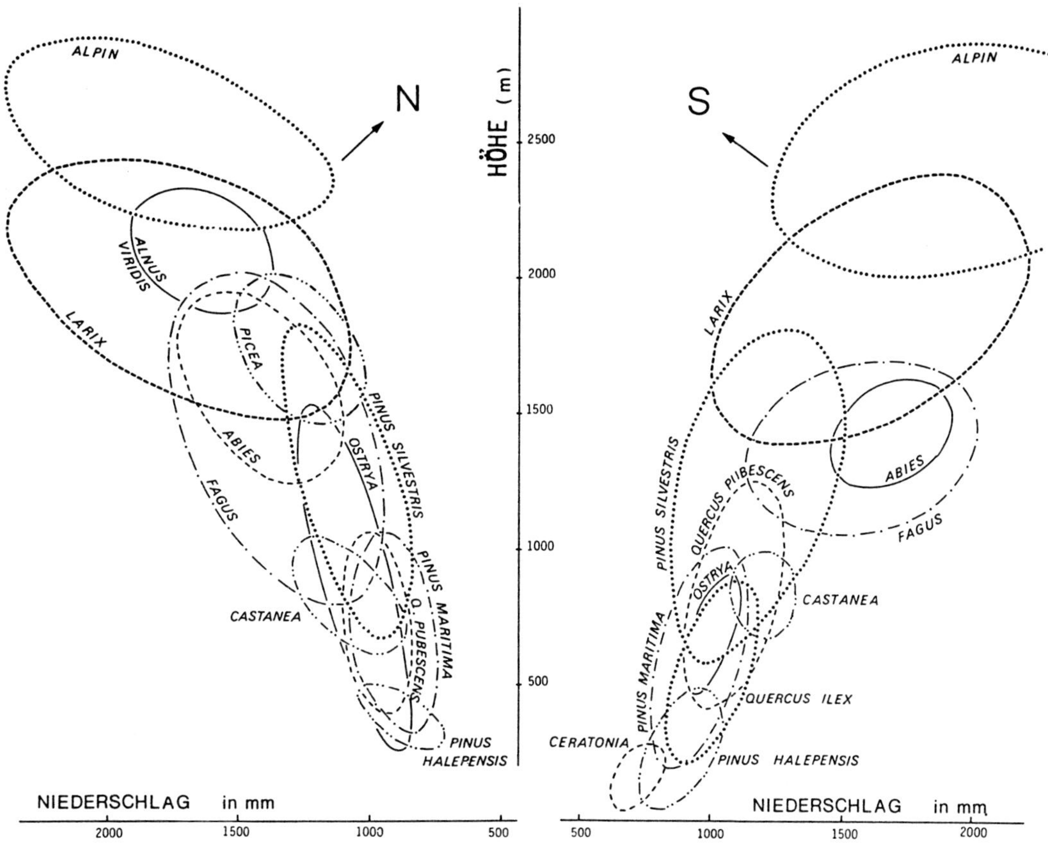

Abb. 3.9: Ökologisches Diagramm über die Abhängigkeit des Niederschlages (Abszisse) von der Meereshöhe für die Waldbäume der See-Alpen. Dieses Diagramm wurde durch Rey 1960 erstellt nach vorläufigen Aufnahmen in dem Blatt Nice (Ozenda 1962) von der Vegetationskarte Frankreichs 1 : 200000, N, Schattenhang; S, Sonnenhang.

◀ **Abb. 3.8 oben:** Schematische Verteilung der Vegetations-Serien der Alpen in Abhängigkeit von der Ökologie (nach Ozenda, 1982).

Abb. 3.8 unten: Verbreitung einiger Baumarten in den verschiedenen Serien. Ausgezogene Rechtecke stellen die Serien der Abb. 3.8 A am gleichen Platz dar. Stark ausgezogen ist die ökologische Nische der Waldbäume, deren Name angegeben ist. Jeder Baum besiedelt mehrere, von 3 bis 7, verschiedenen Serien. Daraus ergeben sich verschiedene Folgerungen bei der Benennung der Serien. 1) Keine Serie wird nach *Quercus ilex* benannt. Dies überrascht auf den ersten Blick. (s. Abb. 6.3) 2) In den meisten Fällen wird eine Serie durch den Namen eines Baumes, zusätzlich mit einem qualitativen Merkmal benannt. Das ist unbedingt notwendig für eine eindeutige Bezeichnung. 3) Es gibt keine Gemeinsamkeit zwischen grober physiognomischer Formations-Auffassung und der genauen Definition der biologischen Einheit, welche die Serie aufbaut.

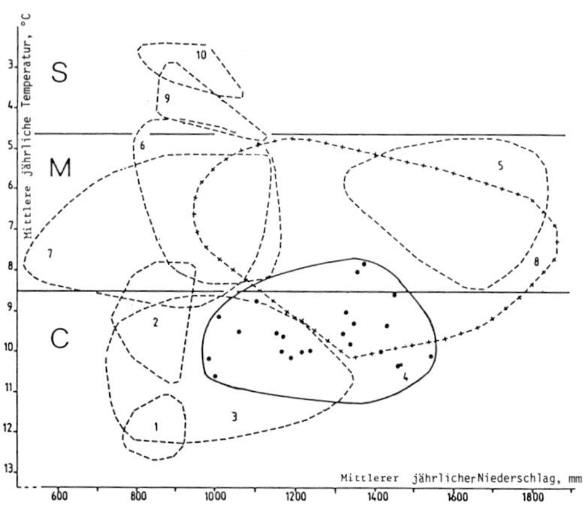

Abb. 3.10: Ombrothermisches Diagramm der Vegetationsserien in den französischen Nordalpen (nach DOBREMEZ-VARTANIAN). Zur Vereinfachung der Abbildung sind nur bestimmte Serien aufgenommen. 1) Submediterrane Flaumeichenwaldserie, die nur im Rhône-Tal auftritt. 2) Randalpine Flaumeichenwald-Serie. 3) Inneralpine Flaumeichenwald-Serie, kälter als die beiden vorigen. 4) Hainbuchen-Serie, bei der Punkte die Stellen bezeichnen, um deren Verbreitungsrand bestimmen zu können (Punkte wurden nicht für die anderen Serien eingetragen, um die Abbildung nicht zu überladen). 5) Buchen-Tannenwald-Serie. 6) Inneralpine Fichten-Serie. 7) Inneralpine Waldkiefern-Serie. 8) Mesophile Buchen-Serie. 9) Subalpine Fichten-Serie. 10) Zirben-Serie. Die mittlere Jahrestemperatur nimmt von unten nach oben in der Zeichnung ab. Die Serien folgen ihrer Höhenstufen-Anordnung. 1–4: kolline Stufe, 5–8: montane Stufe, 9–10: subalpine Stufe. Serie 8 ist ein Sonderfall. Ihre Position (gestrichelt) ist viel ausladender als bei anderen Serien: dies läßt daran denken, daß sie heterogen ist und die Notwendigkeit zur Detailstudie besteht zu einer eventuellen Untergliederung, wie dies in der Tat gemacht wurde. Man sieht am Beispiel dieser Serie, daß ein solches Diagramm als Resultat einer kartographischen Analyse die Untersuchung von Ökosystemen nach anderen Methoden bestätigen und orientieren kann. C, M und S: kolline, montane und subalpine Stufe.

Seealpen wieder und bezieht sich auf Blatt «Nizza» (OZENDA 1962) der Vegetationskarte Frankreichs im Maßstab 1:200000. Um hygrisch-thermische Bereiche (sog. ombrothermisches Diagramm) jeder Serie (T = mittlere Jahrestemperatur, P = mittlerer Jahresniederschlag) zu erhalten, schätzt REY für eine bestimmte Punkteanzahl, die auf der Karte innerhalb einer bestimmten Serie liegen, den Jahresniederschlag nach einer Niederschlagskarte und die Temperatur nach der bekannten linearen Funktion mit der Höhe (A). Grundsätzlich wird das Diagramm in Abhängigkeit von P und A erstellt. Die mit der Höhenlage zunehmende Niederschlags-Temperatur-Fläche ist zufällig, da für das Hochgebirge weniger genaue Daten vorliegen, wodurch eine größere Streuung der höherliegenden Punkte auftritt.

Abb. 3.10 für die nordwestlichen Alpen beruht auf etwas anderen Grundlagen. Von den meteorologischen Stationen in Savoyen und im Dauphiné wurden die eindeutig innerhalb einer bestimmten Vegetations-Serie liegenden ausgewählt, von denen anzunehmen ist, daß sie direkt für die Serie repräsentative P- und T-Werte liefern und infolgedessen zu einem «bildhaften» Punkt auf dem Diagramm führen. So entspricht die Linie, die sämtliche Punkte des Eichen-Hainbuchenwaldes (schwarze Dreiecke) umrandet, den ökologischen Ansprüchen dieser Reihe; Jahresniederschlag von 1000–1500 mm, mittlere Jahrestemperatur von 8–11 °C. Umgekehrt kann für einen Ort ohne genaue meteorologische Daten, der sich in der Eichen-Hainbuchenwald-Serie befindet, mit hoher Wahrscheinlichkeit angenommen werden, daß seine P- und T-Werte innerhalb der oben angegebenen Grenzen liegen. Ein solches Diagramm wird somit zu einem Hilfsmittel für die ökologische Analyse (OZENDA 1978).

Um die Ökologie von Serien zu charakterisieren, ist es möglich, im Gegensatz zu den zwei Beispielen, bei denen es sich um Rohdaten (A, T, P) handelt, Diagramme mittels synthetischer Faktoren zu bilden. Abb. 3.11 von AULITZKY für die Ostalpen entwickelt, ist ein P-T-Diagramm, das die Werte des Kontinentalitätswinkels von GAMS (vgl. Kap. I) deutlich zeigt. Drei gut getrennte Serien heben sich ab, die in den Randalpen, Zwischenalpen und Innenalpen liegen.

In den Kapiteln VI bis IX werden die Vegetationsstufen und -Serien der Alpen systematisch beschrieben.

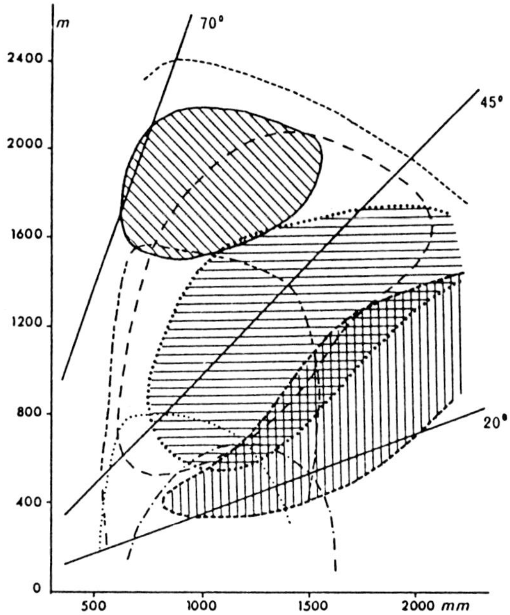

Abb. 3.11: Niederschlags-Höhenlage-Diagramm für einige Vegetations-Ausbildungen in den Alpen. Die drei schraffierten Bereiche entsprechen, von oben nach unten, der Zirben- und Lärchen-Serie, dem Tannenwald in der Zwischenzone und dem Tannen-Buchenwald der Randalpen. Die drei schrägen Linien entsprechen dem Kontinentalitätswinkel von 70°, 45° und 20° nach GAMS (nach AULITZKY 1974, verändert).

Die gleiche Reihenfolge konnte nicht für alle Serien beibehalten werden. In einem Fall wird die Verbreitung der Serie vor ihrem Aufbau und ihrer Dynamik behandelt, in einem anderen Fall ist die Reihenfolge umgekehrt. Jeweils wurde die Abfassung so gewählt, welche am klarsten schien unter Berücksichtigung der spezifischen Probleme jeder einzelnen Serie und ihrer Beziehungen zu anderen Serien.

Die Gesellschaften wurden knapp beschrieben, wobei auf Originalarbeiten verwiesen wird, in denen eine ausführliche Beschreibung zu finden ist; keine Vegetationstabellen wurden nachgedruckt.

Klimax- oder Subklimax-Gesellschaften wurden berechtigt ausführlicher beschrieben, da Wälder in den Alpen gut ein Drittel der Fläche einnehmen. **Andere Gesellschaften** sind weniger eingehend behandelt und kleinflächige Gesellschaften wie an Felsen, Ruderalfluren usw. wurden nur erwähnt oder sogar weggelassen. **Dauergesellschaften oder azonale Gesellschaften** (Felsen, Moore) sind in den Beschreibungen der Serien aufgenommen, in denen sie Enklaven bilden.

Schließlich wird erinnert, daß **Pionier-Stadien** und manchmal auch Gebüsche sowie Zwergstrauchheiden zu zwei oder mehreren Serien einer Stufe, oder sogar von zwei benachbarten Stufen gehören können, so daß es nicht sinnvoll ist, Beschreibung oder Erwähnung zu wiederholen. Zum Beispiel können Gesellschaften der Karbonat-Schutthalden mit *Rumex scutatus* zur kollinen, montanen oder sogar tiefsubalpinen Stufe gerechnet werden, da sie fast identisch in 7 oder 8 verschiedenen Serien vorkommen.

Auch wird darauf hingewiesen, daß hygrophile Serien in gewissen Fällen keine eigenen Degradationsstadien aufweisen, sondern jene der am nächsten stehenden xerophilen oder mesophilen Serie. So degradieren im Dauphiné mittelkolline Eichen-Hainbuchenwälder oft zu Heiden mit *Juniperus*, *Prunus spinosa* und *Crataegus*, die den Degradationsstadien des Flaumeichenwaldes sehr nahe stehen. Aus mesophilen Buchenwäldern entstehen Heiden, die nahe verwandt sind mit denjenigen, die aus degradierten Waldkiefernwäldern hervorgehen, usw.

IV. Große biogeographische Regionen

Am Ende von Kapitel I (Abb. 1.31) wurde eine erste ökologische Einteilung der Alpen vorgestellt, die auf Faktoren beruht, die den Vegetationsaufbau bestimmen: Morphologie, Geologie und Klima. Im Kapitel III wurden dann die wesentlichen biozönotischen Einheiten, die Vegetationsstufen und die dynamischen Vegetations-Serien definiert. Nunmehr wird eine dritte Kenntnisstufe der Alpenvegetation erreicht, denn hier wird die relative Verteilung dieser Vegetationseinheiten in den Alpengebieten, sozusagen die Anatomie der Kette, beschrieben, hauptsächlich in Form von skizzierten Querprofilen (Abb. 4.1).

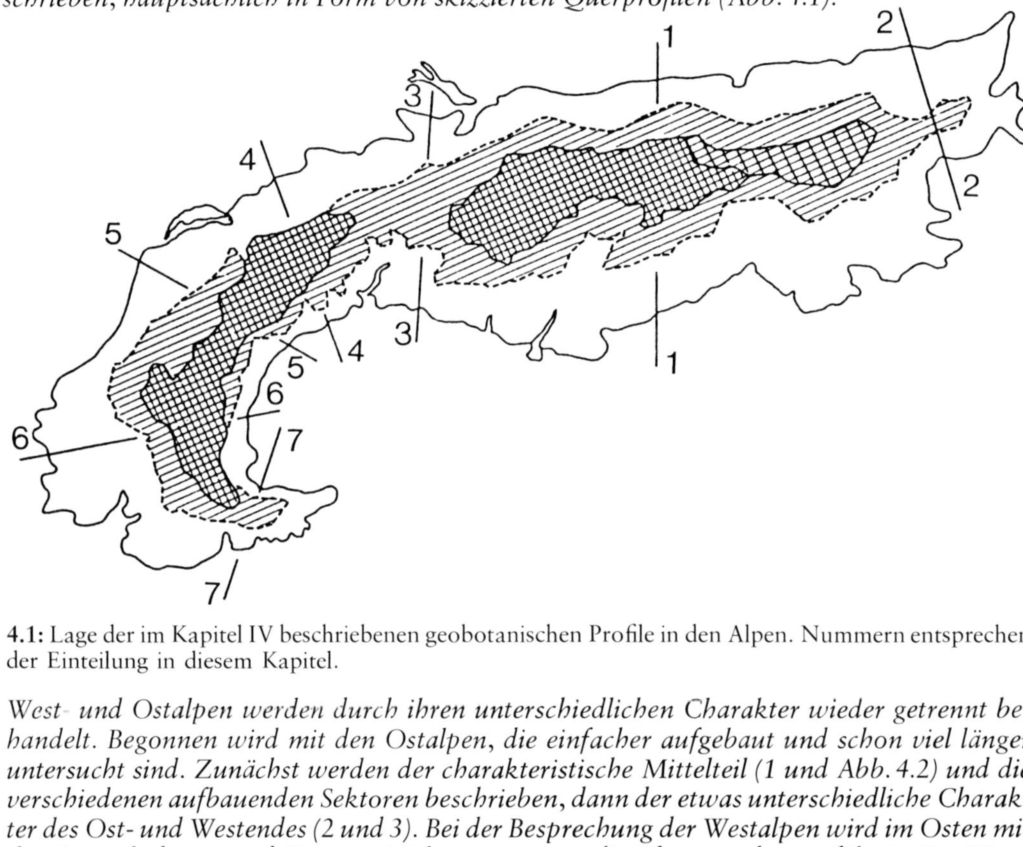

4.1: Lage der im Kapitel IV beschriebenen geobotanischen Profile in den Alpen. Nummern entsprechen der Einteilung in diesem Kapitel.

West- und Ostalpen werden durch ihren unterschiedlichen Charakter wieder getrennt behandelt. Begonnen wird mit den Ostalpen, die einfacher aufgebaut und schon viel länger untersucht sind. Zunächst werden der charakteristische Mittelteil (1 und Abb. 4.2) und die verschiedenen aufbauenden Sektoren beschrieben, dann der etwas unterschiedliche Charakter des Ost- und Westendes (2 und 3). Bei der Besprechung der Westalpen wird im Osten mit der Zentralschweiz und Piemont (4) begonnen, wo die Alpen noch ungefähr in Ost-West-Richtung verlaufen und ähnlich wie die Ostalpen aufgebaut sind. Schließlich wenden wir uns den eigentlichen Westalpen zu, jenem Alpenteil, der eine ungefähre Nord-Süd-Richtung aufweist und in drei Segmente eingeteilt wurde: Savoyen und Aostatal (5), Haute-Provence und mittleres Piemont (6) sowie See- und Ligurische Alpen (7).
Eine genaue Karte der Sektoren mit ihrer Unterteilung, detaillierter als am Schluß von Kapitel I, sowie eine Verteilungsmatrix der Vegetations-Serien innerhalb der Höhenstufen von einzelnen Sektoren schließen dieses Kapitel ab (Abb. 4.14 und 4.15).

1. Vegetationsprofil durch die mittleren Ostalpen

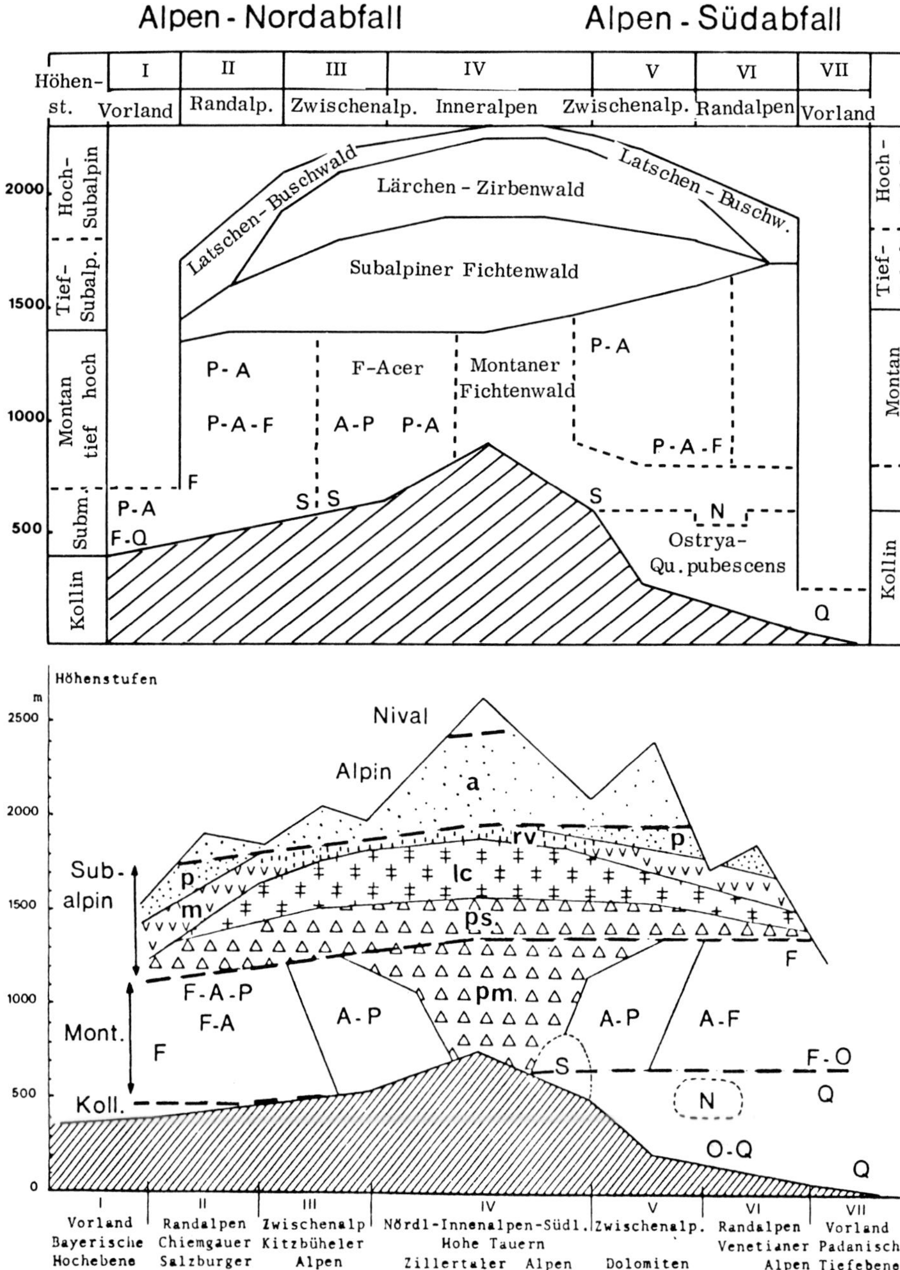

Abb. 4.2: Geobotanisches Profil durch die Ostalpen. Oben, Darstellung des Profiles von MAYER 1974; vereinfacht. Unten, der gleiche Querschnitt verändert nach der in diesem Band vorgeschlagenen Interpretation der Höhenstufenbegrenzung. a) alpine Stufe, p) subalpine Grasheide, m) *Pinus mugo*-Gebüsch, rv) *Rhodoreto-Vaccinietum*. lc) *Larix* und *Pinus cembra*-Serie, ps) *Piceetum subalpinum*, pm) *Piceetum montanum*, F) *Fagus*, A) *Abies*, P) *Picea*, S) *Pinus sylvestris*, N) *Pinus nigra*, O) *Ostrya*, Q) *Quercus* sp. (in der oberen Abbildung bedeutet Q = *Quercus robur*).

Die verschiedenen Querprofile der Ostalpen in der einschlägigen Literatur lassen sich schwer vergleichen, da die Höhenstufen unterschiedlich festgelegt wurden und Höhengrenzenverschiebungen von Norden nach Süden oft nicht berücksichtigt werden. Bei der kollinen, montanen (genauer submontanen) und tiefsubalpinen (genauer orealen) Stufe gibt es daher gewisse Schwankungen der Grenzen.
Wir besprechen ausschließlich das neueste Vegetationsprofil von MAYER–HOFMANN, das teilweise in Abb. 4.2/oben dargestellt ist und in 4.2/unten neu interpretiert wird. Unsere Beurteilung unterscheidet sich nicht wesentlich von der ursprünglichen, jedoch erschien es zweckmäßig, beide Modelle genauer zu erläutern und zu vergleichen. Zunächst einige Angaben zu den drei pflanzengeographischen Längsgliederungen.

1.1. Sektor der nordöstlichen Randalpen

Ausdehnung: Bayerische Alpen, Nordrand der Tiroler Alpen bis zum Inntal und Niederösterreichische sowie Oberösterreichische Randalpen. Da im Norden ein verhältnismäßig hochgelegenes und kaltes Vorland (Bayerische Hochebene) angrenzt, verschiebt sich die kolline Stufe nach Norden in einiger Entfernung vom Fuße der Alpen (Abb. 4.3).

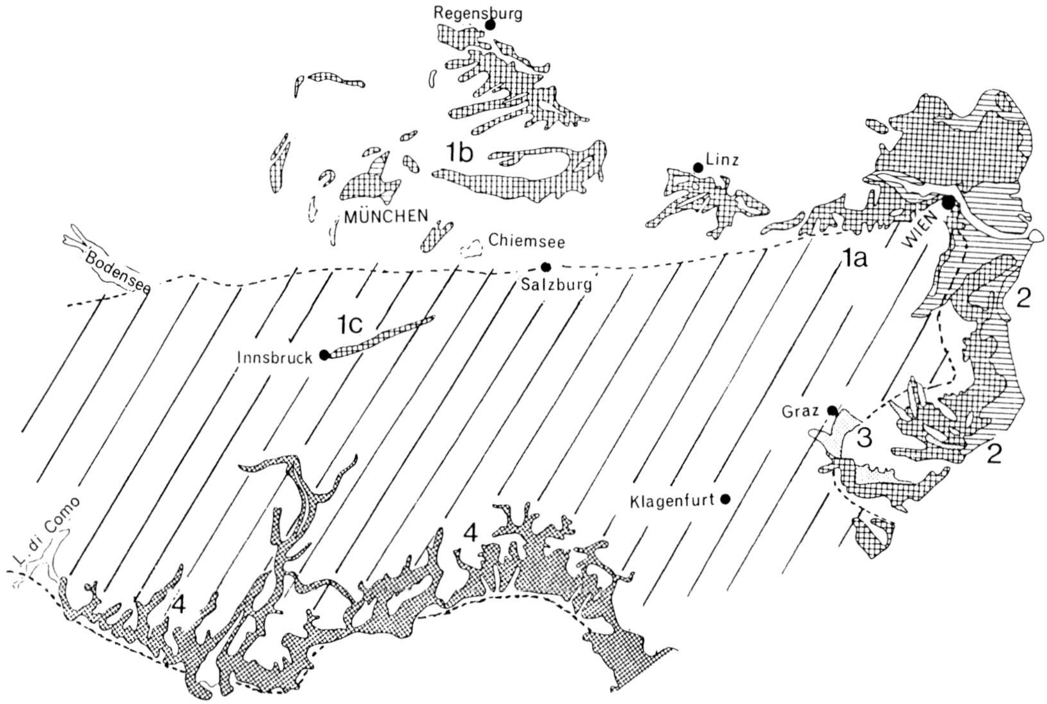

Abb. 4.3: Verbreitung der Eichenwälder im Umkreis der Ostalpen; gestrichelt Alpengrenze, schräg schraffiert Ostalpen.
In den Südostalpen, am Rand der Po-Ebene, treten Eichenwälder und Eichen-Hopfenbuchenwälder (4) in der Kette auf, da die kolline Stufe bis ungefähr 800 m steigt. Am östlichen Rand schließen bodensaure Eichenwälder (3) und pannonische Eichenmischwälder (2) unmittelbar an die Alpen an. Im Gegensatz die mitteleuropäischen Eichen-Hainbuchenwälder, die noch in Niederösterreich an die Voralpen grenzen (1a), sind in Bayern (1b) gegen Norden durch eine submontane, mit Buchen besetzte Hochfläche, getrennt sind. Einige Eichenwälder treten lokal in Tälern der nördlichen Randalpen auf, die wichtigsten im Inntal (1c).

Das sehr feuchte Klima verursacht eine Ausweitung der Tannen-Buchenwald-Höhenstufe, die je nach Standort von 400–1400 m reicht. Genaue Beschreibungen der Waldgesellschaften in diesem Sektor finden sich bei Mayer (1959), Lippert (1966), Köstler-Mayer (1974); für die Berchtesgadener Alpen Thiele (1977); für die gesamten Bayerischen Alpen Seibert (1968) und für die Oberösterreichischen Randalpen Zukrigl (1973). Beispiele für die Höhenverteilung dieser Assoziationen in Abb. 4.4, die zwar entlang der nordöstlichen Randalpen einheitlich sind, doch infolge der nach Osten hin abnehmenden Ozeanität (zunehmende Subkontinentalität) Untereinteilungen notwendig machen (Mayer 1974; Abb. 4.15).

Vorwiegend submontan zeigen sich zwei interessante Besonderheiten: a) häufiges Auftreten von Torfmooren, vor allem im bayerischen Teil, die wertvolle Aufschlüsse über die postglaziale Geschichte dieser Alpenregion geben (Abb. 4.5, Abb. 2.15); b) Auftreten von edaphisch bedingten Pinus-Gesellschaften, besonders häufig in Österreich (in erster Linie *Pinus sylvestris* und am Ostalpenrand *Pinus nigra*). Standorte dieser Moore und Kiefernwälder sind in der Österreichkarte von Wagner (1971) eingezeichnet (Abb. 6.18).

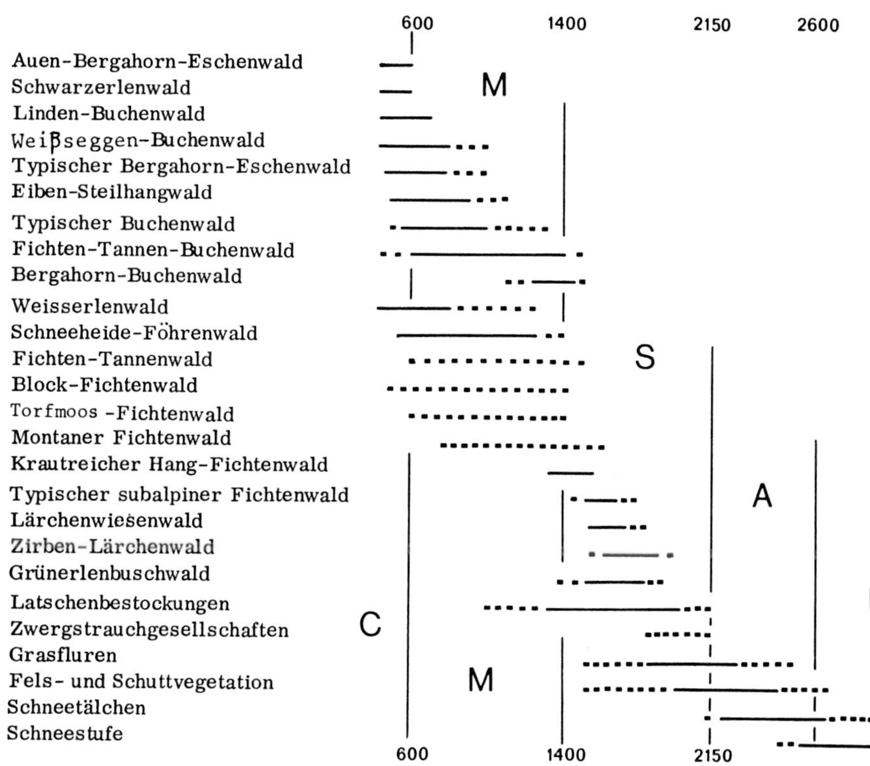

Abb. 4.4: Die wichtigsten von Mayer (1959) beschriebenen Gesellschaften in den Berchtesgadener Alpen, geordnet nach der Höhenamplitude (ausgezogen Hauptverbreitung, gestrichelt gelegentlich erreichte Höhenlagen) und ihre Zugehörigkeit zu den Vegetationsstufen. C: kollin, M: submontan und montan, S: subalpin, A: alpin, N: nival.

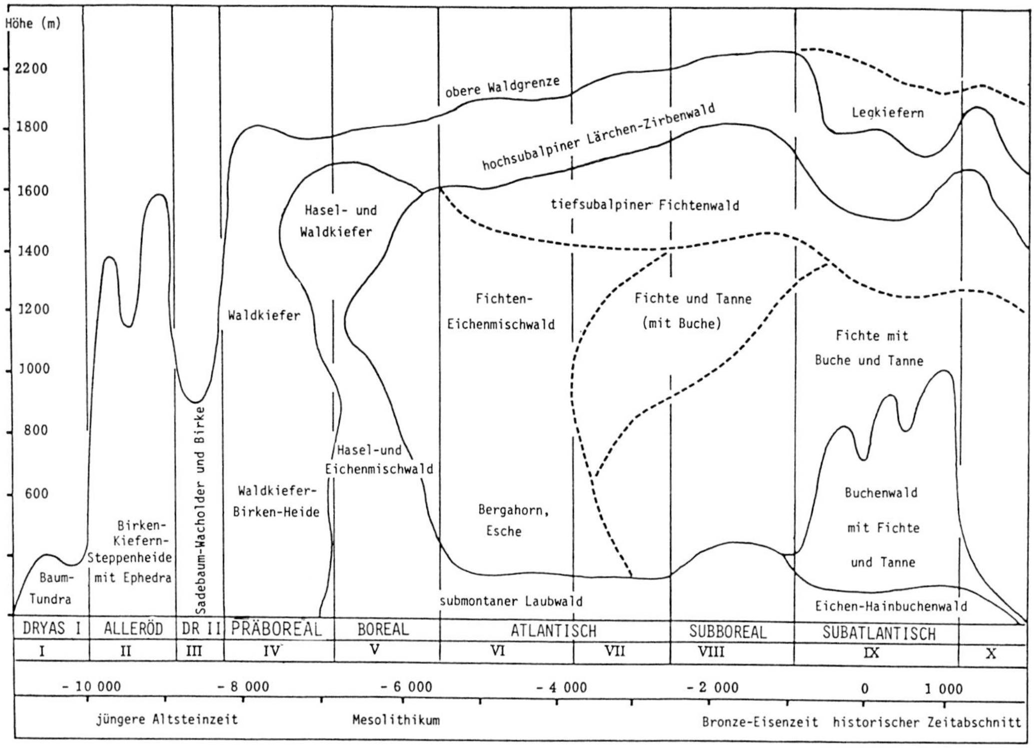

Abb. 4.5: Postglaziale Waldgeschichte in den Nordost-Alpen und Entwicklung der Vegetationsstufen (nach MAYER 1966). Die Vegetationsgrenzen erreichten im Subboreal maximale Höhen. In der Folge sank die Waldgrenze ungefähr um 400 m. Diese Absenkung geht zur Hälfte auf die Klimaverschlechterung zurück, zur anderen Hälfte auf anthropogenen Einfluß, der den hochsubalpinen Wald nach Degradation durch Almweiden und Latschengebüsch ersetzt. Ähnlich haben hochmontan Tanne und Buche Areal verloren an der oberen Grenze zugunsten von tiefsubalpinen Fichtenwäldern.

1.2. Innenalpen

Die zentrale Achse ist in **Tirol** typisch ausgebildet, wo die klassische Unterscheidung zwischen dem kontinentalen Zentrum, das den Alpenhauptkamm der Ötztaler- und Zillertaler-Alpen und Hohen Tauern umfaßt, und den Zwischenalpen (Kitzbühler Alpen im Norden und nördliche Dolomiten im Süden) besteht. Diese Achse wird in den Karten 1 : 100 000 der Tiroler Vegetation von SCHIECHTL et al. (seit 1967) beschrieben. Klimatologische Arbeiten von FLIRI (Abb. 7.12) bieten dem Ökologen zusätzliche Hilfe.

Gegen Westen erweitert sich der inneralpine Raum beträchtlich und bildet im Oberetschtal (Vintschgau-Stilfserjoch) und Oberinntal (Engadin) einen deutlichen **Kontinentalitätspol.** Dieses Gebiet wird (Kap. VII, 4) zusammen mit der trockenen montanen Stufe genauer behandelt.

Gegen Osten dagegen verliert (trotz allgemeiner klimatischer Zunahme der Kontinentalität) dieser innere Teil allmählich seinen «eigenbürtigen» kontinentalen Charakter und stellt einen ökologischen Übergang zum **Zwischenalpen-Charakter** (oberes Murbecken) dar.

1.3. Südöstliche Kalk-Randalpen

Dieser Sektor entspricht den südlichen Kalkalpen, ist aber nicht ausschließlich randalpin, denn der nördliche Teil mit den Dolomiten weist ziemlich große Höhen und schon subkontinentales Klima auf. Die **Dolomiten** sind weder dem inneralpinen Zentrum noch den Randalpen zuzuordnen. Sie haben eindeutig zwischenalpinen Charakter (Anm. d. Übersetzers). Pflanzengeographisch gehört dieser Sektor vielleicht zu den am wenigsten bekannten in den Alpen. Eine Übersichtskarte der Vegetation existiert nur im kleinen Maßstab (MAYER 1977).
Die pflanzengeographische Darstellung der Südostalpen lieferte bis 1950 kein klares Bild. Als «insubrischer Sektor» wurde ein ausgedehntes Gebiet zusammengefaßt, das das gesamte oberitalienische Seengebiet vom Orta- bis zum Gardasee einschließt. Piemontesische, Vizentiner und Venetianer Randalpen waren praktisch nur floristisch untersucht worden.
OBERDORFER (1964) bearbeitete die kolline **Stufe der Lombardischen Randalpen, den** Insubrischen Sektor sensu lato älterer Autoren. Differenzierung:

a) **Typischer insubrischer Sektor** (später unter 3 und 4, Abb. 1.31 und 4.15, den Piemontesischen Randalpen zugeordnet) westlich des Luganer Sees bis in die Umgebung von Biella. Die kollin prägenden Assoziationen gehören zum Carpinion und Quercion roboris, ähneln der mitteleuropäischen Vegetation des Alpennordabfalls und zeichnen sich im Ufergebiet der Seen durch ausgedehnte Anbauten von immergrünen Kulturpflanzen des *Laurifolia*-Typs aus.

b) **Gardasee-Sektor,** der nach natürlicher Vegetation und Kulturen vorwiegend auf Kalkboden einen Vegetationskomplex mit submediterraner Verwandtschaft umfaßt. Die randalpinen Vegetationsstufen wurden von PITSCHMANN et al. (1959) und von REISIGL (1964) beschrieben. Auffallend ist eine kolline Stufe mit submediterranem Charakter, welche an die Padanische Ebene angrenzt und bis 800 m, gelegentlich sogar bis 1000 m reicht. Unterteilung in zwei Stufen:
– **untere submediterrane Stufe,** die meist fälschlich als mediterran bezeichnet wird und physiognomisch durch eine Steineichen-Formation auf Felsstandorten und das Auftreten des Olivenbaumes gekennzeichnet ist;
– **obere submediterrane Stufe,** wo Kastanien-Eichenwälder ausnahmsweise auf einigen Silikatinseln stocken, im wesentlichen der *Ostrya*-Serie entsprechend. Das weite Vordringen des mittleren Etschtales begünstigt die Höhenausdehnung dieser thermophilen Vegetation und bewirkt eine Art Golf-Charakter, der im weiteren Sinne mit der mittleren Durance im hochprovenzalischen Sektor verglichen werden könnte (siehe 6.1).
Darüber folgt eine montane Buchenstufe Kap. VII, B 3 c) und eine subalpine Stufe, in der Fichte und Lärche weitgehend vom Latschengebüsch abgelöst werden.
Dieses Vegetationsprofil unterscheidet sich deutlich von jenem der Westalpen (z. B. Haute-Provence), besitzt aber einige gemeinsame Züge mit dem präligurischen Sektor; siehe G (OZENDA 1966, 1969).

2. Alpen-Ostgrenze

Die nördlichen und südlichen Randalpen (Abb. 4.6) sind geobotanisch ähnlich aufgebaut wie in den mittleren Ostalpen, das inneralpine Zentrum ist allerdings weit weniger (sub-)kontinental und hat nur noch Zwischenalpen-Charakter (vorwiegend azido-

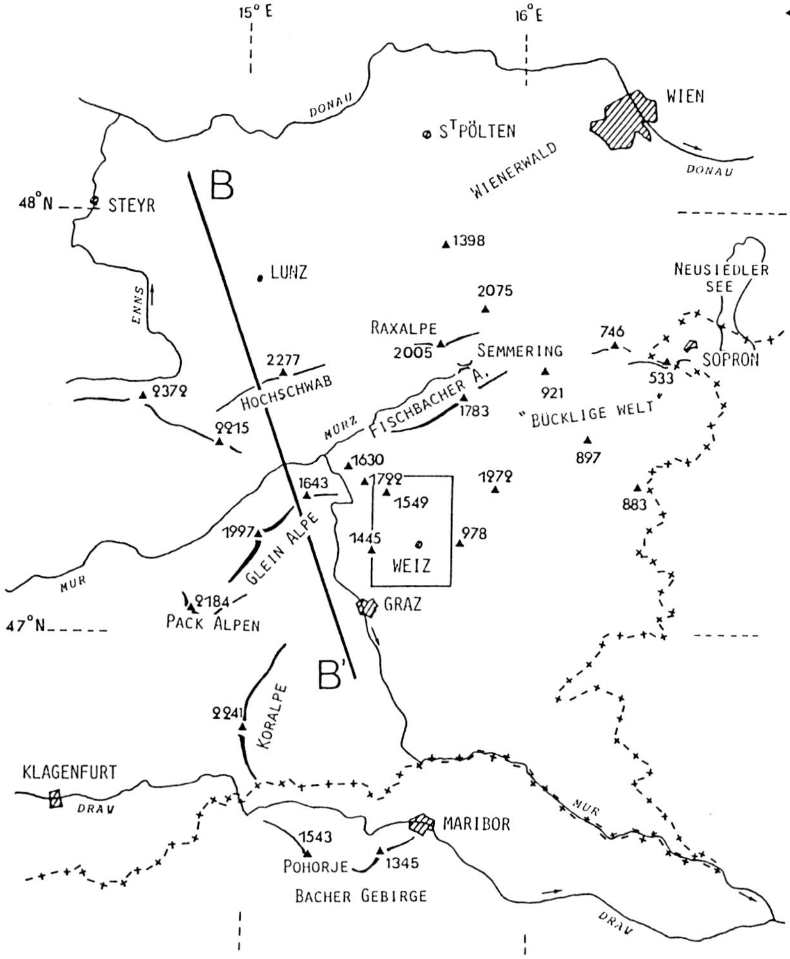

◀ **Abb. 4.6:** Alpen-Ostrand, wobei das Profil B B′ der Abb. 4.7 entspricht.

Abb. 4.7: Geobotanisches Profil durch den Alpenostrand (nach ZUKRIGL 1973, verändert). ▶

phile Buchen-Fichtenwälder). ZUKRIGL (1973) veröffentlichte einen Querschnitt durch diesen Alpenteil (Abb. 4.7).

Am Alpen-Ostrand, in den **Steirischen Randalpen** (hier suprapannonischer Sektor genannt), taucht die kristalline Achse direkt unter den Sedimenten der ungarischen Ebene unter und baut im Gegensatz zu den anderen randalpinen Sektoren Silikatmassive auf. Durch abnehmende Höhenlage ist die alpine Stufe schwach ausgeprägt, die subalpin vor allem Almen und einige Fichtenwaldgesellschaften einnehmen. In der montanen Stufe dominieren azidophile Buchenwälder, ebenfalls weitgehend mit Fichten angereichert. Die kolline Stufe, örtlich steht Kalk an, besteht aus einem Mosaik verschiedener Eichenwälder, in denen *Quercus pubescens* und *Quercus cerris* infolge der trockenen pannonischen Region vorherrschen.

Weiter südlich, in den **Karnischen Alpen, Karawanken** und **Julischen Alpen,** welche die Grenze zwischen Venetien, Kärnten und Slowenien bilden, treten wieder randalpine Kalkmassive auf (Abb. 4.8). Kollin dominiert die *Ostrya*-Serie; montan Buchenwälder verschiedener Typen und subalpin Fichte und Latsche, wobei die beiden höheren Stufen mit Lärchen angereichert sind. Kollin treten außerdem großflächig Schwarzkiefern-Gesellschaften auf und in der alpinen Stufe sind zahlreiche endemische Arten bemerkenswert (Abb. 2.23, 2.26).

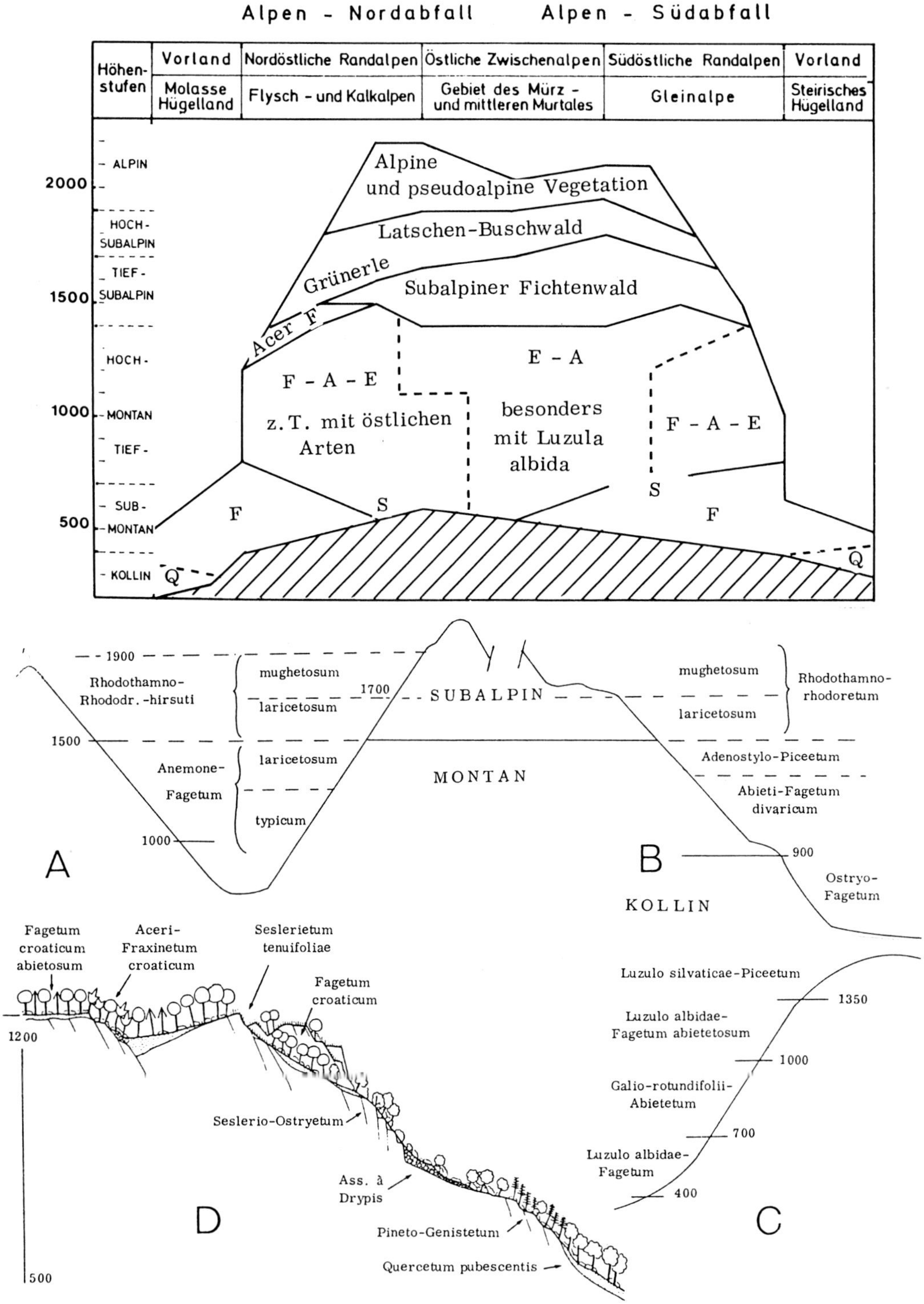

Abb. 4.8: Geobotanisches Profil durch zwei südostalpine Gebirgsgruppen. A) Julische Alpen und Karawanken; B) Savinja-Alpen; C) Pohorje (nach PUNCER-ŽUPANČIĆ, verändert); D) südlicher Rand des Nanos-Gebirges (nach JAKUCS). Südabfall nach rechts orientiert.

3. und 4. Sogenannte Zentralalpen

Das Gebiet, Profile 3/4, wird von Geographen als **Zentralalpen** bezeichnet, da die Hauptverkehrswege hier hindurchführen. Pflanzengeographisch sind die Innenalpen weit weniger abgeschlossen und die Region Oberrhein-Tessin sieht wie ein einfaches Scharnier zwischen Ost- und Westalpen aus.

Im **westlichen Teil** der Ostalpen (3) bilden das nördliche Oberrheinbecken und das südliche Tessintal einen tiefen Einschnitt, der den inneralpinen Kontinentalitätsraum unterbricht. Feuchte Winde können eindringen und ökologisch gesehen dringen randalpine Gesellschaften in Form zweier Ausbuchtungen ins Innere vor, die von **zwischenalpinen Einheiten** abgelöst werden. Diese berühren sich im Gebiet des Grimsel- und St.-Gotthard-Passes und unterbrechen dabei ganz das typische Kontinentalitätszentrum. Bei der Durchquerung der gesamten Alpen steigt der Kontinentalitätsgrad nicht über 45° (Abb. 1.26). Am Tessiner Südabfall wird der Kalk des Gardasee-Sektors in den Randalpen von Silikatformationen der penninischen Decke abgelöst und deshalb weitet sich die azidophile, kolline Stufe mit *Quercus petraea* und *Castanea* stark aus und bildet den Hauptteil der typischen insubrischen Vegetation, die gegen Westen bis ins nördliche Piemont reicht, die OBERDORFER daher sorgfältig von der Gardasee-Vegetation abtrennen mußte (siehe A3).

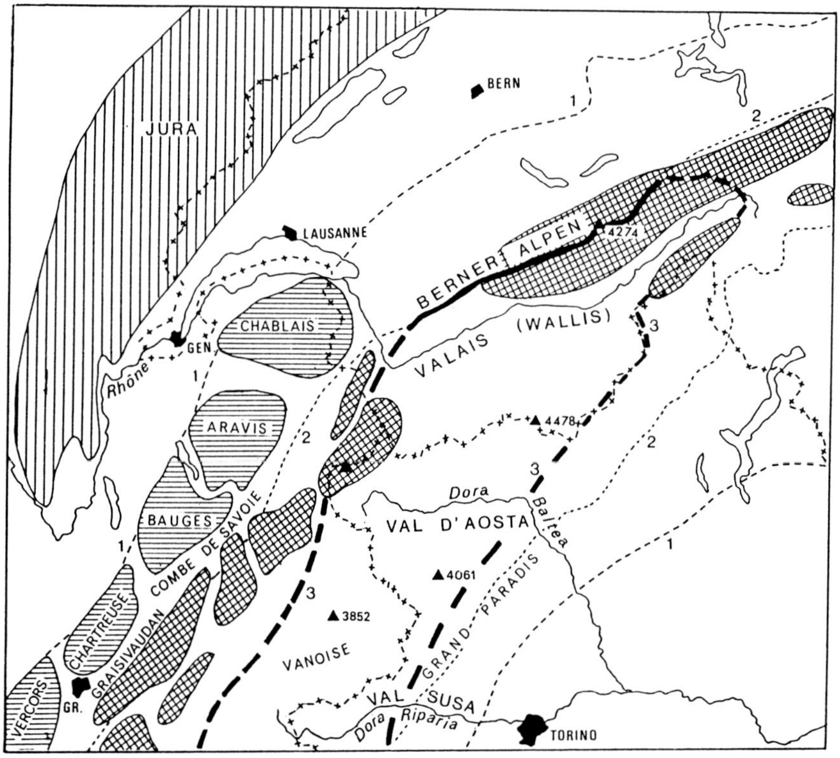

Abb. 4.9: Zentrale und nordwestliche Alpen. 1, 2 und 3 Grenzen der Randalpen, der Zwischenalpen-Zone und der Inneralpen. (In den Berner Alpen 2 und 3 zusammenfallend).

Der Abschnitt D entspricht den westlichen Schweizer Alpen und den nordwestlichen Piemontesischen Alpen (Abb. 4.9) und setzt die allgemeine Richtung der Ostalpen fort, verstärkt noch durch die lange Furche im Wallis. Die Vegetationsunterschiede sind jedoch beträchtlich.

Die kolline und montane Stufe der nördlichen Randalpen ist genauso aufgebaut wie weiter östlich. Subalpin wird jedoch die Legföhre allmählich durch die Spirke ersetzt (Abb. 4.10). Die Zwischenalpen lösen sich in diesem Abschnitt an den Grenzen auf und verschwinden fast ganz. Am Nordrand trennt das hohe Aar-Massiv, am Nordhang mit randalpinem Charakter, während der entgengesetzte Südhang die Nordflanke des Wallis bildet. Am Südrand sind die Piemontesischen Alpen relativ schmal und sehr niederschlagsreich, wobei die hohe Gipfelflur in Richtung Wallis ebenfalls eine deutliche Zäsur darstellt. Die randalpine Piemont-Zone besteht fast ganz aus Silikat. Flaumeiche und Ostrya weichen dem Kastanien-Eichenwald und Hainsimsen-Buchenwälder dominieren montan.

Infolge der tiefen **Wallis-Furche** (obere Rhône) dringt die kolline Stufe bis tief ins Alpeninnere vor. Der kennzeichnende kontinentale Flaumeichenwald wird fast völlig von Weinbergen und Ersatz-Föhrenwäldern ersetzt. Die anschließende montane Stufe bestocken vorwiegend Klimax-Föhrenwälder. An Nordseiten stocken jedoch, wie auch im Aostatal, ausgedehnte Tannenwälder, zum Unterschied von stärker kontinentalem Briançonnais, wo Tanne nur örtlich begrenzt auftritt.

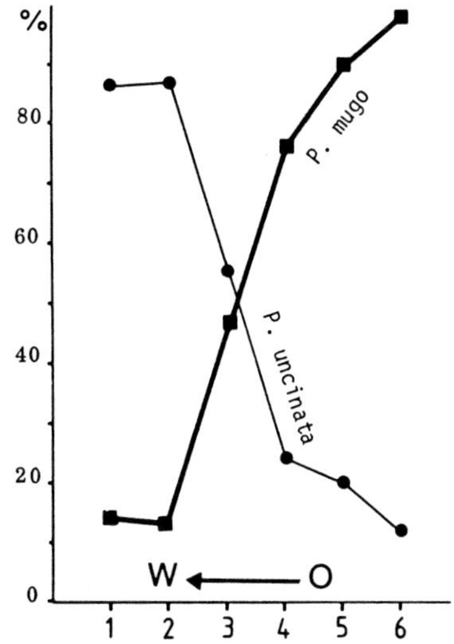

Abb. 4.10: Fortschreitende Ablösung von *Pinus mugo* durch *Pinus uncinata* von Osten nach Westen in der subalpinen Stufe der Schweizer Alpen. Die Werte wurden mit Hilfe der Vegetationskarte 1 : 200 000 von SCHMID berechnet. Die Schweizer Alpen wurden in 7 südorientierte Bände von 50 km Breite eingeteilt und jeweils die relative Bedeutung der beiden Arten nach dem Verhältnis der eingetragenen Signaturen in der Karte angeschätzt (nahezu 1000 Zeichen).

5. Nordwestalpen (Savoyen, nördliches Dauphiné, Aostatal, Turiner Alpen)

In diesem Gebiet biegen die Alpen ziemlich deutlich in nord-südliche Richtung um und die Längsgliederung wird weniger ausgeprägt. Dennoch werden die zentraler gelegenen Silikatmassive der Kalk-Randalpen durch den deutlichen Einschnitt des mittleren Isèretals abgetrennt, das unter dem Namen «**alpine Furche**» («Grésivaudan» im südlichen Teil zwischen Grenoble und Montmélian und «Combe de Savoie» im nördlichen Teil zwischen Montmélian und Albertville) bekannt ist (Abb. 4.9 und 4.11). Die Kalk-Randalpen mit einer Kette von Massiven haben einen sehr unterschiedlichen Charakter. Von Norden gegen Süden: Chablais, Aravis, Bauges, Chartreuse und Vercors.

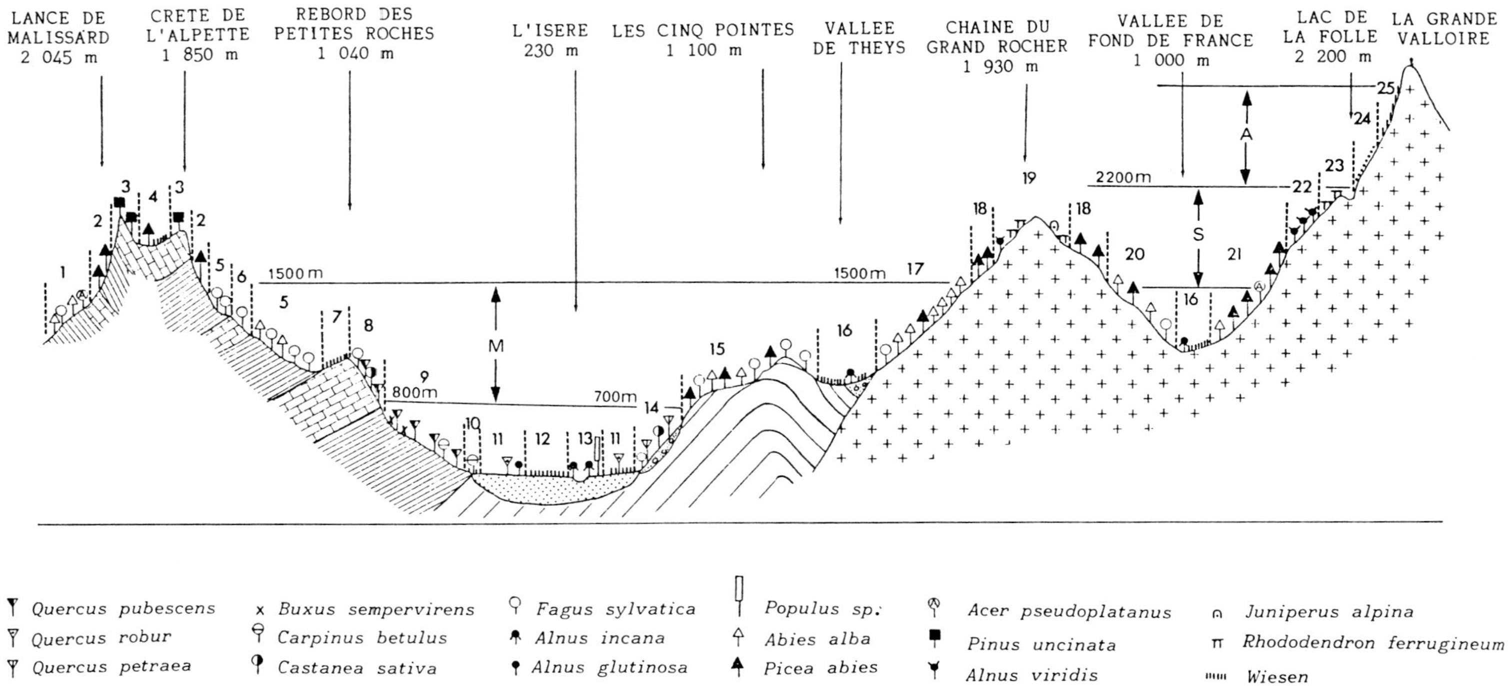

Abb. 4.11: Geobotanisches Profil der alpinen Talfurche («sillon alpin») unmittelbar nördlich von Grenoble. Links: östlicher Rand der Kalkgruppe von Chartreuse. Mitte: Alluviale Isère-Ebene, genannt Grésivaudan. Rechts: Westabfall der silikatischen Belledone-Gruppe (nach RICHARD-PAUTOU 1983).

Die ersten beiden ähneln pflanzengeographisch noch den Schweizer Randalpen und weisen außerdem die letzten Standorte östlicher Arten wie *Rhododendron hirsutum* oder *Carex firma* auf. Bauges, Chartreuse und Vercors haben hingegen südlicheren Charakter, insbesondere reichliche Buchs-Flaumeichenwälder in der kollinen Stufe. Ähnlichen Charakter besitzt auch der südliche Jura, so daß ein sog. «delphino-jurassischer» Sektor ausgeschieden wurde (vgl. Kap. VI, X und Abb. 10.2). Die montanen Vegetationseinheiten sind, vor allem durch Arbeiten von BARTOLI (1962), gut bekannt. Subalpin sticht eine spezielle Serie der Bergföhre auf den urgonischen Karsttafeln hervor; die alpine Stufe fehlt nahezu ganz.

Der eindeutige topographische und geologische Einschnitt der «alpinen Furche» (Abb. 4.11) wird von traditionellen Geographen als absolute Grenze zwischen Rand- und Innenalpen angesehen und täuschte lange Zeit darüber hinweg, daß biogeographisch auch hier eine **zwischenalpine Zone** unterschieden werden muß, wie erst die detaillierte Vegetationskartierung ergab. Die sog. zentralen Silikatmassive (Mont-Blanc, Beaufort, Grand Arc, Belledonne, Taillefer) sind tatsächlich sehr komplex aufgebaut. Die sehr niederschlagsreichen Westflanken bedecken noch eindeutig randalpine Vegetationseinheiten und kolline sowie montane Gesellschaften gleichen jenen der randalpinen Gebirgsstöcke, abgesehen von leichten Abwandlungen infolge der Silikatunterlage. Dagegen ist die subalpine Stufe völlig anders aufgebaut. Der Spirken-Wald ist mit Zirben gemischt und bildet eine Variante der inneralpinen Zirben- und Lärchen-Serie. Die Ostflanke dieser Hochgebirge ist zwar viel kontinentaler getönt, kann jedoch noch nicht als typisch inneralpine Zone bezeichnet werden. Diese Benennung trifft erst für noch weiter östlich gelegene Regionen zu: Vanoise, Aostatal oberhalb der Saint-Vincent-Krümmung, oberes Susatal. Die Piemontesischen Randalpen sind hier viel stärker gestreckt als im vorigen Abschnitt und kaum breiter als 20 km.

Die verbreitete Meinung, daß die **Nordwestalpen** entlang der Wasserscheide zwischen Drac und Durance, genauer entlang der Paß-Linie Croix-Haute, Bayard und Lautaret, plötzlich in die **Südwestalpen** übergehen, trifft nur klimatologisch zu. Die Vegetation kennzeichnet ein gradueller Übergang in drei Längszonen von ungleicher Breite: die früher (OZENDA 1966, 1981) so genannte «Übergangszone» bildet ein schräges, zirka 30 km breites Band vom südlichen Vercors bis zur mittleren Maurienne (oberes Arc-Tal). Die Vegetation der Maurienne wurde durch Arbeiten von BARTOLI (1966) gut bekannt: mosaikartig angeordnet prägen Fichtenwälder (die die inneren Täler im Norden bis in die Tarentaise, d.h. oberes Isèretal, kennzeichnen) sowie Föhrenwälder, welche die Fichtenwälder in den Südalpen ersetzen und bis in das Briançonnais reichen. Infolge des langgestreckten Maurienne-Tales geht ein sehr langsamer Übergang von einer Zone zur anderen vor sich. Unter Föhrenwäldern finden sich mesophile und inneralpine Arten, die sich je nach Hanglage und Talrichtung abwechseln. Auch bodenkundlich bildet die Maurienne eine deutliche Übergangsstufe zwischen Tarentaise und Briançonnais (CADEL 1980).

6. Südwestalpen

6.1. Hochprovenzalischer Randalpen-Sektor

Südlich der Wasserscheide zwischen Drac-Durance bilden die Randalpen biogeographisch den hochprovenzalischen Sektor, den das tief eingeschnittene, mittlere Durance-Tal in einen östlichen und einen westlichen Teil gliedert (Abb. 4.12).

a) Der **Westteil** bildet ein riesiges Viereck von ca. 100 km Länge und 70 km Breite mit einer

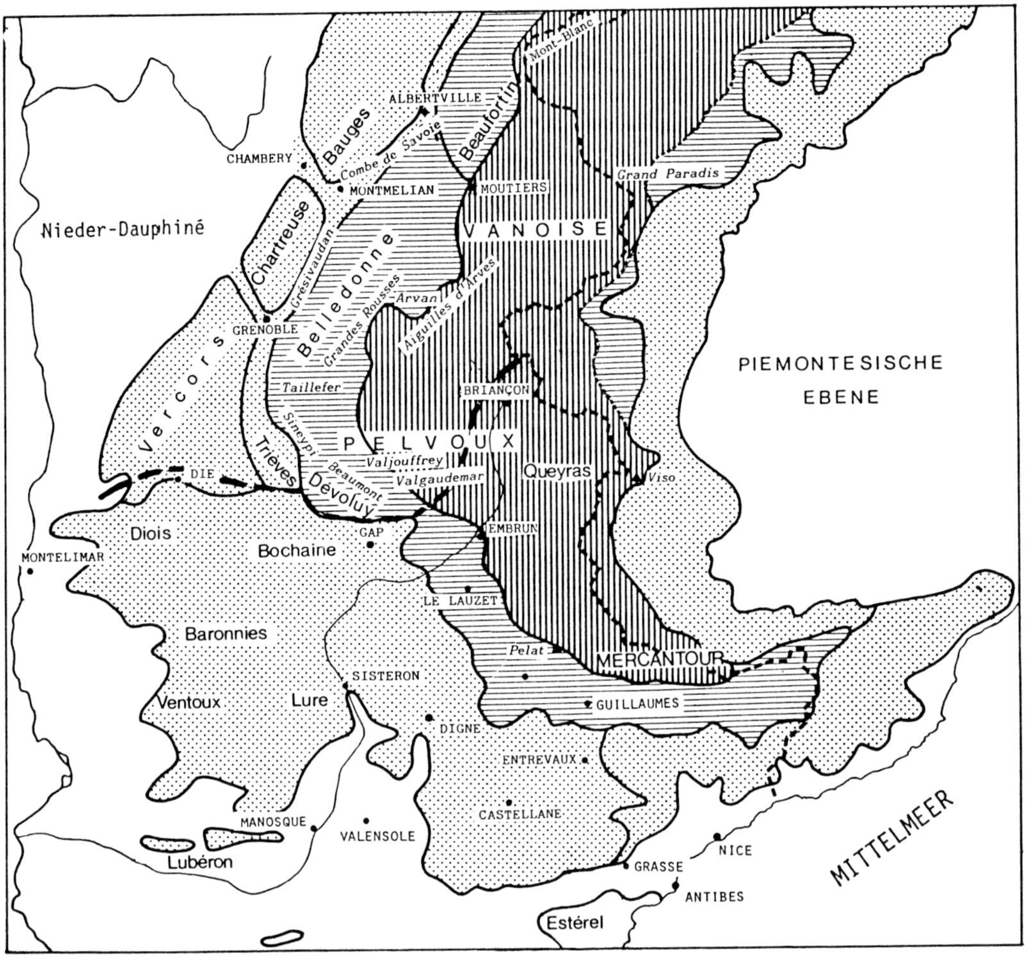

Abb. 4.12: Zonen und Sektoren in den Westalpen. Punktiert randalpine Zone; waagrechte Schraffur Zwischenalpen; senkrechte Schraffur Innenalpen (nach OZENDA 1982). Für Einzelheiten der Abschnitte und ihre Beschreibung siehe Text.

geschlossenen und ungegliederten Topographie und umfaßt Vercors (nur Südhänge), Diois, Bochaine, Baronnies, Ventoux-Lure-Kette und das Saint-Christol-Plateau. Die kolline Stufe mit stark mediterranem Charakter wird ganz von der westlichen supramediterranen Flaumeichen-Serie eingenommen, in der Föhre eine wichtige Rolle bei Ersatzgesellschaften spielt (Kap. III), vor allem im Diois. Eine tiefere Unterstufe mit beachtlichen Flächen wird später besprochen. Montan wechseln sich je nach Exposition mesophile Buchen- und Kiefern-Serien ab. Kolline und montane Stufe sind stark miteinander verflochten und bauen trotz biozönotischer Verarmung eine sehr vielfältige Vegetationslandschaft auf. Durch reduzierte Höhen finden sich nur lokal (Ventoux-Kamm, Gipfel von Montagne de Lure und Montagne de Céüze) einige subalpine Rudimente, die zwischen der Spirken- und altimediterranen Serie einzugliedern sind. Die Lubéron-Kette südlich des Apt-Beckens wird infolge der abgesetzten Lage oft zu Unrecht vom Alpensystem ausgeklammert; die Vegetation kennzeichnet einige Buchenwaldgesellschaften und Zedernaufforstungen. Der Lubéron ist der nördlichste und wichtigste der Gebirgszüge, die die Provence bis Sainte-Baume durchziehen.

b) Der **Ostteil** in Form einer Sichel, erstreckt sich von Gap bis Grasse; Breite etwa 30 km, im Süden etwas mehr. In der nördlichen Hälfte siedelt eine randalpine Vegetation, die mit dem Diois-Baronnies-System ähnlich ist, aber mit Föhren angereichert. Begünstigt durch den tiefen Einschnitt der Durance und ihrer Zuflüsse sowie durch das Gap-Becken bilden sich ausgedehnte Bestände supramediterraner Arten *(Rhus coggygria, Juniperus oxycedrus)*, welche die Zwischenzone einengen. Bemerkenswert ist in diesem Untersektor die Entwicklung einer ausgedehnten, waldfreien subalpinen Stufe vom altimediterranen Typ, insbesondere in der Haut-Verdon-Region. In diesem Gebiet befinden sich die meisten Schwarzkiefern-Aufforstungen der Südalpen.

c) Die **Südostgrenze** der hochprovenzalischen Sichel zählt bereits zu den Seealpen (Bezirk von Grasse). Der Buchenwald ist auf begünstigte Schattseiten beschränkt, während die montane Stufe weitgehend von der mesophilen Föhren-Serie bestockt ist, von der eine Tannen-Fazies im oberen Loup- und Estéronbecken dominiert. Die «Plans», große Karstplateaus, bilden die Verlängerung der Kalkhochflächen der Randalpen von Castellane und enden in der mittleren Provençe mit einer Flucht von ausgeprägten Steilabfällen (Alpenrand), die das supramediterrane Flaumeichengebiet deutlich vom meso-mediterranen Bereich am Fuß der Alpen trennen. Dieser Untersektor geht im Norden 3–4 km über den horizontalen Verlauf des Var-Flusses von Entrevaux bis Villars hinaus und wird dann bis gegen Daluis und Beuil von der Zwischenzone abgelöst.

6.2. Zwischenalpine Zone

Von Norden bis Süden besteht sie aus den westlichen Pelvoux-Tälern (Valsenestre, Valjouffrey, Valgaudemar), den südlichen Erhebungen von Champsaur, endlich Cheval Blanc-Massiv, Saint-Honorat-Gebirge und Seynebecken. Neben ausgedehnten Buchen- und Tannenwäldern, von denen jene von Boscodon berühmt sind, treten Vorposten von Lärchenwäldern auf. Insgesamt wird dieses Gebiet jedoch weitgehend von der Föhre geprägt, während supramediterran meist Flaumeiche und montan Buche dominieren.

6.3. Inneralpine Zone

Beginnt im Becken von Briançonnais, das wahrscheinlich den trockensten Teil der Alpen einnimmt. Die montane Stufe beherrscht fast ganz die inneralpine Föhren-Serie; nur vereinzelt besiedelt Schattseiten die mesophile Serie, meist aber lärchenreiche Ersatzgesellschaften. Subalpin wechseln sich ausgewogen Bergföhren- und Lärchen-Wälder mit einzelnen schönen Zirbenwäldern ab. Im Ubayetal oberhalb von Barcelonnette eine ähnliche Zusammensetzung. Die inneralpine Zone endet südlich im oberen Tinéetal, wo auch wieder Fichte auftritt; durch Arbeiten von GUINOCHET über die alpine und von LACOSTE über die subalpine Stufe dürfte die Vegetation dieses Tals am bekanntesten in den französischen Alpen sein. Die innere Zone schließt mit dem Salèses-Paß (am Rande des Vésubie-Tales) ab, an dessen Saum sich noch ein ausgedehnter Zirbenwald befindet (Abb. 8.23).

6.4. Piemontesischer Gebirgsabfall

Die Längszonen schließen zusammen und münden in ein enges Band von weniger als 50 km Breite. Der randalpinen Zone entspricht ein Hügelland, in dem ein azidophiler Eichenwald fast völlig durch Kastanien-Bestockungen ersetzt wurde, der vom *Luzula*-Buchenwald überlagert wird. Dieser Abschnitt geht fast nahtlos in die innere Zone über, wo Lärchenwälder häufig den Buchenwald ablösen. Im Süden, insbesondere zwischen dem Tanaro- und dem Maira-Tal (BARBÉRO 1979) steigen submediterrane Arten bis zur kollinen Vegetations-Serie.

7. Seealpen und Ligurische Alpen

Der eindeutig in Ost-West-Richtung verlaufende Gebirgszug bildet an der Südseite eine Art ausgedehntes Spalier, bei dem mediterrane und supramediterrane Vegetationseinheiten, gegen Norden geschützt, außergewöhnliche Höhen erreichen (600 m bzw. 1200 m; Abb. 4.13, Kap. VI, 1).

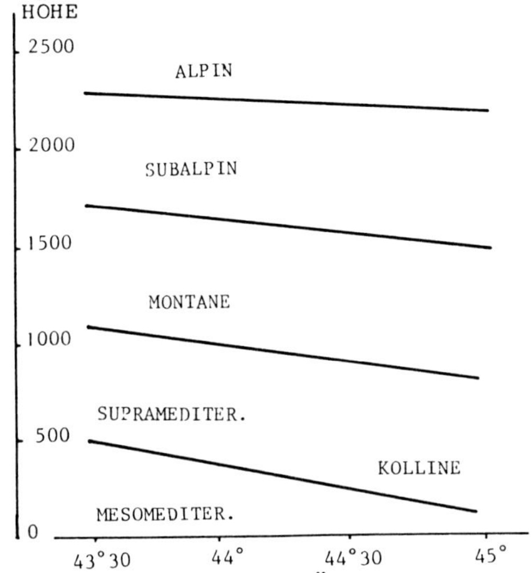

Abb. 4.13: Höhenanstieg der Vegetationsstufen von Norden nach Süden in den Westalpen. Diese Verschiebung ist gut wahrnehmbar in der supramediterranen und montanen Stufe, die in der Haute-Provence und in den See-Alpen durch ein starkes Ansteigen der mediterranen Vegetation zusammengedrückt sind.

1. Die **Randalpenzone** wird als besonderer Sektor vorligurisch benannt und unterscheidet sich deutlich vom hochprovenzalischen Sektor durch folgende Merkmale:

a) **Kollin** spielt *Ostrya* eine bedeutende Rolle, die sonst in Frankreich nicht anzutreffen ist und mit ihrer Begleitflora, viele östliche Arten (*Fraxinus ornus*, *Sesleria cylindrica* usw.), praktisch dominiert. Durch diese östlichen Einstrahlungen ändert sich auch die Zusammensetzung der supramediterranen Flaumeichen-Serie, wodurch eine östliche Ausbildung dieser Serie ausgeschieden wurde (vgl. Kap. VI).

b) **Montan** fehlt im gesamten westlichen Sektor die Buche fast ganz und ist auch im Osten ziemlich selten. Tannen-Buchenwälder werden nahezu völlig durch die innere Tannen-Serie *(Abietetum)* ersetzt.

c) In der **subalpinen** Stufe tritt, zumindest im östlichsten Teil, die Legföhre auf, die auch eine Begleitvegetation mit zahlreichen östlichen Arten aufweist: *Carex firma*, *Carex mucronata*, *Erica herbacea*, *Asplenium fissum*.

Außerdem unterscheidet sich auch die Vegetation der Ebenen, die den vorligurischen Sektor umgeben, erheblich vom hochprovenzalischen Sektor. Das mediterrane Gebiet weist wohl eine größere thermische Amplitude als in der Provence auf (thermomediterranes Gebiet), jedoch eine artenärmere Zusammensetzung. Arten, die wie Kermeseiche in der mediterranen Provence eine große Rolle spielen, fehlen. Darüber hinaus löst sich diese Stufe gegen Osten allmählich auf, wo der vorligurische Sektor an die Umgebung von Savon grenzt. Im Norden besitzt dieser Sektor Kontakt zur Vegetation der padanischen Ebene, die sich auffällig von der rhodanischen Vegetation unterscheidet.

Der vorligurische Sektor besitzt große Ähnlichkeit mit dem Gardasee-Illyrien-Sektor, der in Oberitalien und Slowenien den südöstlichen Bogen der Alpen bildet (Ozenda 1966).

2. Da das Gebirge hier auf beiden Hängen verhältnismäßig schmal und niederschlagsreich ist, keilt die inneralpine Zone östlich von Haute Vésubie ganz aus und die Achse wird von einer **Zwischenalpenzone** eingenommen, die nördlich einer ungefähren Linie Daluis (Vartal)–Lieuche (Cians)–Bairols (Tinée)–Lantosque (Vésubie)–Moulinet (Bévéra)–Breil (Roya)–Triora (Nervia) den vorligurischen Sektor ablöst. Flaum-

eichenwald und im Osten der Hopfenbuchenwald steigen in den Tälern ziemlich hoch und durchsetzen diese Zwischenzone. Montan dominiert weitgehend die mesophile Föhrenserie, Buchenwälder fehlen und sind durch die innere Tannenreihe mit einer besonderen Fazies ersetzt (Kap. VIII). Fichte begleitet bis in die Vésubie, fehlt jedoch in Roya. Subalpin setzt sich mit den letzten Lärchenwäldern bis in Haut-Tanaro die Zwischenzone bis zur Kette der Ligurischen Alpen fort.

8. Biogeographische Sektoren und ihre biozönotische Struktur

Im Anschluß an Kap. I wurde vom natürlichen Umwelt-Milieu der Alpen ein provisorisches, **ökologisches Zonenprofil** abgeleitet. Nach den nunmehr erweiterten Grundlagen kann eine differenziertere ökologische Einteilung vorgenommen werden.
Zwei Übersichtsdarstellungen erläutern.

1. **Matrix** (Abb. 4.15) für jeden Sektor mit den repräsentativen Vegetationsreihen und ihrer relativen Bedeutung.

2. Karte der **Alpensektoren** und -untersektoren (Abb. 4.14), zur Ergänzung von Abb. 1.31.

	7	8	9	10	11	12	13	14	15	16	17	18	19	20	21	22	23	24	25	26	27	28	29	30	31	32	33
① delphin-jurassischer Bezirk			●						●				•		⬤					●		●					
② nord-präalpiner Bezirk								•	●	•			•	•	⬤					●		•		●		●	
③ subpannonischer Bezirk						●				⬤				●	●					●							
④ gardesan-illyrischer Bezirk				●	●		•	•						●	⬤			•						⬤		●	
⑤ Insubrischer-piemontes. Bezirk										●	•	•	•	⬤	•						•			•	⬤		⬤
⑥ präligurischer Bezirk				●	●											●		⬤					●	•		•	
⑦ hochprovenzalischer Bezirk	⬤												●		•			●				•	●				
⑧ Zwischenalpen-Bezirk		•										•		●		●				●				•	●	●	●
⑨ inneralpiner Bezirk		•														•	●	•	●	•					⬤	●	⬤

Abb. 4.15: Zusammenhang zwischen den geographischen Einheiten, die in Abb. 4.14 abgegrenzt sind und den biologischen Einheiten angedeutet nach den dynamischen Serien. Nummern der Gebiete gleich wie in Abbildung 1.31 und 4.14. Die mediterranen Serien, nur die Gebiete 6 und 7 betreffend, wurden nicht in dieser Tabelle aufgenommen.
Von links nach rechts: Kollin 7) supramediterrane, westliche Serie, 8) innere Flaumeichenwald-Serie, 9) Delphino-Jura-Serie, 10) supramediterrane östliche Serie, 11) Hopfenbuchen-Serie, 12) subpannonische Eichen-Serie, 13) *Carpinus orientalis*-Serie, 14) *Pinus nigra*-Bestockungen, 15) Eichen-Hainbuchenwald-Serie, 16) azidophile Eichen-Serie, 17) alluviale Stieleichen-Serie, 18) Weißerlen-Serie. Montan 19) mesophiler Buchenwald, 20) azidophiler Buchenwald, 21) Tannen-Buchenwald, 22–23) inneralpine Tannen- und Fichten-Serie, 24–25) mesophile und xerophile Waldkiefern-Serie. Subalpin 26–27) subalpine Fichten- und Tannen-Serie, 28) *Pinus mugo*-Serie, 29) randalpine *Pinus uncinata*-Serie, 30) altimediterrane Serie, 31) Zirben-Lärchen-Serie. Alpin 32) auf Kalk, 33) auf Silikat. Die relative Bedeutung jeder Serie innerhalb ihrer Stufe wird durch die Größe der Punkte ausgedrückt. Zur Vereinfachung und zur Erfassung des ungefähren Charakters wurde diese Einordnung auf 3 Klassen beschränkt. Größere Punkte entsprechen den Serien, die mehr als die Hälfte der Höhenstufen-Fläche im Gebiet einnehmen. Mittelgroße Punkte entsprechen Serien, die 10–50 % Fläche besiedeln, kleinere Punkte repräsentieren eine geringere Flächenausdehnung.
Die kolline Stufe der Gebiete 8) und 9) ist stark reduziert als Folge des höherliegenden Talgrundes.

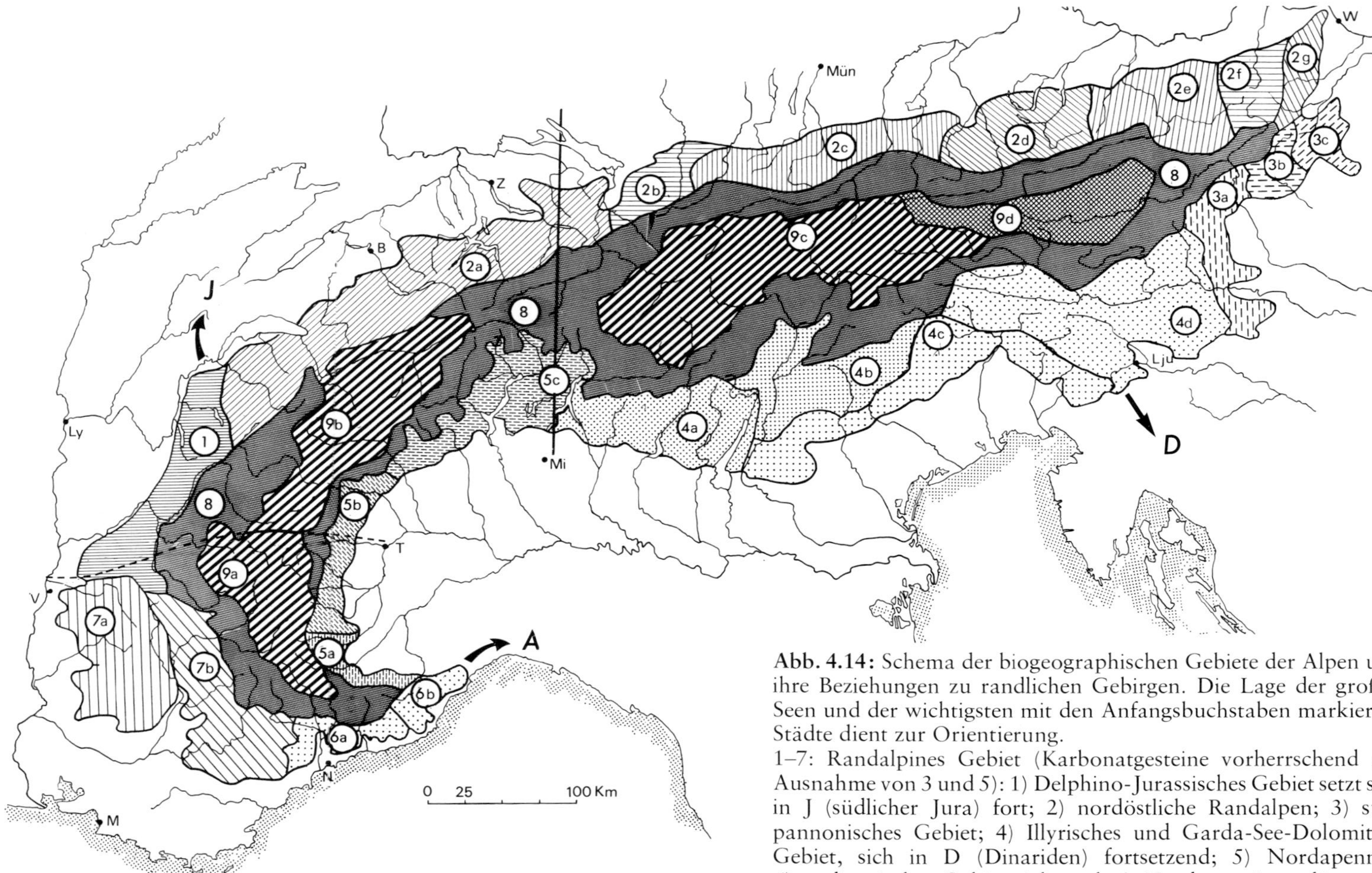

Abb. 4.14: Schema der biogeographischen Gebiete der Alpen und ihre Beziehungen zu randlichen Gebirgen. Die Lage der großen Seen und der wichtigsten mit den Anfangsbuchstaben markierten Städte dient zur Orientierung.
1–7: Randalpines Gebiet (Karbonatgesteine vorherrschend mit Ausnahme von 3 und 5): 1) Delphino-Jurassisches Gebiet setzt sich in J (südlicher Jura) fort; 2) nordöstliche Randalpen; 3) subpannonisches Gebiet; 4) Illyrisches und Garda-See-Dolomiten-Gebiet, sich in D (Dinariden) fortsetzend; 5) Nordapennin; 6) vorligurisches Gebiet sich nach A Nordapennin verlängernd; 7) Hoch-provenzalisches Gebiet; 8) und 9) Gebiete mit vorherrschenden Silikatgesteinen und kontinentalem Klima, die das inneralpine Zentrum bilden. Zwei Kontinentalitätspole (9) sind von den Zwischenalpen (8) eingeschlossen, von denen sie in den Ostalpen durchgehend umfaßt werden, die sich in den Westalpen aber in eine Serie von getrennten Splittervorkommen auflösen. Die Unter-Gebiete, bezeichnet durch Buchstaben, sind nicht ausführlich dargestellt (für die Unter-Gebiete der Sektoren 2, 3 und 4, siehe Mayer, Wälder des Ostalpenraumes, 1974).

V. Mensch und Vegetation in den Alpen

Untersuchungen über den Zusammenhang Mensch und Vegetation in den Alpen sind aus folgenden Gründen mehrfach interessant:

a) Die Alpen nehmen unter den Gebirgsmassiven der temperierten Zone eine Sonderstellung ein, da die Besiedlung durch den Menschen sehr weit zurückliegt, ununterbrochen andauert und relativ gut dokumentiert ist.

b) In sozialer und ökonomischer Hinsicht sind wir heute an einem entscheidenden Punkt der Wechselwirkungen zwischen Mensch und Ökosystem angelangt. Der anthropogene Einfluß wird ständig stärker und ändert qualitativ vollständig den Vegetationscharakter.

c) Unter den gegenwärtigen Bedingungen müssen drigend Maßnahmen zum Schutze der alpinen Vegetation, ein einzigartiges Erbe, getroffen werden. Dies kann nur unter Berücksichtigung genauer wissenschaftlicher Untersuchungsergebnisse erfolgreich sein.

d) Durch die geographische Lage der Alpen im Herzen Europas muß der Schutz auf internationaler Ebene erfolgen, der koordinierte Maßnahmen aller Alpenländer erfordert.

Bis in die Mitte des 19. Jahrhunderts waren die Alpen überbevölkert und wurden durch ein rein landwirtschaftliches und sehr autarkes System genutzt, wodurch das **Vegetationskleid** stark degradierte: Exzessive Rodung, Überweidung, großflächige Erosion. In der zweiten Hälfte des vorigen Jahrhunderts wurden indirekt durch Landflucht und die sich entwickelnden Handelsbeziehungen und direkt durch Forstgesetze, Aufforstung und Wildbachregulierung die Auswirkung der vorangehenden Übernutzung teilweise beseitigt, so daß sich in der ersten Hälfte des 20. Jahrhunderts ein gewisses Gleichgewicht einstellte.

Gegenwärtig ist dieses Gleichgewicht zweifach bedroht: Einerseits führt das immer stärkere Auseinanderklaffen der Lebensbedingungen im Flachland und im Gebirge zur erneuten Abwanderung aus landwirtschaftlichen Nutzungsgebieten, wodurch die Erhaltungsfunktion, die bisher unentgeltlich von den Bergbauern für die Landschaft geleistet wurde, verlorengeht. Der Bevölkerungsrückgang, durch welchen mitunter die landwirtschaftliche Tätigkeit fast völlig zu erliegen droht, kann ein neues lokales Gleichgewicht schaffen, führt jedoch meist zur neuerlichen Degradation, die sich durch erhöhte Wildbacherosion und verstärkende Lawinenabgänge auf verlassenen oder verbuschten Weiden verhängnisvoll auswirkt. Eine andere, schwerwiegende Bedrohung kommt von außen. Das Vordringen der Industrie in die Alpentäler ist die älteste Form, derzeit aber am wenigsten besorgniserregend, da Wasserkraftwerke inzwischen umweltschonend gebaut werden und sich die Schwerindustrie infolge hoher Kosten für den zweifachen Transport von Rohstoffen und Fertigprodukten bei sinkenden Transportpreisen von elektrischer Energie in die Ebene aus den Alpen zurückzuziehen beginnt. Dennoch bleiben Luft- und Wasserverschmutzung ein aktuelles Problem. Die Hauptgefahr droht allerdings im Augenblick vom **Massentourismus** mit Millionen Besuchern und schwerwiegenden Folgen: mechanische Hilfsmittel (Fahrzeuge, Seilbahnen, Schilifte, Errichtung von Erholungs- und Wintersportorten mit städtischer Ausprägung mitten in den Wäldern, Destabilisie-

rung der Hänge), Vervielfachung der Abfälle, Mißachtung der Gleichgewichtsgesetze im Gebirge mit der natürlichen Umwelt.
In dieser verwickelten Situation, in der Interessen der bodenständigen Bevölkerung oft jenen der städtischen Zuwanderer gegenüberstehen, wird meist der Vegetationsteppich geopfert. Seine Erhaltung erfordert eine Reihe dringender Maßnahmen: Die interessantesten oder gefährdetsten Teile müssen unter **Naturschutz** gestellt werden. Die in die Alpen strömenden Menschenmassen müssen «kanalisiert» und durch Aufklärungsarbeit zum Respekt vor der alpinen Umwelt erzogen werden – das ist die Hauptaufgabe der großen Nationalparks. Jene Gebiete, die keiner irreversiblen Exploitation unterliegen, müssen durch Intensivierung der Hangstabilisierung und Aufforstungen unter Berücksichtigung wissenschaftlicher Erkenntnisse und moderner Techniken wiederhergestellt werden. Schließlich ist eine koordinierte Politik nötig, die durch Integration aller Umweltaspekte im Gebirge gute internationale Zusammenarbeit und vorrangig Aufklärungsarbeit versucht, die Bedürfnisse aller Interessensgruppen zu berücksichtigen.

1. Bevölkerung der Alpen

Wie überall werden auch in den Alpen Entwicklung und gegenwärtiger Zustand der natürlichen Umwelt, wenn nicht völlig, so doch sehr stark von anthropogenen Faktoren beeinflußt, d.h. von der Bevölkerungsentwicklung und der Gesellschaft. Ein kurzer Überblick über Stand und Entwicklungsgeschichte der Alpenbevölkerung ist daher notwendig.

1.1. Politische und administrative Gliederung

Große Teile der Gebiete (Abb. 5.1) sind nur zu einem kleinen Teil alpin und außerdem bestehen von Region zu Region große Unterschiede. Die Schweizer Kantone Wallis, Tessin und Graubünden, das französische De-

Abb. 5.1: Politische und administrative Gliederung der Alpen (nach AULITZKY 1974, verändert).

partement Hautes-Alpes und das österreichische Bundesland Tirol haben in jeder Hinsicht alpinen Charakter. Die Bayerischen und Piemonteischen Alpen dagegen nehmen sowohl nach Fläche als auch Bevölkerung nur einen Bruchteil dieser Länder ein. Statistiken sind daher nur eingeschränkt verwendbar. Einige Flächenangaben der wichtigsten Verwaltungsbezirke:

	Fläche der Gebiete in den Alpen (km^2)
Frankreich	35000
Schweiz	25000
Italien	60000
Deutschland	7000
Österreich	55000
Jugoslawien	7000

1.2. Bevölkerungszahl

Durch komplexe Besiedlungsstruktur und heterogene Landesgrenzen, die sich mit der natürlichen Gliederung nicht decken, ist eine exakte Erfassung der Bevölkerung unmöglich. Selbst die genaue Definition dieser Bevölkerung ist schwierig, da sich mindestens drei Komponenten auf das Milieu unterschiedlich auswirken:

a) Die **bodenständige** Bevölkerung lebt ständig im Alpenraum, war lange Zeit ausschließlich ländlich geprägt und umfaßt heute drei Untergruppen, unten als a_1, a_2 und a_3 bezeichnet:

Landbevölkerung, deren einzige oder vorwiegende Beschäftigung die Landwirtschaft ist.

Bewohner ländlicher Gemeinden, die im sekundären oder tertiären Sektor (Fremdenverkehr, Gastgewerbe) tätig sind

Bewohner kleinerer Städte im Gebirge oder Ballungszentren im Tal.

Die bodenständige Bevölkerungszahl ist als einzige annähernd erfaßbar. AULITZKY (1976) beziffert sie auf 6,8 Millionen, aber nach uneinheitlichen Quellen. Diese Zahl ist einerseits durch ungenaue Abgrenzung der Französischen und Schweizer Alpen zu niedrig, andererseits durch das Einbeziehen mittelgroßer Städte in den österreichischen und italienischen Alpen überhöht. Interessant wäre eine Zählung der echten Landbevölkerung (Gruppen a1 und a2) die indirekt auf der Bevölkerungsdichte/km^2 basiert. Die Bundesländer Tirol, Salzburg und Kärnten haben eine Bevölkerungsdichte etwa von 45 bis 60 Einwohner/km^2. Wenn man jeweils die Bewohner der Landeshauptstadt abzieht, sinkt die Dichte auf 20–35. Dasselbe gilt für die Schweizer Kantone Graubünden und Wallis. Durch ein neues Gesetz wurde in den französischen Alpen nach exakten Kriterien für jede Gemeinde die «**Gebirgszone**» bestimmt, wodurch die Landbevölkerung besser erfaßt werden konnte. Ihre Dichte beträgt in den Nordalpen 30 und sinkt in den ausgedehnten Südwestalpen auf 11; dagegen in einigen kleinen Kantonen der Schweizer Voralpen mehr als 50. Ein angenommener Mittelwert von 30 ergibt für die Landbevölkerung im üblichen Sinn 6 Millionen, ausschließlich der Orte über 5000 Einwohner.

Zur Erfassung der gesamten bodenständigen, also «alpinen» Bevölkerung müssen dazu noch kleine, typische Gebirgsstädte wie Briançon hinzugezählt werden und die Gesamtzahl dürfte dann etwa 8 Millionen betragen. Die Abgrenzung ist schwierig durch die Frage, ob Chambéry, Salzburg oder Trient Alpen- oder Randstädte sind und ob die beiden großen Ballungsräume Innsbruck und Grenoble, mit insgesamt 600000 Einwohnern dazuzuzählen sind oder nicht?

b) Die unmittelbare **Randbevölkerung** lebt im Alpengrenzbereich und damit in teilweise alpinen Verwaltungsbezirken. Im Alpenvorland, nicht weiter als 100 km von der Alpengrenze entfernt, liegen acht Ballungsräume mit jeweils einer Million Einwohner: Wien, München, Zürich, Lyon, Marseille, Turin, Genua und Mailand. Den 200000 Landbewohnern in den französischen Südalpen stehen an der provenzalischen Küste und im unteren Rhônetal mehr als zwei Millionen Stadtbewohner gegenüber. Diese stellen den Großteil der «Wochenendtouristen» und Zweitwohnungsbesitzer, welche das Vegetationskleid schädigen und deren Auswirkungen schwer einzuschätzen sind.

c) **Urlaubsgäste** kommen vielfach von weit her. Zahlenangaben sind noch viel ungenauer. Nach Aulitzky (1976) wurden 1970 in den Bayerischen Alpen mit 300000 einheimischen Gebirgsbewohnern 21 Millionen Touristennächtigungen verzeichnet. Bei gleichmäßiger Verteilung über das ganze Jahr entspricht das etwa 60000 ständigen Gästen, also etwa einem Sechstel der Landbevölkerung. In Tirol dürfte das Verhältnis etwa ähnlich sein. Die ausufernden Besucherzahlen der Nationalparks werden später besprochen.

1.3. Zeitliche Schwankungen der Landbevölkerung

Um die nachhaltigen Auswirkungen landwirtschaftlicher Tätigkeit auf die Vegetation der Alpen vollständig verstehen zu können,

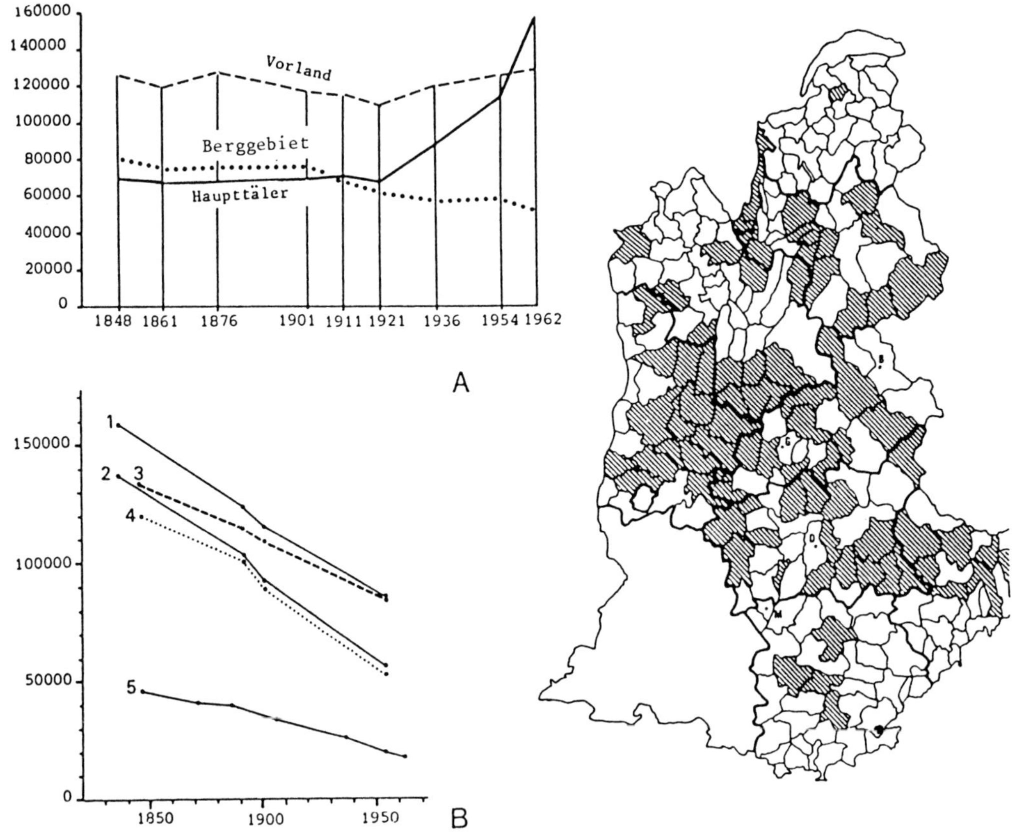

Abb. 5.2: Bevölkerungsentwicklung in den französischen Alpen seit einem Jahrhundert.
A) Entwicklung der Bevölkerung im Departement Haute-Savoie (Frankreich). Stabilisierung im Alpenvorland; langsame, aber kontinuierliche Abnahme im Gebirge seit 1900; starke Zunahme in den großen Tälern (nach Guichonnet 1983).
B) Bevölkerungsentwicklung insgesamt (1) und ländlich (2) im Departement Hautes-Alpes **id.** (3) et (4) im Departement des Alpes de Haute-Provence und ländlich (5) im Briançon-Becken (nach Zahlen von Bourcet, 1982).
C) Grau, die Kantone der französischen Alpen, deren Bevölkerung zwischen 1968 und 1975 noch abgenommen hat.

muß die Bevölkerungsentwicklung während der letzten Jahrhunderte bekannt sein. Die Landbevölkerung im engeren Sinne (Gruppe a1), erreichte ihren **Höchststand um 1830–1850** und seit dieser Zeit nahm sie langsam ab. Da sie jedoch stets mit den Gruppen a2 und a3 als gesamte bodenständige Bevölkerung gezählt wurde, verzeichnen die Bezirke, die ganz in den Alpen liegen, eine Bevölkerungszunahme (1930–1970: Tirol, Vorarlberg und Salzburg durchschnittlich +17%, Graubünden +26%, Wallis +50% und Tessin +60%). Erst durch eine genauere Analyse könnten die eigentlichen Landbewohner, darunter Bergbauern, gesondert erfaßt werden. Diese setzt aber – wie derzeit in den Französischen Alpen – eine exakte Definition des Gebirgsraumes auf Gemeindeebene und statistische Angaben darüber voraus. Für das Departement Obersavoyen wies GUICHONNET (1963) nach, daß die Bevölkerung im Vorland gleichblieb, im Gebirge gleichmäßig abnahm und daß die seit 50 Jahren nachgewiesene Zunahme nur engere und weitere Täler betrifft (Abb. 5.2/A). Auch in den Französischen Südalpen scheint die Bevölkerung zuzunehmen (bis −3% von 1954 bis 1962, +5% für 1962–1968, +4% für 1968–1975). Diese Zunahme bezieht sich jedoch wieder nur auf die im tertiären Sektor (Fremdenverkehr) tätige Bevölkerung. Die Landbevölkerung nimmt weiterhin ab (Abb. 5.2/B und C).

Der Rückgang landwirtschaftlicher Kulturtätigkeit ist überall in den Alpen feststellbar, sogar in den durch einen großen Aufschwung bekannten Gebieten. Von 1950 bis 1970 ist die Zahl landwirtschaftlicher Betriebe in den Bayerischen Alpen um 25% gesunken (150 bis 200 aufgelassene Betriebe/Jahr), in den Italienischen Alpen um 20%, in den Österreichischen Inneralpen um 15% (FEURSTEIN, 1971). In einem Teil der Französischen Alpen dürfte diese Abnahme 30% übersteigen. Nur für die Schweizer Alpen besteht eine relative Stabilität, möglicherweise durch eine bessere Integration der Arbeitstätigkeit im Gebirge und im Vorland. Auch klimatische Unterschiede spielen zweifellos eine bedeutende Rolle, so sind die Französischen Südalpen durch geringen Niederschlag eindeutig benachteiligt.

2. Traditionell landwirtschaftliche Nutzung

Die erste Besiedlung der Alpen durch den Menschen reicht weit zurück. In zahlreichen Tälern wurden neolithische Wohnstätten mit Spuren von hochentwickeltem Handwerk sowie Felszeichnungen entdeckt. Vom Altertum und Mittelalter existieren sehr wenige historische Hinweise über die Alpenbevölkerung. Die Landwirtschaft scheint aber genau so weit entwickelt gewesen zu sein wie im Flachland (FRANZ). Um die Mitte des 19. Jahrhunderts erreichte die Besiedlung einen ersten Höhepunkt. Die dadurch entstehende Übernutzung und anschließende Degradation verursachten vielleicht eine ebenso schwere ökologische Krise wie gegenwärtig (wie die gleichzeitige Entstehung von Forstgesetzen in Österreich, Bayern und der Schweiz beweist; Anmerkung des Übersetzers). Dank der eben erfundenen Photographie wurden objektive Belege für das Ausmaß der Verwüstung im Gebirge überliefert, wie am Ventoux in der Haute-Provence um 1860.

Es stellt sich die Frage, warum in einer Zeit, als das Gebirge keinen guten Ruf genoß und in den voralpinen Ebenen ausreichend Platz für Siedlungen vorhanden war, so viele Menschen in den Alpen lebten. Die Landwirtschaft im Gebirge hatte einmal wesentliche Vorteile. Abgelegene Regionen boten relative Sicherheit und waren leichter zu verteidigen. Reichliches Wasservorkommen war für ein vorwiegend landwirtschaftliches Wirtschaftssystem produktionsgünstig und

Höhenunterschiede gestatteten eine Landwirtschaft, die sich dem Rhythmus der Jahreszeiten besser anpassen konnte (Almwirtschaft).
Andererseits brachte die Landwirtschaft im Gebirge immer auch schwere Bürden mit sich, die sich besonders nachteilig auswirkten, bei nachstehenden Umständen:
– **geographische Isolierung** und höhere Transportkosten;
– **größerer Flächenanteil,** der wegen zu großer Höhe oder unausgeglichenem Relief nicht bebaut werden konnte;
– **naturbedingte Gefahren:** Muren, Lawinen, Wassererosion;
– **steile Hänge,** die einerseits die Mechanisierung verhindern (ab 20–30% Hangneigung praktisch unmöglich) und andererseits eine ständige Bodenerosion mit langsamer Neubildung infolge Wärmemangel und Feinerdeabschwemmung.

Die landwirtschaftliche Bodenbearbeitung wurde mit zunehmender Hangneigung sehr schnell schwieriger:

- bis 10%: keine nennenswerte Einschränkung;
- 10–20%: eine mechanische Bewirtschaftung ist noch möglich, erfordert aber häufig das Anlegen von Terrassen (Abb. 5.3);
- 20–50%: ein klassischer Ackerbau scheidet aus. Die landwirtschaftliche Tätigkeit beschränkt sich auf Kulturen mit wenig oder kaum mechanischen Hilfsmitteln und Viehzucht. Fortswirtschaftliche Nutzung ist mit Hilfe von Forstwegen noch möglich;
- 50–100%: Die forstliche Nutzung verlangt eine spezielle Infrastruktur für die notwendige Seilkran-Nutzung.
- über 100% (Hangneigung 45°): wird jede landwirtschaftliche Nutzung unmöglich und Waldbestände haben nur noch Schutzfunktion.

Zu diesen nutzungstechnischen Nachteilen kommen noch soziale und wirtschaftliche Spannungen zwischen Flachland und Ge-

Abb. 5.3: Bodenschutz gegen Erosion durch Terrassen-Kulturen. Das Bild stammt von den See-Alpen im Tal von Rio Freddo, bei Tende. Talgrund ungefähr 800 m in der supramediterranen Stufe. Linker, sehr abschüssiger Hang ist zum größten Teil von Wald bestockt. Rechter sanfter, südost-exponierter Hang ist bedeckt von mehreren hundert Metern mächtigen Terrassen, die nahezu bis zum Scheitel der montanen Stufe steigen (Bild OZENDA).

birge, die seit der zweiten Hälfte des 19. Jahrhunderts eine gewaltige **Landflucht** ausgelöst haben und die in der Folge durch Industrialisierung der Randgebiete und demographische Auswirkungen der letzten Kriege beschleunigt wurde.
Gegenwärtig ist die Landwirtschaft im Gebirge in ihrem Bestand akut gefährdet und kann nur mit Hilfe von Zuschüssen und einem Nebenerwerb der verbliebenen Bergbauern erhalten werden.

2.1. Alpine Forstwirtschaft

Dies ist der einzige Sektor landwirtschaftlicher Bodennutzung, der trotz aller Schwierigkeiten nicht zurückgeht, da nach Ausdehnung, Zusammensetzung und Erhaltungszustand die Wälder in den Alpen einen Naturschatz darstellen.
Die **Bewaldungsdichte** ist viel größer als im Flachland. In den französischen Alpen sind von 3,5 Millionen ha Fläche rund 1,1 Millionen ha, also 30%, vom Wald bedeckt. Diesen Waldflächenanteil haben auch andere Regionen wie Oberbayern (200000 ha Wald bei 680000 ha alpiner Gesamtfläche).
Im allgemeinen sind die Randalpen stärker bewaldet. Der Waldflächenanteil übersteigt in der Chartreuse und im Vercors 50%, sinkt aber im Maurienne- und Tarentaise-Tal auf 16% ab. Dazu kommen noch qualitative Verschiebungen im Verhältnis Laub- und Nadelwald (Abb. 5.4).

In den **Westalpen** nimmt quantitativ die Waldfläche von Norden nach Süden zu: 25% Obersavoyen, 21% Savoyen, 27% Isère, 22% Hautes-Alpes, 33% Drôme, 36% Alpen der Haute-Provence und 37% Seealpen. Dagegen geht aber die Qualität (Höhenwuchsleistung) der Gesellschaften gegen Süden zurück. Große Unterschiede treten zwischen den drei nördlichen Departments auf, die allein 20% des gesamten französischen Tannen- und Fichtenholzes produzieren und der Haute-Provence, wo die meisten Wälder überhaupt nicht genutzt werden.
Nach dem **Besitzstand** gehören ungefähr 15% der französischen Alpenwälder dem Staat, 35% sind Gemeindeeigentum und werden von der Nationalen Forstbehörde verwaltet (für viele Gebirgsgemeinden die Haupteinnahmequelle) und 50%, vor allem im Süden, sind Privateigentum.

Die forstwirtschaftliche Leistungsfähigkeit ist im Gebirge äußerst unterschiedlich. Für Frankreich gibt es nur wenig Zahlenmaterial; sehr viele exakte Angaben wie Stichprobeninventuren in der Schweiz, Südtirol und in Österreich beweisen das.
Den besten Zuwachs haben naturgemäß die ausgedehnten **Nadelwälder.** In den Voralpen Obersavoyens erreicht der Einschlag 5 fm/Jahr/ha mit einem Maximum in 900 bis 1500 m Höhe. In den Innenalpen ist der Zuwachs deutlich geringer. Nach BARTOLI haben Tannenwälder des *Abietetum* noch 4,8 fm/Jahr/ha Zuwachs, der in den Föhrenwaldgesellschaften auf 2,3 oder gar 1,4

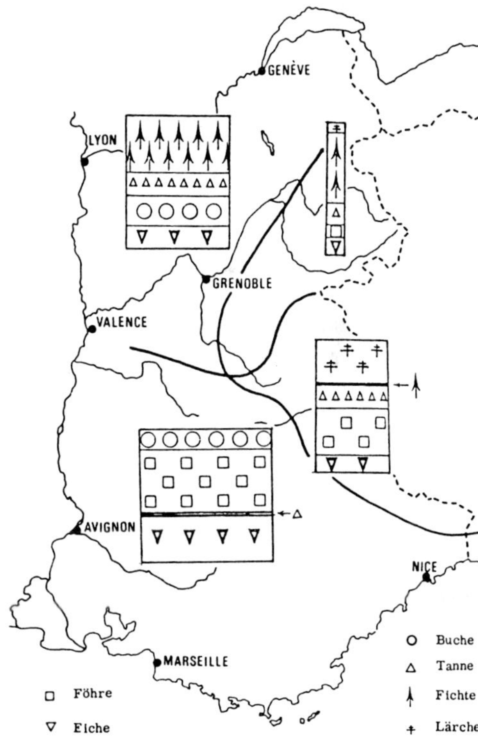

Abb. 5.4: Verteilung der Waldbaumarten in 4 Gebieten der französischen Alpen, entsprechend den nördlichen und südlichen Randalpen, den nördlichen und südlichen Innenalpen. Die Oberfläche der verschiedenen Zeichen entspricht der von der Baumart bestockten Fläche in den behandelten Gebieten (nach LEROY, verändert).

absinkt, in hochsubalpinen Zirbenwäldern auf 1,8 fm/Jahr/ha (und noch geringer 0,5 bis 1.0 fm). Die Zuwachsleistung der Lärche erreicht im Durchschnitt kaum 60% der Fichte (Zirbe, Buche, Bergkiefer); im oberen Durancebecken bedeckt sie beispielsweise die Hälfte der Waldfläche, liefert aber weniger als ein Drittel der kommerziellen Holzproduktion (Bourcet).
(Diese Darstellung ist nicht repräsentativ für Österreich, Schweiz und Südtirol, hier sind exakte Zahlen vorhanden, in den Ostalpen schwankt die Leistungsfähigkeit der Fichte beispielsweise von 5–15 fm/ha, auch die Tanne erzielt in manchen Naturwaldreservaten 8–10/16 fm/ha; Ü.)

Die Wälder in den Alpen sind allerdings zum Großteil keine Ertragswälder für eine intensivere Nutzung, sondern bilden **Schutzwälder** mit mehrfachen überwirtschaftlichen und wirtschaftlichen Funktionen:
– Schutz vor Erosion, Vermurung, Steinschlag und Stabilisierung der Uferböschungen;
– Wasserzurückhaltung, Hochwasservorbeugung, gleichmäßige Produktion von reinem Wasser, Ausgleich der Wasserführung, Wasserversorgung der flußabwärts gelegenen Vegetation in den Auwäldern;
– Schneeinterzeption, Stabilisierung der Schneedecke, Lawinenvorbeugung;
– Refugium von Tier- und Pflanzenarten.

Gebirgswälder haben aber nicht nur für die natürliche Umwelt, sondern auch für den Menschen offensichtliche, ja lebensentscheidende Vorteile. Sie schützen die Infrastruktur, Gebäude und Verkehrswege, stabilisieren und beleben die Landschaft. Schließlich dient ein erheblicher Teil der Schutzwälder auch der Holznutzung.
Schwierig ist der Anteil von Nutz- und Schutzwäldern festzustellen (in Frankreich, in Österreich gibt es genaue Ausscheidungen für die Waldfunktionen), denn manche erfüllen beide Funktionen. Außerdem enthalten französische Statistiken oft «Aufforstungsflächen» (Hochlagenaufforstung, in der Schweiz und in Österreich nicht), Flächen die von der Forstbehörde zwar erworben, aber noch nicht aufgeforstet wurden.

Der Anteil der Schutzwälder (Definitionsdiskrepanz: Gesetz-tatsächlicher Schutzwald) kann ungefähr mit der Hälfte der Wälder in den Alpen angenommen werden (65 % in Bayern, 50 % in Tirol, 45 % in Vorarlberg und in Graubünden; tatsächlich in der Schweiz 90 %). Der Ertragswald-Anteil steigt aber, sobald die Umweltbedingungen weniger extrem werden und deshalb sind Schutzwälder in Salzburg nur mit 35 %, in der Steiermark mit 21 % und außerhalb der Alpen, im deutschen Mittelgebirge lediglich mit 13 % verbreitet.
Die **Forstwirtschaft** im Gebirge erfordert besonders angepaßte Techniken, vor allem für das schwierige Problem der **Hochlagenaufforstung.** Mayer (1976) befaßt sich im einzelnen mit diesen Fragen, deren Wiedergabe, auch nur überblicksweise, den Rahmen dieses Buches sprengen würde. Auch die Technik der «Begrünung» (beschleunigte Wiederherstellung der Rasendecke) ist in den letzten zwanzig Jahren wesentlich weiterentwickelt worden (Schiechtl 1974, Ü.).
Nach Ott, 1984, bestehen heute in den schweizerischen Alpen ernste forstwirtschaftliche Probleme, die eher mit mangelnder Pflege der Wälder verbunden sind.

2.2. Almweide in den Alpen

Nicht die Bestoßung mit Weidevieh, sondern nur die **Weideflächen** werden behandelt. Die Kategorie, nach der landwirtschaftliche Statistik unter «stets mit Gras bewachsene Flächen» geführt, erreicht ca. $^2/_3$ der landwirtschaftlichen Nutzfläche in den Alpen. Weiden werden, vor allem subalpin, zum Großteil von natürlichen Rasen gebildet, künstlich geschaffene Wiesen nehmen nur etwa $^1/_5$ ein. Der Anteil der Weideflächen im Vergleich zur landwirtschaftlichen Nutzfläche hängt direkt vom Niederschlagsreichtum der Gebirgsgruppen ab. In den Westalpen gehen Weideflächen von Norden nach Süden zurück: nördliche Französische Alpen 88%, im Süden 55%, in den piemontesischen Hochtälern nördlich der

Doria Riparia 85 %, südlich davon 75 %, im äußersten Süden 65 %.
Besonders in **Lärchenwäldern** der Südwestalpen, unter deren lichten Schirm sich eine produktive Grasnarbe bildet, wird eine intensive Waldweide in den «Lärchenwiesenwäldern» betrieben. Im Briançonnais werden nahezu alle Lärchenwälder (rd. 30 000 ha) beweidet, mit einer durchschnittlichen Bestoßung von 50 Rindern oder 200 Schafen/ha (BOURCET).

Der weidewirtschaftliche Wert der verschiedenen Gras-Typen differenziert stark. Im Vergleich zum *Festucetum violaceae* leisten subalpine Grasheiden wie *Seslerio-Semperviretum* 28 %, *Caricetum curvulae* 4 % und Firmetum nur 1 % (gerundete Werte nach TREPP in ELLENBERG 1978). Derartige Produktivitätsstudien sind besonders interessant, denn Messungen unter kontrollierten Versuchsbedingungen müßten auch auf natürliche Weiden (Rasen) übertragbar sein. Allem Anschein nach ist jedenfalls die Assoziation im pflanzensoziologischen Sinn eine zu komplexe Einheit, die Fazies mit ganz unterschiedlicher Grasproduktion enthält (JACQUIER-JOUGLET).
Der genaue Flächenanteil der wichtigsten Assoziationen läßt sich mit Vegetationskarten in großem Maßstab feststellen, die jetzt nach und nach erstellt werden. Dann kann das Ausmaß der Typen und der wirtschaftliche Wert bestimmt werden.
Integrierte Untersuchungen über die Funktion der Alpenrasen-Ökosysteme stecken noch im Anfangsstadium. Kürzlich wurde in der Schweiz das Studium der *Carex firma*-Assoziation begonnen (GALLAND 1983). Im Briançonnais, in der Vanoise (DELPECH) und anderswo werden die Auswirkungen der Düngung und anderer Bodenbearbeitungsmaßnahmen hinsichtlich einer Ertragssteigerung untersucht, z. B. der Stickstoffgehalt und seiner möglichen Verbesserung, und Anpassung bestimmter Arten an stickstoffarme Standorte (REHDER 1971).
Besorgniserregend ist die Verunkrautung und Verbuschung der unterbeweideten Almen mit Gestrüpp, insbesondere mit *Rhododendron* und Grünerlen, die der üblichen chemischen Behandlung widerstehen und deren mechanische Beseitigung zu beschwerlich und zu kostspielig ist.

Landschaftsökologisch untragbare Wildschäden in den Ostalpen (MAYER 1973, 1975, 1975, 1984, 1987). Großflächig wurden in den Ostalpen durch überhöhte Wilddichten (Winterfütterung, ungenügender Abschuß) landeskulturell untragbare (stellenweise waldverwüstende) Wildschäden verursacht: starke Verbiß- und Schälschäden, selektiver Ausfall der ökologisch stabilisierenden Mischbaumarten (Tanne, Buche, Bergahorn). Durch Aufschaukelung der Wild- und Immissionsschäden stirbt lokal Tanne aus. Ohne nachhaltige Regelung der Wald-Wild-Frage werden Urwaldreste und Naturwaldreservate im tannenreichen Mischwaldgebiet (Abieti-Fagetum, Abietetum) durch schleichenden ökologischen Substanzverlust zerstört. Gleichzeitig brechen durch Unterbindung der stabilisierenden Naturverjüngung Schutzwälder zusammen. Untätiges Warten in der Wildfrage ist nicht nur naturgefährdend, sondern im Gebirge gleichzeitig lebensbedrohend (Ü).

2.3. Landwirtschaftliche Kulturen

Im Vergleich zu Wäldern und Almen sind landwirtschaftliche Kulturen sehr gering verbreitet. SCHARFETTER (1938) veröffentlichte interessante Angaben über verschiedene Getreidesorten und die Verbreitung der vorherrschenden landwirtschaftlichen Kulturformen in den Ostalpen. Die angebauten Flächen waren vor einem Jahrzehnt viel ausgedehnter und Spuren von aufgelassenen Kulturen reichen mitunter bis in erstaunliche Höhenlagen. Getreide wurde in den französischen Hautes-Alpes und den innerschweizer Tälern bis über 1800 m angebaut. Dagegen sind in der Haute-Durance die Kulturflächen innerhalb eines Jahrhunderts von 25 % auf 1 % zurückgegangen und wurden hauptsächlich durch Aufforstungen ersetzt.

In tieferen Lagen reichten thermophile Kulturen bei lokalklimatischem Schutz ziemlich weit hinauf. **Weinbau** wird in der Schweiz und in Italien heute noch auf großen Flächen betrieben und in Briançonnais bis 1200 m. Der Ölbaum steigt in den Seealpen regelmäßig bis 600 m (vgl. 6.4).

3. Mensch gegen alpine Natur

Flora und Vegetation der Alpen werden unmittelbar durch das Sammeln von Pflanzen, Übernutzung von Wäldern und Weiden sowie mittelbar durch die Veränderung der natürlichen Umwelt infolge der immer dichteren Besiedlung allmählich zerstört. Direkte Einflüsse scheinen deutlich zurückzugehen, während indirekt wirkende Ursachen besorgniserregend ansteigen. Die Ursachen der Zerstörung lassen sich in vier große Gruppen zusammenfassen:

3.1. Direkte Verarmung durch Sammeln von Alpenpflanzen

Diese Degradierungsart wird allgemein Wanderern und Touristen zugeschrieben, die unüberlegt seltene und weniger seltene Pflanzen pflücken, um sie kurz darauf wieder wegzuwerfen. Enzian, Alpenrosen, Trollblumen und Narzissen werden besonders geplündert. Gegen diesen unbedachten Vandalismus versucht man mit Hilfe von Verbotstafeln anzukämpfen, die fast überall in den Alpen aufgestellt werden. Zwar werden auf diese Art viele Pflanzen zerstört, doch die Folgen dieses Sammelns werden dadurch gemildert, daß meist nicht selektiv gepflückt wird und bestimmte, besonders begehrenswerte Arten nicht unbedingt am seltensten sind.

Eine selektive, und daher weitaus gefährlichere Plünderung besteht hingegen von Sammlern, die vier bestimmte Gruppen von Pflanzen sammeln:

– **Zierpflanzen,** die für Gärtnereien, im besonderen für Steingärten bestimmt sind. Dazu kommt noch das systematische Pflücken von Edelweiß, das am Straßenrand zum Verkauf angeboten wird;

– **Heilpflanzen,** wie vor allem die «großen Enziane» *(Gentiana lutea, G. pannonica)*, Arnika, Eisenhut, aber auch verschiedene Beifußarten *(Artemisia spicata, Artemisia glacialis* usw.*)* oder der Chartreuse-Wundklee, wobei das Sammeln an exponierten Standorten immer wieder Unfälle verursacht;

– **Nahrungsmittel** wie Erdbeeren, Himbeeren, Heidelbeeren oder Pilze. Das Sammeln dieser Pflanzen wird zunehmend von Gebirgsgemeinden geregelt (Südtiroler Forstgesetz für Pilze).

– **Botanische Muster-Kollektionen** («centuries»), die von skrupellosen Sammlern angeblich für wissenschaftliche, tatsächlich jedoch für rein kommerzielle Zwecke «geräubert» werden. Diese gefährlichste Form des Plünderns betrifft ganz besonders endemische Pflanzen oder Arten an der Arealgrenze, die daher vom Aussterben stark bedroht sind. Diese Gepflogenheit, die noch vor einem halben Jahrhundert üblich war und von botanischen Gesellschaften zum Austausch von Herbarpflanzen gefördert wurde, ist heute zum Glück aus der Mode gekommen.

Eine Reihe von Arten sind derzeit vom **Aussterben** bedroht. Die Italienische Botanische Gesellschaft hat 1971 eine Liste von 42 Arten veröffentlicht, von denen 11 in den Alpen vorkommen. In diesem Zusammenhang muß darauf hingewiesen werden, daß die größten Schäden nicht so sehr durch das unmittelbare Pflücken von Pflanzen verursacht werden, als vielmehr durch Trittschäden von Wanderern, wodurch Standortsschäden beginnen.

3.2. Auswirkungen der land- und forstwirtschaftlichen Nutzung

Land- und Forstwirtschaft im Gebirge greifen zweifellos in die alpinen Ökosysteme ein und verursachen tiefgreifende quantitative und qualitative Veränderungen. Diese sind allerdings aufgrund der geringeren Besiedlungsdichte in den Alpen nicht so groß wie im Flachland. Nichtsdestoweniger wurde die Vegetation und insbesondere der Wald bedenklich verwüstet, wenn auch nicht überall so wie in diesen Südwestalpen, die fast völlig kahlgeschlagen und von Schafen überweidet wurden (Abb. 5.5). Im Allgäu sank der Waldanteil von ursprünglich 90% auf etwa 20–25% ab, während die Vegetation der Berchtesgadener Alpen (nicht auf Hartkalk, Steinernes Meer) widerstandsfähiger war und der Waldanteil 40% nie unterschritten hat (geologisch bedingt). Die Österreichischen Alpen wurden weithin degradiert und dadurch nehmen Erosion-, Lawinen- und Wildbachkatastrophen stark zu (Abb. 5.6).

Die Auswirkungen anthropogener Eingriffe in Ökosysteme der Alpen werden kurz skizziert (Abb. 5.7).

– Ursprünglich waren Talhänge zum größten Teil von Waldgesellschaften nach dem dem Waldgebiet entsprechenden Höhenprofil bestockt, Beispiel südliche Randalpen: am Fuße thermophiler Laubwald und Buchenwald, in montanen Lagen Tannen-Buchenwald und in der subalpinen Stufe Fichte und sekundär Nadelbäume (Lärche). In den Innen- und Zwischenalpen ist das Hochlagenprofil bekanntlich klimatisch bedingt abweichend.

– In der ersten Phase verursachte der anthropische Einfluß zunächst Erosion im Waldgürtel, und zwar in seinem unteren Teil als Folge von Rodungen, Kahlschlag und Monokulturen, an seiner oberen Grenze infolge Almweide. Der mittlere Teil des Waldgürtels war weniger gefährdet, sieht man von Waldweide, Streunutzung (Moos und Laub als Einstreu und Dünger) sowie Aststreugewinnung (Schneitelung) ab. Veraltete Praktiken wie die Brandwirtschaft auf Waldstandorten mit landwirtschaftlicher Zwi-

Abb. 5.5: Beispiel einer extremen Bodenerosion in den Südalpen, im unteren Tal, von Bès, bei Tanaron nördlich von Digne. Die Auswaschung hat die Toarcinne-Mergel entblößt und eine Furchenerosion verursacht. Das Gelände ist lokal wiederbesiedelt worden durch eine sehr lockere Heide mit Buchs- und Ginster. Instabil, aber einige Sicherungsarbeiten könnten die Wiederherstellung des Flaumeichen- und Waldkiefern-Klimax einleiten. Darüber bilden sich in diesem Gebiet die gleichen Erosionsformen bei anderen Mergeln der Callovo-Oxfordien-Schicht aus, von schwarzer Farbe, wodurch dann eine sehr eigenartige geomorphologische Formation entsteht, Elephantenbuckel genannt (Bild OZENDA).

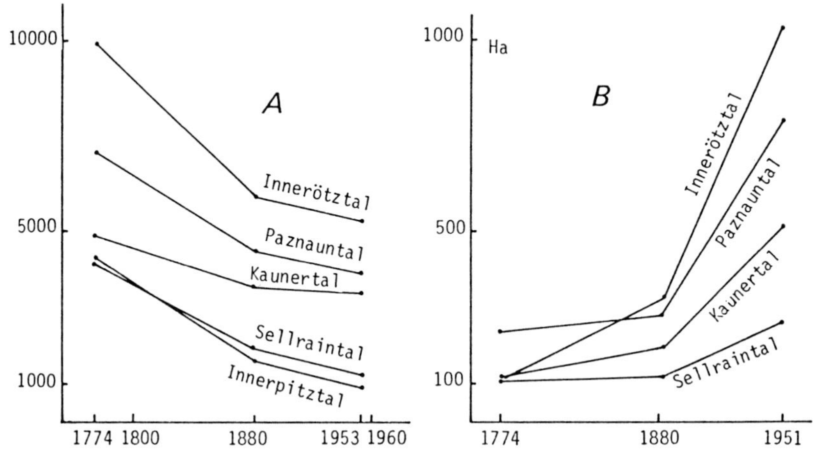

Abb. 5.6: Zusammenhang zwischen dem Rückgang der Waldfläche (A) und der gleichzeitig von Lawinen und Erosion erfaßten Fläche (B) in verschiedenen Tiroler Tälern (nach FROMME 1957, in AULITZKY 1974). Fläche in ha.

schennutzung waren noch vor 50 Jahren in den östlichen Steiner Alpen (Steiermark) zu finden.

– In der zweiten Phase wurden die schädlichen Auswirkungen auf den Wald allmählich durch Waldweide-Regelung (Trennung von Wald und Weide) durch Verwendung von Dünger, Anlegen von ertragreichen Kunstwiesen mit Düngung gemildert. Nichtsdestoweniger wurde der natürliche Waldzustand durch **forstliche** Eingriffe wesentlich verändert: Mischbaumarten wurden teilweise ausgeschaltet und bei den Hauptbaumarten wurde die natürliche Baumartenkombination einseitig durch Nadelbaum-Kulturen gestört, wie auch im Flachland. Bekanntlich sind verarmte Monokulturen viel labiler und anfälliger als natürliche Ökosysteme. Brände und Schädlinge breiten sich in einem künstlichen kollin-montanen Nadelreinbestand viel rascher aus als in natürlichen subalpinen Fichtenwäldern. Der Nachwuchs nach einem Waldbrand (italienische Alpen mit jährlich 20000 ha Waldbrandfläche) hat vielfach geringeren Wert als eine initiale Waldgesellschaft. So führte beispielsweise der **Brand** des ursprünglichen Fichtenbergwaldes im Vintschgau zu einem sekundären Birkenwald von stark reduziertem Ertrag. Andererseits hat die Forstwirtschaft große

Abb. 5.7: Anthropogene Degradation der Bewaldung: ▶

Oben: Schematische Darstellung (Original). I. Links: initialer natürlicher Zustand der Bewaldung. A) kolline Laubwald-Stufe, B) tiefmontane Stufe mit vorwiegend Buche, C) hochmontan mit Buche, Tanne und Fichte, D) tiefsubalpin mit Fichte, E) mittel-subalpin mit Lärche, F) hochsubalpin mit Krüppelbäumen und Heiden.

II. in der Mitte: Auswirkungen der üblichen landwirtschaftlichen Nutzung. 1) Absenkung der oberen Wald- und Zwergstrauchheidengrenze durch Beweidung, 2) und 3) forstliche Bewirtschaftung in der subalpinen und speziell montanen Stufe, 4) Intensivierung der Waldnutzung montan, 5) Kahlschlag der kollinen Wälder und Ersatz durch Kulturen, Siedlungen und Nadelholzbestände.

III. rechts: Auswirkungen der neueren Nutzung. 6) Ausdehnung der submontanen Entwaldung, 7) Waldaufschließung durch eine Straße für die Holzbringung, der Wald selbst wird beeinflußt durch Aufstellung von Gebäuden 8) und durch starkes Befahren durch Fahrzeuge 9), 10) Kahlschlag in der subalpinen Stufe für Schipisten, 11) Degradation der Weiden infolge Unternutzung mit sekundärer Einwanderung der Zwergstrauchheide.

Unten: ein wirkliches Beispiel: Querschnitt des Inntals bei Innsbruck (nach SCHIECHTL-STERN, 1970).

Flächen, besonders in den Südalpen aufgeforstet und zahlreiche, stark degradierte Waldbestände wiederhergestellt. Es kann sogar als sicher angenommen werden (eindeutig im Vergleich zu 1800–1850 seit Erlaß der Forstgesetze), daß die Gesamtbilanz eindeutig positiv ist. In einigen Regionen der Haute-Provence wurde die Bewaldung seit 1850 stark vergrößert und qualitativ verbessert (siehe unten 4.3).

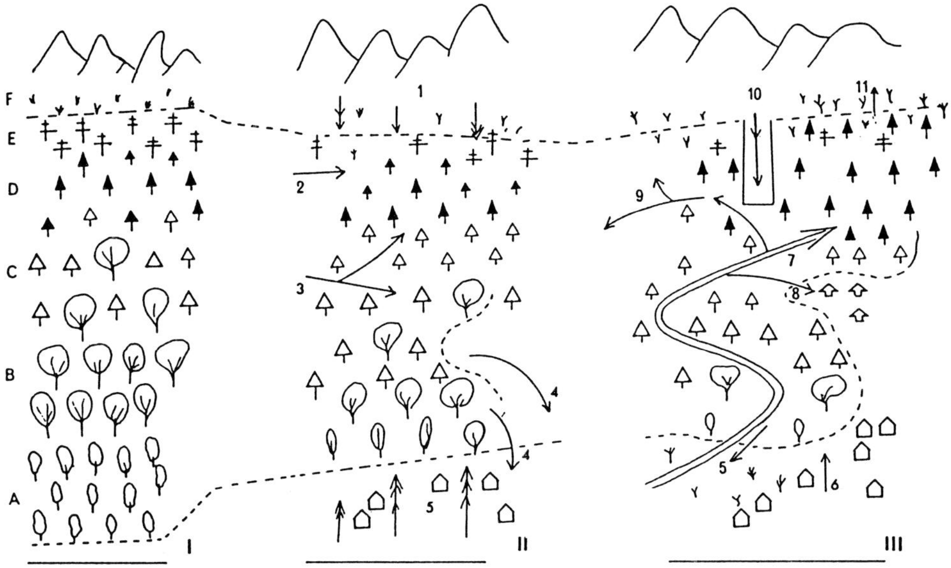

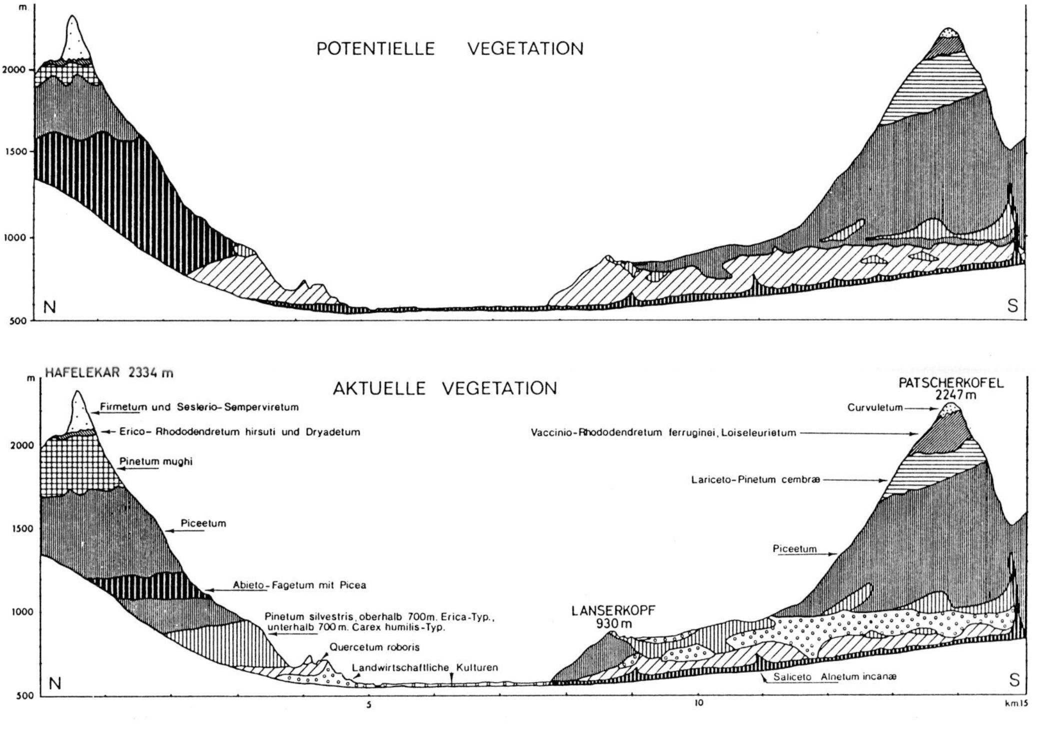

– In einer dritten Phase setzte sich die Degradierung des Waldes differenzierter fort. Nun erfolgt keine einfache Degradierung durch land- und forstwirtschaftliche Maßnahmen, sondern ein lokal konzentrierter Angriff durch Maschineneinsatz (Folgen siehe Auswirkungen des Fremdenverkehrs). Lokal nimmt die Waldfläche allerdings zu, vor allem an der oberen aktuellen (sekundären) Waldgrenze, wo teilweise Flächen zurückgewonnen werden, die durch Almweiderodung verlorengegangen sind. (Auch aufgelassene landwirtschaftliche Grenzertragsböden, Landflucht-Standorte.) Leider entstehen dort meist wenig wirtschaftlich (nicht jedoch ökologisch-biologisch) leistungsfähige Biozönosen, die lokal mit einem Grünerlen-Vorwald beginnen und sich zu einer lockeren oder kümmernden Fichtenübergangsgesellschaft entwickeln, die nach Struktur und Leistung nicht mit dem ursprünglichen subalpinen Klimax-Fichtenwald zu vergleichen ist. Bei aufgelassenen Weiden beginnt eine oft negative natürliche Entwicklung. Durch die Ausbreitung von Unkraut oder Gestrüpp infolge der vorherigen Überbeweidung entstehen Erosions- oder Verwilderungszonen (Begünstigung des Lawinenabbruchs). Die Entwicklungsdynamik aufgelassener Weiden wird derzeit in den Alpen von Tirol, der Isère und Savoyens untersucht.

3.3. Vordringen der Industrie

Die ersten industriellen Anlagen, die gegen Ende des vorigen Jahrhunderts in den Alpentälern errichtet wurden, waren Staudämme für **Wasserkraftwerke** und elektrochemische Fabriken. Bis zu diesem Zeitpunkt erfolgten die einzigen nicht-landwirtschaftlichen Eingriffe vor allem durch Handwerker, die daher kaum Auswirkungen auf die Umwelt (Nebensache) mit Ausnahme der Abholzungen für die Erzgewinnung hatten (Saline, Glaserzeugung, z. B. in den Steirischen Alpen Salinengroßkahlschläge bis in die Schweizer Alpen, Waldgeschichte Österreichs, riesige Köhlereiflächen, Glasproduktion).

Durch Anlage von **Staudämmen und -seen** verschwinden interessante biologische Standorte in den überfluteten Talsohlen, wie z. B. beim Chevril-See im oberen Isèretal und beim Mont-Cenis-Plateau in Savoyen. Weitaus schwieriger sind indirekte Auswirkungen zu bewerten. Klimatische Veränderungen durch die neu entstandenen Wasserflächen dürften zwar geringer als angenommen sein, dafür wirkt sich die geänderte **Wasserzirkulation** über und unter dem Boden, das Umleiten von Bächen in Nebentäler durch Stollen sowie der erhöhte Grundwasserspiegel talaufwärts auf lange Sicht ungünstig auf die Biozönosen aus.
Fast überall werden **Torfmoore** durch Melioration oder Überflutung zerstört und besonders interessante Arten verschwinden, die oft Relikte ehemaliger Floren sind, wie die Zwergbirke, die jüngst in Slowenien ausgestorben ist. Der Schutz dieser speziellen Standorte darf sich nicht nur auf die Gefäßpflanzen beschränken, sondern muß auch sehr typische Algen und Bryophyten einbeziehen. Die Ausbeutung der Moore für Brennstoffe wurde schon vor einigen Jahrzehnten eingestellt, wodurch diese Biotope eine Verschnaufpause hatten; doch seit kurzem wird Torfmull für den Gartenbau verwendet, der übrigens auch erneut Humus im Walde entnimmt.

Andererseits schreiten verschiedene Formen der **Luftverschmutzung** rasch voran. Am ältesten sind Industrieabgase, vor allem bei elektrochemischen Fabriken. Die Situation im Mauriennetal/Savoyen ist allgemein bekannt: Fluor-Emissionen der Aluminiumfabriken wirken sich auf die Vegetation und besonders auf den Wald verwüstend aus und die Masse des fluorbeschädigten und für die Nutzung verlorenen Holzes überstieg vor einigen Jahren sogar den durchschnittlichen Zuwachs dieser Wälder. Auch die Luftverschmutzung durch Immissionen ist fast überall in den Alpen, besonders in den Slowenischen Alpen (Bayerische Alpen zu 80% 1985 geschädigt) festzustellen. Chemische Luftverunreinigungen, die von Fabriken in tiegelegenen Tälern stammen, konnten durch Luftproben oder Vegetationsschäden bis in eine Höhe von über 1000 m über dem Emissionsherd nachgewiesen werden (Romanche, Maurienne). Durch neue Methoden der Immissionsschadenskartierung anhand von akuten Vegetationsschäden konnten die Intensitätsgrade in mehreren Tälern der Westalpen erfaßt werden (Abb. 5.8). (Extreme sekundäre Gefahren, vgl. MAYER 1985).

Bisher wurden die **Gewässer** der Alpen immer als Musterbeispiel für die Reinheit angesehen. Nunmehr setzt auch hier durch Industrialisierung und Entwicklung städtischer Verbauungskomplexe die Umweltzerstörung ein. Der Toblinosee bei Trient, der sich jährlich gegen Ende des Sommers infolge der sich ausbreitenden Planktonalge *Gleodinium sanguineum* rot färbte, ändert infolge der Wasser-Eutrophierung durch Waschmittel und Kohlenwasserstoffe seit 1965 seine Farbe nicht mehr. Die Veränderung der Kieselalgenflora kann als Maßstab für den Verschmutzungsgrad herangezogen werden: in subalpinen Gebirgsbächen Tirols haben **Abwässer** von Fremdenverkehrsorten die Arten reduziert und eine starke Vermehrung von *Cymbella ventricosa* verursacht (KAWECKA 1974). Eine ökologische Beispiels-Studie des Piburger Sees, eines stark eutrophierten Sees in Tirol, lieferte Grundlagen für Klärmaßnahmen, die seit einigen Jahren wirken (PECHLANER 1968, 1971).

3.4. Auswirkungen von Fremdenverkehr und Zweitwohnsitzen

Nach jahrhundertelanger Landflucht erfolgt seit kurzem eine massive **Wiederbesiedlung,** die allerdings nicht als «Neubevölkerung»

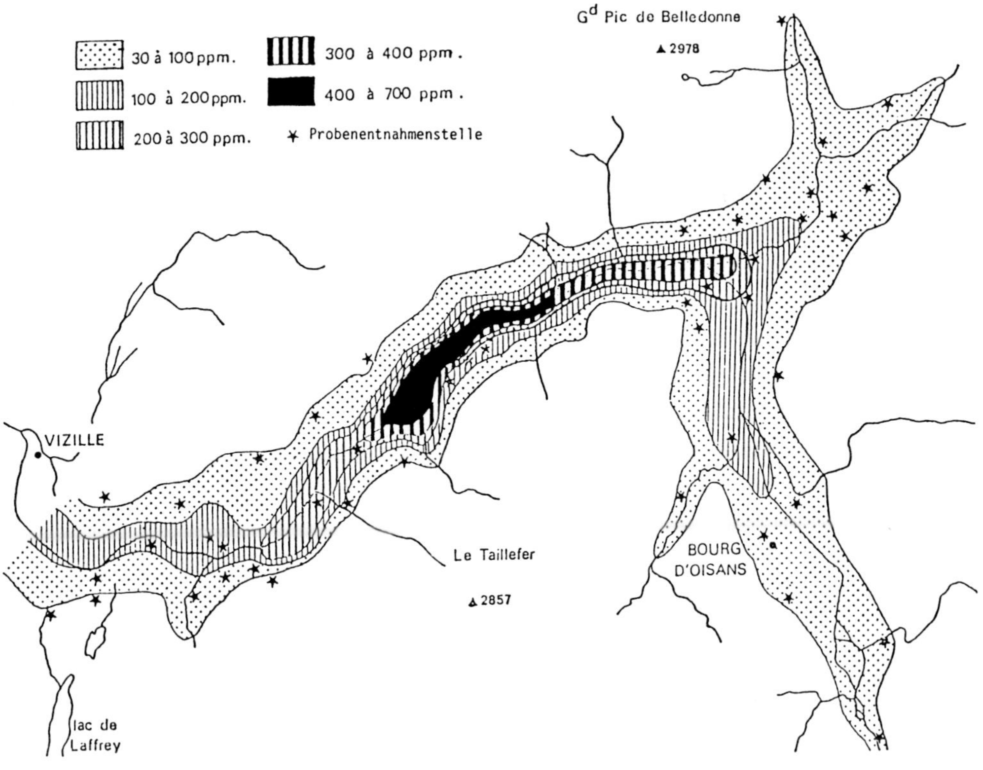

Abb. 5.8: Intensität der Luftverschmutzung im unteren Romanche-Tal (Dauphiné), durch den Bioindikator Vegetation gemessen. Die Zahlen bedeuten ppm (10^{-6}) von Fluor in den Fichtennadeln und beziehen sich auf 1975 (nach GARREC-BATAIL in OZENDA, PAUTOU et al. 1979).

der Alpen bezeichnet werden kann. Die ursprünglichen Siedler hatten eine innere Beziehung für das Leben im Gebirge, die zwar nicht über rationelle Nutzungsmöglichkeiten verfügten, aber verstanden, die schwerwiegenden Nachteile zu vermeiden und in ihrem eigenen Interesse schlecht und recht ein Gleichgewicht ständiger Siedlungen aufrechtzuerhalten. Die Neuankömmlinge hingegen halten sich nur vorübergehend im Gebirge auf, haben verschiedene Interessen. Ihnen fehlen aber grundlegende Kenntnisse der natürlichen Gebirgswelt, und sie sind sich nicht der kurzfristigen und mehr noch der langfristigen Folgen dieser Unkenntnis bewußt. Auch hier sind zwei Etappen im Degradationsprozeß zu unterscheiden. Die plötzliche Entwicklung des Urlaubs- oder Wochenende-Fremdenverkehrs seit etwa 1950 wurde seit zwanzig Jahren von der Errichtung von Zweitwohnsitzen abgelöst, die sich im Hinterland der großen Ballungsräume besonders konzentrieren. Zum Verlust und zur Zersplitterung des Freilandes kommt noch die Uniformierung der Landschaft: Müllablagerplätze, bisher unauffällig angelegt, verunstalten mittlerweile zahlreiche Täler. Um die neuen Wohngebiete erstreckt sich eine Ruderalflora, die nicht nur unästhetisch ist, sondern für die natürlich gewachsenen Pflanzen Konkurrenz bedeutet.

Gleichzeitig entwickeln sich Wintersportorte von gigantischem Ausmaß; einige mit einer Bettenanzahl von 30000. Dies führt nicht nur zur Urbanisierung von Ortschaften, sondern auch zur starken Zunahme von Seilbahnen und Schiliften, die teilweise im Wald und sogar in **Nationalparks** errichtet werden, z.B. in subalpinen Wäldern des Grand Paradiso (Cogne), im Stilfserjochpark und sogar im französischen Nationalpark der Vanoise, der zwar grundsätzlich durch strenge Gesetze geschützt ist, aber immer schwieriger und wenig erfolgreich gegen die Errichtung von Wintersportanlagen verteidigt werden kann. Diese Anlagen erfordern Erdbewegungen, welche die elementarsten Grundsätze der Bodenmechanik ignorieren. Künstliche Begrünungen der Schipisten gleichen dem Bodenabtrag infolge Kahlschlag nur ungenügend aus (Abb. 5.9). In diesem Zusammenhang werden derzeit mehrere schipistenökologische Forschungsarbeiten durchgeführt (CERNUSCA 1979, MOSIMANN-CH, MAYER et al. 1987).

Hand in Hand mit den verschiedenen Baumaßnahmen geht der Bau von Straßen, deren Zweckmäßigkeit vielfach fraglich ist. Sie zerstückeln die natürliche Vegetation und sind, insbesondere im Wald, der Ausgangspunkt für sekundäre Schäden. Forstwirtschaftlich geht nicht nur Waldfläche verloren, sondern gleichzeitig erhöht sich die Anfälligkeit des Waldrands gegenüber Windschäden und die Bildung von Kahlschlagvegetation. Wege zerschneiden die Biotope der Wildtiere, unterbrechen ihre Wechsel, gefährden durch Fahrzeuge. An Straßen konzentriert sich das abfließende Wasser und erhöht die Erosion an Böschungen. Straßen dringen sogar, wie die Nivollet-

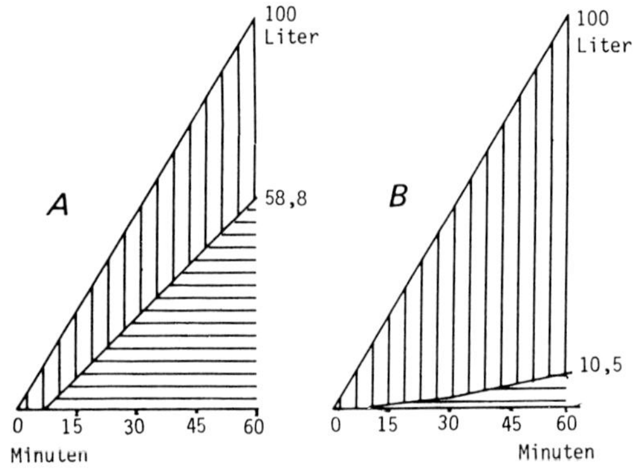

Abb. 5. 9: Einfluß des Waldbodens auf die Niederschlagszurückhaltung. Ein für die Schipiste gerodeter Hang wurde mit 100 Liter Wasser innerhalb einer Stunde auf 2 Parzellen von je 1 m^2 künstlich beregnet und der Oberflächenabfluß (senkrechte Schraffur) gemessen. A) Auf der Fichtenwaldfläche wurde mehr als die Hälfte des Wassers vom Boden zurückgehalten (waagerechte Schraffur), B) Parzelle auf einer zwar wiederbegrünten Schipiste, wo nur ein Zehntel des Wassers zurückgehalten wird (nach STAUDER 1974 in MAYER 1975).

Straße im Grand Paradiso, bis in die Nationalparks vor. Mit Kraftfahrzeugen gelangt man heute schon fast an jede Stelle, eine Gefahr, die sich seit einigen Jahren durch den verstärkten Verkauf von geländegängigen, an das Gebirge angepaßten Fahrzeugen, darunter Pistenfahrzeuge und Motorräder, erhöht hat. Einige bevorzugte Strecken sind Ausgangspunkt für bedeutende Erosionsflächen geworden.

4. Schutz und Wiederherstellung der Alpenvegetation

Die Notwendigkeit eines Schutzes der alpinen Natur ist heute schon weitgehend im öffentlichen Bewußtsein verankert. Allerdings machen folgende Gründe das Problem schwierig:

– **anthropogene** Eingriffe nehmen weiter zu und sind kaum oder nicht aufzuhalten;
– **bestimmte** Eingriffe haben bereits ganze Standorte vernichtet und sind nicht wieder rückgängig zu machen;
– der Schutz der alpinen Natur ist oft mit der land- und forstwirtschaftlichen Nutzung unvereinbar, beispielsweise der Schutz der ursprünglichen floristischen Zusammensetzung der Wälder und die Erfordernisse einer modernen Forstwirtschaft.

Beim Suchen nach Lösungen ist es notwendig, realistisch und pragmatisch zu bleiben und sich vor übertriebenen und einseitigen Naturschutzforderungen zu hüten.

Die möglichen **Naturschutzmaßnahmen** werden entsprechend dem methodischen Fortschritt im Naturschutz angeführt. Mittlerweile ist bekannt, daß der Artenschutz durch standortsbegrenzte Maßnahmen nicht sehr wirksam ist. Weitaus zielführender ist, großflächige Biotope zu erhalten und die Schutzmaßnahmen auf große Gebiete wie Nationalparks auszudehnen. Darüber hinaus ist aus heutiger Sicht der Schutz der seltenen Arten nicht der einzige Aspekt des Naturschutzes. Auch typische Umwelt und Landschaften und sogar halbnatürliche Formationen, die durch traditionellen anthropogenen Einfluß entstanden sind, werden als durchaus schützenswert angesehen. Schließlich ist eine Steigerung der natürlichen Produktivität nur durch die Erhaltung und womöglich Vermehrung des bioökologischen Kapitals, das Boden und Vegetation darstellen, möglich. Nach einer langen Degradation der Umwelt im Gebirge sind jetzt Maßnahmen zur Wiederherstellung der Wälder und Böden sehr wichtig und dringend.

4.1. Schutzmaßnahmen

Schützen heißt zunächst einmal Mißbrauch abstellen. Doch ist dieser teilweise so selbstverständlich geworden, daß die vorgeschlagenen Schutzmaßnahmen nur beschränkt anwendbar sind und man sich mit den wirksamsten begnügen muß.

4.1.1. Einschränkung des Pflanzensammelns

Diese Maßnahme ist bereits angelaufen. In den meisten Ländern ist das Ausreißen, die Beförderung und der Verkauf bestimmter Arten, die auf vielen aufgestellten Tafeln angeführt sind, gesetzlich untersagt. Die strengsten Bestimmungen dürfte es in der Schweiz und in Deutschland geben, wo beispielsweise das Sammeln sämtlicher Orchideenarten verboten ist. In Frankreich sind Verbote der Präfekturen, die in den Seealpen bis 1905 zurückreichen, bisher unwirksam geblieben. Sie waren gesetzlich nicht gedeckt, da der Gesetzgeber bis vor kurzem nur den Schutz von Landschaften oder Ge-

bieten, nicht aber einzelner Arten – mit Ausnahme Wild – vorsah.
Allerdings besteht die Befürchtung, daß durch das Aufstellen von Tafeln mit den schützenswerten, seltenen Arten diese erst recht als lohnende Beute angepriesen werden. Derartige Maßnahmen sind nur dann sinnvoll, wenn das **Sammelverbot** auch konsequent überwacht wird.

4.1.2. Ausscheidung von Landschaften und Schutzzonen

Das beste Beispiel für eine solche Klassifizierung stellen die **Torfmoore** dar. Durch ihre Ausscheidung konnten Standorte der Zwergbirke und anderer Reliktarten in den Ostalpen gerettet werden. Auch Reste von **Urwäldern** sind zu erwähnen, die insbesondere in Niederösterreich (MAYER et al. 1987), Schweiz (Scatlé und Derborence) und im Norden Jugoslawiens unter Naturschutz gestellt wurden sowie die *Juniperus thurifera*-Bestände von Saint-Crépin bei Briançon (Abb. 2.8).

4.1.3. Errichtung ausgedehnter Naturschutzgebiete und Naturparks

Der **Schutz** größerer Gebiete in den Alpen setzte bereits Anfang des Jahrhunderts ein. Das Gebiet um den Königssee in Bayern wird seit 1910 und das Tal der Triglav-Seen in den Slowenischen Alpen seit 1924 durch wirksame Maßnahmen geschützt. In den französischen Alpen besteht ein wesentlicher Schutz durch das Staatsforstgesetz, das sich auf die staatseigenen und staatlich verwalteten Wälder erstreckt.
Heute gibt es in den Alpen acht Nationalparks (Abb. 5.10). Andere sind schon im fortgeschrittenen Planungsstadium (Hohe Tauern). Besonders nachteilig ist, daß diese Parks mit Ausnahme der zwei letzten alle in den Inneralpen liegen. Dazu kommen zwar noch zahlreiche ausgedehnte **Naturschutzgebiete,** zum Teil in den Randalpen, doch Status und Wirksamkeit von Schutzmaßnahmen sind sehr unterschiedlich. Durch das Gesetz über die französischen Nationalparks von 1960 wurde jeweils eine Zentralzone

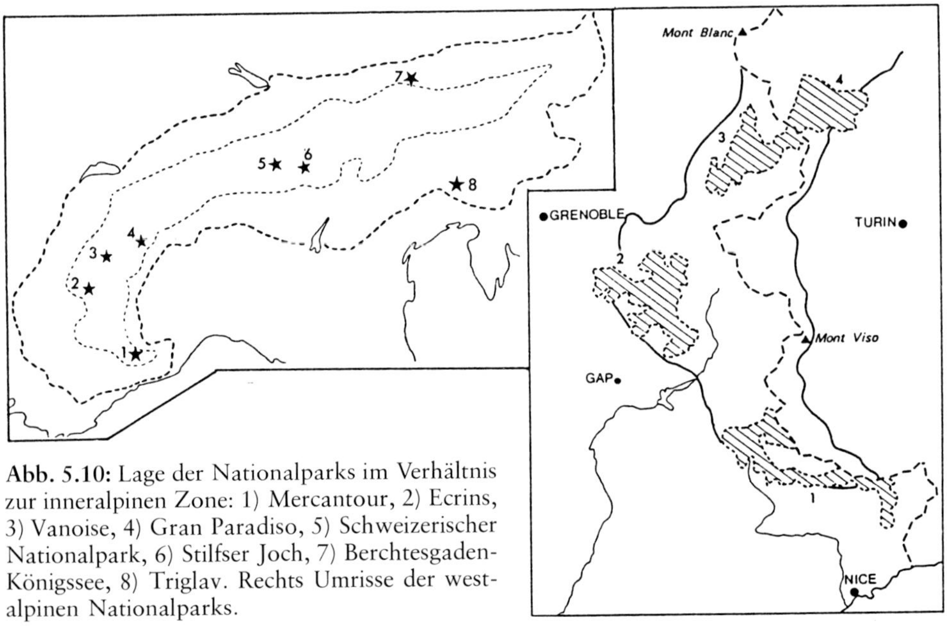

Abb. 5.10: Lage der Nationalparks im Verhältnis zur inneralpinen Zone: 1) Mercantour, 2) Ecrins, 3) Vanoise, 4) Gran Paradiso, 5) Schweizerischer Nationalpark, 6) Stilfser Joch, 7) Berchtesgaden-Königssee, 8) Triglav. Rechts Umrisse der westalpinen Nationalparks.

oder der eigentliche Park mit strikten rigorosen Schutzmaßnahmen geschaffen sowie eine Randzone, für deren Gestaltung öffentliche Mittel zur Verfügung gestellt werden. Auf diese Weise erhalten Gemeinden, deren Gebiet in beide Zonen fällt, durch die Zuwendungen für die zweite eine Entschädigung für Verluste, die durch Schutzmaßnahmen in der Kernzone erwachsen. Auf diese Weise sind Maßnahmen leichter durchzusetzen.

4.2. Aufklärungsarbeit

Nationalparks werden inzwischen alljährlich von hunderttausenden Besuchern aufgesucht. Die Zahl jener Urlauber, die zwar nicht einen dieser Parks besuchen, aber anläßlich ihres Urlaubs Kontakt mit der alpinen Natur haben, ist ebenfalls sehr groß. Nunmehr ist die Zeit reif, möglichst viele Leute zu «ökologisieren» und ein Naturbewußtsein zu wecken, das sie von vornherein meist nicht haben. Insbesondere muß klargemacht werden, daß diese Natur keine «res nullius» ist, die jeder nach Belieben ausbeuten darf, sondern im Gegenteil ein Allgemeingut, das allen gehört. Die Natur der Alpen muß wie ein öffentlicher Park respektiert werden und jedermann müßte daran gelegen sein, nicht nur selbst auf die Erhaltung zu achten, sondern auch dafür zu sorgen, daß dies alle anderen tun. Doch bis diese Haltung Allgemeingut geworden ist, ist noch ein weiter Weg. Man braucht ja nur zu sehen, wie leichtfertig Ausflügler im Wald Feuer machen und wie aggressiv sie Vorhaltungen als Einschränkung ihrer persönlichen Freiheit zurückweisen. Die freiwillige Mithilfe aller kann nur durch die Aufklärung der Öffentlichkeit über die Natur der Alpen, ihre Anfälligkeit, die vielfältig drohenden Gefahren und über den materiellen und immateriellen Nutzen für den Menschen erreicht werden. Zahlreiche Vereine sind überdies bereit, an dieser Aufklärung tatkräftig mitzuwirken, die in den nördlichen Alpen schon ziemlich weit fortgeschritten, aber in Gebieten mit romanischer Bevölkerung wesentlich schwieriger durchzuführen ist.

Ungenügend ist, nur die breite Öffentlichkeit zu überzeugen. Auch die lokalen und regionalen Behörden müßten einsichtig werden, daß bestimmte Straßenprojekte und andere Baumaßnahmen, besonders im Hochgebirge, wirtschaftlich unrentabel und ökologisch schädlich sind.

4.3. Wiederherstellung der Böden und der Vegetation

Ein auch nur annähernder Überblick der notwendigen oder bereits durchgeführten Maßnahmen in den Alpen würde den Rahmen dieses Buches sprengen.

Als Beispiel wird nur das **Aufforstungsprogramm** erwähnt, das seit einem Jahrhundert in den Südwestalpen durchgeführt wird, wo die Waldzerstörung ein katastrophales Ausmaß angenommen hatte. In den drei französischen Departements Hautes-Alpes, Haute-Provence und Seealpen wurden 250 000 Hektar aufgeforstet, und zwar überwiegend mit der Österreichischen Schwarzkiefer (zusätzlich mit Lärche und Zeder). Der Waldanteil in diesen drei Departements stieg damit von durchschnittlich 19% auf 39% (Bourcet-Douguedroit 1981):

Jahr	Hautes-Alpes	Haute Provence	Seealpen
ca. 1830	10,7	–	–
1876	15,4	18	23
1928	19,1	–	–
1972	26,5	38	36

Man kann natürlich einwenden, daß gebietsfremde Arten in großem Ausmaß verwendet wurden und die natürliche Landschaft damit verändert wurde. Doch erfolgreiche Aufforstung muß nicht unbedingt heißen, daß überall die ursprünglichen Ökosysteme wiederhergestellt werden. Die fremden Baumarten (Pionierbaum-Charakter) haben sich ausgezeichnet in das Landschaftsbild eingefügt. Ohne Übertreibung kann behauptet werden, daß Wälder mit Österreichischer Schwarzkiefer und Zeder, die sich heute sehr gut angepaßt und stabilisiert haben und sich z.B. im Ventoux natürlich verjüngen, auf den dürftigen heimischen Flaumeichen-Niederwald-Standorten und ganz besonders auf Heiden **ein entscheidender Fortschritt** sind.

4.4. Koordinierte Naturschutzpolitik

Bisher waren Maßnahmen zum Schutz der alpinen Flora und Vegetation in den verschiedenen Alpenländern ähnlich, aber nicht ausreichend abgestimmt, wenn von der Arbeit einiger Organe wie der Internationalen Kommission zum Schutz der Alpenregionen abgesehen wird, deren Handlungsspielraum aber begrenzt ist. Ein allgemeines Konzept ist für den gesamten Alpenbogen nunmehr notwendig, damit nicht nur die Schutzmaßnahmen nach Zielsetzung und Art vereinheitlicht werden, sondern auch bei Spezialisierung zum Schutze lokaler Besonderheiten jede Zweigleisigkeit vermieden wird. Bereits bei den sozio-ökonomischen Gesetzen ist zu beginnen, die in den verschiedenen Alpenländern nach und nach für die Gebirgsregionen erlassen wurden. Unmittelbares Ziel ist zwar nicht der Schutz der Natur, sondern primär des Lebens im Gebirge. Die erhaltenen Bestimmungen können aber die Erhaltung des Naturreichtums erleichtern.

Die verschiedenen Schutzmaßnahmen müssen vier Grundsätze berücksichtigen, denen manchmal ungenügend Beachtung geschenkt wird:

– Einzelne **Regionen** weisen große Unterschiede nach floristischem Reichtum und Endemiten auf, die heute gut und auch lokal bekannt sind. In den Alpen sind fünf bis sechs Hauptgebiete endemischer Arten bekannt, vorwiegend in den Kalkgebirgen der Südalpen: See- und Ligurische Alpen, Bergamasker und Trientiner Alpen sowie Julische Alpen (vgl. Abb. 2.26). Diese Zonen müßten vordringlich geschützt werden.

– Das Interesse darf sich nicht nur auf den Schutz der Arten konzentrieren, sondern muß auch endemische oder **seltene Biotope** einbeziehen wie etwa die schönsten Hakenkiefernwälder in den Randalpen von Savoyen und der Dauphiné oder auch reliktisches Latschengebüsch in den Ligurischen Alpen.

– In den Höhenstufen und Vegetations-Serien müssen systematisch ganze **Ökosysteme** geschützt werden, um Zeugen der verschiedenen Pflanzengesellschaften und ihrer Entwicklungsstufen zu bewahren. Dabei sollte also das Typische noch mehr als das Seltene unter Schutz gestellt werden. Dazu müssen auf veraltete Typologien und illusorische Computerverzeichnisse verzichtet und als Grundlage moderne Vegetationskarten herangezogen werden, deren Anwendungsmöglichkeiten von nationalen oder internationalen Institutionen noch nicht entdeckt worden sind. Die Ausscheidung von Naturwaldreservaten (Österreich, siehe Mayer et al. 1987; Schweiz, Slowenien) ist für alle wesentlichen Waldgesellschaften erwünscht.

Notwendig ist auch die Erhaltung **halbnatürlicher** Ökosysteme, sofern diese eine rationelle und ausgeglichene Nutzung der Pflanzendecke ermöglichen.

Abb. 6.1: Verbreitung der wichtigsten kollinen Serien in den Alpen. Schwarze Flecken entsprechen der tatsächlichen Fläche, die von der nummerierten Serie eingenommen werden, Der Umfang ist genauer in den Westalpen infolge einer vollständigen Vegetationskartierung 1 : 50000–1 : 200000. M) Mediterraner Saum in der Mittel-Provence und den See-Alpen. 1) Supramediterrane westliche Flaumeichen-Serie, begrenzt auf Haute-Provence; 2) Delphino-Jura-Flaumeichen-Serie, durchdrungen von der Eichen-Hainbuchenwald-Serie, mit Fortsetzung dieser in den Schweizer Alpen; 3) inneralpine Flaumeichen-Serie; 4) supramediterrane, östliche Flaumeichen-Serie; 5) Hopfenbuchen-Serie, eng vergesellschaftet; 6) subpannonische Eichen-Serie, die sich gegen Norden bis in die Wiener Gegend fortsetzt; 7) Eichen-Hainbuchenwald-Serie, das unterbrochene Areal längs des Nordalpen-Saumes nicht eingezeichnet; 8) azidophile Eichenwälder (Piemont, Steiermark); 9) Planare Stieleichen-Serie auf den Alluvionen der Po-Ebene. ▶

VI. Kolline Stufe und Kontakt zum Alpenvorland

Die kolline Stufe kann annäherungsweise mit den Eichenwäldern oder der Höhenstufe unterhalb des Buchenwaldes definiert werden. Die Wirklichkeit ist jedoch komplizierter, da häufig ein sogenannter submontaner Übergangsbereich existiert, in dem sich hochsteigende Eichen- und thermophile Buchenwälder vermengen. Dieser Kontaktbereich wird je nach Autor einmal als oberster Teil der kollinen und andermal als unterster Teil der montanen Stufe angesehen.

Nach Kap. IV bildet die kolline Stufe im wesentlichen einen Gürtel entlang der Alpensüdseite, steigt auf der einen Seite gegen Norden in der Steiermark und in Savoyen und der westlichen Schweiz auf der anderen Seite an und erreicht stellenweise 800 m und mehr. In den südlichen Westalpen wird sie ihrerseits von einem Gürtel mediterraner Vegetation eingefaßt, der mehr oder weniger tief in die Täler vordringt, so daß für diesen kollinen Bereich, durch Flaumeiche dominiert, die Bezeichnung supramediterran vorgeschlagen wird. Diese Bezeichnung wird auch auf die kolline Stufe der Südostalpen ausgedehnt, die auf den randlichen Ausläufern der Alpen die Poebene begrenzt, allerdings mit dem Zusatz supramediterran «östlicher Typ», da sie sich unter anderem gut durch die Dominanz der Hopfenbuche unterscheidet.

Entlang des Alpennordrandes, wo durch nördliche Lage und feuchtes Klima die Stufengrenzen sinken, endet die kolline Stufe in zirka 400 m Höhe. Da am Alpenrand überwiegend höhere Hochflächen dominieren, wird die kolline Stufe durch eine submontane Zone verdrängt, die den Großteil des Vorlandes einnimmt (s. Abb. 4.3). Wo die kolline Stufe dennoch die Randalpen erreicht, nimmt sie eine Ausbildung an, die sich vom supramediterranen Bereich wesentlich unterscheidet. Dieser mitteleuropäisch benannte Typ existiert übrigens auch in einem Teil der Südalpen.

Jedes dieser großen Gebiete prägt eigene Vegetations-Serien, deren Verbreitung Abb. 6.1 darstellt, soweit dies angesichts der Überlappung überhaupt möglich ist.

1. Mediterraner Saum

In der Provence und den Seealpen rücken die Alpen bis auf kurze Entfernung an die Mittelmeerküste heran und im Osten der Seealpen grenzen sie, manchmal durch hohe Steilabfälle, direkt an die **Küste.** Da sich die **mediterrane Vegetation** infolge des stark gegliederten Reliefs mit der Gebirgsvegetation mischt und im Schutze der Haupttäler weit ins Innere vordringt, kann sie in einer Alpen-Studie nicht übergangen werden.
Die Einteilung der Vegetationsstufen in Gebirgen des **Mittelmeerbeckens** wurde dahingehend revidiert (OZENDA 1975), daß die mediterrane Vegetation im weitesten Sinn (Gebirge eingeschlossen), in fünf Stufen, von unten nach oben unterteilt wurde: thermo-, meso-, supra-, oro- und altimediterran. Die ersten beiden entsprechen der mediterranen Vegetation im herkömmlichen Sinn. Die letzten drei Höhenstufen entsprechen im mediterranen Gebirge der kollinen, montanen bzw. subalpinen Stufe.
Am **Südwestrand** der Alpen tritt die thermomediterrane Stufe nur an lokalklimatisch begünstigten Standorten bruchstückhaft auf. Die mesomediterrane Stufe dagegen ist gut entwickelt mit Einflüssen des nahen Gebirges. Kurz werden diese zwei Stufen beschrieben. Die supramediterrane Stufe, spezielle kolline Fazies, wird in VI.2 ausführlich untersucht. Die oro- und altimediterrane Stufe, nur örtlich und sehr verkümmert auftretend, werden in Kap. VII und VIII besprochen.

1.1. Thermomediterrane Stufe: *Ceratonia siliqua*-Serie

Thermomediterran stockt ein Gürtel thermophiler Vegetation, der die Ebenen und Küstengebiete des südlichen Mittelmeerbeckens einnimmt. Die Nordgrenze verläuft im Westen ungefähr entlang des 41. Breitengrades von Barcelona über die korsisch-sardische Meerenge bis Neapel. Den einzigen Kontakt am Fuß der Alpen bewirkt die günstige Lage der Seealpen, die plötzlich zur Küste abfallen («tektonische Küste») und eine Art riesiges, **südseitiges Spalier** bilden. Da das Auftreten dieser thermomediterranen Bruchstücke eine direkte Folge dieser speziellen Topographie ist, gehören sie als echte Bestandteile zu den Alpen.
Die **thermomediterrane Vegetation** umfaßt unter anderem den Ölbaum oder wilden Olivenbaum, den Johannisbrotbaum sowie die Zwergpalme. Mit diesen Arten wird zumindest die Nordgrenze des thermomediterranen Gebietes, z.B. in Westspanien, abgegrenzt. Die Gesellschaften dieser Stufe werden auch oft unter dem Begriff «Johannisbrotbaum-Klimax» *(Oleo-Ceratonion)* zusammengefaßt.
Bereits FLAHAULT hatte an der französischen Mittelmeerküste eine wärmere Vegetation als jene der Steineichenstufe vermutet, doch verschiedene, sehr unterschiedliche Küstenformationen mit ungenauen Bezeichnungen wie «Orangenbaum-Stufe» oder «Myrten-Stufe» beschrieben. Aber erst GUINOCHET-DROUINEAU (1944) hatten im Küstenstreifen zwischen Nizza und Menton erstmals Gesellschaften identifiziert und näher beschrieben, die sie nicht von der Steineiche ableiteten, sondern dem *Oleo-Ceratonion* zuordneten. Eine erste kartographische Abgrenzung wurde anläßlich einer Monographie von Euphorbia dendroides, einer für diese Stufe typischen Art, vorgenommen (OZENDA 1950; Abb. 6.2/A).
Später wurde diese Vegetation unter dem Namen **Johannisbrotbaum-Serie** beschrieben (OZENDA 1962, 1966, 1981). Auf diese Publikationen wird verwiesen, deren Inhalt auszugsweise wiedergegeben wird.
Die thermomediterrane Stufe der Seealpen ist auf den Küstenstreifen zwischen Nizza und der italienischen Grenze beschränkt, dringt nur wenig ins Innere vor und erreicht auch keine großen Höhen, ausgenommen im Gebiet um Monaco mit zirka 350 m (2, Abb. 6.5).

A B C D

Abb. 6.2: Einige charakteristische Aspekte des mediterranen Saumes. A) Thermomediterrane Stufe: Garrigue mit *Euphorbia dendroides* in 200 m Höhe bei Nizza, im Hintergrund die Halbinsel von Cap Ferrat. B) *Pinus halepensis*-Serie, *Pinus halepensis*-Bestand, teilweise aufgeforstet, der eine zeitliche Paraklimax bildet, bei dem sich *Quercus ilex* verjüngt (Hochfläche von Mont-Boron bei Nizza). C) Mediterrane Flaumeichen-Serie; felsige Fazies mit Steineiche und *Juniperus oxycedrus* gemischt mit *Juniperus communis*. An der oberen Grenze der Serie gegen 750 m; Plateau von St. Vallier über Grasse. D) Detail der Besiedlung alter Kulturen durch junge Flaumeichen, Hochfläche von St. Vallier 800 m.

Sie bestockt fast ausschließlich **harte,** tithonische **Kalkböden** und meidet Mergel-Kalk-Einschlüsse. Durch den Schutz der südseitigen Steilabfälle wird die Temperatur begünstigt, über 15° im Jahresdurchschnitt. Die Niederschlagsmenge ist für eine Mittelmeerküste mit 700 bis 800 mm verhältnismäßig hoch. Der Boden ist eine entkalkte terra rossa.

Die Untersuchung dieser Serie gestaltet sich sehr schwierig, da immer nur Bruchstücke dieser Serie vorhanden sind. Die Reste befinden sich in einer dichtbesiedelten Zone, die auf weite Strecken völlig städtischen Charakter hat. Im Gebiet dieser Serie gedeiht auch der Großteil der subtropischen Kulturen, die an der Küste heimisch geworden sind.

Wenn die Gesellschaften zerstört oder verändert werden, wachsen sie nur bis zum **Buschstadium** auf, bleiben unvollständig und sind mit Ruderalpflanzen durchmischt. Zudem ist die Serie nicht rein, sondern mit der Aleppokiefern-Serie eng verflochten.

Stadien der Degradation:
– Klimaxform, die ein *Ceratonia*- und *Oleaster*-Buschlandschaft zu sein scheint und oft eingestreute Aleppokiefer aufweist, die sich auch in aufgeforsteten Kiefernwäldern entwickelt;
– **Hohe** (1–3 m) *Euphorbia dendroides*-**Strauchheide,** die am besten repräsentiert ist und die Hauptfazies dieser Serie bildet;
– **Niedrige** immergrüne *Euphorbia spinosa*-**Strauchheide,** die nach Verarmung des vorigen Stadiums auf Felsboden entsteht;
– *Brachypodium ramosum*-**Rasen,** der sich durch eine größere Zahl wärmeliebender Arten von jener der Provence unterscheidet;
– weitgehend **offene** *Hyparrhenia*-, *Andropogon*- und *Asphodelus fistulosus*-**Gesellschaften.**
Besonders wird noch darauf hingewiesen, daß die **Zwergpalme,** *Chamaerops humilis*, im vorigen Jahrhundert in der Umgebung von Beaulieu (5–10 km östlich von Nizza) noch natürlich vorkam.

Außerhalb des Hauptareals zwischen Nizza und Menton finden sich **isolierte Elemente** der Johannisbrotbaum-Serie entlang der Küste und deuten auf einen wärmeren Streifen in der mesomediterranen Stufe hin. So tritt z.B. eine gut entwikkelte *Euphorbia dendroides*-Strauchheide an einigen Stellen der Esterelküste (Le Trayas) auf. *Euphorbia dendroides* findet sich auch vereinzelt auf den Hyeresinseln und gegenüber in der Gegend von Pietra-Ligurien sowie bei Loano in Ligurien, wo auf den Steilabfällen auch einige wilde Johannisbrotbäume gedeihen.

1.2. Die mesomediterrane Stufe

Das Areal der mesomediterranen Stufe wird üblicherweise durch die Ölbaumgrenze, dann durch die Steineichengrenze *(Quercus ilex)* und schließlich durch die **Steineichen-Assoziation** *(Quercetum ilicis)* festgelegt. Dies entspricht drei zunehmenden Graden der Genauigkeit. Diese Definition wurde für Languedoc und westliche Provence entwikkelt und eignet sich weniger gut für die Haute-Provence, vor allem im Osten, und die Seealpen. Dort bietet sich nämlich folgendes Bild:
– *Quercus ilex* tritt in sehr verschiedenen Gesellschaften auf, die mehreren dynamischen Serien angehören (Abb. 6.3). Außerdem steigt sie bis zur unteren supramediterranen Stufe hinauf und bis in die thermomediterrane Stufe hinab.
– Die Stufe wurde größtenteils zerstört und hat sich nur auf felsigem Gelände erhalten. *Quercus ilex* ist fast überall anderen Bäumen untergeordnet.
– Deshalb fehlt das charakteristische *Quercetum ilicis* wie auch die typischen **Degradationsstadien** in der Westprovence und im Languedoc *(Quercus coccifera, Phlomis)* in dieser Region praktisch ganz.
Quercus ilex ist also in allen Serien der drei Stufen vertreten, kennzeichnet aber nur die eine oder andere und wurde daher in die Nomenklatur der Serien überhaupt nicht aufgenommen.
Abbildung 6.3 zeigt ein Schema der thermo-, meso- und unteren supramediterranen Stufe unter Berücksichtigung von Höhe, Entfernung vom Meer und Art des Substrats. Dabei ist zu beachten, daß die Korkeichen-Serie nur in der Basse-Provence und in Gebirgen außerhalb der Alpen (Maures, Estérel, Tanneron, Biot-Hügelland), wenn auch nicht weit entfernt, vertreten ist. Sie bleibt daher unberücksichtigt.
Die meso- und supramediterrane Stufe kann in den Seealpen sehr deutlich, in der Westprovence weniger deutlich unterschieden werden. Die **Grenze** zwischen diesen Stufen kann ziemlich genau mit 600 m in den östlichen Seealpen (Abb. 6.4) und 400–500 m weiter westlich in der Provence (an günstigen Standorten noch höher) angegeben werden.
Ein besseres Merkmal für die mesomediterrane Stufe als Steineiche ist die Obergrenze des Olivenbaums. An vielen Stellen ist die Grenze ziemlich gut physiognomisch am

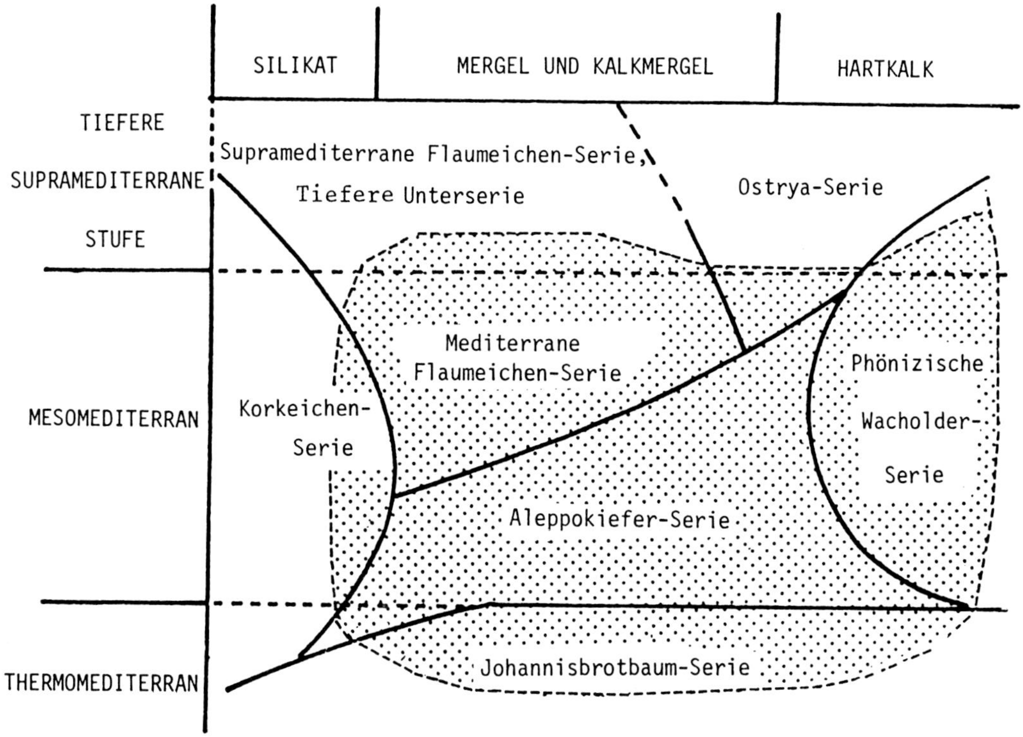

Abb. 6.3: Schematische Gliederung der mediterranen Serien in Abhängigkeit von der Höhenstufung und dem Bodenzustand in den Seealpen. Ökologische Nische von *Quercus ilex* ist grau dargestellt.

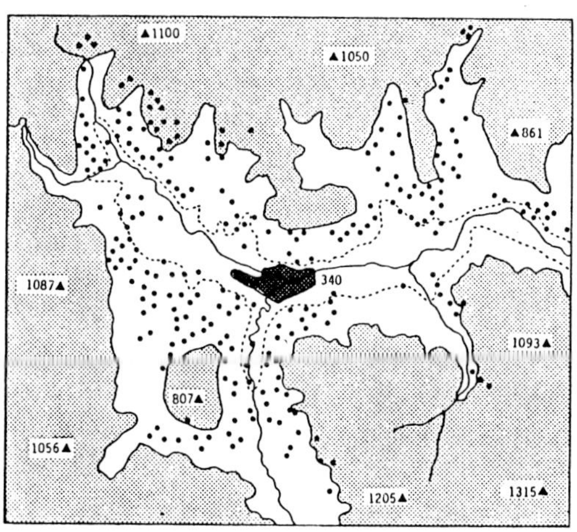

Abb. 6.4: Obere Grenze der Oliven-Kultur als Indikator für die obere mesomediterrane Grenze in den See-Alpen. Abbildung zeigt das Becken von Sospel; jeder Punkt entspricht einem Ölbaum-Zeichen, wie dies in der Karte Frankreichs 1 : 50000 der Fall ist. Grau: Höhen über 600 m. Gepunktete Höhenlinie 400 m. Schwarz: Stadt Sospel, 340 m. Fast alle Ölbäume befinden sich auf Hängen zwischen 400–600 m und die 600-m-Höhenlinie entspricht sehr genau der oberen Grenze.

plötzlichen Wechsel folgender angereicherter Arten zu erkennen:

Mesomediterrane Stufe
Juniperus oxycedrus
Spartium junceum
Lavandula latifolia

Supramediterrane Stufe
Juniperus communis
Genista cinerea
Lavandula vera

1.2.1. *Pinus halepensis*-Serie

Entspricht dem wärmsten Teil der mesomediterranen Stufe. Da die kristallinen Gebirge der Ostprovence, die nur von der Korkeichen-Serie bestockt sind, im Norden fast bis an die ersten Randalpenberge und an die supramediterrane Stufe heranreichen, wird die Aleppokiefern-Serie zwischen Draguignan und Grasse unterbrochen und in zwei Teile aufgespalten, einer in der Unterrhône und der Westprovence und der andere in den Seealpen. Beide Teile sind unterschiedlich gekennzeichnet (Abb. 6.5).

Das natürliche Vorkommen der **Aleppokiefer** in Südfrankreich, das lange angezweifelt wurde, steht nunmehr nach neuesten pollenanalytischen Arbeiten außer Frage, sowie der Klimax-Charakter dieser Baumart.

1.2.1.1. Seealpen

Im zentralen Gebiet zwischen Nizza und Menton macht die Serie an der **Küste** der Johannisbrotbaum-Serie Platz, mischt sich mit ihr und löst sie oberhalb von ca. 200 m wieder ab. In der Gegend um Antibes und in Ligurien hingegen reicht sie beidseitig bis an die Küste heran.

Die Obergrenze erreicht mit 400 m nicht jene der mesomediterranen Stufe und grenzt in dieser Region (nicht in der Provence) eine untere mesomediterrane Unterstufe ab. Die **Grenze** verläuft dort, wo die Aleppokiefer endet und mehrere Arten ausfallen, die gewisse Standorte dieser Serie oder die untere mediterrane Stufe charakterisieren: *Pistacia lentiscus*, *Viburnum tinus*, *Calycotome spinosa*, *Cneorum tricoccum*, *Daphne gnidium*, *Allium neapolitanum*, *Arisarum vulgare*,

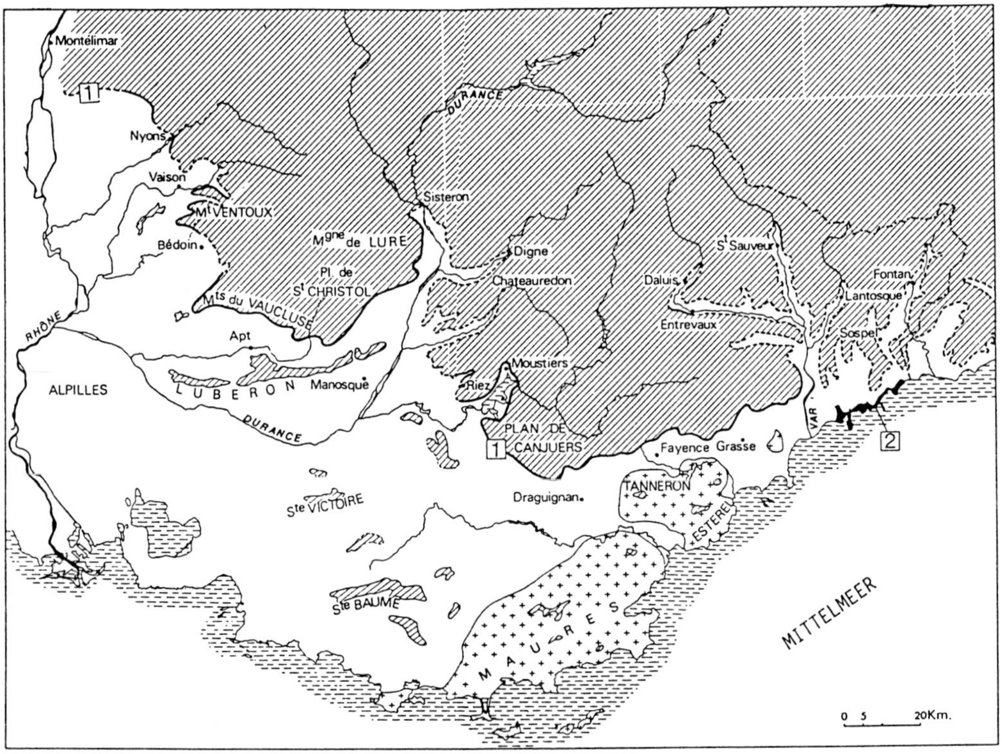

Abb. 6.5: Nördliche Grenze (Linie 1) der mesomediterranen Stufe (weiß; mit Kreuzen auf Silikat) und der supramediterranen Stufe (schraffiert) in den Südwestalpen. Gestrichelte Linie bei ungefährer Grenze infolge Überlappung der Stufen. 2, Thermomediterrane Stufe (schwarz).

Oryzopsis coerulescens, *Globularia alypum*. Diese vielgestaltige Serie könnte nach der geologischen Unterlage sehr gut in mehrere Unter-Serien unterteilt werden.

a) Auf **Mergel und Kalkmergel,** besonders im Paillonbecken, erwachsen die Aleppokiefern-Wälder dicht und gut geformt. Die **Buschgesellschaften** sind *Rosmarinus-*, *Staehelina-* und *Coriaria*-Heiden, die gewöhnliche im Rosmarino-Ericion-Verband zusammengefaßt werden. Auf stark erodiertem Mergel stocken weitgehend offene *Globularia alypum*-Gesellschaften, die wahrscheinlich die besonders typische Form dieser Reihe sind. Im Gegensatz zu provenzalischen Autoren werden wir ebenso wie DUVIGNEAUD (1953) diese für echte Klimax-Typen halten.

b) Auf **Kalk,** z.B. im Hinterland von Menton oder Vence, sind Aleppokiefern-Wälder infolge häufiger Waldbrände nicht sehr ausgedehnt und äußerst spärlich. Die wichtigste Gesellschaft ist *Myrten- und Calycotome-Gebüsch* (GUINOCHET-DROINEAU 1944), das häufig zum *Brachypodium ramosum*-Rasen degradiert ist. Auf sehr felsigem Standort, der kaum durch den Menschen beeinflußt wurde, stellt ein höheres **Steineichengebüsch** vielleicht den Rest des echten Steineichenklimaxwaldes dar.

c) Auf **Puddingstein** bietet auf den Hügeln des ehemaligen Var-Deltas westlich von Nizza der ziemlich brüchige Untergrund ähnliche edaphische Bedingungen wie der Mergelboden. Die Wälder wurden durch Kulturen weitgehend verdrängt: Rosmarinheiden mit dominanten *Cistus albidus*, *Coriaria* Büsche auf den Hängen und in kleinen Tälern. Dieser Typ ist aufgrund der starken Überbauung nur schwer zu untersuchen.

d) Auf **Sandstein** ist in der Gegend um Menton und in Ligurien, infolge dichter Kulturen die Degradation ebenfalls sehr stark. Die Aleppokiefer ist fast gar nicht und andere Gesellschaften sind nur lückenhaft vertreten, nur an einigen Stellen wie z.B. im unteren Royatal sind sie sehr gut erkennbar.

1.2.1.2. Ostprovence und Unterrhône

Um Fayence und bis zur unteren Durance ist die Aleppokiefern-Serie durch einen weniger wärmeliebenden Typ vertreten, wobei einige erwähnte Merkmale fehlen *(Pistacia lentiscus* und *Smilax).* Inseln dieser Formation sind noch in der mittleren Durance bis in die Gegend von Lurs und im Rhônetal bis um Vaison-la-Romaine anzutreffen.
Westlich der Durance ändert sich die Zusammensetzung etwas durch Hinzutreten **westlicher Arten** *(Quercus coccifera*, *Cistus laurifolius).* Die Serie bestockt die Südhänge der Luberonkette und säumt sie im Norden, einen Teil des Apt-Beckens einnehmend.
Ganz im **Westen** steigt schließlich die Grenze entlang der Berge, die an das Rhônetal grenzen, an und deutet drei große Buchten an. Apt-Tal zwischen Luberon und Vauclusebergen, Bedoinbecken zwischen den Vauclusebergen und Ventoux, schließlich Vaison-la-Romaine-Becken und Nyons nördlich des Ventoux gegen die Baronnies. Der mediterrane Charakter nimmt von Süden nach Norden allmählich ab mit Ausnahme des Vaison-Nyons-Beckens, wo eumediterrane, wärmeliebende Arten wie Kermeseiche, *Brachypodium ramosum*, *Rosmarin* eindringen und die Aleppokiefer reichlich vertreten ist. Möglicherweise begünstigen in dieser Region (Baronnies) weniger massive und mehr gegliederte Berge das Vordringen wärmeliebender Arten.

1.2.2. Mesomediterrane *Quercus pubescens*-Serie

Die Klimaxform der Flaumeiche innerhalb der Grenzen des Olivenbaums entspricht dem *Quercus pubescens-* und *Quercus ilex-* **Mischwald.** Dieser wurde lange Zeit als einfache Übergangs-Fazies betrachtet und mangels genauer kartographischer Unterlagen war seine tatsächliche Bedeutung nur schwer zu beurteilen (Quercetum ilicis pubescentosum, BRAUN-BLANQUET). Nach eingehenderen Untersuchungen handelt es sich sehr wohl um eine eigenständige, wenn auch etwas **heterogene Ausbildung** (OZENDA 1966). Diese Serie besiedelt im oberen Teil der mesomediterranen Stufe, zwischen 300 und 600 (700) m, tiefgründige Böden, während felsiges Gelände der folgenden Serie vorbehalten bleibt. Die Serie bedeckt die fruchtbarsten Böden im Mittelmeergebiet mit ausgedehnten Kulturen: Großteil der Olivenhaine, Lavendelkulturen des Valensole-Gebiets, ziemlich überall Gemüseanbau und Obstgärten. **Terrassenkulturen** («bancaous») sind hier mehr als in den anderen Serien ein wesentliches Landschaftselement. Die typische Form ist auf der ersten Stufe der provençalischen Plateaus, den «plans», in der Region von Vence und Grasse zu beobachten. Klimaxgesellschaft ist ein **Flaumeichen-Niederwald,** der viel besser entwickelt ist als der suprameditерrane Eichenwald. Der Wuchs der Bäume wird durch einen tiefgründigen, vielleicht auch weniger durchlässigen Boden begünstigt, so daß lokal beachtenswerte Höhen erreicht werden, die suprameditерran nur ausnahmsweise zu finden sind.

Der Eichenwald ist häufig zu einem Steineichen- und *Juniperus oxycedrus*-Gebüsch **degradiert** mit eingestreutem gemeinen Wacholder, sobald die Untergrenze der suprameditерranen Stufe erreicht ist. Dieses **Gebüsch** degradiert nun seinerseits zu einer **Strauchheide** (**Garrigue**) mit Thymian und anderen Labiaten, die am besten *Lavandula latifolia* kennzeichnet, anschließend zu offeneren *Aphyllantes-*, *Fumana-*, *Dorycnium-*, *Euphorbia spinosa- und Euphorbia nicoeensis*-Gesellschaften.

Umgekehrt ist an zahlreichen Standorten, insbesondere beim natürlichen Zuwachsen ehemaliger Kulturen, ein **Initialstadium** festzustellen, das mit einer *Brachypodium phoenicoides*-Wiese beginnt, sich dann durch rasches Einwandern eines *Spartium junceum*-Gebüsches mit *Clematis vitalba* fortsetzt und schließlich mit einem jungen Eichenwald mit oder ohne *Juniperus*-Zwischenstadien endet (Abb. 6.2/C und D).

Verschiedene **Fazies** werden unterschieden, die fast immer mit reichlich Eichen und Kiefern vergesellschaftet sind, sowie eine Silikat-Variante, die eine eigene Unter-Serie darstellen dürfte.

1. **Fazies auf Valensole-Puddingstein:** Das weite, nur schwach geneigte Valensole-Plateau wird durch viele kleine Täler zerfurcht. Bestockt wird es von einem Vegetationskomplex aus Eichenwäldern *(Quercus pubescens* und *ilex)*, Aleppokiefern, Waldkiefern und Olivenhainen, die sich je nach Richtung der Taleinschnitte durchdringen. Doch dieses scheinbare Mosaik stockt auf einer relativ einheitlichen Strauch- und Grasschicht von verkümmertem mesomediterranem Typ.

2. **Seestrandkiefer-Fazies:** *Pinus maritima (pinaster)* vertritt die Serie in den Seealpen östlich des Var-Unterlaufs. Auf Mergel und sogar auf reinem Kalk ersetzt die Seestrandkiefer fast völlig die Eiche ebenso wie die Steineiche in der tiefmediterranen Stufe im selben Gebiet fast ganz von der Aleppokiefer abgelöst wird. Diesen Übergang von einer Unterstufe zur anderen kennzeichnen das Zusammentreffen und der allmählichen Wechsel der zwei **Ersatzkiefernwälder.**

3. **Silikat-Varianten:** Im Gebiet von Berreles-Alpes und Lucéram, 15–20 km nordöstlich von Nizza, wächst auf Sandsteinbergrücken unter einer spärlichen Baumschicht mit Seestrandkiefer und Flaumeiche zu gleichen Anteilen eine Gesellschaft, mit den meisten Arten der Serie; dazu *Calluna*, *Erica arborea*, *Genista germanica*, *Teucrium scorodonia* und einige Edelkastanien dominieren. Diese eindeutig edaphische Variante des Flaumeichenwaldes, unterscheidet sich stark zur Korkeichen-Serie.

Dieser Typ kommt weiter östlich auf dem Menton-Sandstein vor und nimmt wahrscheinlich den größten Teil der hochmediterranen Stufe im westlichen Ligurien ein, die infolge einer ausgeprägten Degradation der Vegetationsdecke nicht gut erforscht ist.

Eine Fazies mit *Erica*-Gewächsen und *Ulex* im Gebiet von Apt (AUBERT-BOREL 1965) gehört möglicherweise hierher.

1.2.3. *Juniperus phoenicea*-Serie

Durch den ausgeprägtesten gebirgigen Charakter der mediterranen Serien entspricht sie vor allem im oberen Teil den **Fels-Gesellschaften** der mesomediterranen Stufe. Fels bezieht sich dabei nicht nur auf Steilabbrüche und Felsstandorte, sondern ganz allgemein auf skelettreiche Steilhänge (Abb. 6.6). Auffällig ist meist die Steineiche, die sich an diesen **Dauergesellschafts-Standorten** reliktisch erhalten hat, während sie sonst ausgerottet wurde. *Quercus ilex* ist allerdings nicht typisch für die Serie, da sie in der gesamten mediterranen Stufe vorkommt (Abb. 6.3), während der Phönizische Wacholder, zumindest in den Alpen, nur diese Serie kennzeichnet.

Abb. 6.6: *Juniperus phoenicea*-Serie auf abschüssigen Felsen an der oberen Olivengrenze bei ungefähr 550 m in Saorge, Tal von Roya, See-Alpen.

Diese spezielle **Fels-Ausbildung** ist unabhängig von Gesellschaften des Phönizischen Wacholders auf Dünen oder Alluvionen der wärmebegünstigten Mittelmeerküsten, ist jedoch ähnlich der *Quercus ilex*- und *Juniperus phoenicea*-Serie auf Felsstandorten, die im Algerischen Atlasgebirge sehr ausgeprägt ist (Ozenda 1955).

Begünstigt durch die ausgedehnten felsigen Kalksteinhänge, die in den Südalpen die meisten Mittelläufe der Flüsse säumen, erreicht die Fels-Serie des Phönizischen Wacholders von den Seealpen bis zu den Vauclusebergen eine beachtliche Ausdehnung. Typisch kalkliebend, wächst sie aber auch gut auf Sandsteinschiefer wie in den Berghe-Schluchten der mittleren Roya.
Die **Höhenverbreitung** reicht im allgemeinen in typischer Ausbildung von 300–800 m, vereinzelt jedoch sogar von 200–1000 m, da *Juniperus* hauptsächlich edaphisch bedingt vorkommt.
Einerseits dringt die Serie gelegentlich bis in die **tiefmediterrane Stufe** vor, zum Beispiel auf den Steilhängen in der Gegend von Eze und Beaulieu und vor allem bei Standorten der Basse-Provence bis kurz vor Toulon.
Andererseits dringt sie, allerdings verarmt, bis in die **untere supramediterrane Stufe** vor und umfaßt dort Steineichen und Wacholder-Gesellschaften, denen sämtliche eumediterrane Arten (Clue de Chabrières im Assetal und Oppedette im Nordosten von Apt) fehlen. Sehr viele **isolierte Standorte** des Phönizischen Wacholders sind noch bis im Süden von Drôme und Hautes-Alpes anzutreffen (siehe tiefere Unter-Serie des supramediterranen Flaumeichenwaldes).
Der Phönizische Wacholder siedelt auch noch nördlich des Mercantourgebirges auf **piemontesischen Felsstandorten** des Gesso-Beckens (Bono 1965).

Die Serie beginnt mit artenarmen Pioniergesellschaften, aber reich an Endemiten, auf deren paläogeographische Bedeutung Quézel (1950) hingewiesen hat. Die Zusammensetzung ist sehr unbeständig und nach langen Beobachtungen bin ich überzeugt, daß zahlreiche Kalkfels-Gesellschaften, die von verschiedenen Autoren beschrieben wurden, nur zufallsbedingte Abweichungen von einer durchschnittlichen Vergesellschaftung sind.

Das Endstadium hingegen ist ziemlich konstant. Im allgemeinen entwickelt sich ein **Steineichen-Gebüsch,** das sich vom klassischen Steineichenwald deutlich unterscheidet. Trotz dieser Konstanz, infolge einer ökologischen Artenselektion, ist diese Gesellschaft ursprünglich gemischt und umfaßt mehrere Typen der Begleitvegetation.

1. **Spezielle Arten der Serie** (Endemiten der südwestlichen Alpen mit E gekennzeichnet): *Potentilla saxifraga* (E), *Saxifraga lingulata* ssp. *lantoscana* (E), *Hypericum coris*, *Alyssum halimifolium*, *Ballota frutescens* (E), *Campanula macorrhiza* (E, Abb. 2.24/C), *Asperula hexaphylla* und *Tunica saxifraga*. Dazu kommen noch im besonders artenreichen Royatal: *Primula allionii* (E), *Saxifraga cochlearis* (E), *Sedum alsinefolium*.

2. Gemeinsame Arten mit den Fels-Gesellschaften der tiefmediterranen Stufe: *Euphorbia spinosa*, *Umbilicus pendulinus*, *Melica ciliata*, *Kentranthus ruber*, *Senecio cineraria*, *Phagnalon sordidum*, *Sedum nicoeense*, *Helichrysum stoechas* und *Fumana ericoides*. Arten der tiefmediterranen Stufe, die auf Felsstandorten beschränkt bis in die hochmediterrane Stufe reichen: *Hyparrhenia hirta*, *Ruta chalepensis*, *Smilax aspera*, *Argyrolobium linneanum*, *Psoralea bituminosa*, *Asparagus acutifolius*.

3. Gemeinsame Arten mit den supramediterranen und montanen (teilweise sogar subalpin, S) Fels-Gesellschaften: *Potentilla caulescens*, *Saxifraga lingulata*, *S. aizoon* (S) (= *Saxifraga paniculata*), *Sedum dasyphyllum* (S), *Silene saxifraga*, *Kernera saxatilis* (S), *Erinus alpinus*, *Satureia piperella* (E), *Hieracium lanatum*, *Asplenium fontanum*, *Asplenium ruta-muraria* und *Asplenium trichomanes*.

4. Mediterrane Arten auf Felsgestein (gelegentlich Chasmophyten): *Quercus ilex*, *Juniperus oxycedrus*, *Pistacia terebinthus*, *Cotinus coggygria*, *Prunus mahaleb*, *Cistus albidus*, *Cephalaria leucantha*, *Asperula cynanchica* und *Allium carinatum*.

Die Phönizische Wacholder-Serie kann natürlich je nach Bodenentwicklung sämtliche **Übergangsstufen** zur mediterranen Flaumeichen-Serie und in den Seealpen zur Hopfenbuchen-Serie aufweisen.

2. Supramediterrane Stufe vom westlichen (oder iberisch-provenzalischen) Typ

2.1. Westliche supramediterrane *Quercus pubescens*-Serie

2.1.1. Verbreitung und Ökologie

Die Serie bestockt den überwiegenden Teil der **südlichen Randalpen** des Dauphiné und der Haute-Provence. Auf rund 200 × 100 km füllt sie fast die gesamte Vegetationsstufe aus (Abb. 6.7).

Diese hauptsächlich kalkliebende Vegetation stockt auf Kalk- und Kalkmergel-Sedimentgesteinen (stellenweise Puddingstein). Die Böden dürften bisher noch nicht untersucht sein.

Die Serie ist auf allen Standorten zwischen 400 und 1000 m ausgeprägt (Abb. 6.8/A). Jahresdurchschnittstemperatur 10–13 °C, Niederschlag im Jahresdurchschnitt 700 bis 1200 mm, Kontinentalitätsgrad nach Gams 25°–40°. Nach der monatlichen Niederschlagsverteilung beginnt das Areal der Serie dort wo die mediterrane Sommertrokkenheit endet, aber die sommerliche Depression der Niederschläge noch deutlich ist.

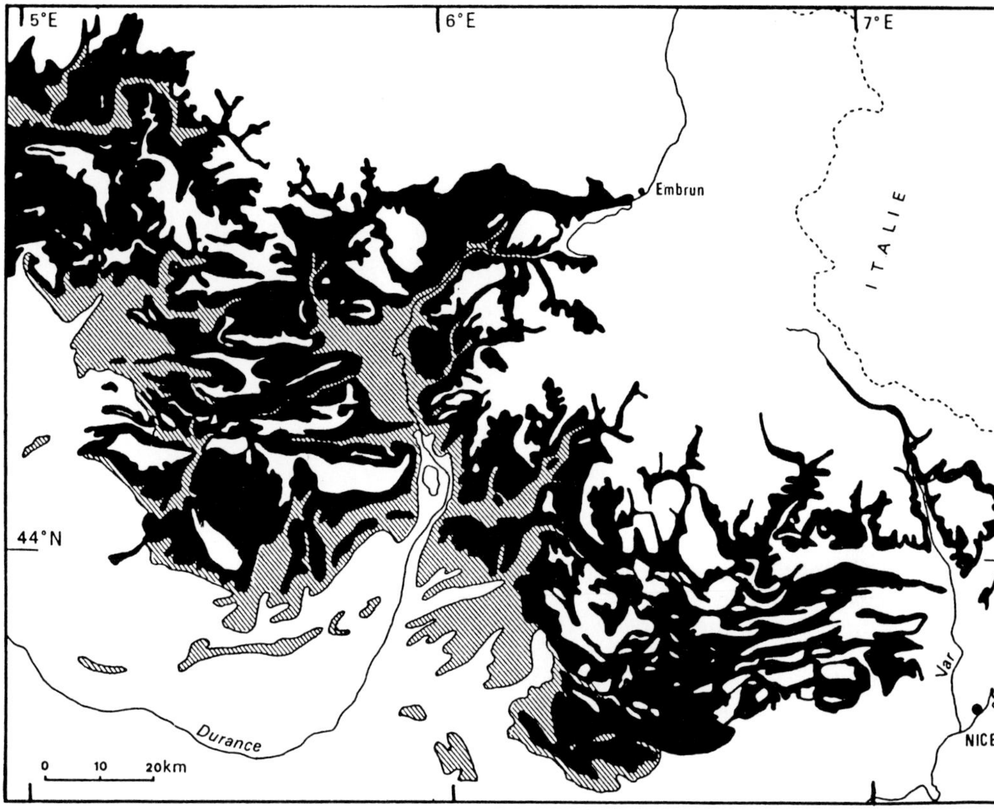

Abb. 6.7: Verbreitung der suprämediterranen Flaumeichen-Serie in den Alpen der Haute-Provence. Schwarz: Haupt-Typ der Serie, deren wichtigste Gesellschaft und Dynamik in Abb. 6.9 dargestellt sind. Schraffiert: die tiefere Unterserie im Übergang zum Mesomediterran, die durchdrungen ist von mediterranen Arten *(Quercus ilex, Juniperus oxycedrus, Cotinus coggygria, Lavandula latifolia, Spartium junceum).*

Dieses typische Klima wird üblicherweise submediterran bezeichnet (Abb. 6.8/B).

Gegen **Westen** begrenzen die Serie Silikatgebiete am Ostrand des französischen Zentralmassivs, im Südwesten steigt sie stufenförmig an mit einer ähnlichen Form wie in den Randalpen bei den Kalkhochflächen («Causses») am Rande des Zentralmassivs. Die Ausbildung dürfte mit der in den Kalk-Vorpyrenäen auf der französischen und zumindest teilweise auch auf der spanischen Seite (Katalonien und östliches Aragon) identisch sein. Diese Ausdehnung nach Westen begründet unter anderem, warum die westliche supramediterrane Stufe hier auch «iberisch-provenzialisch» benannt wurde.

2.1.2. Zusammensetzung und Dynamik

Zusammenhänge zwischen den verschiedenen Gesellschaften und die Dynamik der Serie sind in Abb. 6.9 dargestellt. Da die Entwicklung sehr oft regressiv ist, werden die Gesellschaften in der Reihenfolge zunehmender Verarmung, beginnend mit der Klimaxgesellschaft beschrieben.

2.1.2.1. Klimaxstadium

Klimax ist immer ein niederer oder mittelhoher (örtlich «blache» genannt) **Flaum-**

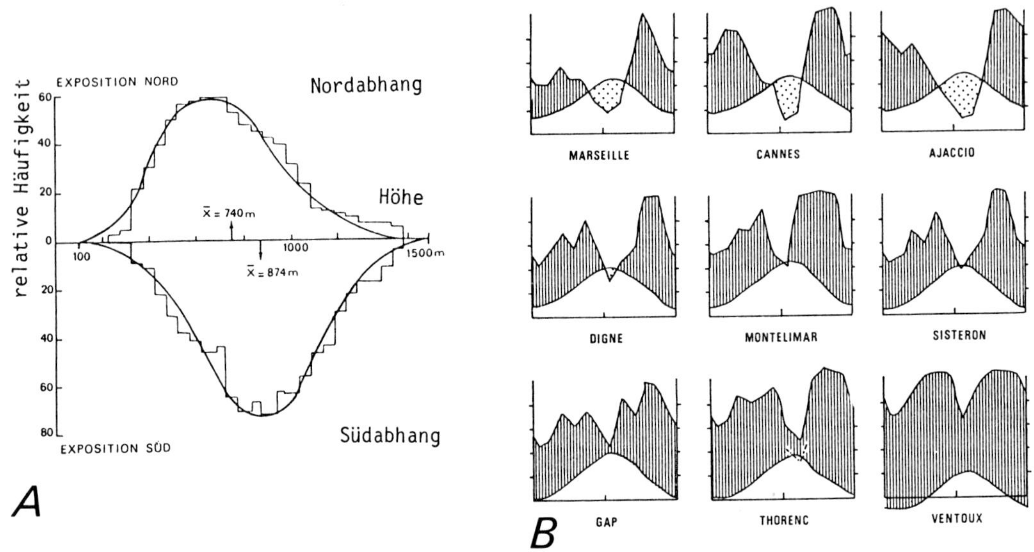

Abb. 6.8: Ökologie der supramediterranen, westlichen Flaumeichen-Serie.
A links: Höhenverteilungskurve der Serie (nach REY 1974). Die Graphik bezieht sich auf die östlichen Pyrenäen. Da diese südlicher liegen, ist die Höhengrenze ungefähr 150 m höher als in Haute-Provence.
B rechts: Nach Diagrammen von GAUSSEN. Oben: drei mediterrane Klimastationen mit deutlicher Trockenheit. Mitte: drei Stationen an der Grenze zwischen mediterraner und submediterraner Stufe. Die eine Trockenheit anzeigende Fläche verschwindet an dieser Grenze. Unten: Stationen Gap und Thorenc, ausgeprägt im submediterranen Flaumeichenwald gelegen. Sommerliche Trockenheit fehlt, aber die sommerliche Niederschlagsdepression, charakteristisch für den mediterranen Klimacharakter im weiteren Sinne, existiert noch, auch noch deutlich sichtbar an subalpinen Standorten am Ventoux (in OZENDA, 1970).

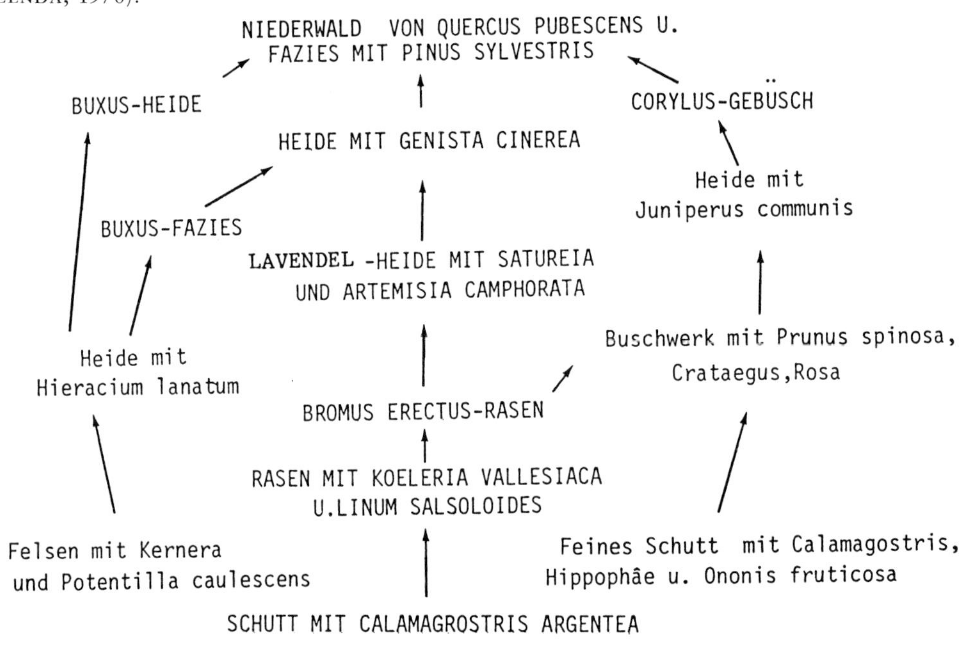

Abb. 6.9: Dynamik der supramediterranen westlichen Flaumeichen-Serie. Mit Großbuchstaben die wichtigsten Gesellschaften (nach OZENDA 1966).

eichen- oder **Föhrenwald** oder in den meisten Fällen beides. Die Verbreitung der beiden Arten erscheint auf den ersten Blick sehr variabel, folgt jedoch einigen Gesetzmäßigkeiten, die sich auf ökologische Mindestansprüche der Kiefer begründen.
Föhre weniger thermophil als Eiche siedelt im tieferen Teil der Serie weniger häufig und ist nur schattseitig in mittlerer Lage zu finden. Im oberen Arealbereich dominiert sie auf allen Expositionen. Infolge Trockenheitsresistenz, nimmt sie von Westen gegen Osten zu, während reine **Eichenwälder** vorwiegend in den äußersten Ketten der Randalpen auftreten. Die Trennung in einen äußeren randalpinen Eichen-Sektor und einen inneren randalpinen Föhren-Sektor, wie von manchen Autoren vorgeschlagen, erscheint schon physiognomisch unbegründet. Die bodenvage Föhre besiedelt allein die ärmsten Standorte, nämlich anmoorige Mergelböden des Rosans-Beckens (Baronnies) und die weit verbreiteten steinigen Kalkrücken. Doch diese Resistenz der Föhre ist nicht allein entscheidend. Sicher muß auch die unterschiedliche anthropogene Exploitations-Intensität in Betracht gezogen werden.
Die beiden Baumarten begleitet im **Unterwuchs** eine reiche Strauchvegetation, mit *Buxus sempervirens* als Hauptvertreter, der auch der Klimaxgesellschaft den Namen *Buxo-Quercetum* gegeben hat. Daneben finden sich *Corylus avellana*, *Sorbus aria*, *Sorbus torminalis*, *Acer opalus*, *Acer campestre*, *Acer monspessulanum*, *Euonymus latifolius*, *Genista cinerea*, *Juniperus communis*.

Pflanzensoziologische Beschreibungen in folgenden Arbeiten:
– **Eichenwald-Fazies:** Bannes-Puygiron 1933: Klimaxassoziation der Flaumeiche und des Buchsbaums, S. 27–33; Braun-Blanquet et al. 1951: *Querco-Buxetum*, Unterassoziation *cotinetosum* und Subass. *corylo-buxetosum*, S. 247–254; Molinier 1963; *Querco-Buxetum* und Buchsbaumgebüsch, S. 14–16 und Barbero et al. 1971: *Buxo-Quercetum pubescentis*, Tafel 6.
– **Föhrenwald-Fazies:** Molinier 1963: Pinetum sylvestris, S. 16–18.

2.1.2.2. Strauchgesellschaften

Dieser Komplex wird von *Buxus sempervirens*, *Genista cinerea* und *Lavandula vera* geprägt, den wir daher kollektiv **Aschen-Ginster- und Lavendel-Gebüsch** nennen, obwohl sich lokal verschiedene Gesellschaften differenzieren. Allgemein dominiert Buchs auf Felsgestein und Ginster auf Kalkmergel und Mergel. Lavendel kommt überall reichlich vor, herrscht auch in den Rasenstadien der Serie vor und dringt bis zu montanen Wiesen vor (cf. Kap. VIII, 5.5).
Neben diesen drei dominierenden Arten umfaßt die Gesellschaft häufig:
– **übliche Arten** der trockenen kollinen Gesellschaften: *Juniperus communis*, *Prunus spinosa*, verschiedene *Rosa*- und *Crataegus*-Arten, *Astragalus monspessulanus*, *Helleborus foetidus*
– höhersteigende **mediterrane Arten:** *Thymus vulgaris*, *Aphyllanthes monspeliensis*, *Carex halleriana*
– Arten, die sich im letzten Degradationsstadium der Rasen am besten entwickeln: *Koeleria vallesiana*, *Festuca duriuscula*, *Avena bromoides*, *Onobrychis saxatilis*, *Coronilla minima* und *Trinia glauca*
– Arten, die nicht im gesamten Gesellschaftsareal vorkommen und möglicherweise geographische Rassen darstellen: *Satureja montana* (Seealpen, Provence-Plans, Lubéron), *Artemisia alba* (= *Artemisia camphorata*; im Ostteil und teilweise in der inneren Serie) und *Teucrium polium* (Lubéron, Baronnies). (Abb. 6.10, 2 und 3).

2.1.2.3. Rasengesellschaften

Mehrere Stufen mit zunehmender Verarmung sind zu unterscheiden: *Brachypodium pinnatum* – *Bromus erectus* – *Festuca glauca* und *Koeleria vallesiana* – *Anthyllis montana* und *Ononis striata* auf flachgründigen Böden (Molinier 1934: Lavandulo-Astragaletum; Molinier 1967: *Festuco-Koelerietum*; Barbéro-Loisel 1971: *Brachypodio-Bupleuretum* und Barbéro et al. 1972: *Anthyllo-Ononidetum*). Diese Gesellschaften vom

Abb. 6.10: Suprамediterrane Stufe: Westliche Flaumeichen-Serie 1) Eichen-Klimaxwald (A) auf Südhängen im Gebiet von Vitrolles (Hautes-Alpes). Schattseitig ersetzt der Buchenwald (B) den Eichenwald im höheren Bereich. 2–3 *Genista cinerea*-Heide als Folge der Degradation des Flaumeichen-Waldes; beide Bilder sind in der Nähe des Col de la Baume aufgenommen, nördlich von Castellane. S. *Pinus sylvestris*, B. *Buxus*, G. *Genista cinerea*. 4) Extreme Degradation: Offenes *Buxus*-Gebüsch auf nahezu nacktem Boden (Les Dourbes, bei Digne).

Typ *Festuca-Brometea* sind relativ gut bekannt.

2.1.2.4. Edaphisch bedingte Gesellschaften

– **Fels-Gesellschaften** (Abb. 6.10/4): Fast immer handelt es sich um eine floristisch **verarmte Fels-Fazies** des niederen und sehr offenen Buchsgebüsches, mitunter auch um eine *Hieracium lanatum*-Assoziation als Zwischenstadium zwischen Rasen und Buchsgebüsch. In den tieferen Lagen der Serie ist in diese Felsgesellschaften *Juniperus phoenicea* eingestreut. Interessante Felsspalten-Gesellschaften wurden in den Randalpen von GRASSE beobachtet.

– **Geröll-Gesellschaften:** Die *Calamagrostis argentea- (= Stipa calamagrostis- = Achnatherum-)*gesellschaft oder *Calamagrostidetum* gehört zu den Assoziationen mit der größten geographischen wie auch ökologischen Amplitude. Ihr Vorkommen in der Serie ist nur ein Bruchteil eines noch viel ausgedehnteren Areals mit einer bemerkenswert konstanten Zusammensetzung. Die Beschreibung von BRAUN-BLANQUET (*Calamagrostieto-Centranthetum angustifolii*, 1961) für die inneralpinen Täler stimmt auch sehr gut für die Randalpen, Haute-Provence, Seealpen, Diois, Dévoluy, Chartreuse, Savoyen. Diese Assoziation ist außerdem auf allen Kalkgeröllhalden der montanen bis tiefsubalpinen Stufe ähnlich zusammengesetzt (*Festuca dimorpha*-Fazies in der Tinée, LACOSTE). In einer etwas anderen Ausbildung wurde sie im Südjura (*Erisymo-Centranthetum*, QUANTIN, 1935) von den Causses und Cévennes beschrieben, wo sie eine mediterrane *Centranthus leucoquii*-Assoziation überragt; in den Ostpyrenäen (BRAUN-BLANQUET) sowie in den Ligurischen Alpen (Teuricum lucidum-Fazies, OZENDA, 1954). Sie reicht wahrscheinlich bis zum Zentralapennin und zu den Südostalpen.

Die Assoziation weist zahlreiche **Übergangsformen** zu Wildbachgeröll-Gesellschaften (*Epilobium rosmarinifolium* als Hauptvertreter) und zur Fels-Fazies auf, wo *Laserpitium gallicum* auftritt.

Den Pioniergesellschaften ist die typische «roubines»-Vegetation zuzuordnen. Mit «roubines» werden in den Südalpen wassererodierte, fast vegetationslose Flächen bezeichnet, die sich aus mürben Ablagerungen gebildet haben: Mergel und fluvioglaziale Terrassen (Abb. 5.5). Die bekanntesten davon sind die «**Schwarzen Böden**», die durch Erosion des dunklen Callovo-Oxfordien-Mergels entstehen und deren besonderes Aussehen zur deutlichen Bezeichnung «**Elephantenrücken**» geführt hat. Diese eigenartige Formation erstreckt sich von der südlichen Drôme bis zum Hochtal des Var.

Die Vegetation ist durchwegs sehr sporadisch mit einem Deckungsgrad von 1% und weniger. Bäume fehlen fast völlig, nur an etwas konsolidierten Kleinstandorten vereinzelte Föhren. Typische Arten sind *Ononis fruticosa* (übrigens oft gepflanzt zur Bodenstabilisierung), *Ononis natrix* und *Hippophae rhamnoides*-Gebüsch, das vom gemeinen Wacholder begleitet wird. Ein Teil der Geröllarten tritt wieder auf, vor allem *Calamagrostis argentea*, *Laserpitium gallicum* und *Hieracium staticefolium*. Schwächer geneigte Standorte werden mitunter von Magerrassen, namentlich von *Linum salsoloides*- und *Aphyllanthes*-Einheiten, besiedelt (LE BRUN 1950).

2.1.3. Gliederung in zwei Unterserien

Die supramediterrane Flaumeichen-Serie nimmt unter den Vegetations-Serien im Alpenraum mit die größte Fläche ein. Daher ist die Unterteilung in zwei Höhenstufen notwendig, wobei die tiefere Unterserie Differential-Arten kennzeichnen:

– **obere Unter-Serie** (in Abb. 6.7 schwarz), typische Ausbildung der Serie, die den größten Teil der Fläche einnimmt und der oben gegebenen Beschreibung entspricht.

– **tiefere Unter-Serie** (in Abb. 6.7 schraffiert), in welche mesomediterrane Arten eindringen, wodurch sie als thermophilere Übergangsstufe im Vergleich zur Normalen Unter-Serie bei gleicher Dynamik gekennzeichnet ist.

Thermophile Differential-Arten variieren von Region zu Region, sind aber so zahlreich, daß man mit ihnen die tiefere Unter-Serie kartographisch genau abgrenzen kann. Im

besonderen: *Cotinus coggygria*, *Spartium junceum*, *Cephalaria leucantha*, *Juniperus oxycedrus*, *Rhamnus alaternus*, *Osyris alba*, *Euphorbia characias*, *Euphorbia serrata*, *Campanula medium*, an felsigen Standorten *Juniperus phoenicea*, sogar *Quercus ilex*. Die tiefere Unter-Serie enthält nur wenig oder überhaupt keine Föhre, dafür stocken fast überall Weingärten, die ebenfalls ein wertvolles Kartierungsmerkmal darstellen.
Quercus ilex bildet oft felsige Gesellschaften mit anderer Zusammensetzung als im mesomediterranem *Quercetum ilicis*, allerdings noch mit einer verkümmerten Ausbildung der Phönizischen Wacholder-Serie. Steineiche dringt in das gesamte Valentinois ein und steigt an beiden Rhône-Ufern hoch, denn am Rande des Zentralplateaus zwischen Saint-Péray und Valence befinden sich ausgedehnte Steilhang-Besiedlungen. Diese Formation ist wahrscheinlich mit jener verwandt, die GAUSSEN in den Ostpyrenäen «nahezu mediterrane Steineichen-Serie» genannt hat.
Andere Arten wie *Cotinus coggygria* dringen noch viel weiter nördlich bis nach Savoyen vor. Wie später ausgeführt wird, bilden sie die Grundlage für die Unterscheidung einer tiefen thermophilen Stufe in der nördlichen und östlichen Flaumeichen-Serie.

Zum ausführlichen Studium dieser Unter-Serie wird auf OZENDA 1966 und 1981 verwiesen sowie auf die Monographie der Vegetation des südlichen Valentinois von BANNES-PUYGIRON (1933), Arbeiten von MOLINIER über das Lubéron (1963) und Sainte-Baume (1958), von BONIN et al. (1983) auch über Sainte-Baume. Ein Teil der dabei beschriebenen Gesellschaften gehört zur tieferen Unter-Serie.

2.1.4. Anthropogener Einfluß

Die Bevölkerungsdichte im typischen Gebiet der Serie, ausgenommen das Schwemmland der Haupttäler, beträgt weniger als 5 Einwohner/km^2 und dürfte jemals kaum höher gewesen sein. In der Regel bestockt die Serie hügeliges und steiniges Gelände, das sich wenig für den Pflanzenanbau eignet. Kulturen nehmen daher nur eine bescheidene Fläche ein und gedeihen vor allem in der tieferen Stufe. Neben Weingärten sind noch Lavandin-Kulturen (Lavendel-Hybriden) typisch. Seit etwa zwanzig Jahren wurden in Talsohlen, vor allem im Durancetal, ausgedehnte Obstkulturen angelegt, die Hänge jedoch weitgehend ausgespart, so daß das Serien-Areal nicht beeinträchtigt wurde.
In dieser Region traten früher häufig intensive bis katastrophale **Wildbacherosionen** auf, die jedoch seit Mitte des 19. Jahrhunderts durch Aufforstung mit Österreichischer Schwarzkiefer, Zeder und anderen ausländischen Nadelbäumen (Kap. V) entscheidend reduziert werden konnte.

2.2. Allgemeines zum Flaumeichenwaldkomplex

Die westliche supramediterrane Serie, die fast die gesamte kolline Stufe der Haute Provence einnimmt, ist nur eine spezielle Lokalausbildung einer viel ausgedehnteren Formation, die zum großen Komplex thermophiler laubwerfender Wälder Südeuropas zählt. Die vorherrschende Baumart in Frankreich und im südlichen Mitteleuropa ist die Flaumeiche, die im Norden von *Quercus petraea*, im Südosten von *Quercus cerris* und *Ostrya carpinofolia* und ganz im Süden von anderen *Quercus*-Arten begleitet wird. Auf der Iberischen Halbinsel (ausgenommen Katalonien) Flaumeiche durch *Quercus faginea* ersetzt. Die Begleitflora umfaßt zahlreiche Arten mit mediterranem Einschlag, darunter viele Lippenblütler *(Lavandula, Thymus, Satureja)*.
Diese Vegetation wird traditionell «submediterran» (im deutschen Sprachgebrauch) genannt. Wir haben (1975) vorgeschlagen, diesen Fachausdruck durch «supramediterran» zu ersetzen, da die betreffende Vegetationsstufe sowohl nach Höhe wie auch nach dem Breitengrad oberhalb und nicht unter-

halb des Mittelmeers liegt und der Ausdruck «submediterrane Stufe» bereits mehrere verschiedene Bedeutungen besitzt; hauptsächlich sind die Verarmungsformen der mediterranen Vegetation nach Norden (submediterran) und nach oben in den Bergen (suprameditterran) verschieden genug, um zwei verschiedene Wörter zu benutzen.

Daß diese thermophile Vegetation pflanzensoziologisch eine Einheit und eine Ordnung der *Quercetalia pubescentis* darstellt, wurde schon bald erkannt (BRAUN-BLANQUET 1931). Da sie zunächst im nördlichen Areal untersucht wurde, wo sie mit *Quercus petraea* vergesellschaftet und durch verarmte und örtlich begrenzte Dauergesellschaften vertreten ist, hat sich der Name *Quercetalia pubescenti-petraeae* (TÜXEN 1931) durchgesetzt. Nach Studium des Hauptareals hat JAKUCS (1961) diese Ordnung auf Gesellschaften nördlich der Alpen *(Quercion petraeae)* oder in Osteuropa *(Aceri tatarici-Quercion)* beschränkt. Für den ausgeprägt thermophilen Teil mit typischen Flaumeichenwäldern wurde neu eine **Cotinetalia-Ordnung** ausgeschieden, bei der von Westen nach Osten sechs Verbände aufeinanderfolgen. Zwei davon sind hier von Interesse: *Buxo-Quercion* (von Spanien bis zum Apennin, eingeschlossen ein Teil der iberischen *Quercus valentina*-Wälder) und *Ostryo-Carpinion* (Norditalien bis Jugoslawien).

Anläßlich der Vegetationskartierung in den Westalpen (im weiteren Sinne vom Jura bis zu den Ligurischen Alpen) ergab sich, daß sich der Komplex von *Quercus pubescens*-Wäldern, der bis dahin einer einzigen Klimaxausbildung *«Quercetum pubescentis»* zugeordnet worden war, in Wirklichkeit in **fünf Serien** aufspaltet (Abb. 6.11).

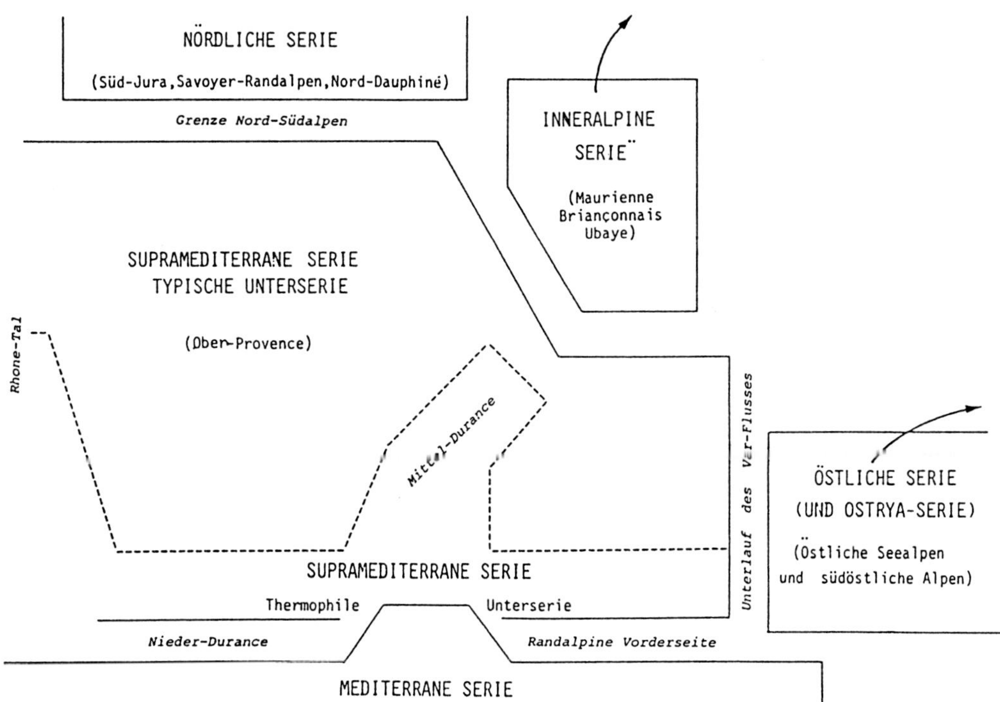

Abb. 6.11: Schematische geographische Verbreitung der verschiedenen Flaumeichen-Serien in den Südalpen (vgl. 6.1) (nach OZENDA 1970).

– Am ausgedehntesten ist die bereits beschriebene **supramediterrane Serie** der Haute Provence.

– Gegen **Süden** zu, in der mittleren und niederen Provence, wird sie von einem **mesomediterranen Flaumeichenwald** abgelöst, der vorher schon beschrieben wurde (oben, 1.2.2).

– Gegen **Norden,** in Richtung Pariser Becken und Rheingebiet, verarmt der Flaumeichenwald allmählich. Bevor er sich jedoch zum verarmten Relikt zurückbildet, das gewöhnlich nördlich der Alpen beschrieben wird, baut er in den nordwestlichen Randalpen und im Jura eine Vegetation auf, die trotz des Fehlens einiger südlicher Arten charakteristisch und einheitlich ist, die **delphino-jurassische Serie** genannt wurde (Dauphiné und Jura; unten 2.3).

– Im **Osten** dringt der hochprovenzalische Flaumeichenwald in einen Teil der Alpentäler ein, nimmt aber eine verarmte kontinentale Ausbildung an, die als **inneralpine Flaumeichen-Serie** bezeichnet wird und hauptsächlich auf die **Südwestalpen** beschränkt ist. Isolierte Reste finden sich im Norden bis Nieder-Wallis und im Osten bis ins mittlere Etschbecken (unten, 2.4).

– Im **Südosten** bleiben einige iberisch-provenzalische Elemente aus, dafür treten östliche Arten auf, so daß diese veränderte Zusammensetzung die **östliche Flaumeichen-Serie** bildet. Sie mischt sich mit der typischen illyrischen Hopfenhainbuchen-Serie *(Ostrya carpinifolia)* und baut mit ihr eine spezielle Vegetation auf, die bereits im Westen in den Seealpen auftritt. Die Einteilung von JAKUCS muß daher für die Westalpen modifiziert werden, da die Grenze zwischen dem *Buxo-Quercion* und dem *Ostryo-Carpinion* in Wirklichkeit entlang dem Längengrad von Nizza oder sogar noch etwas westlicher verläuft (Abb. 6.17, OZENDA 1966; unten, 3).

In **Westeuropa** haben außerhalb der Alpen die genannten Serien mit anderen thermophilen Eichenwäldern Kontakt.

Der typische **supramediterrane Eichenwald** mit Buchs und Lippenblütlern setzt sich nach Westen über den Südrand des französischen Zentralmassivs bis nach Aquitanien und die Charente mit verarmter Ausbildung fort, weist aber noch *Quercus ilex*-Standorte auf; Ausbreitung bis zu den Pyrenäen und nach Nordostspanien.

Analog bildet der östliche Eichenwald in den Seealpen nur den äußersten Rand eines ausgedehnten Areals, das sich über die **südöstlichen Randalpen** mindestens bis in die Gardasee- und vizentinische Region erstreckt, wo ebenfalls eine tiefere thermophile *Quercus ilex*-Stufe, Olivenkulturen und andere mediterrane Einstrahlungen auftreten. Auch im nördlichen **Apennin** werden große Flächen eingenommen, wo er nach und nach von *Quercus cerris*-Wäldern abgelöst wird. Im Zentralapennin oder im pannonischen Gebiet bildet er mit diesen zahlreiche Übergangsformen *(Potentillo albae-Quercetum, Lithospermo-Quercetum, Corno-Quercetum, Cotino-Quercetum).*

Der **Buchs-Eichenwald vom delphino-jurassischen Typ** fällt im Zentraljura und den Schweizer Randalpen aus und wird weiter nördlich und östlich von weniger wärmeliebenden und verarmten Flaumeichengesellschaften abgelöst, die bis in das südliche Pariser Becken, das Rheinland und nach Süddeutschland reichen *(Coronillo-Quercetum).*

2.3. Nördliche Quercus pubescens-Serie

2.3.1. Verbreitung und Ökologie

Diese Serie ersetzt die westliche in den **Nordwestalpen** und besiedelt dort südseitige Kalkhänge am Rand vom Vercors, Chartreuse, Bauges sowie am Südrand des Jura. Durchwegs kalkliebend ist sie infolge der Ausrichtung der Täler vorwiegend in südöstlicher bis südwestlicher Exposition entwickelt. Sie säumt den Südrand der Berge (Abb. 6.12) zwischen der Talsohle (200 bis 300 m) und einer oberen Grenze von 500 bis 800 m je nach Hanglage, auf felsigen Südhängen vereinzelt bis 1000 m.

Hier steht ihre Hauptausbildung und davon stammt der Name «**delphino-jurassische Serie**» (OZENDA 1966 und 1982). Sie setzt

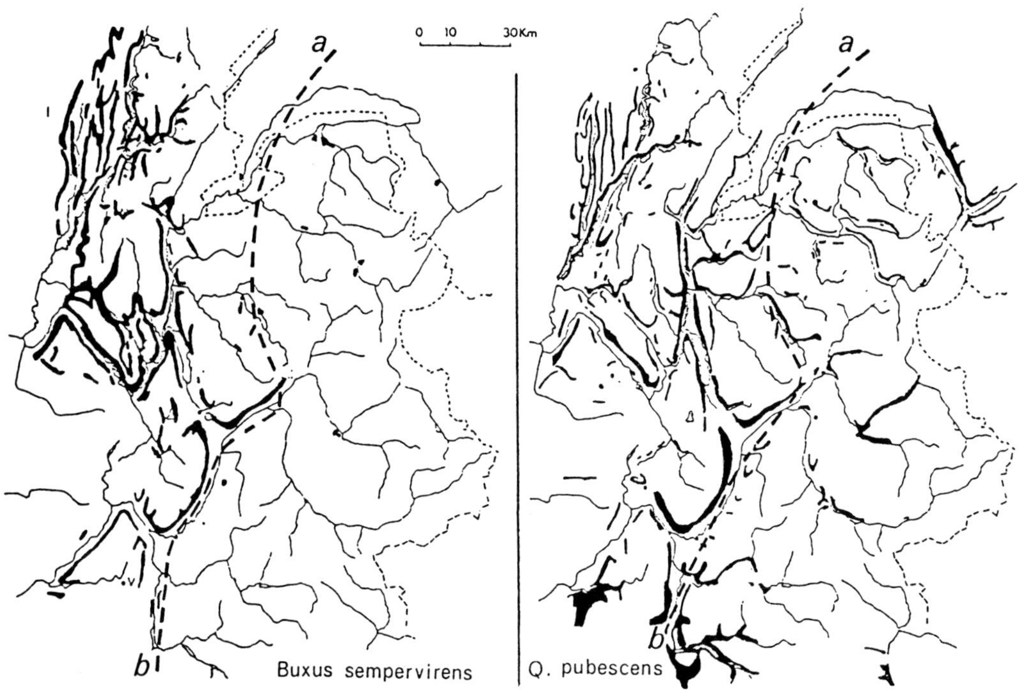

Abb. 6.12: Areal von *Buxus sempervirens* und *Quercus pubescens* in den Nordwest-Alpen und im Südjura.
Das *Buxus*-Areal stimmt gut mit der nördlichen Flaumeichen-Serie überein (begrenzt im Osten durch die gestrichelte Linie). Im Gegensatz dazu dringt die Eiche weiter nach Osten in die Zwischenalpen ein, wo sie der folgenden Serie entspricht (inneralpine Flaumeichen-Serie, südlicher stärker entwickelt, siehe 6.14).

sich gegen Norden nach Obersavoyen und in den Schweizer Randalpen *(Coronillo-Quercetum* und ein Teil des Flaumeichengürtels von SCHMID) und gegen das Rheintal nach Südwestdeutschland fort *(Querco-Lithospermetum, Clematido-Quercetum,* wärmeliebende Kiefern- und Eichenmischwälder von SEIBERT), wo die Serie schrittweise verarmt, gelegentlich eindringende kontinentale Arten aufweist und in mitteleuropäische Eichenwälder *(Potentillo-Quercetum)* übergeht.

Im Gegensatz dazu gehören deutlich **hygrophilere Buchs-Gesellschaften** des Bas-Chablais nahe dem Südufer des Genfer Sees nicht dem *Buxo-Quercetum* (DURIN, 1962) an und müssen der Eichenwald-Hainbuchen-Serie zugeordnet werden.

Die Jahresdurchschnittstemperatur schwankt zwischen 9° und 11,5°, Niederschlag 900 bis 1200 mm ohne ausgesprochen trockene Sommerperiode. **Böden** variieren je nach Muttergestein. Auf Kalk bildet sich durch langsame Zersetzung des widerstandsfähigen Eichen- und Buchslaubabfalles ein Humuskarbonatboden (L. RICHARD, 1971), auf dem brüchigen Kalk und feinerem Geröll entstehen Mull- oder Braunerderendzinen (GENSAC, 1977) und auf Schieferkalk leicht saure Oberflächenbraunböden. Die Profile und die Granulometrie der Wiesenböden wurden von RICHARD und PAUTOU 1983 beschrieben.

2.3.2. Zusammensetzung und Dynamik

Die Serie gleicht der vorigen durch reiches Buchs-Vorkommen, eingestreute südliche Arten und durch eine ähnliche Dynamik.

Allerdings fehlen wichtige Kennarten der supramediterranen Serie (ausgenommen einige seltene Standorte): *Genista cinerea*, typische Lippenblütler, *Lavandula vera*, *Thymus vulgaris*, *Satureja montana*. Klimax-Ausbildung ist ein niedriger und aufgelockerter **Eichenniederwald** mittlerer Physiognomie, der an die supramediterranen «blaches» der vorigen Serien erinnert, aber ziemlich reich floristisch zusammengesetzt ist (Tafel in OZENDA et al. 1964, L. RICHARD, 1971). Bemerkenswert sind viele **thermophile Arten** in der Strauchschicht: *Buxus sempervirens*, *Ligustrum vulgare*, *Cornus sanguinea*, *Acer opalus*, *Acer campestre*, *Acer monspessulanum*, *Prunus mahaleb*, *Amelanchier ovalis*, *Lonicera etrusca*, *Colutea arborescens* und *Coronilla emerus*.

In den **Strauch-Gesellschaften** dominieren auf den skelettreichen Böden Buchs und verbreitet *Juniperus communis*, *Prunus spinosa* und *Rosa sp. plur.*, eine verarmte Fazies, die mehreren kollinen Serien gemeinsam ist.

Die **Rasen-Einheiten** wechseln je nach Standort vom *Xerobrometum*- zum *Mesobrometum*-Typ. *Festuca duriuscula*, *Carex halleriana*, *Teucrium chamaedrys*, *Teucrium montanum* und *Bupleurum falcatum* sind Differential-Arten des ersten Typs, der am weitesten verbreitet ist. *Genista pilosa* und *Astragalus monspessulanus* sind überall zu finden, und viele Orchideen fallen auf.

Zahlreiche Beschreibungen in den Anmerkungen zu den Vegetationskarten der Alpen und in den 30 Bänden der beiden Reihen «Documents pour la Carte de la Végétation des Alpes» (1963 bis 1972) und «Documents de Cartographie écologique» (seit 1973) der Universität Grenoble; RICHARD-PAUTOU 1983. Die Gesellschaften wurden auch im Jura genauer untersucht; Kap. X.

2.3.3. Unterserien und Fazies

2.3.3.1. Thermophiler Eichenwald

Wie bei der vorigen Serie sind auch hier zwei Höhenstufen zu unterscheiden, die zwei Unter-Serien entsprechen und zum Beispiel am Fuße der Steilabfälle, am Südostrand der Chartreuse zwischen Grenoble und dem Chambéry-Becken im Gelände deutlich auffallen: tiefere Stufe mit wärmeliebenden Arten und Weingärten und eine höhere weniger thermophile Stufe mit Föhren. Sie werden durch die Höhenkote 500 m ungefähr getrennt.

In der tieferen Stufe sind auf geschützten Steilhängen **«südliche Kolonien»** mit Dutzenden submediterranen Arten anzutreffen. Seit der allgemeinen Studie durch VIDAL-OFFNER (1905) sind gewisse Standorte in der Umgebung von Grenoble gut bekannt: Rochers de la Bastille, de Comboire und de Rochefort. Diese Kolonien wurden außerdem von GOBERT et al. (1963), TONNEL-OZENDA (1964) und CLERC (1964) im größeren Rahmen der Flaumeichenwälder behandelt. Bei Montmélian nehmen Aphyllanthes monspeliensis-Gesellschaften einen bedeutenden Raum ein (RICHARD 1971). Im Herbst sticht diese termophile Stufe durch pupurrote Färbung von *Cotinus coggygria* und *Cornus sanguinea* hervor. *Juniperus thurifera* hat hier seinen nördlichsten Reliktstandort (Abb. 6.13, 6.15).

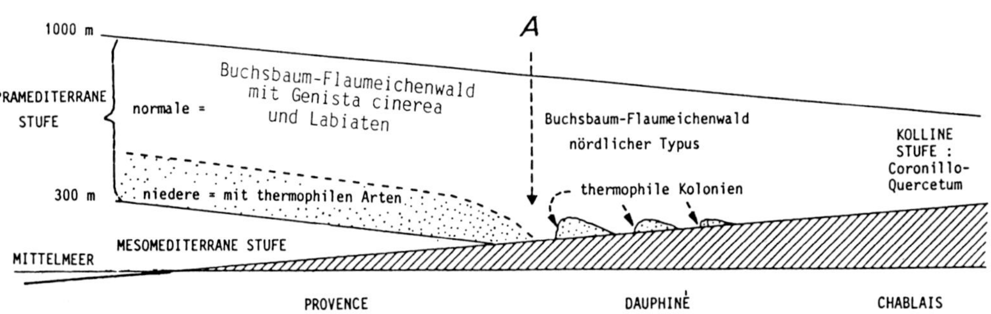

Abb. 6.13: Schematische Höhenverbreitung der beiden supramediterranen Unter-Sufen bei einem Nord-Süd-Profil in den Westalpen.

Diese Kolonien wärmeliebender Pflanzen dürfen nicht mit «**randlich sub-mediterranen**» Arten wie *Acer monspessulanum*, *Ligustrum vulgare*, *Amelanchier ovalis* und *Colutea arborescens* verwechselt werden, die in der Serie nicht außergewöhnlich sind und auch noch weiter nördlich in verarmter Ausbildung des «nördlichen Flaumeichenwaldes» auftreten.

2.3.3.2. Übergangs-Fazies zum Hainbuchen-Eichenwald

An **Südlagen** gebunden, wo der Untergrund nicht aus Hart-Kalk besteht (Schieferkalk, Molasse, Terrassen oder Moränenablagerung). Die Strauchschicht enthält wie im typischen Flaumeichenwald *Acer opalus*, *Juniperus communis* und *Coronilla emerus*, wobei ein Teil der thermophilen Arten ausfällt. Die **Krautschicht** ist in aufgelichteten Teilen noch reich an xerophilen Arten. Doch auch hier bleiben die thermophilsten aus, während sich Mesophile wie *Brachypodium pinnatum* und *Euphorbia amygdaloides* ausbreiten. Auf aufgelassenen landwirtschaftlichen Fluren sind Robinien-Niederwälder häufig.

2.3.3.3. Übergangs-Fazies zum trockenen Buchenwald

Entwickelt an der oberen Grenze der Serie, in **Südlage** zwischen 800 und 1000 m, stellt die Fazies ein Übergangsstadium zu den trockensten Ausbildungen des *Sesleria*-Buchenwaldes dar.

2.3.3.4. Spezialgesellschaften

a) *Pinus sylvestris*, die vielfach im supramediterranen Eichenwald mit der Klimax-Ausbildung vergesellschaftet ist oder eine **Paraklimax** bildet, ist hier lokal begrenzt, besitzt aber im nördlichen Dauphiné (seltener Savoyen) und vor allem in der oberen Stufe der Serie noch ausgedehnte Inseln.

b) *Molinia*-**Fazies** bestockt meistens steile Südhänge auf Schieferkalk oder Kalkmergel mit oberflächlich trockenen, in der Tiefe infolge Durchsickerung aber feuchten Tonböden. An der oft vorherrschenden *Molina caerulea*, *Carex glauca* und einigen acidophilen Arten wie *Pteridium aquilinum* ist diese Fazies leicht zu erkennen, die auch einen ansehnlichen Anteil mesophiler Arten umfaßt, deren Zusammensetzung sich jedoch deutlich von den Hainbuchen-Eichenwäldern unterscheidet.

2.4. Inneralpine Quercus pubescens-Serie

Die kolline Stufe dringt nur dort bis in die Inneralpen vor, wenn sie in den Randalpen noch gut entwickelt ist. Hauptsächlich die **Südwestalpen** werden von einer supramediterranen Vegetation im Schutze des Durance-Beckens bis in ziemlich große Höhen gesäumt, zu einem geringeren Teil in den Ostalpen (Trient) und Nordwestalpen (Aosta-Tal, Wallis). Dagegen ist in den Nordostalpen das Vorland am Fuße der Randalpen bereits submontan (Abb. 6.3).

2.4.1. Haute Durance

Die Serie ist für diesen Raum charakteristisch. Der Name «hameau des Vigneaux» (Weinberg-Weiler) 10 km unterhalb von Briançon in 1080 m Höhe verrät, daß Wein früher (klimabegünstigt) bis an ökologisch potentielle Grenzen angebaut wurde. Die **supramediterrane Vegetation**, die in der mittleren Durance und besonders im Gap- und im Chorges-Becken noch weitgehend dominiert, verarmt ab Embrun. Einige Elemente dringen jedoch begünstigt durch das nach Süden offene Tal ziemlich weit flußaufwärts vor (Abb. 6.14).
Unter den verschiedenen Gesellschaften, die von BRAUN-BLANQUET (1961) in diesem Talabschnitt beschrieben wurden, ist auch ein **Flaumeichenwald** in 700 m Höhe, der einem *Querco-Buxetum cotinetosum* zugeordnet

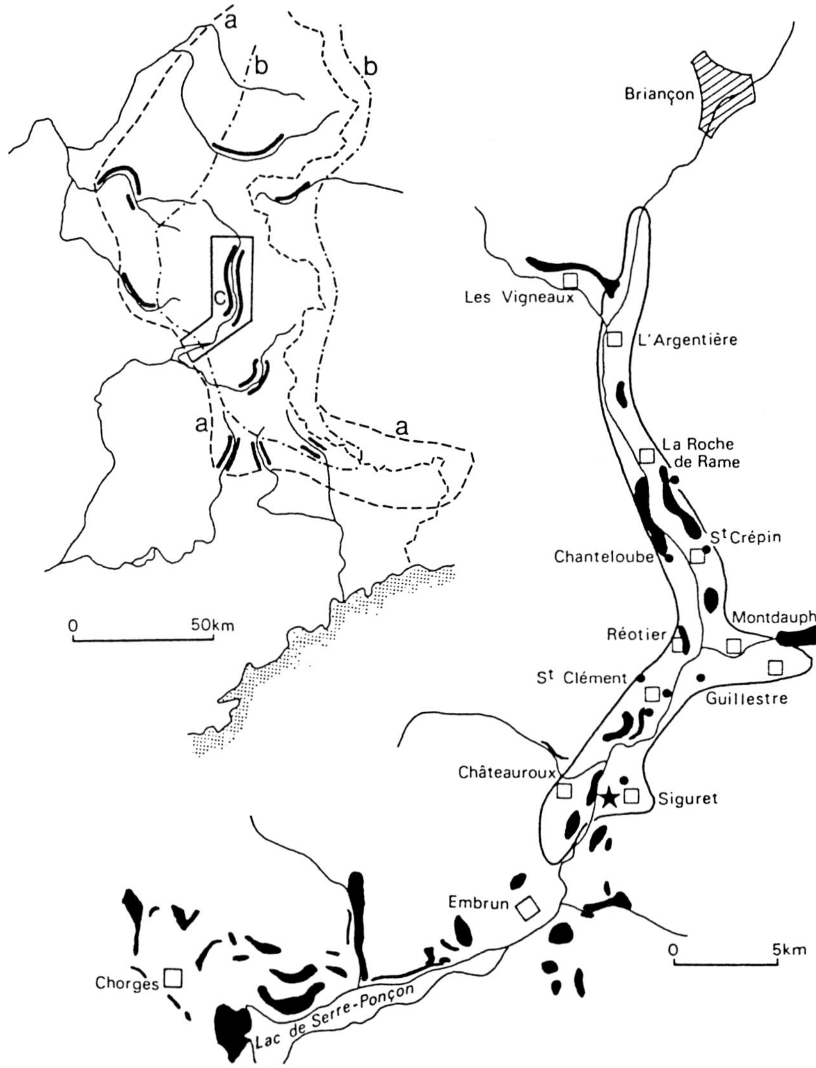

Abb. 6.14: Inneralpine Flaumeichen-Serie in den Südwestalpen.
A – links: Allgemeine Verbreitung der Serie, angezeigt durch dicke Striche entlang der betreffenden Täler. a) äußere Grenze der mittleren und inneren Zone; b) westliche Grenze der eigentlichen inneren Zone in den französischen Alpen, c) umrahmter Teil rechts dargestellt (Haute-Durance).
A – rechts: Inneralpine Serie in Haute-Durance. Die schwarzen Flecken entsprechen den Flaumeichen-Bestockungen. Quadrate für *Lavandulo-Artemisietum albae.*

wird, dem allerdings Buchs, Lavendel und Aschenginster fehlen. Mit Arten aller Vegetationsschichten ist diese Gesellschaft eindeutig mit verarmten Ausbildungen der beiden vorherigen Serien verwandt. Dazu kommen noch zwei andere Assoziationen, ein halbstrauchartiges *Lavandulo-Artemisietum albae* (18 Aufnahmen) davon 14 zwischen 850 und 1060 m, und die Grasheide *Koelerio-Astragaletum vesicariae* mit 46 Aufnahmen, davon 31 zwischen 860 und 1100 m. Die anderen Gesellschaften, von Braun-Blanquet beschrieben, sind dieser Serie und der trockenen montanen Stufe gemeinsam

(*Achnatherum-* und *Centranthus angustifolius*-Geröll-Einheiten) oder gehören völlig zur xerophilen Föhren-Serie der montanen Stufe.

2.4.2. Andere Südwestalpen-Gebiete

In der Ubaye wurde der inneralpine Eichenwald von Lavagne et al. (1965) beschrieben, auf dessen stellenweise Degradation *Acer opalus-* oder *Sorbus aria*-Niederwälder hinweisen. In Höhe des Dorfes Lauzet, wo überdies die letzten Buchsgebüsche verschwinden, hat er Kontakt mit der supramediterranen Serie.
Der **inneralpine Sektor** beginnt eindeutig im Susa-Tal (Tal der Doria Riparia) in Exilles, ca. 10 km stromaufwärts von Susa. Braun-Blanquet (1961) hat jedoch schon im Susa-Becken eine Vegetation beschrieben, die der «Quercion pubescenti-petraeae-Klimax» zugeordnet wurde und deren Aufbau an die verarmten Flaumeichenwälder in Mitteleuropa erinnert. Supramediterrane Arten fehlen, dafür belegen *Ephedra helvetica*, *Stipa capillata* und Tragant-Arten den inneralpinen Charakter. Neben diesen **Eichen-Niederwald-Resten** beschreibt Braun-Blanquet gut ausgeprägte, xerophile **Grasheiden:** *Contorto-Diplachnetum* und *Trinio-Stipetum* in 500–800 m, *Koelerio-Helianthemetum apennini* in 1000–1300 m und noch höher im Tal (Oulx, Salbertrand, Bardonnèche) an der Grenze zur montanen Stufe. Von Montacchini (1972) beschriebene Eichenwälder gehören ebenfalls hierher.

In anderen Tälern ist der kontinentale Charakter nicht so ausgeprägt, daß er die Übergangs-Ausbildungen zwischen der randalpinen supramediterranen und der inneralpinen Serie stärker beeinflussen könnte (Ozenda 1966, 1982).

So stoßen in der Mittleren Maurienne, wo das inneralpine Gebiet bei Saint-Jean beginnt, allerdings **verarmte Flaumeichenwald-Flecken** südseitig zwischen 600 und 1000 m bis nach Saint-Michel vor. *Colutea arborescens-*, *Acer monspessulanum-* und *Prunus mahaleb*-Büsche und manchmal noch vereinzelte Flaumeichen kommen bis Modane (Bartoli 1966). Braun-Blanquet (1961) hat auf den gleichen Hängen trokkene *Koeleria-*, *Stipa-*, *Onosma-*, *Fumana-*, *Onobrychis*-**Rasen** u.a. beschrieben, die von 500 bis 900 m das *Stipo-Sedetum sediformis* und *Bromo-Koelerietum vallesianae* bilden.
Im Romanche endet das **Buchs-Areal** bei Séchilienne. Talaufwärts siedelt auf Südhängen noch eine verarmte Flaumeichen-Serie mit viel Montpellier-Ahorn. Lavendel tritt hie und da auf. Im Becken von Bourg-d'Oisans, in der Nähe des von Braun-Blanquet beschriebenen xerothermen Standorts (1961, *Crupino-Stipetum capillatae*, 700–900 m) findet sich an der unteren Grenze zur trockenen montanen Stufe eine Flaumeichen- und Artemisia-Gesellschaft, die ebenfalls der **inneren Serie** angehört.
Im Mittleren Drac (Beaumont und nördlicher Dévoluy) und am Eingang des Verdon-, Var- und Tinéetals wurden Gesellschaften mit wechselndem Aufbau beobachtet, die Stadien extremer Degradation einer der beiden vorigen Serien, je nach geographischer Lage, sein dürften.

2.4.3. Nordwestalpen

Auf der französischen Seite kommt die Serie fast nicht vor (Spuren in der Tarentaise), im Aostatal und im Wallis ist sie jedoch gut ausgeprägt.
Im **Aosta-Tal** besiedelt sie die Talsohle im mittleren Teil in Ost-West-Richtung beiderseits der Stadt Aosta, und zwar unter folgenden klimatischen Bedingungen:

	Höhe (m)	Niederschlag (mm)	Kontinentalitätsgrad
Saint-Marcel	550	500	48°
Aosta	580	570	46°
Aymaville	700	520	55°

Die Landschaft prägen hauptsächlich Wein- und Obstgärten, die bis 1000 m reichen. Reste der Eichenwälder enthalten zahlreiche submediterrane Arten: *Lonicera etrusca*, *Prunus mahaleb*, *Colutea aborescens*, *Limodorum abortivum*, *Stachys recta* (*Lavandula*, *Satureja* und *Thymus* fehlen), neben kontinentaleren Elementen: *Festuca vallesiaca*, *Campanula bononiensis*.

Ein **Hasel-Gebüsch** mit ähnlicher Zusammensetzung stellt ein reversibles **Degradationsstadium** dar. Offenere Gesellschaften wurden von BRAUN-BLANQUET (1961) in Höhen von (400) 600–900 m (1200 m) beschrieben: *Koelerio-Onosmetum cinerascentis*, *Melico-Kochietum prostratae*, *Thymetum angustani* und *Echinopsi-Artemisietum*.

Im **Wallis** liegt der Talgrund über eine Strecke von etwa 40 km zwischen Martigny und Sierre in ca. 400–500 m Höhe mit relativ flacher Sohle. Die **innere Eichenwald-Serie** (*Campanulo trachelii-Quercetum pubescentis*, WENDELBERGER 1979) ist ausgeprägter als im Aostatal, aber fast ganz durch Weingärten und andere Kulturen verdrängt. Eine Besonderheit dieser inneralpinkollinen Stufe stellen **Föhrengesellschaften** dar. Sie können als Kiefferersatzgesellschaft oder als spezielle Dauer-Assoziation auf Kiesstandorten oder vielleicht als eigenständige Unterserien interpretiert werden. Sie unterscheiden sich durch eine typische kolline Zusammensetzung von der montanen inneralpinen Föhren-Serie, die erst in größeren Höhen auftritt.

2.4.4. Ostalpen

Ausbildungen des inneren Flaumeichenwaldes in den Ostalpen werden nach der **östlichen supramediterranen** *Quercus pubescens*-**Serie** besprochen (unten, 3.2.2 und 3.2.3).

2.5. Juniperus thurifera-Bestände

Diese Art ist ein besonders eigentümliches Vegetationsmerkmal in den **Südwestalpen.** An der Nordgrenze des Areals verbreitet, dessen Hauptteil viel weiter südlich in den marokkanischen und iberischen Gebirgen liegt (Abb. 2.7). In Frankreich ist sie sowohl von den Zentralpyrenäen (Saint-Béat) als auch von verschiedenen südalpin erstreuten Standorten bekannt, die in zwei Zonen getrennt sind (Abb. 6.15): a) ein Streifen, der die nördlichen Südalpen vom Diois bis zum mittleren Verdon randlich berührt und ein Zipfel in der Haute-Durance sowie erst kürzlich entdeckte Standorte in der Haute-Tinée aufweist; b) eine kleinere Zone im Isèretal gleich ober- und unterhalb von Grenoble. Sämtliche Standorte befinden sich auf stark exponierten Kalk-Standorten. Die Höhenverbreitung schwankt in den Hautes-Alpes, den Alpes-de-Haute Provence und in den nordwestlichen Seealpen zwischen 900 und 1200 m (vereinzelt bis 1400 m), in der Drôme zwischen 700 m und 800 m, im Isèretal nur 300 bis 500 m.

Die Entdeckung des **Weihrauchwacholders** in den Alpen reicht zwei Jahrhunderte zurück (VILLARS 1786), der jedoch lange Zeit für eine Varietät des Sabina-Wacholders gehalten wurde. Das Vorkommen in den Alpen hat verschiedene Diskussionen ausgelöst. Bekanntlich handelt es sich um ein **vorglaziales Relikt** einer wärmeliebenden Flora. Umstritten ist die Erhaltung während der Eiszeiten. Standorte in der Haute-Provence stocken vor der Endmoränen-Front der ehemaligen Gletscher. Haute-Durance- und Grenoble-Vorkommen sind aber schwieriger

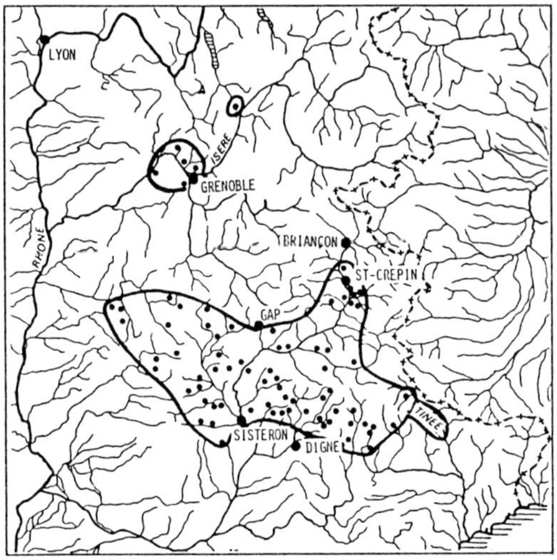

Abb. 6.15: Verbreitung von *Juniperus thurifera* in den Südwestalpen. Gesamtareal der Art, siehe Abb. 2.7.

zu erklären. Entweder konnte *Juniperus* an sonnseitig exponierten, geschützten Standorten, sogar in der Nähe der Gletscherzungen (Humbert 1950) überdauern oder es handelt sich um letzte Wiederbesiedlungsreste vom Vorland aus (Widmann 1950).

Die Ökologie des **Weihrauchwacholders** in den Alpen wurde von Archiloque und Borel (1965) diskutiert. Sie entdeckten oder bestätigten über 70 Standorte und führten eine pflanzensoziologische Analyse von 144 Arten auf 25 Standorten durch, die ein biologisches Spektrum mit vorherrschendem Chamae- und Therophyten ergab. So umfangreich und genau diese Studie auch ist, so beweist sie nicht, daß der Weihrauchwacholder eine eigene Serie bildet. Gründe dafür wurden bereits genannt (Ozenda 1966): geringe Ausdehnung der Gesellschaften, enge floristische Verbindung mit den Flaumeichenwäldern und Fehlen einer Dynamik.

Viel logischer sind die Weihrauchwacholder-Gesellschaften als edaphisch bedingte Enklaven (**standortsextreme Dauergesellschaften**) anzusehen, die in allen drei westlichen Serien der Flaumeiche, besonders aber in der supramediterranen auftreten. Sie kommen nur in den wärmsten Teilen dieser Serien, also ausnahmslos in der tieferen Höhenstufe vor, und setzen sich – abgesehen vom Wacholder – aus Arten zusammen, die für diese Flaumeichenwälder typisch sind. Der Begriff «Relikt» kann sich daher nur auf den Wacholder selbst und nicht auf die Gesellschaft, die er überlagert, beziehen.

Infolge der besonderen Bedeutung dieser Art wurde der Hauptstandort in Saint-Crépin/Haute-Durance von der staatlichen Forstbehörde unter Naturschutz gestellt (Abb. 2.8).

3. Supramediterrane Stufe vom östlichen (oder illyrischen) Typ

3.1. Ostrya carpinifolia-Serie

3.1.1. Areal der Art

Das europäische Areal der Hopfenbuche (auch in Kleinasien) erstreckt sich fast über ganz Italien (gesamter Apennin; Sardinien und Sizilien, örtlich begrenzt), Jugoslawien, Albanien und Griechenland. Sie reicht bis nach Südösterreich, Westbulgarien, türkisches Thrakien und Südostfrankreich (Seealpen und Korsika). Der Arealumfang sagt wenig über das tatsächliche Auftreten dieser Art aus, die ihren Schwerpunkt in der nördlichen Hälfte des Adriaraumes besitzt (Abb. 6.16).

In den Alpen ist das Hopfenbuchen-Areal zweigeteilt. a) An der gesamten **Südseite der Ostalpen,** vom Lago Maggiore bis nach Slowenien (Lombardische und Venetianische Voralpen, Tessin, Karnische und Julische Alpen, Karawanken) ist sie reichlich

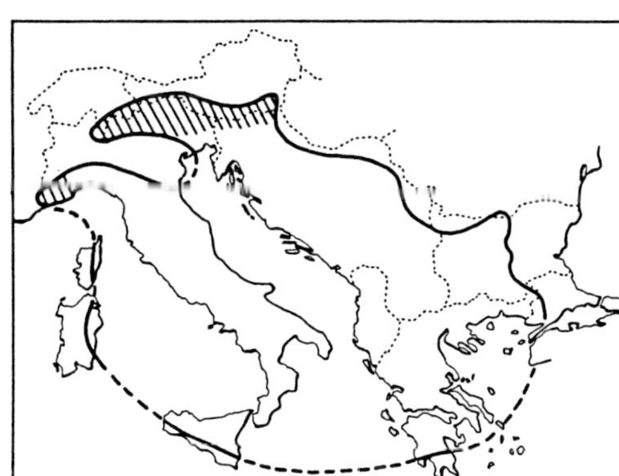

Abb. 6.16: Gesamtareal von *Ostrya carpinifolia*. Schraffiert das alpine Areal; oben links in den See- und Ligurischen Alpen (s. folgende Abbildung).

vertreten, weiter nördlich (Tirol, Steiermark – vgl. HUBER 1960) tritt sie örtlich begrenzt oder spärlich auf. b) In den **Westalpen** fehlt sie mit Ausnahme des südlichen Piemonts (selten) und der Ligurischen- und Seealpen, wo sie eine bedeutende Rolle spielt.

3.1.2. Illyrische Hopfenbuchenwälder als Bezugsbasis

Hopfenbuchenwälder und ihre begleitenden Gesellschaften sind in den Alpen bisher kaum untersucht worden. Am bekanntesten sind die randlichen Gesellschaften an beiden Enden des Alpenbogens, nämlich in den Karawanken und in den Seealpen. Der Schwerpunkt liegt im **adriatisch-illyrischen Raum,** wo sie viel genauer untersucht wurden; daher werden zunächst der Charakter und die Untergliederung besprochen.

Ökologisch kommen Hopfenbuchenwälder in niedrigen Gebirgen (supramediterran entsprechend) am Südrand der Zentral- und Ostalpen und in den Dinariden vor. **Pflanzensoziologisch** wird die Hopfenbuche von Arten wie *Fraxinus ornus* und *Cotinus coggygria* begleitet. Dies hat zu Bezeichnungen wie *Orno-Ostryon*, *Orno-Cotinetalia* usw. geführt.

Die grundlegende Arbeit für einen Vergleich mit alpinen Hopfenbuchenwäldern dürfte von HORVAT (1962) über die Vegetation der Gebirge in Westkroatien sein. (Ergebnisse wurden in der «Vegetation Südosteuropas» von HORVAT-GLAVAČ-ELLENBERG 1974 für den gesamten Balkan erweitert). Die **drei Hopfenbuchenstufen** dürften den Stufen in den Ligurischen- und Seealpen entsprechen.

1. Die Hauptstufe wird von einer **supramediterranen Formation,** dem *Seslerio autumnalis-Ostryetum*, gebildet, die sich zwischen 400 und 900 m unterhalb des montanen Fagion entwikkelt. In der pflanzensoziologischen Nomenklatur ist diese Assoziation dem Verband *Ostryo-Carpinion orientalis* zugeordnet, dessen obere Stufe sie bildet, und gliedert sich von unten nach oben in **drei Unterassoziationen** *quercetosum pubescentis*, *quercetosum petraeae* und *sorbetosum*, die verschiedene Degradations-Stadien mit Christusdorn, Schlehdorn und *Fraxinus ornus* aufweisen. Die Gesellschaft tritt in tieferen Lagen entlang der gesamten jugoslawischen und albanischen Küste auf und setzt sich in Griechenland mit einem *Ostryo-Carpinetum orientalis* fort, das sich lediglich durch einige emporsteigende mediterrane Arten *(Quercus ilex, Qu. coccifera)* unterscheidet und wo *Fraxinus ornus*, *Cotinus coggygria* und *Acer obtusatum* (Unterart von *Acer opalus)*, *Quercus pubescens*, eine ganz typische supramediterrane Begleitflora und manchmal auch der Buchs wieder angetroffen werden.

2. **Hopfenbuche** steigt ebenfalls in tiefe Lagen bis zur **Küste** hinab, wo sie HORVAT in einer *Ostrya*-Fazies des *Carpinetum orientalis croaticum* lokalisiert. Ein Vorkommen im mediterranen *Orno-Quercetum ilicis*, das weiter südlich noch tiefer auftritt, wird nicht ausdrücklich angegeben, ist aber wahrscheinlich. Nichtsdestoweniger ist ein Vergleich dieser beiden Assoziationen mit dem französischen mediterranen Hopfenbuchenwald infolge seines lückenhaften Vorkommens gewagt.

3. An der **Obergrenze** mischt sich Hopfenbuche tiefmontan mit Buche und baut ein *Ostryo-Fagion* auf, dessen Zusammensetzung (HORVAT et al. 1974) von Balkanendemiten abgesehen, stark an den Hopfenbuchenwald aus dem Royatal (OZENDA, 1954, 1966), oder an die Rotbuchen-Hopfenbuchenwälder in Westligurien erinnert.

3.1.3. Hopfenbuchenwälder der See- und Ligurischen Alpen

In den **französischen Seealpen** ist die Art («Charme-Houblon») im Osten, von Hochtälern abgesehen, reichlich vertreten. Gegen Westen geht sie über den Unterlauf des Var etwas hinaus und dringt dabei in die nördlichen Regionen von Antibes ein. DUGELAY (1948) hat eine genaue Verbreitungskarte angefertigt, die im wesentlichen in Abb. 6.17 wiedergegeben ist, sowie eine Statistik, nach der diese Art eine ausgedehnte Fläche (5500 ha) bedeckt, (4% der Waldfläche des Departements), davon 1000 ha reine Gesellschaften, die zumeist das Roya- und Bévératal besiedeln. Die Verbreitung in den Ligurischen Alpen wurde von OZENDA (1954 und 1962) erfaßt: oft treten Mischwälder

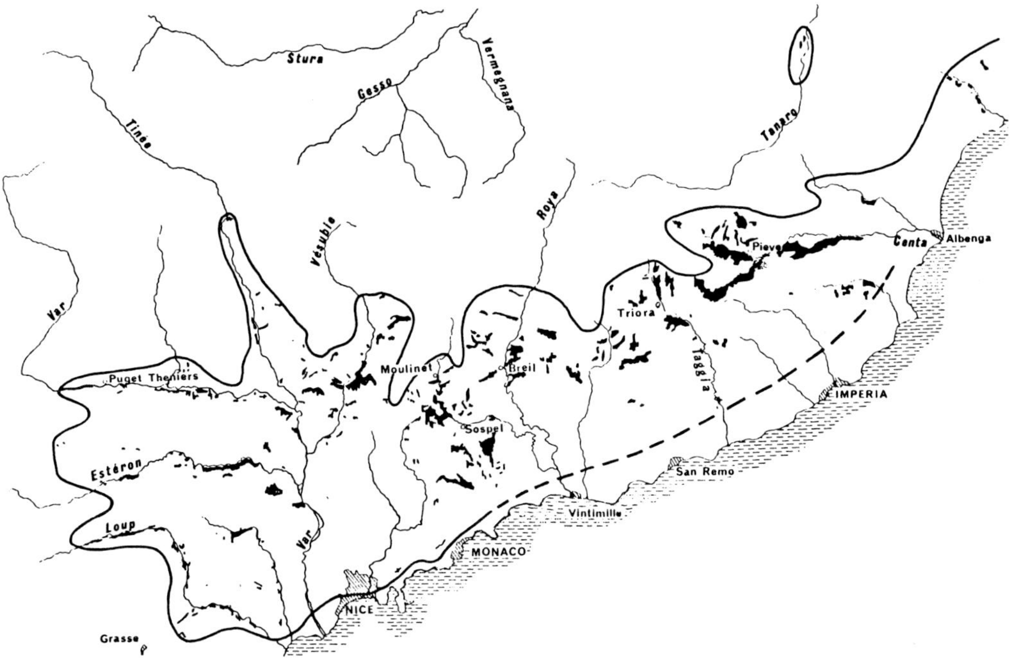

Abb. 6.17: Verbreitung von *Ostrya* in den französischen und italienischen See-Alpen. Westlicher Teil nach Dugelay (1943), östlicher Teil nach Blatt Nice der Vegetationskarte Frankreichs (Ozenda 1962). Die schwarzen Flecken zeigen die tatsächliche Verbreitung der reinen und gemischten Hopfenbuchenwälder.

mit Edelkastanien ebenfalls auf sehr großen Flächen aus.

Der typische **Hopfenbuchenwald** ist zwischen 300 und 900 m auf Kalk entwickelt und bevorzugt Schattseiten. Ökologisch ist die Hopfenbuche sehr anpassungsfähig. Im Schutze tiefer Täler und an kühlen Standorten steigt sie bis in Küstennähe hinab und dringt andererseits bis in tiefmontane Stufen vor, wo sie sich mit Föhre oder Hasel mischt und oft auf Schiefer und in Ligurien sogar auf Sandstein stockt. Weitere Hinweise bezüglich Ökologie, Morphologie, Wuchs und Holzkunde in der Arbeit von Dugelay.

Reichliches Vorkommen im ligurischen Sektor und Fehlen in ganz Westeuropa (ausgenommen einzelne Standorte in Korsika) stellt ein arealgeographisches Problem dar, da zu klären ist, ob Hopfenbuche in Ligurien eine eigene Assoziation aufbaut oder ob sie sich nur anderen Gesellschaften anschließt, wobei nur eine Fazies gebildet wird. Erst eine detallierte Studie anläßlich der **Vegetationskartierung** 1 : 200000 (Oeznda 1954, 1962, 1966) zeigte, daß es sich um eine gegenüber dem *Querceto-Buxetum* eigenständige Serie mit drei Stufen handelt:

3.1.3.1. Suprameditерraner Hopfenbuchenwald

Die mittlere Stufe entspricht der Hauptausbildung der Serie mit maximaler Ausprägung in der unteren suprameditерranen Stufe.

Die zumeist niedrige Formation von nur einigen Metern Höhe, ist einem **Niederwald** vergleichbar. Dies schließt aber nicht das Auftreten besonders gut geformter Hopfenbuchen aus. *Quercus pubescens*, *Acer campestre* und *Acer opalus* sind häufig wie *Cytisus sessilifolius*, *Coronilla emerus* und *Cotinus coggygria* in der Strauchschicht. Für die artenreiche Krautschicht sind der ende-

mische Korbblütler *Leucanthemum discoideum (= Plagius allionii)* und das sehr reichliche Blaugras *Sesleria cylindrica (= Sesleria argentea)* typisch. Dazu kommt wahrscheinlich noch *Fritillaria involucrata*. Auch zwei ursprünglich östliche Arten siedeln im Hopfenbuchenwald: *Fraxinus ornus* (verbreitet, aber immer sehr spärlich) und *Centaurea alpina* (nur an einem einzigen Standort).
Der Hopfenbuchenwald enthält einen wesentlichen Anteil an schattenliebenden Arten, die deutlich zum Flaumeichenwald differenzieren: *Teucrium lucidum*, *Asplenium fontanum*, *Hepatica triloba*, *Solidago virgaurea*, *Mercurialis perennis*, *Hedera helix*, *Tamus communis*, *Polypodium vulgare* und verschiedene Moose wie *Ctenidium molluscum* oder *Neckera crispa*. Umgekehrt kommen *Juniperus oxycedrus*, *Pistacia therebinthus*, *Cephalaria leucantha* und *Bromus erectus* überhaupt nicht oder nur sehr selten vor und sind somit zumindest örtlich Differentialarten des Flaumeichenwaldes gegenüber dem Hopfenbuchenwald.
Der Hopfenbuchenwald entsteht sowohl in der hochmediterranen wie in der unteren supramediterranen Stufe durch Besiedlung von Geröllhalden oder etwas skelettreichen Böden, während tiefgründige reife Böden und ehemalige Kulturen vom Flaumeichenwald und Felssteilhänge von Phönizischem Wacholdergebüsch bewachsen sind. Die Dynamik (Ozenda 1954) verläuft über eine Geröll-Einheit, die eine Tieflagenausbildung der *Achnatherum calamagrostis*-Assoziation ist, sowie über ein *Cotinus coggygria*- und *Cytisus sessilifolius*-Gebüsch, oft mit Buchs. Diese Gesellschaften sind mit der supramediterranen Flaumeichen-Serie verwandt.
Im ligurischen Teil der italienischen Seealpen kommt im Hopfen-Buchenwald eine **Edelkastanien-Fazies** vor, in der beide Baumarten gleichmäßig vertreten sind, deren Zusammensetzung sich aber nicht wesentlich von der vorigen unterscheidet.

3.1.3.2. Mediterraner Hopfenbuchenwald

Im gesamten Küstengebiet der östlichen Seealpen treten in Tieflagen an kühlen Standorten entweder mediterrane Gesellschaften mit einem großen Hopfenbuchen-Anteil oder gelegentlich richtige **Hopfenbuchen-Niederwälder** mit gemischter **Begleitvegetation** auf: *Quercus ilex*, *Fraxinus ornus (Orno-Ostryetum)*, *Pinus halepensis*, *Pinus maritima*. Strauch- und Krautschicht weisen nebeneinander eumediterrane Arten wie *Smilax*, *Calycotome*, *Rosmarinus*, *Helichrysum stoechas*, *Brachypodium phoenicoides*, *Centranthus ruber*, *Coriaria myrtifolia* sowie typisch submediterrane Arten wie *Lavandula vera*, *Cornus sanguinea*, *Sesleria argentea*, *Juniperus communis*, auch Arten, die in beiden Stufen vorkommen *(Rhamnus alaternus*, *Aphyllantes*, *Pistacia terebinthus*, *Spartium)*.

3.1.3.3. Submontaner Hopfenbuchenwald

Der höher steigende Teil der Serie stockt in 800–1000 m Höhe nordseitig, in der Zusammensetzung deutlich unterschiedlich. Sämtliche eumediterrane Arten fallen natürlich aus und es treten zuerst dominant werdende Arten des Flaumeichenwaldes hinzu, später an den extremeren Standorten Arten des Hainbuchen- und Rotbuchenwaldes. Die ökologischen Bedingungen sind ähnlich wie tiefmontan, insbesondere wie bei der mesophilen Föhren-Serie oder sogar wie im mesophilen Buchenwald. Zum Aufbau eines echten *Ostryo-Fagetum* fehlt nur *Fagus sylvatica*, die in diesem Gebiet ausbleibt, und der Unterwuchs ist typisch für einen nordalpinen Rot- oder Hainbuchenwald.

Die Areale von Hopfenbuche und Rotbuche alternieren in den Seealpen eigenartig, so daß vermutlich der submontane Hopfenbuchenwald zumindest teilweise die ökologische Nische der fehlenden Rotbuche ausgefüllt hat (Ozenda 1954). An der Westgrenze der Hopfenbuche in den Grasser Randalpen, wo Rotbuche wieder auftritt, finden sich einzelne *Ostrya-Fagus*-Mischbestände.

3.1.4. Hopfenbuchenwälder der Ostalpen

Die drei Hopfenbuchenwaldstufen der illyrischen Region kehren in ähnlicher Ausbildung und typisch 1000 km weiter westlich in den **See- und Ligurischen Alpen** wieder. Mangels genauer Angaben über Hopfenbuchenwälder in den übrigen Alpen ist doch zu schließen, daß sich diese in den Südostalpen wiederholen.
In den **Piemontesischen und Insubrischen Randalpen** fehlt Hopfenbuche fast ganz, die plötzlich östlich des Lago Maggiore wieder auftaucht und das Areal setzt sich dann nach Osten in den gesamten Randalpen bis nach Slowenien fort. Nur wenige Aufnahmen existieren (MAYER 1974). In der Provinz **Sondrio** wurden *Ostrya-* und *Fraxinus ornus*-Fragmente des Addatales von CREDARO-PIROLA zwar dem *Ostryo-Ornion* zugeordnet, in anderen Gebieten sind Hopfenbuchenwälder jedoch meist Mischbestände, die schwer vom Flaumeichen- oder submontanen Hainbuchenwald und ganz besonders vom *Ostryo-Fagetum* zu unterscheiden sind, das einen beträchtlichen Raum einnimmt (Abb. 7.2). Vergleichende Untersuchungen im Gardasee-Gebiet (Riva) und in **Südtirol** (Bozen-Meran), ergaben, daß die submediterranen *Cotinus-* und *Pistacia terebinthus*-Gesellschaften in den Seealpen der mittleren Stufe ähneln, örtlich (Gardasee) mit einer wärmeren *Quercus ilex*-Fazies und einigen mediterranen Arten. Von den *Karawanken* ist der Hopfenbuchenwald allerdings besser bekannt (*Ostryo-Fraxinetum orni*, AICHINGER 1933).
Vereinzelte Hopfenbuchenstandorte in der **Steiermark** (Weizklamm) und in **Tirol** (Umgebung von Innsbruck) tragen keine typischen Assoziationen.

3.2. Östliche supramediterrane Quercus pubescens-Serie

Am **Balkan** und an warmen Standorten des europäischen Donauraumes ist diese Serie sehr gut ausgeprägt. Gegen Westen nimmt in den Alpen ihre Bedeutung zwar ab, sie erreicht jedoch wie der Hopfenbuchenwald die Randalpen von Nizza. Obwohl die in den **Seealpen** von BARBÉRO et al. (1973) beschriebene Ausbildung mit der in der Südslowakei als *Orno-Quercetum pubescentis* beschriebenen Gesellschaft (KLIKA 1938) voll verwandt ist, ist die Einheitlichkeit einer Serie mit einem so großen **Areal** fraglich, so daß eine Besprechung nach Regionen sinnvoll ist.

3.2.1. See- und Ligurische Alpen

Gegen Osten löst sich auf dem Längengrad von Nizza die Serie die westliche supramediterrane Buchs-Eichenwald-Serie ab. Wie diese besiedelt sie kolline Südhänge bis 1100 m, namentlich Standorte ehemaliger Kulturen, meidet aber Nordhänge, wo der Hopfenbuchenwald ebenfalls in dieser Region auftritt. Die Serie mischt sich mit letzterem in Zwischenlagen: eine deutliche Unterscheidung wird auch dadurch erschwert, daß Arten, die zum hochprovenzalischen Eichenwald differieren, dem östlichen Eichenwald und dem Hopfenbuchenwald gemeinsam sind: *Fraxinus ornus*, *Acer opalus*, *Sesleria argentea* und *Linum viscosum*. Die **Differential-Arten** gegenüber dem Hopfenbuchenwald sind dafür Arten, die vor allem Flaumeichenwäldern gemeinsam sind: *Cornus mas*, *Acer campestre*, *Genista cinerea*, *Aphyllantes monspeliensis*, *Campanula medium*, *Crysanthemum corymbosum*, *Cephalaria leucantha;* Buchs mit untergeordneter Rolle.
Die **Degradationsstadien** sind vergleichbar der westlichen Serie. *Pinus sylvestris-Genista cinerea*-Ersatzgesellschaft, mit nur spärlichem Buchsgebüsch, *Lavandula vera*, *Satureja montana*-Heide; *Bromus erectus-* und *Koeleria*-Rasen usw. Wie in der westlichen supramediterranen Serie kann auch hier eine tiefere **Unterserie** mit einer Fels-Fazies, die noch *Juniperus phoenicea* und *Quercus ilex* aufweist, unterschieden werden. Manche Tieflagen-Standorte entsprechen sogar einer östlichen Ausbildung der mediterranen Flaumeichen-Serie.

Die Serie setzt sich mit gleichem Charakter im östlichen **Ligurien** fort, wo sie stellenweise eine schwach differenzierte Fazies auf Sandstein ausbildet. Um Genua bildet sie sich infolge reichlicher Niederschläge zurück und kommt nur noch als Enklave im Hopfenbuchenwald oder in feuchteren Gesellschaften des Hainbuchen-Eichenwaldes vor (Abb. 10.4).

Im südlichen **Piemont** siedelt die Serie in Tälern an der Nordseite der Ligurischen Alpen und des Mercantour da und dort. Sie wird gegen Norden wegen der spärlichen Kalkvorkommen immer seltener. Dennoch wurde sie bis ins Susa-Tal beobachtet. In diesen Tälern kommt außerdem auch der supramediterrane westliche *Buxus*-Eichenwald nur vereinzelt vor.

Im **Apennin** kann infolge des reichlichen Zerreichenvorkommens *(Quercus cerris)* neben der Flaumeichen-Serie eine spezielle Serie unterschieden werden, die lückenhaft bis in das Langhe-Hügelland (südöstlich von Piemont) auftritt, aber nicht in den Alpenraum eindringt (Barbéro et al. 1973). Nichtsdestoweniger kommt *Quercus cerris*, wenn auch selten, im Flaumeichenwald bis ins Hinterland von Nizza vor (Umgebung von Sospel).

3.2.2. Südostalpen

Nach einer Unterbrechung nördlich von Piemont tritt die Serie wieder im Sesia-Tal auf und gewinnt an Bedeutung östlich des Lago Maggiore. *Orno-Quercetum pubescentis*-**Einheiten** wurden in Trient und in den Vizentiner Alpen beobachtet, wo systematische Untersuchungen notwendig sind.

Die *Quercus ilex*-, *Cotinus coggygria*- und *Pistacia terebinthus*-Gesellschaften auf Südhängen oder Felsstandorten sowie Olivenplantagen in den gleichen Gebieten, namentlich am Ufer des Gardasees, müssen einer **tieferen Stufe dieser Serie** und nicht einer mediterranen Stufe zugeordnet werden. Das Vorkommen thermophiler Arten so weit vom Mittelmeer entfernt könnte zwar als mesomediterraner Vorposten (richtiger **Relikte**) oder als verarmtes *Quercetum ilicis* angesehen werden (Pitschmann-Reisigl 1959, Mayer 1974), doch die wichtigsten Arten sind in der tieferen Unterserie des hochprovenzalischen Eichenwaldes reichlich vertreten und reichen bis ins Innere des Dauphiné hinauf. Sie sind daher keinesfalls Charakterarten für mediterrane Gesellschaften im engeren Sinn.

Die Serie muß auch in den **Slowenischen Alpen** vorkommen, da das *Orno-Quercetum pubescentis* in der istrischen Region und die Flaumeichen-Fazies des Hopfenbuchenwaldes in Slowenien beschrieben wurden (Horvatic 1963). Auch hier ist eine tiefere, thermophilere Stufe zu erkennen *(Orno-Quercetum ilicis cotinetosum*, Tomaselli 1970).

3.2.3. Innere Ostalpen

Durch die Bedeutung einer verarmten Ausbildung des Flaumeichenwaldes kann in der Zwischen- und der Inneren Zone der Westalpen eine **innere** *Quercus pubescens*-**Serie** unterschieden werden. In den Ostalpen dagegen ist die Situation anders oder zumindest noch ungenügend bekannt. Gesellschaften, die als inneralpine verarmte Ausbildung der östlichen supramediterranen Stufe angesehen werden können, wurden nur vereinzelt beschrieben, vor allem von Braun-Blanquet (1961):

– **Trient:** *Orno-Ostryetum* mit *Quercus pubescens*, *Ischaemo-Diplachnetum* und *Tunico*-Koelerietum *gracilis* (letzteres auch im Eisacktal)

– **Vintschgau:** Stipo-Seselietum variae

Diese Einheiten werden von diesem Autor einmal dem Flaumeichenwald («tiefste Trokkenrasen- oder *Fraxinus ornus* – *Quercus pubescens* Stufe»), einmal dem *Orno-Ostryon* zugeordnet. Tatsächlich gedeihen **Eichen- und Hopfenbuchenwald** je nach Lage nebeneinander und mischen sich häufig wie im vorligurischen Sektor der Westalpen. Nach dem Gesellschaftsaufbau erscheint es jedoch vorteilhafter, diesen als inneralpine Fazies der östlichen *Quercus pubescens*-Serie einzustufen.

3.3. Suprapannonischer Eichenwald

Damit werden **kolline Formationen** bezeichnet, die vom Wiener Raum bis in die Steiermark den Ostrand der Alpen säumen.

Nach geographischer Lage und Charakter könnten sie folgerichtig als spezieller Teil der kollinen Stufe in den Alpen eingestuft werden. Wenn sie provisorisch der östlichen supramediterranen Stufe zugeordnet werden deswegen, da sie eine gewisse Ähnlichkeit aufweisen und dem großen Komplex wärmeliebender Eichenwälder angehören, der sich vom Apennin bis in den nördlichen Balkan erstreckt und bis zur Slowakei reicht. Auch eine Einordnung in die *Quercus-cerris*-Serie wäre möglich, die den Hauptteil der thermophilen Eichenwälder erfaßt und die Alpen mit zwei Arealstreifen umschließt: der eine wäre die subpannonische kolline Stufe, der andere das bereits erwähnte kleinere Gebiet, das bei den Langhehügeln die Ligurischen Alpen im Norden säumt (Barbéro et al. 1973, Ozenda-Wagner 1975).

Nach Wagner (1983) herrscht ein relativ trockenes Klima (500–700 m) mit unregelmäßigen Sommerniederschlägen und Gewittern, die an das submediterrane Klima erinnern, Durchschnittstemperatur im Juli über 20°. Die Baumschicht wird von *Quercus cerris* und *Q. petraea (Potentillo-Quercetum, Quercetum petraeae-cerris)* beherrscht. Die reiche Strauchschicht enthält Arten der mitteleuropäischen Eichenwälder neben submediterranen Elementen. Auch *Quercus-pubescens*-Gesellschaften wurden im steirischen und burgenländischen Alpenvorland beschrieben: Orno-, Lithospermo- und Cotino-Quercetum (Mayer 1974). Sie stocken eher reliktisch an edaphischen Dauergesellschaftsstandorten und werden von Wagner (1971) als **azonale Vegetation** angesehen. Diese Eichenwaldstufe ist jedenfalls unterbrochen, und in der Steiermark steht z.B. die submontane Stufe mit wärmeliebenden Buchenwäldern in direktem Kontakt mit den alluvialen Flachland-Formationen (Pratl 1971).
Die natürliche Vegetation wird mehr und mehr von Kulturen, vor allem vom **Weinbau** zurückgedrängt und durch die Forstwirtschaft sowie anthropogene Ausbreitung von **Hainbuchen-Niederwäldern** verändert.

3.4. Pinus nigra ssp. austriaca-Bestände

Die natürlichen Schwarzkiefer-Bestände der Alpen besiedeln zwei Gebiete (Abb. 6.18):
1. Nordöstlicher Rand der österreichischen Randalpen am Rande der Wiener Senke.
2. Kärnten und nördliches Venetien. Sie bilden keine Klimaxeinheiten, wie die anderen Serien, sondern einen **Gesellschaftskomplex** mit verhältnismäßig heterogener Zusammensetzung, Verwandtschaft und Entwicklung (Mayer 1974), deren gemeinsamer Nenner, edaphische Standorte, auf armen Böden dank der Widerstandsfähigkeit von der Schwarzkiefer besiedelt werden können.

Bei einem Teil der **südlichen Gruppe** mit Schwerpunkt in **Kärnten** treten Spezialgesellschaften auf, die der **Hopfenbuchen-Serie** zuzuordnen sind (Orno-Pinetum nigrae mit *Carex humilis-*, *Calamagrostis varia-* und *Molinia*-Unterassoziationen). Ein anderer Teil umfaßt dagegen **montane** (Karawanken) **Übergangsgesellschaften** die «Schutthänge» besiedeln, sich zum Buchenwald entwickeln und manchmal sich sogar zu Initialstadien des Pinetum mugi zurückentwickeln (Martin-Bosse 1967; Abb. 6.19).
Die **nördliche Gruppe,** die ebenfalls am Übergang von der kollinen zur montanen Stufe siedelt, baut **azonale Gesellschaften** an trockenen Steilhängen mit Dolomitböden auf. Teilweise sind sie mit den trockenen Rasen des Flaumeichenwaldes in Kontakt (*Cotino-Quercetum;* Knapp 1944), andere (*Euphorbio saxatilis-Pinetum nigrae*, Wendelberger 1962; *Seslerio-Pinetum nigrae*, Wagner 1941) nähern sich dem *Erico-Pinion*, deren azonale Standorte auf Dolomit sie gegen Westen abzulösen scheinen.

Schwarzkiefer wird durch ihre Widerstandsfähigkeit und geringe Bodenansprüche verstärkt für die Aufforstung erodierter Standorte in den kollinen und tiefmontanen Stufe der Südwestalpen verwendet, wo sie sich reichlich natürlich verjüngt und inzwischen als weitgehend subspontan angesehen werden kann (Kapitel V).

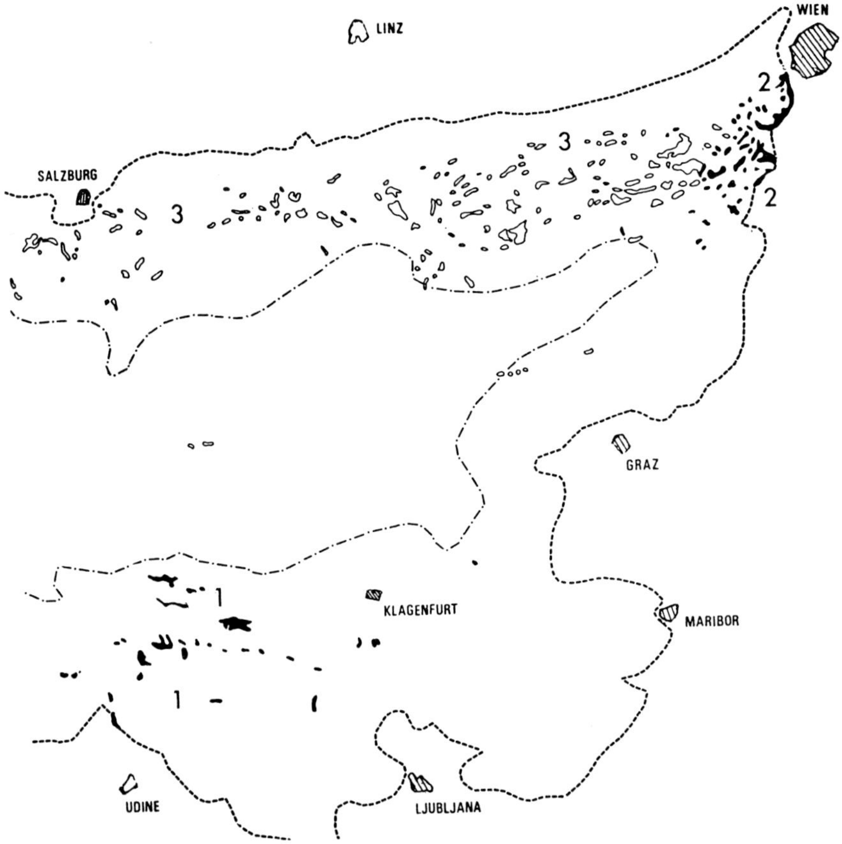

Abb. 6.18: Verbreitung des Schwarzkiefernwaldes *(Pinus nigra* ssp. *austriaca)* in den Ostalpen (nach der Vegetationskarte von Österreich, WAGNER 1971). 1–2) schwarz, die beiden Schwarzkiefern-Zonen *(Pinus nigra* ssp. *austriaca)*; 3) nicht ausgefüllte Flächen, edaphisch bedingte *Pinus sylvestris*-Wälder.

Abb. 6.19: Felsbestockung der österreichischen Schwarzkiefer in Kärnten (nach AICHINGER).

4. Kolline Stufe vom mitteleuropäischen Typ

4.1. Eichen-Hainbuchenwald-Serie

Die mesophilen Eichen-Hainbuchenwälder nehmen den überwiegenden Teil der **kollinen Stufe** in ganz Mitteleuropa ein. Sie entsprechen insgesamt dem **Carpinion-** und einem Teil des **Tilio-Acerion-Verbandes,** weisen jedoch zahlreiche Übergangsausbildungen zu anderen kollinen oder submontanen Wäldern auf. Intensive **anthropogene Eingriffe** gestalten ihre Untersuchung noch schwieriger. Eine sehr übersichtliche Darstellung stammt von Neuhäusl (1981), der 12 Typen unterscheidet und ihre geographische Verbreitung skizziert; doch das von dieser Revision erfaßte Gebiet liegt außerhalb der Alpen.

4.1.1. Verbreitung

Der Eichen-Hainbuchenwald begrenzt die Alpen an ihrer Nordgrenze vom Dauphiné bis zu den Wiener Randalpen und setzt sich am Alpenostrand bis nach Kärnten fort. Im Westen (Dauphiné, Savoyen, Jura) konkurriert er mit dem Flaumeichenwald, im Norden (Bayern, Oberösterreich) mit dem submontanen Buchenwald, der in das Vorland übergreift und das Hauptareal des Eichenwaldes einschränkt (Abb. 4.3) und im Osten mit den subkontinentalen Eichenwäldern des pannonischen Randgebietes.
Der Eichen-Hainbuchenwald existiert stellenweise in den Piemontesischen und Insubrischen Randalpen. Im südlichen Dauphiné und in der Haute-Provence wird er aber durch die frischere Fazies des Flaumeichenwaldes und in den Randalpen am Alpensüdrand von den Seealpen bis nach Slowenien durch die Hopfenbuchen-Serie, die ihn supramediterran ablöst, völlig ersetzt.

4.1.2. Aufbau

Vielgestaltigkeit und schwierige Charakterisierung haben dazu geführt, daß verschiedene Bezeichnungen verwendet wurden: Eichenmischwaldgürtel, mit Linde und Ahorn (Schmid), Serie der Traubeneiche (erste Vegetationskarten des Grenobler Gebietes), *Querco-Carpinetum* (Mayer), submontaner Eichen-Buchenwald (Wagner) usw.

1. In den **Ostalpen**, vor allem im Wienerwald (Lang 1967, Jelem-Mader 1969) wurde die typische Gesellschaft (*Querco-Carpinetum* s.l. Mayer 1974) und verschiedene Ausbildungen beschrieben:
– **Typische Ausbildung** auf eutrophen Böden mit *Quercus petraea*, *Acer*-Arten und reicher Strauchschicht: *Galio-Carpinetum* s. str. mit Varianten, *Galium odoratum*, *Festuca drymeia* (auf Flysch), *Carex alba* (auf sonnseitigem exponiertem Kalk), *Circaea lutetiana* und *Carex brizoides* (auf feuchten Böden);
– **Ausbildung auf frisch-feuchten und tiefgründigen Böden** mit *Quercus robur: Robori-Carpinetum*, mit *Allium ursinum* und andere Geophyten-Einheiten, mit *Ulmus minor* und *Arum*.
Ein Teil der Gesellschaften, die als *Aceri-Tilietum* oder *Aceri-Fraxinetum* beschrie-

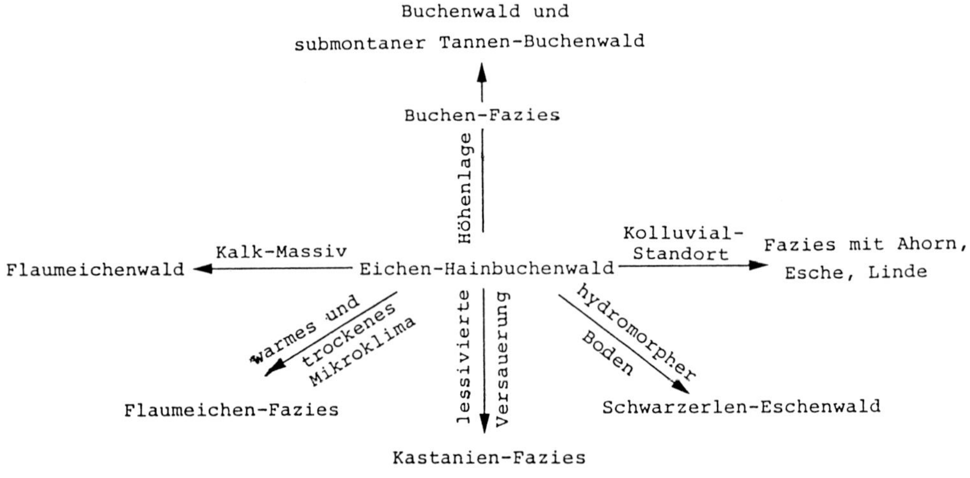

Abb. 6.20: Ökologische Beziehung zwischen den verschiedenen Ausbildungen des Eichen-Hainbuchenwaldes.

ben wurden, entsprechen wahrscheinlich den Dauergesellschaften, ökologisch dem Eichen-Hainbuchenwald verwandt.
Andere verwandte Assoziationen wurden in den Schweizer Randalpen *(Querco-Carpinetum aretosum)* und im Insubrischen Sektor beschrieben (*Salvio-Fraxinetum*, OBERDORFER 1964).

2. In den **Nordwestalpen** nimmt der Hainbuchen-Eichenwald, ausgenommen südseitige Kalkstandorte, die vom Flaumeichenwald besiedelt werden, ein ausgedehntes Areal ein. Wie überall ist er auch dort vielgestaltig und umfaßt mehrere Fazies (RICHARD-PAUTOU 1983), in denen *Quercus petraea* oft fehlt, sowie **Übergangsstadien** zu anderen kollinen Gesellschaften, die in Abb. 6.20 zusammengefaßt sind. Die Fazies mit Kastanie ist besonders verbreitet, sogar in ausgesprochenen Kalkgebirgen begünstigt durch Sandsteinhorizonte oder stark ausgewaschene Böden.
Die Trennung zwischen dem typischen Flaumeichenwald und einer **Flaumeichen-Fazies der Hainbuchen-Serie** (auf süd-exponierten Standorten, aber nicht auf reinem Kalk) ist nicht immer leicht. Vergleichstabellen zwischen dem Flaumeichenwald und anderen wärmeliebenden Serien wurden von OZENDA et al. (1962) und L. RICHARD (1970) erstellt.

Verglichen mit ähnlichen mitteleuropäischen Gesellschaften weist der **westalpine Teil** der Serie eine wesentliche **Differentialart** auf, *Acer opalus*, die sie mit dem Hopfenbuchenwald der Seealpen gemeinsam hat. Andere erwähnenswerte Differentialarten sind vielleicht *Genista pilosa*, *Coronilla emerus* und *Cytisus sessilifolius*.

4.1.3. Dynamik

Die schwer zu erfassende Dynamik umfaßt *Prunus spinosa*-, *Rubus-Rosa* sp. *plur.*-, *Sambucus ebulus*- (TÜXEN), *Corylus*- und *Ligustrum*-Gebüsche sowie *Arrhenaterum elatius*-**Wiesen.** Tatsächlich sind jedoch ein Teil der Eichen-Hainbuchenwälder anthropogenen Ursprungs: ihre Entwicklung ist die Folge einer Störung des ökologischen Gleichgewichts durch die Nutzung der Eiche und den Stockhieb der Hainbuche und der Edelkastanie, die kräftige, schnellwachsende **Niederwälder** ergeben. Durch kurzfristigen Stockhieb haben sich Hainbuchenwälder auch teilweise aus submontanen Rotbuchenwäldern gebildet, wobei sich ein Teil des typischen Unterwuchses erhalten hat, während lichtertragende Arten dazutreten.

Andererseits ist ein Teil der meisten, unter *Querco-Carpinion* beschriebenen Gesellschaften, völlig natürlich; besonders typische Eichen-Hainbuchenwälder des Alpenostrands wie das 400–500jährige Waldreservat Lainzer Tiergarten (Ü).
Die Frage der natürlichen Hainbuchen- und Eichenhainbuchenwälder bleibt komplex und umstritten; die Tatsache, daß das Gebiet der Serie zum Großteil in Ackerland umgewandelt wurde, trägt auch nicht gerade zur Klärung des Problems bei (cf. ELLENBERG 1963, S. 208 ff., MAYER 1984, S. 132 ff. und 280, WAGNER 1985, S. 12–14).

4.2. Bodensaure Eichenwald-Serie

Diese Serie stockt mit Schwerpunkt im Flach- und Hügelland westlich der Alpen und löst den Eichen-Hainbuchenwald flächig im atlantischen Raum ab. Am Nordalpenrand nur stellenweise im Wienerwald, in Savoyen und im Hügelland des Bas-Dauphiné. Der bodensaure Eichenwald wird von den bodensauren und gleichzeitig niederschlagsreichen Teilen der Alpensüdseite beschrieben:
– **atlantischer** *Quercus robur*- und *Calluna*-Vegetationsgürtel (SCHMID/Tessin);
– **azidophile Eichenwaldserie,** OZENDA-BARBÉRO et al. (Piemont);
– **Bodensaure Eichen- und Kastanienwälder** des insubrischen Raumes, WAGNER.
Ein Teil dieser insubrischen Gesellschaften entspricht nicht völlig dem subatlantischen Haupttyp der Serie.

4.2.1. Piemont und insubrische Region

SAPPA-CHARRIER (1950) haben den bodensauren Eichenwald als Teil der **kollinen Stufe** in Sangonetal westlich von Turin, beschrieben. Darüber hinaus gehören zu dieser Serie die meisten großflächigen **Laub- und Kastanienwälder,** die in einem fast lückenlosen Bestand das Hügelland am Rande der Piemont-Ebene bedecken. Die Untersuchung wird durch den sekundären Vegetationscharakter, Artenarmut und intensive landwirtschaftliche Nutzung sehr erschwert.
Die natürliche Vegetation ist stark degradiert und umfaßt neben Eiche auf felsigem Standort *Betula pendula*-Fazies, an sonnseitigen Standorten *Betula pubescens*-Fazies, *Calluna vulgaris*-, *Sarothamnus scoparius*-, *Genista pilosa*- und *Genista tinctoria*-**Heiden** sowie *Bromus erectus*- und *Deschampsia flexuosa*-**Rasen.**
Kastanien-Selven («Castagneti a frutteto», Fruchthaine) nehmen eine ungewöhnlich große Fläche ein und bestocken in bestimmten Tälern fast durchgehend die Hänge bis 800 m, ganz im Süden gelegentlich bis 1000 m. Roggen- und Kartoffelanbau, früher sehr verbreitet, gehen stark zurück.
Diese Formation tritt allerdings örtlich deutlich begrenzt auch in den südlichen **Ligurischen Alpen** im oberen Arrosciatal, in der Nähe von Resso sowie in der Nervia auf. Gegen Westen kommt sie stellenweise im Gordolasque-Tal (Pionier-Fazies mit Birke und *Quercus petraea*-Fazies), im Tournairetgebirge und bis in die Gegend von Annot vor.

Weiter östlich wurden in der **Lombardei** und vor allem im **Tessin,** zwischen 300 und 900 m und bei Niederschlägen von 1500–2000 m verwandte Gesellschaften von verschiedenen Autoren beschrieben: *Querco-Betuletum insubricum* (ELLENBERG-REHDER 1962) und **Querco-Fraxinetum** (ANTONIETTI 1968), gleichbedeutend mit *Cruciato glabrae-Quercetum* bzw. *Phyteumo betonicifoliae-Quercetum* (ELLENBERG-KLÖTZLI 1972); *Castaneo-Quercetum petraea*-Fazies (BRAUN-BLANQUET 1949) sowie *Hieracio tenuiflori-Quercetum* (OBERDORFER 1964). Kastanienausbildung herrscht ebenfalls vor. «**Insubrische Braunerden**» haben im allgemeinen einen pH-Wert tiefer als 5, eine sandig-tonige Struktur mit wenig gesättigtem Absorptionskomplex und geringe Wasserhaltfähigkeit (ANTONIETTI 1968).
Die Entwicklung umfaßt *Calluna*- und verschiedene *Genista*- und *Cytisus*-**Heiden** sowie *Bromus erectus*-, *Deschampsia flexuosa*-, und *Peucedanum oreoselinum*-**Rasen.**
Föhrenwaldersatzgesellschaften wurden in den steirischen und Kärtner-Randalpen beobachtet (*Pino-Quercetum roboris*, EGGLER 1951).

4.2.2. Nordwestalpen

Die Serie ist aus zwei Gebieten bekannt:

1. Auf südseitigen Silikathängen mit gut drainierten Böden in einigen Tälern der **Zwischenzone:** Arve, Haute-Isère, Romanche (RICHARD-PAUTOU 1983).

2. Im Hügelland der **Bas-Dauphiné** (Dreieck Lyon–Chambéry–Valence) und besonders auf Moränen des Chambaran, wo DOBREMEZ (1967) zwei Unterreichen unterschieden hat:

a) Auf **Molasse** ein dominanter **Traubeneichenwald,** der mit Stieleiche, Birke, Aspe und Kastanie, stellenweise auch mit Rotbuche gemischt ist. Unterwuchs an **bodensauren, Mull-Moder- und Moder-Arten:** *Deschampsia flexuosa*, *Teucrium scorodonia*, *Hypericum pulchrum* und *Luzula nivea*. Molasse enthält 10 bis 12% Kalk und wird oft zunächst von einem Flaumeichen- oder Eichen-Hainbuchenwald besiedelt. Der bodensaure Eichenwald entwickelt sich nach schwacher Podsolierung auf entkalkten Braunerdeböden, manchmal Ocker-Podsolböden. Regressiv entsteht meist ein dichter **Kastanien-Niederwald** nach ungefähr 15 Jahren Umtriebszeit bei hoher Produktivität. Robinie wird auf den nährstoffärmsten Böden gepflanzt.

b) Auf **lehmigen Quarzit,** der das Chambaran-Plateau nordwestlich von Grenoble bedeckt, stockt ein bodensaurer **Molinia-Eichenmischwald** auf einem hydromorphen Boden mit Humusauflage. Diese Formation besiedelt weite Flächen der französischen atlantischen Ebene (DUCHAUFOUR 1948). Sie beherbergt hier außerdem atlantische Arten an der östlichen Grenze: *Erica cinerea*, *Erica vagans*, *Osmunda regalis*, *Genista anglica*, *Ulex europaeus*, *Carum verticillatum*. Birken- und Molinia-Eichenwald auf mächtigem Lehm wechseln mit anmorigen Senken mit *Salix aurita*- und *Rhamnus frangula*-Gebüsch, die verschiedene Torfmoose enthalten (Salici-Franguletum). Auf skelettreichem Lehm wird der Eichenwald von Edelkastanie und sogar von Hainbuche begleitet. Die am besten drainierten Standorte besiedelt eine *Calluna-Juniperus communis* und *Leucobryum*-Heide. An einzelnen Standorten stellt ein Buchen-Eichen-Hochwald möglicherweise die submontane Klimaxausbildung dar.

4.2.3. Nordostalpen

Wie die gesamte kolline Stufe wird auch der **bodensaure Eichenwald** durch die hochgelegenen Plateaus des Schweizer, Bayerischen und Österreichischen Alpenvorlandes fast völlig ausgeschaltet (Abb. 4.3); vereinzelt auf Bayerischem-Flysch-Standort. Assoziationen weiter östlich, wie im Wienerwald wurden als *Luzulo-Quercetum petraeae* und *Fago-Quercetum petraeae* (LANG 1967, JELEM-MADER 1969) beschrieben. Dabei dürfte es sich um **Degradationsformen** handeln, die auch mit den submontanen Buchenwäldern verwandt sind (zum Teil natürliche Verarmungsstandorte – Ü.).

4.3. Quercus robur-Flachland-Serie

4.3.1. Verbreitung

Diese nur auf Alluvialböden der Ebenen oder ausgedehnten Niederungen gut ausgeprägte Serie, berührt die Alpen nur randlich, da diese von den großen Donau- oder Rhônetälern auf weite Entfernung durch Hügel oder Hochflächen getrennt sind. Nur am Rande der Padanischen Ebene, z. B. im Piemont, besteht direkter Kontakt mit den Alpen. Deshalb erfolgt eine kurze Besprechung.

4.3.2. Ökologie und natürliche Vegetation

Entscheidender ökologischer Faktor ist die unterschiedliche Tiefe der luftarmen vergleyten Horizonte. Zwei Extremfälle lassen sich unterscheiden:

1. **Gesellschaften im Bereich stehender Gewässer.** Wo vorübergehend oder ständig der Oberboden durchnäßt wird, bildet sich der **Alnus glutinosa-Prunus padus-Anmoorwald** auf Böden mit reichlich organischem Material («Bruchwald»). Die Begleitflora der Assoziationen ist mit semiaquatischen Formationen verbunden: Strauchvegetation mit baumförmigen Weiden, Krautvegetation mit *Typhoides*, *Filipendula*, *Lythrum* und *Großseggen*. Die Entwicklung zum Stieleichenwald durch Absinken des Gleyhorizontes dürfte ein Ausnahmefall sein (Entwässerung). Diese Entwicklung geht nur langsam vor sich. Der *Alnus glutinosa*-Wald ist eine typische **Dauergesellschaft.**

2. Der *Quercus robur*-Wald mit *Fraxinus excelsior* und *Ulmus campestris (Alno-Padion*, *Fraxino-Ulmetum* und *Ulmo-Quercetum)* ist an tonig-lehmige Alluvialböden mit tiefgründigen oder gut drainierten Böden mit nicht hochanstehendem Gleyhorizont gebunden. Reiches Busch- und Lianen-Unterholz: *Sambucus ebulus*, *Ligustrum*, *Cornus*, *Crataegus*, *Tamus* und *Clematis*. Über-

gangsstadien zum Hainbuchen-Eichenwald sind häufig.

4.3.3. Anthropogene Bewirtschaftung

Diese Serie wurde durch anthropogene Eingriffe am meisten umgewandelt. Da die Böden allgemein basenreich und vorratsfrisch sind, wird der Klimax-Eichenwald fast ganz durch intensiven Ackerbau, Siedlung und Industrialisierung zerstört.
Pappelkulturen, Obstgärten, Getreidefelder und Gemüsegärten haben diese Standorte eingenommen. Der Mais ist im unaufhaltsamen Vormarsch. Rund um die Piemont-Ebene verteilt sich die landwirtschaftliche Nutzung auf drei konzentrische Zonen (BONO-BARBÉRO 1976):

1. Die Randzone entlang der ersten randalpinen Hügel. Dies ist hauptsächlich ein Gebiet mit vielfältigen Kulturen und besonders Obstbau, vor allem Pflaumen und Pfirsiche, hat sich schnell auf gut drainiertem Gelände ausgedehnt. Seit kurzem entwickelt sich intensiver Erdbeeranbau. Große Gemüsegärten.

2. Übergang mit Getreide- (Weizen und Mais) und intensivem Futteranbau.

3. Feuchtere Zentralzone mit Getreide- und Futteranbau und intensive Viehzucht. Hier entwickelt sich außerdem die Pappelkultur besonders durch Anbau neuer schnellwüchsiger Pappelklone für die Zelluloseproduktion. Zunehmende Pappelkulturen bestocken fruchtbares Gelände, das für landwirtschaftliche Kulturen nutzbringender wäre.

4.4. Alnus incana-Serie

Sie ersetzt die vorige Serie in tiefergelegenen und mittleren Alpentälern, wo sie bis in die **montane Stufe vordringt (Isar, Engadin, Wallis). Diese edapische Serie** ist vom Klima verhältnismäßig unabhängig und mehr als ein System von Spezialgesellschaften. Sie besiedelt oft weite Gebiete und weist eine typische Dynamik auf. Teilweise bildet sie Flußuferbestockungen, typische Auwälder (Wiederbewaldungs-Pionierbestände auf bodenfeuchten Wiesen und Weiden – Ü.).
Die Serie entfaltet sich typisch entlang von Wasserläufen auf vergleyten Auwaldböden. Sie erträgt stark schwankende **Überflutungen** bei Hochwässern, vor allem bei der Schneeschmelze. Die Dynamik hängt sowohl vom Wasserhaushalt wie auch von der Korngrößenzusammensetzung ab.
Gypsophila repens-, *Myricaria germanica-*, *Hippophae-* und *Chondrilla*-**Pioniergesellschaften** (*Chondrilla chondrilloides* im Osten, *Chondrilla juncea* in den Westalpen), enthalten oft déalpine Arten wie *Saxifraga aizoides*, deren Samen vom Wasser verschwemmt werden. Anschließend siedeln sich **Kleinsträucher** an, vor allem **Weiden** *(Salix pupurea, Salix triandra, Salix incana, Salix daphnoides)*, dann höhere **Gebüsche** *(Salix capraea, Viburnum, Lonicera, Rhamnus* und *Cornus)*. Die Aufeinanderfolge geht relativ schnell vor sich und die optimale Alnetum incanae-Phase ist mitunter schon nach 20–30 Jahren erreicht.

Die endogene Dynamik im engeren Sinne endet im allgemeinen mit dem *Alnus*-**Stadium.** Die weitere Entwicklung geht viel langsamer vor sich. Milieuveränderungen wie Bodenverarmung, Überschwemmung, Verlandung, Veränderung des Stauwasserhorizontes (Ergebnis von Anschwemmung und Erosion) sind dann von großem Einfluß.
Im Hauptflußbett und den angrenzenden Terrassen paßt sich die Serie schrittweise dem örtlichen Klima an. In der kollinen Stufe vom mitteleuropäischen Typ verläuft die Entwicklung zu Gesellschaften ähnlich der Klimaxausbildung der Stieleichen-Serie («Hartholz»-Flußauwälder). In den Westalpen kann sie sich zur supramediterranen (Durancebecken) oder inneralpinen (Wallis, Dracbecken) Flaumeichen-Serie entwickeln. Auf grobkiesigen Böden entstehen verschiedene Föhren-Weiden-Gesellschaften *(Salici-Pinetum)*. Montan verläuft der weitere Übergang manchmal über den Buchenwald (Pupplinger Au in Bayern, SEIBERT 1958; – Engadin, TREPP 1968) oder sogar über Fichtenwälder (Romanche, OZENDA 1966).

VII. Montane Stufe

Das Eigentümliche der montanen Stufe in den Alpen und das besondere Interesse der Wissenschaft beruhen darauf, daß die konzentrisch angeordneten Zonen von den Randalpen gegen die inneren Lagen einem Kontinentalitätsgefälle entsprechen, wobei sehr unterschiedliche Vegetationseinheiten auftreten. Kollin und subalpin ist diese bioklimatische und biozönotische Zonenbildung viel weniger ausgeprägt, die in der alpinen Stufe praktisch fehlt. Die nun schon klassische Unterteilung in Rand-, Zwischen- und Innenalpen ist eigentlich nichts anderes als die vereinfachte Darstellung eines Gradienten, mit dessen Differenzierung sich laufende Untersuchungen beschäftigen. Bereits vier Kontinentalitätsgrade wurden berücksichtigt (Abb. 7.14). Eine differenziertere Analyse dieses Vegetationsgefälles wäre nicht nur für die Alpen, sondern auch für die anderen großen Gebirge Europas von Bedeutung. Letztere weisen zwar – mit Ausnahme des Kaukasus – keine Innenzone auf, die mit den Alpen vergleichbar wäre, doch bei einigen existieren einzelne Gebiete, die den Zwischenalpen entsprechen. Diese Gebiete müßten sich in ein allgemeines Kontinentalitätsprofil einordnen lassen, wie alpine Untersuchungen ergeben haben und in den Kapiteln XI und XII vorgeschlagen wird.

1. Definition und Grenzen

Bei einer ersten, für alle randlichen Gebirgsgruppen gültigen **Definition** kann die montane Stufe ungefähr mit den von Buchenwäldern bestockten Standorten gleichgesetzt werden. Das ist ein guter Anhaltspunkt, sowohl durch physiognomische Dominanz der Buche in den Randalpen als biozönotisch infolge der genauen pflanzensoziologischen Kenntnis der Buchenwälder.

Wie in anderen Stufen beträgt montan der durchschnittliche **Höhenumfang** ungefähr 700 m. Diese Amplitude variiert jedoch klimatisch in verschiedenen Gebieten. In den nordöstlichen Randalpen, wo Buche durch Feuchtigkeit begünstigt wird, reicht sie bis 900 m, in den trockeneren Südalpen hingegen weniger weit hinunter; Ober- und Untergrenzen der Stufe steigen in der Regel von Norden nach Süden in dem Maße an, wie sich die Durchschnittstemperaturen erhöhen.

So wird in den bayerischen und oberösterreichischen **Randalpen,** mit maximal entwickelter montaner Stufe die Buche in verhältnismäßig geringer Höhe zwischen 1300 und 1400 m von der subalpinen Stufe abgelöst. Ihre Untergrenze ist aber vergleichbar weit gedrückt, da in einer weitgespannten submontanen Stufe Buchenwälder bis 400 m vorkommen und vom Gebirge bis in die Hochebenen des Voralpenlandes vorkommen (Abb. 4.3).

In den **Südostalpen,** etwa in der Lombardei, liegt die Obergrenze der Buche viel höher und reicht oft bis 1600 m. Auch die Untergrenze steigt durch die erhöhte kolline Stufe mit Eichen- und Hopfenbuchenwäldern bis 800 oder 900 m an. Die Untergrenze ist nicht sehr deutlich erkennbar durch eine submontane Übergangsstufe mit Hopfenbuchenwäldern von erheblichem Umfang.

Die größte Höhe erreicht die Buchenobergrenze mit 1700 m in den Alpen der Haute-Provence, wo auch die kolline Stufe mit suprameditерranen Eichenwäldern an der Sonnseite bis 1100 m hinaufreicht.

Inneralpin mit fehlender Buche, können als auffälliges Merkmal der montanen Stufe die Grenzen der Waldkiefer dienen. Dies gilt nicht für die Rand- oder Zwischenalpen, wo Föhre weit über und unter die Grenzen der montanen Stufe hinaus auftritt (Abb. 7.1).

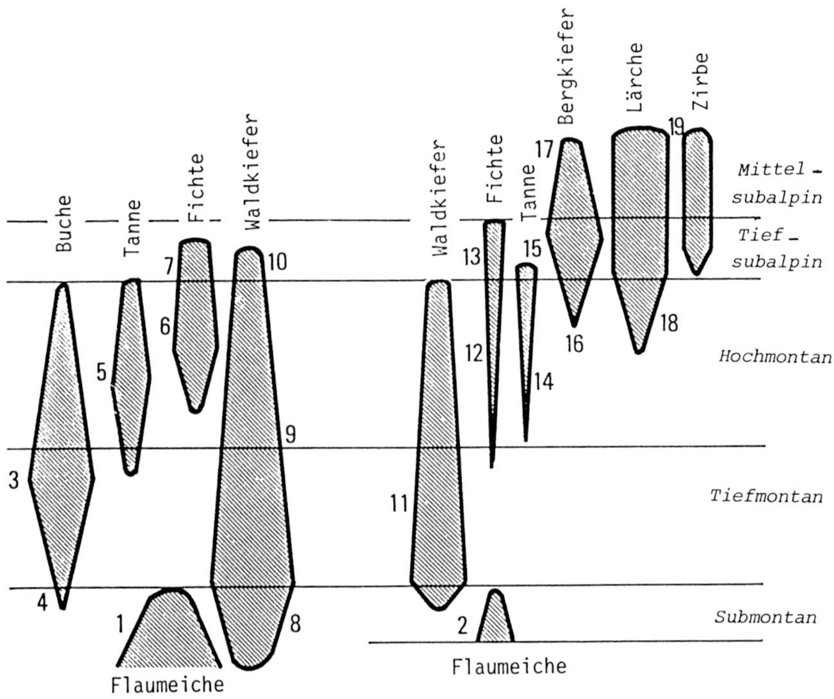

Abb. 7.1: Komplexer Aufbau der montanen Stufe in den Südwestalpen. Verbreitung der Hauptbaumarten in der montanen und subalpinen Stufe mit Vergleich der Stufengrenzen (Namen rechts). 1) Hauptverbreitung der Flaumeiche in der suprameditерranen Stufe; 2) inneralpine Flaumeichen-Serie; kolline Stufe nur in ihrem oberen, dem sogenannten submontanen Teil vertreten; tiefere Standorte fehlen durch ziemlich hoch gelegene Talböden; 3) mesophile Buchen-Serie; 4) lokales Eindringen in den oberen Teil der kollinen Stufe; 5) Buchen-Tannenwald oder randlich Tannenwald; 6) Fichtenvorkommen im oberen Bereich der vorhergehenden Serien; 7) subalpine Fichten-Serie; 8) Waldkiefer in der submediterranen Stufe als Ersatzgesellschaft; 9) mesophile Waldkiefern-Serie; 10) Verbreitung der Waldkiefer in der altimediterranen Serie.
Linker Teil der Abbildung belegt die Situation in den Voralpen; rechter in den Zwischen- und Innenalpen: 11) inneralpine Waldkiefern-Serie; 12) inneralpine Fichten-Serie; 13) subalpine Fichten-Serie; zwischenalpiner Teil; 14) inneralpine Tannen-Serie; 15) subalpine Tannen-Serie; 16) Verbreitung der Hakenkiefer bis in die montane Stufe; 17) randalpine Serie und Bergkiefern-Fazies in der Lärchen-Serie; 18) Lärchenwald reicht bis in die montane Stufe herunter; 19) Lärchen- und Zirbelkiefer-Serie.

2. Regionale Unterschiede und Untergliederung

Im Gegensatz zur kollinen Stufe, deren Vegetation in verschiedene Gebiete des Vorlandes eintritt und daher in den Gebieten des Voralpenrandes unterschiedlich ausgeprägt ist, wirkt die montane Stufe in der Längsrichtung viel homogener, dagegen im Querprofil (von den Randalpen gegen das Alpeninnere) infolge des Kontinentalitätsgefälles ausgeprägt unterschiedlich.
Diese Kontinentalität äußert sich durch zunehmende Temperaturunterschiede und durch Rückgang des Niederschlags, wobei beide Faktoren beitragen, zunächst Buche, dann Tanne auszuschließen. Wie in den Kapiteln I, III und IV gezeigt (siehe auch Farbtafel am Ende des Buches) können nach der vorherrschenden Baumart vom Rand zum Alpeninneren vier **Zonen** unterschieden werden: Buche (Randalpen), Tanne (Zwischenalpen), Fichte (Innenalpen) und schließlich Waldkiefer (Zentralgebiete mit dem größten Kontinentalitätsgrad).

Der **Kontinentalitätsgrad** kann durch bioklimatische Faktoren, besonders durch den Winkel nach Gams ausgedrückt werden. Doch dürfen wir uns nicht begnügen, diese Zonen nur durch klimatische Faktoren oder eine dominierende Baumart zu definieren. Ihre biozönotische Ausprägung muß genau untersucht werden, wie dieses Kapitel besonders zeigen wird.
Ein anderer Unterschied, der sich mit den Kontinentalitätszonen überlappt, ist der Vegetationsgegensatz zwischen Nord- und Südalpen infolge steigender **Trockenheit.** Während die Buchenwälder im Norden nach ihrer Zusammensetzung mitteleuropäischen Charakter haben, sind südalpine Buchenwälder durch die Nähe mediterraner Vegetationseinheiten gekennzeichnet (Abb. 7.2). Die Tannenwälder der Zwischenalpen sind deutlich unterschiedlich zusammengesetzt, wenn die Wälder im Norden beispielsweise mit denen der See-Alpen verglichen werden.

Abb. 7.2: Verbreitung der wichtigsten Typen von Buchenwäldern in den Alpen. 1) vorwiegend Kalkbuchenwälder der nördlichen Voralpen (1′ Jura); 2) Silikatbuchenwald: 2a) Steiermark, 2b) Piémont, 2c) Zwischenalpen der Dauphiné und Savoyens; 3) vorwiegend Kalkbuchenwälder am Südabfall; 3a) Hoch-Provence; 3b) See- und Ligurische Alpen (3b′, nördlicher Apennin), 3c) Gardasee-Region ($3c_1$, submontan; $3c_2$, montan), 3d) illyrische Region (3d′), nördliche Dinariden).

Entlang des inneralpinen Raumes überwiegt die Fichte im Osten und Nordwesten, die jedoch in den Südostalpen fast völlig durch Föhre ersetzt wird (Abb. 7.13).
Bei Berücksichtigung des Übergreifens der meisten Baumarten auf benachbarte Höhenstufen dringen montane Baumarten häufig in die hochkolline oder tiefsubalpine Stufe ein. Dadurch kann der **Waldgesellschaftskomplex** den vielfältigen Aufbau erhalten, wie Abbildung 7.1 zeigt.
Die folgende Tabelle und das Kapitel beginnen mit den besonders hygrophilen Vegetationstypen und reichen bis zu den Trockentypen:

– Buchenwälder der Nordalpen – Buchenwälder der Südalpen	Randliche Gebirgsmassive (Grad 1 der Abbildung 7.14)
– Innere Tannenwälder – Innere Fichtenwälder – Mesophile Föhrenwälder	Zwischenalpen (Grad 2) und teilweise inneralpine Zone (Grad 3)
– Xerophile Föhrenwälder:	Inneralpines Zentrum mit dem höchsten Kontinentalitätsgrad (Grad 4)

3. Randalpine montane Stufe mit dem Buchenwaldkomplex

Am Alpenrand prägt die montane Stufe ein ausgedehnter **Buchenwaldgürtel**, der die Alpenkette, abgesehen von einer Unterbrechung in den östlichen See-Alpen, vollständig umschließt (Abb. 7.2). Die Buchenwälder in der nördlichen Hälfte dieses Gürtels sind gut untersucht und lassen sich durch Übereinstimmung mit anderen mitteleuropäischen Buchenwäldern problemlos in ein pflanzensoziologisches System einordnen, das oft als *Fagion medioeuropaeum* bezeichnet wird. Buchenwälder des Südteils sind hingegen viel weniger bekannt und gehören – zumindest teilweise – verschiedenen Assoziationen an. Neben diesen beiden Gruppen stellen die Silikat-Gebiete (hauptsächlich Piemont und Steiermark) einen Spezialfall dar.
Gegenwärtig gibt es kein biozönotisches System, das alpine Buchenwälder insgesamt befriedigend klassifizieren könnte, da südliche Typen in ihren Beziehungen zu mediterranen und illyrischen Buchenwäldern noch zu wenig untersucht sind. Am besten scheint es daher, als Einteilungskriterium nicht die Serien wie in anderen Höhenstufen, sondern die drei großen Gebiete heranzuziehen: nördliche Kalkalpen, Silikat-Gebirge der Rand- und Zwischenalpen, und südliche Kalkalpen.

3.1. Buchenwälder der nördlichen Kalkalpen

Der Komplex der mitteleuropäischen Buchenwälder umfaßt die gesamten Randalpen, von Niederösterreich bis zur Dauphiné, genauer vom Wienerwald über Oberösterreich, Bayern und die Schweiz bis zum nördlichen Vercors. Dies entspricht der montanen Stufe in den Gebieten der nördlichen Randalpen und des Schweizer Juras (genauer in den Sektoren 1 und 2 der Abb. 1.31 und 4.15).
Begünstigt durch die Feuchtigkeit dieser Gebirge weitet sich der Buchengürtel auf über 800 m aus zu einem Höhenbereich von durchschnittlich 500 bis 1350 m (Dauphiné 700–1500 m).
Die Zahl der nordalpin beschriebenen Buchenwaldgesellschaften ist, wie bei Buchenwäldern zu erwarten, so groß, daß sie unmöglich vollständig zusammengefaßt wer-

den können. Nach kritischer Durchsicht aller Typen müßten wesentliche Umgruppierungen vorgenommen werden und viele kleine unterteilte Gesellschaften zu größeren Einheiten vereint werden. Dabei bewirkt die Aufsplitterung der derzeitigen Assoziationen eine regelrechte Erschwerung.
ELLENBERG bedauerte schon 1963: «Die Zahl der bisher beschriebenen Assoziationen, Unterassoziationen, Varianten, Rassen oder anderen Untergruppen der Buchenwälder ist außerordentlich hoch. Einen Gesamtüberblick zu bekommen ist um so schwieriger, als verschiedene Einheiten oft unter der gleichen Bezeichnung beschrieben wurden und umgekehrt ein und derselbe Typus nicht selten unterschiedliche Namen erhielt.»

Wir stützen uns auf die einheitlichsten Arbeiten, von denen folgende zu erwähnen sind:
– gesamte Ostalpen: MAYER (1974), ELLENBERG (1963 und 1978)
– nördliche Randalpen: in Österreich ZUKRIGL (1974), WAGNER (1983)
– Bayern: OBERDORFER, SEIBERT (1968), KÖSTLER-MAYER (1977), STORCH (1983).
– Schweiz: ELLENBERG und KLÖTZLI (1972)
– gesamte Nordwestalpen: L. RICHARD-PAUTOU (1983)
– Chartreuse: BARTOLI (1962)

3.1.1. Allgemeine Einteilung der Buchenwälder

Wie im Großteil des europäischen Buchen-Areals, können auch Buchenwälder der nördlichen Voralpen in vier große ökologische Gruppen eingeteilt werden (Abb. 7.3). Nach der pflanzensoziologischen Nomenklatur haben sie derzeit den Rang von Verbänden und wurden von ELLENBERG (1963, 1978) für Mitteleuropa und Nordalpen genau differenziert:
– **Kalk-Buchenwälder,** im allgemeinen thermophil und verhältnismäßig trocken, mit rendzinaartigen Böden, besonders im untersten Teil der Stufe *(Cephalanthero-Fagion);*

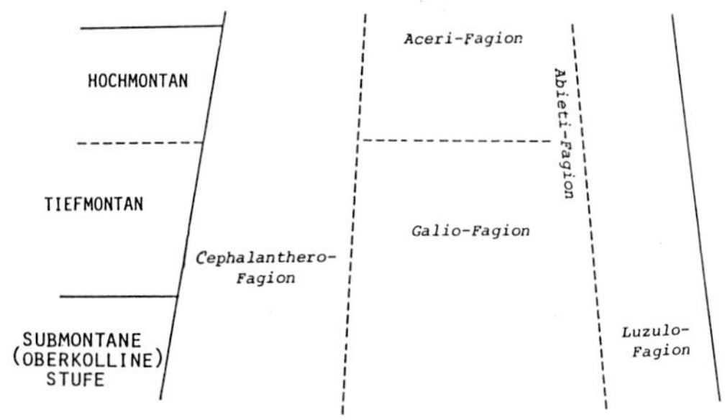

Abb. 7.3: Schematische Anordnung der wichtigsten Verbände von Buchen- und Buchen-Tannenwäldern. Die drei vertikalen Reihen entsprechen den drei Serien des mesophilen Buchenwaldes, des Tannen-Buchenwaldes und des azidophilen Buchenwaldes. Siehe auch Abb. 7.10.

– ausgeprägte **Silikat-Buchenwälder,** hauptsächlich in der unteren montanen Stufe *(Luzulo-Fagion);*
– **Ahorn-Buchenwälder** der hochmontanen Stufe, kälter und feuchter *(Aceri-Fagion);*
– mesophile **Braunerde-Buchenwälder** und besonders **Tannen-Buchenwälder,** die gemeinsam die große Gruppe des *Galio-Fagion* bilden. In einem *Abieti-Fagion*-Verband werden oft Buchenwälder mit vorherrschender Tanne als eigene Gruppe behandelt.
Eine Gliederungstabelle dieser Einheiten, die auf ökologischen Artengruppen basiert (vor allem edaphische Merkmale) wurde von MAYER (1974) erstellt und ist bei ELLENBERG (1978) wiedergegeben (Tab. 20 bzw. 54 dieser Autoren).

3.1.2. Thermophile Kalkbuchenwälder

Buchenwälder mit eindeutiger *Cephalanthero-Fagion*-**Verwandtschaft** scheinen in den nordwestlichen Randalpen der Dauphiné und von Savoyen sehr stark verbreitet und bilden dort im wesentlichen die «mesophile Buchen-Serie». Nach neueren Untersuchungen werden sie in den typischen nördlichen Randalpen von der Schweiz gegen Osten immer seltener. Diese deutliche Abnahme kann, wie das Ausbleiben der kollinen Buchs-Eichenwälder, ein Anzei-

chen für den Übergang des Dauphiné-Jura-Gebietes zu den nördlichen Randalpen sein (Abb. 1.31 und 4.15).
In der Schweiz erwähnen Ellenberg-Klötzli (1972) nur zwei Assoziationen: *Carici-Fagetum* zwischen 400 und 1100 m (zum Teil submontan), das im Jura (Moor 1952) viel ausgeprägter als in den Randalpen ist; *Taxo-Fagetum* (600–1300 m), deutlicher montan. Weiter östlich geht auch das *Cephalanthero-Fagion* nach Zukrigl (1973) in ein ziemlich vielgestaltiges *Carici albae-Fagetum* über, das *Sesleria-*, *Molinia-* usw. -Untereinheiten umfaßt, aber stets örtlich begrenzt ist (Chur, Wienerwald).
Dieser Buchenwaldtypus und seine verschiedenen Ausbildungen sind gut durch verschiedene *Carices (digitata, flacca, montana)* und *Cephalanthera- (damasonium, longiflora, rubra)* Arten gekennzeichnet, so daß die beiden Bezeichnungen *Carici-Fagetum* und *Cephalantero-Fagetum* praktisch gleichwertig sind. Allerdings: «beide Namen können aber auch falsche Vorstellungen erwecken, wenn sie allzu wörtlich genommen werden», wie Ellenberg (1978) betont.

3.1.3. Bodensaure Buchenwälder

Dem *Luzulo-Fagion* entsprechend nehmen sie in den nordöstlichen Randalpen einen noch bescheideneren Platz ein. Sie fehlen in der Schweiz in den nördlichen Randalpen und finden sich hauptsächlich im Süden (Tessin); auch in den bayerischen Alpen fehlend (Seibert 1968). In Österreich sind sie erst im Wienerwald von nennenswerter Bedeutung (Lang 1967) und stellen einen Vorposten der bodensauren Buchenwälder des östlichen Saumes der Randalpen dar. Dort, in der Steiermark und im insubrisch-piemontesischen Gebiet sowie teilweise in den Zwischenalpen sind sie erst voll ausgeprägt (siehe Punkt 3.2).

3.1.4. Eutrophe Buchenwälder und Buchen-Tannenwälder

Diese Gruppe bildet, je nach Autor, entweder einen einzigen Eu-*Fagion*-Verband oder vier getrennte Verbände (oder Unterverbände):
– Eu-*Fagion* s. str. (oder *Asperulo-Fagion* bzw. *Galio odorati-Fagion*), auf frische, montane Braunerden beschränkt, während das *Cephalanthero-Fagion* rendzinaartige Böden besiedelt.
– *Abieti-Fagion*, entspricht den Buchen-Tannenwäldern der mittleren montanen Stufe.
– *Aceri-Fagion*, umfaßt Buchen- und Buchen-Tannenwälder reich an Fichte und Hochstauden in der hochmontanen Stufe.
– *Tilio-Acerion*, Mischwälder an feuchten Standorten vorwiegend mit Ahorn und Linde. Da die montanen kleinflächigen *Acer pseudoplatanus-* und *Tilia*-Gesellschaften häufig vom Buchen-Tannenwald eingeschlossen und mit diesem nach Zusammensetzung und Ökologie verwandt sind, wurden diese Spezialgesellschaften zur Begleitvegetation gerechnet, die später beschrieben wurde.
Bereits wurde darauf hingewiesen (Ozenda 1979), daß Buchengesellschaften mit oder ohne Tanne, wie in den klassischen Arbeiten beschrieben, so weit übereinstimmen, daß mit Ausnahme der Tannenwälder in den Zwischenalpen *(Abietetum)* außerhalb des Buchenareals, alle **Tannenwälder** der Alpen oder des Vorlandes unschwer in ein Buchenwald-System eingeordnet werden können. Beim Vergleich der Assoziationslisten und -tabellen (Vegetationskarte von Baden-Württemberg von Müller-Oberdorfer (1974), Arbeit von Mayer (1974) über die Wälder der Ostalpen und von Horvat et al. (1974) über das illyrische Gebiet zeigt sich, daß jede Buchen-Tannenwald-Gesellschaft einer Tannen-Ausbildung entspricht; die tatsächlich nur eine Tanne-Fazies darstellt.

Beispielhaft für die detaillierte Untersuchung der eutrophen Buchen-Tannenwälder in den Nordalpen ist die Arbeit von Bartoli über die **Grande Chartreuse** (1962). Dieses Gebirge gehört zu den niederschlagsreichsten (größte Niederschlagsmengen in den französischen Alpen). Buchenwälder nehmen den Großteil der montanen Stufe ein. Das Gebiet ist typisch für die nördlichen Randalpen. Die

Abb. 7.4: Hygrophiler Kalkbuchenwald. Die Aufnahme stammt aus dem Massiv der Grande Chartreuse in ungefähr 1000 m Höhe. Tannen-Buchenwald mit großem Fichtenanteil. Steile Kalkhänge zwischen 1500 und 2000 m entsprechen der subalpinen Stufe; auf den Felsgesimsen voralpine Hakenkiefer-Serie (Bild L. RICHARD).

Untersuchung von BARTOLI wurde in enger Anlehnung an Arbeiten von J. L. RICHARD über Jura-Wälder durchgeführt, wo zahlreiche klassische Ausbildungen montaner Wälder beschrieben wurden. BARTOLI unterscheidet drei Gesellschaften, die mehr oder weniger drei aufeinanderfolgenden Höhenstufen entsprechen.

1. **Reiner Buchenwald** (*Fagetum sylvaticae* typicum) auf Mullboden, der in einer Höhe von 700 oder 800 m am besten entwickelt ist und ungefähr bei 1000 m von der nächsten Gesellschaft abgelöst wird; häufig *Allium ursinum*-Ausbildung. An felsigen Standorten oder in Südlage treten Übergangsformen zu thermophilen Buchenwäldern auf, die ebenfalls tiefmontan in der Chartreuse vorkommen.

2. **Buchen-Tannenwald** *(Abieti-Fagetum)* auf Moderbraunerde unterscheidet sich von der vorherigen Gesellschaft durch reichliches Auftreten von *Luzula sylvaticae* und *Elymus europaeus* sowie durch viele feuchtigkeitsliebenden Arten: Zahnwurzarten der Untergattung *Dentaria (C. pentaphyllos, C. heptaphyllos), Senecio fuchsii* und *Saxifraga rotundifolia*. Optimale Ausprägung zwischen 1000 und 1400 m (Abb. 7.4 und 7.5).

Abb. 7.5: Grasreicher Buchenwald *(Abieti-Fagetum elymetosum)* im Vercors-Massiv, ca. 1100 m Höhe (Bild FAURE).

3. **Bergahorn-Buchenwald** mit Fichte *(Aceri-Fagetum)* auf leicht saurem Mullboden (1300 bis 1500 m) mit Hochstauden *(Adenostyles alliariae, Achillea macrophylla)*. Weiter oben Ablösung durch subalpinen Fichtenwald.

BARTOLI beobachtete montan in der Chartreuse auch **Spezial-Gesellschaften** die später besprochen werden: *Phyllitido-Aceretum, Arunco-Aceretum, Asplenio-Piceetum, Sphagno-Piceetum.*

Die montane Stufe im **Vercors** ist weitgehend analog zusammengesetzt und FAURE (1968) hat alle angeführten Gesellschaften wiedergefunden, darunter auch die hier viel ausgeprägteren Kalkbuchenwälder und Dauergesellschaften.

In den **Nordwestalpen** nehmen Nadelbäume (Tanne und Fichte) zu Lasten der Buche einen größeren Platz ein. Dadurch löst sich der tiefere Teil des typischen Buchenwaldes auf und die montane Stufe wird von einer ziemlich einheitlichen Formation eingenommen, bei der man trotz zwei Unterstufen unterscheiden kann, von denen die höhere durch

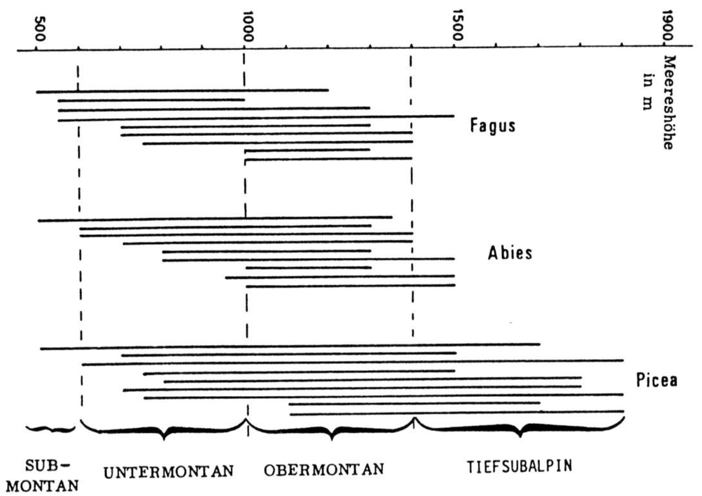

Abb. 7.6: Höhenverbreitung von Buche, Tanne und Fichte in neun Wäldern von Obersavoyen (nach unveröffentlichten Unterlagen von BACHASSON). Die Verbreitung der ersten beiden Arten ist (bei geringerem quantitativem Unterschied, mit steigender Höhe größerer Tannenanteil) vergleichbar. Fichte, deren Anteil ebenfalls mit der Höhe zunimmt, dringt ausgeprägt in die tiefere subalpine Stufe vor.

	ELLENBERG und KLÖTZLI 1972	MAYER, 1974	ELLENBERG, 1978
OBERMONTANE UNTERSTUFE	21 - Aceri - Fagetum	IV-C - Aceri - Fagetum	II - 2 g - Subalpine Bergahorn-Buchenwald
MITTELMONTANE UNTERSTUFE	18 und 20 - Abieti - Fagetum 6 und 7 - Galio odorati - Fagetum	III-B 1 - Adenostylo glabrae Abieti-Fagetum p. p. III-B 2 - Asperulo - Abieti-Fagetum IV-4 - Asperulo - Fagetum	II - 2 f - Montane Tannen-Kalkbuchenwälder II - 3 - Buchenwälder auf reichen bis mittleren Braunerden
SUBMONTANE UNTERSTUFE	11 und 13 - Aro-Fagetum 12 - Cardamino-Fagetum	II-2 a - Frische Kalkbuchenwälder II-2 b - Bärlauchreiche Kalbuchwälder	IV - Lathyro-Fagetum

Abb. 7.7: Haupttypen des Kalkbuchenwaldes und des Kalk-Tannen-Buchenwaldes in den nordöstlichen Randalpen.

reichliches Fichten-Vorkommen und durch viele *Usnea*-Arten charakterisiert ist (Abb. 7.6).
Die drei Stufen treten in den gesamten Schweizer und nordwestlichen Randalpen auf, siehe Beschreibung in den synthetischen Arbeiten, bei Abb. 7.7 angeführt.

3.2. Buchenwälder in Silikat-Gebieten

3.2.1. Steirische Randalpen

Der Silikatzug der Ostalpen streicht direkt unter die Ablagerungen des pannonischen Gebietes. Die Alpenkette endet mit den Randalpen und einem hügeligen Vorland, in dem kristalline und sandsteinartige Unterlagen vorherrschen. Tiefmontan gehören die Buchenwälder daher im wesentlichen zur *Luzulo-Fagion*-Gruppe und hochmontan zu den Buchen-Tannenwäldern.
Im Glein- und Koralpen-Gebiet hat ZUKRIGL (1973) zwischen 500 und 800 m einen Typ mit *Calamagrostis arundinacea*, *Pulmonaria styriaca*, *Cytisus supinus* beschrieben. WAGNER (1983) weist auf das Vorkommen bodensaurer Buchenwälder in den gesamten Silikat-Randalpen bis zur pannonischen Senke hin: Wechsel, Bucklige Welt, Rosalien- und Pohorjegebirge. Die starke Podsolierung des Bodens, die noch durch Fichtenmonokultur verstärkt wird, verursacht eine Reduktion des Buchenwaldes gegenüber Nadelbäumen und eine gewisse Übereinstimmung mit Tannen-Fichtenwäldern der Zwischenalpen.
Stellenweise gibt es auch ausgedehnte Kalkketten besonders in der Gegend von Weiz, wo PRATL (1971) tiefmontane thermophile Kalkbuchenwälder und mittelmontane Fichten-Buchenwälder mit Farnen (*Athyrium filix-femina*, *Dryopteris filix-mas* und *D. dilatata*) beschrieben hat, die in größerer Höhe in Ahorn-Fichtenwälder übergehen.

3.2.2. Insubrisch-piemontesische Randalpen

Die acidophilen Buchenwälder dieses ausgedehnten Gebietes können in zwei Gruppen eingeteilt und durch *Luzula nivea* bzw. *L. pedemontana* charakterisiert werden. Die typische Art des *Luzulo-Fagion*, *L. albida*, fehlt in den Südalpen.
Die erste Gruppe ist im **Tessin** weit verbreitet, wo ELLENBERG-KLÖTZLI (1972) in 800 bis 1500 m Höhe ein *Luzulo niveae-Fagetum* mit *Luzula nivea*, *L. sylvatica*, *Calamagrostis arundinacea*, *Deschampsia flexuosa*, *Vaccinium myrtillus* beschreiben. Sie scheint in der ganzen insubrischen Region und wahrscheinlich auch in den nördlichen piemontesischen Randalpen weiter verbreitet zu sein.
Die *Luzula pedemontana*-**Gruppe** kommt im **südlichen Piemont** auf der Höhe von Turin vor. SAPPA-CHARRIER (1950) wiesen im Val Sangone und im Val Grana (MONDINO 1964) auf Ausläufer des montanen Buchenwaldes im oberen Teil des acidophilen Kastanien-Eichenwaldes mit *Vaccinium*- und *Deschampsia*-Ausbildung hin. Im Val de Susa beschrieb MONTACCHINI (1972) ein *Luzulo pedemontanae-Fagetum* und ein *Veronico-Fagetum*. Der acidophile Buchenwald tritt im Süden bis zur Nordseite des Mercantour und der ligurischen Alpen (BARBÉRO 1970, BONO-BARBÉRO 1976) und weiter bis in den ligurischen Apennin auf (OBERDORFER-HOFMANN 1967).

3.2.3. Andere Gebiete

Außerhalb der beiden vorigen Gebiete sind acidophile Buchenwälder selten, da in den gesamten Randalpen Kalkgesteine eindeutig dominierten. Selbst Flyschgebiete in den nördlichen Ausläufern der bayerischen Randalpen werden von eutrophen Buchen-Tannenwäldern bestockt, die SEIBERT (1968) als *Galio-Abietetum* beschrieben hat. Auf Molasse, Sandstein oder Sand wurden jedoch im Vercors (CH. FAURE 1968) und in

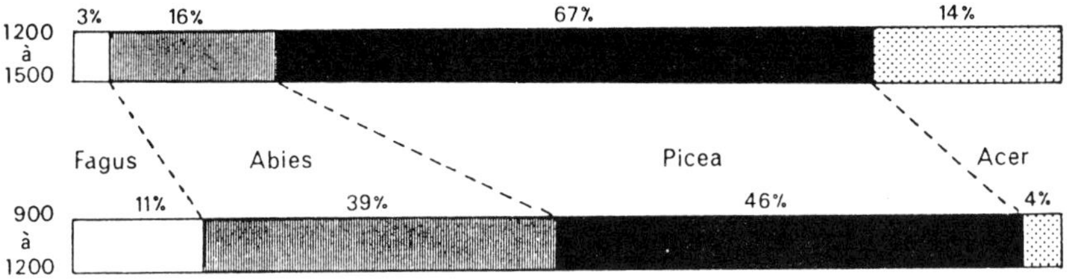

Abb. 7.8: Prozentanteil der Hauptbaumarten in den beiden montanen Unter-Stufen an der Westseite des Belledone-Massivs ober- und unterhalb von 1200 m (nach Zahlenangaben von MOYROUD, in OZENDA et al. 1964).

der Gegend von Castellane (BARBÉRO-LEJOLY-POIRION 1977) vereinzelt *Vaccinium-*, *Calluna-* oder *Melampyrum*-Buchenwälder beobachtet.
Nach Untersuchungen im **Belledonne-Massiv** erreichen die acidophilen Buchenwälder möglicherweise in den zwischenalpinen Silikat-Berggruppen eine gewisse Entwicklung. Belledonne bildet ein etwa 50 km langes, NNO bis SSW streichendes Gebirgstal. Die äußere Westseite ist noch ziemlich niederschlagsreich und der Fichten-Buchen-Tannenwald bildet im gesamten montanen Bereich einen einheitlichen Streifen, der je nach dem Baumarten-Anteil in zwei Unter-Stufen eingeteilt werden kann (Abb. 7.8). Der obere Teil mit stark vertretener Fichte geht nach und nach in den subalpinen Fichtenwald über, der ebenfalls sehr gut entwickelt ist. Die Situation entspricht weitgehend den savoyischen Kalkalpen (Abb. 7.6). Hochmontan sind Ahorn- und Hochgras-Gesellschaften besonders reichlich vertreten.
Die Ostseite des Massivs gehört schon eindeutig zu den Zwischenalpen, jedoch stokken im Tal der mittleren **Romanche,** noch ungenügend untersucht, trockene acidophile Buchenwälder, die wahrscheinlich einem subxerophilen *Luzulo-Fagion* entsprechen (OZENDA et al. 1968).

3.3. Buchenwälder der Alpensüdseite

Diese Einheiten besiedeln die montane Stufe des südlichen Alpenbogens, von der Süd-Dauphiné und der Haute-Provence bis nach Slowenien (Abb. 7.2) mit Ausnahme der zwei besprochenen Gebiete Steiermark und Tessin-Piemont.
Im gesamten Bereich herrschen Kalkunterlagen vor. Klimatische Werte entsprechen analogen Standorten in den Nordalpen. Durchschnittliche Jahrestemperaturen zwischen 4° und 8° (leichtes Steigen der Höhengrenzen, die zwischen 800 und 1500 m liegen). Niederschlagsmenge mit Ausnahme der mittleren Provence, mit nur verarmten Buchenwäldern, überall über 1000 mm.
Vor allem werden die Klimaxvegetationen beschrieben, da andere Ausbildungen nicht sehr gut untersucht sind. Zu den **Klimaxeinheiten** gehören die ökologischen Hauptgruppen, die für Buchenwälder und Buchen-Tannenwälder Mitteleuropas typisch sind, klassische Unterteilung des *Fagion* (Abb. 7.3). Jedoch überwiegend kalkliebende Arten und vor allem regionale Sondergesellschaften, die sich durch submediterranen und illyrischen Einfluß deutlich vom Alpen-Nordabfall unterscheiden. Die **Sondergesellschaften** variieren von einem Gebiet zum anderen sehr stark und müssen in jeder Region gesondert untersucht werden.

3.3.1. Süd-Dauphiné und Haute-Provence

1. **Buchen- und Buchen-Tannenwälder** der Nordalpen, die für die Nord-Dauphiné typisch sind (vgl. 1d, Chartreuse) werden südlich von Grenoble allmählich seltener. Im Vercors und Devoluy sind sie noch gut entwickelt, letzte Vorkommen in der Region von

Abb. 7.9: Meso-hygrophile Buchenwälder in der südlichen Dauphiné. Links ein mesophiler Tannen-Buchenwald im Dévoluy; im Hintergrund der Pic de Bure, 2720 m. Rechts ein mesophiler *Calamintha grandiflora*-Buchenwald in der Nähe des Col d'Ornon im Taillefer-Massiv zwischen 1200 m und 1500 m (Bild OZENDA).

Die und Gap. Weiter südlich gehören diese *Eu-Fagion*-Wälder zumeist der hochmontanen Stufe an. Besonders hygrophile Ausbildungen gehören südöstlich von Drôme und Ubaye einem südlichen Typ an, der durch *Trochiscanthes nodiflorus* und *Geranium nodosum* (*Trochiscantho-Fagetum* von BRAUN-BLANQUET) gekennzeichnet bis zu den Seealpen reicht und an ähnliche Formationen des Nord-Apennin anschließt (GENTILE 1974). Auch ein Teil der Tannenwälder in den Zwischenalpen nähert sich diesem Typ. Andere Buchenwälder (Abb.7.9), **meso-hygrophil** benannt (OZENDA 1966), sind durch eine *Calamintha grandiflora*-Assoziation vertreten, die von den Baronnies bis zur Nordseite des Ventoux (GOBERT-PAUTOU 1969) und zu den Bergen von Lure (MATHON 1952) anzutreffen sind.

Calamintha grandiflora-**Buchenwälder** sind vermutlich in den südöstlichen Alpen bis zu den Dinariden weit verbreitet. Das gesamte charakteristische Areal reicht von den Ost-Pyrenäen bis zum Balkan mit vereinzelten Standorten in Südwest-Kleinasien. Gegen Norden wurden im Berner Oberland Vorposten (oder Relikte?) der Buchen- und Buchen-Tannenwälder mit *Calamintha grandiflora* beobachtet (MÜLLER-WEGMÜLLER 1982).

2. **Tiefmontan** treten **trockenere Buxus- und Lavendel-Buchenwälder** auf (*Buxo-Fagetum*, *Buxo-Abieti-Fagetum*): So stocken an der Nordseite des Mont Ventoux zwischen 900 und 1100 m Buchenwälder mit *Buxus*, *Taxus*, *Brachypodium pinnatum* und *Sesleria varia* sowie Tannenwälder mit *Buxus* (BARBÉRO et al. 1978). Dieser spezielle Unterverband, das *Buxo-Fagion* (BARBÉRO-QUÉZEL) ist nach ALLIER-BRESSET (1980) eine submediterrane Rasse des *Cephalanthero-Fagion*. Zu den besonders typischen Gesellschaften gehört ein *Androsace chaixii*-Buchenwald, der von den Randalpen von Valence (BANNES-PUYGIRON) bis

nach Grasse (CHOUARD 1950) auftritt. Durch Degradation entwickeln sich diese trockenen Buchenwälder zu *Buxus-Amelanchier*-Heiden oder zu Dorngebüschen *(Juniperus, Berberis, Crataegus)*, in weiterer Folge dann zu *Brachypodium pinnatum-*, *Festuca duriuscula-* und *Koeleria*-Rasen. Alle Degradationsformen ähneln der mesophilen Föhrenreihe, mit der sie nach dem Areal teilweise verbunden sind.

Noch weiter südlich treten da und dort Buchenwälder mit sehr verarmter Zusammensetzung auf: Haut-Vaucluse (TOMASELLI 1949), Lubéron (MOLINIER 1963), Haut-Var, provenzalische Hügelkette. Ein ziemlich ausgeprägter, reliktischer Buchenwald hat sich im Sainte-Baume-Massiv unweit von Marseille (MOLINIER 1958) erhalten und scheint sich sogar etwas auszudehnen (BONIN et al. 1983).

Detailliert hat die gesamten Buchenwälder der **Haute-Provence** OZENDA (1966, 1982) dargestellt.

3.3.2 See- und Ligurische Alpen

Buchen- und Buchen-Tannenwälder dieses Gebietes sind von den vorhergehenden durch die Hochgebirgskette und das disjunkte Vorkommen der Buche in den Randalpen von Nizza getrennt. Auf der Piemont-Seite sind sie sehr gut entwickelt, auf der Südseite dagegen stark eingeschnitten.

Am Nordabfall (Piemont) gehören sie vor allem einem hygrophylen *Cardamine* sg. *Dentaria*-Typ an, bei dem an bestimmten Standorten östliche Arten *(C. polyphyllos)* auftreten. Auf der Südseite nähern sie sich eher dem *Calamintha grandiflora*-Buchenwald und gehen tiefmontan in *Ostrya*-Buchenwälder über. Auf trockeneren Böden gehen diese Typen in *Cephalanthero-Fagion*-Assoziationen besonders Lavendel-Buchen-Wälder oder zu *Luzulo-Fagion*-Assoziationen mit der heimischen *Luzula pedemontana* über, je nachdem ob das Gestein kalk-

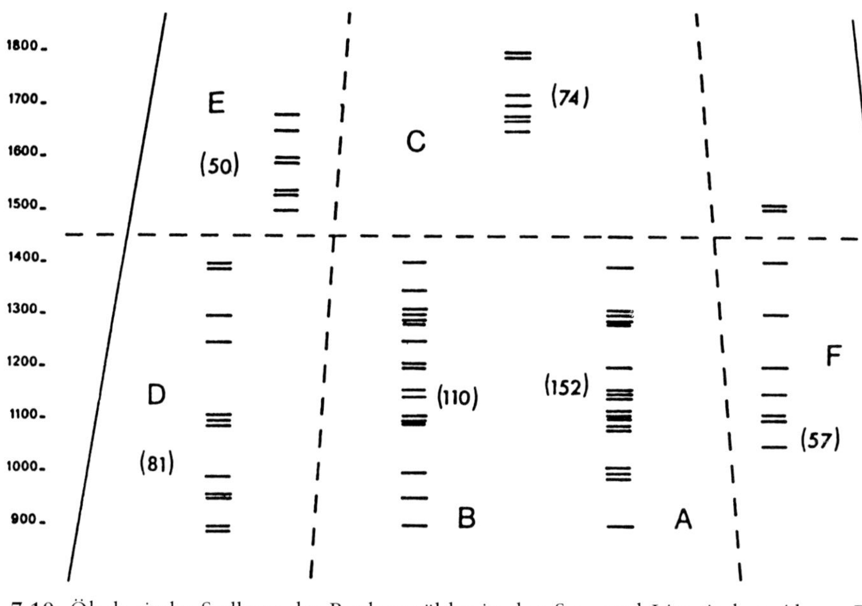

Abb. 7.10: Ökologische Stellung der Buchenwälder in den See- und Ligurischen Alpen. Die Lage ist jener in Abb. 7.3 sehr ähnlich. Die Tabelle wurde nach Angaben von BARBÉRO (1970) erstellt für Buchenwälder der See-Alpen und einige Buchenwälder der Ligurischen Alpen sowie der Haute Provence (Tannen-Buchenwälder nicht aufgenommen). A) *Dentario-Fagetum;* B) *Anemono-Fagetum;* C) *Aceri-Fagetum;* D) *Cephalanthero-Fagetum;* E) Hochlagen-Kalkbuchenwälder; F) *Luzulo-Fage-tum*. Striche stellen die Höhenlage der Probeflächen dar. Ziffern in Klammern geben die gesamte Artenzahl jeder Assoziation an: Reichtum der eutrophen Dentaria-Buchenwälder; Artenarmut mit steigender Höhe oder bei extremeren edaphischen Bedingungen.

oder silikatreich ist (Barbéro 1970). In den Nizza-Randalpen, wo Buche fast ganz fehlt, kommen *Fagion*-Gesellschaften nur kleinflächig vor, die trotz artenreicher Zusammensetzung wahrscheinlich Relikte sind: Bemerkenswerter Buchenwald von Cabanette, nur 20 km vom Meer entfernt, in 1300–1400 m Höhe auf einem Sandstein-Felsabsatz (Ozenda 1954, 1966) und in tieferen Lagen spezielle Tannenwälder (Barbéro-Bono 1970, Bresset 1975).
Insgesamt findet man trotz einigen Veränderungen alle wesentlichen klassischen Buchenwald-Typen der Nordalpen (Abb. 7.10).

3.3.3. Gardasee-Gebiet

Die drei größeren Typen wurden vor allem im Monte Baldo-Massiv von Gerdol-Piccoli (1982) beschrieben. Acidophile Buchenwälder sind relativ selten. Thermophile, submontane Buchenwälder, die reich an *Ostrya (Ostryo-Fagetum)* sind sowie Buchen-Tannenwälder verhindern eine regelmäßige Anordnung von zwei parallelen Streifen am Gebirgsrand (3c und 3d, Abb. 7.2).

3.3.3.1. Submontane Buchenwälder

Sie dehnen sich zwischen 800 und 1100 m aus, reichen aber in Tälern bis 500 m herab. Meist Buschwälder auf flachgründigen Böden, wo die Buche als Niederwald bewirtschaftet wird und sich mit *Ostrya*, *Fraxinus ornus* sowie zahlreichen kollinen Gebüschen vermischt. Die Krautschicht wird konstant von *Carex alba* in Begleitung von *Sesleria varia*, *Polygala chamaebuxus*, *Cephalanthera damasonium* und teilweise östlichen Arten geprägt: *Epimedium alpinum*, *Anemone trifolia*, *Erica herbacea*, *Clematis recta*. *Plagiochila asplenioides* kennzeichnet die Moos-Schicht.

3.3.3.2. Eutrophe Buchenwälder

Zum *Dentario-Fagetum* gehörig bilden sie gut entwickelte Waldgesellschaften auf Humuskarbonatböden. Buche dominiert, währen die Nadelbäume Tanne und Fichte meist gering vertreten sind. Strauchschicht ist kaum vorhanden, thermophile Arten fehlen und werden durch *Lonicera nigra* und *L. alpigena* ersetzt. Eine Krautschicht ist typisch für das *Asperulo-Fagion*: *Galium odoratum*, *Adoxa moschatellina*, *Dentaria pentaphyllos*, *D. bulbifera* und *D. enneaphyllos*, wobei letztere gegenüber den westlichen *D. heptaphyllos*-Buchenwälder differenziert. Hygrophile Ausbildungen sind durch meist hohe Farne gekennzeichnet *(Dryopteris filixmas*, *Athyrium filix-femina*, *Polystichum aculeatum)* sowie Hochstauden *(Senecio fuchsii*, *Ranunculus platanifolius*, *Adenostyles glabra*, usw.).

3.3.3.3. Acidophile Buchenwälder

Auf Moränenstandorte mit Lehmböden, vor allem an Nordseiten beschränkt, nähern sie sich dem *Luzulo-Fagion*, allerdings mit *Luzula nivea* und nicht mit *L. albida* wie im Norden vergesellschaftet. *Vaccinium*- und *Pyrola-Arten* zeigen die Azidität an, *Larix decidua* ist häufig.

3.3.4. Illyrisches Untergebiet

Weiter östlich ändert sich in den **Karnischen- und Julischen Alpen** durch bedeutendes Auftreten illyrischer Arten merklich die Zusammensetzung. Diese kommen bereits in mesophilen Buchenwäldern der Karawanken vor (Aichinger 1933); *Helleborus niger*, *Anemone trifolia*, *Hacquetia epipactis*, *Cardamine trifolia*, *Lathyrus ochraceus*, *Symphytum tuberosum*. In diesem Gebirge stocken die üblichen ökologischen Gruppen: Acidophiler *Vaccinium myrtillus*-Buchenwald auf Silikat, thermophiler *Ostrya*-Buchenwald und mesophiler *Galium odoratum*- und *Dentaria*-Buchenwald.

In den **Slowenischen Alpen** wird der illyrische Einfluß durch *Lamium orvala*, *Euphorbia carniolica* und andere Arten verstärkt, die norddinarische Buchenwälder ankündigen und langsam in diese übergehen. Marinček (1981) hat ein *Lamium orvalae-Fagetum praealpinum* mit fünf Unterassoziationen beschrieben, wobei, abgesehen vom Auftreten illyrischer Arten, keine floristischen oder ökologischen Unterschiede zu mitteleuropäischen Buchenwäldern gefunden wurden.

3.4. Nicht-Klimax-Einheiten

Wiesen und **Gebüsche** der feuchten montanen Stufe stellen wegen des intensiven Wiederbesiedlungsvermögens durch den Wald oft nur Übergänge dar, wie *Corylus*-Buschgesellschaften oder auf Silikatböden *Sarothamnus*-Gebüsche und *Arrhenatherum*- sowie vor allem *Trisetum*-Wiesen.
Mit zunehmender Höhe, kürzerer Vegetationsperiode, höherem Niederschlag und Rückgang des landwirtschaftlichen Einflusses sinkt die Wettbewerbsfähigkeit von *Arrhenatherum elatius* und den Begleitarten. Jedenfalls reichen sie bis in die mittelmontane Stufe. So wurde beispielsweise eine *Arrhenatheretum elatioris*, eine Ersatzgesellschaft des *Melico-Fagetum*, in den Freiburger Voralpen von Berset (1969) beschrieben.
Der gleiche Autor hat außerdem auf trokkene Wiesen des Mesobrometum sowie mesophile Gesellschaften hingewiesen: *Phleo-Leontidetum*, *Lolio-Plantaginetum*.
Verschiedene *Trisetum flavescens*-Gesellschaften lösen ab der mittelmontanen Stufe die vorigen Einheiten nach und nach ab. Verschiedene Assoziationen wurden beschrieben: *Poo-*, *Geranio-* und *Rumici-Trisetetum*. Ab der hochmontanen Stufe tritt der *Polygono-Trisetion*-Verband auf, der durch *Polygonum bistorta* gekennzeichnet ist und bis in die tiefsubalpine Stufe reicht; ziemlich vielgestaltig *(Polygono-* und *Astrantio-Trisetetum)*. Eine Höhenstufengliederung des *Polygono-Trisetium* und der verschiedenen «Triseteten» montan bis hochsubalpin hat Hundt 1985 im Gebiet von Davos gezeigt.

3.5. Begleitvegetation des Buchenwaldes

Unter **Satelliten-Vegetation** werden floristisch und ökologisch sehr unterschiedliche Waldgesellschaften zusammengefaßt, die als **Dauer-Gesellschaften** auf extremen Standorten als Enklaven im Buchenwald-Areal auftreten. Da es meist bodenfeuchte Gesellschaften sind, treten sie hauptsächlich in den nördlichen Randalpen auf und in zweiter Linie in den feuchtesten Gebieten der südlichen Randalpen wie im Tessin und in der Lombardei.

3.5.1. Schluchtwälder

Schluchtwälder sind ein heterogener Komplex von Gesellschaften, die sich an Standorten mit hoher Luftfeuchtigkeit entwikkeln: tiefe Täler und sehr oft nebelreiche Nordhänge. Die Standortsvielfalt und die verwirrende Namensgebung spiegeln diese Heterogenität wider: zahlreiche Einheiten (*Tilio-Fagetum*, *Aceri-Tilietum*, *Aceretum*, *Aceri-Fraxinetum* usw.) mit vielen Unterassoziationen und Varianten wurden beschrieben, die alle Übergänge erfassen.
Zu den gut gekennzeichneten Gesellschaften (Chartreuse, Bartoli 1962) gehören Hirschzungenfarn-Ahornwälder *(Phyllitido-Aceretum)* und *Aruncus*-Ahornwälder *(Arunco-Aceretum)*. In einem Teil der submontanen Stufe in Bayern ersetzt ein *Aceri-Fraxinetum* den Buchenwald (Seibert 1969). Im Tessin untersuchte Heiselmayer (1969) die Lindenwälder und beschrieb beispielsweise ein *Luzulo niveae-Tilietum aceretosum*.

3.5.2. Blockgesellschaften an kalten Standorten

Die typische Ausprägung ist das *Asplenio-Piceetum* mit *Asplenium viride* («subalpiner Karbonat-Block-Fichtenwald mit Strichfarn»). Diese Assoziation tritt hochmontan häufig auf, charakteristisch auf Kalkunterlage, manchmal auch auf Silikat in einer abweichenden Zusammensetzung und steigt bis in die subalpine Fichten-Serie. In den bayerischen Alpen wurde eine Höhen-Ausbildung mit *Betula carpatica* var. *tortuosa* beschrieben, in der Latsche und *Rhododendron* vorhanden sind (als Relikte, Ü).
Die Blockwälder stehen oft unter Kaltlufteinfluß, der **Bodeneis** hervorrufen kann. Diese Erscheinung tritt häufig an schwer zugänglichen Standorten mit Temperaturumkehr auf. Wälder mit Bodeneis finden sich bis in die Südalpen, z.B. Karawanken und Dévoluy, wo ein Föhrenwald in nur 1000 m Höhe mit üppigem subalpinem Flechtenteppich auffällt.

3.5.3. Torfmoor-Sphagnum-Wälder

Torfmoos-Waldgesellschaften (Abb. 7.11) sind montan relativ häufig, treten jedoch immer in Form von sporadischen Beständen mit kleiner Fläche auf und sind noch ungenügend erforscht. Das einzige, gut bekannte, aber wahrscheinlich sehr heterogene *Sphagno-Piceetum* stellt die Verbindung zwischen dem *Asplenio-Piceetum* und den typischen Hochmoortorfgesellschaften dar, mit denen *Pinus uncinata* oder *P. mugo*, *Rhododendron ferrigineum*, *Listera cordata* gemeinsam auftreten. Bei Torfböden, die infolge der trägen Wärmeleitung des Wassers kalt sind, und Grobblockböden, die durch Luftströme abgekühlt werden, kommt es zu ähnlichen thermischen Bedingungen. Ein *Sphagno-Pinetum montanae* (hochmontan und subalpin) wurde von Ellenberg-Klötzli (1972) beschrieben.
Die typischen **Hochmoore** kommen besonders häufig in der Buchenwaldzone der nordöstlichen Randalpen vor, sonst seltener.

Abb. 7.11: Azonale Moorwald-Enklaven in der montanen Stufe des Buchenwaldes. Links, *Sphagnum*-Hochmoor, Lac Luitel (1200 m), im kristallinen Belledonne-Massiv (Isère). Das Torfmoor hat sich durch Verlandung eines kleinen runden Sees gebildet; ein noch vegetationsfreier Teil ist in der Mitte des Bildes zu sehen. Das Moor bildet einen Ring, der die Wasserfläche umschließt und ist von Bergföhren bewachsen, die trotz ihres rund 100jährigen Alters infolge der schlechten Bedingungen nicht sehr hoch sind. Um das Moor schließt ein mittelmontaner Bergwald an, Tanne und Fichte (Bild Ozenda). Rechts, Torfmoos-Fichtenwald *(Sphagno-Piceetum)* im Vercors (Bild Faure) in 1300 m Höhe.

(Das südlichste Hochmoor der Alpen ist beim Lac Luitel in der Dauphiné, Abb. 7.11). Auf diesen Hochmooren kommen kälteliebende Arten vor, die von der subalpinen Stufe bis hierher reichen und bemerkenswerte glaziale Relikte. Beschreibungen von OBERDORFER (1964), WAGNER (1975), HOHENSTATTER (1972); geschichtliche Darstellungen der Untersuchungen durch GAMS (1967).

3.5.4. Edaphische Föhrenwälder

In den Nordalpen bildet die Föhre keinen Schlußwald, sondern ist auf ärmsten Böden, vor allem auf Dolomit zu finden.

Obwohl deutsche und österreichische Autoren die Föhrenwälder als **azonale Spezialgesellschaften** ansehen, sind sie mit gewisser Berechtigung zur **mesophilen Föhren-Serie** zu stellen, mit der sie unbestreitbar verwandt sind (unten, 4.3.2.1).
Aus der Schweiz werden ebenfalls auf armen Böden analoge Assoziationen beschrieben: *Cephalanthero-Pinetum* (SCHWEINGRUBER 1973), *Molinio-Pinetum*, in dem Buche fehlt, da der Mergelboden zu trocken und zu wenig tiefgründig ist (ROTH 1979).

4. Inneralpine montane Stufe

Infolge der Kontinentalität, die einen relativen Temperaturanstieg in den zentralen Tälern (Abb. 1.18) bewirkt, rücken in den Zwischen- und Innenalpen die Stufengrenzen nach oben. So reicht in den besonders kontinentalen Tälern die kolline Stufe bis 1000 m und mehr, die montane Stufe bis 1900 m, zumindest auf der Sonnenseite.

Abb. 7.12: Klimatologie der inneralpinen montanen Stufe (A, B, C nach FLIRI; D nach BRAUN-BLANQUET). ▶
A) Niederschlagsverteilung nach Höhe und nach Lage bezogen auf das Zentrum der Kette. FLIRI teilt die Ostalpen in Tirol in neun, ca. 30 km breite Bänder ein (siehe die im oberen Teil der Darstellung angegebenen Ziffern, die der Entfernung (km) vom Gebirgsrand (0) entsprechen). e, Randalpen; z, Zwischenalpen; i, Innenalpen. Die Kurven stellen die Isohyeten dar und geben den Jahresniederschlag in cm an. Nach dem Verlauf der Isohyete 75 cm ist zu sehen, daß die extreme inneralpine Trockenheit auf Täler der montanen Stufe beschränkt ist. Die Trockenheit nimmt mit der Höhe immer mehr ab. Oberhalb von 2000 m erreichen die Niederschläge überall mehr als 1 m/Jahr. Dadurch werden die biogeographischen Unterschiede zwischen Voralpen und Innenalpen in der subalpinen Stufe geringer als in der montanen. Doch wurden örtlich (Val de Binn, Hochwallis, J.L. RICHARD 1984) xerophile Rasengesellschaften bis in die alpine Stufe beobachtet.
B) Verteilung der Jahresdurchschnittstemperaturen in den neun Bändern in Abhängigkeit der Höhe (nach Angaben von FLIRI): Rechts (in Klammer unter der Höhenangabe) sind die Temperaturunterschiede zwischen den nördlichen Randalpen und dem inneralpinen Zentrum angegeben. Zwischen 500 und 1500 m ist der Unterschied relativ groß (rund 2°). Dadurch liegt die Obergrenze der kollinen und montanen Stufe in den zentralalpinen Tälern 300 bis 400 m höher als in den Randalpen. Thermische Unterschiede werden hingegen in Hochlagen geringer, so daß die Höhenverschiebung der Grenzen in der alpinen Stufe vernachlässigt werden kann.
C) Niederschlag in den drei Sommermonaten. Zentral- und Ostalpen sind gegenüber den Westalpen und vor allem dem südlichen Teil eindeutig begünstigt. Im Briançonnais kommt zur allgemeinen Trockenheit noch die sommerliche Niederschlagsarmut des Südens hinzu, wie das Klimadiagramm von Briançon belegt (D).

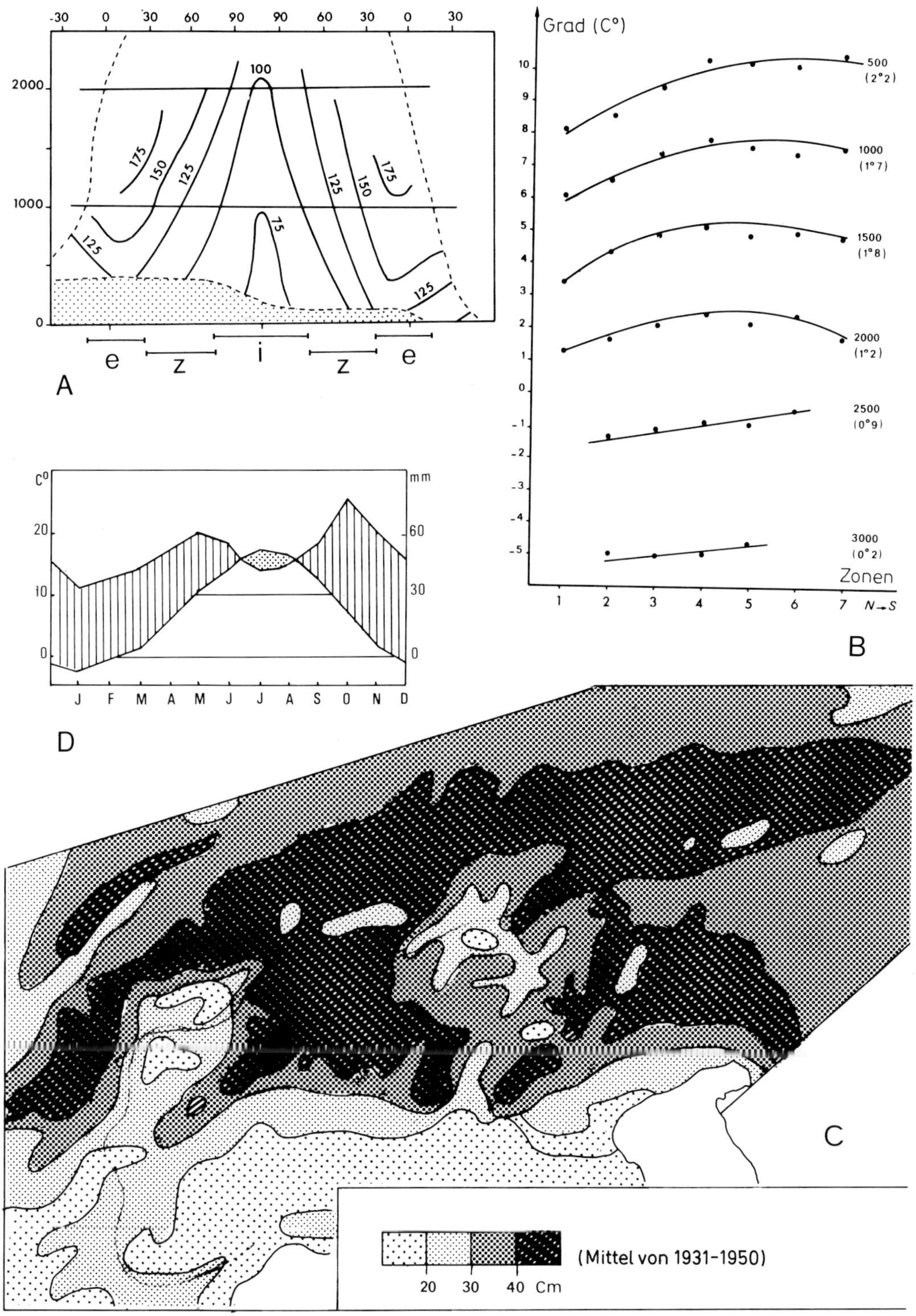
A
-30
0
30
60
90
90
60
30
0
30
2000
1000
0
100
175
150
125
125
150
175
125
75
125
e
z
i
z
e
B
Grad (C°)
500
(2°2)
1000
(1°7)
1500
(1°8)
2000
(1°2)
2500
(0°9)
3000
(0°2)
Zonen
N→S
C
(Mittel von 1931-1950)
20
30
40
Cm
D
C°
mm
J
F
M
A
M
J
J
A
S
O
N
D

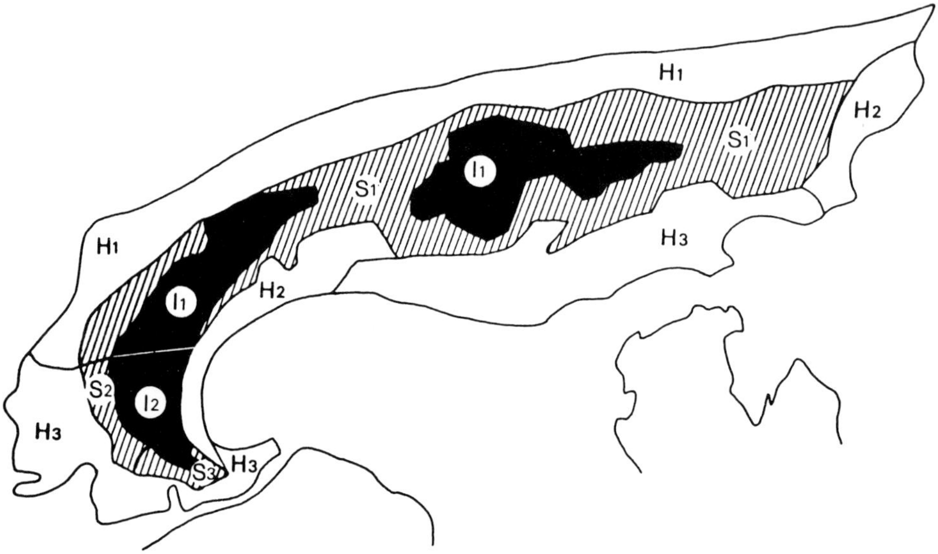

Abb. 7.13: Verbreitung der wesentlichen Vegetationstypen im inneralpinen Raum. Schwarz: Kontinentalitätspole; in I 1 dominiert die inneralpine Fichten-Serie mit der zentralen Föhren-Serie in den trockenen Tälern. Letztere herrscht wiederum in I 2 vor. Schraffiert sind die Zwischenalpen: S 1 Dominanz der inneralpinen Tannen-Serie, S 2 Dominanz der mesophilen Föhren-Serie, S 3 Sonderfall: vorligurisches Gebiet (siehe Text). H Randalpen mit vorherrschenden Buchenwäldern: H 1 Kalkbuchenwälder der nördlichen Randalpen; H 2 Silikatbuchenwald; H 3 Kalkbuchenwald der südlichen Randalpen.

Abb. 7.12 zeigt einige klimatische Besonderheiten der zentralen montanen Stufe und vor allem die Ursachen, weshalb die hygrische Kontinentalität in den Südwestalpen ausgeprägter ist als in anderen Alpengebieten, während die thermische Kontinentalität im Zentrum gleich bleibt.
Die Vegetationseinheiten der zentralen montanen Stufe können in vier Gruppen gegliedert werden, die wir innere Tannen-Serie, innere Fichten-Serie, mesophile Föhren-Serie und xerophile Föhren-Serie genannt haben. Der Schlußwald dieser vier Serien entspricht pflanzensoziologisch ungefähr den vier Assoziationen: *Abietetum*, *Piceetum montanum*, *Erico-Pinetum*, *Ononido-Pinetum*.
Die **Böden** der inneralpinen montanen Stufe wurden gemeinsam mit verschiedenen Vegetationstypen von Braun-Blanquet (1962), Bartoli (1967), Gensac (1977) und Cadel (1982) beschrieben.
Wie in Kapitel IV dargelegt, läßt sich die **geographische Verbreitung** dieser vier Gruppen schematisch wie in Abb. 7.13 darstellen.

1. In den **mittleren Alpen** sind **vier Kontinentalitätsstufen** zu unterscheiden, die zwischen dem 12°5 Längengrad im Osten (Chiemsee–Venedig) und dem 45. Breitengrad im Westen (Valence–Turin) konzentrisch angeordnet sind. Die erste (Randalpen) wird vom äußeren Buchenwaldgebiet gebildet, die zweite (Zwischenalpen) wird vom *Abietetum* bestockt, die dritte (typisches inneralpines Zentrum) wird vom *Piceetum montanum* und die vierte wird in den trockensten Tälern von der xerophilen Föhren-Serie gebildet, die neben der Fichten-Serie auftritt oder sie ersetzt.

2. **Südlich des 45. Breitengrades** sind in den **Südwestalpen** Tanne und Fichte durch sommerliche Trockenheit und Ausweitung des submediterranen Klimas gegen Norden nur mehr spärlich anzutreffen. Die Zwischenalpen werden von der mesophilen Föhren-Serie eingenommen und die inneralpine Zone, mit dem höchsten Kontinentalitätsgrad, von der xerophilen Föhren-Serie.

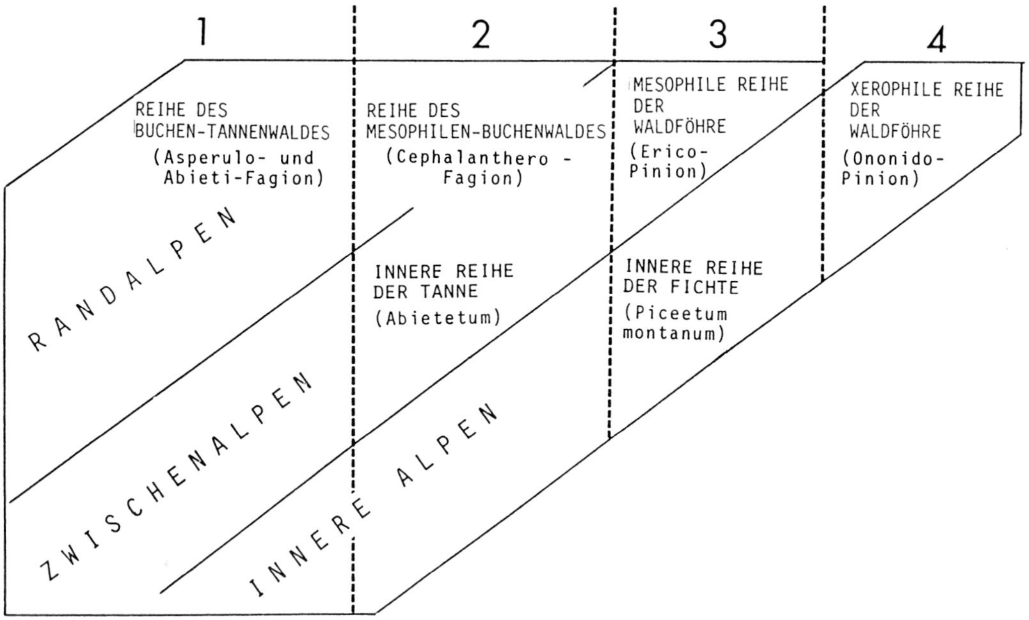

Abb. 7.14: Verbreitung der montanen Vegetations-Serien in Abhängigkeit von Ökologie (Trockenheitsstufen von 1 bis 4, senkrechte Säulen) und geographischer Lage in den Rand-, Zwischen- und Innen-Alpen (schräge Linien). Durch Affinität zwischen der mesophilen Buchen- und der Föhren-Serie und infolge des Zusammenhanges der inneren Tannen- und inneren Fichten-Serie scheint die Hauptgliederung nicht die «Rand-, Zwischen- und Innen-Alpen», sondern besser «1; 2 und 3; 4» zu sein.

Der Übergang von Gebiet 1 zu 2 erfolgt ziemlich plötzlich in Höhe der drei Täler Tarentaise, Maurienne und Briançonnais, wie bereits in IV-5 beschrieben.

3. An den beiden Enden der Alpen ist die Situation einfacher. Das Zentrum ist bedeutend weniger kontinental und besonders trockene Typen fehlen:
– **Östlich** des 13. Längengrades gibt es nur die drei ersten Kontinentalitätsstufen, wobei Übergänge ziemlich allmählich sind und xerophile Kiefernwälder fehlen.
– In den **See-Alpen** mit einem weitaus feuchteren Klima als in den übrigen Südwestalpen, treten wieder Tannen und Fichten auf. Die Vegetationsgliederung erinnert (mit vikarianten Gesellschaften) an die Zentralalpen.
In Abb. 7.14 werden ökologische und biogeographische Beziehungen der montanen Vegetations-Serien zu den vier Kontinentalitätsstufen in den Hauptzonen der Alpen zusammengefaßt.

4.1. Inneralpine Abies alba-Serie

Waldgesellschaften dieser Serie sind Tannenwälder oder noch häufiger **Tannen-Fichten-Mischwälder**, die durch anthropogene Eingriffe mit Fichten angereichert wurden und mit reinen inneralpinen Fichtenwäldern verbunden sind. Wenn **Buche** überhaupt auftritt (auf Kalk eher als auf Silikat), dann sind durch Temperaturextreme des subkontinentalen Klimas (besonders Spätfröste) und wegen geringerer Feuchtigkeit Bestände lokkerer und die Lebenskraft geringer. Das vereinzelte Auftreten ist vermutlich der letzte Rest einer früher umfangreicheren Verbreitung bis zur Achse, das der Buchen-Tannenwald subatlantisch besiedeln konnte. Der Tannenwald kann über die Zwischenzone hinausgreifen und ist im Zentrum der kontinentalen, inneralpinen Zone (Vintschgau, Aostatal, Briançonnais) örtlich anzutreffen; auch KARNER et al. (1973) bezeichnet diese Vorkommen als Relikte.

Der inneralpine Tannenwald, von KUOCH (1954) in den Schweizer Alpen beschrieben *(Abietetum albae)* wurde später in den gesamten Ostalpen genau untersucht (MAYER 1963, MAYER-HOFMANN 1969). Das *Abietetum* ist an allen Expositionen, besonders gut aber an Nordhängen entwickelt. Das Optimum befindet sich in der mittleren montanen Stufe zwischen 800 und 1300 m, ebenso auf Silikat wie auf Kalkfels. Das floristische **Gefüge** ist nicht sehr charakteristisch und stellt in seiner Zusammensetzung eine Mischung zweier ökologischer Gruppen dar: Randalpine Tannen-Buchenwaldarten und inneralpine Fichtenwaldarten. Der relative Anteil dieser beiden Gruppen ist je nach Höhe, Lage und Boden verschieden.

In den **Ostalpen,** mit dem Hauptverbreitungsgebiet des *Abietetum*, unterscheidet MAYER (1974) sechsundzwanzig Ausbildungen in drei Assoziations-Gruppen aufgeteilt:

a) *Luzulo-Abietetum*, auf Silikatunterlage, mit teilweise podsolisiertem Moderboden, vorwiegend mit Fichtendominanz, arm an *Fagion*-Arten;

b) *Oxali-Abietetum*, Übergangsform auf braunen Mull-Moder-Böden mit einer kraut- und moosreichen Schicht;

c) *Adenostylo glabrae-Abietetum*, auf Kalk- oder Dolomit mit Rendzina oder verbraunten Böden und häufigerem Auftreten von Buche und ihren Begleitarten.

In **Hochsavoyen** und im **Aostatal** (RICHARD-PAUTOU 1983), sowie im Norden Savoyens (GENSAC 1967) ist der zentrale Tannenwald nicht gut ausgeprägt. Infolge forstlicher Maßnahmen dominiert Fichte und ist wie bei Chamonix oft nahezu die einzige Baumart. In der **mittleren Maurienne** ist die Serie wieder sehr gut entwickelt. BARTOLI (1967) unterscheidet mehrere Ausbildungen:

a) **auf Silikatunterlage** (Schiefer und Karbon-Sandstein) acidophiler Heidelbeer-Typ mit zwei charakteristischen Vertretern, *Festuca flavescens* und *Saxifraga cuneifolia;*

b) **auf Glimmer-Schiefer** ein mittlerer Typ mit vorherrschenden Mull-Moder-Arten;

c) auf **Karbonat-Gestein** ein basiphiler Typ mit *Carex alba*, *Sesleria varia*, *Polygala chamaebuxus*, *Calamagrostis varia*, der den Übergang zu *Erica*-Kiefernwäldern bildet;

d) **Höhen-Ausbildung** mit Hochstauden.

Die drei ersten Typen entsprechen eindeutig den drei Gruppen von MAYER. Man könnte die vier Ausbildungen von BARTOLI auch als eine weitere Aufgliederung sehen, welche die typischen Verbände des Fagion für die inneralpinen Tannenwälder erweitert; doch ist die ökologische Amplitude kleiner und die floristische Zusammensetzung viel ähnlicher als bei verschiedenen Buchenwald-Verbänden.

Inneralpine Tannenwälder wurden auch im **Briançonnais** (CADEL-GILOT 1963) und im Embrunais (AUBERT et al. 1965) beschrieben. Im westlichen (provençalischen) Teil der See-Alpen (Randalpen von Grasse) wurden gemischte Föhren- und Tannenwälder auf eine Ausbildung der mesophilen Kiefern-Serie (siehe unten) zurückgeführt, wobei der Tannenwald möglicherweise die Klimaxform bildet.
In den zentralen **Seealpen,** vom Puget-Théniers-Gebiet bis zum Roya-Tal, bilden Tannenwälder ausgedehnte, sehr wüchsige Gesellschaften. Sie werden dort «Schwarzer Wald» genannt und stellen sicherlich eine südliche *Abietetum*-Rasse dar (OZENDA 1966). Im Vergleich zum Haupttyp der Serie weisen sie zahlreiche Differential-Arten auf *(Trochiscanthes nodiflorus*, *Galium sylvaticum*, *Luzula pedemontana*, *Aquilegia atrata*, *Phyteuma halleri)*. Detailliert wurden sie von BARBÉRO-BONO (1970) und BRESSET (1975) untersucht.

4.2. Inneralpine Picea abies-Serie

Biozönotisch können die Waldgesellschaften dieser Serie nur negativ, durch ihre **Verarmung** im Vergleich mit den Fichtengesellschaften der mittleren und randlichen Zone, charakterisiert werden.
Zunächst ist einmal die **Baumschicht** verarmt. Infolge der hygrischen und thermi-

schen Kontinentalität der Inneralpen ist Buche überhaupt nicht und Tanne nur spärlich anzutreffen. Es bleibt nur Fichte, die anthropogen mit Lärche gemischt ist. Da auch die Gesellschaften der vorhergehenden Serie durch den Menschen beeinflußt werden (Rückgang der Tanne und dadurch vegetationskundliche Annäherung an den inneralpinen Fichtenwald), kann das natürliche Areal dieser Serie vor allem im östlichen Viertel der Alpenkette nur schwer bestimmt werden.
Auch der **Unterwuchs** ist verarmt. Nur xeroacidophile, an Moder-Streu gebundene Arten kommen vor, wobei Moose hervortreten.

Das *Piceetum montanum* kann sich in jeder Exposition auf jeder Unterlage im gesamten Bereich der inneralpinen montanen Stufe entwickeln, tiefmontan oft von Föhre abgelöst.
Im zentralalpinen Areal von den **Ost- und Nordwestalpen** bis nach Savoyen unterscheidet MAYER ungefähr zwanzig Ausbildungen, die er in drei Assoziationsgruppen – parallel zum *Abietetum* – einteilt: *Luzulo-Piceetum montanum* auf Silikat-Gestein, *Oxali-Piceetum montanum* auf Schiefer und *Adenostylo glabrae-Piceetum montanum* auf Kalk und Dolomit. Örtliche Bedingungen ermöglichen feuchte Ausbildungen mit Hochstauden oder Torfmoosen.
In den **Südwestalpen** spielt die Serie eine untergeordnete Rolle. Noch ziemlich gut entwickelt in der Tarentaise (oberes Isère-Tal), wo GENSAC (1967) einen acidophilen *Melampyrum*-Fichtenwald der hochmontanen Stufe beschrieb, der ein echtes *Piceetum montanum* darstellt, sowie drei Typen auf kalkreicher Braunerde oder Mullboden (*Corylus*, *Adenostyles glabra*, *Valeriana tripteris*) und zwei xerophile südseitige Typen (*Berberis*, *Silene rupestris*), wobei einige Gesellschaften mitunter bis tiefsubalpin steigen.
Weiter südlich in der **Maurienne** treten nur noch in der subalpinen Stufe Fichtengesellschaften auf (Kapitel VIII).

Ob die **inneralpine Fichten-Serie** gegenüber der zentralen Tannen-Serie selbständig ist, wurde schon oft diskutiert. MAYER (1974) teilt das *Abietetum albae* und *Piceetum montanum* in drei völlig parallele Assoziationsgruppen auf. Von den rund zwanzig Ausbildungen, die der Autor in beiden Assoziationen unterscheidet, sind zehn Gesellschaften offensichtlich identisch und unterscheiden sich nur durch das Auftreten oder Fehlen der Tanne. Von GENSAC (1970) werden 225 Probeflächen von neun Autoren aus sehr unterschiedlichen Alpengebieten statistisch bearbeitet: demnach läßt der relative Anteil an *Fagion*- und *Vaccinio-Piceion*-Arten, das theoretische Hauptkriterium, keine deutliche Trennung der Tannen- von den zentralalpinen Fichtenwäldern zu. Daraus geht hervor, daß die Mittelwerte der Artengruppen-Anteile einen gewissen Unterschied zwischen *Abietetum* und *Piceetum* anzeigen, der eher quantitativ als qualitativ ist.
Es stellt sich die Frage, warum die Unterscheidung in zwei Serien hier beibehalten wird, während nach analogen Überlegungen randalpine Buchen- und Tannen-Buchenwälder zu einer einzigen Serie zusammengefaßt wurden. Dazu ist zu betonen, daß die zwei Assoziationsgruppen reiner Buchenwald und Tannen-Buchenwald, nicht nur nach Zusammensetzung und ökologischen Beziehungen sehr ähnlich, sondern auch räumlich eng verbunden sind. *Abietetum* und *Piceetum* hingegen sind nur an spezifischen Standorten mit unterschiedlichem Klima zu finden. Bei diesem floristischen Übergang sind die extremen Ausbildungen ökologisch und geographisch so weit voneinander entfernt, daß eine Trennung in zwei Serien gerechtfertigt ist, wenn auch die Fichten-Serie nur eine verarmte Variante der Tannen-Serie zu sein scheint. Aus den gleichen Gründen wurden in Kapitel VI die zentrale inneralpine Flaumeichen-Serie als autonom angesehen.
Bei diesem Fall stoßen wir an die Grenzen der **Pflanzensoziologie.** Sie bietet keine ausreichenden Differenzierungsmöglichkeiten und muß daher gegenüber ökologischen und biogeographischen Faktoren zurücktreten. Wenn die Wahl zwischen zwingender Logik und Pragmatismus besteht, dann ziehen wir letzteren vor.

Eine ähnliche Schwierigkeit, später in der Studie der subalpinen Stufe besprochen, besteht bei der Trennung zwischen *Piceetum montanum* und *Piceetum subalpinum.*

4.3. Mesophile Pinus sylvestris-Serie

Diese Serie ist ziemlich polymorph und umfaßt:

– **Haupt-Typ,** die *Erica herbacea (= E. carnea)*-Kiefernwälder in den Zwischenalpen, von Tirol bis zu den Seealpen kennzeichnen;

– **Rand-Typen,** die über die Randalpen hinausreichen, einerseits in die nordöstlichen Randalpen (Österreich und Bayern, in Form von edaphischen Dauergesellschaften auf Dolomit oder Serpentin), und andererseits besonders in die Südwestalpen.

4.3.1. Haupt-Typ

Wurde von Braun-Blanquet-Pallmann-Bach (1954) unter dem Namen *Erico-Pinetum* im östlichen Tirol bei Ötz und in Graubünden in der Umgebung von Chur, sowie von Braun-Blanquet (1961) im Wallis beschrieben. Detailliert wurde dieser Haupttyp von Bartoli (1966) in der mittleren Maurienne als mesophiler *Erica carnea-* und *Hylocomium*-Kiefernwald untersucht. Von Ozenda (1966) auch in der Umgebung von Tende in den östlichen See-Alpen lokalisiert (Abb. 7.15).

Die Einheit ist zwischen 600 und 1500 m an schattseitigen Hängen auf unterschiedlichen Gesteinen, jedoch immer auf verarmten Böden zu finden: Rendzina, feiner Schutt.

Die Kiefern, im allgemeinen von guter Form, erreichen zwischen 10 und 20 m Höhe und sind tiefmontan meist mit Eichen und hochmontan mit Fichten und Lärchen gemischt. Die Strauchschicht ist durch verschiedene thermophile Arten bemerkenswert: *Juniperus, communis, Berberis vulgaris, Cotoneaster tomentosa, Amelanchier ovalis.* Eine Krautschicht ist für die Serie charakteristisch und greift etwas auf die anderen mesophilen Wälder der montanen Stufe über: *Erica herbacea, Polygala chamaebuxus, Goodyera repens, Orthilia secunda, Epipactis atrorubens, Calamagrostis varia, Melampyrum cristatum, M. pratense, M. sylvaticum* und ziemlich reichlich Moose wie *Pleurozium schreberi.*

Gesellschaft mit verschiedenen Ausbildungen:

– **In geringer Höhe** (600–900 m) Variante, die in den submontanen Eichenwald über-

Abb. 7.15: Mesophile Föhren-Serie: Hauptausbildung mit *Erica herbacea (Erico-Pinetum)* in den Karawanken (Bild Aichinger).

geht mit *Dorycnium germanicum*, *Peucedanum oreoselinum*, *Astragalus onobrychis* (*Erico-Pinetum peucedanetosum;* MAYER 1974).
– In **Hochlagen** *Vaccinium vitis-idaea* und verschiedene acidophile Varianten, die in den Fichtenwald überleiten.
– **Xerophile Kalkvariante** mit *Carex alba* oder *Carex humilis*, ohne *Erica* (meso-xerophiler Kiefernwald von BARTOLI 1966).
– **Feuchtere** *Brachypodium pinnatum*-**Variante** mit reichlichem Moos-Teppich (BRAUN-BLANQUET 1961).
Diese Gesellschaften bevorzugen Kalk. Eine Variante auf Silikat mit *Vaccinium myrtillus*, *Calluna vulgaris*, *Silene rupestris* wurde von ZIMMERMANN (1981, 1982) von verschiedenen Orten Oberkärntens, der Steiermark und von Niederösterreich beschrieben.
In der Schweiz nach einer besonderen Varietät der Waldföhre als *Pinetum engadinensis* (BRAUN-BLANQUET) beschrieben, scheint diese Serie vor allem ihrem Haupttypus anzugehören.

4.3.2. Rand-Typen

4.3.2.1. Nordöstliche Alpen

Die Serie ist auf **Spezialgesellschaften** beschränkt, die in extremen Lagen auf mageren Kalk- und Dolomitböden und an Sonnseiten vorkommen. Unter gleichen Bedingungen treten sie auch in Enklaven der randlichen Buchenwälder auf und stellen eine Art Satellitenvegetation dar (siehe VII, 3, 5.4): *Calamagrostio variae-Pinetum sylvestris* (WENDELBERGER 1962), Serpentin-Kiefernwälder (WAGNER 1971) *Erico-Pinetum kerneretosum* auf Dolomit (MARGL 1973).
In Bayern hat auf den **Alluvionen der Isar** oberhalb von München SEIBERT (1958) ein *Erica carnea-Dorycnio-Pinetum* mit *Carex humilis-*, *Molinia caerulea*-Ausbildung beschrieben, das mit den besprochenen Gesellschaften nah verwandt ist, obwohl es schon im Alpenvorland vorkommt. Übergänge zu trockenen Buchenwäldern (*Dorycnio-Pinetum fagetosum*) bestehen.
An dieser Stelle sind auch die als *Cephalanthero-Pinetum* beschriebenen Kiefernwälder der Schweiz zu erwähnen (SCHWEINGRUBER 1973).

4.3.2.2. Südwestliche Alpen

Die Serie bildet ein breites Band von der südlichen Dauphiné bis zu den See-Alpen, das zwischen den mesophilen Buchenwäldern der Haute-Provence und der inneralpinen Zone liegt (OZENDA 1966, 1982). *Erica* kommt dort nie vor.
Je nach Bedeutung der **Laubbäume** verschiedene Unter-Serien (Abb. 7.16).

a) **Buchen-Unter-Serie:** Der Übergangstyp vom typischen mesophilen Kiefernwald zum mesophilen Buchenwald siedelt entlang der Ostgrenze des Buchenwaldes. Dieser Unter-Serie ist beispielsweise die *Pinus sylvestris-* und *Goodyera repens*-Assoziation mit *Pyrola chlorantha*, oft auf kalkfreiem Boden (*Calluna*, *Deschampsia flexuosa*) des westlichen Diois (BANNES-PUYGIRON 1933) anzugliedern, die sich in verschiedene Sukzessionen differenziert und die von der *Brachypodium pinnatum-* und *Bromus erectus*-Weidewiese bis zum Buchenwald gehen kann.
Zu dieser Unter-Serie könnte der *Androsace chaixii*-Buchenwald gezählt werden, der bei den mesophilen Buchenwäldern erwähnt wurde.

b) **Haselnuß-Unter-Serie:** Für die montane Stufe der östlichen Seealpen charakteristisch (OZENDA 1962). Bemerkenswert steht *Corylus* sehr deutlich mit Kiefernwäldern in Verbindung, während in anderen Regionen häufig die Flaumeiche Kontakt hat. Charakteristische Vertreter des *Erico-Pinetum*, zusätzlich noch *Monotropa hypopitys*, stellen diese Gesellschaft der mesophilen Föhren-Serie näher.

c) **Hopfenbuchen-Unter-Serie:** In der gleichen Gegend wie die vorherige Unter-Serie, jedoch in geringerer Höhe. Siehe Hopfenbuchen-Reihe, Kapitel VI.

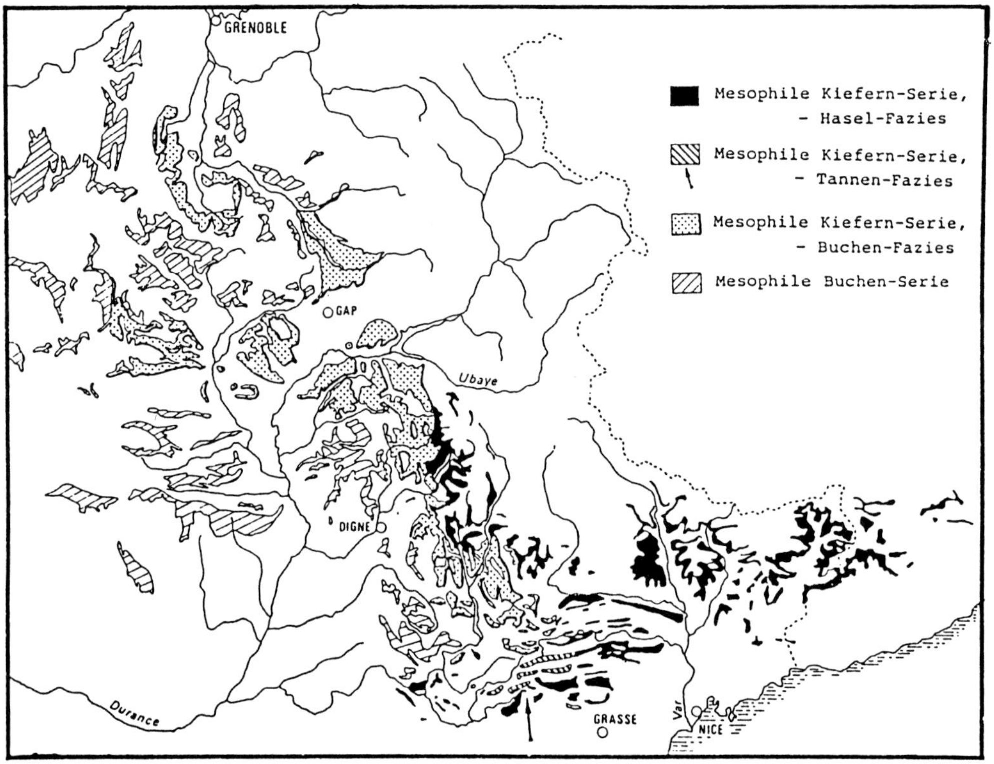

Abb. 7.16: Verteilung der verschiedenen Ausbildungen der mesophilen Föhren-Serie in den Südwestalpen und Beziehung zur mesophilen Buchen-Serie. Die lokal sehr beschränkte Tannen-Ausbildung markiert ein Pfeil (nördlich von Grasse; vgl. Abb. 7.17).

d) **Tannen-Unter-Serie** (Abb. 7.17): Vorwiegend an den Grenzen der See-Alpen und den Alpen der Haute-Provence, zwischen Castellane und Thorenc, tritt dieser lokal feuchteste Typ der montanen Stufe auf, da der gut charakterisierte Tannen-Buchenwald fehlt (Buche eher in mesophilen Buchenwäldern). Diese Tannen-Unter-Serie nähert sich einem Abietetum und weist bereits Übergangsmerkmale zu einer speziellen inneren Tannen-Serie in den östlichen See-Alpen auf (siehe dort). Tanne verjüngt sich leicht und ersetzt Kiefer immer mehr. Es handelt sich also nur um eine Kiefernwald-Ersatzgesellschaft. Wie in den mesophilen Buchenwäldern des Gebietes ist *Buxus* sehr häufig.

4.4. Xerophile Pinus silvestris-Serie

Nimmt die trockensten Teile des inneralpinen Gebietes ein, jedoch nur in den Zentral-, West- und vor allem Südwestalpen (Abb. 7.18). Diese Formation ist so eigenartig, daß sie schon früh der inneralpinen Zone in der Schweiz den Namen «Zentralalpines Föhrengebiet» eingebracht hat. (Diese Benennung trifft für die Südwestalpen, wo Kiefer in allen Gebirgsgebieten weit verbreitet ist, nicht zu).

Da BRAUN-BLANQUET (1961) dieser Serie fast sein ganzes Buch «Die inneralpine Trockenvegetation» gewidmet hat, steht eine sehr detaillierte Studie zur Verfügung. Die Benennung fast identischer Gesellschaften scheint von Tal zu Tal verschieden. Eine statistische Überprüfung würde ihre Zahl deutlich vermindern.

Abb. 7.17: Mesophile Föhren-Serie, Tannen-Ausbildung, in den Randalpen von Castellane. Links Übergang von submediterraner zur montanen Stufe mit *Buxus* im Unterwuchs, ca. 1000 m. Rechts typisch montane Ausbildung bei ca. 1300 m. In beiden Fällen bildet die Kiefer die dominierende Baumschicht, unter der sich Tanne rasch verjüngt und Kiefer nach und nach verdrängt.

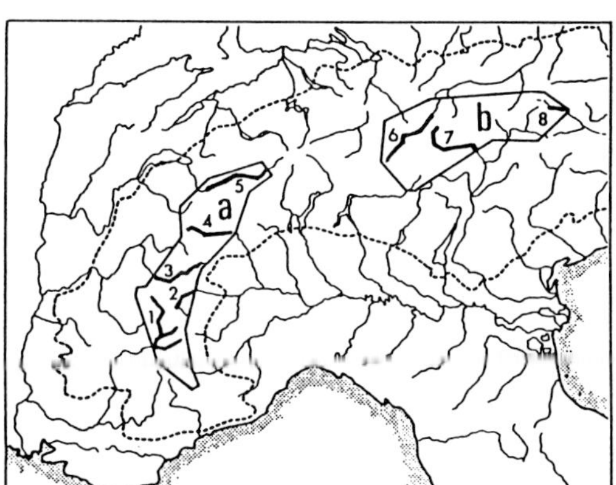

Abb. 7.18: Verbreitung der xerophilen Föhren-Serie in den inneren Haupttälern. a) Westalpine Kontinentalitätskerne: 1) Haute Durance und Ubaye; 2) Oberes Susa-Tal; 3) Obere Maurienne; 4) Aostatal; 5) Wallis.
b) Kontinentalitätskerne der Ostalpen: 6) Engadin, 7) Vintschgau, 8) Virgental.

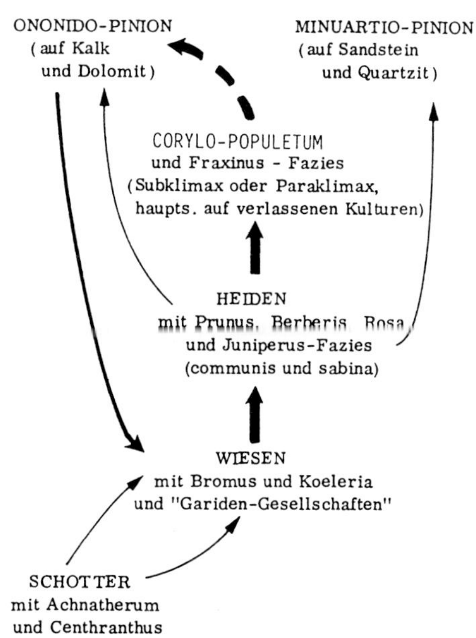

Abb. 7.19: Dynamik der xerophilen Föhren-Serie.

Die Serie kommt sehr häufig an Südhängen vor, unabhängig vom Boden, jedoch gewöhnlich auf Kalk-Untergrund. Über der inneralpinen Flaumeichen-Reihe auftretend, wird sie selbst von der Zirben- und Lärchen-Serie und vor allem von der Hakenkiefer-Ausbildung der letztgenannten überlagert. Auf Schattseite überläßt sie ihren Standort der mesophilen Föhren-Serie.

Die Dynamik wird wie folgt zusammengefaßt (Abb. 7.19).

Die Klimax-Einheit ist eine reine (oder im oberen Teil mit *Pinus uncinata* gemischte) *Pinus sylvestris*-Gesellschaft, die gut erhalten ist, wenn sehr steile Hänge wie im Briançonner Becken die Landwirtschaft wenig begünstigen. Zumeist wurde der Typ jedoch durch starken Einfluß von Mensch und Tier zu Grasheiden des Xerobromion (trockene *Bromus erectus*-, *Koeleria vallesiana*-Wiesen) degradiert, deren Trocken-Arten von Schweizer Autoren oft als steppenartig, von R. CHODAT logischerweise als «garides» (Zwerg-Heiden) bezeichnet wurden (analog zu «garrigues», mediterranen Heiden); BRAUN-BLANQUET teilt sie in vier spezielle Verbände ein.

Diese **Wiesen** und **Heiden** erhalten sich aber nur bei ständigem anthropogenem Einfluß. Entfällt dieser, entsteht rasch Buschwerk, wobei sehr häufig Dorngebüsch mit *Berberis vulgaris*, *Prunus spinosa* und *Rosa* (verschiedene Arten) sowie lokal *Juniperus communis*- oder *J. sabina*-Heiden entstehen.

In diesen **Buschgesellschaften** kann *Pinus* wachsen. Sehr häufig tritt vor allem in ehemaligen Südhang-Kulturen ein Paraklimax auf mit *Fraxinus excelsior*, *Corylus avellana*, *Populus tremula* (*Corylo-Populetum*). Andererseits tragen Felsen, Schutt und erodierte Böden **Pioniergesellschaften,** die bei nicht allzu steilen Hängen sich zur obigen Serie entwickeln können, aber meist Dauergesellschaften bleiben.

4.4.1. Klimaxgesellschaften (xerophile Kiefernwälder)

Je nach Art des Gesteins sind zwei Komplexe zu unterscheiden.

4.4.1.1. Hauhechel-Kiefernwälder (*Ononido-Pinion*)

Diese Hauptform bevorzugt jedoch nicht ausschließlich Kalkböden.

Die **typische Gesellschaft,** *Ononido-Pinetum* mit *Ononis rotundifolia*, ist ein lichter Kiefernwald mit begleitender Strauchschicht (*Juniperus*, *Berberis*, *Amelanchier ovalis*) und einer vielfältigen Krautschicht, wobei neben Arten der mesophilen und supramediterranen Kiefernwälder sehr charakteristische Leguminosen, besonders *Astragalus*, *Onobrychis*, *Oxytropis* gedeihen. Die Gesellschaft wurde in allen zentralalpinen Becken eingehend beschrieben:

– **Graubünden** und **Aostatal,** typisches *Ononido-Pinetum;* BRAUN-BLANQUET 1961;
– **Tirol;** id. SCHIECHTL et al. 1982;
– **Mittel-Maurienne:** xerophiler Kiefernwald mit *Coronilla minima* und *Ononis rotundifolia*, BARTOLI 1966;
– **Briançonnais:** *Onobrychideto-Pinetum* (p.p.), BRAUN-BLANQUET 1961; normale Föhren-Serie, CADEL-GILOT 1963;
– **Ubaye:** heliophile Föhren-Serie, AUBERT et al. 1965.

Diese Gesellschaft kommt sicherlich auch im oberen Susa-Tal, in der Tinée und im oberen Stura-Tal vor.

Andere Gesellschaften, eher floristische oder ökologische Varianten, wurden ebenfalls von BRAUN-BLANQUET (1961) beschrieben:

– *Carex humilis*-Unter-Assoziation im Wallis;
– xerischere Assoziation (*Odontito-Pinetum*) im Wallis und Aostatal;
– Assoziation auf Geröll und Moränen mit lokalen Charakterarten (*Astragalo-Pinetum*) im Vintschgau;
– besonders eine **thermophilere Assoziation** (*Onobrychideto-Pinetum*) in der Durance. Sie scheint heterogen zu sein: Die Tabelle

von 38 Aufnahmen (von 800 bis 1800 m gestaffelt), die der Autor aufgestellt hat, zeigt verschiedene Ausbildungen (darunter eine *Polygala chamaebuxus*-Unter-Assoziation, die zur mesophilen Serie zu gehören scheint). Die Tabelle weist in den tiefstgelegenen Teilen einen bedeutenden Anteil suprameditarraner Arten auf. Nach CADEL (mündlich) kommt im unteren Bereich das echte *Onobrychideto-Pinetum*, eine thermophilere Gesellschaft, die zur inneren Flaumeichen-Serie gehört, vor, die in der Durance außerordentlich weit hinaufsteigt (aber nicht bis nach Briançon).

4.4.1.2. Minuartia laricifolia-Kiefernwald *(Deschampsio-Pinetum)*

Auf ausgesprochenen Silikat-Südhängen wird das *Ononido-Pinion* durch eine acidophile Gesellschaft, *Deschampsio-Pinetum*, ersetzt, das BRAUN-BLANQUET auf Silikat und Karbonschiefer im Briançonnais beschrieben hat. Der Unterwuchs ist verarmt, Boden zu 9/10 unbewachsen, vorwiegend mit *Deschampsia flexuosa* und *Minuartia laricifolia*. CADEL-GILOT (1963) erwähnen fünf Aufnahmen eines *Minuartia*-Kiefernwaldes auf Karbonsandstein und Quarzit. BARTOLI (1966) beschreibt in der Maurienne einen acidophilen Kiefernwald mit *Deschampsia flexuosa*, *Minuartia laricifolia*, *Sempervivum arachnoideum* und *Phyteuma betonicifolium* auf Quarzit im Gebiet von Modane, auf einem skelettreichen Moder-Ranker.
Diese, auch von BRAUN-BLANQUET auf der piemontesischen Seite (Salbertrand und Fenestrelle) erwähnte Gesellschaft scheint nur kleinflächig bekannt zu sein (Abb. 7.20). Laut CADEL (mündlich) sollte sie als eigene Serie angesehen werden; ob sich die Dynamik von jener der Hauhechel-Kiefernwälder nicht unterscheidet ist noch unbekannt.

4.4.2. Heiden

1. **Dornbuschheiden** (Abb. 7.21). Abholzung und übermäßige Beweidung haben die Bildung von Gebüschen mit reichlichen Dorngebüschen begünstigt: *Berberis*, *Prunus spinosa*, gemeiner Wacholder, etc. Sehr charakteristisch dafür ist die einheimische *Prunus brigantiaca* (*Berberido-Prunetum brigantiacae;* BRAUN-BLANQUET 1961). *Juniperus thurifera*, hier an ihre Obergrenze kommt gelegentlich vor.

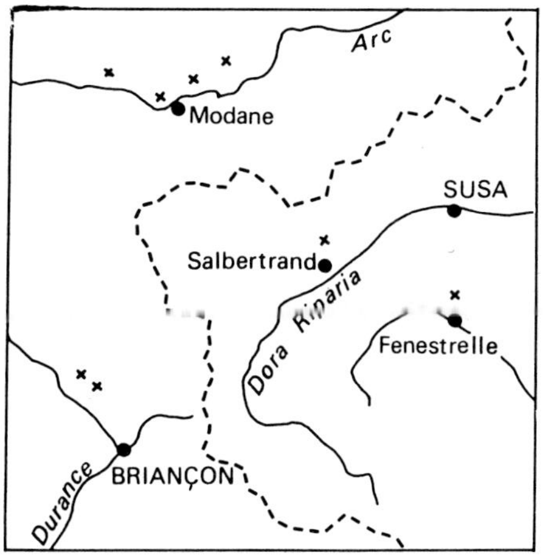

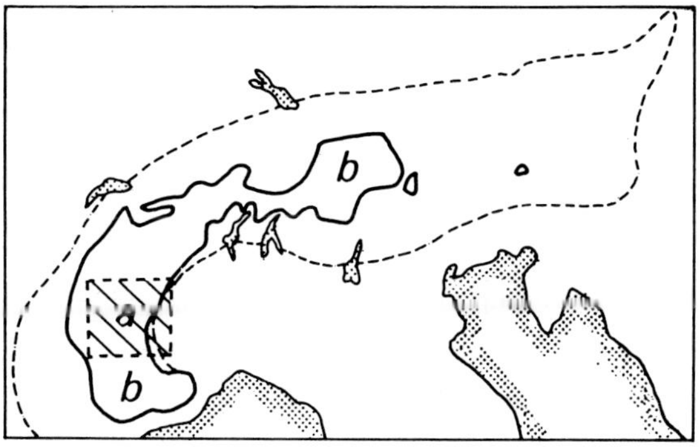

Abb. 7.20: Azidophile *Minuartia laricifolia*-Unter-Serie. Links die bekannten *Deschampsio-Pinion*-Standorte mit einem Kreuz gekennzeichnet. Rechts schraffiert (a) dasselbe Verbreitungsgebiet, schwarze Linien (b) markieren die Grenzen des *Minuartia laricifolia*-Areals, in welchem die Assoziation vorkommen kann.

Abb. 7.21: Gebüschstadium der xerophilen Föhren-Serie: Dornige *Juniperus communis-*, *Berberis vulgaris-* und *Rosa* ssp. plur.-Heide mit *Prunus brigantiaca*.

2. *Juniperus sabina*-**Heiden:** Diese zentralasiatische Art (Abb. 7.22) ist in der Alpenkette deutlich zentralalpin beschränkt und stößt nur selten in die randlichen Zonen – fast nur in die altimediterrane Serie – vor (Kapitel VIII). Wacholderheiden sind im Briançonnais und vor allem im *Queyras* reichlich vertreten, häufig auch im Aostatal (Cogne). LAVAGNE weist auf Vorkommen in der Region von Embrun hin, wo sie bis 1900 m reichen und *Juniperus communis*, *J. alpina*, *Berberis*, *Amelanchier* enthalten können. WAGNER hat eine ausgedehnte Wacholder-Assoziation im Virgental (Osttirol) beschrieben.

Die Sade-Wacholderheide kann auch mit dem sehr charakteristischen *Astragalus centro-alpinus (Astragalus alopecuroides)* vergesellschaftet sein, mit dem sie das *Astragalo-Juniperetum sabinae* bildet, das BRAUN-BLANQUET (1961) im Cogne-Tal (Aostatal) und im Queyras beschrieben hat und das in Ubaye (AUBERT et al.) wieder auftritt.

3. Mit den Heiden dieser Serie ist das Problem des *Corylo-Populetum* verbunden. BRAUN-BLANQUET bezeichnete mit diesem Begriff Aspen-, Haselnuß-, Birken- und Bergahorn-Gesellschaften, die in den inneren Tälern der Zentralalpen lichte Wälder bilden.

Diese Assoziation oder eine sehr ähnliche Ausbildung wurde im Briançonnais unter dem Namen *Pruno-Populetum tremuli* beschrieben (BRAUN-BLANQUET 1961, S. 68).

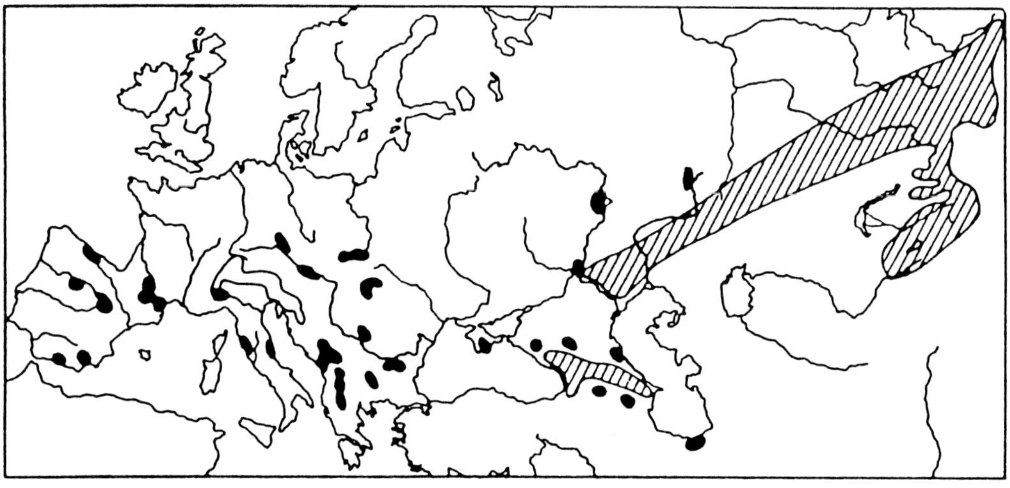

Abb. 7.22: Areal des Sade-Wacholders: schraffiert das zentralasiatische Hauptareal; schwarz gekennzeichnet die wichtigsten europäischen Standorte.

Sie scheint weit verbreitet zu sein und besiedelt als Eschen-Fazies ehemalige Südhangkulturen. Sehr wahrscheinlich muß man auch die Aspen- und Birkenwälder zuordnen, die im Valgaudemar, in der mittleren Romanche (Combe de Malleval) oder noch im Vénéon, nahe bei Saint-Christophe-en-Oisans, zu beobachten sind. Wo der Kiefernwald sich nicht entwickelt hat oder zerstört wurde, dürfte eine Subklimax der Serie vorliegen.

4.4.3. Niedere Heiden und Grasheiden

Dieser Komplex xerophiler Gesellschaften, die Braun-Blanquet sehr genau studiert hat, kann in drei Gruppen eingeteilt werden.

1. **Pionier-Assoziationen,** die mit jenen der supramediterranen Stufe verwandt sind und in extremen Lagen dieser Stufe auftreten: *Achnatherum-* und *Centranthus angustifolius*-Geröllbesiedlung, niedere *Lavandula vera*-Heiden, *Laserpitium gallicum*-Felsgesellschaften.

2. **Ruderal-Formationen:** *Onopordion acanthii*, etc.

3. **Besondere Gesellschaften,** die reich an inneralpinen Arten oder verwandten östlichen Arten sind: *Stipa capillata*, *Ephedra helvetica*, *Artemisia absinthium*, *A. vallesiaca*, *Onosma taurica*, zahlreiche *Astragalus-Arten*. Braun-Blanquet unterscheidet ca. dreißig Assoziationen, die er in vier Verbände aufteilt: *Stipo-Poion carniolicae* im Westen, *Xero-Bromion* in den Zentralalpen, *Stipo-Poion xerophilae* im Osten und *Fulgension*, wobei letzterer Verband ein edaphischer Typ ist und durch die Dominanz von Krusten-Bodenflechten gekennzeichnet wird. Die Flechten der Zentralalpen wurden von Buschardt (1979) studiert.

Die xerophilen «**Heide**»-**Gesellschaften** sind teilweise ein Vegetationsrelikt der kalten, spätglazialen Steppen.

VIII. Subalpine Stufe

Die subalpine Stufe ist wahrscheinlich diejenige, deren Untersuchung die meisten Probleme ergibt. Definition und Festlegung der Grenzen sind von Autor zu Autor verschieden, da oft noch ungenaue oder überholte Begriffe verwendet werden, aber auch die Struktur dieser Stufe selbst Probleme mit sich bringt. Die subalpine Stufe ist ein Komplex mit Baum- oder Zwergstrauch-Gesellschaften, die sich mit hochmontanen vermischen, sowie mit Grasheiden, die nur schwer von der alpinen Stufe abzutrennen sind. Deshalb kann der individuelle Charakter der subalpinen Stufe nur durch eine gründliche Studie aller Komponenten und deren gegenseitige Beziehungen und Unterschiede zu physiognomisch ähnlichen Gesellschaften in den benachbarten Höhenstufen geklärt werden. Schwierig ist es jedenfalls, den Übergangsbereich zwischen subalpiner und alpiner Stufe genau aufzuteilen, wobei die waldfreie Vegetation in üblicher Weise ganz der alpinen Stufe zugeordnet wird. Zwecks verständlicher Darstellung wird dieses Kontinuum erst in Kap. IX mit allen Vorbehalten bei jedem Einzelfall detailliert analysiert.

1. Definition und Grenzen

In einer ersten Annäherung kann die subalpine Stufe als jener Raum beschrieben werden, der eingeschlossen wird von:

- der **Buchenobergrenze** (inneralpine Zone mit fehlender Buche von der Föhrenobergrenze), die wir definitionsgemäß als höchsten Scheitel der montanen Stufe annehmen, und
- der **potentiellen Obergrenze der Waldvegetation,** die wir als tiefsten Punkt der alpinen Stufe definieren.

Unter- und Obergrenze der subalpinen Stufe können oft nur sehr schwer genau festgelegt werden. Über die obigen Annahmen herrscht keineswegs allgemeine Übereinstimmung. Diese Probleme und besonders die wichtige Frage der oberen Baumgrenze werden daher zunächst besprochen.

In verschiedenen Teilen der Alpen, sofern sich nach der Höhenlage die subalpine Stufe voll entfaltet, entspricht diese Stufe einem etwa 600 bis 700 m breiten **Höhenabschnitt,** der zwischen den beiden Extremen, 1700–2400 m in den Alpen von Briançonnais und 1400–2000 m in den bayerischen Randalpen, anzusiedeln ist.
Durchschnittliche Jahrestemperatur ungefähr zwischen 0,5° und 4°. Der Niederschlag ist immer sehr hoch –, zwischen 1000–3000 mm, wobei über 50 % als Schnee fallen. Feuchtigkeit und Kälte bewirken auf allen Grundgesteinen eine Bodenversauerung, die bis zur Podsolisierung gehen kann.

Klimaxgesellschaften dieser Stufe werden von Nadelbäumen gebildet, die physiologisch an den Übergang zu harten Wintern angepaßt sind: *Picea abies*, *Larix decidua*, *Pinus cembra*, *Pinus uncinata*, *Pinus mugo* und gelegentlich im unteren Teil dieser Höhenstufe *Abies alba* und *Pinus sylvestris.* Laubbäume der montanen Stufe *(Fagus sylvatica*, *Populus tremula*, *Fraxinus excelsior*,

Acer) fehlen mit Ausnahme von *Betula*, die stellenweise auftritt. Der einzige Laubbaum, der überall auftritt, ist ein großer, dem Schutz durch die Schneedecke angepaßter Strauch: *Alnus viridis*.

1.1. Untergrenze

Theoretisch erscheint die untere Grenze zwar einfach – Lage oberhalb der Buchen- und Föhrenwälder – jedoch ist die genaue Abgrenzung zur montanen Stufe infolge **der zusammenhängenden Waldgesellschaften** oft heikel. Fichte besiedelt häufig beide Stufen. Nur bei besonderer Aufmerksamkeit ist die Trennung zwischen Fichtenwäldern der hochmontanen (sie können «Buchenwälder ohne Buchen» sein) und der tiefsubalpinen Stufe zu erkennen. Tanne bildet manchmal mit Rhododendron-Unterwuchs subalpine Gesellschaften und umgekehrt haben forstliche Maßnahmen die Laubbäume der hochmontanen Stufe benachteiligt, ja oft sogar ausgerottet. Eine genaue Abgrenzung der beiden Höhenstufen (Übergang von *Fagetalia* auf Mullböden zu bodensauren *Vaccinio-Piceetalia* auf sauren Böden) ermöglicht daher erst die Aufnahme der Rasenvegetation und die Analyse der Böden, deren Beschaffenheit in dieser Höhe oft plötzlich wechselt. Inneralpin ist die Festlegung der Grenze noch viel schwieriger. Durch zurückgehende Bedeutung der Laubbäume in dieser Zone weisen montane und subalpine Fichtenwälder nach biozönotischer Zusammensetzung und Bodenaufbau nur einen allmählichen Übergang auf. Darüber hinaus greifen subalpine Lärchen- und Bergföhren-Gesellschaften häufig in die hochmontane Stufe über.

Durch diese **montane-subalpine Stufengrenze** wird das Areal der Nadelbäume Fichte, Tanne, Lärche und Bergföhre in zwei ungleiche Teile getrennt. Die obere Hälfte der montanen Stufe ist fast immer reichlich von Nadelbäumen durchsetzt. Die alte physiognomische Unterscheidung zwischen einer «montanen Laubwaldstufe» und einer überlagernden «subalpinen Nadelwaldstufe» ist für immer aufzugeben, denn die Zusammenhänge sind weitaus verwickelter.

Nicht weniger schwierig ist, daß in bestimmten Gebirgsgruppen, wo die Bewaldung sehr gering ist oder ganz fehlt, die subalpine Stufe aus historischen, palaeogeographischen oder edaphischen Gründen vollständig kahl sein kann und die natürliche Waldgrenze beispielsweise von Buche gebildet wird. In diesem Fall benennen dann selbst sehr gründliche Autoren die tatsächlich typischen subalpinen, jedoch nicht bis zum Waldstadium entwickelten Gesellschaften, automatisch «alpin». Deshalb wurde bisher beim französischen Zentralmassiv und sogar bei den Vogesen zu Unrecht von einer alpinen Stufe gesprochen. Kartographisch wurde gezeigt (cf. Abb. 8.1), daß im Dévoluy die natürliche Waldgrenze fast überall der 1600-m-Linie und dem Beginn der subalpinen Stufe entspricht, da dieses Gebiet außerhalb des Lärchen-Areals und an der äußersten Grenze des Bergföhrengebietes liegt. In diesem Gebirge haben (von Aufforstungen abgesehen) subalpine Nadelbäume nicht richtig Fuß gefaßt. Wie im Apennin, in den atlantischen Pyrenäen und in vielen anderen Gebirgen wird die Baumgrenze vom Buchenwald gebildet, die nicht von einer alpinen Stufe überragt wird, sondern von einer **unbewaldeten subalpinen Stufe,** wo aber gepflanzte Bäume wachsen können. Deshalb definieren wir vorsichtshalber den höchsten Punkt der subalpinen Stufe und den Übergang zur alpinen Stufe durch die potentielle Baumgrenze und nicht nur durch ihre «natürliche Grenze».
Allerdings kann die subalpine und sogar montane Stufe durch ungünstige ökologische Bedingungen baumfrei sein: z. B. an Felsen oder an extrem windexponierten Bergkämmen. Für besondere Standorte, die mit der alpinen Stufe wohl die Physiognomie, nicht jedoch die Zusammensetzung der Pflanzengesellschaften gemeinsam haben, prägte Flahault den Ausdruck «pseudoalpin».

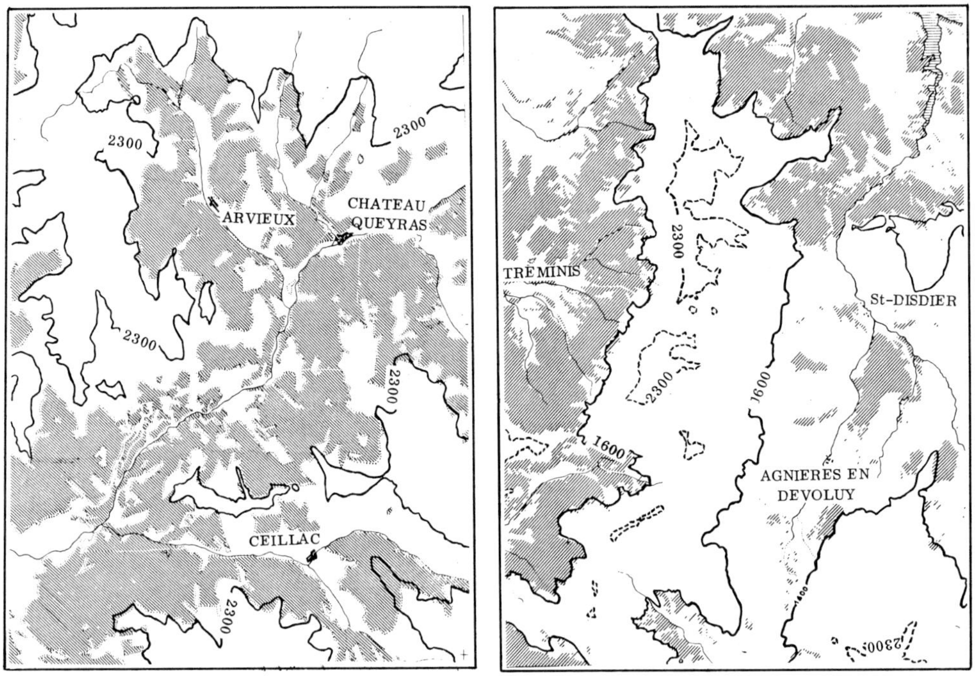

Abb. 8.1: Bewaldete und kahle subalpine Stufe.
Links: Queyras (oder Becken von Guil, von Haute-Durance einmündend). Die subalpine Stufe ist dicht mit Lärchen bewaldet und die obere Waldgrenze folgt nahezu überall der 2300 m-Höhenlinie.
Rechts: Zentrum von Dévoluy. Subalpine Stufe nahezu völlig von Baumarten entblößt. Die obere Waldgrenze wird durch die Buche oder Tanne gebildet, entspricht der hochmontanen Grenze und stimmt weitgehend mit der Höhenlinie von 1600 m überein. Der Höhengürtel von 1600–2300 m wird durch Grasfluren und Zwergstrauchheiden von typisch subalpinem Charakter auf potentiellen Waldstandorten besiedelt. Es wäre verkehrt, hier die Basis der alpinen Stufe zu sehen.

1.2. Obergrenze

Die Obergrenze definieren wir mit der Baumgrenze, vorausgesetzt, daß es die natürliche und potentielle Grenze ist.
Die Physiognomie dieser Grenze ist allgemein bekannt (Abb. 8.2 und 8.3). Die obere Waldgrenze kennzeichnen weniger dichte und niedrigere Bestände. Der Aufbau wird uneinheitlich und es bildet sich ein Mosaik von Wald-, Heide- und Rasen-Flächen («Vorwald»-Charakter). Mit zunehmender Höhe löst sich die Waldkrone in vereinzelte Rotten auf, wobei die Bäume kümmerlich und krüppelig aussehen mit besonderen morphologischen Anpassungsformen. In dieser Zone ist der Boden zwischen den krüppeligen Bäumen überwiegend von Heidevegetation bedeckt, die üblich «waldfrei» (korrekter wäre «über dem Wald gelegen») genannt wird und schließlich aufhört. Der Höhenbereich zwischen dem geschlossenen Waldgebiet unten und den letzten Einzelbäumen oben wird üblich als **Kampfzone** bezeichnet. Der Baum kämpft dort im unteren Niveau um die Behauptung des Raumes, an der höheren Baumgrenze um das nackte Überleben. Dieser Höhenabschnitt umfaßt gewöhnlich rund 100 m (durchschnittlich 200 bis 500 m Hanglänge entsprechend).
Die natürliche Grenze wurde sehr oft durch anthropogene Eingriffe oder durch Beweidung zerstört, indem hochsubalpin Bäume und Büsche zugunsten der Weide beseitigt wurden. Kahlschlag wirkte sich häufig auf

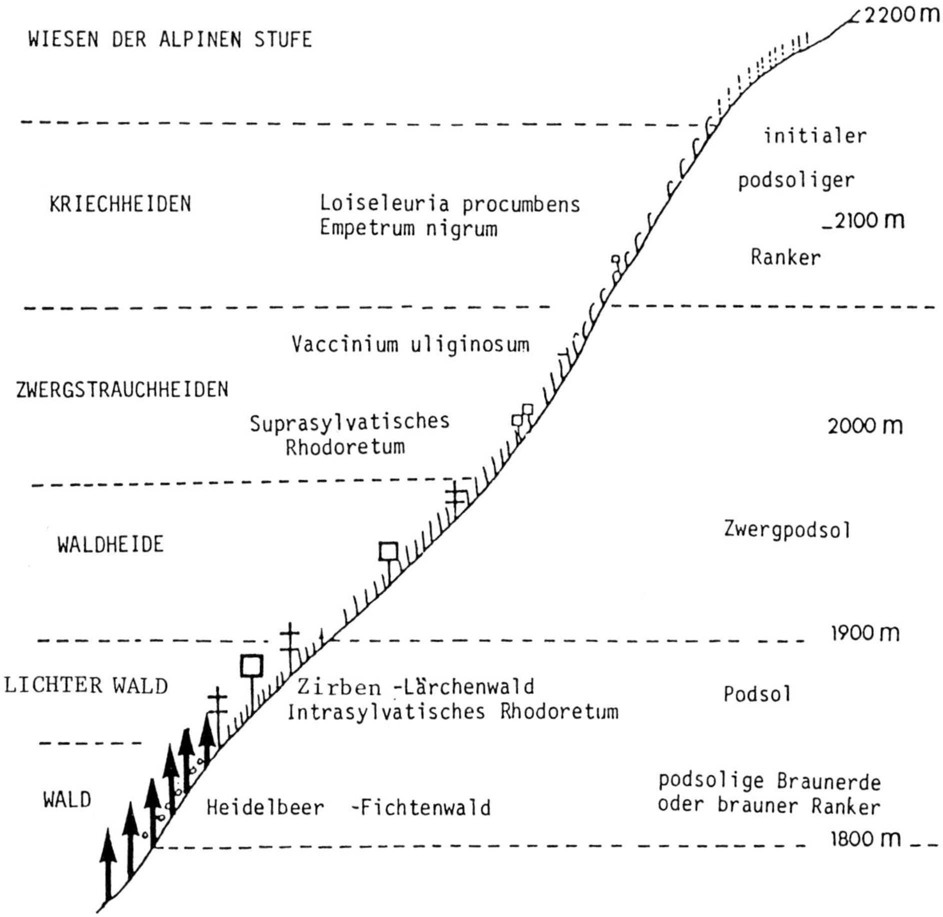

Abb. 8.2: Schema der Höhenstufenfolge der Vegetation an der oberen natürlichen Baumgrenze in den Nordwestalpen (nach RICHARD-PAUTOU 1983).

Abb. 8.3: Subalpiner Fichtenwald an seiner oberen natürlichen Grenze im Massiv von Môle in Hoch-Savoyen. Darunter geschlossener Wald mit zunehmend lichter stehenden Bäumen von abnehmendem Wuchs. Darüber und links im Bild an eine Schlucht anschließender gemuldeter Hang, auf dem sich im Winter Schnee anhäuft und der von einem Grünerlen-Streifen bestockt ist (Bild L. RICHARD).

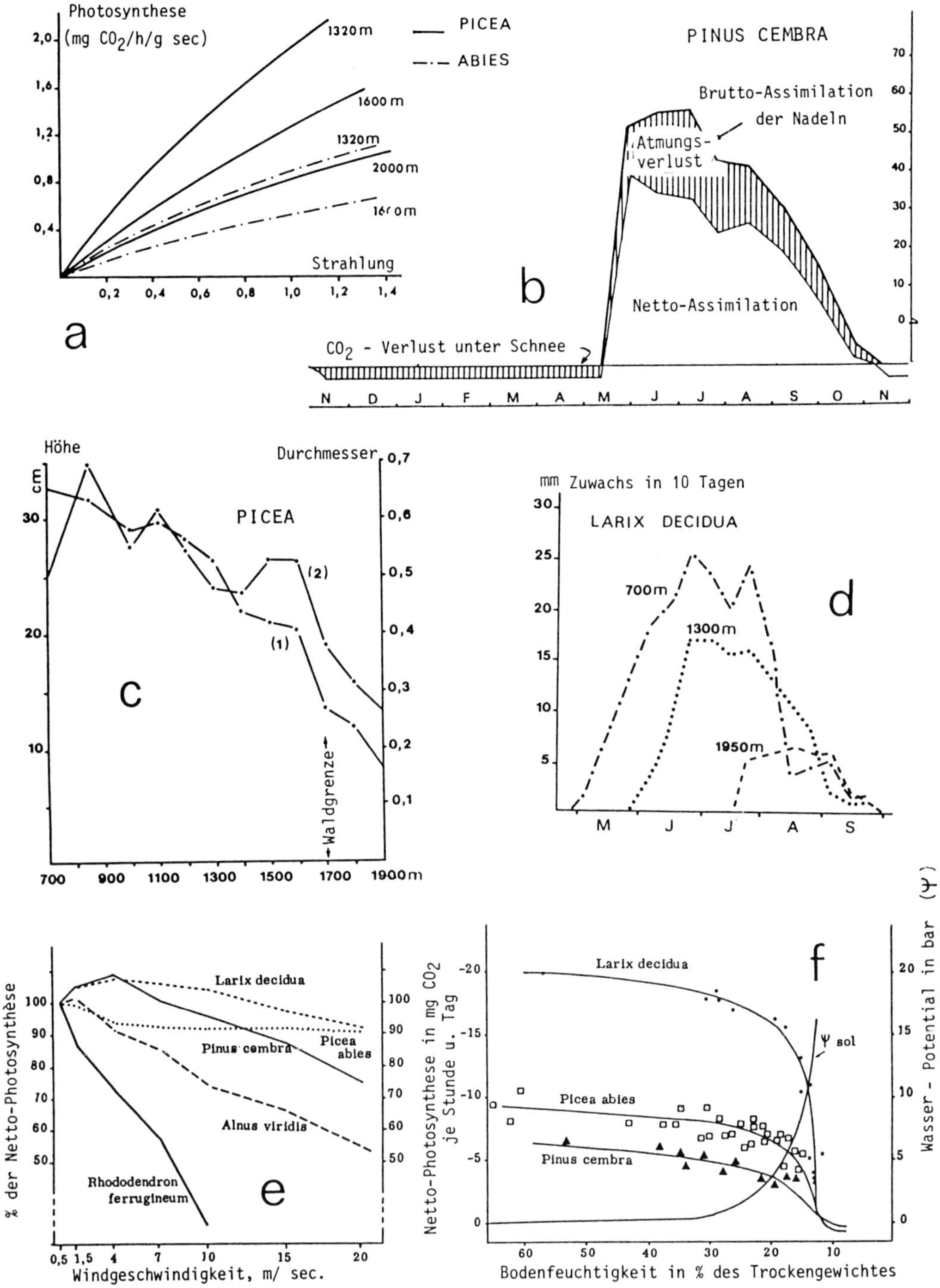

Abb. 8.4: Ökophysiologie der oberen Baumgrenze (angepaßt nach Abbildungen verschiedener Autoren, zitiert in TRANQUILLINI 1979).
a) Abnahme der Photosynthese-Intensität mit zunehmender Höhe bei Tanne und Fichte. b) Verkürzung der Assimilationsperiode bei den subalpinen Baumarten, wie bei Zirbe. c) Rückgang der Wuchsge-

den Wald selbst negativ aus. Die natürliche, aufgelockerte Grenze wird dann durch eine scharfe, künstliche Grenze ersetzt, die den Wald plötzlich vom Wiesenland trennt. Zu dieser Entwaldung ist es vor allem in den letzten Jahrhunderten gekommen, in denen die Gebirgsvegetation übermäßig stark beeinflußt wurde. In zahlreichen Alpengebieten wird die vertikale Erniedrigung der Waldgrenze auf 200 bis 300 m geschätzt.

Ökophysiologische Ursachen für den Verlauf der Baumgrenze («timberline») sind noch nicht genau untersucht und vermutlich vielschichtig. Detaillierte Darstellungen bei Tranquillini 1978; siehe auch Köstler-Mayer 1970, Mayer 1976, Pitschmann et al. 1970 und L. Richard 1981. Eine neuere, weltgültige, aber besonders die marokanischen Gebirge betreffende Übersicht hat Arno (1983) veröffentlicht. Ursachen werden wie folgt zusammengefaßt:

– **Verlangsamtes Wachstum,** infolge niedriger Temperaturen und kurzer Vegetationsperiode, aber auch Windeinfluß und Zustand des Bodens (Abb. 8.4). Zirben brauchen bis 100 Jahre, um 10 m zu erreichen. Im Aletschreservat (Schweiz) stocken tausendjährige Bäume mit sehr schmalen Jahresringen. Lärche wächst schneller, wird aber weniger alt: 300–400 Jahre, in Ausnahmefällen 700 Jahre. Der höhenbedingte Temperaturrückgang verursacht eine Reduktion der Photosynthese, die in Grenzlagen innerhalb von wenigen Metern um die Hälfte zurückgehen kann (Abb. 8.4a). Die Assimilation ist auf einige Monate im Jahr beschränkt und beginnt mitunter ziemlich spät, während atmungsbedingte Verluste zwar in der kalten Jahreszeit geringer, aber im ganzen Jahr auftreten (b). Deshalb geht das jährliche Höhen- und Stärkenwachstum mit zunehmender Höhe stark zurück (c) und beschränkt sich auf eine immer kürzere und spätere Jahreszeit (d). Der Wind wirkt sich auf das Ausmaß der Photosynthese relativ geringfügig aus, er trägt höchstens indirekt zum Austrocknen des Bodens (Nadeln) bei (f).

– **Erschwerte Vermehrung durch Samen,** deren Zahl, Lebensfähigkeit, durchschnittliches Gewicht, Keimungsrate, Überlebenschancen der Keimlinge mit zunehmender Höhe rasch zurückgehen (Abb. 8.5). Nach Tschermak (1950) produziert die Fichte an günstigen Standorten alle 3 bis 5 Jahre, in größerer Höhe alle 6 bis 8 Jahre und an der Baumgrenze nur mehr alle 9 bis 11 Jahre reichlich Zapfen. Bei Zirbe erfolgt an der Baumgrenze eine Mast nach Oswald alle 7 bis 8 Jahre bzw. nach Rohmeder alle 3 bis 10 Jahre. Im Engadin wurden von 1920 bis 1950 nur 5 Jahre mit guter Samenproduktion registriert. Für *Picea engelmanii* in den

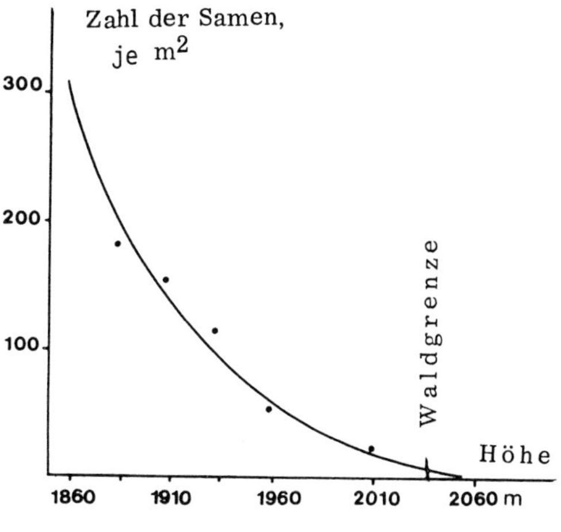

Abb. 8.5: Rückgang der Samenproduktion mit steigender Seehöhe. Zahl der Fichten-Samenkörner auf einen Quadratmeter Schneeoberfläche zu Winterbeginn bei Davos (Graubünden).

schwindigkeit nach Höhe (1) und Durchmesser (2) in Abhängigkeit von der Höhenlage bei der Fichte (jeder Punkt entspricht Mittelwerten von zwanzig 70–140jährigen Bäumen). d) Jährliches Längenwachstum junger (1jähriger) Lärchen von homogener Hochlagenherkunft, aber in mittleren und tiefen Lagen kultiviert. Der Zuwachs verlangsamt sich mit der Höhe, die Vegetationsperiode verzögert sich analog. e) Einfluß des Windes auf die Intensität der Photosynthese: deutlicher bei Heidesträuchern als bei Nadelbäumen. f) Auswirkung der Bodenaustrocknung auf die Photosynthese: am Anfang gering, später deutlich mit dem Wasserpotential des Bodens korreliert.

Rocky Mountains werden 4 bis 5 Jahre angegeben. Bei Lärche wurde durch Spätfröste und wegen Lärchen-Wicklerbefall eine noch geringere Häufigkeit festgestellt.
– Außerdem sind die **Keimlinge** der Konkurrenz der vorhandenen Vegetation ausgesetzt und setzen sich bei Rasen-Vegetation oft nur sehr schwer durch. Bekanntlich samt sich Lärche nur auf erodierten und zumindest teilweise vegetationsfreien (Rohböden) leichter an.

Die Umweltbedingungen verursachen eine spezielle Ausformung der Bäume (**Krüppelbäume**). Ungenügende Photosynthese läßt den Bäumen, die eine zweifellos lange, jedoch begrenzte Lebensdauer haben, nicht ausreichend Zeit, in der Vegetationszeit jene Mengen an Kohlehydraten zu speichern, die für die Ausbildung eines hohen Stammes mit kräftigen Ästen notwendig sind. Infolge der Einwirkung von Wind, Frost und Schneeschub auf Hängen sowie durch Vertrocknen junger Zweige werden Sprosse oberhalb der schützenden Schneedecke verkrüppelt (Abb. 8.6). Diese morphologischen Veränderungen sind bei allen Baumarten an der Baumgrenze weitgehend ähnlich, bei Lärche oder Zirbe in den Innenalpen, Fichte in den Randalpen (Tanne in den Rocky Mountains, und bei

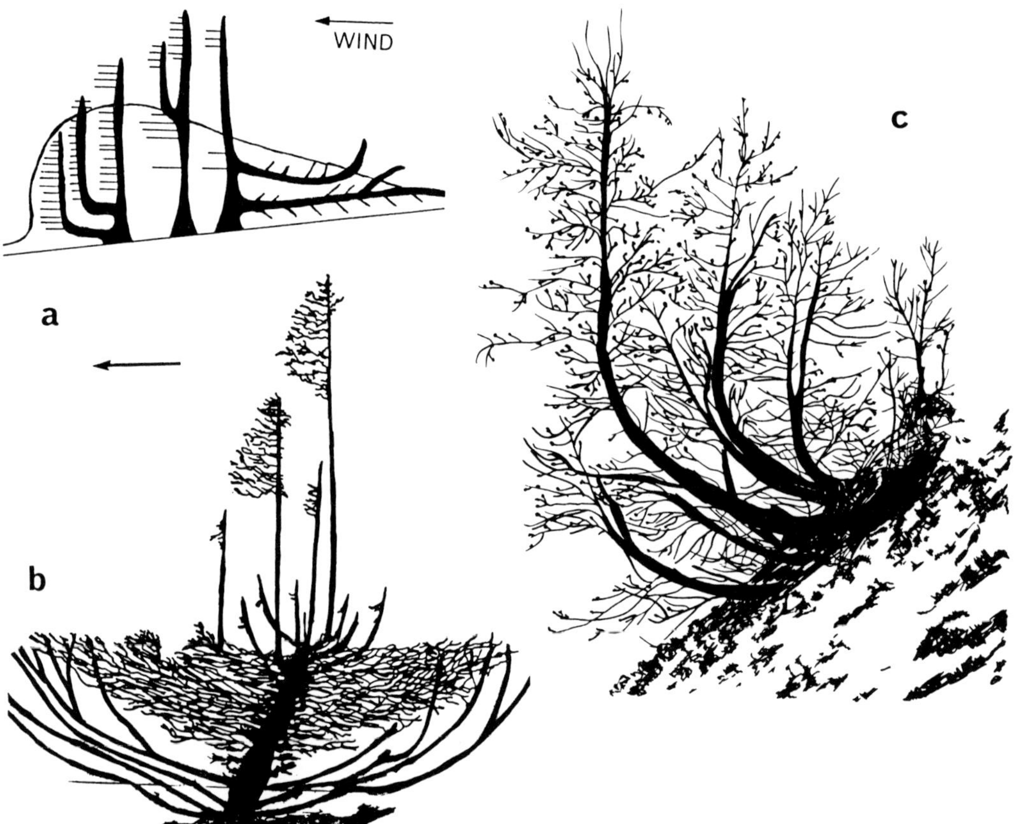

Abb. 8.6: Baummorphologie infolge klimatischer Bedingungen an der oberen Baumgrenze.
a) und b) bei Fichte: ausgeprägte Zweigdichte im tiefen, vom Schnee geschützten Teil. Fahnenkrone bei Zweigen über der Schneedecke (a) nach ARQUILLIÈRE in der Dauphiné, b) nach PLESNIK in der Tatra. c) Säbelförmige Stämme der Lärchen an der Basis durch wiederholte Belastung infolge Schneekriechen (nach TRANQUILLINI in Tirol).

Buche hochmontan in typisch mediterranen Gebirgen). Auch weitgehende Übereinstimmung mit der Ausformung der subalpinen Buschwälder mit geringer Schneedecke bei Bergföhre und Zwergwacholder.
Die Umweltbedingungen sind für einzelstehende Bäume eindeutig ungünstiger als für mehrere Bäume, die sich gegenseitig schützen. Deshalb stehen an der Baumgrenze die obersten Bäume in kleinen Gruppen beisammen. Bei Fichte wird diese **Rottenbildung** begünstigt, da die untersten, absinkenden Äste von der Vegetation überwachsen werden und Ableger bilden können. Dies ist in tieferen Lagen schon wegen der natürlichen Astreinigung unmöglich. Die vegetative Vermehrung durch natürliche Absenker spielt auch eine wesentliche Rolle bei der Latsche (Hafenscherer-Mayer 1986).
Das Wissen um die Baumbiologie an der Baumgrenze ist bedeutungsvoll durch allgemeines Interesse an der Erhaltung der Schutzwälder durch Versuche zur Wiederaufforstung der hochsubalpinen Stufe, wo die Waldgrenze anthropogen herabgedrückt wurde sowie durch Maßnahmen zur Produktionssteigerung in der subalpinen Stufe.

Die **Biologie der Bäume** an der alpinen Grenze unterscheidet sich ziemlich stark von den Verhältnissen an der polaren-subarktischen Waldgrenze, wo die Kampfzone oft durch ein Mosaik von Rasen- und Heidegesellschaften und Baum-Vorposten ersetzt wird, die, ähnlich wie der Galerie-Wald, geschützt durch Hügel in Tälern am weitesten nach Norden reichen.

2. Dynamik und Untergliederung

Die Vegetationsdynamik fällt subalpin viel weniger auf als in tieferen Stufen. Die vorhandene Bewaldung ist durchwegs weniger dicht als in den mittleren Höhenlagen. Dadurch entsteht bereits Raum für Heiden (Abb. 8.3 und 8.7) und Rasengesellschaften, wobei letztere allmählich in alpine Ausbildungen übergehen und gemeinsam einen sogenannten «waldfreien Vegetationskomplex» bilden, dessen Trennung in einen subalpinen und alpinen Teil problematisch ist.
Nun könnte man fragen, ob die subalpine Stufe überhaupt eine selbständige Einheit darstellt oder ob es sich lediglich um eine Zone handelt, wo die obere Waldkrone und der untere Teil der baumfreien Wiesen (von vielen Autoren pauschal als alpin bezeichnet) zusammentreffen und eine von den örtlichen geomorphologischen Bedingungen geprägte, mosaikartige Durchdringung bilden. Die **Existenz einer subalpinen Stufe** ist jedoch eindeutig:

– **Besonderer Charakter** der Waldgesellschaften, die sich von montanen deutlich unterscheiden und oft völlig andere biozönotische und bodenkundliche Voraussetzungen haben.
– **Dynamische Beziehungen** zwischen subalpinen Wäldern und auftretenden Gebüsch- und Rasengesellschaften, die bis in jene Höhe reichen, die genau dem Beginn der alpinen Stufe entspricht.

Ein Großteil dieser **Gebüsch-** und **Rasenformationen** sind allerdings Dauergesellschaften, die zumindest **Subklimaxcharakter** haben. Bei Eingliederung in dynamische Serien können diese für mehrere Einheiten gemeinsam sein. Deshalb werden gras- und zwergstrauchreiche Pioniergesellschaften unabhängig vom Serien-Begriff beschrieben, der später bei der Besprechung der Waldgesellschaften wieder aufgegriffen wird.

Die subalpine Stufe kann in drei Unterstufen gegliedert werden (Abb. 8.8):
– **tiefsubalpin** mit vorwiegender subalpiner Fichten- und Tannen-Serie;
– **mittel-subalpin,** typische subalpine Stufe mit dem größten Teil der Lärchenwälder;
– **hoch-subalpin,** entspricht der Rhododen-

Abb. 8.7: Lockere Zirben-Bestockung an der oberen Baumgrenze gegen 2200–2300 m auf Tonalit in Tirol. Im Hintergrund Wildgall 3210 m (Bild SCHIECHTL et al.).

dron-Heide, den Waldgrenzen-Heiden mit den letzten Lärchen und Zirben und im allgemeinen mit der Kampfzone. Diese Teilstufe wird oft tiefalpin benannt (siehe Abb. 3.1).
Ausdrücklich wird festgehalten, daß diese drei Höhenbereiche lediglich physiognomische Bedeutung haben und von den unterschiedenen Serien oder Klimax-Einheiten weitgehend unabhängig sind, umso mehr als das Auftreten von *Pinus mugo* und *P. uncinata* in allen drei Teilstufen die Zusammenhänge noch komplizierter gestaltet.

Ein gutes Beispiel für die subalpine Dynamik bietet die **Besiedelung der Moränen,** die nach dem Gletscherrückgang vor kürzerer oder längerer Zeit eisfrei geworden sind. Die Sukzession wurde vor allem am Rande des Aletschgletschers im Wallis genauer untersucht (Abb. 8.9). Dieser mit 20 km Länge größte alpine Gletscher ist seit einem Jahrhundert beträchtlich zurückgegangen. Die Gletscherzunge wich um mehr als 20 Meter/Jahr zurück und die Oberfläche senkte sich um mehr als einen Meter im Jahr. Auf einer, seit 150 Jahren allmählich freigewordenen Moräne und auf älteren schon mit Rhododendron, Lärche und Zirbe bestockten Moränen hatte LÜDI (1958) Beobachtungsstationen eingerichtet. J. L. RICHARD (1973) setzte durch detaillierte Aufnahmen und pflanzensoziologische Kartierung die Arbeit fort.
Nach J. L. RICHARD besteht folgende **Vegetationsdynamik:** Auf den erst kürzlich eisfrei gewordenen Stellen siedelt sich bereits innerhalb von 3 bis 4 Jahren eine Pioniervegetation an (Stadium a der Abbildung 8.9), die von *Oxyria digyna*, *Cerastium pedunculatum* und *Linaria alpina* gebildet und in den folgenden 25 bis 30 Jahren allmählich mit *Gnaphalium supinum*, *Artemisia mutellina* usw. und mit Moosen wie *Rhacomitrium*, angereichert wird. Nach 30 bis 60 Jahren wandern Wiesen-Elemente, insbesondere *Trifolium pallescens*, *T. badium*, *Lotus corniculatus*, *Juncus trifidus*, *Juncus jacquini* und Zwergweiden, darunter *Salix retusa* ein (Stadium b). MOIROUD hat darüber hinaus

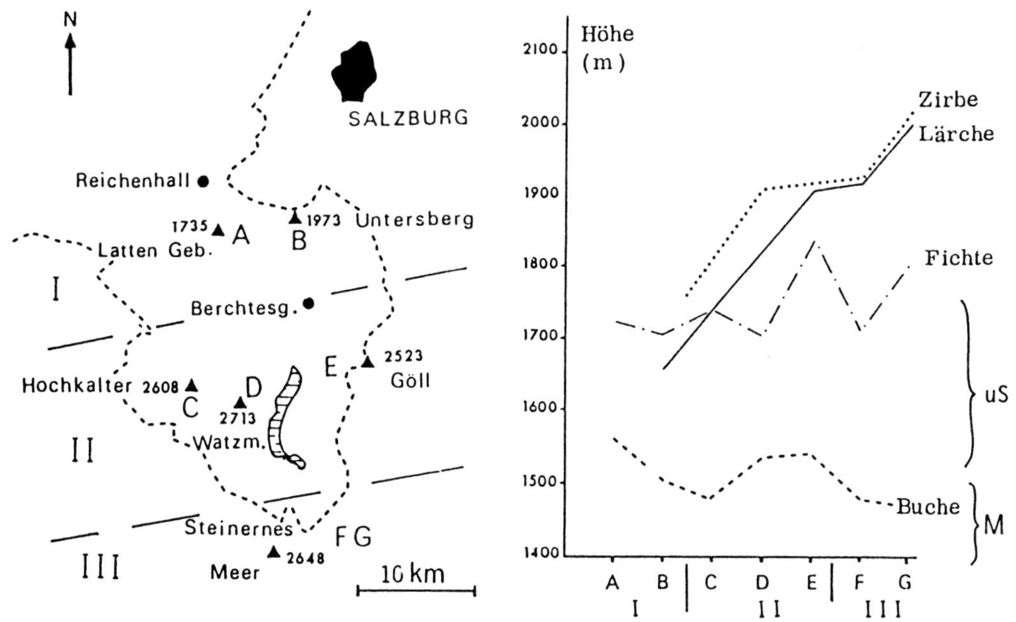

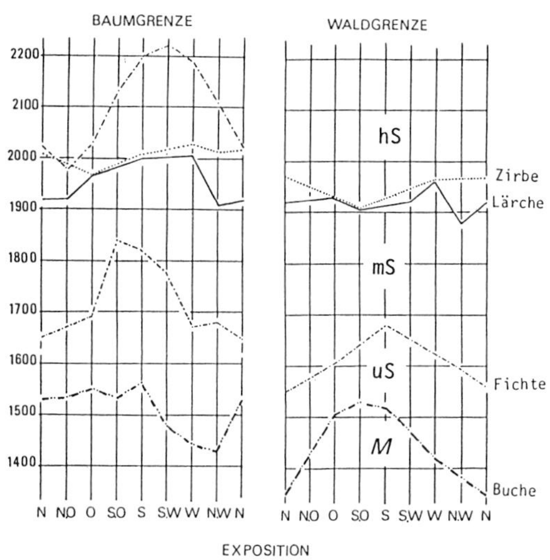

Abb. 8.8: Ein Beispiel der subalpinen Untergliederung in Unterstufen: Mittelwerte der Obergrenze verschiedener Arten in den Berchtesgadener Kalkalpen am Randalpensaum (I), in der mittleren Zone (II) und am Beginn der inneren Zone (III). Die Waldgrenze wird in I durch subalpine Fichtenwälder gebildet, welche die tiefsubalpine Stufe einnehmen, uS; in III durch die Lärchen-Zirben-Serie, die bis mittel-subalpin steigt, mS; hoch-subalpin, hS, nur isolierte Bäume; M Montan (nach KÖSTLER-MAYER 1970, verändert).

gezeigt, welch wichtige Rolle *Trifolium*-Arten durch frühzeitige Stickstoffanreicherung im Boden spielen. Nach 50 bis 60 Jahren treten die ersten Holzgewächse auf (Stadium c): *Vaccinium uliginosum*, *Rhododendron ferrugineum*, *Empetrum hermaphroditum* und junge Exemplare von *Picea abies*, *Larix decidua* und *Populus tremula*. Die Beschattung durch das Wachstum der Holzgewächse bringt die Wiesen-Elemente zum Verschwinden und es bildet sich eine **Wald-Pioniergesellschaft,** jedoch noch kein Klimax. Schattenliebende, an das Mikroklima des Zirbenwaldes gebundene Arten wie zum Beispiel *Listera cordata*, *Oxalis acetosella*, *Dryopteris dilatata*, *Adenostyles alliariae* und *Pinus cembra* (diese zunächst nur in der Unterschicht), wandern erst nach 100 Jahren ein und es dauert mindestens 200 Jahre, bis sich ein Eisenhumus-Podsol bildet, das von Rohhumus und Moosen bedeckt wird, wodurch die Pionierarten vollständig

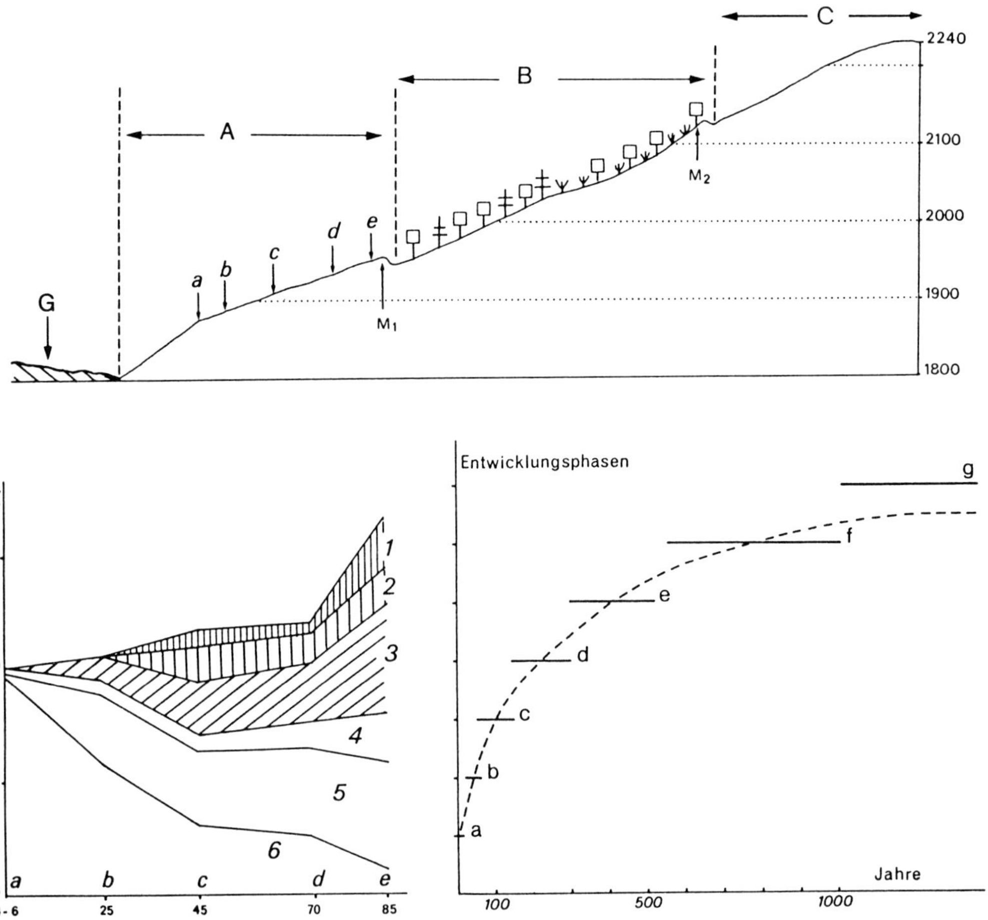

Abb. 8.9: Beispiel der subalpinen Vegetationsdynamik: Die Wiederbesiedlung von Moränen, die durch den Rückgang des Aletsch-Gletschers (Wallis) freigeworden waren. Oben: Querschnitt durch den Moränen-Rand (nach J. L. RICHARD 1973). G: gegenwärtiger Gletscher. A: Seitliche rezente Moräne seit 100–150 Jahren freiliegend. a bis e: Beobachtungsplätze mit den Besiedelungsstadien übereinstimmend. Unten bei der Abbildung und im Text beschrieben. B: Ältere Moränen mit Lärche, Zirbe und *Salix helvetica*. C: Daun-Moräne (7000 v. Chr.), hochsubalpine Zwergstrauchheide. Unten links zeitliche Beobachtungen am gleichen Standort. a bis e: Sukzessionsstadien der Vegetation. 1) Deckungsgrad (%) von mehr als 2 m hohen Baumarten; 2) kleine Bäume und Sträucher; 3) Sträucher kleiner als 50 cm; 4) Krautschicht; 5) Moose und Flechten; 6) nackter Boden (100 % werden überschritten durch die sich teilweise überdeckenden Schichten; nach LÜDI 1945). Unten rechts geschätzte Dauer der verschiedenen Stadien (nach BRAUN-BLANQUET).

ausfallen. An der Sonnenseite oder über 2000 m geht die Entwicklung noch langsamer vor sich.

Auffallend ist bei den verschiedenen Stadien die ungleiche Dauer. Pionierstadien dauern relativ kurz, während die Bildung der Klimaxgesellschaft nur sehr langsam vor sich geht. Bereits BRAUN-BLANQUET hat auf die allmählich größeren zeitlichen Abstände der späteren Stadien hingewiesen (Abb. 8.9).

3. Rasen-Gesellschaften

Rasen sind auf bedeutenden Flächen verbreitet. Begünstigt durch Entwaldung und Weidenutzung nehmen sie mitunter sogar den Hauptteil der subalpinen Stufe ein. Teilweise zwar auf die subalpine Stufe beschränkt (z. B. *Festucetum paniculatae*), geht der Großteil in alpine Assoziationen über, die deshalb bei der waldfreien Vegetation behandelt werden (Kap. IX).

3.1. Fels- und Schuttgesellschaften

Relativ schlecht charakterisiert, begünstigen ökologische Bedingungen dieser Standortstypen das Vordringen thermophiler Arten in diese Höhen, so daß sich beim Aufbau dieser Gesellschaften häufig montane und alpine Elemente vermischen. Wie in anderen Stufen, stellen sie den Großteil der endemischen Arten.

3.2. Moorgesellschaften

Dank zahlreicher Verebnungen als Folge der Vergletscherung haben sich Moorgesellschaften gut entwickelt. Sie wurden durch spätere Erosion weniger umgebildet als montan und alpin. Wie in der montanen Stufe ist auf die Bedeutung der Hochmoorflächen hinzuweisen, die in der alpinen fehlen.

3.3. Geschlossene Rasen-Gesellschaften

Erwähnt werden nur die Typen, die für die subalpine Stufe charakteristisch sind oder ihre optimale Entfaltung erreichen. Auf **Silikatstandort** *Festuca varia*-Assoziationen, auf felsigen Südhängen sowie *Festuca paniculata*-Gesellschaften (= *Festuca spadicea*). Bei **Kalkstandorten** gehören dazu hauptsächlich die *Sesleria varia*- und *Carex sempervirens* (*Seslerio-Semperviretum*)-Assoziationen, die auf skelettreichen Rendzinaböden treppenartige Rasen mit geringer Überlappung, sogenannte «**aufgeschürfte Rasen**» bilden. Auf Talterrassen und gründigen Böden treten an ihre Stelle *Festuca violacea*- und *Trifolium thalii*- sowie *Carex ferruginea*- und *Festuca rubra*-Gesellschaften.

3.4. Hochstaudenflur

Diese Einheiten stehen zwischen den Grasgesellschaften und Zwergstrauch-Heiden infolge ihrer aufbauenden Arten und spezieller Ökologie der hochwüchsigen, geschlossenen Einheiten. Die 1 bis 2 m hohen, dichten Fluren setzen sich vorwiegend aus Dicotyledonen zusammen, insbesondere aus hochwüchsigen Compositen wie *Adenostyles* und *Petasites*, *Achillea macrophylla*, *Cirsium montanum* und *Cicerbita alpina*, weiter aus Umbelliferen wie *Peucedanum ostruthium* und *Chaerophyllum hirsutum*, sowie aus langblättrigen Farnkräutern (*Athyrium*, *Dryopteris* und *Aspidium*). *Tozzia alpina* ist ein auf den Wurzeln der Pestwurz verbreiteter Parasit. Der Großteil dieser Arten sind Hemicryptophyten, deren oberirdische Pflanzenteile sich fast jährlich erneuern. Durch diese Neubildung und infolge großer Biomasse weisen die Hochstauden eine hohe Produktivität auf und benötigen daher besonders günstige **Standortsbedingungen:**

– ausreichende und nachhaltige **Feuchtigkeitsversorgung.** Sie besiedeln daher feuchte Hänge, die im Sommer mit dem Schmelzwasser aus Hochlagen gespeist werden, kühle Schluchten, die durch Quellwasser begünstigt sind.

– Eine **Reduktion der Transpiration,** wird

durch den schattseitigen Standort und oft auch durch den Schutz eines Waldmantels bewirkt.

– **Ausreichende Nährelementversorgung** in Verbindung mit kolluvialen Böden, auf denen sie mit Vorliebe stocken, weiter seitliche Auswaschung und Stickstoff-Anreicherung des Bodens durch Actinomyceten des Strauches *Alnus viridis* bei entsprechender Vergesellschaftung (L. RICHARD 1983).

In den **Randalpen** treten Hochstauden hauptsächlich in den feuchtesten Gebieten auf, besonders hochmontan und tiefsubalpin; teilweise auf Freiflächen, teilweise vom Wald geschützt, besonders im Hochstauden-Fichtenwald. In den **Zwischen-** und **Innenalpen** stocken Hochstauden vorwiegend subalpin, vor allem in Lärchenwäldern, die durch lockere Struktur eine aktive Photosynthese des Unterwuchses ermöglichen.

Durch sehr schwierige Ansamungsbedingungen können Nadelbaum-Keimlinge nur schwer überleben auf einem Boden, der bereits unterirdisch von Hochstauden intensiv durchwurzelt ist und von großen Blättern fast ganz beschattet wird. Hochstaudenfluren bieten trotz des nährstoffreichen Lebensraumes keine für die Ausbreitung und Verjüngung des Waldes günstigen Standorte.

Die Hochstaudenfluren der Alpen und der anderen westeuropäischen Berggebiete wurden kürzlich von LACOSTE, L. RICHARD und anderen Autoren untersucht (s. GEHU 1984).

4. Strauchgesellschaften

Die Bedeutung der Strauch-Heiden ist subalpin wesentlich größer als in den anderen Höhenstufen und spielt speziell hochsubalpin, wo der Wald ausklingend verbreitet ist, eine prägende physiognomische Rolle.

Unterschieden werden Einheiten mit früh abfallenden Blättern, die viel Wasser verbrauchen und muldige, lange schneebedeckte Standorte bevorzugen (Abb. 8.10 A und B), außerdem Formationen mit immergrünen Blättern (*Rhododendron* ebenfalls auf eine schützende Schneedecke angewiesen, *Juniperus*, *Arctostaphylos*, *Empetrum*).

Die Gliederung der subalpinen Zwergstrauch-Heiden beginnt mit Ausbildungen von größter Biomasse und reicht bis zu Einheiten mit geringster Biomasse, wobei diese immer noch relativ groß ist durch hohen Anteil an unterirdischen Sprossen und Streu (Abb. 8.10 C).

4.1. Latschenbuschwald

Der Latschenbuschwald wird als bewaldete Klimaxgesellschaft und somit als dynamische Serie angesehen und unter Punkt 5 besprochen.

4.2. Grünerlenbuschwald oder *Alnetum viridis*

Sehr detaillierte Monographie von L. RICHARD (1967, 1968, 1969). Optimal tiefsubalpin entfaltet können in den niederschlagsreichen nördlichen Randalpen bis zu 8 % Fläche der Höhenstufe eingenommen werden. Das Grünerlengebüsch reicht häufig bis in feuchte, montane Talmulden hinab, bis 1000 m und sogar darunter. Grünerle verbraucht durch intensive Transpiration viel Wasser und ist wie die Hochstauden, mit denen sie oft vergesellschaftet ist, an Standorten anzutreffen, die mit Riesel- und Quellwasser versorgt werden (Nordhänge, Mul-

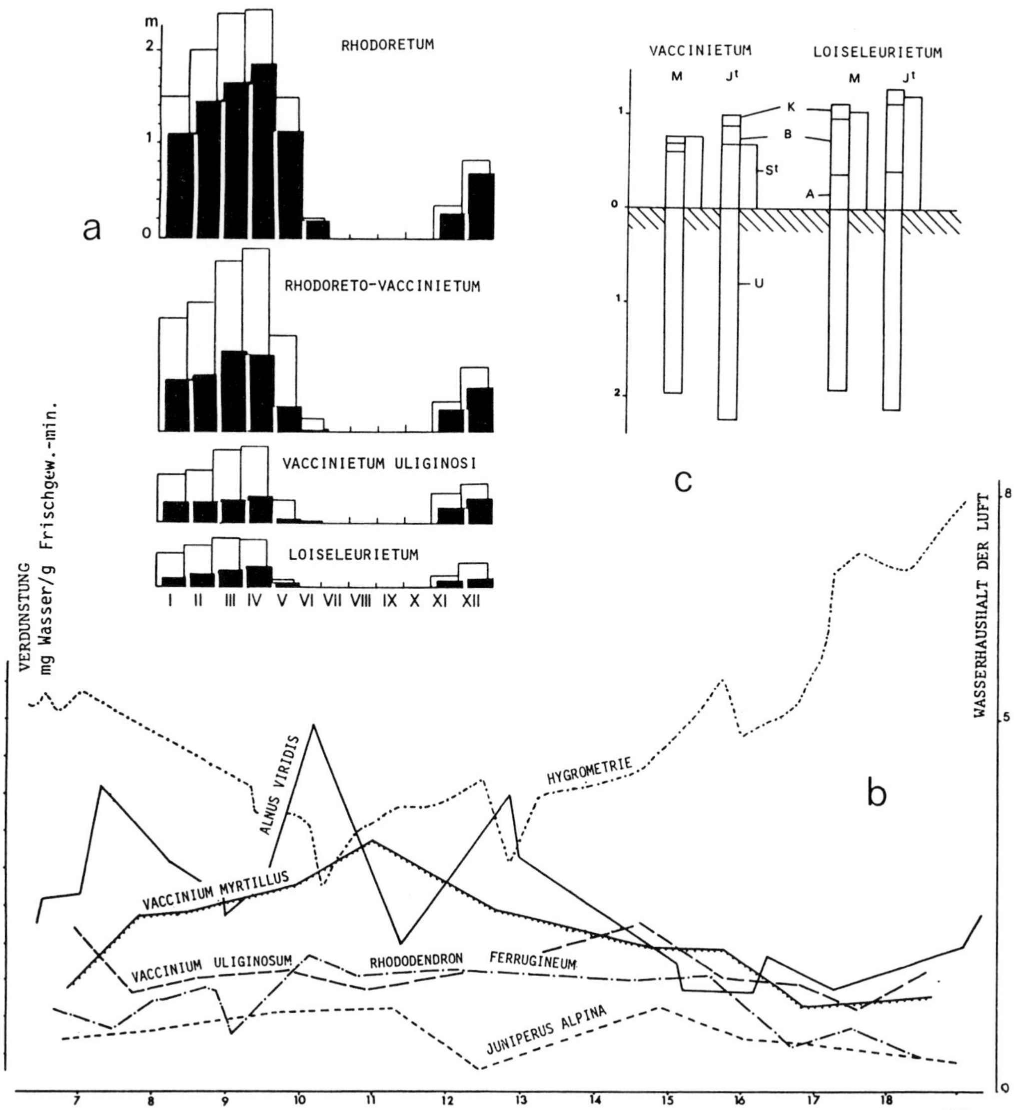

Abb. 8.10: Ökophysiologie subalpiner Zwergstrauchheiden. a) Höhe und Dauer der Schneedecke in 4 Heide-Typen an 2 Stationen in der Umgebung von Obergurgl (Tirol) gegen 2200 m: Weiß, die sehr schneereiche, schwarz, weniger schneereiche (nach Turner, in L. Richard 1968). b) Transpiration der verschiedenen Arten im Tagesverlauf (nach L. Richard 1969). Hohe Ansprüche von Grünerle, relative Trockenresistenz von Zwergwacholder. c) jahreszeitliche Schwankung der Biomasse M = Mai, Jt = Juli) in einer Heidelbeer-Heide und einer Alpenazaleen-Heide. A: Sprosse, B: Blätter, K: Knospe, St: Streu; starkes Überwiegen der unterirdischen Anteile (nach Cernusca).

den). Sie stockt in erster Linie auf tiefgründigem Hangschutt und bildet einen Mullboden, der durch die symbiontischen Actinomyceten-Pilze an den Wurzeln mit Stickstoff angereichert wird. Meist bildet das *Alnus viridis*-Gebüsch cinc Dauergesellschaft, die weite Flächen einheitlich bestockt und sich häufig weiter zu einer subalpinen Fichten-Serie und manchmal auch zum Lärchenwald entwikkelt (Abb. 8.11).

Abb. 8.11: Grünerlengebüsch (Bild L. RICHARD). Bemerkenswert ist die Biegsamkeit der Zweigbasis; niedergedrückt durch Schnee können sie als Gleitbahn die Entstehung von Lawinen begünstigen.

4.3. Buschweiden-Gesellschaften

Diese Einheiten sind weniger weit verbreitet als das Alnetum, heterogen, teilweise anthropogen bedingt und nicht intensiv untersucht. Wichtigste Assoziationen:

– *Salix hastata-* (LACOSTE 1972), *Salix glaucocinerea-*, *Salix helvetica*-Buschwälder, die physiognomisch dem *Alnetum viridis* ähneln, oft damit oder mit der Hochstaudenflur gemischt sind und wie diese auf Nordhängen auftreten.

– Hochwüchsige Weidengesellschaften *(Salix pentandra, S. appendiculata)* von mehreren Metern Höhe bilden sowohl subalpin wie auch montan, in tieferen Lagen vom *Alnetum incanae* abgelöst (BRAUN-BLANQUET-SUTTER, 1982) entlang feuchter Talmulden eine Art Galeriewald-Bestockung *(Salicetum pentandrae)*.

– **Niedriges** *Salix caesia-*, *Salix foetida-*, *Salix waldsteiniana*-**Gebüsch** und andere Typen treten entlang von Flüssen mit geringem Gefälle oder am Rand von Mooren auf.

4.4 *Rhododendron-* und *Vaccinium-* Zwergstrauch-Heiden

Rhododendron ferrugineum und verschiedene *Vaccinium*-Arten bilden die klassischen, wiederholt beschriebenen Zwergstrauchheiden. Ihre Zusammensetzung scheint sich von einem Alpengebiet zum anderen kaum zu ändern. Die Heiden wurden in zahlreiche Untergesellschaften gegliedert (SCHWEINGRUBER 1972). Ein Teil bildet gemeinsam mit Zirben- und Lärchenwäldern eine mosaikartige Gesellschaft, ein anderer Teil steigt höher in die Kampfzone *(Rhodoreto-Vaccinietum extra-sylvaticum)*. Diese *Rhododendron*-Heiden benötigen längeren Schneeschutz (Abb. 8.10a) und sind an muldigen Standorten, aber auch auf ärmeren und podsolierten Böden beim Erlen- und Weidengebüsch anzutreffen.

Die *Rhododendron hirsutum*-Einheiten werden später gemeinsam mit der Latschen-Serie besprochen.

4.5. *Juniperus alpina-* und/oder *Arctostaphylos uva-ursi*-Heide

Die im Gegensatz zu den bisher beschriebenen Einheiten xerophilen Assoziationen stocken auf Südseiten und schneearmen Hängen und treten immer häufiger gegen Süden der Kette auf. Vorwiegend, aber nicht ausschließlich auf Silikatböden bilden sie häufig gemeinsam mit dem *Juniperion nanae* subklimatische Dauergesellschaften, die gelegentlich als **«Zwergwacholder-Serie»** aufgefaßt wurden. In den Südwestalpen und Pyrenäen führt ihre Entwicklung allerdings zur *Pinus unicinata*-Bewaldung.

4.6. Kriechstrauchheiden («landines»)

Mit Kriechstrauchheiden werden am Boden liegende, niedrige Gebüsche bezeichnet, deren Standorte stark windexponiert und nur kurz schneebedeckt sind. Deshalb unterscheiden sie sich von den meisten anderen subalpinen Strauchgesellschaften, die länger eine schützende Schneedecke benötigen. Wagner (1970) stellt sie eher zur alpinen Stufe. Charakteristisch sind *Empetrum hermaphroditum* und *Loiseleuria procumbens.* Das sehr reichliche Auftreten von *Cladonia-* und *Cetraria*-Flechten ist ebenfalls typisch (*Empetro-Vaccinietum*, *Loiseleurio-Cetrarietum*, Braun-Blanquet et al. 1954).

5. Waldgesellschaften und Vegetations-Serien

Durch den floristischen Reichtum der Alpen entsteht eine Vielzahl von Klimax-Einheiten in der subalpinen Stufe im Gegensatz zu den meisten anderen europäischen Gebirgen (s. Abb. 13.4). In den gesamten Alpen werden **sechs Vegetations-Serien** unterschieden (Ozenda 1966, Ozenda-Wagner 1975), die in drei Gruppen unterteilt werden können (Abb. 8.12).

a) Bei der **subalpinen Fichten- und Tannen-Serie** handelt es sich im wesentlichen um montane Baumarten, die jedoch bis in die **tiefsubalpine** Stufe vordringen. Dabei wird betont, daß in diesem Fall keine einfache «Extrapolierung» der Vegetation der montanen Stufe gegeben ist, sondern völlig selbständige subalpine Vegetationseinheiten entstehen.

b) Drei weitere ähnliche Serien, deren Areale sich jedoch nicht überlappen, sind vor allem für randliche Gebirgsgruppen charakteristisch. Am bedeutendsten ist die **Latschen-Serie,** die besonders für die nördlichen und südlichen Teile der östlichen Randalpen typisch ist, aber auch im östlichen Teil der Innenalpen und vereinzelt auch in einem Teil der Westalpen vorkommt. Im Westen wird sie von der randalpinen **Bergföhren-Serie** *(Pinus uncinata)* abgelöst, die in den westlichen Randalpen der Schweiz, Savoyens und der Dauphiné gut ausgeprägt ist und auch im südlichen Jura vorkommt. In der Haute-Provence und in einem Teil der ligurischen Alpen wird diese Serie von einer sehr speziellen, fast gänzlich waldfreien Vegetation abgelöst, die wir als **altimediterrane Serie** bezeichnen. Trotz Mannigfaltigkeit und räumlicher Trennung haben diese drei Serien gemeinsame Merkmale: Ökologische Verwandtschaft (Hochflächen und Kalkgrate sowie relative Trockenheit), mittlere Bestockungsdichte und Lage an den geographischen Grenzen dieser Formationen. Wegen geringer Höhe der randalpinen Gebirgsgruppe grenzen sie meist, aber nicht durchwegs an die tiefalpine Stufe.

c) Die subalpine Stufe der **Innenalpen** wird fast durchwegs (ausgenommen dort, wo

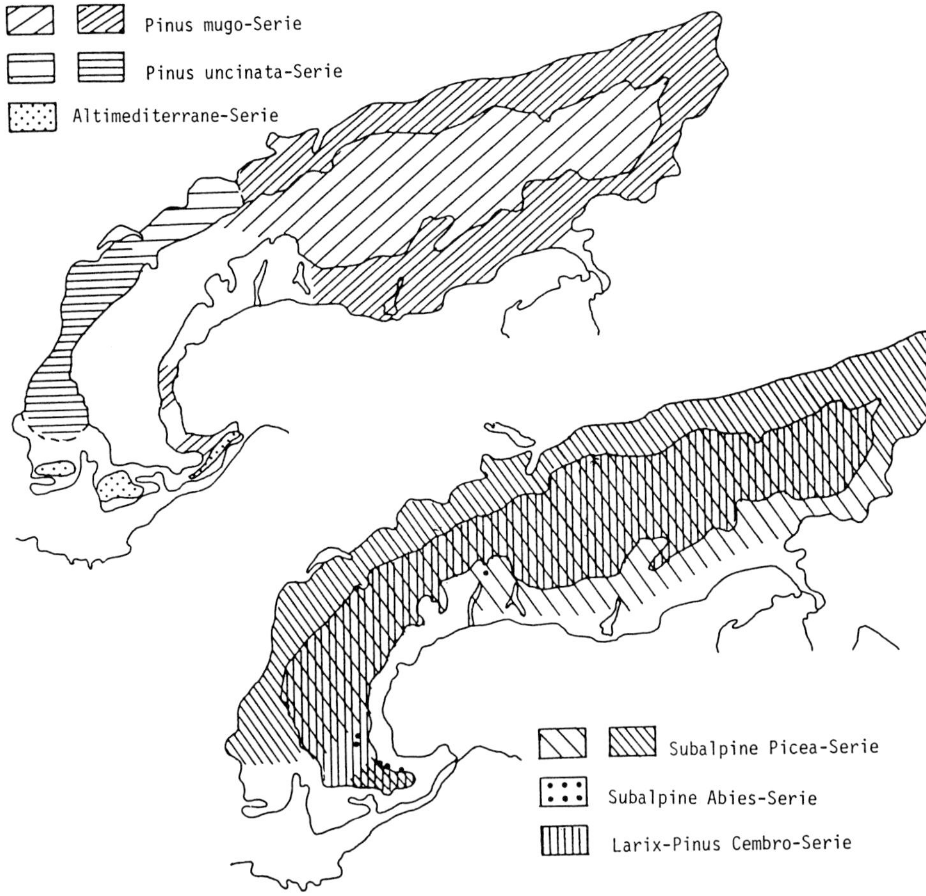

Abb. 8.12: Ungefähre Verbreitung der subalpinen Vegetations-Serien in den Alpen. Dichte Schraffuren: Gebiete, wo die entsprechende Serie am häufigsten ist; lockere Schraffuren, relativ zurücktretend.

Fichte und Latsche in den tiefsten Teil eindringen) von einer einzigen, aber äußerst vielgestaltigen Serie bedeckt, die von einem Ende der Alpen bis fast zum anderen reicht und durch **Zirbe** und **Lärche** gekennzeichnet wird.

Die zusätzliche Unterscheidung einer Grünerlen- und Zwergwacholderserie erscheint nicht notwendig.

Bei der Beschreibung der Serien wird von den randlichen oder in der tiefsubalpinen Stufe gelegenen Serien zur Zirben- und Lärchen-Serie übergegangen, die abschließend besprochen wird, da diese inneralpine Serie ihren Schwerpunkt in der mittleren subalpinen Stufe hat und am formenreichsten ist.

5.1. Subalpine *Picea abies*-Serie

Während der Schwerpunkt der Fichte eindeutig montan liegt, reicht ihr Areal nach oben über Buche und Tanne hinaus (Abb. 7.6) und in den tiefsubalpinen Bereich hinein, wo sie ziemlich gleichmäßig einen 200 bis 400 m breiten Gürtel auf allen Expositionen bildet, auf Südhängen jedoch weniger entwickelt und artenärmer ist.

Diese seit ihrer ersten Beschreibung durch Braun-Blanquet (1938) klassisch gewordene Formation geht physiognomisch ähnlich nicht selten in die hochmontane Stufe über und ist daher in der randlichen Zone vom Buchen-Tannenwald mit dominieren-

Abb. 8.13: Subalpiner Fichtenwald auf kristallinem Gestein der Silvretta-Decke, Verwalltal, Tirol (Bild SCHIECHTL et al.). Säulenfichten-Formen. Vorne links eine Zirbe, rechts *Rhododendron*-Gesträuch.

der Fichte nur schwer zu trennen. Noch weitaus schwieriger ist die Abgliederung in der inneralpinen *Piceetum montanum*-Zone, mit der sie einen einheitlichen und auch artenärmeren Komplex bildet. Sie unterscheidet sich jedoch nach Zusammensetzung und Ökologie deutlich von montanen Fichtenwäldern (Abb. 8.3 und 8.13): Subalpine Fichten sind weniger dicht geschlossen, haben überwiegend Säulenform, die eine Anpassung am reichlichen Schneefall zu sein scheint. Der Unterwuchs setzt sich überwiegend aus subalpinen Arten zusammen.

Die subalpine Fichten-Serie herrscht weitgehend in den **nördlichen Randalpen,** von der Dauphiné bis nach Niederösterreich, vor. Sie steht dort allerdings mit den *Pinus mugo*- und *Pinus uncinata*-Serien im Wettbewerb, bildet mit diesen oft mosaikartige Mischgesellschaften und überläßt ihnen flachgründige Felsstandorte. Trotz häufigen Eindringens in die **inneralpine Zone** setzt sich die *Picea abies*-Serie aber gegen die Zirben- und Lärchen-Serie nicht mehr so leicht durch. In den gesamten **Südalpen** ist sie selten bis fehlend, ausgenommen, aber begrenzt, in den See-Alpen oder im nördlichen Kärnten.

In ihrem Hauptareal, dem **Nordabfall der Ostalpen,** unterscheidet MAYER (1974) drei Assoziationen: auf Silikat *Homogyno-Piceetum*, auf Kalk *Adenostylo glabrae-Piceetum* (beide mit mehreren Unterassoziationen) und an schneereichen Standorten *Adenostylo alliariae-Piceetum*. Sie sind besonders zwischen 1400 und 1800 m verbreitet (Abb. 8.14) und bauen in den Randalpen oft die Waldgrenze auf. In den Innenalpen bilden sie die tiefsubalpine Stufe, werden jedoch von der Zirben- und Lärchen-Serie überlagert.

Auf den Unterschied in der Zusammensetzung dieser beiden Silikat- und Karbonat-Assoziationen muß hingewiesen werden, der größer zu sein scheint als die Differenzierung zu den entsprechenden Assoziationen der inneralpinen montanen Fichtenwälder.

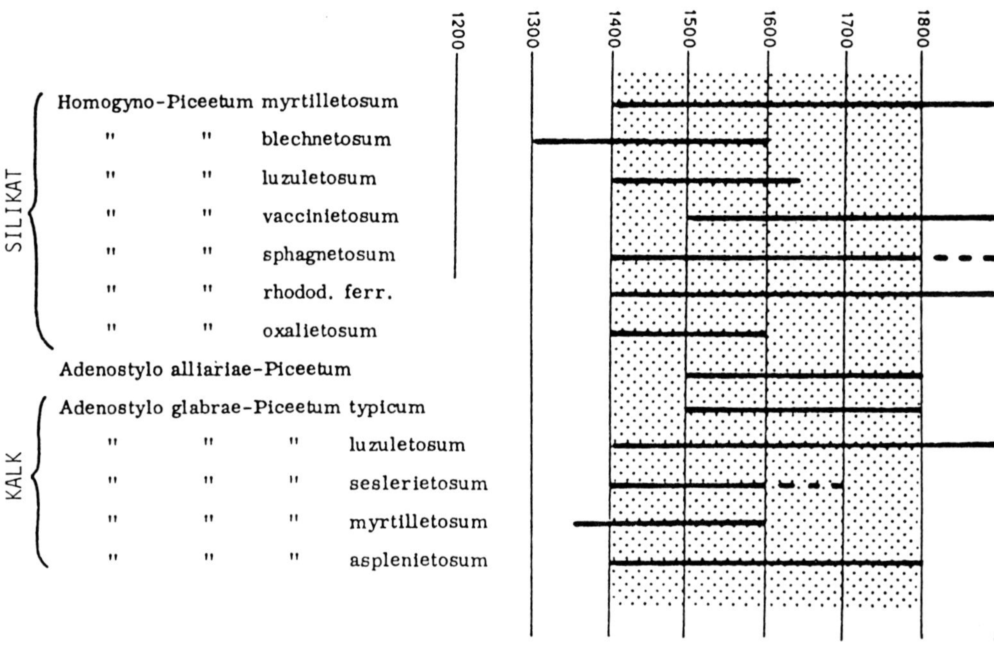

Abb. 8.14: Gesellschaften und Untergesellschaften des subalpinen Fichtenwaldes und ihre Höhenverbreitung in den nordöstlichen Randalpen (nach Angaben von MAYER 1974). Punktiert Hauptverbreitung der Serie, entspricht weitgehend der tiefsubalpinen Stufe um 1400–1800 m.

In der **Schweiz** haben ELLENBERG-KLÖTZLI (1972) mehrere subalpine Fichtenassoziationen beschrieben. Auf Nordseiten, zwischen 1450 und 1650 m, noch mit dem *Aceri-Fagion* verwandt, ein *Piceo-Adenostyletum alliariae*. Ebenfalls auf Schattseiten, jedoch zwischen 1400 und 1900 m, ein *Larici-Piceetum;* und schließlich optimal zwischen 1500 und 1700 m eine spezielle Torfmoosgesellschaft, *Sphagno-Piceetum calamagrostietosum villosae*, das in Hochlagen und inneralpin das *Sphagno-Piceetum typicum* der Randalpen und des Jura als Begleitgesellschaft des Buchenwaldes ersetzt.

In **Savoyen** wurden subalpine Fichtenwälder in der Tarentaise von GENSAC (1967) und in der Moyenne Maurienne von BARTOLI (1966) untersucht unter Ausscheidung von vier Assoziationen: Auf Sandstein und Karbon-Schiefer ein xerophiler Südhang-Fichtenwald mit starker *Vaccinium vitis-idaea*-Dominanz; auf Glimmer-Schiefer ein xerophiler sonnseitiger Fichtenwald mit *Arctostaphylos uva-ursi*, *Polygala chamaebuxus*, und mit *Carex humilis*, eine initiale Gesellschaft auf wenig entwickeltem Boden (jüngste Besiedlung ehemaliger Weiden); auf Karbon- wie auf Glimmer-Schiefern ein mesophiler schattseitiger Fichtenwald mit ockerfarbenem Podsolboden, vorherrschender *Vaccinium myrtillus* sowie *Festuca flavescens*, *Calamagrostis villosa* und auf Karbon-Schiefer mit *Saxifraga cuneifolia;* schließlich ein mesohygrophiler nordseitiger Fichtenwald in Kontakt mit dem Grünerlenwald und mit Hochstauden. Die beiden Schatthanggesellschaften mit beträchtlichem Lärchenanteil. Alle vier Assoziationen sind eng verwandt mit den Gesellschaften der Schweizer Alpen.

In den **Südwestalpen** fehlt die subalpine Fichten-Serie; nur im Westen der See-Alpen tritt sie in Tälern der Vésubie und der Tinée auf, dort jedoch auf Teilflächen zur lärchenreichen Ersatzgesellschaft umgeformt (siehe Zirben- und Lärchen-Serie).

5.2. Subalpine Abies alba-Serie

Der schematisch definierte **«Rhododendron-Tannenwald»** ist im untersten Teil der subalpinen Stufe (1550 und 1900 m) auf Nordhängen (selten Nordost- oder Nordwesthängen) entwickelt und greift meist – doch nicht zwangsläufig – auf den montanen Tannenwald über. Diese Gesellschaft scheint erstmals im Tessin von KUOCH (*Rhododendro-Abietetum*, 1954; *Luzulo-Abietetum rhododendretosum*, MAYER 1974) auf Silikat-Nordhängen mit Moderbraunerden oder Podsolboden beobachtet worden sein. Sie wurde von CADEL-GILOT im Briançonnais (1963), dann von BARBÉRO-BONO (*Rhodoreto-Abietetum*, 1970) von der Nordseite des Mercantour (Vinadio- und Valdierital), sowie in den ligurischen Alpen (Pesio-, Corsaglia- und Casottotal) beschrieben. Auf das Vorkommen im oberen Germanasaytal wurde hingewiesen.

Rhododendron ferrugineum, *Vaccinium myrtillus* und *Festuca flavescens* sind stet. **Subalpine Arten** dominieren und belegen eine Verwandtschaft mit der vorherigen Serie und mit der Lärchen-Serie: *Lonicera coerulea*, *Luzula sieberi*, *Lycopodium annotinum*, *Huperzia selago*, *Calamagrostis villosa*, *Homogyne alpina* manchmal Lärche und selbst Zirbelkiefer. Doch die aus der montanen Stufe vordringenden Buchen-Tannenwald-Arten haben noch einen Anteil (*Prenanthes*, *Oxalis*).

Auf der anderen Seite existiert diese Gesellschaft in der **montanen Stufe** in **Enklaven** auf Bergstürzen oder Schutt wie *Asplenio-Piceetum*.

Die **Dynamik** wurde nicht untersucht, die wahrscheinlich mit der vorherigen Serie analog, vielleicht sogar identisch ist (große Bedeutung von Grünerle und Hochstauden): So scheint sich dieser Tannenwald, wie auch subalpiner Fichtenwald, durch Besiedlung bestimmter subalpiner Lärchenwälder entwickeln zu können (westlich des Mont-Genèvre-Passes im Briançonnais), die möglicherweise bereits Lärchen-Ersatzgesellschaften sind.

In jenen Teilen der Alpen, wo Fichte selten ist oder ganz fehlt, scheint die Serie mit der vorherigen zu vikariieren. Dies stimmt mit dem Auftreten in den Südalpen überein. Die Serie kommt außerdem in der subalpinen Stufe der Pyrenäen vor, wo Fichte völlig fehlt (GAUSSEN 1934, GRUBER 1978). Vielleicht ist die *Abies*-Serie deshalb teilweise der Rest einer ausgedehnteren Höhenverbreitung der Tanne im Subboreal. In diesem Fall handelt es sich um Relikte, die auf Nordhängen mit erhöhter Feuchtigkeit ausdauern konnten und wo Tanne begünstigt durch Feuchtigkeit nicht durch Fichte verdrängt werden konnte (ähnlich bei bestimmten *Abietetum*-Resten der montanen Innenalpen, wie etwa im Vintschgau).

Trotz geringer Verbreitung in den Alpen ist diese Serie mehr als eine Seltenheit und gilt daher als **eigenständige Serie,** als Grenzfall einer Ausbildung, die in den Alpen früher größere Bedeutung hatte und in den Pyrenäen immer noch hat.

5.3. *Pinus mugo*-Serie

Diese Reihe ist basiphil (manchmal örtlich auch acidophil) und prägt weitgehend den nördlichen und südlichen Rand in den **Zentral-** und **Ostalpen.** Die westliche Grenze des geschlossenen Areals liegt deutlich beim 9. Längengrad. Westlich davon gibt es bis Wallis, Aostatal, Val de Susa und See-Alpen vereinzelte Standorte. Die Serie dringt bis in die inneralpine Zone vor.

Gegen Osten und Süden ist sie in den Karpaten, den Dinariden und im Zentral-Apennin anzutreffen (Abb. 13.1).

5.3.1. Hauptverbreitungsgebiet (nördliche und südöstliche Randalpen)

Die **Klimaxgesellschaft** ist der *Rhododendron hirsutum-Pinus mugo*-Buschwald, von VIERHAPPER schon 1914 beschrieben, als

Pinetum mugi calcicolum (AICHINGER 1935), *Mugo-Rhododendretum hirsuti* (BRAUN-BLANQUET 1932) und schließlich *Rhododendri hirsuti-Mugetum prostratae typicum* (MAYER 1974) benannt; Name oft mit *Mugetum* abgekürzt. Auf Kalk und Dolomit und auch auf steilen Hängen siedelt die 2–3 m hohe Gesellschaft auf Rendzina, in der die beiden gesellschaftsprägenden Arten von Charakterarten wie *Lonicera coerulea*, *Lonicera alpigena*, *Arctostaphylos alpina*, *Sorbus chamaemesphilus*, *Calamagrostis varia (Erica herbacea-* und *Rhodothamnus chamaecistus*-Fazies) begleitet werden. Lärche, Fichte und Bergahorn können eindringen. Der Boden ist rendzinaähnlich.
Beschreibungen der Serie in verschiedenen Teilen der Alpenkette (Schweiz: BRAUN-BLANQUET, Bayern: LIPPERT 1966 und SEIBERT 1968, Karawanken: AICHINGER 1933, Lienzer Dolomiten: WIKUS 1959, Stilfserjoch: PEDROTTI et al. 1974) stimmen überein. Die Gesellschaft erscheint ziemlich homogen, ihre Varianten und Fazies in verschiedenen Gebirgen können unschwer verglichen werden.

Die Dynamik ändert sich hingegen je nach Gebiet und Standortstyp. Beobachtungen von LIPPERT in den Berchtesgadener Alpen (1966) wurden in Abb. 8.15 A zusammengefaßt. Südostalpin scheint die Dynamik etwas anders abzulaufen und umfaßt dort Kalk-Rasen der *Firmetum-* und *Semperviretum*-Gruppe (WIKUS 1960, Abb. 8.15 B). In den Karawanken (AICHINGER) tritt das *Mugetum* an die Stelle der *Festuca pungens-*, *Carex firma-* und *Nardus*-Rasen.
Diese Dynamik wird nicht selten verkürzt. Das *Mugetum* kann schon als **Pioniergesellschaft** auftreten (MAYER) und sich durch überwiegende vegetative Vermehrung ausbreiten (HAFENSCHERER-MAYER), andererseits ist seine Entwicklung zu Fichten- oder Lärchen-Ausbildungen außergewöhnlich. Häufig ist das *Mugetum* eine Klimaxgesellschaft (oder eine **Subklimax-Dauergesellschaft**), vor allem auf Steilhängen, Skelettböden und Lawinenrinnen (Abb. 8.16). In der tiefsubalpinen Stufe mit der Fichtenserie gemischt bildet das *Mugetum* mittelsubalpin gewöhnlich die **Baumgrenze** und reicht selten bis in die hochsubalpine Stufe.

In den **Karawanken** wurde von AICHINGER eine **bodensaure Variante** beschrieben *(Pinetum mugi silicicolum* oder *Rhodoreto-Mugetum vaccinietosum)*, die dort das Zentrum der typischen basiphilen Gesellschaft bildet. Wenn diese genügend gereift ist, führt die mächtige Anhäufung von unzersetztem Tangel-Humus (analog der Podsolisierung) zum Auftreten von *Rhododendron ferrugineum*, *Vaccinium myrtillus* und *Vaccinium vitis-idaea*, sowie von *Empetrum hermaphroditum* und bodensauren Moosen. Dieser Gesellschaft steht der *Rhododendron ferrugineum*-Kiefernwald gegenüber, der bei der folgenden Serie behandelt wird (s. Abb. 8.15 B und 8.17 unten).

5.3.3. Westalpen

Die **sporadische Serie** ist erst seit kurzer Zeit bekannt. Sie wurde zunächst auf dem Mont Agnellino bei Casterrine (Haute-Roya) und in einem Teil der ligurischen Alpen (OZENDA 1954) entdeckt, später in dieser Gebirgsgruppe von BONO (1965), BARBÉRO-BONO-POIRION (1967, *Pinetum mugi ligusticum)* untersucht, weiter nördlich im Val de Susa (MONTACCHINI) festgestellt und existiert sicherlich auch auf anderen Kalk-Sonnseiten der Piemonteser Alpen zwischen diesen beiden Standorten, insbesondere Haute-Stura.
Die weiter verbreiteten Gebüsche sind xerophile *Juniperus alpina-*, *Arctostaphylos uva-ursi-* und *Cotoneaster tomentosa*-Heiden, die mit *Helictotrichon montanum-* und *Hieracium bifidum*-Rasen, seltener auch mit *Astragalus sempervirens*-Wiesen Bezug haben.
Sämtliche Gesellschaften der Serie sind in den **Ligurischen Alpen** durch östliche Arten gekennzeichnet, die in anderen Gebieten der Westalpen fehlen oder nur ausnahmsweise auftreten: *Daphne striata* und *Erica herbacea* (= *Erica carnea*), die zusammen mit dem Latschenbuschwald vorkommen; *Carex firma* bildet gemeinsam mit anderen charakteristischen Arten *(Carex rupestris*, *Saxifraga caesia)* ein fragmentarisches *Firmetum* (BARBÉRO-CHARPIN 1970); weiter *Festuca dimorpha*, die Geröllhalden besiedelt, auf

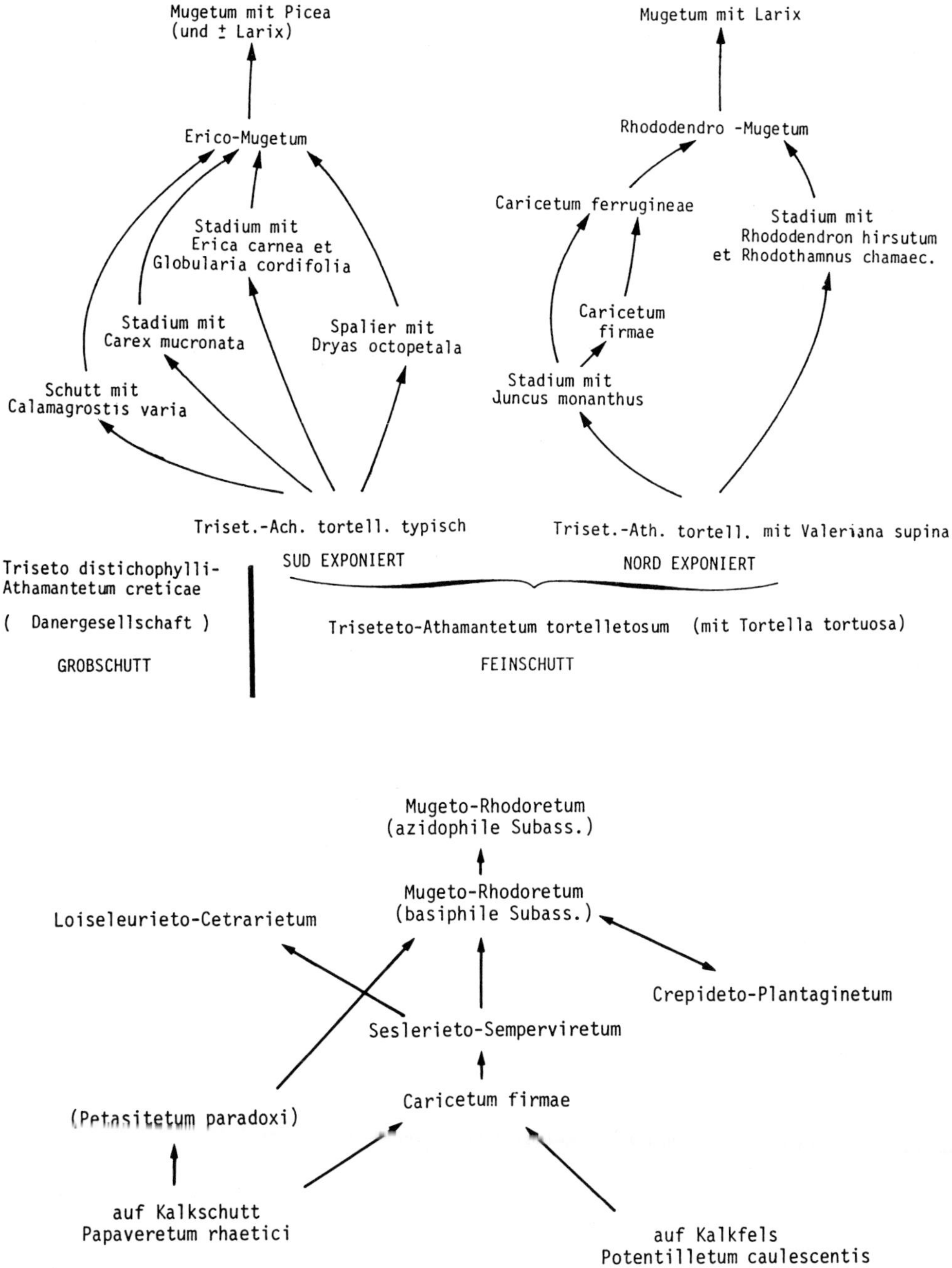

Abb. 8.15: Dynamik der *Pinus mugo*-Serie. Oben, in den bayerischen Alpen (nach LIPPERT, verändert). Unten, in den Lienzer Dolomiten, Osttirol (nach WIKUS).

Abb. 8.16: Subalpine Stufe in der inneralpinen Zone (Sarntal, Tirol; Bild PITSCHMANN et al. 1980). Die unterste Fläche (Dorf Dürnholz 1530 m) wird von montanen Wiesen eingenommen; rückwärts, der zerstückelte tiefsubalpine Gürtel von Zirbe und Lärche, überlagert von einem breiten hochsubalpinen Bergkiefern-Gürtel.

schmalen Felsterrassen *Carex mucronata*, in Karstgebieten *Asplenium fissum* sowie in den Mooren *Tofieldia glacialis (Tofieldia pusilla)*. *Rhododendron hirsutum*, sonst überall mit Latsche vergesellschaftet, fehlt allerdings, ist dafür, ebenso wie *Erica herbacea*, an Latschenstandorten auf südseitigem Bergsturz- und Kalkgeröll im mittleren Wallis zu finden (RICHARD-PAUTOU 1983).

Möglicherweise herrschen durch Höhenlage, Exposition und geologischen Charakter (triasische Dolomite) in den ligurischen Alpen im abgeschwächten Maße Standortsbedingungen wie in den Dolomiten, die das eigenartige Vordringen östlicher subalpiner Arten und sogar von Assoziationen, die dem vorligurischen Sektor Originalität geben, ermöglicht haben.

5.3.3. Inneralpine Zone

Das *Mugetum* ist zwar überall anzutreffen, hat jedoch sein Hauptareal in den östlichen Alpen (subalpine Gebüschstufe auf Kalk, WAGNER 1971): Rand- und Zwischenalpen, Radstädter Tauern, Graubünden, Dolomiten. Schwierig ist die Abtrennung der *Pinus mugo*-Fazies von der inneralpinen Zirben- und Lärchen-Serie. Auf letztere Serie ist jedenfalls das *Mugetum* auf Silikatböden zurückzuführen, das von einigen Standorten der Zwischen- und Innenalpen beschrieben wurde: *Rhododendro ferruginei-Mugetum prostratae* (MAYER 1974), *Rhododendro-Vaccinietum mugetosum*, Stilfserjoch, PEDROTTI et al. 1974, und *Pinus mugo*, *grex prostrata*, *Laricetum*, BONO 1969 von der italienischen Seite des Mercantour, wo die Art vielleicht *Pinus pumilio* ist. Im Val Ferret, südlich des Mont Blanc, wurden vergleichbare Gesellschaften auf schmalen Felsterrassen und kristallinen Schutthalden beobachtet und die Morphologie der Bäume wie auch der Zapfen entspricht genau *Pinus pumilio* (GAPILLOUT in RICHARD-PATOU 1983).

5.4. Randalpine *Pinus uncinata*-Serie

Diese Serie besiedelt mit der Fichten-Serie der subalpinen Stufe das **randliche Kalkgebirge** in den nordwestlichen Alpen. Sehr oft, wie auf dem Parmelan-Plateau in Obersavoyen, bestockt sie flachgründige Gesteine, während die subalpine Fichten-Serie in Mulden mit weiter entwickelten Böden mosaikartig im Kontakt steht. Die randalpine Hakenföhren-Serie entwickelt sich am besten auf den Karsthochflächen der Urgonkalke, die Gipfellagen der Chartreuse und vor allem im Vercors aufbauen.
Gegen Norden setzt sich die Serie auf den hohen Berggraten des Südjura fort. Ihre Verbreitung in den Schweizer Randalpen und Jura muß noch ermittelt werden, obwohl *Pinus uncinata* und ihre typischen Gesellschaften bis in die Ostschweiz reichen (Abb. 4.10).

Optimal entwickelt ist sie auf dem **Hochplateau des Vercors,** dessen tafelförmige Struktur und relativ große Höhe die Ausbreitung der Serie begünstigt, die entlang der östlichen Grenze dieses Gebirgsstocks, von Moucherotte bis zum Glandasse, einen breiten, durchgehenden Streifen bildet. Diese wahrscheinlich ausgedehnteste *Pinus uncinata*-Gesellschaft der Alpen ist ein lichter Wald mit weniger als 30 % Deckungsgrad, der jedoch im Südosten der Gebirgsgruppe ein viereckiges Gebiet von mehreren tausend Hektar einnimmt.
Detailliert wurden die verschiedenen Gesellschaften und ihre dynamischen Beziehungen von FAURE-GILOT (in FAURE 1968) studiert, die in einer Tabelle gut zusammengefaßt sind (Abb. 3.3). Die Hauptform des Klimax ist ein lichter Kiefernwald mit Tangelhumus-Boden, der sich aus der Nadelstreu der Kiefer bildet und *Rhododendron ferrugineum* ermöglicht einzudringen (GILOT 1967; s. Abb. 8.17 unten).
Die Klimax ist jedoch relativ selten und fast überall ist das Gebiet mit Pionierstadien oder bestenfalls mit *Sesleria varia*-Rasen, der Hauptassoziation der Serie, bewachsen (Abb. 8.17).
Die Gesellschaften entwickeln sich nur auf flachen Hängen typisch, wo die Böden kaum erodiert sind. Sonstige spezielle Kalkgesellschaften halten sich als Dauergesellschaften. Einheiten der linken Spalte von Abb. 3.3 entsprechen xerophilen Standorten exponierter oder steiler Südseiten mit trockenen Böden, die anderen Spalten belegen mesophile Bedingungen, insbesonders bei schwach geneigten Karstflächen.

Gegen Süden nimmt die subalpine Stufe im **Dévoluy-Massiv** breiten Raum ein. Sie wurde vorläufig ganz zur Hakenföhren-Serie gestellt (CADEL-OZENDA-TONNEL 1963), da Fichte lokal begrenzt und Zirbelkiefer noch seltener ist, sowie Lärche wahrscheinlich überall gepflanzt wurde. Unfruchtbarer Boden bei ausgeprägtem Relief und intensiv genutzte Weide haben die Verwitterung stark gefördert, wodurch das Studium der Serie erschwert ist. Das Gebiet wurde völlig entwaldet, Hakenföhre tritt nur ausnahmsweise, einzeln oder in kleinen Gruppen auf. Die einzigen nennenswerten Baumbestände des Gebirges stokken montan.

Im **Ventoux** gehört zu dieser Serie zweifellos ein *Pinus uncinata*-Gehölz auf der Nordseite unterhalb des Gipfelkammes, das zusammen mit *Juniperus alpina*-Heiden, *Androsace villosa*- und *Carex rupestris*-Rasen sowie mit *Helictotrichon montanum-Seslerio-Semperviretum*-Gesellschaften auftritt und einen südlichen Ausläufer der Serie darstellt (GOBERT-PAUTOU 1969, BARBÉRO-QUÉZEL 1975, BARBÉRO et al. 1978). Eine andere Gesellschaft, in der Nähe des Kammes, aber auf Südseiten ist mit *Juniperus alpina*-, *Juniperus hemisphaerica*- und *Arctostaphylos uva-ursa*-Heiden sowie mit *Ononis cenisia*-

Abb. 8.17: Randalpine Bergkiefern-Serie. Zwei Ansichten vom Massiv der Chartreuse gegen 1900 m. Oben, eine durch Wind verkrüppelte Bergkiefer auf dem Grat von Chamechaude; Rasen mit *Carex sempervirens* und *Sesleria varia* (Bild PLESNIK). Unten, *Rhododendron ferrugineum*-Standort, auf saurem Boden durch angehäufte Kiefern-Nadeln in einer Bodenmulde (Bild L. RICHARD).

und *Eryngium spina-alba*-Rasen vergesellschaftet, könnte schon eine Fazies der altimediterran-subalpinen Serie oder unter Umständen (BARBÉRO-QUÉZEL) sogar ein östlicher Vorposten der xerophilen Kiefernwälder der spanischen Pyrenäen sein. In den tieferen Lagen des Ventoux wurden ausgedehnte *Pinus uncinata*-Aufforstungen durchgeführt.

Im Norden bleibt in der **Großen Chartreuse** wegen relativ geringer Höhe und des stark gegliederten Reliefs nur wenig Raum für die subalpine Stufe, die nur die oberen Lagen der höchsten Gipfel einnimmt. Auch hier hat sich die Serie im Bereich der östlichen Hochgipfel voll entfaltet, die bis 2080 m reichen (BARTOLI 1967, OZENDA-REPITON-RICHARD-TONNEL 1964). Sie ist fragmentarischer als im Vercors und besteht hauptsächlich aus Geröll- und Rasengesellschaften. Kiefernbestände sind begrenzt und die *Rhododendron*-Heide tritt nur fleckenweise auf. Dies gilt auch für nördlich gelegene Gebiete in der Bauges-Gruppe (DAVID 1979) und den Randalpen von Obersavoyen (L. RICHARD 1970, 1973). Im **französischen Jura** hat die Serie einen noch fragmentarischeren Charakter, doch wurde die Bergföhrengesellschaft von J.L. RICHARD bereits 1961 erkannt und unter der Bezeichnung *Lycopodio-Mugetum* (später zu *Lycopodio-Pinetum uncinatae* umbenannt) beschrieben.

In den **Randalpen** und im **Schweizer Jura** wurden einige subalpine *Pinus uncinata*-Assoziationen von mehreren Autoren beschrieben. Bei ELLENBERG-KLÖTZLI 1972 finden sich *Erico-Pinetum montanae*, *Rhododendro hirsuti-Pinetum montanae* und *Rhododendro ferruginei-Pinetum montanae* – höchstwahrscheinlich gleichwertige Einheiten (oder östliche Vikarianten) der drei Typen Klimaxkiefernwälder von FAURE-GILOT. Eine vierte Gesellschaft, *Sphagno-Pinetum montanae*, ist eine Spezial-Assoziation auf vorwiegend montanen Hochmoortorfflächen, die sich bis in die tiefsubalpine Stufe erstreckt (vgl. VII – 3.5.3 und Abb. 7.11).

Die beiden ersten Assoziationen wurden auch von BRAUN-BLANQUET (1954) unter dem Namen *Erico-Mugetum* und *Rhododendro hirsuti-Mugetum* im **Schweizer Nationalpark** beschrieben. Nach MAYER (1974, S. 189–192) handelt es sich dabei teilweise um anthropogene Gesellschaften, als Pioniere bei der Neubesiedelung ehemaliger Salinen-Kahlschläge, die sich durch Naturverjüngung zur Zirben- und Lärchen-Serie weiterentwickeln bzw. zu spezialisierten Gesellschaften innerhalb dieser Serie. Sie sind auf die Bergföhren-Fazies der Zirben- und Lärchen-Serie in den Südwestalpen zurückzuführen, die folgend beschrieben wird. Inneralpin scheint die randalpine *Pinus uncinata*-Serie in typischer Form nicht zu existieren.

Unsere Reihe scheint eindeutig mit der lichtliebenden *Pinus uncinata*-**Serie** auf Kalkboden identisch zu sein, die von RIVAS-MARTINEZ (1969) und später von GRUBER (1978) in der subalpinen Stufe der Pyrenäen ausgeschieden wurde.

5.5. Subalpine altimediterrane Serie

Diese Serie wirft die schwierigsten, aber auch interessantesten Probleme der südalpinen Pflanzengeographie auf. Wechselnde Änderungen ihrer Benennung und Zuordnung, einmal zur montanen, einmal zur subalpinen Stufe, deuten auf den besonderen Charakter und die verwickelte Verwandtschaft hin.

5.5.1. Verbreitung

Die Serie war zunächst in den See- und Ligurischen Alpen (OZENDA 1954) als **obere Föhren-Serie** definiert worden, um die trockenen Kalkgesellschaften, durch *Astragalus sempervirens* charakterisiert, der montan-subalpinen Grenze zusammenfassen, die auf hohen Bergrücken der Randalpen von Grasse (Cheiron), auf den südseitigen Kalkhängen der Zwischenzone, bis zu den ersten Lärchenwäldern, besonders in der Gegend von Beuil, Authion und Haute-Roya beobachtet wurden.

Später wurde erkannt, daß die Serie die **Gipfelregion der Haute-Provence** bei ausreichender Höhe einnimmt (OZENDA 1966). Die Randalpen der Provence bilden eine Reihe von Bögen oder Kalkketten, die vom Vaucluse bis zum Var-Tal vorwiegend in Ost-

West-Richtung verlaufen und zwischen dem Ventoux (1912 m) und dem Cheiron (1776 m) teilweise 1600 m erreichen oder gar übersteigen.
Die charakteristischen Gesellschaften der Serie, darunter besonders die niedrigen *Astragalus*-Dornpolster-Heiden, wurden von zahlreichen Standorten beschrieben: Haut-Verdon (Lejoly 1975), Haute-Tinée (Lacoste 1964), mittlere Vésubie (Barbéro 1968), Ligurische Alpen (Barbéro-Bonin 1969).

5.5.2. Zusammensetzung

Die Vegetation dieser Serie weist zwei wesentliche Merkmale auf:

5.5.2.1. Extreme Degradierung

Die Serie ist fast völlig baumlos (Abb. 8.18), liegt außerhalb des Areals von Zirbe und Lärche (ausgenommen an der Nordgrenze) und weist an ihrem unteren Rand nur kümmerliche Föhrenwäldchen und hie und da einige Bergföhren auf (Ventoux, Chamatte, Ligurische Alpen). Buche dringt durch wenig vitalem Zustand in diese Region nicht vor. Nur wenige Büsche, kleine Zwergwacholderbestände, in Einzelfällen (Serre de Mentdenier) Sadebaum-Wacholder. Die steilen Hänge sind mit Geröll- und vor allem Rasengesellschaften mit geringem Deckungsgrad bewachsen, wenn diese feinskelettig oder fixiert sind («abgeschürfter Rasen»). Am häufigsten ist die *Sesleria varia*- und *Helictotrichon montanum*-Assoziation, südliche Vikariante des *Seslerio-Semperviretum*. Eine geringere Hangneigung begünstigt die niederen Zwergstrauch-Heiden («landine») mit *Astragalus sempervirens* und die bebuschten oder vereinzelt bewaldeten Ausbildungen. Floristisch ist die Serie reich an Endemiten oder Subendemiten der Südwestalpen *(Eryngium spina-alba, Allium narcissiflorum).*

5.5.2.2. Submediterraner Charakter des Hochgebirges

Die Serie unterscheidet sich trotz ihrer topographisch und geologisch ähnlichen Lage beträchtlich von der *Pinus uncinata*-Serie und stellt keine einfache waldfreie, geographische Rasse dar: die **Verwandtschaft** zwischen den beiden Serien ist mehr ökologisch als biogeographisch. In allen Gesellschaften und in jedem dynamischen Stadium bestehen große Unterschiede, die auf eine Verwandtschaft der altimediterranen Serie mit analogen Gesellschaften der westlichen Pyrenäen (Baudière-Kupfer 1968), der zentraliberischen Gebirge oder des Apennins hindeuten (Auftreten von *Astragalus sempervirens*, *Juniperus sabina*, *Festuca dimorpha* u.a.). Diese Annäherung an mediterrane Gebirgsformationen ist sicherlich ein vielversprechender Ansatz für weitere Forschungsarbeiten.

Abb. 8.18: Subalpine altimediterrane Serie der Haute-Provence. A) Offene Heide mit Zwergwacholder und einigen Waldkiefern. B) *Helictotrichon sempervirens*-Fazies im Karst. Gipfel von Chens um 1700 m (Bild Ozenda).

5.5.3. Untergliederung

Die Serie tritt in verschiedenen Höhenlagen auf. In ihrem tiefsten Teil ist sie die Fortsetzung der trockenen montanen Stufe, während der Schwerpunkt eindeutig subalpin ist. Wenn sie mehr als randliche Zone (Haute-Provence) oder als Übergangszone der Zwischenalpen betrachtet wird, kann sie daher bald hochmontan (Ozenda 1954; Barbéro-Bono-Ozenda-Mondino 1973; und Ozenda-Wagner 1975), bald subalpin (Ozenda 1966 und 1982) – nach unserer Auffassung – zugeordnet werden.

Auf ausgeprägten Südhängen ist die montane Stufe der Haute-Provence von der trockenen Fazies der mesophilen Föhren-Serie bestockt, wobei Hochlagen-Lavendelheiden mit *Buxus* und *Genista cinerea* bis 1700 m, ja sogar 1900 m reichen können und dabei allmählich in eine subalpine Stufe ohne Kiefer und mit *Astragalus*-Dornpolster übergehen. Tatsächlich hat Lacoste in der **Haute-Tinée** unter der Bezeichnung «subalpine Assoziationen von trockenen, basiphilen Rasen» drei überlagernde Stufen beschrieben: ganz unten eine noch montane *Lavandula vera*- und *Genista cinerea*-Gesellschaft, anschließend ein *Astragalo-Onosmetum ononidetosum cenisiae*, welches den Übergang darstellt (Beginn der subalpinen Stufe) und darüber das *Astragalo-Onosmetum carlinetosum* (1900–2200 m) sowie das *Seslerio-Avenetum montanae*, die Vertreter der eigentlichen subalpinen Stufe.

Durch Untersuchungen im **Haut-Verdon** gibt Lejoly (1975) detaillierte Angaben, welche die Verhältnisse geklärt haben dürften:

1. Einerseits existiert eine **«obere Föhren-Serie»,** die zur hochmontanen Stufe gehört und tatsächlich einen Übergang darstellt, wo ungefähr von 1500 bis 1900 m in Süd- und Südwestlagen Trocken-Rendzinen-Gesellschaften der oberen Lavendelheide mit Einheiten der tiefsubalpinen Stufe gemischt sind, wie die von Lejoly angenommene Sukzessionsdynamik zeigt:

Geröll mit *Calamagrostis argentea* und *Galeopsis reuteri*
Steppe mit *Avena sempervirens* auf fixiertem Geröll
Rasen mit *Sesleria varia* und *Avena montana*
Niedere Heide mit *Globularia cordifolia* und *Lavandula vera*
Heide mit *Lavandula vera* und *Genista cinerea*
Pinus sylvestris-Wald mit *Ononis cenisia*

2. Daneben existiert eine **«Bergföhren-Serie»,** deren Dynamik parallel zur vorherigen verläuft, wobei montane Gesellschaften durch **subalpine Vikariante** ersetzt werden:

Geröll mit *Poa distichophylla*, *Trisetum distichophyllum*, *Allium narcissiflorum* und *Iberis candolleana*
Steppe mit *Avena sempervirens*, durch subalpine Formen bereichert
Rasen auf Rendzina-Klimaxboden und starker Hangneigung mit *Sesleria varia* und *Avena montana*
Niedere Heide mit *Astragalus sempervirens* und *Globularia cordifolia*
Heide mit *Juniperus nana* und *Rhamnus pumila*
Lichter *Pinus uncinata*-Klimaxwald

Wir bevorzugen die Einstufung als **zwei höhenbedingte Unter-Serien,** die dem gleichen Komplex angehören, der besser in die subalpine Stufe paßt und in die altimediterrane Serie einbezogen wird. Dies schmälert den Wert der detaillierten Analyse von Lejoly keineswegs.

5.6. *Pinus cembra*- und *Larix decidua*-Serie

Die beiden kennzeichnenden Baumarten dieser Serie sind in den Alpen und Karpaten gemeinsam endemisch und mit zwei benachbarten Arten, deren Verbreitungsgebiet sich über Sibirien erstreckt, verwandt (Abb. 8.19).

Das alpine Areal der **Lärche** (Abb. 2.2) bedeckt das gesamte Alpeninnere mit ausgedehnten Ausläufern zu den nördlichen und südlichen Randlagen in den Zentral- und Ostalpen. Lärche ist indifferent gegenüber dem Boden. Als Anpassung an große Höhen wirft sie als einziger europäischer Nadelbaum die Nadeln ab. Oft tritt sie in der

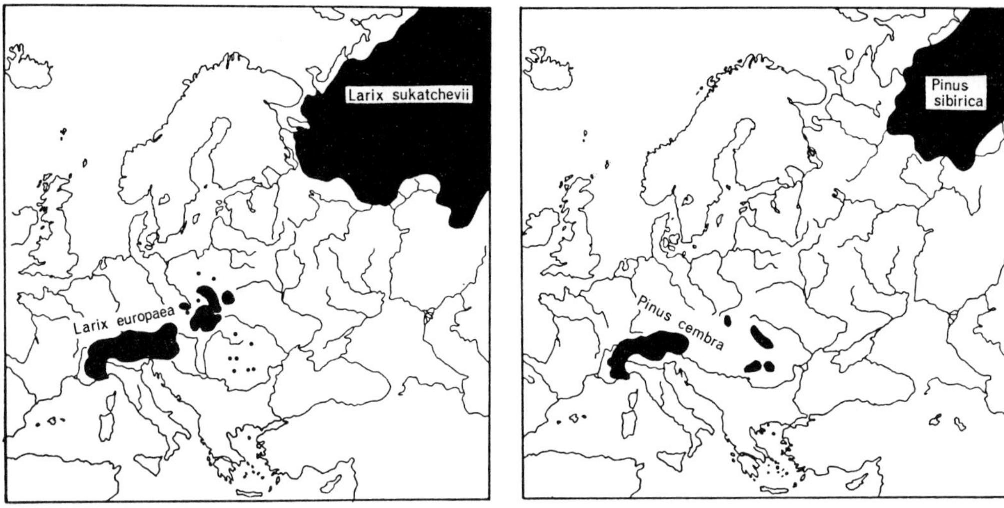

Abb. 8.19: Areal von Lärche und Zirbe in Europa und ihr Verhalten zu verwandten sibirischen Arten.

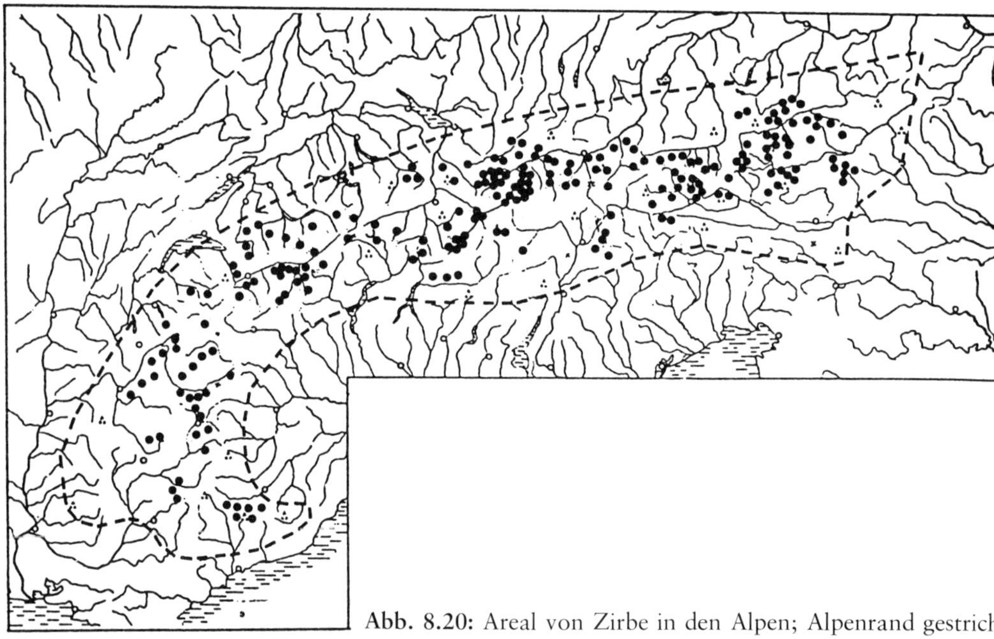

Abb. 8.20: Areal von Zirbe in den Alpen; Alpenrand gestrichelt.

montanen Stufe auf, wo sie nachweislich Ökotypen mit längerer Vegetationsperiode ausgebildet hat. Gegenüber dem Niederschlag, der zwischen 500 und 2000 mm liegen kann, weist sie eine große Toleranz auf. Allerdings ist sie bei feuchtem Klima, beispielsweise im Tessin, an weniger nebelige Standorte und an ein strahlungsreiches Klima gebunden. Mit der ostalpinen Verbreitung hat sich grundlegend TSCHERMAK (1935) beschäftigt. Außerhalb der Alpen tritt sie nur in der Tatra und einigen Vorland-Standorten in Polen auf, wo möglicherweise andere Varietäten vorkommen (var. polonica).

Zirbe ist noch weitgehender an das inneralpine Zentrum gebunden (Abb. 8.20) und kommt randlich in einem Teil der Zwischenalpen (z. B. Silikat-Stöcke der Dauphiné) sowie als einzelne Vorposten (Relikte) der Randalpen, besonders in Österreich, vor. In der Tatra und in den transsylvanischen Alpen tritt Zirbe nur vereinzelt auf. Von allen Gebirgsbäumen ist sie besonders kälteresistent und verträgt Temperaturen bis −40 °C. Der physiologische Mechanismus, welcher dieser Frosthärte zugrundeliegt, ist noch unzureichend untersucht, obwohl zahlreiche Studien vorliegen. Sie ist mit keiner Erhöhung des osmotischen Drucks verbunden, wie angenommen wurde, sondern eher mit einer Entwässerung des Zelleninhalts. Zirbennadeln werden nicht abgeworfen. Die Vegetationsperiode mit einem Höhepunkt im Juli ist trotzdem von kurzer Dauer (siehe Abb. 8.6). Die offensichtliche Vorliebe der Zirbe für Silikatböden geht vielleicht darauf zurück, daß ihre Standorte im kontinentalen, überwiegend silikatischem Zentrum liegen. Seltener kommt Zirbe auf Kalkböden vor.

Auf den ersten Blick scheint die Zirben- und Lärchen-Serie entlang des Alpenbogens sehr homogen zu sein. Ihre typischen Vertreter, die beiden Baumarten sowie *Rhododendron*- und *Vaccinium*-Heiden, treten von Ostösterreich bis zu den See-Alpen auf. Bei näherer Betrachtung ergeben sich in der Zusammensetzung regionale Unterschiede, die sich vor allem von Norden nach Süden schrittweise verändern, wobei in südlichen Teilen der Alpen Bergkiefer und Trocken-Heiden eindringen. Deshalb ist es sinnvoll, zunächst die allgemeine und dann die spezielle Situation der Südwestalpen zu behandeln.

5.6.1. Ost- und Zentralalpen

Die Serie ist zwar mit ihren verschiedenen Ausbildungen auf allen Expositionen anzutreffen, aber typisch für Nord- und Nordwesthänge sowie für Höhen zwischen 1700 und 2200 m, also mittlere subalpine Stufe. Zirbe und Lärche sind fast immer reichlich vertreten, Fichte und Bergföhre treten ebenfalls auf (letztere nur Zentralalpen). Die Zwergstrauchschicht umfaßt *Rhododendron ferrugineum* (gelegentlich auch *Rhododendron hirsutum* an Kalkstandorten), die drei *Vaccinien (myrtillus, uliginosum* und *vitis-idaea)* sowie *Lonicera coerulea* und auf Südhängen *Juniperus alpina* (Abb. 8.21).

Abb. 8.21: Zirben- und Lärchen-Serie in den Zentralalpen. Oben typisches Bild im Aletsch-Reservat (Wallis) mit dichtem Unterwuchs von *Rhododendron* (Bild OZENDA). Darunter extreme Degradation bis zum reinen Lärchen-Gesträuch; 1800 m im Hoch-Veltlin (Bild SCHIECHTL et al.).

Die Zirben- und Lärchen-Gesellschaft ist unter dem klassischen Namen *Rhodoreto-Vaccinietum cembretosum* bekannt, der von PALLMANN-HAFFNER (1933) stammt, während die analogen, jedoch baumfreien Heiden, besonders in der Kampfzone als *Rhodoreto-Vaccinietum extrasilvaticum* bezeichnet wurden. Diese Nomenklatur ist sehr problematisch, da sie unterstellt, daß die Grundgesellschaft eine Heide ist und daß der Wald lediglich ein bewaldetes Heide-Stadium darstellt. Die anderen, manchmal verwendeten Begriffe, wie *Rhododendro-Cembretum* (J. L. RICHARD 1968), sind ebenfalls anfechtbar. Freie Flächen werden nämlich von Lärche und in geringerem Maße auch von Zirbe besiedelt; sie verjüngen sich schlecht in einer dichten Zwergstrauchgesellschaft und die Dynamik der Serie geht nicht unbedingt mit der Bewaldung der Zwergstrauch-Heiden einher. Die Entwicklung letzterer verläuft eher synchron mit den Baumarten und dürfte teilweise durch anthropogene Eingriffe und insbesonders durch Beweidung hochsubalpin aktiviert werden, während unter- und mittelsubalpin die Vitalität der Bäume ausreicht für die Entwicklung einer geschlossenen Gesellschaft, welche die Heide dann verdrängt.

Der echte **Klimaxbaum** scheint **Zirbe** (auch Arve oder Arole genannt) zu sein, während die Lärche oft als subklimatische Übergangsart eine temporäre Initialphase bildet: Die Aufeinanderfolge nach dem Gletscherrückzug schon länger freigewordener Moränen wurde von BRAUN-BLANQUET (1950) beschrieben. Auch ELLENBERG (1973) betont die zeitliche Verschiebung der optimalen Phasen beider Baumarten: demnach stellt die lichtbedürftigere **Lärche,** deren Samen weit verbreitet werden und auf Rohböden gut keimen, einen Pionier dar, der nach und nach von der Zirbe abgelöst wird, die dann das typische Klimax-Stadium bildet. Der Autor zieht Parallelen zum *Querco-Betuletum*, einer Flachlandgesellschaft, bei der Birke eine Übergangsfunktion hat und allmählich dem echten Klimax mit Stieleiche weicht.

ELLENBERG-KLÖTZLI (1972) beschreiben als einzige Assoziation in der Schweiz das *Larici-Pinetum cembrae*. Nach geologischer Unterlage und anderen Umweltfaktoren, wie Reifegrad des Bodens, Wasserversorgung und Exposition, lassen sich zahlreiche Untertypen unterscheiden, deren detaillierte Bestandesaufnahme MAYER (1974) durchführte. Versuchsweise könnten unter Beibehaltung der Nomenklatur dieses Autors die Untertypen ökologisch neu klassifiziert werden:

5.6.1.1. Typisches *Larici-Cembretum* auf Silikatunterlage

Der **Prototyp der Assoziation** ist floristisch am mannigfaltigsten und am besten charakterisiert. Das optimale Stadium erreicht er in den typischen Innenalpen und bildet zwischen 1800 und 2300 m häufig eine ausgeprägte Stufe, nicht selten auch in den Zwischenalpen. Nach abnehmender Leistung lassen sich mehrere Unterassoziationen unterscheiden:

– *Larici-Cembretum myrtilletosum:* Zirbe ist vital und oft rein, Lärche tritt seltener, Fichte nur vereinzelt auf. Die Alpenrose ist nur in Lücken anzutreffen. Die Krautschicht mit einigen seltenen Arten *(Linnaea borealis, Listera cordata)* wächst auf einem rohhumusarmen Podsolboden; stets auf Schattseiten.

– *Larici-Cembretum rhododendretosum ferruginei:* Zirbe herrscht noch vor, aber in den aufgelockerten Beständen ist Lärche häufiger, deren Anteil den Degradationsgrad durch Nutzung, Erosion und Beweidung kennzeichnet. Die von Zwergsträuchern eingenommenen Flächen sind größer.

– *Larici-Cembretum calamagrostietosum villosae:* In der Südhanggesellschaft mit vorherrschender Lärche und kleinen Zirben- und Fichtengruppen gibt es nur wenig Zwergsträucher, aber große Flächen mit *Calamagrostis*- und *Luzula*-Gräser-Heiden.

– *Larici-Cembretum luzuletosum albidae:* Diese Assoziation tritt in den östlichen Zwischenalpen auf steilen Südhängen tiefsubalpin auf (1800–2000 m).

5.6.1.2. Edaphisch bedingte Spezialgesellschaften

– *Larici-Cembretum alnetosum viridis:* Dieser Typ stockt, wie *Alnus viridis* selbst, an lange schneebedeckten Standorten auf podsoliger Braunerde. Zirbe herrscht vor und Hochstauden sind überreichlich.
– *Larici-Cembretum cladonietosum:* Auf stabilisiertem Grobblock-Geröll dominiert nach einer Birken-Latschen-Anfangsphase Lärche. Durch den extremen Rankerboden geht die Entwicklung nur langsam vor sich.
– *Larici-Cembretum sphagnetosum:* Diese Assoziation am Rande von Hochmooren baut nur Zirbe ohne Lärche auf. Neben den gewöhnlichen Zwergsträuchern dringen Latsche, *Eriophorum* und *Andromeda* ein.

5.6.1.3. Karbonat-Lärchen-Zirbenwald

In den Innen- und Zwischenalpen relativ selten wurde die Gruppe hautpsächlich in den **nördlichen Randalpen** beobachtet, wo sie Übergangsstadien zur Latschen-Serie bildet.

Teilweise neben Lärche noch ein bedeutender Zirbenanteil. Ein *Larici-Cembretum rhododendretosum hirsuti* wurde auf Hartkalk-Hochflächen der Zwischenalpen und nordöstlichen Randalpen (Dachstein) auf Kalksteinbraunlehmböden und dystrophen Tangelhumusrendzinen beobachtet. Grünerlen- und Hochstauden-, auch Latschenausbildungen sind häufig zu finden. Im Steinernen Meer wurde eine reine Zirben-Variante beobachtet.
In vielen Fällen, randalpin fast immer, fehlt Zirbe. Diese Gesellschaften wurden von Mayer als *Laricetum* bezeichnet:
– *Laricetum luzuletosum sylvaticae:* Ein oft gutwüchsiger Wald auf Nordseiten mit 25–30 m hohen und 300 bis 500 Jahre alten Bäumen. Auf der Moder-Rendzina gedeiht ein artenreicher Unterwuchs mit Elementen des *Festuca rubra-* und *Carex ferruginea-*Rasens. Diese Gesellschaft ist besonders typisch für die Salzburger Kalkalpen (natürlicher Lärchen-Wiesenwald).
– *Laricetum asplenietosum:* Dieser schattseitige Bergsturz-Blockwald, eine spezielle Dauergesellschaft, entwickelt sich tiefsubalpin zum *Asplenio-Piceetum* weiter.
– *Laricetum rhododendretosum hirsuti:* Auf Karsthochflächen und Tangelhumus-Rendzina verbreitete Klimaxeinheit mit häufig verarmter Zusammensetzung.
– *Laricetum rhodothamnetosum:* Diese eher montane als subalpine Dauer-Gesellschaft schließt an «tief herabreichende Steilhang-Lärchenwälder» an, begleitet von *Erica herbacea*, *Buphtalmum salicifolium* und *Polygala chamaebuxus;* auf Norden und Süden der östlichen Randalpen beschränkt.
Zu den montanen Gesellschaften gehören auch anthropogene Lärchenwälder, die nicht besprochen werden.

5.6.1.4. Xerophile sonnseitige Gesellschaften

Auf Südhängen bilden Zirbe und Lärche mit Zwergsträuchern eine Gesellschaft, die sich von den bisher beschriebenen deutlich unterscheidet und wo Zwergwacholder *(Juniperus alpina)* und Bärentraube *(Arctostaphylos uva-ursi)* vorherrschen. Dieser **xerophile Typus der Serie** ist in den Zentral- und Westalpen relativ selten. J.L. Richard wies auf einen *Juniperus*-Zirbenwald in den trockensten Gebieten des Wallis hin und Kuoch-Amiet (1970) unterscheiden zwischen einem typischen *Laricetum-Cembretum* und einem *Junipero-Laricetum*, das südostalpin auftritt. Die Gesellschaften im Nationalpark am Stilfserjoch (Pedrotti et al. 1974) bestätigen eine vollkommene Übereinstimmung zwischen dem normalen Nordhang-Typ, der durch eine *Rhododendro-Vaccinietum*-Heide gekennzeichnet ist, und dem xerophilen Südhang-Typ mit einer *Junipero-Arctostaphyletum*-Heide. In beiden Fällen sind drei Gesellschaften zu unterscheiden: Lärchen-Haupttyp, Zirben-Typ an besonders kontinentalen Standorten und waldfreier Typ an der oberen Waldgrenze.
Diese xerophilen Südhang-Gesellschaften in den Ost- und Zentralalpen, **südwestalpin** noch viel weiter verbreitet, sind für einen

versuchsweisen Gesamtüberblick zum Abschluß dieser Serien-Studie von großer Bedeutung.

5.6.2. Südwestalpen

Die Situation ist anders als in der übrigen Gebirgsgruppe. Vermutlich durch unterschiedliche Niederschlagsverteilung und -mengen, vielleicht auch infolge intensiver Verwitterung des Bodens bedeckt die *Rhododendron*-Heide nur unbedeutende Flächen. Zirbe, die auf Kalk fehlt, ist selbst auf Silikat relativ selten und kann, außer an speziellen ökologischen Standorten (Bono-Barbéro 1971), nicht als echtes Klimax angesehen werden. Dagegen **dominiert Lärche,** begünstigt durch sonnenreiches Klima, ausgedehnte Erosions-Rohböden mit guter Ansamungspotenz und bildet reine Dauer-Bestockungen. Offensichtliche Beziehungen zwischen der südlichen subalpinen Stufe und dem Schweizer Typ lassen zwar lokal ein *Cembretum* oder *Larici-Cembretum* erkennen, das jedoch auf Silikat-Schattseiten beschränkt ist, während ein Bergkiefernwald, der sich von der voralpinen Serie unterscheidet, Sonnseiten besiedelt, wo ausschließlich **südliche Lärchenwald-Typen** auftreten. Alle Übergangsformen stellen die Verbindung zwischen diesen Ausbildungen her. In typischer Form ist möglicherweise jede Einheit für sich das Endstadium einer besonderen Konstellation, doch besser wird von **Unter-Serien** als von eigenständigen Serien gesprochen. Keinesfalls kann von einem einzigen Klimax der Zirbenwälder die Rede sein (Abb. 8.22).

So nehmen Cadel-Gilot (1963) für das **Briançonnais** eine Haupt-Serie an, die sie *Pinus uncinata*-Serie nennen und zwei Unter-Serien mit Zirbe und Lärche. Die Haupt-Serie ist vorzugsweise, aber nicht ausschließlich auf Südseiten entwickelt und weist eine Entwicklung auf, die vor allem über trockene Rasen und Zwergwacholder-Heiden verläuft. Lärche verjüngt sich unterschiedlich, einmal durch Besiedlung von *Rhododendron*-Flecken, andermal durch Primär-Ansamung auf Rohböden oder sogar auf Skelettböden, wobei die Entwicklung unterbrochen ist und nicht von einer typischen Sukzessionsdynamik gesprochen werden kann. Zirbe ist seltener, fast ausschließlich auf Schattseiten anzutreffen, in der Regel mit den beiden anderen Baumarten gemischt.

Abb. 8.22: Zirben- und Lärchen-Serie in den Südwestalpen. A) Typ mit Zirbe und Bergkiefer ohne Lärche. Gute Entwicklung einer typischen *Rhododendron*-Heide auf podsoligem Boden, übergehend zu einer beweideten Zwergwacholder-Heide im Vordergrund. Massiv von Belledonne, 2000 m. B) Lärche (Mitte) und Bergkiefer (Vordergrund und dritte Fläche rechts) bei Seyne, Alpen von Haute Provence, 2000 m (Bild Ozenda).

Lacoste (1972) untersuchte im **Haute-Tinée** sehr ausführlich die typische inneralpine Zone. Lärche besiedelt ungefähr in 1700 bis 2300 m Höhe die gesamte subalpine Stufe. Die Gesellschaftsentwicklung, die von Schuttgesellschaften über verschiedene Rasen- *(Brachypodium-Festuca paniculata-Alchemilla-*, *Leontodon-* und *Festuca varia-*Einheiten*)* und Heide-Typen bis zum Wald führt, ist in der gesamten Stufe ähnlich und ziemlich kompliziert. Das Klimaxstadium variiert je nach Höhenlage. Tiefsubalpin (1700–2000 m) bildet die Lärche eine zeitbegrenzte Initialphase, die zumindest an schattseitigen Standorten vom subalpinen Fichtenwald abgelöst wird. Hochsubalpin (2000–2300 m) dagegen wird eine *Festuca flavescens-Rhododendron*-Heide schließlich von Lärche und zusätzlich von Zirbe besiedelt. Am Col des Salèses, zwischen Tinée und Vésubie, befindet sich der letzte größere Zirbenwald, eigentlich ein Zirben-Lärchenmischwald, wo das südwestliche Ende der typischen inneralpinen Zone angenommen wird (Abb. 8.23).

Bei den **Zwischenalpen** sind regionale Unterschiede bedeutend. In den Silikatgebirgen von Belledonne und Taillefer fehlt Lärche. Bergföhre dominiert besonders auf Südhängen und bildet je nach Exposition mit typischen *Rhododendron*-Heiden, Wacholder und *Festucion variae*-Rasen eine Gesellschaft. Auf reiferen Böden beschrieb GILOT (1972) einen gut charakterisierten Zirbenwald, der mit der Schweizer Ausbildung verwandt ist (Abb. 8.22A). Die subalpine Stufe der Grandes Rousses ist nahezu unbewaldet und wird vorwiegend von *Festuca varia*- und *Festuca paniculata*-Rasen eingenommen. Sie dürfte nach eigenen Beobachtungen ganz zur Bergkiefern-Unterserie gehören (Abb. 8.22B).

Weiter südlich tritt im westlichen Pelvoux und insbesondere im Vénéontal Bergföhre allein auf und baut einige schöne Gesellschaften auf, wie etwa den Wald von Carrelet. Die Dynamik wurde von NÈGRE (1951) untersucht: «Das *Junipero-Festucetum* folgt nicht nach Degradierung dem Bergkiefern-Wald, sondern bereitet vielmehr seine Besiedlung

Abb. 8.23: Das südwestliche Ende der Zirben- und Lärchen-Serie in den See-Alpen mit *Rhododendron*-Heide beim Paß von Salèses (Haute Vesubie) 1800 m. (Bild OZENDA).

vor. Die Entwicklung erfolgt durch weite Samenverbreitung von Kiefer und Eberesche. Bäume (Birke, Kiefer) fassen ziemlich rasch Fuß, sobald sich ein initialer Boden gebildet hat.»

Die **See-Alpen** beherbergen das Ende der Serie (Abb. 8.23). Letzte Zirben wurden im Hochtal der Minière de Tende beobachtet, während **Lärchenwälder** mit *Rhododendron* noch im Westen der Ligurischen Alpen auftreten. SANDOZ und BARBÉRO (1974), welche die Lärchenwälder untersucht haben, stellen ebenso wie CADEL-GILOT-LACOSTE fest, daß sie sich unter ganz unterschiedlichen Bedingungen bilden können, durch Bewaldung von Heiden oder durch Besiedlung von *Sesleria-*, *Festuca paniculata-* oder *Nardus*-Rasen. Diese werden durch das Einwandern der Lärche oft kaum verändert (initialer Vorwald, Lärchenwiesenwald); oder aber Lärche kann eine Waldgesellschaft bilden («weiter entwickelter Vorwald») wie in Senken mit *Geranium sylvaticum-* und *Chaerophyllum hirsutum*-Typen, auf Wölbungen *Hieracium prenanthoides-* und *Solidago virga-aurea*-Typ und auf trockenen, steilen Hängen *Festuca flavescens*-Typ.

In den See-Alpen hatten BARBÉRO und Mitarbeiter (1973) bereits eine **mesophile Lärchen- und Zirben-Unterserie** (letztere äußerst selten) über einem *Rhododendro-Vaccinietum* ausgeschieden sowie eine **xerophile, locker bewaldete Unterserie** vorwiegend mit Latschen, auf Heide-Standorten mit Zwergwacholder und Bärentraube. Der entscheidende Faktor ist dabei die Exposition. Beide Unterserien können auf Kalk und Silikat auftreten.

Bemerkenswert nimmt die Lärchen- und Zirben-Serie in der oberen **Vésubie** und **Haute Roya** die gesamte subalpine Stufe ein. Dabei wird die tiefsubalpine Stufe in der trockeneren Haute Tinée von der subalpinen Fichten-Serie und in den feuchteren Hochtälern der Piemont-Seite des Mercantour von der subalpinen Tannen-Serie besiedelt.

Drei eigenständige spezielle Assoziationen:
– **Zirbenwald** auf Gipsboden im Vanoisegebirge (GENSAC 1967)
– **xerophiler Südhang-Zirbenwald** auf Quarzitboden im Briançonnais (CADEL, unveröffentlicht)
– **Nordhang-Lärchenwald** mit Hochstauden auf Gneis im Romanchetal (PAUTOU, unveröffentlicht). Umgekehrt können sich nach QUÉZEL (1950) bestimmte Hochstaudenfluren der See-Alpen zum Lärchenwald entwickeln. Dabei dürfte es sich um Ersatzgesellschaften des subalpinen *Adenostyles*-Fichtenwaldes handeln.

5.6.3. Versuch eines Gesamtüberblicks

Insgesamt erscheint die **Zirben-** und **Lärchen-Serie** viel weniger homogen, als nach dem Areal der beiden Baumarten und ihrer wichtigsten Begleiter, darunter vor allem der Zwergstrauch-Arten, zu vermuten gewesen wäre. Da sich die Zusammensetzung der Gesellschaften im Verlauf der gesamten Westalpen allmählich ändert, ist das klassische Schema des *Larici-Cembretum* neu zu überdenken.

Anläßlich einer Vegetationsstudie der Südwestalpen wurde ein provisorisches **Modell** erstellt (OZENDA 1966), das eine einzige Serie mit vier Unter-Serien (Zirbe, Lärche, Bergkiefer, Zwergwacholder) vorsieht (erstere hier selten auftretend). Nach weiteren Untersuchungen sind die beiden letzten Unterserien identisch und das Modell wurde auf drei Unterserien reduziert (OZENDA 1982).

Grundlegendes Merkmal der subalpinen Stufe in den Innenalpen dürfte allerdings nicht die Dominanz der einen oder anderen Baumart sein, sondern vielmehr der ausgeprägte ökologische Standorts- und Gesellschaftswechsel auf Schatt- und Sonnseiten, der sich mit dem Auftreten von zwei Zwergstrauchheide-Komplexen weitgehend deckt: Rhododendron-Vaccinium-Komplex und Juniperus-Arctostaphylos-Komplex. Je nach Standortsvielfalt kann die eine oder andere der vier Baumarten Zirbe, Lärche, Bergkiefer und Fichte gedeihen, wie dies beispielsweise BONO-BARBÉRO *(1971) für die See-Alpen und* CADEL *für das Briançonnais nachgewiesen haben.*

In den Nordalpen herrscht entlang des gesamten zentralalpinen Raumes der Ost-, Zentral- und Nordwestalpen die erste Ausbildung die *Rhododendron*-Heide vor. Durch feuchteres Klima sowie geringere Gegensätze zwischen den Expositionen als in den Südalpen, wodurch die Feuchtigkeit seltener begrenzend wirkt, sind Zirben- oder Zirben-Lärchenwälder der am weitesten verbreitete Typ. Standorte des trockenen Typs sind eher auf Sonnseiten zu finden. Umgekehrt stockt der hygrophile Typ in den Südwestalpen vorwiegend auf Schattseiten; mit Annäherung an die See-Alpen wird die Trennung ausgeprägter. Der xerophile Zwergwacholder- und Bergkiefer-Typ, in den Alpen der Dauphinée nur auf Südhängen beschränkt, wird immer dominanter; Lärche ist bei allen ökologischen Bedingungen zu finden und hat an durchschnittlichen Standorten der subalpinen Fichten- oder Tannen-Serie vorübergehenden Pioniercharakter.
Nach dieser Übersicht sind nur mehr zwei Komplexe anzunehmen, denen man **Unter-Serien** zuordnen kann. Der Vergleich mit den Pyrenäen drängt sich auf (Kapitel XII), wo unterhalb einer einzigen Baumart, dem Bergkiefernwald, zwei Komplexe von Zwergstrauch-Gesellschaften stocken, die im wesentlichen durch *Rhododendron* und *Arctostaphylos* gekennzeichneten **Serien** entsprechen. Durch den Einwand, daß die Pyrenäen kein echtes kontinentales Zentrum aufweisen, könnte dieser Vergleich eher fragwürdig erscheinen. Doch neuere Untersuchungen der subalpinen Vegetation deuten immer mehr darauf hin, daß die Unterschiede zwischen der inneren und randlichen Zone in dieser Stufe weniger ausgeprägt sind als zwischen diesen Zonen in der montanen Stufe. Die **Südwestalpen** stellen tatsächlich eine **Übergangszone** zwischen der subalpinen Höhenstufe der Pyrenäen und den restlichen Alpen dar.

Dieses Beispiel schneidet auch ein prinzipielles Problem an, auf das wiederholt hingewiesen wurde: Die **Vegetationsserie** *ist eine pragmatische Unterteilung, die als Arbeitshypothese betrachtet werden muß und vermutlich ständig weiterentwickelt werden wird. Man darf diese nicht mit der gleichen Strenge fixieren wie die Pflanzensoziologen mit ihrer Klassifizierung der höheren Einheiten.*

IX. Alpine und nivale Stufen

Durch seine originelle Vegetation sind über das Hochgebirge viel mehr wissenschaftliche Arbeiten erschienen als vergleichsweise über die Höhenstufen des Mittelgebirges. Die besondere floristische Zusammensetzung hat nicht nur systematische Untersuchungen traditioneller Art angeregt, sondern auch moderne biosystematische Arbeiten, die auf Genetik und Biogeographie basieren. Mit Präzisionsgeräten, die im Freiland registrieren, wird die Physiologie der Vegetation in großen Höhen immer genauer erforscht. Mosaikstruktur des Pflanzenteppichs und Auftreten entscheidender Grenzfaktoren haben zum Begriff der Pflanzenassoziationen und zur Ausarbeitung einer phytosoziologischen Synthese geführt. Diese ist zwar beispielhaft geworden, weist aber auch eine gewisse Starrheit auf, die das Einbeziehen jüngerer ökologischer Erkenntnisse erschwert.

1. Grenzen und Unterteilung

Die alpine Stufe liegt zwischen der Obergrenze der Baum- und Strauchvegetation, im vorhergehenden Kapitel VIII, 1.2. behandelt, und der Obergrenze der zusammenhängenden Rasen, die den Beginn der nivalen Stufe markieren: dieser Höhenabschnitt wird beispielsweise in Abbildung 9.1 durch die Kurven 1 und 2 eingegrenzt und ist in den nordöstlichen Voralpen zwischen 2000 und 2700 m, in den Alpen von Briançonnais oder im Mercantour zwischen 2300 und 3000 m ausgebildet.
Im Vergleich zu den anderen europäischen Gebirgen nimmt die alpine Stufe in den Alpen die größte Fläche ein (Abb. 9.2).

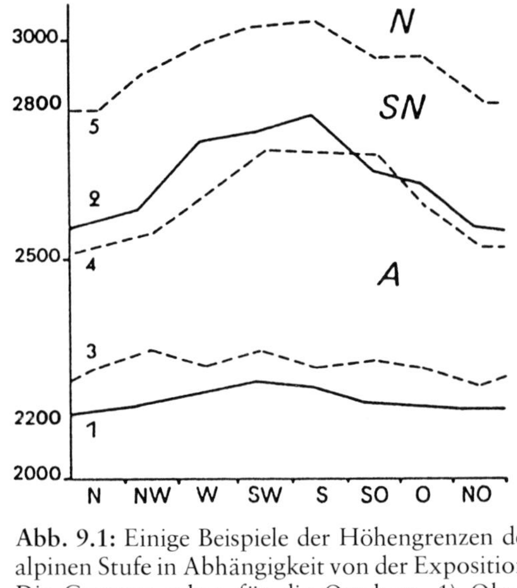

Abb. 9.1: Einige Beispiele der Höhengrenzen der alpinen Stufe in Abhängigkeit von der Exposition. Die Grenzen gelten für die Ostalpen. 1) Obere Lärchen- und Zirbengrenze im Adamello-Gebirge; 2) Grenze der höchsten Weideflächen in der gleichen Gebirgsgruppe; 3) Obere Baumgrenze im Ortler-Gebiet; 4) Untere Grenze einzelner Schneeflecken und 5) Untere Schneegrenze, in der gleichen Gebirgsgruppe. A) Typische alpine Stufe, SN) hochalpin, auch subnival genannt; N) nival.

Die **Höhengliederung,** die im wesentlichen auf der Verbreitung der Klimaxwiesen beruht, wird später bei der Biozönose der waldfreien Vegetation erörtert.
Die **nivale Stufe** liegt (theoretisch) oberhalb der Grenze des ewigen Schnees. Diese Grenze ist jedoch nicht immer leicht zu bestimmen und kann nur durch Interpolation festgelegt werden. Eine Höhe von 2700 m für die

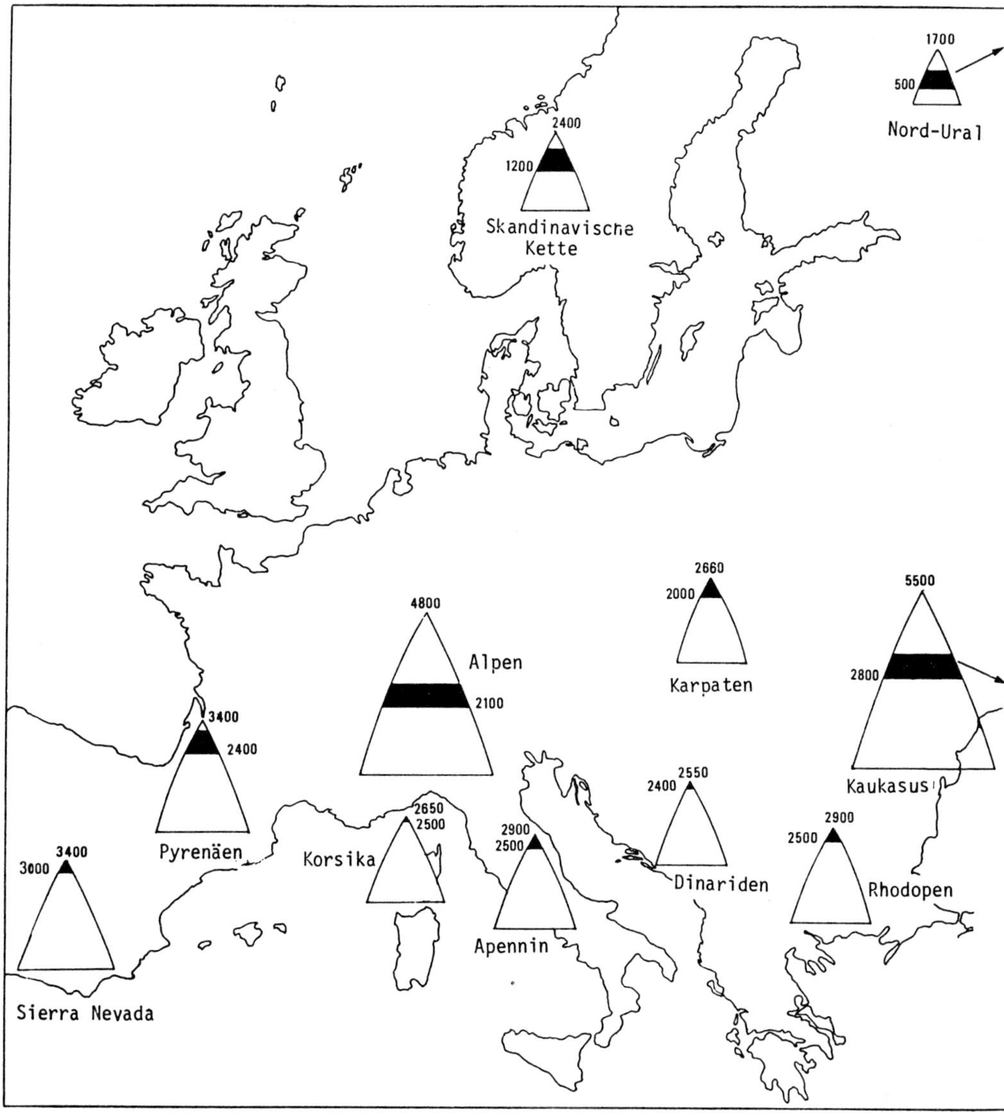

Abb. 9.2: Relative Bedeutung der alpinen Stufe in den hohen europäischen Gebirgen. Für jedes Gebirge wurde in abgerundeten Worten die Höhenlage des höchsten Gipfels und die untere alpine Grenze eingetragen. Der schwarze Streifen bildet die alpine Stufe.
Die echte alpine Stufe, ausschließlich eines eventuell waldfreien subalpinen Gürtels, tritt auf großen Flächen außerhalb der Alpen nur in den Pyrenäen und in drei anderen Gebirgen infolge der Grenzsituation mit sehr unterschiedlichem Charakter auf: Skandinavien, Kaukasus, Ural. Bei der Darstellung sind die letzten beiden Gebirge auf der Abbildung gegen Westen versetzt.

Nordalpen und 3000 m für die Südostalpen kann als Definition angenommen werden, die für die Praxis ausreicht. Die nivale Stufe kann nach Reisigl und Pitschmann (1956) in mehrere Höhenabschnitte unterteilt werden:

– **Untere nivale oder subnivale Stufe,** in der sich Wiesen der alpinen Stufe in kleine Grasflecken auflösen und der Boden im wesentlichen nur von vereinzelten Polstern bedeckt ist, die insbesondere von Dicotyledonen gebildet werden.

– **Mittlere nivale Stufe,** in der Rasenfragmente völlig verschwinden und sich Pflanzenpolster mit Cryptogamen-Assoziationen einstellen.
– **Obere nivale Stufe,** in der Gefäß-Pflanzen sehr selten werden und auf lokalklimatisch begünstigte Mikrostandorte beschränkt sind. Die Vegetation wird hier hauptsächlich von den Thallophyten gebildet.
Im Gegensatz zur arktischen Vegetation, die zum Vergleich anregt, umfaßt die nivale Stufe keine hygrophilen Gesellschaften, da das Relief stark bewegt ist und entsprechende Böden fehlen.

2. Floristische Zusammensetzung

1. Für die zahlenmäßige Abschätzung der alpinen Flora muß zwischen der alpinen Flora im engeren Sinn (Arten aus dem alpinen bzw. nivalen waldfreien Bereich) und der alpinen Flora im weiteren Sinn (Arten im Überlappungsbereich, teilweise auch subalpin und sogar noch tiefer) unterschieden werden. Die alpine Flora im engeren Sinne umfaßt nach JEROSCH (1903) in der Schweiz 420 Arten. GENSAC (1974) gibt für das Vanoise-Massiv in Savoyen 364 Arten an. Die hochalpine Flora im weiteren Sinne (sensu lato) ist schwieriger zu berechnen. Von insgesamt rund 1000 Arten treten 600 überall in den Alpen, 150 nur in den Westalpen und 250 nur in den Ostalpen auf. Von diesen rund tausend hochalpinen Arten sind ungefähr 130 im Alpenbogen heimisch.
Die systematische Zusammensetzung unterscheidet sich sehr von jener der Ebenen-Flora. Unter den großen Familien sind Cruciferen und Cyperaceen vergleichsweise überrepräsentiert. Vier Fünftel der europäischen Primulaceen sind Hochgebirgspflanzen. Labiaten und Umbelliferen sind dagegen unterrepräsentiert. Zu den Gattungen, die in der alpinen Stufe stark vertreten sind, zählen *Carex*, *Festuca*, *Draba*, *Potentilla*, *Astragalus*, *Gentiana*, *Androsace*, *Veronica* und *Phyteuma*. In der alpinen Stufe der Vanoise-Gruppe umfassen die drei Gattungen *Salix*, *Primula* und *Pedicularis* allein insgesamt 40 Arten, während die mitteleuropäischen Tiefebenen lediglich 7 aufweisen. In der folgenden Tabelle werden die Prozentsätze der Gefäßflora im gesamten Untersuchungsgebiet verglichen, die verschiedenen Gattungen oder Familien geboren: Ebene (Pariser Bekken = PB), alpine und nivale Stufe (Vanoise-Massiv = V) und nordische Flora (Skandinavien nördlich des Polarkreises = SK, wo die thermischen Bedingungen ähnlich wie in der alpinen und nivalen Stufe sind). Die Tabelle wurde anhand der Angaben von BONNIER-DE LAYENS, GENSAC (1974) bzw. HULTÉN (1950) aufgestellt.

	PB	V	Sk
Cruciferae	4,4	7,3	5,4
Cyperaceae	5,3	6,7	16,3
Carex	3,7	5,4	8
Salix	0,7	2,8	2,3
Draba	0,1	2	1,1
Saxifraga	0,2	5,2	1,5
Umbelliferae	4,4	4.	1,6
Labiatae	4	0	2

2. Die **nivale Flora** ist sehr artenarm und ziemlich gut erforscht. In der gesamten Alpenkette treten ungefähr 150 Phanerogamen-Arten auf, von denen in jedem großen Gebirgsstock 100 bis 120 zu finden sind (Abb. 9.3). **Arten der nivalen Stufe** wurden von verschiedenen Autoren im einzelnen angeführt: von BRAUN-BLANQUET (1954) für die gesamten französischen Alpen über 2900 m (120 Arten); von BRAUN-BLANQUET (1958) für den Schweizer Nationalpark (172, 127 und 78 Arten, jeweils über 2800, 2900 und 3000 m auftretend); von VACCARI (1901) für das Aostatal; von REISIGL und

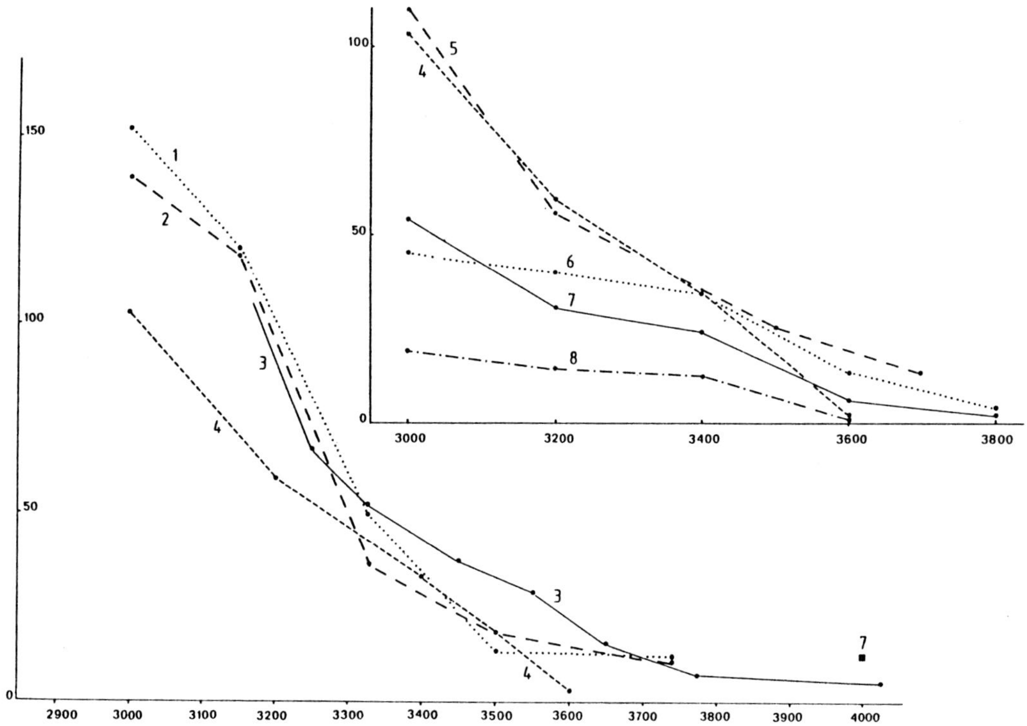

Abb. 9.3: Floristische Reichhaltigkeit der nivalen Stufe in Abhängigkeit von der Höhenlage (nach Angaben von SCHRÖTER 1903, BRAUN-BLANQUET 1954 und PITSCHMANN-REISIGL 1949). A) Phanerogamen-Flora: 1) gesamte Schweiz; 2) Wallis, 3) Aosta-Tal, 4) Ötztal. B) Vergleich der Gewächsgruppen bei der nivalen Flora des Ötztales: 4) Phanerogamen (gleiche Kurve wie bei A 4). 5) Flechten, 6) Algen, 7) Laubmoose, 8) Lebermoose.

PITSCHMANN (1958) für die Ötztaler Alpen (102 Arten) und den Vergleich mit den Westalpen; von SCHRÖTER (1923) für Pflanzen über 3250 m (71 Arten) und von FENAROLI-GIACOMINI (1958) für Pflanzenarten über 3500 m (52 Arten). **Über 4000 m** schließlich fanden diese letzteren Autoren 12 Arten: *Ranunculus glacialis* und *Achillea atrata* (bis 4270 m), *Draba fladnizensis*, *Saxifraga biflora*, *S. bryoides*, *S. muscoides*, *Gentiana brachyphylla*, *Androsace alpina*, *Linaria alpina* (bis 4200 m), *Poa alpina*, *Saxifraga moschata* und *Phyteuma pedemontanum*. Bemerkenswert erscheint, daß *Ranunculus glacialis*, das keine spezielle Anpassung an das Hochgebirgsklima besitzt, auch noch in Höhen auftritt, wo Polsterpflanzen fehlen.

Das systematische Mißverhältnis in der floristischen Zusammensetzung im Gebirge und Flachland, wie es für die alpine Stufe beschrieben wurde, steigert sich noch in der nivalen Stufe. Von den 102 **Angiospermen** in den Ötztaler Alpen über 3000 m sind die am stärksten vertretenen Familien Compositae (15 Arten), Caryophyllaceae (12 Arten, davon 11 Alsinae), Gramineae (11 Arten) und Cruciferae (9 Arten). Die häufigsten Gattungen sind *Saxifraga* (7) und *Gentiana* (5). Die Liste der nivalen Arten in den französischen Alpen sieht sehr ähnlich aus. Gramineae, Caryophyllaceae, Cruciferae und Compositae machen insgesamt 50 % aus (in der Ebene 25 %) und Umbelliferae, Leguminosae, Labiatae, Rubiaceae und Liliaceae andererseits nur 3 % (in der Ebene 20 %). Der Anteil an Dicotyledonen und Monocotyledonen ist gleich wie in der Ebene, letztere beschränken sich jedoch ausschließlich auf Gramineae, Cyperaceae und Juncaceae.

Die **Phanerogamen-Flora** in dieser Höhenstufe enthält nur ein Viertel arktisch-alpiner und ein Fünftel endemische Arten.
Die nivale Flora scheint derzeit durch die Verschiebung der Vegetationsgrenzen nach oben immer reichhaltiger zu werden. Dies dürfte wahrscheinlich auf eine Klimaverbesserung in der jüngeren Vergangenheit zurückzuführen sein, die auch zum Rückgang der Gletscher geführt hat und immer noch andauert. Nach Beobachtungen von BRAUN-BLANQUET auf dem Piz Linard (Graubünden) und von PITSCHMANN und REISIGL am Hinteren Seelenkogel (Tirol) ist die Phanerogamen-Flora auf diesen zwei höchsten Erhebungen der Ostalpen, soweit bekannt, von 8 Arten im Jahre 1911 auf 15 Arten um 1950 angewachsen.

3. Die **nivale Stufe** wird oft als **Stufe der Thallophyten** bezeichnet. Tatsächlich nimmt die Zahl der Kryptogamen-Arten mit der Höhe ebenso rasch ab wie jene der Phanerogamen (Abb. 9.3). Lediglich ihr Wiederbesiedlungsgrad wird von der Höhe weniger beeinträchtigt. Die Kryptogamenflora im Hochgebirge ist allerdings der Zahl nach noch nicht ganz erfaßt.
Für die **Flechten** gibt es keine allgemeine Statistik. PITSCHMANN und REISIGL (1954) haben in den Ötztaler Alpen über 3000 m 104 Arten bestimmt. Da jedoch mehr als die Hälfte davon Makroflechten sind, die einfacher zu beobachten sind, kann angenommen werden, daß von den weniger gut sichtbaren, aber viel zahlreicheren Mikroflechten noch nicht alle erfaßt wurden. Daher dürfte die **nivale Flechtenflora** der Alpen über 200 Arten umfassen. Die Flechten haben eine bemerkenswerte Gipfelflora ausgebildet, beispielsweise von den Gattungen *Umbilicaria*, *Parmelia* und *Cetraria*. In größte Höhen reicht *Umbilicaria proboscidea*. Die Felsenoberfläche ist oft zur Gänze von einer Flechtenschicht bedeckt, wobei Assoziationen im pflanzensoziologischen Sinn gefunden wurden, an deren auffälligen Farbe häufig die Art des Gesteins zu erkennen ist. Diese Formationen sind auf Silikat weitaus reichhaltiger als auf Kalk. Felsen, auf denen sich Vögel niederlassen, weisen eine sehr typische nitrophile Flora auf.
Moose und Lebermoose sind weniger zahlreich. Die Gattung *Grimmia* steigt in die größten Höhen. *Gr. incurva* und *Gr. pulvinata* treten am Mont-Rosa bis in 4560 m, *Gr. sessitana* in den Berner Alpen bis in 4200 m Höhe auf.
Die Zahl der in der nivalen Stufe bekannten **Algen** beläuft sich derzeit auf 100. In der Mehrzahl leben die einzelligen Algen an der Bodenoberfläche oder im Boden. Sie gehören allen großen Gruppen an wie Diatomeen, Heterokonteen, Phytoflagelleen, Cyanophyten und sind oft über 4500 m anzutreffen (JAAG 1945).
Besondere Erwähnung verdient das aus Algen gebildete **«Cryoplankton»** (sog. chionophile Organismen), das im Schnee gedeiht und durch sein reichliches Auftreten oft eine spezielle grüne, gelbe oder rote Färbung verursacht. Die bekannteste Alge ist *Haematococcus nivalis*, eine an karotinoiden Pigmenten reiche Chlorophycee, die auf der ganzen Welt auf schneebedeckten Bergen sowie in der Arktis und Antarktis vorkommt. In ihrem Entwicklungszyklus treten Zysten auf, die bis $-36\,^{\circ}C$ ertragen. Bei einer Temperatur von über $+4\,^{\circ}C$ stirbt die Alge jedoch. Diese chionophilen Algen dienen kleinen Tieren wie Insekten, Bärtierchen, Infusorien und Nematoden als Nahrung: Auf submikroskopischer Ebene kann von einer richtigen **«Schneebiozönose»** gesprochen werden.

3. Ökologie der Hochgebirgsgewächse

3.1. Umweltbedingungen

Die besonders harten ökologischen Bedingungen in der alpinen und nivalen Stufe gehen hauptsächlich auf folgende Faktoren zurück:

– **Niedrige Temperaturen** und **hohe Tagesextremwerte** (Abb. 9.4). An der oberen Baumgrenze schwankt die Jahresdurchschnittstemperatur in den Alpen zwischen 0° und 1 °C. Die Durchschnittstemperatur des wärmsten Monats liegt in der alpinen Stufe unter 10°, vor allem auf Grund der niedrigen Nachttemperaturen.

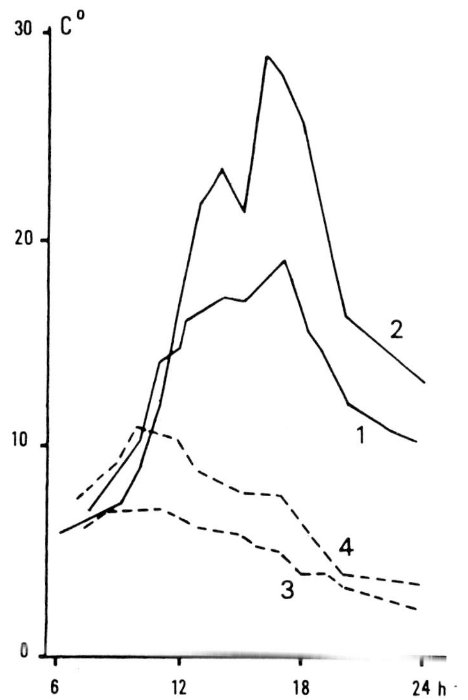

Abb. 9.4: Extreme thermische Bedingungen auf alpinen Felsstandorten (nach VETTER, in ELLENBERG verändert). Kurven für einen Kalkspalten-Standort mit *Saxifraga paniculata* bei 2600 m in Südwestexposition im Juli. 1 und 3) Lufttemperaturvergleich an klaren Tagen und an bedeckten Tagen. 2 und 4) Humus-Temperaturen in Felsspalten unter gleichen Bedingungen. Die höhere Humus-Temperatur im Vergleich zur Lufttemperatur kann im Tagesverlauf und klaren Tagen um 10° abweichen.

– **Mächtige Schneedecke** infolge der mit der Höhe zunehmenden Niederschläge und erhöhten Anteils an Schneefällen. Diese Schneedecke verkürzt die Vegetationsperiode und verändert die phänologischen Bedingungen (Abb. 1.12).

– **Unzureichende Bodenentwicklung,** die durch niedrige Temperaturen gebremst und durch ständige Erosion beeinflußt wird, so daß den physisch-chemischen Eigenschaften des Gesteins eine weit größere Bedeutung zukommt als in mittleren und tiefen Lagen.

– **Starke Sonneneinstrahlung,** die den Boden tagsüber erwärmt und in klaren Nächten wieder stark abkühlt.

– **Wind,** der zusammen mit der Sonneneinstrahlung trockene Luft und Bodenaustrocknung bewirkt.

Diese verschiedenen Faktoren stehen selbstverständlich in Wechselwirkung und jeder Faktor verursacht ökologische Folgen. Die Schneedecke gewährt thermischen Schutz während der Wintermonate, mildert die Auswirkungen der jahreszeitlichen Extreme, stellt eine Wasserreserve dar (vor allem zu Beginn des Wachstums im Frühling) und schützt den Boden vor Erosion durch Wind und vor Austrocknung, die im Hochgebirge durch Sonneneinstrahlung, Wind und Wassermangel bei gefrorenem Boden sehr groß ist.

Dem **Mikroklima,** das sich auch schon bei geringsten Oberflächenveränderungen ändert, kommt erhöhte Bedeutung zu. Besonders in großen Höhen können Pflanzen der nivalen Stufe nur an besonders geschützten Standorten gedeihen.

3.2. Morphologische und anatomische Auswirkungen

Das alpine Klima schließt Baum- oder Strauchvegetation aus, nur Kräuter- und Zwergstrauch-Arten können gedeihen. Letztere bedecken im allgemeinen wie Gräser den Boden und stellen mit ihrer reduzierten Größe morphologische Anpassungsformen dar: Zwergsträucher (sogenannte «Spalierbüsche») und Polsterpflanzen (Abb. 9.5). Die unterirdischen Vegetationsanteile sind bei ihnen häufig zwei- oder dreimal so groß wie jene über dem Boden. Einige dieser Anpassungsformen erinnern an andere Klimate (Wüstengebiete oder subpolare Regionen), wo ebenfalls die Phytomasse unter der Erdoberfläche unverhältnismäßig groß ist. Dort finden sich auch **Polsterpflanzen** wieder, bei denen insbesondere zwischen der Caryophyllaceae *Silene acaulis* in den Alpen, der Chenopodiaceae *Fredolia aretioides* in der Sahara (wo Kälte in ihrer Wirkung auf junge Sprossen durch Trockenheit ersetzt wird) und der Umbelliferae *Azorella* in der Antarktis verblüffende Ähnlichkeiten bestehen. Vergleichende Kulturen von Flachland- und Hochgebirgsarten (mit gleichem Samenursprung) haben gezeigt, daß die phänotypi-

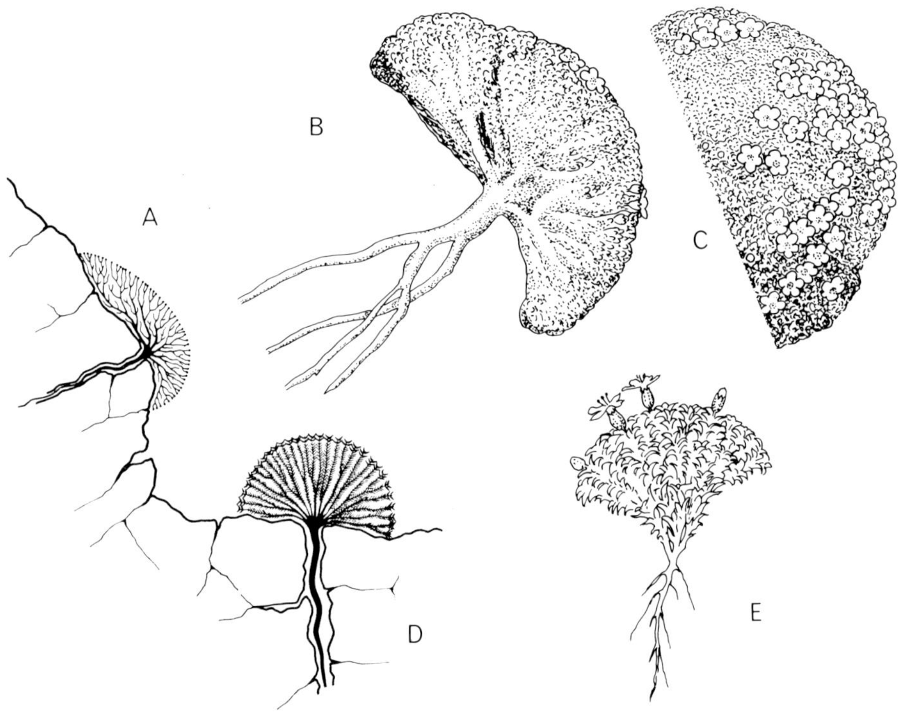

Abb. 9.5: Polsterpflanzen. A, B und C: *Androsace* spec.; D und E: *Silene exscapa* (A und D nach GIACOMINI-FENAROLI, B, C und E nach FAVARGER). Unter den Anpassungsformen der alpinen Felsbesiedler ist eine merkwürdige Form die Bildung von Kugelpolstern, die an Felsen oder stabilisiertem Schutt vorkommen. Die Pflanze, tief in einer Spalte wurzelnd, entwickelt an der Bodenoberfläche einen stark verzweigten kurzen Stamm in Form eines halbkugeligen Kissens. Die Zweige enden alle in gleicher Höhe und schützen sich gegenseitig vor äußeren Einflüssen. In den älteren Teilen der Büsche sterben die Blätter ab, werden langsam mineralisiert, bilden eine Art innerer Polsterboden und die Nährelemente werden wieder dem Kreislauf zugeführt. Während der Blütezeit entwickelt sich oft an jedem Endzweig gleichzeitig eine Blüte, so daß das Polsterkissen dann von einer großen Zahl kleiner Blüten überzogen ist; so bei *Silene acaulis*, die im sterilen Zustand einer großen Mooskugel ähnlich sieht, wodurch im Sommer durch eine Vielzahl von rosafarbigen Blüten die Bergsteiger sie als blühendes Moos bezeichnen.

Abb. 9.6: Morphologischer Vergleich der gleichen Arten, angepflanzt in Tieflagen (A und B, Fontainebleau in der Umgebung von Paris) und im Hochgebirge (C und D, Pic du Midi de Bigorre, 2700 m in den Zentral-Pyrenäen). Klassische Untersuchungen von BONNIER. A und C: *Taraxacum officinale;* B und D: *Helianthemum vulgare.* Die vier Zeichnungen im gleichen Maßstab in halber natürlicher Größe.

sche und damit vorübergehende Anpassung an die alpine Umwelt in gewissem Umfang die Nachahmung der genetisch fixierten Anpassung der Flora dieser Höhenstufe ist. Experimente von KERNER und BONNIER waren richtungsweisend (Abb. 9.6).
Das alpine Klima verursacht auch histologische Veränderungen. Behaarung und Färbung der Blumen sind viel ausgeprägter als in der Ebene. Dies wird teilweise auf die Ultraviolettstrahlung zurückgeführt, wobei jedoch widersprüchliche Aussagen vorliegen. Nach GAUSLAA sind einige Veränderungen ein Schutzmechanismus gegen übermäßige Erwärmung der Gewebe durch starke Sonnenbestrahlung. LASCOMBES zeigte, daß der Zwergwuchs der alpinen Pflanzen in erster Linie auf geringere Zellgröße und weniger auf eine vereinfachte Struktur der Organe zurückzuführen ist.

3.3. Auswirkungen auf den Stoffwechsel

Überraschenderweise scheint die Physiologie der Hochgebirgspflanzen den niedrigen Temperaturen nicht besonders angepaßt zu sein. MOSER untersuchte den **Gasaustausch** mehrerer Arten unter natürlichen Bedingungen in der alpinen Stufe und unter kontrollierten Laborbedingungen. Allem Anschein nach findet ein optimaler photosynthetischer Gaswechsel bei höheren Temperaturen und stärkerem Lichteinfall statt, als dies an natürlichen Standorten während der meisten Zeit der Fall ist (Abb. 9.7). Nichtsdestoweniger kann es auch bei Temperaturen knapp über 0° und bei gedämpftem Licht unter einer dünnen Schneeschicht noch zu einer beachtlichen Assimilation kommen.

Während die Atmung selbst reduziert ist – vor allem auch durch die niedrigen Nachttemperaturen – ist die Netto-Photosynthese in ausreichendem Maße gegeben und das langsame Wachstum wird zum Teil durch die lange Lebensdauer der alpinen Pflanzen ausgeglichen (Abb. 9.8).

Die Produktivität bleibt jedoch gering. Franz (1979) gibt für die Vaccinium-Heiden in Österreich, Norwegen und in den Appalachen Werte von 2,2 bis 4 Gramm pro Quadratmeter und Tag an und für eine niedrige Tiroler *Loiseleuria*-Heide 3 Gramm. Bei einer vollen Vegetationszeit von zirka drei Monaten ergibt sich eine Produktion in der Größenordnung von 2 bis 4 Tonnen pro Hektar und Jahr. Für günstige, wahrscheinlich nur beschränkte Standorte werden von anderen Autoren drei oder viermal höhere Werte genannt. Bei den Krautgesellschaften hingegen führt die geringe Dichte der assimilierenden Teile der Biomasse zu einer schlechten Aufnahme der Lichtenergie (Abb. 9.9)

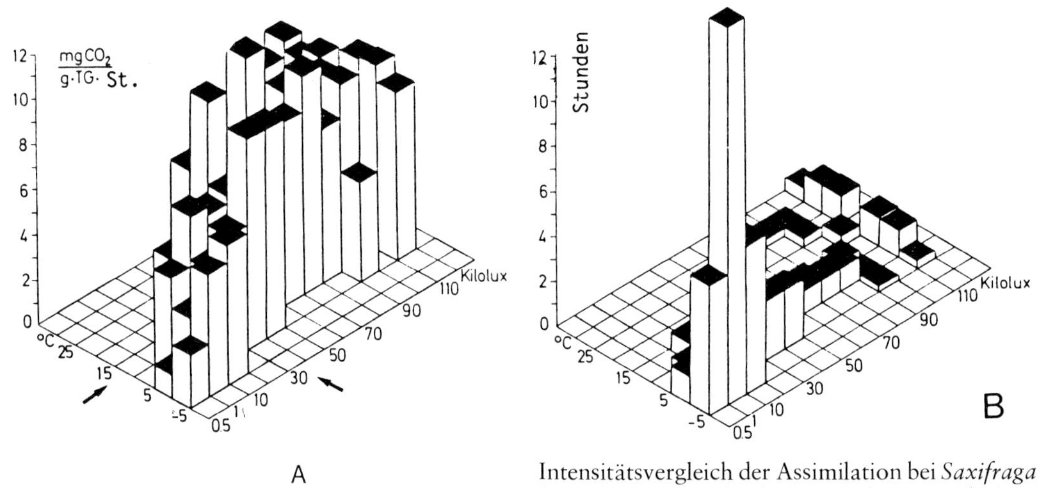

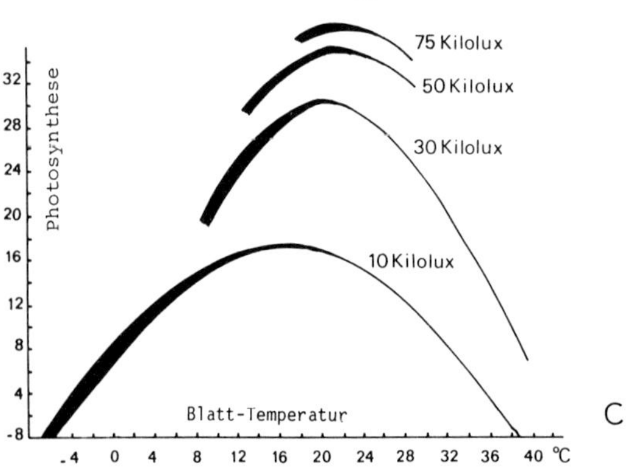

Abb. 9.7: Intensität der Photosynthese in Abhängigkeit von Temperatur und Belichtung in der nivalen Stufe (nach Moser 1970, 1973). A) Intensitätsvergleich der Assimilation bei *Saxifraga bryoides* bei verschiedener Belichtung und Temperatur. Die Pfeile markieren das Optimum bei jedem Faktor. B) Statistische Verteilung der verschiedenen klimatischen Bedingungen im Verlauf einer August-Woche. Vorherrschende Temperaturen etwas unter 0° und bei so geringer Belichtung, daß die Pflanze während der längsten Zeit Bedingungen weit unterhalb des physiologischen Optimums vorfindet. Anders ausgedrückt, die Pflanze ist zumindest hinsichtlich der Photosynthese nicht den natürlichen Umweltbedingungen angepaßt. C) Änderungen der Photosynthese von *Ranunculus glacialis* in Abhängigkeit von der Temperatur unter verschiedener Belichtung. Die optimalen Werte liegen höher als bei natürlichen Bedingungen. Daraus ist zu ersehen, daß die Art, die am höchsten steigt, doch physiologisch dem alpinen Standort nicht sehr gut angepaßt ist.

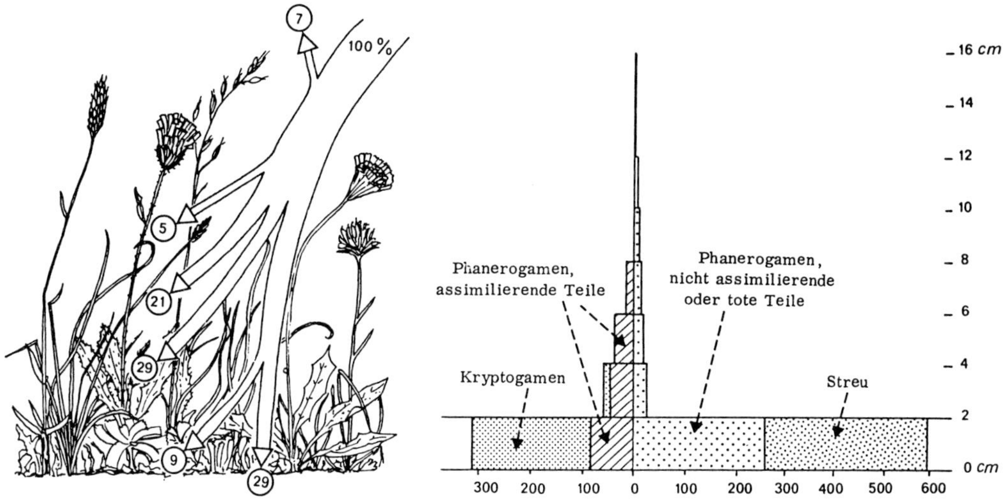

Abb. 9.8: Verteilung der Strahlungsenergie (links, in % der einstrahlenden Energie) und der assimilierenden oder nicht assimilierenden Biomasse (rechts) in den Schichten eines *Carex curvula*-Rasens. 33 % der Energie (7 + 5 + 21) gehen durch Rückstrahlung oder infolge Verlusten bei wenig assimilationsfähigen Schichten verloren. 29 % dienen zur Erwärmung des Bodens und der Streudecke. Nur 38 % (29 + 9) werden von assimilationsfähigen Schichten verwertet (angepaßt nach CERNUSCA und nach PUMPEL).

und die Produktivität bewegt sich in der Größenordnung von 1 Tonne Trockenmasse pro Hektar und Jahr, also weniger als ein Zehntel der Produktivität einer Wiese im Flachland (nach WALTER 1960: *Caricetum ferrugineae* 2,8 t/ha/Jahr; *Seslerio-Semperviretum* 1,8 t/ha/Jahr; *Nardetum* 0,5 t/ha/Jahr; *Firmetum* 0,9 t/ha/Jahr und *Oxyrietum* 0,15 t/ha/Jahr).

Der Vorgang der **Stoffreservebildung** wurde noch kaum untersucht. LASCOMBES hat bei Rüben, die in den Pyrenäen in großer Höhe (2800 m) kultiviert wurden, experimentell nachgewiesen, daß durch nächtliche Kälte der Transport der Kohlehydrate verlangsamt und ihre Ablagerung in den Blättern dreimal erhöht wird, wodurch histologische Veränderungen wie Verdickung der Zellmembranen und gleichzeitig erhöhte Frostbeständigkeit der Gewebe bewirkt werden. Zu Beginn der kalten Jahreszeit erfolgt die Umwandlung eines Teils dieser Zucker in Lipoide, die sich in Organen unter der Erdoberfläche ansammeln *(Linnaea borealis)*. Die jährlichen Schwankungen der Stoffreserven wurden von MOSER et al. (1978) bei *Primula glutinosa* und *Saxifraga bryoides* untersucht.

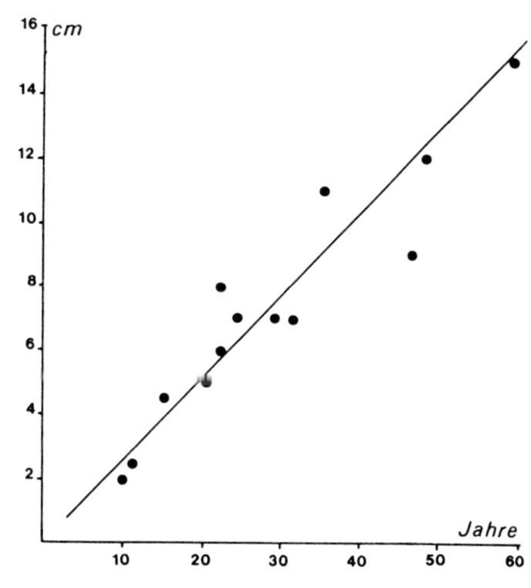

Abb. 9.9: Lebensdauer und Längenwachstum alpiner Arten. *Dryas octopetala:* 60 Jahre alte Büsche erreichen kaum 15 cm Durchmesser. Weil bei dieser Art häufig ausgedehnte Teppiche aufgebaut sind, müßten diese noch älter sein (nach GALLAND 1982).

3.4. Auswirkungen auf vegetativen Zyklus und Vermehrung

Die Verbreitung der Pflanzen in den alpinen und nivalen Stufen nach den biologischen Typen (RAUNKIAER) unterscheidet sich wesentlich von tieferen Lagen (siehe nachstehende Tabelle). Phanaerophyten fehlen völlig. Die einzigen holzigen Arten sind kleine oder verkümmerte Chamaephyten. Einjährige Pflanzen (Therophyten) sind kaum anzutreffen, von zwei oder drei Arten abgesehen wie *Euphrasia minima* (bis 3500 m), *Gentiana tenella*, *G. nivalis*, *Sedum atratum*, *Sagina saginoides*. Geophyten sind ebenfalls verhältnismäßig selten und die Flora setzt sich hauptsächlich aus Hemicryptophyten zusammen.

	Schweizer Mittelland	nivale Stufe
Phanerophyten	10 %	0 %
Chamaephyten	5 %	24,5 %
Hemicryptophyten	50 %	68 %
Geophyten	15 %	4 %
Therophyten	20 %	3,5 %

BRAUN-BLANQUET beobachtete im Winter 1903/1904 in Graubünden 40 Arten zwischen 2100 und 2400 m Höhe, die an schneefreien Standorten grünbleibende Blätter aufwiesen. Fast alle Hochgebirgspflanzen werden jedoch durch eine isolierende Schneedecke, welche die Temperatur an der Bodenoberfläche konstant auf ungefähr 0° hält, vor der Kälte geschützt. Daher behalten einige Arten grüne Pflanzenteile unter der Schneedecke (Abb. 9.10), andere wiederum beginnen schon unter dem wegschmelzenden Schnee zu blühen. Ganz allgemein beginnt die Blütezeit der alpinen Pflanzenwelt explosionsartig.

Die Bestäubung ist wie im Flachland zwischen Wind- und Insektenblütlern unterschiedlich. Jedoch sind Hautflügler nur schwach vertreten. Die Reflexion des ultravioletten Lichts durch gewisse Farbflecken auf den Blüten dürfte dabei eine wichtige Rolle spielen (KUGLER).

Trotz ihres mitunter reichen Blütenstandes entwickeln die Alpenpflanzen Samenkörner, die nicht jedes Jahr reifen und unterschiedlich lebensfähig sind. Die Reifung geht oft im Winter auf ausdauernden Blütenschäften («Wintersteher») vor sich. Samen sollen sehr lange überliegen, manchmal über 10 Jahre. Für das Keimen kann, wie bei *Gentiana lutea*, die Einwirkung feuchter Kälte erforderlich sein, ein Faktor, der die Verbreitung der Alpenpflanzen im Flachland verhindert. Umgekehrt hat DORNE festgestellt, daß bei Samen von *Silene inflata* und *Alyssoides utriculatum* unabhängig von der Höhe (300–2300 m), in der sie gepflückt wurden, optimale Bedingungen für das Keimen bei ungefähr 20° bestehen. FOSSATI (1980) hat die Anpassung des Keimvorganges an die Dauer der Vegetationsperiode untersucht.

Die meisten Phanerogamen und alle Kryptogamen der nivalen Stufe sind Windverbreiter. Die Diasporen (Samen, Akene, Soredien) werden vom Wind über die Schneedecke getrieben. Einige Arten, deren Samen in hohen Lagen nicht ausreifen, vermehren sich durch Samenkörner, die vom Wind *(Arnica, Saussurea)* oder von Tieren *(Astragalus frigidus, Oxytropis halleri, Juniperus alpina)* aus tieferen Lagen heraufbefördert werden.

Das Ausmaß der **vegetativen Fortpflanzung** scheint sehr verbreitet und wirksam zu sein. Viele Arten bilden großflächige, geschlossene

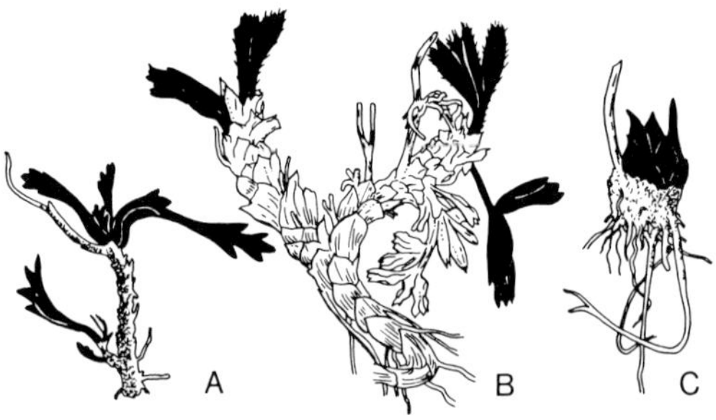

Abb. 9.10: Dauerhaftigkeit grüner Teile von verschiedenen Arten unter Schnee erklärt die rasche Entwicklung im Frühjahr nach dem Ausapern. A) *Chrysanthemum alpinum*, B) *Sibbaldia procumbens*, C) *Primula farinosa*. Chlorophyll-Pflanzenteile sind hier schwarz gezeichnet (nach GIACOMINI-FENAROLI).

Kolonien und sogar Gesellschaften. Mehrere davon sind vivipar *(Polygonum viviparum, Poa alpina* var. *vivipara)*. Apomixie scheint sehr verbreitet zu sein *(Alchemilla, Hieracium)*.

3.5. Ökotypen

Diese Probleme sind noch nicht ausreichend untersucht. Wahrscheinlich, wenn auch nicht sicher, bilden jene Arten, deren Areal von der kollinen bis zur subalpinen Stufe reicht (z.B. *Sesleria varia)*, je nach Höhenstufe sehr unterschiedliche Ökotypen aus. Beispielsweise wird *Anthoxanthum odoratum* (im Flachland tetraploid) im Gebirge von einer nahe verwandten und lange unbekannten Art, dem triploiden *Anthoxanthum alpinum*, abgelöst. Nach Felber 1987 ist die Frage komplexer.
Genauere Untersuchungen über diesen Problemkreis wurden an Achillea in der kalifornischen Sierra Nevada (vgl. Walter 1968) durchgeführt. Arbeiten von Billings und Packer (1974) erlauben interessante Vergleiche mit der Vegetationsanpassung in der alpinen Stufe der nordamerikanischen Gebirge.

4. Biozönotische Übersicht des waldfreien Vegetationskomplexes

4.1. Begriff waldfreie Vegetation («complexe supraforestier»)

Wie in Kap. VIII besprochen, sind alpine Gesellschaften im Gegensatz zu subalpinen, mit denen sie sich überlappen, sehr schwer abzugrenzen (Abb. 9.11). Es gibt wohl wahrnehmbare Höhenunterschiede zwischen beiden Stufen, doch viele Gesellschaften dehnen sich über beide Höhenstufen aus, so daß die Rasenvegetation des Hochgebirges insgesamt als eine Art Kontinuum erscheint, das man als waldfreien Komplex benennen kann. Der tiefere Teil vermengt sich mit subalpinen Wäldern und weist gemeinsame Dynamik auf. Auch wenn die subalpine Stufe völlig baumlos ist, dann stocken die tieferen Grasheiden auf potentiellen Waldstandorten und gehören damit nach der hier aufgestellten Definition der subalpinen Stufe an. In gewissem Sinn kann eine **ähnliche dynamische Entwicklung** in der subalpinen Stufe vollständig ablaufen, während sie in der alpinen Stufe aus ständigen Dauergesellschaften aufgebaut wird.
Viele Autoren tragen diesen Entwicklungsunterschieden nicht Rechnung und ordnen rein physiognomisch die gesamte aktuelle Vegetation oberhalb der Baumgrenze generell der alpinen Stufe zu. Sie stellen damit die subalpine Stufe teilweise oder manchmal, wenn sie infolge örtlicher Verhältnisse waldfrei ist, sogar völlig zu dieser alpinen Stufe. Das würde bedeuten, daß die alpine Stufe direkt an die Buchenwälder anschließen würde, während tatsächlich diese pseudo-alpine Stufe wieder aufgeforstet werden könnte.
Da es über **waldfreie Grasheiden** sehr detaillierte Untersuchungen und eine gut gegliederte Systematik der Gesellschaften gibt, wurde aus Gründen der Übersichtlichkeit die Einheit bewahrt und auch Gesellschaften aufgenommen, die schon der subalpinen Stufe oder gelegentlich sogar einer noch tieferen Lage angehören, aber in der Literatur nur sehr allgemein zusammen mit der alpinen Stufe behandelt werden. Zu gegebener Zeit wird darauf hingewiesen.

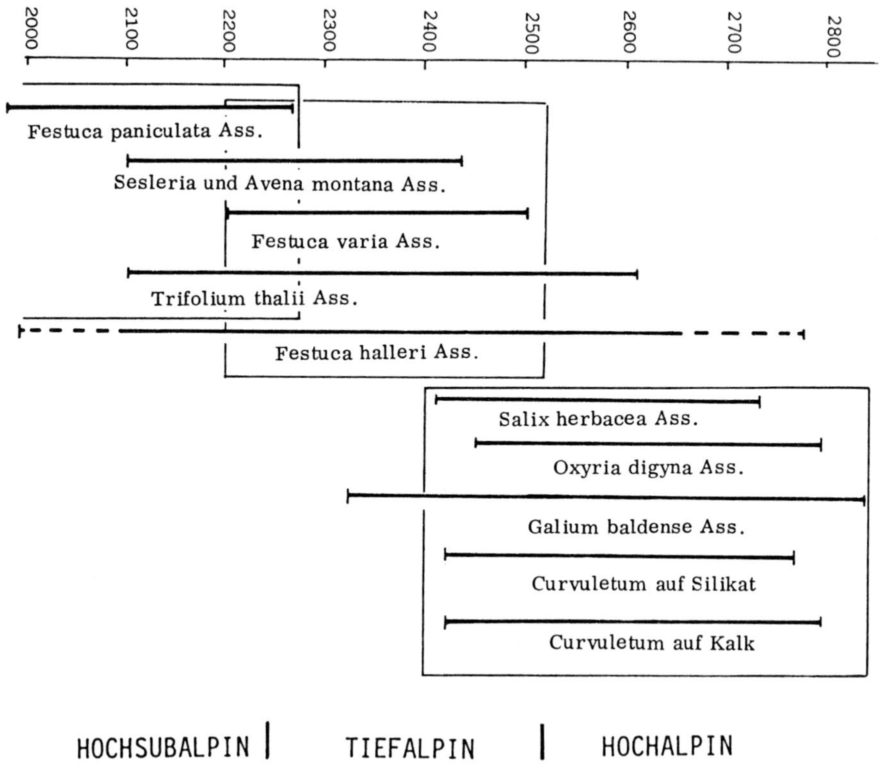

Abb. 9.11: Höhenverbreitung einiger alpinen Gesellschaften im oberen Becken von Tinée (Tabelle geordnet nach der Höhenlage von Aufnahmen durch GUINOCHET 1938). Die schwarzen Rechtecke versuchen die Gesellschaften nach den hochsubalpinen und den beiden alpinen Unterstufen einzugliedern. Die Höhenverbreitung dieser Gesellschaften greift oft ineinander über, d. h., daß manche in zwei oder drei der Unterstufen vorkommen können, so daß im waldfreien Gebiet die Trennung zwischen subalpinen und tatsächlich alpinen schwierig ist.

4.2. Mosaikstruktur

In der Besprechung der subalpinen Stufe wurde betont, daß der Begriff einer zu Schlußwäldern führenden Dynamik in dieser Höhenlage abgestuft werden muß. Durch langsame Entwicklung der Vegetation, extreme ökologische Bedingungen in hohen Lagen sowie durch schädliche Auswirkungen der Weidewirtschaft kann die subklimatische Strauch- und Gras-Gesellschaft ihren Standort auf großen Flächen behaupten.
In der alpinen Stufe kann man noch weniger von einer allgemeinen Dynamik sprechen, obwohl pflanzensoziologische Studien dynamische Beziehungen zwischen bestimmten Gesellschaften aufgedeckt haben. Die Entwicklung der Vegetation wird durch Kälte, Schneedecke, Erosion und Bodenfließen gehemmt und geht stets sehr langsam vor sich. Extreme und unterschiedliche ökologische Bedingungen verursachen, begünstigt durch Relief-Vielfalt, mannigfache Standorte, von denen jeder sein besonderes Mikroklima und seinen speziellen Boden hat. Die Vegetation setzt sich aus einem Mosaik von Dauer- oder Spezialgesellschaften zusammen, die durch klimatische Bedingungen und regressive Entwicklung der Böden an der Weiterentwicklung gehindert werden. Die Gesellschaftsparzellen bedecken oft nur geringe Oberflächen und bilden einen sehr unterschiedlichen Vegetationsteppich. Dieses Mo-

saik ist nach Standortsfaktoren geordnet, deren Variation sich nach Hangneigung, Mikrorelief und anderen ökologischen Faktoren oft genau wiederholt (Abb. 9.12).
Im ausgesprochen rauhen Biotop des Hochgebirges, der bei der ökophysiologischen Beschreibung der Alpenpflanzen grob charakterisiert wurde (oben, Kap. IX-3), bestimmen die relative Verteilung der Gesellschaften insbesondere folgende unterscheidende Faktoren:

4.2.1. Höhe

Mit zunehmender Höhe nehmen infolge des thermischen Gradienten Luft- aber auch Bodentemperatur ab und die Niederschläge zu. Beide Faktoren zusammen verursachen eine Verlängerung der Schneedeckenandauer. In groben Umrissen lassen sich Unterstufen unterscheiden, die in Abb. 9.11 dargestellt sind.

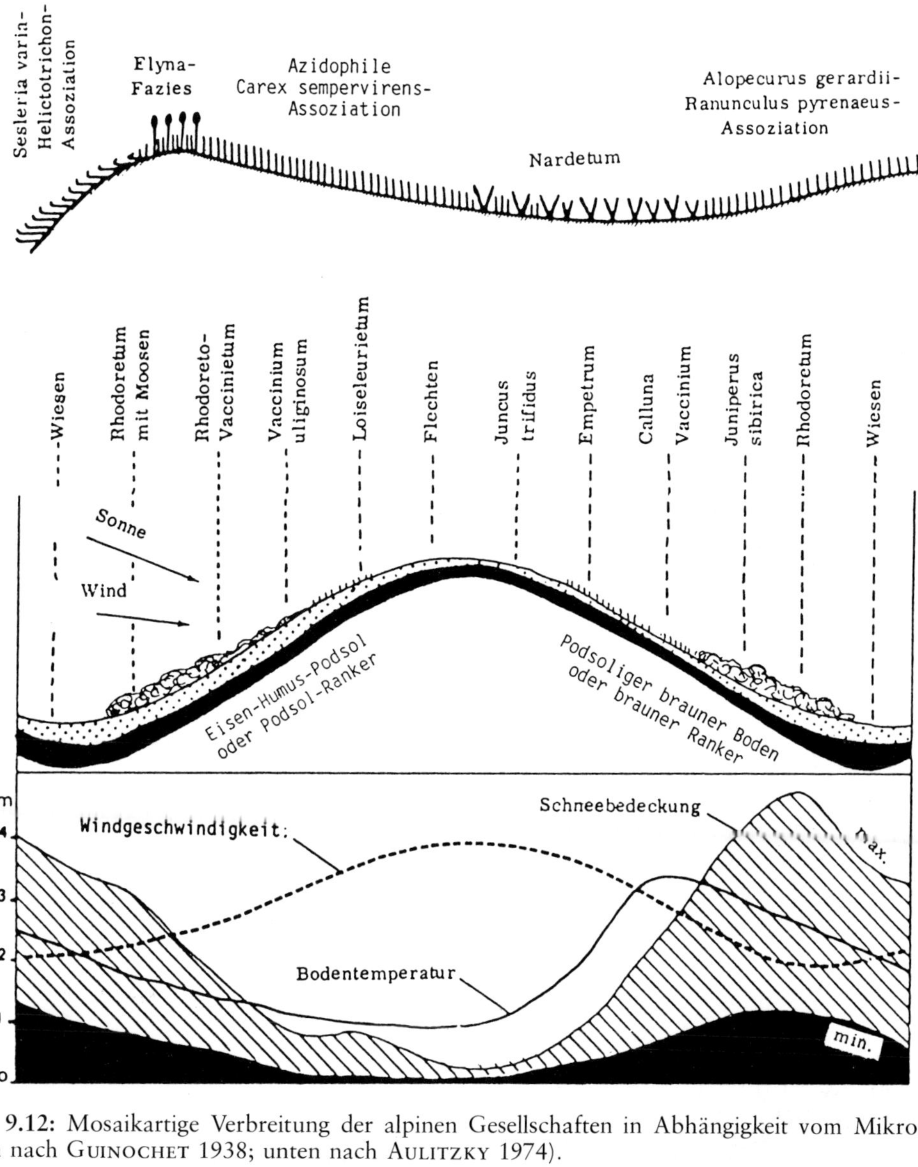

Abb. 9.12: Mosaikartige Verbreitung der alpinen Gesellschaften in Abhängigkeit vom Mikrorelief (oben nach GUINOCHET 1938; unten nach AULITZKY 1974).

4.2.2. Morphologische Faktoren

Exposition und **Relief** der Hänge können Mikroklima und geschützte Standorte ausbilden. Dies geschieht jedoch mehr oder weniger indirekt durch die Veränderung der thermischen Bedingungen, der Schneedecke sowie des Windeinflusses, der beispielsweise das Vorkommen der *Loiseleuria-* oder *Elyna*-Assoziationen beeinflußt.

4.2.3. Bodenstruktur

Bodenstruktur und Bodenkörnung bei Felsböden, Schuttablagerungen und alluvialen Schwemmböden verschieden stark ausgeprägt sind ausschlaggebend dafür, wie schnell die Verwitterung voranschreitet und sich eine stabilisierende Vegetation einstellt.

4.2.4. Bodenfeuchtigkeit

Sie wird weitgehend von Morphologie, Drainage, Korngrößenverteilung und Schneedecke beeinflußt. Schneetälchen, sickerfeuchte Geröllhalden, Gebirgsbäche und vernäßte Senken versorgen viele Gesellschaften und insbesondere verschiedene Typen von Flach- und Hochmooren mit der nötigen Feuchtigkeit.

Ein detailliertes Modell der Dynamik des Bodenwassers in der alpinen Stufe wurde von Isard (1986) in den Rocky Mountains von Colorado ausgearbeitet.

4.2.5. Chemische Natur des geologischen Grundgesteins

Da Böden der alpinen Stufe häufig nur schwach entwickelt sind und sich durch Erosion ständig verjüngen, prägen geologische Merkmale entscheidend. Alpine Gesellschaften werden deshalb oft in zwei große Gruppen eingeteilt, ob sie auf **Kalk** oder **Silikat** stocken. Diese Grobeinteilung muß jedoch weiter verfeinert werden. Böden aus verschiedener geologischer Unterlage können ähnlichen Charakter aufweisen (siehe 4.3). Auch beim Grundgestein gibt es zahlreiche Mischformen, die weder den Silikatunterlagen mit sauren Böden noch dem Kalk- oder Dolomitgestein mit basischen Böden zuzuordnen sind:

- **Sandstein,** entwickelt je nach Verwitterungsbereitschaft und Art des Bindungsmittels sehr unterschiedliche Böden
- **Schiefer und Kalkmergel,** die vor allem spezielle Geröllgesellschaften bestocken (Zollitsch)
- **Gips,** ein Kalzium-Gestein, dessen Verwitterung rascher als bei Kalk verläuft
- **Kristallines Kalk-Feldspatgestein,** besonders Gabbro, auf dem oft kalkliebende Pflanzen wachsen können
- **Grüngesteine,** eine heterogene Gesteinsgruppe (Serpentin und viele andere Gesteine), die sehr unterschiedliche Böden ausbildet (Verger).

Trotzdem kann zunächst die vereinfachte Unterscheidung der alpinen Stufe auf Kalk- bzw. auf Silikat-Standorten beibehalten werden, wobei letztere eine etwas größere Fläche einnimmt.

4.3. Existieren in der alpinen Stufe Klimax-Einheiten?

Einige Gesellschaften des waldfreien Vegetationskomplexes sind ganz offensichtlich **Pionierformationen:** geringer Deckungsgrad, unbeständiger Aufbau und Gesteinsboden. Andererseits siedeln dichte bis geschlossene, homogene Gesellschaften auf typischen Böden; dabei handelt es sich um lange und langsam entwickelten Rasen, um «Urwiesen» nach Ellenberg. Wo morphologisch die Erosion nicht sehr stark ist, beispielsweise bei großen Terrassen und in Talkesseln, bleiben Verwitterungsprodukte des Gesteins an Ort und Stelle, werden durch reichliche Niederschläge ausgewaschen und es können sich Böden bilden, die zur Stabilisierung der

vermutlichen Klimaxgesellschaften beitragen.
Eine mögliche Gliederung der Gesellschaften reicht von Pioniergesellschaften auf Fels, Geröll und im Flachmoor bis zu den mehr oder weniger geschlossenen Klimax-Rasen und umfaßt zwei große Gruppen: neutrobasophil auf **Kalk** und azidophil auf **Silikat.** Diese Zweiteilung folgt der Klassifikation von Braun-Blanquet, der 1954 schrieb:
«Die dynamisch-genetischen Beziehungen der alpinen Vegetationsgesellschaften lassen sich am besten erklären, wenn die Vegetation in vier größere Entwicklungsserien eingeteilt wird:
– **Rasenserien** auf **Kalk** bzw. auf **Silikat,** die von einem trockenen Substrat ausgehen (Geröll, Schutt, Kies, Moräne).
– **Saure bzw. basische Moor-Serien,** die von Wasserflächen oder Quellen ausgehen.
Alle Assoziationen, die den Vegetationsteppich zusammensetzen, lassen sich einer dieser vier Serien zuordnen.
Diese Entwicklung kann angehalten oder verlangsamt in eine andere Richtung gelenkt werden, nicht nur durch das Eingreifen des Menschen oder von Tieren, sondern auch durch Klimaschwankungen im Laufe der Zeit.»
Obwohl dieser Standpunkt heute völlig einleuchtet, wurde lange Zeit nur eine einzige Klimaxform angenommen. Durch reichliche Niederschläge in hohen Lagen werden die Böden stark ausgewaschen und neigen auch bei Entwicklung aus Kalkgestein zur Versauerung. Diese Erscheinung wurde lange überbewertet. Noch vor einigen Jahrzehnten vertraten Pedologen und Pflanzensoziologen die Ansicht, daß am Ende der alpinen Bodenentwicklung zwangsläufig die Annäherung der Pflanzengesellschaften an eine einzige Klimaxform steht, den *Carex curvula*-**Rasen** auf einem Boden mit ungefährem pH-Wert 5 und endogener Versauerung durch Anhäufung von Rohhumus.
Diese Lehrmeinung entstand aus Beobachtungen im feuchten Klima der Schweizer Alpen und aus theoretischen Überlegungen für die gesamten Alpen. Sie war schon damals nicht ganz unumstritten, da Guinochet (1938) gezeigt hatte, daß in den Seealpen, und zwar im Becken der Haute Tinée am südlichen Ende des innenalpinen Zentrums, die Zusammensetzung der geologischen Unterlage bis zum Endstadium gleichbleibt, und daß sich Klimaxrasen auf Silikat einerseits, Kalk und Sandstein andererseits deutlich unterscheiden. Weitere Beobachtungen bestätigen, daß die Entwicklung zur einzigen Klimaxform, *Curvuletum*, nicht unbedingt die Regel ist, nicht einmal in feuchten Alpengebieten.

4.4. Untersuchungsmethoden: Pflanzensoziologie oder Ökologie

Infolge der Mosaikstruktur der Klimax-, Dauer- oder Spezialgesellschaften und ihrer Gliederung nach hervortretenden ökologischen Faktoren eignet sich die alpine Stufe besonders gut zur Definition und Differenzierung des Begriffes Vegetations-Assoziation. Die ersten Gesellschaften, insbesondere *Carex firma*-Gesellschaft, wurde schon sehr bald von Kerner (1863) erkannt. 14 der 62 «Formationen» der Alpenkette, die Engler (1903) unterschied, gehörten der waldfreien Rasenvegetation an; darin:
«Formation der Borstgras-Wiese – *Nardus stricta*
Formation der Rostsegge – *Carex ferruginea*
Formation der Polstersegge – *Carex firma*
Formation der Horstsegge – *Carex sempervirens* (mit bereits Unterscheidung eines basiphilen *Sesleria varia*- und eines kalkmeidenden *Festuca varia*-Typs)
Formation des Nacktriedrasens – *Elyna bellardii*
Formation der Krummsegge – *Carex curvula*
Formation der Zwergazalee – *Loiseleuria procumbens*
Formation der Schneetälchenmatten»
Diese Aufstellung wurde von Rübel (1930) durch eine Liste konstanter oder kennzeichnender Arten ergänzt.

Die systematische Ausarbeitung der modernen Pflanzensoziologie in den Alpen und die

Klassifikation der Assoziationen nach übergeordneten Einheiten ist jedoch hauptsächlich das Verdienst von BRAUN-BLANQUET und Mitarbeitern (u.a. PALLMANN und JENNY-LIPS). Abb. 9.13 stellt vereinfacht die alpinen Hauptgruppen und Assoziationen dar. Dieses pflanzensoziologische System der alpinen Stufe wurde zunächst nur für die Schweiz erstellt und später ohne nennenswerte Änderungen auf die übrigen Alpen übertragen, wenn man von der Beschreibung vikariierender Gesellschaften in den Südwestalpen durch GUINOCHET (1938) und LACOSTE (1972) absieht. Das Modell wurde bis heute nicht weiter verändert und könnte daher als endgültig angesehen werden.

Die Tatsache der schon langen Verwendung des pflanzensoziologischen Systems darf nicht über einige Mängel hinwegtäuschen: Die flächige Verbreitung von Gesellschaften gemischter Zusammensetzung (besonders Wiesen) oder untypischer Ausbildung (Verkümmern, Rückbildung durch Erosion oder Beschädigung durch Tritt und Beweidung) wird unterschätzt. Kartierungen, die den

	KALKGESTEIN	SILIKATGESTEIN
Felsgesellschaften	POTENTILLION CAULESCENTIS prop. Androsacetum helveticae Ass. à Saxifraga diapensioides	ANDROSACION VANDELII Androsacetum vandelii Ass. à *Saxifraga florulenta*
Schuttgesellschaften	THLASPEION ROTUNDIFOLII Thlaspeetum rotundifolii sous-ass. à *T. limosellaefolium* Leontidetum montani *Berardietum lanuginosi*	ANDROSACION ALPINAE Oxyrietum digynae sous-ass. à *Adenostyles leucophylla* Luzuletum spadiceae
Wassergesellschaften		LITTORELLION Callitricheto-Sparganietum
Schneetälchen	ARABIDION CAERULEAE Arabidetum caeruleae Salicetum retuso-reticulatae	SALICION HERBACEAE Polytrichetum sexangularis Salicetum herbaceae Caricetum foetidae *Alopecureto-Caricetum*
Quellflur-Gesellschaften	CRATONEURION COMMUTATI Cratoneureto-Arabidetum	CARDAMINETO-MONTION Cardaminetum amarae sous-ass. à *C. asarifolia*
Moorgesellschaften	CARICION DAVALLIANAE Caricetum davallianae CARICION BICOLORIS-ATROFUSCAE Caricetum juncifoliae Kobresietum bipartitae	CARICION FUSCAE Eriophoretum scheuchzerii Caricetum fuscae
Grasheiden Hochsubalpin und Tiefalpin	SESLERION VARIAE Caricetum firmae Seslerieto-Semperviretum *Sesl.-Avenetum montanae* FESTUCION VIOLACEAE Festuceto-Trifolietum thalii	FESTUCION VARIAE Festucetum variae *Festuceto-Potentilletum valderiae* Centaureeto-Festucetum spadiceae NARDION Ranunculeto-Alopecuretum gerardii CARICION CURVULAE Festucetum halleri et *sous-ass. occidentale*
Hochalpin	Curvuletum elynetosum ELYNION MEDIOEUROPAEUM Elynetum	Curvuletum elynetosum Caricetum curvulae (Curvuletum typicum)

Abb. 9.13: Pflanzensoziologische Haupteinheiten der alpinen Stufe nach dem System BRAUN-BLANQUET. Namen der Verbände groß, der Gesellschaften klein geschrieben. Assoziationen und vikariierende Subassoziationen speziell in den Südwestalpen in Kursiv.

tatsächlichen Anteil der typischen Gesellschaften genau feststellen lassen, fehlen fast völlig. Die Nomenklatur wird zu starr und formalistisch angewendet. Da sich unabhängig von der Methodik mit einem so ausgereiften Modell bequem arbeiten läßt, erschienen unzählige weitschweifige Publikationen, deren Studium oft reine Zeitverschwendung ist. Auch mit einem konzentrierten und allzuoft unüberlegten Einsatz von Methoden der Datenverarbeitung wurde trotz eines vielversprechenden Beginns kein merklicher Fortschritt erzielt. Lediglich die Richtigkeit von Einzelheiten wurde bestätigt, die schon bekannt waren.

Den Hauptmangel des Systems, besonders in neueren Veröffentlichungen festzustellen, dürfte auf die ungenügende Berücksichtigung ökologischer Faktoren zurückgehen und die zu geringe Einschätzung quantitativer Faktoren.

In den folgenden Unterkapiteln benützen wir als Grundlage das **pflanzensoziologische alpine System,** das sich derzeit am besten für einen Gesamtüberblick eignet. Deutlich von der klassischen Einteilung abgehend wird der ökologischen Gliederung gegenüber der floristischen Nomenklatur der Vorrang eingeräumt. Wir verwenden dazu den Entwicklungsgrad der Gesellschaften von den Gesteins- und Wasserpflanzen bis zu den Klimaxassoziationen und innerhalb der sich ergebenden groben Gliederung nach der Art des Muttergesteins, den Höhenstufen und morphologischen Faktoren. Bei den Pionier- oder mäßig entwickelten Gesellschaften decken sich pflanzensoziologische Einheiten mit den ökologischen; für reife, entwickelte gilt dies nicht mehr, die Pflanzensoziologie ist hier zu formal, wie seltsame Ergebnisse zeigen und wir mußten uns zu einer Neugliederung entschließen.

5. Pioniergesellschaften

5.1. Felsgesellschaften

Felsige Standorte bilden ein sehr spezielles ökologisches Milieu, das eine strenge Auslese der Arten bewirkt.

Zunächst wird an die Bedeutung der **Flechtengesellschaften** auf Felsstandorten der alpinen und nivalen Stufen erinnert.

Von Arten, die sich mit ihren Wurzeln fest in den Felsspalten verankern, sind vor allem Phanerogamen am besten angepaßt, aber harten ökologischen Bedingungen ausgesetzt: Temperaturen (vgl. Abb. 9.4) schwanken stark im Jahres- und Tagesverlauf. Der Wassergehalt des Felsspaltenbodens sinkt bei starker Einstrahlung oft bis auf 2 %. Diese **Spaltenpflanzen** (Chasmophyten) vervollständigen ihre Anpassung häufig mit einer Polster-Ausformung der oberirdischen Teile (Abb. 9.5), jedoch keineswegs als allgemeine Form. Andere Spaltenpflanzen wachsen rosettenartig mit oft wachsartigen, zähen Blättern wie bei vielen Steinbrech-Arten. Wieder andere bilden **Spalierformen** auf Felsen *(Globularia, Rhamnus, Salix).*

Nicht alle Arten auf Felsen (Lithophyten) sind Spaltenpflanzen, ebensowenig wie alle Felsen sehr steil abfallen. Viele Felswände sind mäßig geneigt mit zahlreichen Terrassen und Spalten, wo der Boden liegen bleibt und die meisten Felspflanzen Halt finden.

Felsgesellschaften der alpinen Stufe, wie auch tieferer Lagen, sind außerordentlich reich an **endemischen Arten,** die sich alle erhalten haben, da sie nicht mit für dieses Milieu unangepaßten Arten konkurrieren müssen.

Biotische Beziehungen sind durch geringen Deckungsgrad und große Entfernung zwischen den Pflanzen schwach entwickelt. Man könnte sogar annehmen, daß keine typischen Gesellschaften existieren, da jede Art nur innerhalb der eigenen Umwelt, nach ihrer

Autökologie, lebt. Die Mischung verschiedener Arten ist überwiegend dem Zufall überlassen. Deshalb können unzählige Assoziationen beschrieben werden, allerdings eine reine Spielerei ohne besondere wissenschaftliche Bedeutung. Weitaus interessanter wäre die Untersuchung geographischer oder höhenbedingter Unterschiede, zum Beispiel genauer Vergleich zwischen montanen und alpinen Gesellschaften oder zwischen vikariierenden Gesellschaften der Ost- und der Westalpen.

5.1.1. Kalk-Gesellschaften

5.1.1.1. Alpine Stufe im engeren Sinn

Allgemein zum Verband *Androsacion helveticae* zusammengefaßt, ursprünglich nur in den Kalkbergen Österreichs und der Schweiz beschrieben, dürfte dieser jedoch in den gesamten Alpen vertreten sein. Die beiden charakteristischen Arten sind *Androsace helvetica* und *Draba tomentosa*.

5.1.1.2. Subalpine Stufe

Da Kalkfelsen in der alpinen Stufe relativ selten sind, entfallen die meisten **basiphilen Felsgesellschaften** eigentlich auf die subalpine Stufe. Sie können von der kollinen Stufe aufwärts zum Verband *Potentillion caulescentis* zusammengefaßt werden, wobei die typische Art, *Potentilla caulescens*, im niedrigen mediterranen Gebirge aber auch in allen Höhenlagen verbreitet ist.

Klassisch ist die **Assoziation mit** *Potentilla caulescens* und *Hieracium humile*. Jedoch wurden zahlreiche verwandte Gesellschaften beschrieben, die durch verschiedene *Campanula-*, *Silene-* und *Saxifraga*-Arten mehr oder weniger charakterisiert werden. In den Südalpen ändert sich die Zusammensetzung der Gesellschaften: *Potentilla caulescens* wird häufig von anderen *Potentilla*-Arten begleitet oder ersetzt, nämlich von *P. nitida* in den slowenischen Alpen (Wraber 1970), von *P. clusii* in den Karawanken, *P. saxifraga* in den Südwestalpen. In letzteren löst die *Primula marginata*-Assozitation in höheren Lagen das *Potentilletum caulescentis* ab, je nach Gebirgsgruppe durch verschiedene Steinbrecharten gekennzeichnet, im italienischen Teil durch *Saxifraga diapensioides* und in der Haute-Provence durch *Saxifraga lingulata* (Guinochet 1938, Lavagne 1963, Barbéro 1969).

5.1.2. Silikat-Gesellschaften

Insgesamt zum Verband *Androsacion vandellii* zusammengefaßt, kennzeichnen *Androsace vandellii (= A. multiflora)*, zahlreiche Primelarten *(Primula viscosa, P. hirsuta* und in den Südostalpen noch viele andere), Steinbrecharten *(Saxifraga paniculata, S. extrata, S. bryoides S. retusa* usw.) und die sehr schöne Borraginaceae *Eritrichum nanum.*
Eine der reichhaltigsten Assoziationen dieser Gruppe wurde im Mercantour-Massiv beschrieben, sie umfaßt mehrere paläoendemische Arten wie *Silene cordifolia* und den herrlichen, rotblühenden Steinbrech *Saxifraga florulenta* (Guinochet 1938, Barbéro-Bono 1967, Foquet 1982) (s. Abb. 2.25).

5.2. Gesellschaften auf beweglichem Schutt

Das Felsgestein verwittert unter dem gemeinsamen Einfluß verschiedener Klimafaktoren (Frostsprengung) und der Wurzeltätigkeit. Verwitterungsreste kumulieren meist am Fuße von Steilhängen und bilden dort instabile Schuttkegel und -girlanden, auf denen eine Mischvegetation der ursprünglichen Felsgesellschaften mit initialen Rasen auf stabilisiertem Geröll entsteht.
Die Zusammensetzung dieser Schuttgesellschaften ist sehr unterschiedlich, da sie bis zur Entwicklung eines reifen Bodens vom jeweiligen geologischen Untergrund und vom Skelettanteil bestimmt wird, wobei noch andere Standortsfaktoren, z. B. Wasserhaushalt steuern.

Polster-, Rosetten- und Spalierpflanzen sind weniger zahlreich als an Felsstandorten, dafür kommen andere Formen von Felspflanzen mit besonderer morphologischer Anpassung der unterirdischen Teile vor:
– **Wanderpflanzen** mit oberflächlichen oder unterirdischen Ausläufern, die parallel zur Gerölloberfläche verlaufen und immer dort wurzeln, wo sich eine dünne Bodenschicht bildet.
– **Stabilisierungspflanzen,** die zunächst Flekken, dann nach und nach Rasen bilden, die sich bei Zerstörung in der Mitte nach außen hin vergrößern. *Dryas octopetala* ist eine Pionierart, die beim Bewuchs von Felsterrassen und Kalkgeröll, aus dem sich später Kalkrasen entwickeln, entscheidend mitwirkt; ihre Wurzeln sind reichlich von Mykorrhiza («Silberwurz») bedeckt; bei sehr

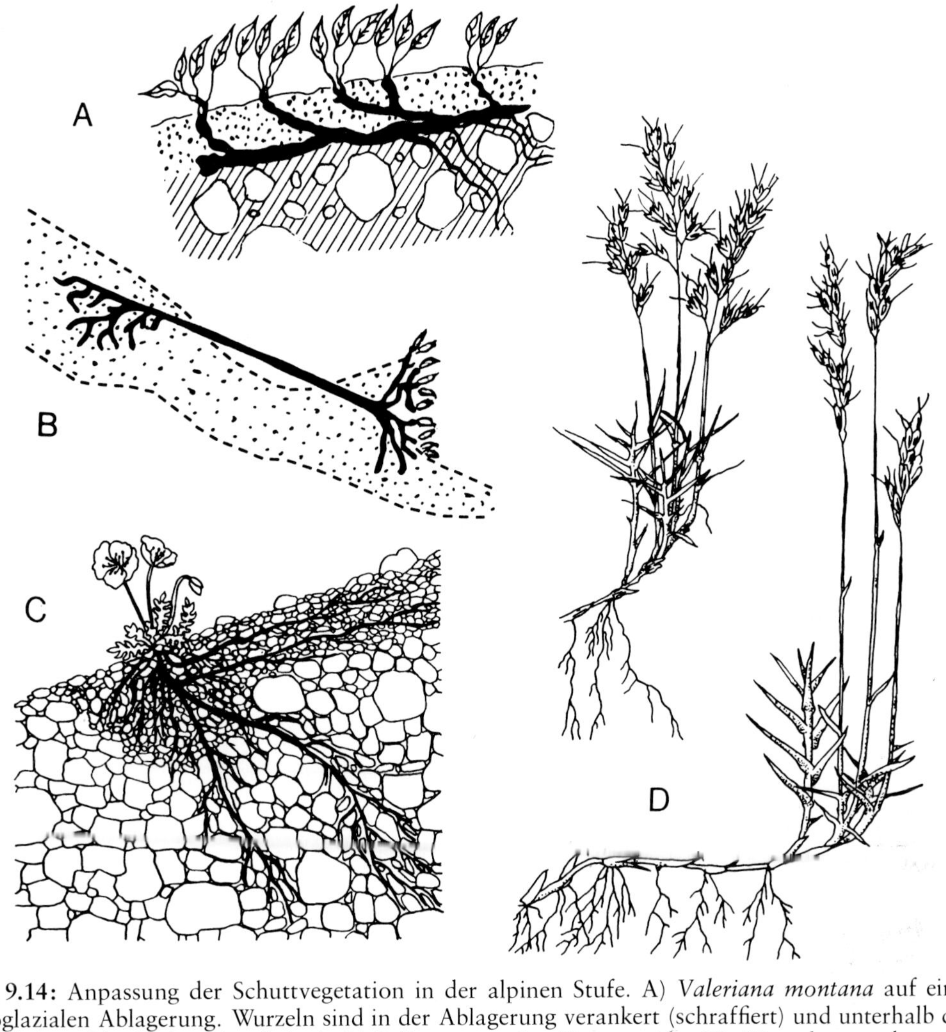

Abb. 9.14: Anpassung der Schuttvegetation in der alpinen Stufe. A) *Valeriana montana* auf einer fluvoglazialen Ablagerung. Wurzeln sind in der Ablagerung verankert (schraffiert) und unterhalb des beweglichen Oberbodens (punktiert). B) *Salix retusa*, eine Zwergweide. Die Wurzeln verankern die Pflanze im Oberboden und am äußersten Ende bilden Zweige und Äste ein Spalier, das den Boden zurückhält. C) *Papaver sendtneri*, an einem Schuttstandort: Dimorphismus der Wurzeln, wobei einzelne die oberen Bodenschichten ausnützen, während die anderen tief die Pflanze verankern. D) *Trisetum distichophyllum*, mit langen Ausläufern kann sich auf dem Schuttboden ausbreiten. Die Arten dieses Typs werden als Schuttwanderer bezeichnet (nach ALLORGE-JOVET, SCHRÖTER, FAVARGER).

langsamem Wachstum werden die dichten Büschel 100 Jahre und mehr (Abb. 9.8).
Durch Fließerde, die einen Teil der Pflanzen zerstört, flachgründigen Boden, Wasserarmut und starken Wettbewerb zwischen unterirdischen Teilen, die stets stärker entwickelt sind als oberirdische (Abb. 9.14), wird der Deckungsgrad der Vegetaion nie sehr hoch.
Einen speziellen Fall der Gesellschaftsentwicklung auf Lockerböden stellt die Besiedlung von Moränen dar, die infolge des Rückgangs von Gletschern seit einigen Jahrzehnten eingehender studiert werden konnte. Die ökologischen Faktoren sind dabei bis zu einem gewissen Grad ähnlich wie während des Spätglazials. Dazu orientieren Arbeiten von LÜDI (1958) über Schweizer Moränen, J.L. RICHARD (1968, 1973) über Moränen des Aletschgletschers (Abb. 8.9), JOCHIMSEN (1970) über Tirol und von ZOLLITSCH (1969) am Großglockner sowie das instruktive Buch von MOIROUD-GONNET (1977). Eine derartige Besiedlung verläuft im Anfangsstadium relativ rasch und dann langsamer. Inneralpine Moränen werden meist aus Silikat-Schutt gebildet, da Gletscherregionen heute auf die Innenalpen beschränkt sind.

5.2.1. Kalkschutt

Die Kalkschuttgesellschaften können zu einem *Thlaspeion rotundifolii*-**Verband** zusammengefaßt werden, der in sämtlichen Kalkschiefergebirgen Mitteleuropas weit verbreitet ist.
Nach der Schuttgröße sind zwei Gruppen von Assoziationen zu unterscheiden:

1. Die erste Gruppe auf **Grob- oder Mittelschutt** wird hauptsächlich von der *Thlaspeetum rotundifolii*-Gesellschaft in den gesamten Alpen besiedelt. Ihre klassische Ausbildung wurde in den Zentral- und Ostalpen beschrieben mit folgenden Charakterarten: *Thlaspi rotundifolium*, *Cerastium latifolium*, *Poa cenisia*, *Trisetum distichophyllum*, *Doronicum grandiflorum*, *Linaria alpina*, *Saxifraga oppositifolia*, *Galium helveticum*.
Das *Triseto distichophylli-Athamanthetum* (LIPPERT) der subalpinen Stufe in den Berchtesgadener Alpen (siehe Latschenserie) ist etwas anders zusammengesetzt trotz weitgehend ähnlicher Umweltbedingungen.
Eine verwandte Assoziation, gekennzeichnet durch die beiden endemischen Arten *Thlaspi minimum* und *Alyssum ovirense*, wurde in den Vizentiner Dolomiten beobachtet (LASEN-PIGNATTI-SCOPEL 1977).
In den **Südwestalpen** setzt sich die typische Assoziation aus zahlreichen, in diesem Gebiet **endemischen Arten** zusammen: *Viola cenisia*, *Campanula alpestris*, *Crepis pygmaea*, *Allium narcissiflorum* und auch *Helictotrichon montanum*, die den Rasen, der nach Konsolidierung entsteht, kennzeichnen.

2. Eine zweite Gruppe von Assoziationen entwickelt sich auf **Feinschutt,** besonders auf Schiefer- und Kalkmergel-Geröll. Die wichtigste Gesellschaft, *Leontodidetum montani*, umfaßt viele Arten der vorhergehenden Assoziation, darüber hinaus noch *Leontodon montanum*, *Saussurea depressa*, *Taraxacum alpinum*, *Festuca pumila* und an bestimmten Stellen *Saxifraga biflora*.
Diese Gesellschaft findet sich auch in den **Südwestalpen** mit endemischen Formen wie *Diplotaxis repanda*. Eine verwandte Assoziation charakterisiert der seltsame paläoendemische Korbblütler *Berardia lanuginosa*, systematisch sehr isoliert (GUINOCHET 1938). Diese Assoziation entwickelt sich durch Konsolidierung zur *Helictotrichon montanum (Avena montana)*-Wiese.

3. **Kalkschiefer-Schutt,** ein Sonderfall, ist stets feinkörnig. Die Flora ist mit den vorigen Assoziationen verwandt, jedoch weitaus reichhaltiger (ZOLLITSCH 1966) und bildet einen Spezialverband, das sogenannte *Drabion hoppeanae* mit vielen Arten der typischen Kalkgesellschaften. Wie in letzterem schwankt der pH-Wert des Bodens zwischen 7,5 und 8 (im Gegensatz zu 5 im Silikat-Schutt).

5.2.2. Silikat-Schutt

Die entsprechenden Assoziationen wurden dem Verband *Androsacion alpinae* zugeordnet. Auch hier ähneln sich einzelne Gesellschaften ziemlich, abgesehen von Unterschieden, die auf die Skelettgröße zurückgehen.

1. Die **Hauptgesellschaft** *Oxyrietum digynae* besiedelt vor allem kleine und mittelgroße Geröllhalden und ist in den gesamten Alpen, von Kärnten bis zu den Seealpen, ziemlich einheitlich zusammengesetzt. In erster Linie kennzeichnen folgende Arten: *Oxyria digyna*, *Cerastium uniflorum*, *Doronicum clusii*, *Poa laxa*, *Epilobium alpinum* und *Luzula spadicea*. Bemerkenswert ist im Gegensatz zum Kalkschutt eine Vikarianz bei den Arten *Cerastium*, *Doronicum* und *Poa*.
In den **Seealpen** wird eine ähnliche Gesellschaft durch die Endemiten *Viola valderia* und *Thlaspi limosellaefolium* (GUINOCHET 1938, BARBÉRO-BONO 1967) gekennzeichnet (Abb. 9.15).

2. **Fein-Sediment**, in dem sich Hangschmelzwasser lange Zeit hält, bestockt eine Spezialeinheit, *Luzuletum spadiceae*, mit ähnlicher Zusammensetzung wie das *Oxyrietum*, in das es allmählich übergeht.

3. Auf **Grobblockschutt** kommt eine andere Assoziation mit der typischen *Adenostyles leucophylla* vor, in den West- und Zentralalpen eine Spezialart.

5.3. Gesellschaften in Schneetälchen

Die Vegetation in Schneetälchen kennzeichnen kleinwüchsige Arten, die an eine längere Schneebedeckung und an eine stark verkürzte Vegetationsperiode – oft nur zwei oder drei Monate (chionophile Flora) – angepaßt sind.
Interessant ist die große Verwandtschaft der Schneetälchen-Gesellschaften in den Alpen

Abb. 9.15: *Thlaspi limosellaefolium*, Endemit auf Schutt im Mercantour-Massiv (Bild BONO).

mit anderen großen Gebirgen wie Karpaten, Pyrenäen und auch Skandinavisches Hochgebirge.

1. Die beiden beschriebenen alpinen Assoziationen von Schneetälchen auf **Kalk** gehören dem Verband *Arabidion coeruleae* an und weisen je nach Skelettgröße unterschiedliche Zusammensetzung auf.
Auf lange Zeit von Schnee bedeckten Schutthalden entwickelt sich das *Salicetum retuso-reticulatae* mit zwei typischen Arten von Zwergweiden und einer unbeständigen Folgevegetation. Laubabfall der Weiden bildet eine mächtige Humusschicht, auf der sich später das durch *Arabis coerulea*, *Gnaphalium hoppeanum* und *Potentilla dubia* charakterisierte *Arabidetum coeruleae* festsetzt. Durch langsame Bodenversauerung geht die Entwicklung weiter zum *Salicetum herbaceae* der Silikatböden.

2. In den Schneetälchen der Silikatstandorte in Silikatmassiven ist die Vegetationsdecke besser entwickelt und artenreicher. Je nach Dauer der Schneebedeckung lassen sich drei Assoziationen unterscheiden (Abb. 9.16):
– *Polytrichetum sexangularis* bildet einen dichten Teppich aus Moosarten und Lebermoosen und übersteht auch eine Schneedeckenandauer von mehr als zehn Monaten
– *Salicetum herbaceae*, wo die kleinste Zwergweide ihre winzigen Triebe, wie den größten Teil ihrer vegetativen Organe, unterirdisch ausbildet und entwickelt nur zwei bis drei Blätter und ein Kätzchen. Übrige Arten der Gesellschaft sind Kümmerformen oder kleingewachsene Pflanzen.
– *Caricetum foetidae* siedelt dort, wo die Schneebedeckung nur ungefähr acht Monate dauert und bereits Wiesenarten *Luzula spadicea* und *Polygonum viviparum* auftreten. In den **Westalpen** wurde eine verwandte Unterassoziation beobachtet mit *Carex foetida* und *Alopecurus gerardi* als Begleiter.

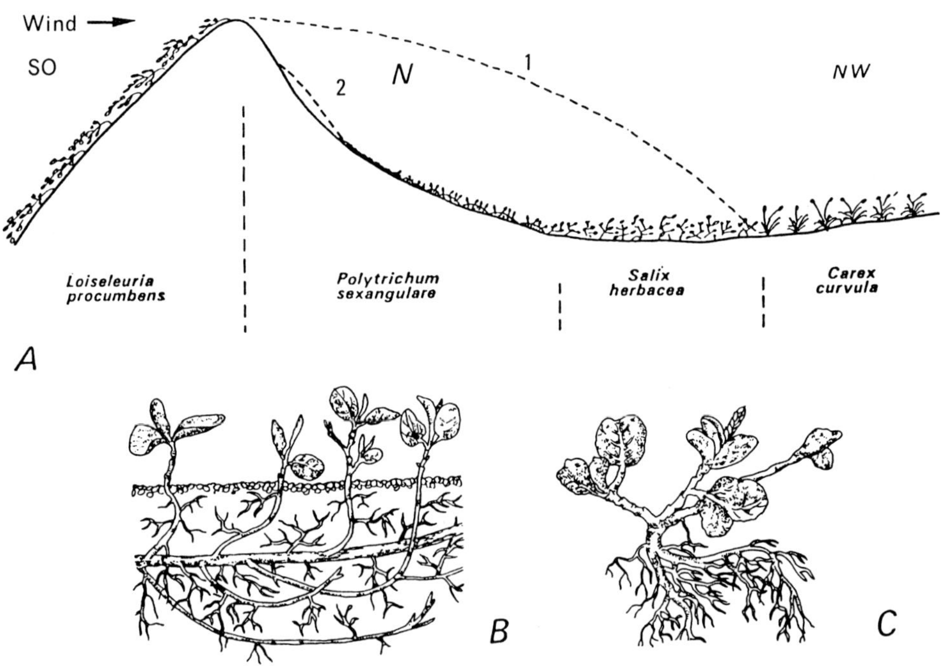

Abb. 9.16: Schneetälchen-Vegetation: A) Zonation der Vegetation in Abhängigkeit von der Schneebedeckungsdauer (nach BRAUN-BLANQUET). W) herrschende Windrichtung, N) Schneewehe. 1) Oberfläche des Schnees zu Beginn der Vegetationszeit, 2) Schneerest im Sommer (nach BRAUN-BLANQUET). B) und C) *Salix herbacea:* Überwiegen der unterirdischen Teile.

5.4. Wasser- und Sumpfgesellschaften

5.4.1. Unterwasservegetation

Zwar wurde ein Verband *Litorellion* und eine Assoziation *Callitricheto-Sparganietum affinis* definiert, die Flora der Alpenseen ist jedoch so arm, daß kaum von Gesellschaften gesprochen werden kann. Sie beschränkt sich auf *Sparganium affine (Sparganium minimum)*, das häufig dichte und ausgedehnte Bestände bildet, und einige uncharakteristische Begleitpflanzen, wenn von zahlreichen einzelligen **Algen,** *Desmidiaceae (Micrasterias)* und vor allem Kieselalgen abgesehen wird. Wie vielfach setzt sich diese Wasservegetation aus Kosmopoliten zusammen und ist von den Pyrenäen (reichhaltiger als in den Alpen) bis nach Grönland zu finden.

5.4.2. Quell- und Sickergesellschaften

Übliche Ordnung nach der Zusammensetzung des Wassers in zwei Assoziationen: *Cardaminetum amarae* im oligotrophen, sauerstoffreichen und leicht sauren Wasser und *Cratoneuro-Arabidetum bellidifoliae* bei kalkreichen Quellen mit einem pH-Wert von 7 bis 8.

Beide Assoziationen mit analoger Zusammensetzung weisen bei spezifischem Standort zahlreiche **Vikarianten** auf, und dies auch bei den üppigen Moosen, die mitunter einen grün-gelb-braun gemusterten Teppich bilden und bei der zweiten Assoziation mit Tuffstein inkrustiert.

Cardaminetum	*Arabidetum*
Cardamine amara	*Arabis bellidifolia*
Saxifraga stellaris	*Saxifraga aizoides*
Epilobium alpinum	*Carex flava*
Stellaria alsine	*Equisetum variegatum*
Alchemilla fissa	*Tussilago farfara*
Caltha palustris	*Epilobium alsinifolium*
Philonotis seriata	*Philonotis calcarea*
Bryum schleicheri	*Bryum ventricosum*
Scapania undulata	*Cratoneuron falcatum*
Calliergon stramineum	*Cratoneuron glaucum*

In den **Cottischen Alpen** und **Seealpen** bilden die beiden Assoziationen jeweils eine *Cardamine asarifolia*-Untergesellschaft.

Eine sehr detaillierte **Untersuchung der Kryptogamen-Flora** (Wassermoose und -flechten) in den Schweizer Ostalpen und der Vergleich mit Tirol und dem Briançonnais veranlaßte GEISSLER (1976), die pflanzensoziologische Nomenklatur dieser Gesellschaften zu revidieren und 12 Assoziationen, verteilt auf vier Verbände und zwei Ordnungen, auszuscheiden.

5.4.3. Saure Flachmoore

Cyperaceen- und **Moos-Flachmoore** treten auf, da *Sphagnum*-Hochmoore in der alpinen Stufe fehlen und die Torfmoosvergesellschaftungen, die subalpin gelegentlich vorkommen, immer stark verarmt oder sogar monospezifisch sind (GAMS 1967).

Carex fusca (Carex goodenowii) prägt das *Caricion fuscae* als dominante, torfbildende Art. Weitere typische Arten: *Carex echinata* und *Carex canescens* sowie die Moose *Calliergon stramineum* und *Calliergon sarmentosum.*

Beim Übergang vom freien Wasser mit *Sparganietum* zum *Nardus*-Rasen, dem Endstadium der Verlandung, lösen sich drei Assoziationen ab: *Eriophoretum scheuchzerii*, eine stark verarmte, noch halbaquatische Gesellschaft; *Caricetum fuscae* (an den dicken, hügeligen *Carex*-Büscheln erkennbar) und schließlich *Trichophoretum caespitosi.*

5.4.4. Alkalische Flachmoore

Die Hauptgesellschaft ist der *Caricion davallianae*-Verband, den in den Alpen nur eine einzige Assoziation vertritt, mit der zweihäusigen Segge *Carex davalliana*, *Eriophorum latifolium*, *Carex öderi*, *Swertia perennis* sowie mit Moosen aus den Gattungen *Drepanocladus* und *Cratoneuron.* Auch hier verläuft die Verlandung über ein *Trichophorum caespitosum*-Stadium.

Gesellschaften des *Caricion bicoloris-atrofuscae*-Verbandes sind in nordischen Gebirgen gut ausgebildet, in den Alpen jedoch ein seltenes Glazialrelikt. Von dieser **«arktisch-alpinen»** Vegetation sind zwei Assoziationen in den Alpen bekannt, *Caricetum juncifoliae* und *Kobresietum bipartitae*, reich an Seltenheiten *(Carex bicolor, Carex microglochin, Tofieldia pusilla);* beide vom Aussterben bedroht (Bressoud-Trotereau 1984).

6. Kalk-Rasen

Hauptsächlich in den Gebirgen der Randalpen entwickelt, greifen sie auch auf Kalkstandorte der Inneralpen über, wo sie sich in ihrer Zusammensetzung nicht wesentlich von den randalpinen Rasen unterscheiden.
Im ursprünglichen System von Braun-Blanquet bilden sie die Ordnung *Seslerietalia variae* und gliedern sich in drei Verbände mit unterschiedlicher Ökologie:
– *Seslerion variae:* Magerrasen in der subalpinen und tiefalpinen Stufe
– *Caricion ferrugineae:* mesophile Rasen auf tiefgründigem Boden in gleicher Lage
– *Elynion:* Rasen, auf die alpine Stufe und vor allem hochalpin beschränkt.

Wie in Kapitel X und XII noch ausgeführt, kommen alle drei Verbände in den randlichen Kalkgebirgen im Jura, Nord- und Zentralapennin und in den Dinariden vor, das *Elynion* aber nur dort, wo Gebirge sich bis zur alpinen Stufe erheben. Sie sind wie auch in den Kalkregionen der Tatra teilweise durch andere Assoziationen vertreten.
Gegen Norden zu fehlen sie im gesamten herzynischen Gebirgsbogen. Nur das *Elynion* tritt dann mit etwas anderen Gesellschaften wieder im skandinavischen Hochgebirge auf.
In den **Pyrenäen** und auf dem **Balkan** lösen vikariierende Verbindungen auf *Festuca*-Basis ab, zu denen stellenweise noch Gesellschaften vom altimediterranen Typ treten, die auch schon in den Südwestalpen vorkommen: *Festuca dimorpha, Helictotrichon sempervirens* und *Astragalus*-Dornpolsterarten.

Die Orientierung folgt mehr nach der Ökologie als nach der Floristik und nur zwei unterschiedliche Gruppen werden unterschieden.

6.1. Kalkmagerrasen auf neutralem oder basischem, schwach entwickeltem Boden

Diese Gruppe entspricht eindeutig den Verbänden *Seslerion variae* und *Elynion* (Abb. 9.17 und 18).

Carex firma-**Assoziation** *(Caricetum firmae, Firmetum).*

Als eine der ersten alpinen Vegetationsgesellschaften wurde sie schon 1863 von Kerner in den Tiroler Alpen erkannt.
An felsigen Standorten mit geringer Hangneigung vorkommend, ist sie dem Wind und Frost ausgesetzt. Der Protorendzina-Boden ist nicht sehr tiefgründig und humusarm. Stellenweise noch Spuren von Polygonböden. *Carex firma* mit kurzen, steifen und stacheligen Blättern (Abb. 9.17 und 18) entwickelt einen hohen Deckungsgrad. Die Assoziation ist homogen und wird durch relativ wenige, aber interessante Arten geprägt: *Dianthus sternbergii, Primula wulfeniana, Gentiana frölichii, Gentiana terglouiensis, Pedicularis rosea, Saussurea pygmaea* und *Carex mucronata.*
Die harten Standortsbedingungen reduzieren die Entwicklungsmöglichkeiten und das *Firmetum* erscheint daher als Dauergesellschaft. Allerdings sind *Dryas*-Pionierstadien (Stilfserjoch, Pedrotti) und Entwicklungsstadien zur *Loiseleuria*-Zwergstrauch-Heide bekannt.
Die beste Entfaltung bieten die **Südostalpen** in Kärnten und Slowenien. Nördlich und beson-

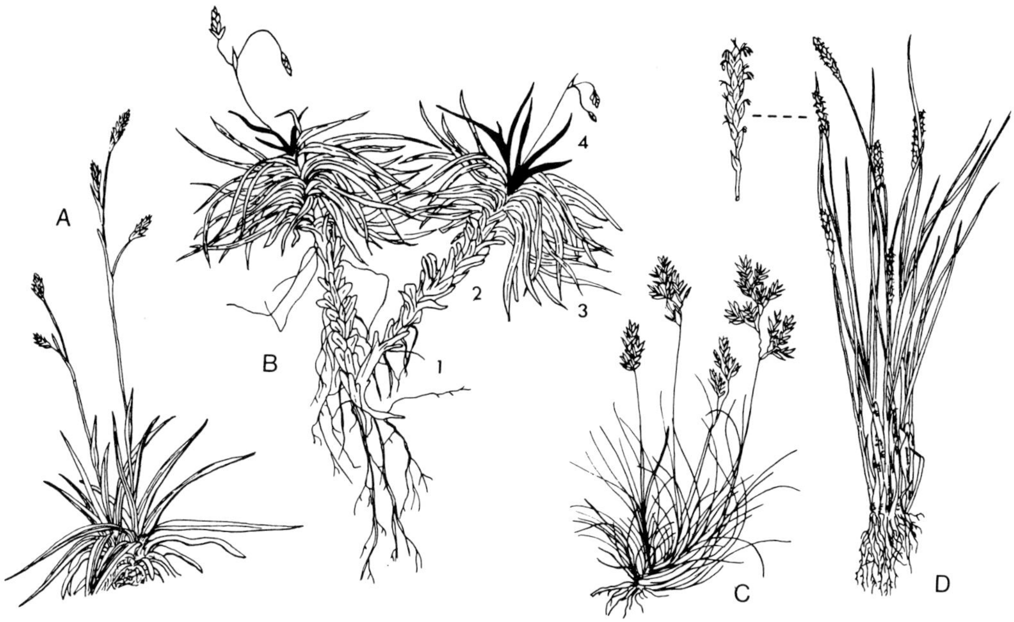

Abb. 9.17: Einige subalpine und alpine Kalk-Rasenarten. A) *Carex sempervirens*, B) *Carex firma* mit verschiedenen Wuchsstadien: 1) Unterirdischer Stamm und Wurzeln. 2) Fuß des Schaftes mit abgeworfenen Blättern. 3) Mittlerer Teil des Stengels mit toten Blättern der vergangenen Jahre. 4) Grüne Triebe und Blüten des laufenden Jahres (nach GALLAND 1983). C) *Festuca pumila*, D) *Elyna*.

ders westlich dieser Region nimmt die Zahl der Charakterarten immer mehr ab: 12 in Kärnten, 7 in Tirol, 5 in der Ostschweiz und 3 in der Westschweiz. In den Westalpen schließlich ist das Auftreten dieser Assoziation ungewiß: *Carex firma* wurde in Savoyen und den Seealpen (sowie nicht eindeutig in Dauphiné und der Haute Provence) nachgewiesen, aber sie wird nur teilweise von typischen Arten begleitet, ohne ein echtes *Firmetum* aufzubauen (BARBÉRO-CHARPIN).

Ursprung der Gesellschaft und Lokalisierung im Osten sind schwer zu erklären. BRAUN-BLANQUET nimmt an, daß das *Firmetum* bereits vor der eiszeitlichen Vergletscherung die Ostalpen besiedelt hat und möglicherweise zum Tertiär-Grundstock der Alpenvegetation gehört. Das *Firmetum* könnte an geschützten Standorten des Nordbalkans überdauert haben und die Alpen in jüngster Zeit neubesiedelt haben. Doch diese Hypothese geht schlecht konform mit der kryophilen Biologie der Assoziation in ihrer heutigen Form. Fehlen bzw. schwache Entwicklungsform in den Westalpen könnte darauf zurückzuführen sein, daß Kalkgebirge dort nicht die nötige Höhe erreichen.

In der Schweiz (GALLAND) wurde eine Übergangsausbildung mit der folgenden Assoziation beobachtet.

Sesleria varia- und *Carex sempervirens-*Assoziation

Es handelt sich um einen Komplex, der sich aus einer Hauptassoziation, dem sogenannten *Seslerio-Caricetum sempervirentis* (gewöhnlich zu *Seslerio Sempervíretum* verkürzt) und geographischen Rassen zusammensetzt, die häufig als getrennte Assoziationen aufgefaßt werden. Diese Gesellschaften bilden an steilen Südhängen terrassenförmige Rasen mit geringem Deckungsgrad. Diese Rasen sind durch Erosionsflecken unterbrochen, weshalb sie als «aufgeschürfte Rasen» bezeichnet werden.

Die Schneebedeckung dauert nur etwa 6 bis 7 Monate und die meisten Arten blühen daher bereits im Juni voll. Der trockene Boden

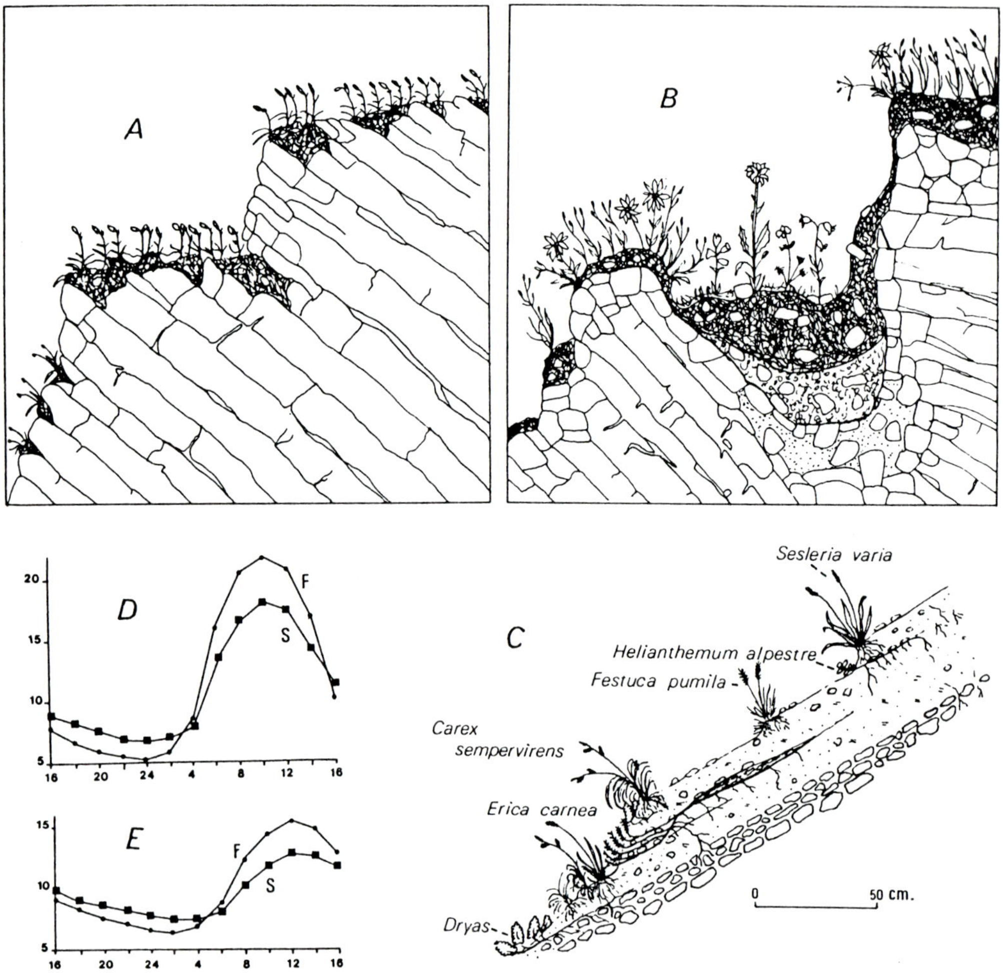

Abb. 9.18: Struktur und Ökologie der *Carex firma-* und der *Sesleria varia-Carex sempervirens*-Gesellschaften.
A, *Carex firma*-Bestand mit flachgründigem Skelettboden auf einer exponierten Felsplatte. B, *Seslerio-Semperviretum*-Bestand mit treppenartigem Aufbau und besser entwickeltem Boden. C, ein anderes Fazies derselben Assoziation, auch treppenartig gebaut. D und E, täglicher Lauf der Temperaturen an der Bodenoberfläche (D) und 5 cm tief (E) in einem *Carex firma*-Bestand (F) und in einer *Sesleria varia*-Fazies (S) desselben. (A und B nach Albrecht, in Lippert 1980; C nach Zuber, in Ellenberg 1978; D und E nach Galland, 1982).

ist feinerdereich und kann sich von einer Rendzina zu einem reifen Humuskarbonatboden entwickeln.
Vorherrschende Arten wie *Dryas octopetala*, *Sesleria varia*, *Carex sempervirens* (südwestalpin auch *Helictotrichon montanum*), tragen wesentlich zur Hangstabilisierung bei, verlangsamen das Bodenfließen und stellen damit die Voraussetzungen für die Gesellschaftsentwicklung her.
Zu den wichtigsten Charakterarten dieser Gruppe von Assoziationen zählen: *Pedicularis rostrato-spicata*, *Hieracium villosum* s.l., *Hieracium bifidum*, *Pedicularis verticillata*, *Leontopodium alpinum*, *Anthyllis vulneraria* ssp. *alpestris*, *Helianthemum alpe-*

stre, *Aster alpinum*, *Oxytropis triflora*, *Oxytropis campestris*, *Biscutella laevigata* und *Potentilla crantzii*.

Wesentliche **regionale Unterschiede.**

1. *Seslerio-Semperviretum* ist typisch in den zentralen und östlichen Randalpen (SCHÖNFELDER 1970) sowie in einem Teil der Nordwestalpen und des Jura. Beispielsweise Beobachtungen im Berner Oberland von LÜDI, Splügen von GIACOMINI et al. (1962), Berchtesgadener Alpen von THIELE (1978), Feltre-Dolomiten von LASEN et al. (1977), Karawanken von AICHINGER (1933).

2. Unterassoziationen oder verwandte Assoziationen sowie floristische Varianten wurden in den **Lienzer Dolomiten** (WIKUS, *Seslerio-Koelerietum eriostachyae*, *Valeriano-Seslerietum variae*, 1960) und in den **Schweizer Randalpen** (J.L. RICHARD 1977) beschrieben.

3. Einige Gesellschaften sind darüber hinaus **ökologische Varianten:** Unterassoziation *caricetosum humilis* in den Rätischen Alpen (BRAUN-BLANQUET 1969) ist eine kontinentalere Ausbildung, das *Serratulo-Caricetum* der Freiburger Randalpen (BERSET 1969) ist eine feuchtere Form und das *Caricetum fimbriatae* der Grayischen Alpen (VERGER 1983, J.L. RICHARD 1985) entwickelt sich auf Serpentin.

4. In den **Südwestalpen** verändert sich die Gesellschaft, noch typisch in den Randalpen von Savoyen und des nördlichen Dauphiné merklich und wird zum *Seslerio-Avenetum montanae*, das von verschiedenen Autoren von Oisans bis zu den Seealpen beschrieben wurde. *Carex* ist selten, *Helictotrichon montanum* wird zum wesentlichen Bestandteil und erstmals treten südliche Arten auf: *Globularia nana*, *Astragalus sempervirens*, *Hedysarum hedysaroides*. Möglicherweise ist diese Variante nichts anderes als eine Anpassungsform an verstärkte Erosion in diesen Gebieten.

5. *Seslerio-Semperviretum* verändert sich mit zunehmender Höhe. So ist die *Sesleria varia-* und *Gentiana angustifolia*-Assoziation im Vercors und in den Baronnies (BANNES-PUYGIRON 1933) verarmt, die nur auf stufenförmigen Kreidefelsen in 1400–1600 m Höhe wächst. An ihrer Obergrenze verwandelt sich die Assoziation in eine *Festuca pumila*-Variante, die in Schuttgesellschaften übergeht und vielleicht begründeter als das *Elynetum* die typische Klimaxausbildund der Kalkgebirge in der oberen alpinen Stufe darstellt.

6. Vikariierende, ökologisch sehr und floristisch ziemlich ähnliche Assoziationen spielen im Hochapennin, in den Dinariden und in der Tatra eine große Rolle. Das gilt auch für *Festucion scopariae*-Gesellschaften in den Pyrenäen (Abb. 13.3).

Elyna myosuroides-**Assoziation** *(Elynetum)*

Die einzige Gesellschaft aus dem Elynion-Verband in den Alpen wurde zuerst von BROCKMAN-JEROSCH (1907) in der Südwestschweiz und später von BRAUN-BLANQUET-JENNY (1926) identifiziert.
Sie wächst auf Kuppen und Bergkämmen, die dem Wind ausgesetzt und im Winter oft schneefrei sind und erträgt extreme Temperaturen, die manchal unter $-35°$ sinken. Winderosion untergräbt, gefördert durch das Schneegebläse mit Lockerung der Bodenteilchen, die *Elyna*-Büschel, die sich nur durch ihr widerstandfähiges Wurzelsystem halten können. *Elyna* ist ein ausgezeichneter Humusbildner. Durch starke Verhärtung der Stengel und Blätter wird deren Zersetzung verlangsamt und mehrere dicke, filzige Blätterschichten entstehen. Der Humuskarbonatboden ist oberflächlich versauert und besitzt mitunter mehr als 40 % Humusgehalt.
Die Assoziation prägen seltene Arten wie *Dianthus glacialis* (nur in den Ostalpen), *Oxytropis lapponica*, *Gentiana tenella*, *Saussurea alpina* und *Phaca frigida*. Häufig sind arktisch-alpine Pflanzen: *Viscaria alpina*, *Cerastium alpinum*, *Trisetum spicatum* und *Antennaria carpathica*.
Die Gesellschaft ist von den Ostalpen bis zum Oisans gut charakterisiert. Weiter südlich wurde sie als Fragment und vor allem als Übergangsform zum *Carex curvula*-Rasen beobachtet; *Elyna-* und *Carex curvula* ssp. *rosae*-Assoziation im Briançonnais und *Cari-*

cetum curvulae elynetosum in der Tinée (GUINOCHET 1938).
Das *Elynetum* besitzt **nordische Affinität.** Bei *Elyna myosuroides* reicht ein ausgedehntes, holarktisches Verbreitungsgebiet vom Apennin und den südlichen Pyrenäen bis nach Island, Sibirien, Grönland und den äußersten Norden Kanadas. *Elyna* trägt überall zum Aufbau von Rasen bei, wo die klimatischen Bedingungen extrem und die Winderosion sehr stark sind. In den skandinavischen Gebirgen wurde ein *Elynion boreo-arcticum*-Verband beschrieben.
In den Alpen hingegen ist das *Elynetum* mit dem *Seslerio-Semperviretum* verwandt, insbesondere mit Hochlagenformen und folgenden gemeinsamen Arten: *Festuca pumila*, *Oxytropis campestris*, *Oxytropis triflora*, *Sesleria varia*, *Helianthemum alpestre*, *Anthyllis alpestris* und *Aster alpinus*.

6.2. Karbonat-Rasen auf schwach sauren, entwickelten Böden

In dieser Gruppe, gewöhnlich *Caricion ferruginaea*-**Verband,** werden zunächst zwei Assoziationen behandelt, die, ursprünglich in den Seealpen beschrieben, aber wahrscheinlich ein viel größeres Verbreitungsgebiet einnehmen.

Schwach bodensaure *Carex sempervirens*-**Assoziation**
Nach GUINOCHET (1938) sind im Tinéetal (westliches Mercantour) Klimaxrasen auf Kalk und Sandstein einerseits und Silikatböden andererseits von zwei sehr ähnlichen Gesellschaften gebildet, als zwei Untereinheiten der *Festuca halleri*-Assoziation angesprochen. In der Kalk-Einheit fehlen jedoch die für das spezifische *Festucetum halleri* typischen Arten wie *Festuca* selbst, *Juncus trifidus*, *Senecio incanus*, *Agrostis rupestris* sowie *Silene exscapa;* dafür kommen einige Arten des *Seslerio-Semperviretum* wie *Carex sempervirens* (auch hier dominierend), seltener *Sesleria varia*, *Helictotrichon montanum*, *Dryas octopetala* und *Trifolium thalii* vor.
Die pflanzensoziologische Logik führt hier zu einer ökologisch überraschenden Gegenüberstellung. Vorzuziehen ist die Betrachtung der Kalk-Einheit als Übergangstyp zwischen dem *Seslerio-Semperviretum* und den Assoziationen auf dem reiferen Boden des *Caricion ferrugineae*.
Im Gegensatz zum *Seslerio-Semperviretum* entwickelt sich diese Gesellschaft auf schwach geneigten Hängen mit einem ausreichend gründigen Humuskarbonatboden, der mehrere Dezimeter mächtig und schwach sauer ist (pH-Wert 6 bis 7). In anderen Regionen der Südwestalpen und besonders im inneren Teil muß die Gesellschaft noch untersucht werden, die möglicherweise ein ziemlich großes und bisher unbekanntes Verbreitungsgebiet aufweist.

Festuca paniculata- **und** *Centaurea uniflora*-**Assoziation** *(Festucetum spadiceae* **p.p.**)

Von LACOSTE (1972) wurde die Gesellschaft von Oisans bis zu den Seealpen als *Festucetum spadiceae* beschrieben und in zwei verschiedene Typen unterschieden, eine auf Kalk- und eine auf Silikat-Unterlage (letztere siehe Unterkapitel 7.1).
Der **basiphile Typ** ist eine dichte *Festuca*-Vergesellschaftung mit goldbraunen, reifen Blütenständen von 60–80 cm Länge, die bei Weiden und Mähwiesen gute Produktionskraft anzeigt. Der Boden ist tiefgründig, kalkarm und leicht versauert oder neutral.
Der floristische Reichtum ist bemerkenswert: *Centaurea uniflora* (sehr typisch), *Trifolium montanum*, *T. alpestre*, *Potentilla grandiflora*, *Silene nutans*, *Hypericum richeri*, *Hieracium peletierianum*, *H. laggeri*, *Luzula pediformis*. *Asphodelus albus* überwuchert oft alles. Begleitende Arten fast stets: *Meum athamanticum*, *Arnica montana*, *Plantago serpentina* und *Carex sempervirens*.
Das Gesellschaftsareal nimmt bei gleichbleibender Zusammensetzung die innere Zone der Südwestalpen ein: Oisans, Névache-Tal, Ubaye, Seealpen und Ligurische Alpen. Mit verarmten Typen auch in der Zwischenzone, einem Teil der Nordwestalpen (Tarentaise, Moyen-Drac) sowie vielleicht in den Südostalpen vertreten.

Carex ferruginea-**Assoziation** (*Caricetum ferrugineae*)

Diese Assoziation, von LÜDI (1921) im Berner Oberland beschrieben, dürfte in den nördlichen Schweizer Kalkalpen (Freiburger Randalpen, BERSET 1969), der Haute-Savoie und Graubünden (BRAUN-BLANQUET) verbreitet sein. Weiter östlich ist das Vorkommen fraglich (Karawanken?).
Wie die beiden vorhergehenden Assoziationen ist diese Gesellschaft eine Übergangsausbildung zwischen den mageren Kalkwiesen und den azidophilen Rasen der folgenden Einheit.

Festuca violacea- **und** *Trifolium thalii*-**Assoziation** (*Festuco-Trifolietum thalii*)

Der dunkelgrüne, dichte und robuste Rasen mit gutem Futterertrag ist nach der Zusammensetzung von Tirol bis zu den Seealpen ziemlich einheitlich und besiedelt feuchte, gelockerte, neutrale bis leicht saure Böden mit langer Schneebedeckung in 2000–2600 m Höhe. Zu den typischen oder reichlich vertretenen **Arten** gehören: *Festuca violacea*, *Trifolium thalii*, *T. badium*, *Linum alpinum*, *Trollius europaeus*, *Anemone narcissiflora*, *Geranium sylvaticum*, *Polygonum viviparum*, *Phleum alpinum*, *Ligusticum mutellina* und *Crepis aurea*. Die floristische Zusammensetzung ist ähnlich mit dem *Seslerio-Semperviretum* (*Oxytropis campestris*, *O. triflora*, *Helianthemum alpestre*, *Biscutella laevigata*, *Aster alpinus*, *Potentilla crantzii*) und dem *Festucetum paniculatae*. Eine *Plantago serpentina*-Unterassoziation wird vom Mercantour erwähnt.

7. Silikat-Rasen

Im pflanzensoziologischen System gliedern sie sich in drei Verbände: *Festucion variae*, *Nardion* und *Caricion curvulae*. Diese Gliederung wird mit einigen Änderungen beibehalten.

7.1. Felsrasen auf Südhängen

Eindeutig dem Verband *Festucion variae* zugehörig, kennzeichnet sie exponierte und nur kurz schneebedeckte Silikat-Hänge der Zentral- und Südalpen und ersetzt auf analogen Silikatstandorten gewissermaßen das *Seslerion variae*. Rasen dieser Gruppe stocken hauptsächlich **subalpin,** reichen kaum über 2300 m hinaus und werden häufig von *Juniperus alpina* besiedelt. Insofern liegt eine Serie vor, da dieser Strauch oft selbst einen Klimaxtyp in den Südalpen, im Zentralmassiv und teilweise in den Pyrenäen (*Juniperion nanae* von BRAUN-BLANQUET) aufbaut.

Festuca varia-**Assoziation** (Abb. 9.19) (*Festucetum variae* **oder «Varietum»**)

Zuerst in den Ostalpen (Wallis, Tessin, Graubünden) beschrieben, bildet sie auf felsigen Hängen mit Ranker einen rutschigen Teppich, jedoch nicht wie das *Seslerietum* einen Treppenrasen.
Charakteristische oder konstante **Arten:** *Laserpitium halleri*, *Potentilla grandiflora*, *Bupleurum stellatum* (auch für felsige Silikatrasen in dieser Höhe typisch), *Senecio doronicum*, *Veronica fruticans*, *Achillea moschata*. Im Engadin wurde eine *Poa violacea*- und *Avena pratensis*-Ausbildung beobachtet, ohne *Festuca varia*. An anderen, besser entwickelten Böden geht die Einheit allmählich in eine *Carex sempervirens*-Fazies über und kommt vielleicht mit diesem Typ auch in Gebieten der Nordalpen vor.

In **Graubünden** beschreibt BRAUN-BLANQUET (1969) tiefsubalpin in 1800–2100 m Höhe zwei mit dem *Varietum* verwandte Gesellschaften: *Draco-*

Abb. 9.19: *Festuca varia*-Horst auf einem südseitigen Silikat-Steilhang. Grandes Rousses-Gebirge, Dauphiné, gegen 2100 m (Bild OZENDA).

cephalum ruyschianum-, *Potentilla grandiflora*-Assoziation sowie das *Laserpitio-Avenetum*.

Ähnlich wie sich das *Seslerio-Semperviretum* in den Südwestalpen zu einer dem *Helictotrichon montanum* ähnlicher Gesellschaft ändert, nimmt auch das *Varietum* dort eine andere Ausbildung an, sogenannte «*Festuca varia*- und *Potentilla valderia*-Assoziation» (GUINOCHET 1938), letztere im Mercantour heimisch. Der Boden ist hier nicht sehr tiefgründig und eindeutig sauer (pH-Wert 6–6,2).

Festuca paniculata- und *Helictotrichon parlatorei*-Assoziation

Dieser Silikat-Typ des «*Festucetum spadiceae*» unterscheidet sich vom basiphilen *Centaurea uniflora*-Typ durch eine artenärmere Zusammensetzung, das Eindringen von *Varietum*-Arten, einen geringeren Deckungsgrad und einen skelettreicheren Boden. Der Typ wurde von LACOSTE (1972) im Tinée-Tal beschrieben. Doch nach Beobachtungen von GENSAC (1967) im Tarentaise und von NÈGRE (1950) im Pelvoux muß das Areal noch viel weiter nach Norden reichen; auch noch in den Grandes Rousses.

Zu diesem Typ gehören verschiedene «*Festuca spadicea*»-Einheiten außerhalb der Westalpen: *Hypochaeris uniflora-Festucetum paniculatae* in Tirol und Kärnten (HARTL 1983), *Genisto-Festucetum spadiceae* in Montenegro, in den Abruzzen auf Sandstein (LÜDI), *Festuca spadicea*- und *Chrysanthemum delarbrei*-Assoziation im Zentralmassiv (BRAUN-BLANQUET) sowie *Hieracio-Festucetum spadiceae* in den Pyrenäen (BRAUN-BLANQUET). Da die letzteren sich auch zur Zwergwacholderheide oder anderen *Festuca paniculata*-Gesellschaften mit *Scilla verna*, *Iris* oder *Asphodelus albus* entwickeln können, sind sie nach LACOSTE mit der basiphilen Unterassoziation *centaureetosum* verwandt.

Zwischen diesen Unterassoziationen und den *Festuca varia*-Gesellschaften wurden schließlich verschiedene Mischformen festgestellt.

7.2. Nardus-Rasen

Das Borstgras *(Nardus stricta)* ist montan bis alpin weit verbreitet und überwuchert mit seinen kompakten Büscheln, die durch einen dichten Wurzelstock fest im Boden verankert sind, alles. Die Blätter sind steif, stachelig, mit Silikat inkrustiert und werden nur wenig oder gar nicht abgeweidet. Dadurch breitet sich das Borstgras immer weiter aus und kennzeichnet schließlich die überweideten Flächen. *Nardus*-Bestände bilden pflanzensoziologisch keine einheitliche Gruppe. Zahlreiche Assoziationen von unterschiedlicher Zusammensetzung wurden beschrieben, die nur die Dominanz der Narde gemeinsam haben.
Im waldfreien Gebiet sind *Nardus*-Gesellschaften dagegen ziemlich einheitlich und können daher zu einem *Nardion*-**Verband** zusammengefaßt werden. Günstige Standortsbedingungen bieten sich in der subalpinen Stufe, wo schwach geneigte, saure Böden (bestes Wachstum bei pH-Wert 5,5–6) mit langer Schneebedeckung besiedelt werden.

Assoziationen der subalpinen oder unteren alpinen Stufe:
– *Curvulo-Nardetum* (Oberdorfer 1959) in den Zentralalpen
– *Nardetum alpigenum* (Braun-Blanquet 1969) und seine Subassoziationen *caricetosum sempervirentis* in Graubünden
– *Ranunculo-Alopecuretum gerardi* und trockenere Subassoziation mit *Poa violacea* und *Carex sempervirens* (Guinochet 1938) in den Seealpen. Diese Assoziation wächst auf schwach geneigten Flächen am Rande von kleinen Senken und ist ökologisch der *Festuca violacea*-Gesellschaft ähnlich, allerdings auf viel saurerem Boden vorkommend. Im Frühling fällt das vorübergehende, aber überreichliche Blühen von *Ranunculus pyrenaeus* auf.

7.3. *Juncus trifidus*-Rasen (*Caricetum curvulae* und *Festucetum halleri*)

Abgesehen von den Standortsbedingungen, die mit den zwei vorherigen Gruppen übereinstimmen, entspricht die alpine Klimaxform auf Silikat Gesellschaften, die üblich zum Verband *Caricion curvulae* zusammengefaßt werden. Da jedoch die *Carex curvula*-Assoziation nur für die Alpen (und einen Teil der Pyrenäen) typisch ist und die tatsächliche Bedeutung überbewertet wurde, haben wir zum leichteren Vergleich mit anderen Gebirgen *Juncus trifidus* herangezogen, sicher der geeignetste gemeinsame Nenner für einen gesamteuropäischen Vergleich.
Dieser Rasen wächst auf Terrassen und flachen bis mittelsteilen Hängen. Der Boden ist flachgründig, sauer, humusreich und entwikkelt sich je nach Podsolierungstendenz des Kleinstandortes vom Ranker zum Zwergpodsol. Dieser Rasen wächst nur langsam und besitzt eine große unterirdische Phytomasse (siehe Abb. 9.20) wie auch andere Formationen, etwa das *Firmetum*.
Das alpine *Caricion curvulae* umfaßt zwei sehr ähnliche Assoziationen: *Caricetum curvulae* und *Festucetum halleri* mit vielen gemeinsamen, typischen Arten: *Agrostis rupestris*, *Avena versicolor*, *Juncus trifidus*, *Luzula spicata*, *Luzula lutea*, *Minuartia sedoides*, *Silene exscapa*, *Potentilla aurea*, *Euphrasia minima*, *Veronica bellidioides*, *Pedicularis kerneri*, *Campanula barbata*, *Phyteuma pedemontanum* und *Hieracium glanduliferum*.
Die Zusammensetzung unterscheidet sich in erster Linie quantitativ durch die Dominanz einer der beiden eponymen Arten. Das Areal differenziert sich regional und der Höhe nach. Das hochalpine *Caricetum* löst das tiefalpine *Festucetum* ab, wobei eine breite Übergangszone mit Mischformen besteht. Die floristische Zusammensetzung verarmt mit zunehmender Höhe: *Trifolium alpinum* und *Antennaria dioica* z.B. fallen aus.
Auf windexponierten Standorten stockt ein *Curvuletum cetrarietosum* (*Cetraria crispa*, *Cetraria cucullata*, *Thamnolia vermicularis*,

Abb. 9.20: *Carex curvula* (Bild EYHERALDE).

Alectoria ochroleuca), das hochalpin das *Loiseleurietum* ersetzt.
Auch regionale Rassen sind anzutreffen: *Senecio carniolicus* und *Oreochloa disticha* werden in den Südwestalpen durch *Senecio incanus* und *Oreochloa pedemontana* ersetzt.

Darüber hinaus scheinen sich die beiden Gesellschaften von Norden nach Süden allmählich zu ersetzen. In den Ost- und Zentralalpen dominiert weitgehend das *Caricetum* und wurde daher lange als einziger Klimaxtyp der alpinen Stufe angesehen. In den Nordwestalpen wird es bereits seltener, in Vanoise noch reichlich, im Pelvoux schon spärlich. Im Mercantour konnte GUINOCHET trotz genauer Untersuchung der Haute-Tinée nur wenige Aufnahmen durchführen. Die detaillierte Kartierung der alpinen Stufe würde sicher zeigen, daß auch in den Zentralalpen die Verbreitung des *Curvuletum* quantitativ überschätzt wurde. Schon auf der großmaßstäblichen Karte des Splügenpasses von GIACOMINI-PIROLA-WIKUS bedeckt es nur unbedeutende Flächen, während das *Festucetum halleri* viel ausgedehnter vertreten ist, das *Nardetum* noch weit mehr und Pioniergesellschaften mehr als die Hälfte des Gebietes einnehmen.
Eine Ursache des allmählichen Zurücktretens des *Curvuletum* gegen Süden besteht möglicherweise darin, daß die Gebirgsgrup-

pen niedriger werden, die Grenzen der Höhenstufen höher liegen als in den Schweizer oder Nordösterreichischen Alpen, so daß die hochalpine Stufe auf eine relativ kleine Fläche beschränkt ist. Aber es ist nicht ausgeschlossen, daß die große Bedeutung des *Festucetum halleri* in den Südalpen auf eine zunehmende Verbreitung von *Festuca*-Einheiten hinweist, z. B. bei den *Festuca paniculata*- oder *Festuca varia*-Rasen. So wird die alpine Stufe in den Pyrenäen fast ausschließlich von *Festuca*-Rasen besiedelt, die hingegen in der alpinen Stufe Skandinaviens völlig fehlen.

Für **Übergangsformen** des *Caricion curvulae* zu Kalkrasen wurden zwei Begriffe eingeführt:
- *Curvuletum elynetosum;* vermutlich überwiegend *Carex curvula* ssp. *rosae*, die erst spät von der typischen *Carex curvula* unterschieden wurde,
- *Carex sempervirens*-**Unterassoziation** des *Festucetum halleri*, die den Kalkwiesen zugeordnet wurde, da hier eine ökologische Gliederung bevorzugt wurde.

8. Halbnatürliche Gesellschaften

Der Einfluß des Menschen und vor allem Beweidung haben Rasengesellschaften in der subalpinen und alpinen Stufe verändert, die oft bis zur ausgesprochenen Ruderalflora reicht.
Am bekanntesten ist die nitrophile **Läger-Vegetation** in der Umgebung von Weideruheplätzen und Schafställen. Das *Chenopodietum subalpinum* ist eine ausgeprägte Hochstauden-Gesellschaft, die über einen Meter hoch werden kann. Sie wurde zwar nach dem Ubiquist *Chenopodium bonus-henricus* genannt, typisch ist jedoch *Rumex alpinus*, begleitet von **Hochstauden,** die vom Weidevieh verschmäht werden: *Aconitum napellus*, *Geranium phaeum*, *Urtica dioica* und *Cirsium spinosissimum*. *Phleum alpinum* stellt ein interessantes Futterelement dar. Die Düngung durch das Weidevieh und die Wanderung der Herden (Bodenverdichtung durch Tritt) begünstigen Wachstum und Verbreitung der nitrophilen Pflanzen.
Ganz allgemein existieren zwischen den natürlichen Rasen und der ruderalen Vegetation Übergangsformen. Die Beweidung wirkt sich zunächst quantitativ, dann in einer Selektion der Arten aus und führt schließlich zur Degradierung zu *Nardus*-Wiesen. Auf Umwandlungsvorgänge und Mischgesellschaften kann nicht näher eingegangen werden; ausführlich bei Favarger (1972), Wagner (1965), Berset (1969) und Bischof (1980).

X. Beziehungen zwischen den Alpen und randlichen Kalkgebirgen: Jura-Apennin-Dinariden

Nach einem genaueren Vergleich der Höhenverbreitung von randalpinen Klimaxgesellschaften und in den drei großen benachbarten Kalkgebirgen bilden die nordwestlichen Randalpen und der westliche Jura einen einheitlichen pflanzengeographischen Sektor. Auch zwischen den Ligurischen Alpen und dem nördlichen und zentralen Apennin einerseits und den Julischen Alpen und Dinariden andererseits besteht enge Verwandtschaft.
Der Zusammenhang zwischen diesen Gebirgen geht sogar so weit, daß man von einem einzigen Modell sprechen kann, bei dem die montane Stufe bemerkenswert einheitlich ist, die nach der Verbreitung der kollinen und subalpinen Klimaxformationen (Carpinus und Ostrya bzw. Pinus uncinata und P. mugo) in zwei Untertypen geteilt werden kann. Durch weitgehende Übereinstimmung zwischen Apennin und Dinariden sowie ihre Beziehungen mit den südlichen Randalpen läßt sich ein periadriatisches Untersystem konzipieren, dem der hier besprochene Komplex zugrunde liegt.

1. Nördliche Randalpen und Jura

1.1. Westsektor

Die erste genaue pflanzensoziologische Untersuchung einer Gebirgsgruppe der **westlichen Randalpen** stammt von BARTOLI (1962), der in der Chartreuse sechs montane und eine subalpine Waldassoziation beschrieb (Kap. VII, 3.1). Später folgten dann eine genaue Vegetationskarte – 1:50000 desselben Gebirges (CLERC 1964, OZENDA et al. 1964, RICHARD 1971), des Vercors (FAURE 1968) und eine Übersicht über die nordwestlichen Randalpen (RICHARD 1970) sowie vor kurzem eine Gesamtdarstellung der Vegetation der französischen Nordalpen durch RICHARD-PAUTOU (1983). Der Vergleich mit früheren Arbeiten über den Jura (LUQUET-AUBERT 1930, QUANTIN 1935, POTTIER-ALAPETITE 1949) und jüngeren Untersuchungen von RICHARD (1961, 1962, 1965, 1966, 1968, 1972), BEGUIN (1970) und GEHU et al. (1972) ergab zahlreiche Parallelen (Abb. 10.1), die zur Ausscheidung eines einzigen pflanzengeographischen Sektors, des sog. delphino-jurassischen Sektors (OZENDA 1966), geführt haben (Abb. 10.2). Unterschiede zwischen Randalpen und Jura in diesem Sektor sind relativ unbedeutend:
– Ziemlich regelmäßige, **streifenförmige** Anordnung der Höhenstufen im Jura (Kolonne 3, Abb. 10.1), die auf die einheitliche Morphologie dieses Gebirges zurückgeht;
– **geringere Ausdehnung der subalpinen Stufe im Jura** nach Höhenstufe und Flächenausdehnung, wie auch nach floristischer und biozönotischer Vielseitigkeit (BEGUIN). Die Haupterhebungen des Juras mit einer subalpinen Stufe liegen gerade im südwestlichen Teil und die Vegetation dieser Stufe (über ca. 1500 m in den Voralpen und 1400 m im Jura) ist in beiden Gebirgsgruppen ziemlich ähnlich, wobei jeweils ein Mosaik aus subalpinem Fichtenwald auf tiefgründigem Boden

NORDWESTLICHE RANDALPEN (L. Richard, 1966)	WESTLICHER SCHWEIZER JURA (J.L. Richard, 1961 et 1965)	STANDORTE IM WESTLICHEN JURA
KOLLIN-HYGROPHIL		
Serie von Alnus glutinosa (2) Alluviale Serie von Quercus robur (4)	Pruno-Fraxinetum (2) Querco-Carpinetum p.p. (1)	Ebenen im Vorland
KOLLIN-SUBXEROPHIL		
Serie von Quercus pubescens (5)	Coronillo-Quercetum (5) Buxo-Quercetum ; Querco-Lithospermetum	Rand der ersten Hochfläche
KOLLIN-MESOPHIL		
Serie von Carpinus betulus (9) Fazies mit Fraxinus und Ulmus Fazies mit Fagus (submontan) Acidophile Serie von Qu. petraea Acidophile Serie von Fagus (submontan)	Querco-Carpinetum p.p. (1) Aceri-Fraxinetum (3) Tilio-Fagetum (16) Lathyro-Quercetum (6) Melampyro-Fagetum (8) Luzulo-Fagetum (9)	Erste Stufe der ersten Hochfläche
MONTAN		
Thermophile Fagus-Série (6) Fazies mit Pinus sylvestris (6a)	Carici-Fagetum (11) et Seslerio-Fagetum (15) Daphno-Pinetum (25) (= Coronillo-Pinetum)	Zweite Stufe der ersten Hochfläche
Serie des Tannen-Buchenwaldes (10) Tiefmontan mit Fagus Mittelmontan mit Fagus und Abies	Fagetum silvaticae (12) Milio-Fagetum (10) ; Abieti-Fagetum (13) ; Equiseto-Abietetum (20)	Rand der zweiten Hochfläche
Hochmontan mit Buche und Fichte Fazies mit Acer pseudoplatanus	Asplenio-Piceetum p.p. (22) Aceri-Fagetum (14)	Zweite Hochfläche
SUBALPIN		
Subalpine Picea abies-Serie (13) Pinus uncinata-Serie (14)	Sphagno-Piceetum (21) Asplenio-Piceetum p.p. (22), Tofieldio-Pic.(24) Lycopodio-Pinetum (23) (= Lycop.-Mugetum)	Hochkette

Abb. 10.1: Zusammenhang zwischen den Wald-Biozönosen im Jura und in den westlichen Randalpen. Die Ziffern sind dieselben wie in den Abhandlungen von L. RICHARD (erste Säule) und von J.L. RICHARD (zweite Säule).

und Hakenkiefer-Gesellschaften auf Kalkgesteinsboden sowie *Adenostyles*-Hochstaudenfluren in Karstschrunden und sogar *Carex sempervirens*- und *Sesleria varia*-Wiesen auf Südhängen anzutreffen ist.
Diese Ähnlichkeit zwischen den zwei Gebirgen wird noch dadurch verstärkt, daß die letzten Ketten des Juras im Süden (insbesondere Berge von Chat und Epine, die im Westen an den See von Bourget grenzen) mit der Westgrenze der Chartreuse verbunden sind (Abb. 10.2), welche die Kontinuität der kollinen und montanen Formationen im gesamten delphino-jurassischen Sektor herstellen.

1.2. Ostsektor

Östlich des delphino-jurassichen Sektors verändert sich die Vegetation etwas, die klassischen Höhenstufen und ihre homologen Einheiten mit den westlichen Teilen bleiben jedoch deutlich erkennbar. Ostjura und östliche Randalpen bilden zwar kein kontinuierliches Gebiet, aber die natürlichen Standortsbedingungen sind, abgesehen von geringen Höhenunterschieden, identisch: So finden sich sämtliche von J.L. RICHARD (1965) im Neuenburger Jura beschriebenen Waldgesellschaften in den Randalpen wieder. Die montane Stufe des delphino-jurassischen Sektors setzt sich mit der höhenbedingten Dreiteilung von *Cephalanthero-Fagion*, *Abieti-Fagion* und *Aceri-Fagion* fast unverändert im

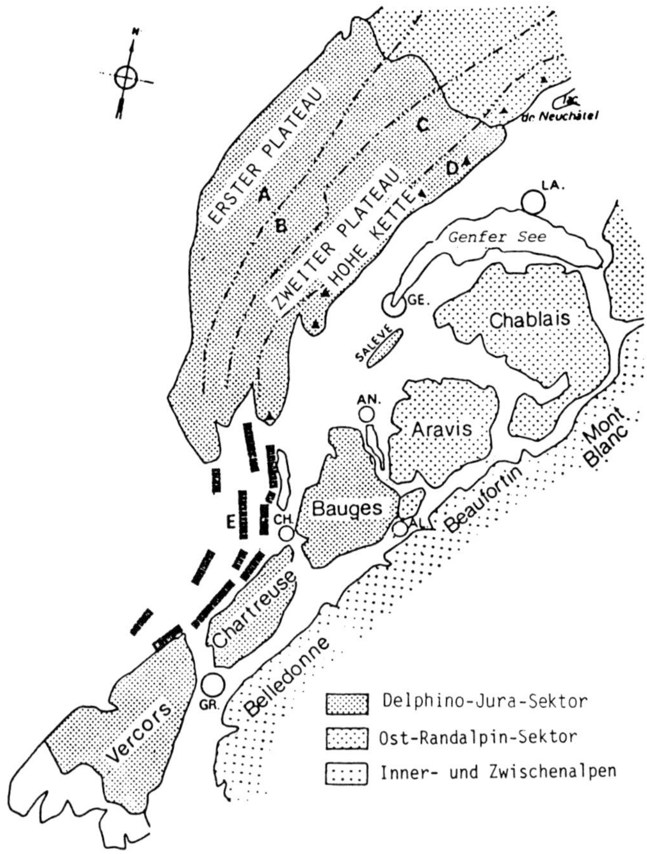

Abb. 10.2: Pflanzengeographische Beziehungen der Randalpen und des West-Juras. A bis E) verschiedene Gebiete im West-Jura. (Dreiecke bezeichnen Gipfel über 1500 m). E) Verbindungsketten zum südlichen Jura, Chartreuse und Vercors. Der südliche Teil des Vercors-Massivs, SV, gehört schon zu den südwestlichen Randalpen. Berggruppen von Belledonne, Beaufortin und Mont Blanc sind aus Silikatgestein ausgebaut. Belledonne besitzt an seinem nördlichen Rand eine mächtige Lias-Sedimentdecke, die nicht abgebildet ist. Wichtigste Städte (Lausanne, Genève, Annecy, Chambéry, Albertville, Grenoble) sind durch die ersten beiden Buchstaben bezeichnet.

Ostjura fort, wobei jedoch azidophile Formationen besser entwickelt sind (J. L. RICHARD 1961). Größere Modifikationen bestehen in der **kollinen Stufe,** wo Flaumeichenwälder relativ selten sind und ihre thermophilen Fazies, besonders Buchs-Eichenwald fast ganz fehlen, während Hainbuchenwälder, Linden- und andere Laubwaldgesellschaften (Eichen-, Linden- und Ahornmischwald-Gürtel von SCHMID) das Bild prägen. Die **subalpine Stufe** fehlt mangels ausreichender Höhe im Schweizer Jura, in den Schweizer Randalpen setzt sie sich jedoch mit einem dem Westsektor ähnlichen Charakter fort. Erst weiter östlich tritt allmählich die Latschen-Serie auf (Abb. 4.10), welche die nachfolgenden Sektoren (Kapitel 2 und 3) kennzeichnet.

Zwei Anmerkungen:

a) Die Grenze zwischen dem delphino-jurassischen und dem östlichen Sektor kann ziemlich genau quer durch die Savoyischen und Obersavoyischen Randalpen gezogen werden. Nach dem gegenwärtigen Wissen verläuft sie im Osten des Bauges-Massivs von Albertville bis Annecy und umgrenzt anschließend den Westteil des Chablais-Massivs, wo die vielzitierten Buchs-Gesellschaften nicht zu einem echten *Buxo-Quercetum*, sondern lediglich zu einer trockeneren Fazies des Trauben-Eichenwaldes gehören (DURIN 1962). Im Jura nördlich des Genfer Sees prägt sich die Grenze zwischen den beiden Sektoren weniger deutlich aus.

b) Es besteht auch eine Ähnlichkeit zwischen dem delphino-jurassischen Sektor und den Bergen der Côte d'Or, die nördlich von Dijon ein kleine Kette mit einer kollinen Stufe bilden, die alle Merkmale des Westjuras aufweist; über 500 m fleckenartige submontane Buchenwälder. Auch zwischen dem Schwäbischen und Fränkischen Jura sowie dem eigentlichen Ostjura (MÜLLER-OBERDORFER 1974) bestehen sicher engere pflanzengeographische Verbindungen, die mir in diesen zwei Regionen persönlich nicht bekannt sind und deshalb nicht näher besprochen werden.

2. Südliche Randalpen und Apennin

Wie in Kap. III erläutert, wurde die Pflanzengeographie der Südostalpen allmählich immer verfeinerter interpretiert. OBERDORFER (1964) hat in den **südöstlichen Randalpen** im besonderen unterschieden:

a) **Insubrischer Sektor** s. str. westlich des Luganersees bis in die Umgebung von Biella, wo der Klimaxwald aus Assoziationen des *Carpinion* und *Quercion roboris* zusammengesetzt wird. Mit der Vegetation der Alpennordseite und Mitteleuropas verwandt, weist er dann in den Uferregionen der Seen ausgedehnte Kulturpflanzen-Bestände vom *Laurifolia*-Typ auf.

b) **Gardasee-Sektor** mit vorwiegend Kalkgestein, der sowohl in der natürlichen Vegetation als auch in den Kulturen eine submediterrane Verwandtschaft zeigt.

OBERDORFER hat später dargestellt (1967), daß in dem Ligurischen Apennin, mit enger Verflechtung von Kalk- und Silikatgebieten, kollin und montan ein Mosaik der beiden vorherigen Komplexe mit deren Gesellschaften auftritt, wobei die Exposition die Verbreitung beeinflußt (Abb. 10.3). BARBÉRO-BONO-FERRARINI (1970, 1973) kamen zu gleichen Ergebnissen, die sie auch auf die montane Stufe in den Apuanischen Alpen erweitern. Nach ihren Arbeiten kann man die Tafel der Abb. 10.4 einsetzen.

Alpine Merkmale finden sich auch in der Vegetation des **nördlichen Apennins.** Auf den einmaligen Tannenwald des Abetone-Massivs wird verwiesen (Abb. 10.5) sowie auf die bedeutenden Reliktgesellschaften von *Vaccinium myrtillus-Picea*-Wald im gleichen Massiv (CHIARUGI), von *Pinus mugo* und *Rhododendron ferrugineum* am Monte Cimone und von *Alnus incana* da und dort (BERTOLANI-MARCHETTI 1962). Von FERRARINI (1972, 1982) wurden zwei Vegetationskarten (1 : 50000) der Apuanischen Alpen und des toskanisch-emilianischen Apennins erstellt.

Die Vegetation des **Zentralapennins** ist ziemlich gut bekannt durch Arbeiten von LÜDI

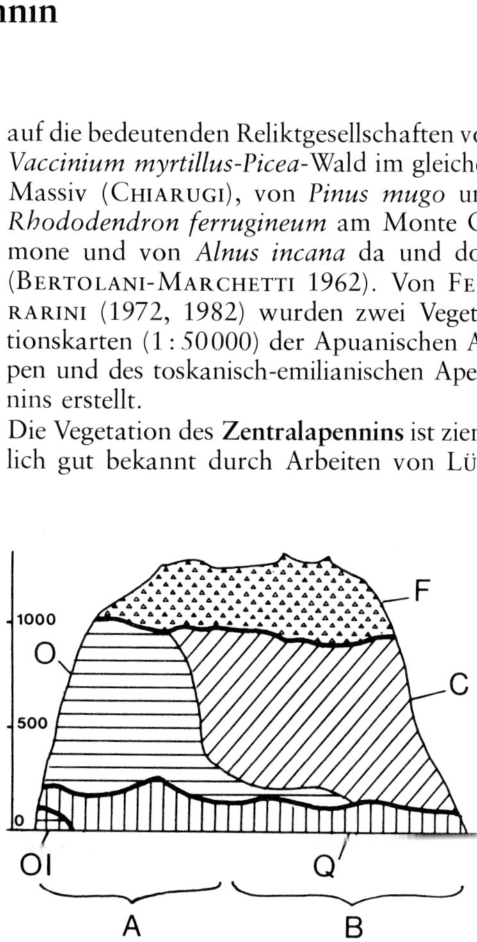

Abb. 10.3: Höhenstufung der potentiellen Klimaxwaldgesellschaften im Nordapennin (nach OBERDORFER). Mediterrane Stufe: Ol = *Oleo-Ceratonion*, Q = *Quercion ilicis*. Kolline Stufe: O = *Orno-Ostryon*, C = *Carpinion*. Montane Stufe: F = *Fagion*. A = vorherrschende Kalkböden, B = kalkarme Böden vorherrschend (Lehm und Ton).

UNGEFÄHRE HOHENLAGE DER STUFEN	MEDITERRANER TYP Karbonatgestein oder Südexposition	MITTELEUROPÄISCHER TYP Silikatgestein oder Nordexposition
1600		
MONTAN	Thermophiler Hochlagen-Buchenwald	Aceri-Fagetum
	Neutraler Buchenwald (Cardamino heptaphyllae-Fagetum)	Bodensaurer Buchenwald (Luzulo pedemontanae-Fagetum)
	Thermophiler Buchenwald (Carici-Fagetum)	
900		
SUPRAMEDITERRAN	Zerreichenwald Orno-Ostryetum Orno-Quercetum pubescentis	Acidophiler Eichenwald (Physospermo-Quercetum), Salvio-Fraxinetum und verschiedene Carpinion Gesellschaften
200		
MITTELMEDITERRAN	Orno-Quercetum ilicis	Quercetum "mediterraneo-montanum"

Abb. 10.4: Vergleichstabelle der wichtigsten Klimaxgesellschaften im Nord- und Zentral-Apennin (ohne subalpine Stufe). Erklärung im Text. (Original).

(1944), HOFMANN (1974), MARCHESONI (1957), TOMASELLI (1970, 1973) und CORTINI-PEDROTTI et al. (1973) sowie durch eine Übersicht von PEDROTTI (1969) und neuere Vegetationskarten von AVENA-BLASI (1980) (Abb. 10.6) VERI-TAMMARO (1980), FRANCALANCIA-ORSOMANDO (1981), BALLELI-BIONDI (1982) und PEDROTTI (1982). Mit zunehmender Entfernung von den Alpen und abnehmendem Breitengrad wird der mediterrane Einfluß in den unteren Vegetationsstufen stärker. Die kolline Stufe wird typisch supramediterran mit felsigen Steineichenwäldern («Leccete impoverite»; PEDROTTI) und östlichen Eindringlingen *(Quercus cerris, Carpinus orientalis)*. In der montanen Stufe hingegen bewahren die Buchenwälder trotz einer deutlichen Degradierung in der unteren Stufe ihren nördlichen Charakter, wie aus der floristischen Zusammensetzung (ausgeprägtes *Asperulo-Fagion* und *Dentario-Fagetum*), dem Auftreten der Tanne und von bemerkenswerten Begleitern wie *Corallorhiza trifida* und *Epipogium aphyllum* (ORSOMANDO 1972) hervorgeht.

Die größere Höhe dieses Gebirgsteiles erlaubt die Entwicklung der subalpinen und auch alpinen Stufe, wo der nördliche Charakter sehr deutlich ausgeprägt ist. Im waldfreien Vegetationskomplex kann örtlich eine subalpine Stufe mit Latschengebüsch, wie im Majellagebirge, oder stellenweise *Vaccinium myrtillus*-Heiden unterschieden werden. Meist existiert ein Mosaik von Dauergesellschaften und mit zunehmender Höhe von artenarmen Rasen. Wie auch in den Apuanischen Alpen und abgewandelt in Korsika werden bei den Rasen zwei sich durchdringende Komplexe unterschieden:

a) Gesellschaften vom **mitteleuropäischen Typ,** die mit den Südalpen verwandt sind: Schneetälchen, *Festuca violacea*- und *Trifolium thalii*- oder *Juncus trifidus*- und *Antennaria dioica*-Rasen und *Festuca paniculata*-Silikat-Weiden.

b) Gesellschaften vom **altimediterranen Typ,** die teilweise mit dem Balkan verwandt sind (LAKUSIĆ 1969).
Die beiden Komplexe sind schwer zu trennen und die gleiche dynamische Serie kann oft mit einer Sukzession vergesellschaftet sein, die an alpine Gesellschaften mit balkanischer Verwandtschaft erinnert:
– *Festuca dimorpha*-Schuttgesellschaft;
– treppenförmige *Sesleria tenuifolia* var. *apennina*- und offene *Carex kitaibelii* (= *Carex laevis*)-Rasen;

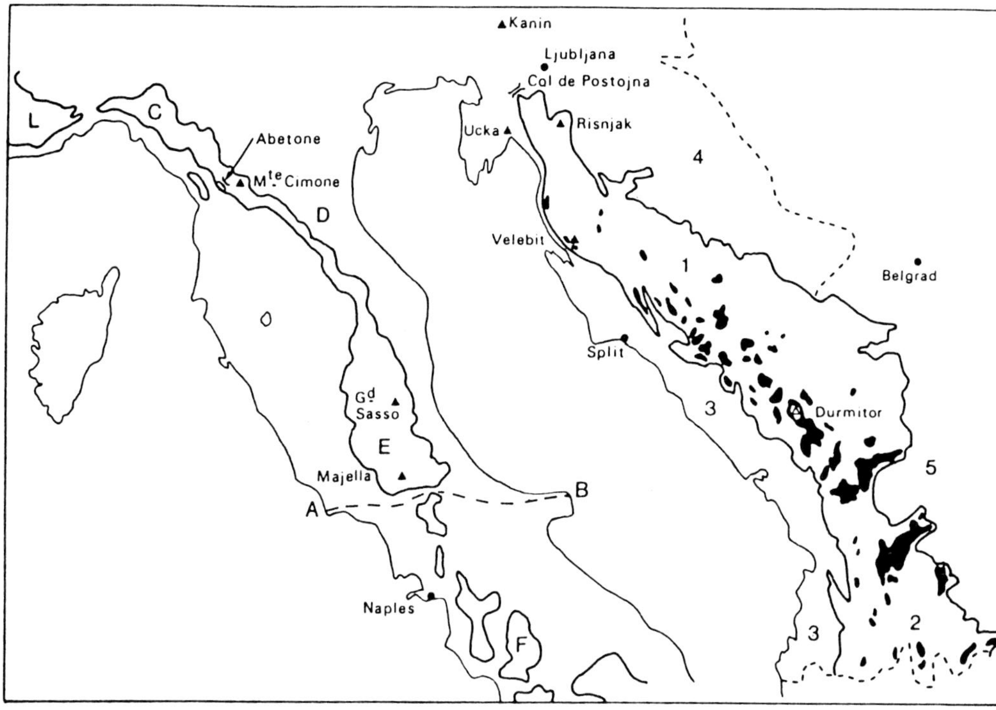

Abb. 10.5: Lage der wichtigsten Berggruppen im Apennin und in den Dinariden; siehe Text. Die dick ausgezogene Linie entspricht in beiden Gebirgen der ungefähren äußeren Grenze des montan-subalpinen Komplexes, d. h. der Buchenwälder.
L) Ligurische Alpen; A–B) biogeographische Grenzen zwischen Mittel- und Süditalien, entspricht der nördlichen Grenze des *Oleo-Ceratonion* an der Küste und der mediterranen Buchenwälder im Gebirge; C) Ligurischer Apennin; D) Toskana-Emilia-Apennin; E) Abruzzen; F) Südapennin. 1–2) Montane Stufen der Dinariden. Die nördliche und südliche subalpine Stufe ist mit schwarzen Flächen markiert; 3) kollin-mediterraner Typ mit *Ostrya* und *Carpinus orientalis (Orno- Ostryetum adriaticum);* 4–5) kolline Stufe vom mitteleuropäischen Typ durch *Carpinion*-Gesellschaften gebildet in 4), subkontinentaler Eichenwald in 5). (Für den dinarischen Teil nach Horvat-Glavač-Ellenberg vereinfacht).

– geschlossene *Festuca violacea-*, *Trifolium thalii-* und *Luzula bulgarica*-Rasen;
– *Vaccinium myrtillus*-Zwergstrauchheiden.

Dieser subalpine-alpine Komplex wurde detailliert 1 : 3300 von Bruno et al. in einem Teil des Gran Sasso kartiert. Er ist durch endemische Arten bekannt, von denen viele alpine Vikarianten sind (*Leontopodium nivale* ist am berühmtesten) sowie für seine arktisch-alpinen Arten *(Salix retusa, Saxifraga sedoides, S. caesia)*. Dabei wird der zweifache geographische Ursprung deutlich vor allem durch einen Endemismus vom «hochmediterranen», teilweise apennino-balkanischen Typ, der sich insbesondere bei den Campanulaceen zeigt *(Hedraeanthus graminifolius)*.

Die Grenze zum südlichen Apennin ist sowohl floristisch als biozönotisch plötzlich. Moggi hat den floristischen Unterbruch durch eine Statistik von vier Familien, hauptsächlich Orophyten, belegt. Die **biozönotische Diskontinuität** belegen am deutlichsten die Buchenwälder, wo mitteleuropäische Assoziationen durch südliche, deutlich verschiedene Gesellschaften ersetzt werden, die man als *Geranio-Fagion* in einen eigenen Verband einordnen kann. In typischen mediterranen Gebirgen (Kap. XIII, 3) entspricht die Höhenstufung nicht mehr dem Alpenmodell (Ozenda 1975).

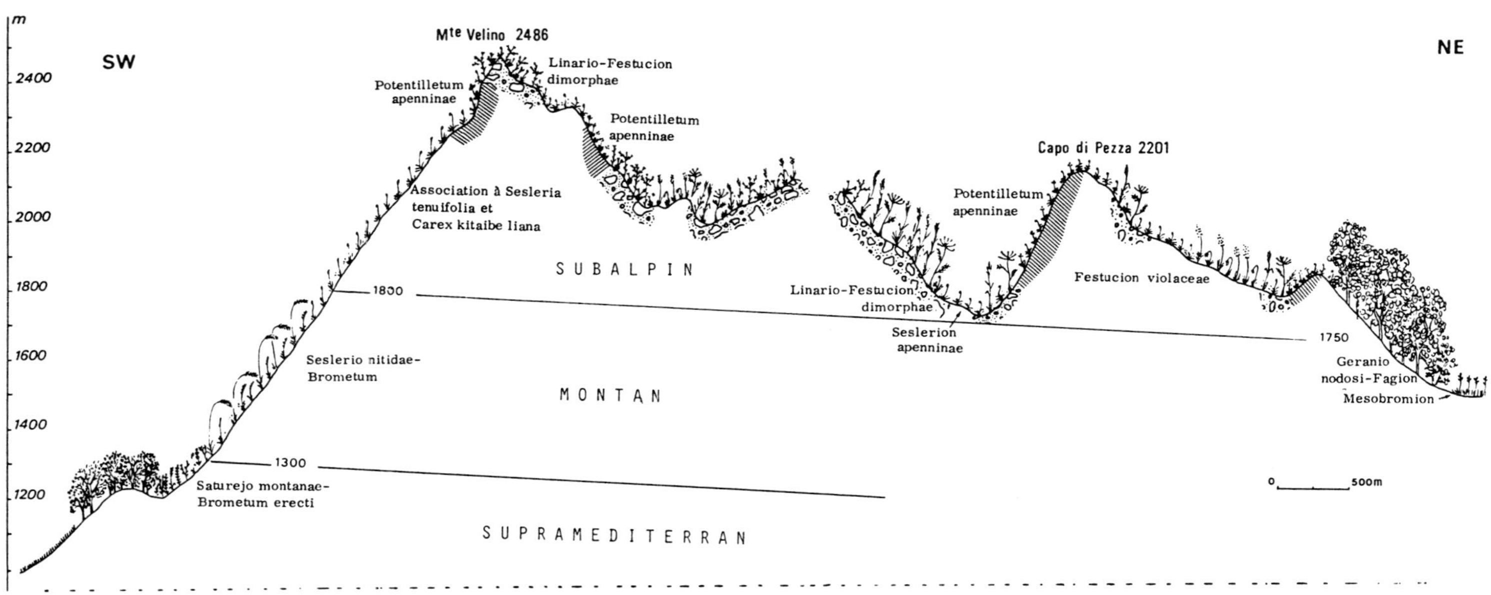

Abb. 10.6: Querschnitt (NO–SW) einer Kette des M^te Velino im Zentralapennin. (Nach Abb. von AVENA und BLASI 1980 zusammengesetzt). In größeren Buchstaben die hier vorgeschlagene Bezeichnung der Vegetationsstufen.

3. Südöstliche Randalpen und Dinariden

Randalpen und Dinariden berühren sich im Zentrum Sloweniens, wo sie das Ljubljana-Becken einfassen, nur durch den Adelsbergpaß (Postojnapaß) in 500 m Höhe getrennt.
Die **Slowenischen Randalpen** sind relativ gut untersucht. Höhenstufung der Vegetation wurde bereits beschrieben (Kap. IV, 2), ist weitgehend einheitlich mit Ausnahme von großflächigen Fichten- und Föhrenbeständen und den speziellen Silikatgesellschaften des Pohorjegebirges. Die Vegetation entspricht weitgehend dem Gardasee-Illyrien-Sektor und vom Vorkommen der *Ostrya* abgesehen auch den nordöstlichen Randalpen.
Die **Slowenischen Dinariden** sind weniger mächtig entwickelt und die obere montane Stufe ist verkümmert. Dennoch bilden sie ein vollkommenes Gegenstück zu den gegenüberliegenden Randalpen. Unterschiedliche pflan-

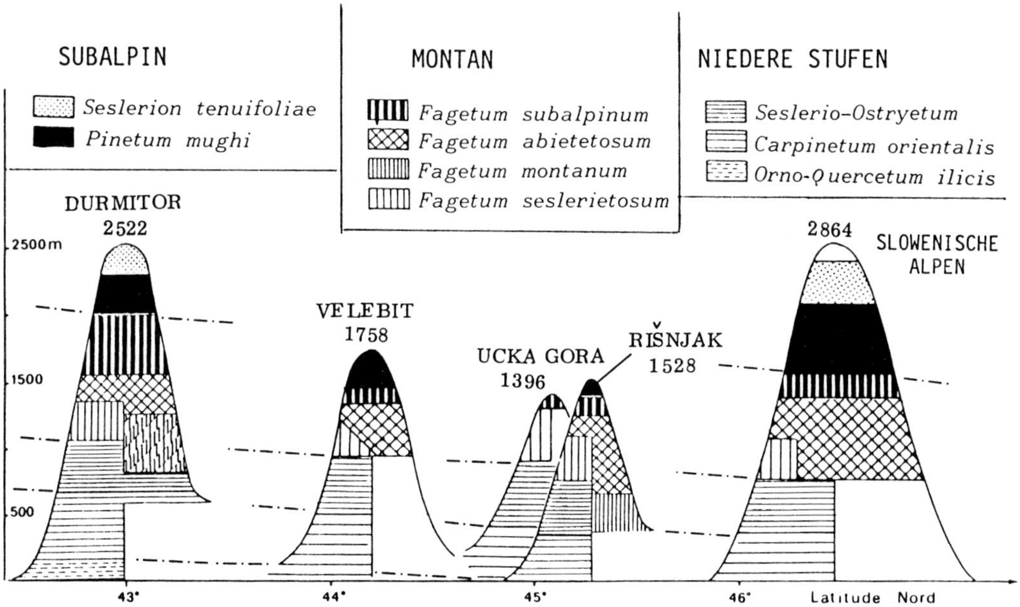

Abb. 10.7: Höhenstufenvergleich der Vegetation in den Dinariden und den südöstlichen Randalpen. Für Durmitor und Rišnjak ohne Veränderung nach HORVAT 1962. Das Profil von Velebit wurde nach TRIJNASTIĆ, das von Ucka-Gora nach SUGAR, das der slowenischen Alpen nach verschiedenen Autoren und eigenen Beobachtungen gezeichnet; bei diesen letzten drei Gebirgsgruppen wurde dieselbe Darstellung wie durch HORVAT verwendet. Die Profile sind von Süden (links) nach Norden (rechts) nach der durch HORVAT durchgeführten Orientierung angeordnet. Höhenstufengrenzen sinken naturgemäß von Süden gegen Norden; die Unterlagen erlauben aber nicht, den genauen Gradienten zu bestimmen (im allgemeinen entsprechen 100 m Höhe ungefähr einem Breitengrad). Gewisse Gesellschaften der slowenischen Alpen und der nördlichen Dinariden, die nicht weiter gegen Süden vordringen, wurden nicht abgebildet *(Carpinion, Aceri-Fagetum, Laricetum)*.
Besondere Bemerkungen. 1) Mesomediterrane Stufe mit *Orno-Quercetum* erstreckt sich an der Meeresküste bis 45° gegen Norden. 2) Subalpines *Fagetum* der jugoslawischen Autoren entspricht bei uns der hochmontanen Stufe. 3) Slowenische Alpen; a) kolline Stufe enthält auf Südseiten an seiner Basis subxerophile Gesellschaften mit gewisser Verwandtschaft zum Flaumeichenwald; *Carpinus orientalis* fehlt; b) auf Nordseiten oder auf tiefgründigeren Böden kolline *Carpinion*-Gesellschaften; c) mittelmontan auf Südseiten wird Tanne oft durch Fichte ersetzt; d) hochmontane Stufe der Slowenischen Alpen enthält einen beträchtlichen Lärchen-Anteil.

zensoziologische Nomenklatur, ein Spiegelbild der unvermeidlichen regionalen Unterschiede in einem Land mit so reichhaltiger Flora, kann nicht darüber hinwegtäuschen, daß die Gesellschaften in beiden Gebieten fast identisch sind (SUGAR 1970, TRIJNASTIĆ 1970): sogar *Ostrya*wälder, *Hacquetia-*, Tannen-*(Abieti-Fagetum dinaricum)* oder Bergahorn-Buchenwälder (ŽUPANČIĆ 1969), Kaltluft-Dolinen mit Höhenstufenumkehr, die am tiefsten Grund mit *Piceetum* und kälteresistenter Vegetation bedeckt sind (ŽUPANČIĆ 1970).

Dieser Vegetationsaufbau zieht sich auch quer durch die **Kroatischen Berge** bis nach Montenegro, wo das **Durmitorprofil,** der höchste Punkt in den Dinariden, durch Arbeiten von HORVAT (Abb. 10.7) berühmt ist. Die Ähnlichkeit mit den Randalpen ist auch hier groß. So führt das Schema der Vegetationsdynamik in der Latschenstufe von HORVAT (1962) Gesellschaften auf, die für die subalpine Stufe auf Kalk typisch sind: *Firmetum*, *Seslerio-Semperviretum* (Abb. 10.8). Durch den relativ einheitlichen Gebirgsaufbau bilden sich in jeder Höhenstufe entlang der Küste streifenförmige Vegetationskomplexe (Abb. 10.5): Montane Achse mit Tannen-Buchenwäldern, stellenweise mehr als 150 km breit, die in den höchsten Teilen subalpine Latschen- und *Sesleria*-Flächen aufweisen. Zu beiden Seiten dieser Achse stocken zwei deutlich **verschiedene kolline Stufen,** am adriatischen Küstenabfall ein *Ostryo-Carpinetum orientalis* und auf der Binnenlandabdachung ein *Carpinion* vom mitteleuropäischen Typ (in den Slowenischen Randalpen sind beide kolline Typen gemischt). Erst gegen Albanien und Mazedonien ändert sich dieser Aufbau (EM 1970, FUKAREK 1971): das *Carpinion* gibt subkontinentalen Eichenwäldern Raum, die Südosteuropa kennzeichnen, die Balkanbuche *(Fagus moesiaca)* wird nach und nach von *Fagus sylvatica* abgelöst, Latsche allmählich durch *Pinus heldreichii* und *P. peuce*. Die grundlegende **Stufung der Randalpen** ändert sich jedoch erst auf griechischem Boden, im Pindus-Gebirge. Schließlich beginnen auf der Höhe von Böotien typisch eu-mediterrane Gebirge, die das Spiegelbild des südlichen Apennins auf der adriatischen Seite sind.

Das «**alpine Modell**» des Vegetationsaufbaus deckt sich auf dem Balkan viel weiter gegen Süden als im Apennin, wahrscheinlich deshalb, da die Dinariden zwar niedrigere Gipfel haben, aber einen viel breiteren und weniger zerstückelten Gebirgsblock als der Italienische Rücken bilden.

4. Versuch einer einheitlichen Darstellung

So ist die Vegetation der drei Randgebirge gewissermaßen in einem bestimmten Sektor der Randalpen «verankert». Da das Vegetationsgefüge der verschiedenen Randalpen-Sektoren untereinander ähnlich ist, im besonderen Slowenische-, Bayerische- und Österreichische Randalpen, sind sie verwandte Gebirge. Abb. 10.8 illustriert die Homologie zwischen allen hier besprochenen Gebirgen. Auf den offensichtlichen Zusammenhang zwischen den östlichen Randalpen und gewissen Teilen der nordwestlichen Karpaten könnte ergänzend hingewiesen werden.

Der einheitlichste Block wird durch den südlichen Teil des Alpenbogens gebildet, der sich von Niederösterreich bis zu den Seealpen erstreckt, durch den nördlichen und zentralen Apennin und durch die Dinariden. Das Profil der Vegetationsstufen ist hier außergewöhnlich einheitlich. Montane, in drei Unterstufen gegliederte Buchenwälder werden von einer subalpinen Latschenstufe und einer kollinen *Ostrya*stufe (die stellenweise bis in die Steiermark vordringt) eingefaßt.

Im zentralen **Apennin** und in den **Dinariden** ist die Ähnlichkeit so groß, daß für beide

Gebirge ein einziges Gitter genügt (Abb. 10.9). Dies bestätigt auch der genaue pflanzensoziologische Vergleich (LAKUSIĆ 1969). Interessant wären Untersuchungen, ob sich die Homogenität der Kalkgebirge auch auf die Silikatregionen mit begrenzter Verbreitung erstreckt: ähnliche Areale zahlreicher Arten, insbesondere wichtige Baumarten vorwiegend auf Silikat wie *Quercus cerris* und *Castanea vesca*, deuten darauf hin (Abb. 10.10). Dies würde unsere Hypothese eines biogeographisch einheitlichen periadriatischen Bereichs, der im Nordwesten bis zu den Seealpen und im Nordosten mindestens bis nach Kärnten reicht, noch erhärten.

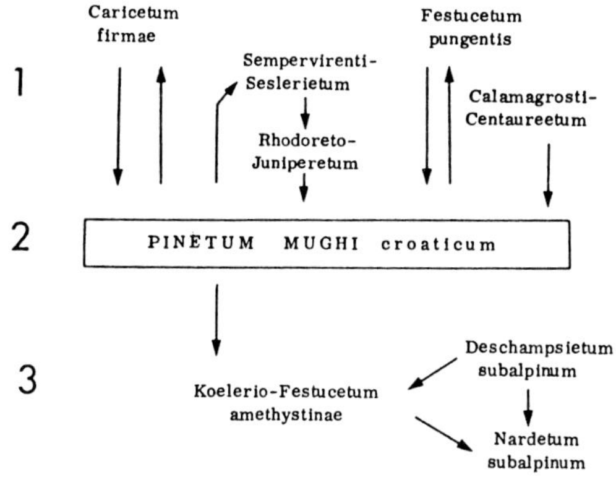

Abb. 10.8: Dynamik der subalpinen Höhenstufe auf Kalk in den kroatischen Bergen (nach HORVAT 1962, vereinfacht).

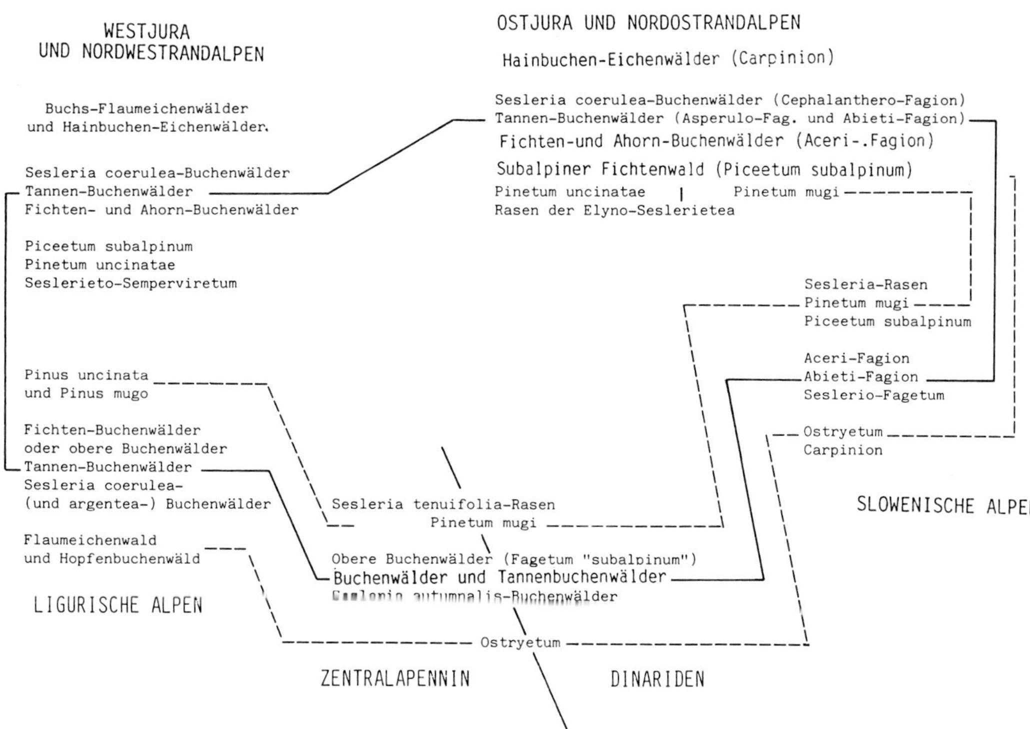

Abb. 10.9: Vergleich der Vegetations-Höhenstufen in den behandelten Gebirgen. Bei jeder Gebirgsgruppe sind Höhenstufen und Unterstufen eingetragen, beginnend von der kollinen Stufe, dargestellt am Abbildungsrand, nach der subalpinen Stufe gegen Abbildungsmitte orientiert. Dicke Striche verbinden die mittelmontanen Tannen-Buchenwälder und belegen schematisch die Einheitlichkeit dieser Höhenstufe insgesamt. Gestrichelt ist die kolline Verbreitung von *Ostrya carpinifolia* und von *Sesleria argentea* und *autumnalis* und subalpin jene von *Pinus mugo*; sie belegen die Verbindungen im gesamten Areal des vorgeschlagenen peri-adriatischen Systems.

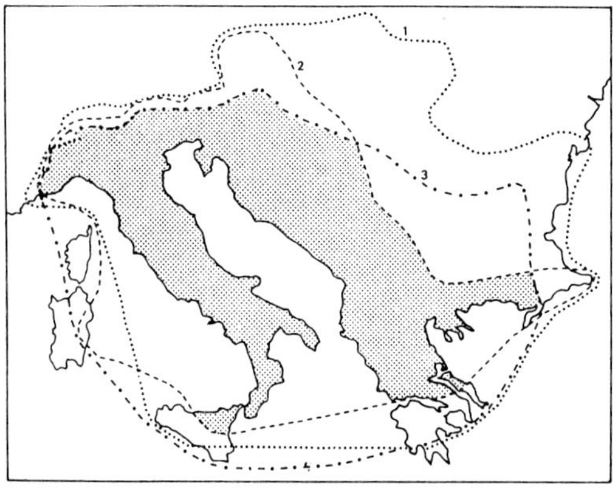

Abb. 10.10: Arealgrenzen von *Quercus cerris* (1), *Castanea vesca* (spontanes Areal, 2), *Ostrya carpinifolia* (3). Punktiert das gemeinsame Areal der drei Arten (nach JALAS-SUOMINEN, Atlas Florae europaeae). Viele andere Arten haben eine ähnliche Verbreitung, korrespondierend mit jenen, die im Text als peri-adriatische Gesamtheit erwähnt wurden.

Die vorigen Überlegungen sind unabhängig von jeder Hypothese über den Ursprung und die Entwicklungsgeschichte dieses biogeographischen Komplexes. Die Tatsache, daß sich die alpine Vegetation in den perialpinen Kalkgebirgen «fortsetzt», sagt nichts über die Richtung der Entstehung und Ausbreitung der betreffenden Vegetationskomplexe aus. Wahrscheinlich ist die Besiedelung von den Randgebirgen ausgegangen, die während der Eiszeit als **Refugialzonen** fungierten, in Richtung Randalpen und nicht von innen ausgehend. Der größere Reichtum der Balkanflora ist ein deutliches Zeichen für diese Refugialfunktion. Die relative Verarmung im zentralen Apennin im Vergleich zu den Randalpen wäre dann nur ein sekundäres Phänomen, begründet in der isolierten Lage und durch geringe Ausdehnung dieses Gebirges. PIGNATTI vertritt darüber hinaus die Auffassung, daß die **Buchenwälder** des **Südapennins** nicht durch Verarmung aus jenen des Nordapennins und der Randalpen entstanden sind, sondern im Gegenteil der Ausgangspunkt für die postglaziale Wiederbesiedlung waren.

XI. Der herzynische Gebirgsbogen

Die deutschen Geographen bezeichnen als Mittelgebirge Silikatmassive mittlerer Höhe, die in einem großen unterbrochenen Bogen nördlich der Alpen vom Böhmerwald bis zum Schwarzwald ziehen. Wir erweitern diesen Begriff und verlängern diesen Bogen im Osten um das Böhmische Viereck und im Westen um die Vogesen, die mit dem Schwarzwald vergleichbar sind.
Noch weiter südwestlich liegt das französische Zentralmassiv, das zwar von den mitteleuropäischen Gebirgen völlig abgetrennt ist, mit ihnen aber geologisch und (zumindest mit den Vogesen) auch pflanzengeographisch verwandt ist. Wir stellen es daher zum herzynischen Bogen sensu lato.
Wir werden hier den Vorschlag entwickeln, diesen Bogen trotz seiner Unterbrechungen als einen ausgedehnten Gebirgszug von ungefähr 1500 km Länge, der parallel zum Nordrand der Alpen streicht, zu betrachten (Abb. 11.1).

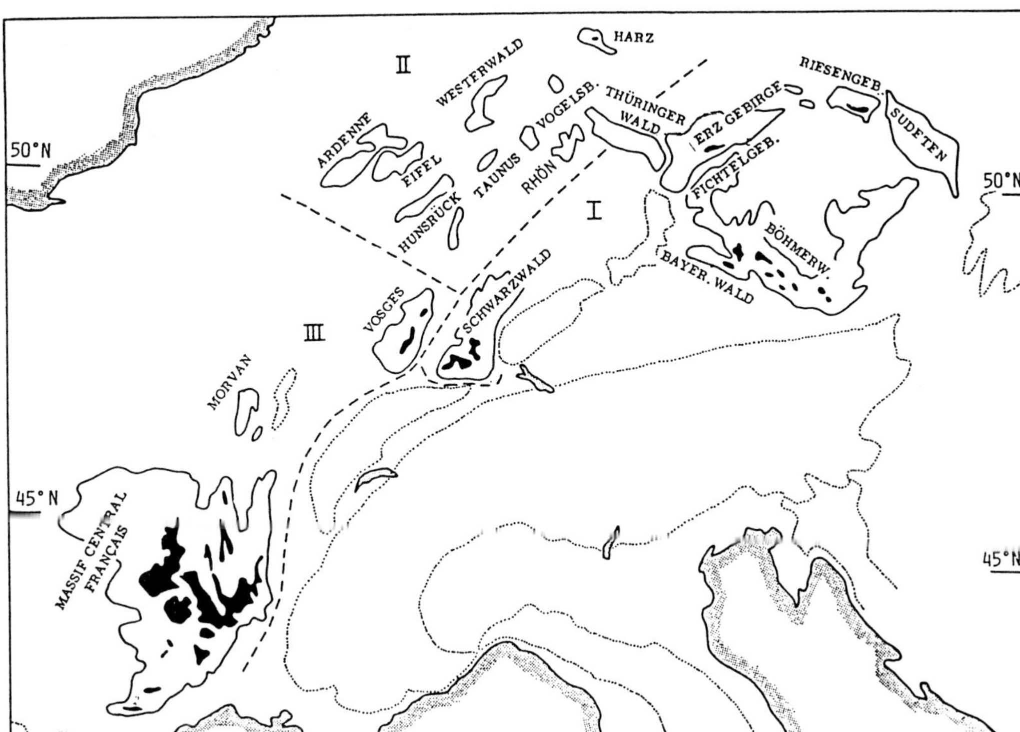

Abb. 11.1: Herzynischer Gebirgsbogen. Stark ausgezogene Linien umgrenzen Höhenlagen über 500 m. Gestrichelte Trennung der Gebiete: I) Östlicher Sektor der höheren Mittelgebirge. II) Nördliche Mittelgebirge. III) Westlicher Sektor. Punktiert Umrisse des Jura und der Alpen.

Diese doppelte Verlängerung, einerseits der Mittelgebirge bis nach Böhmen und zu den Vogesen und andererseits des herzynischen Bogens bis zum französischen Zentralmassiv mag zunächst ungewöhnlich erscheinen, jedoch spricht einiges dafür, daß dieses ausgedehnte System eine Einheit bildet:

- sämtliche Gebirge werden hauptsächlich aus **Silikat** aufgebaut
- Vorherrschaft des **subatlantischen Klimas**
- Höhenlage nur lokal über 1500 m. Die Vegetation erreicht daher nur stellenweise die subalpine Stufe. Durch Rumpfflächenform und wegen geographischer Breite (deutsches Mittelgebirge bei rund 50° N) liegen die Grenzen der Vegetationsstufen tiefer und die montane Stufe nimmt die größte Fläche ein, während die kolline Stufe auf einen schmalen Streifen beschränkt ist, französisches Zentralmassiv ausgenommen.

Infolge unterschiedlicher Verbreitung von Fichte und Tanne sowie des mehr oder weniger atlantischen Charakters verschiedener Tannen-Buchenwälder kann dieses Gebiet in Sektoren unterteilt werden. Der Rhein ist eine wesentliche Grenze, denn in den Gebirgen östlich davon dominiert die Fichte, in den Vogesen dagegen ist sie kaum natürlich vorhanden und im französischen Zentralmassiv fehlt sie ganz.
Andererseits sind die größten Gebirgsmassive wie Schwarzwald, Vogesen und französisches Zentralmassiv biogeographisch in Ost-West-Richtung asymmetrisch (Abb. 11.4).

Der herzynische Gebirgsbogen umfaßt nicht die perialpinen Kalkgebirge: Fränkischer Jura, Schwäbische Alb, Französisch-Schweizerischer Jura und Burgundische Berge, die den Voralpen ähnlich sind (Kap. X).

1. Mittelgebirge, von den Sudeten bis zum Schwarzwald

1.1. Modell der Vegetationsstufen

Aus den gleichen Gründen wie bei den Alpen (Kap. III) wird zunächst von der Waldvegetation ausgegangen (Abb. 11.2).
Grundlegend werden die Waldgesellschaften der Mittelgebirge von Hartmann 1974 und seinen Mitarbeitern (Hartmann – Jahn 1967, Hartmann – Schnelle 1970) beschrieben. Eine ausführliche Studie der Pflanzengesellschaften des Bayerischen Waldes veröffentlichten Petermann – Seibert 1969. Die Vegetation des inneren Böhmer-Abfalls wurde von Mikyska und Mitarbeitern 1968 beschrieben: Vegetationskarte (1 : 200000) der West-Tschechoslowakei.

a) **Kolline Stufe:** Diese Stufe wird nur skizziert, da sie durch die nördliche Lage und daher die tiefreichende montane Stufe auf einen schmalen Streifen reduziert ist. Sogar im Vorland, wie im Böhmischen Viereck, geht die kolline Vegetation über 400 m in submontane Buchenwälder über.
Der **Eichen-Hainbuchenwald-Komplex** des *Carpinions* dominiert eindeutig, doch auch acidophile Eichenwälder sind reichlich. Beim Zutagetreten von Kalk stocken vereinzelt extrazonale thermophile Eichenwälder mit allerdings seltener Flaumeiche.
In den Arbeiten von Mikyska und Hartmann werden die Gesellschaften dieser Stufe beschrieben, besonders jene des *Carpinion.* Alle diese Gesellschaften sind mit analogen in der kollinen Stufe der Alpen und des Vorlandes verwandt. Eine Ausnahme bilden kontinentale xerophile Kiefernwälder *(Dicrano-Pinion)*, die mitunter bis in 600 m in den böhmischen Vorbergen steigen, aber in den Alpen kaum den Fuß der nordöstlichen Randalpen erreichen.

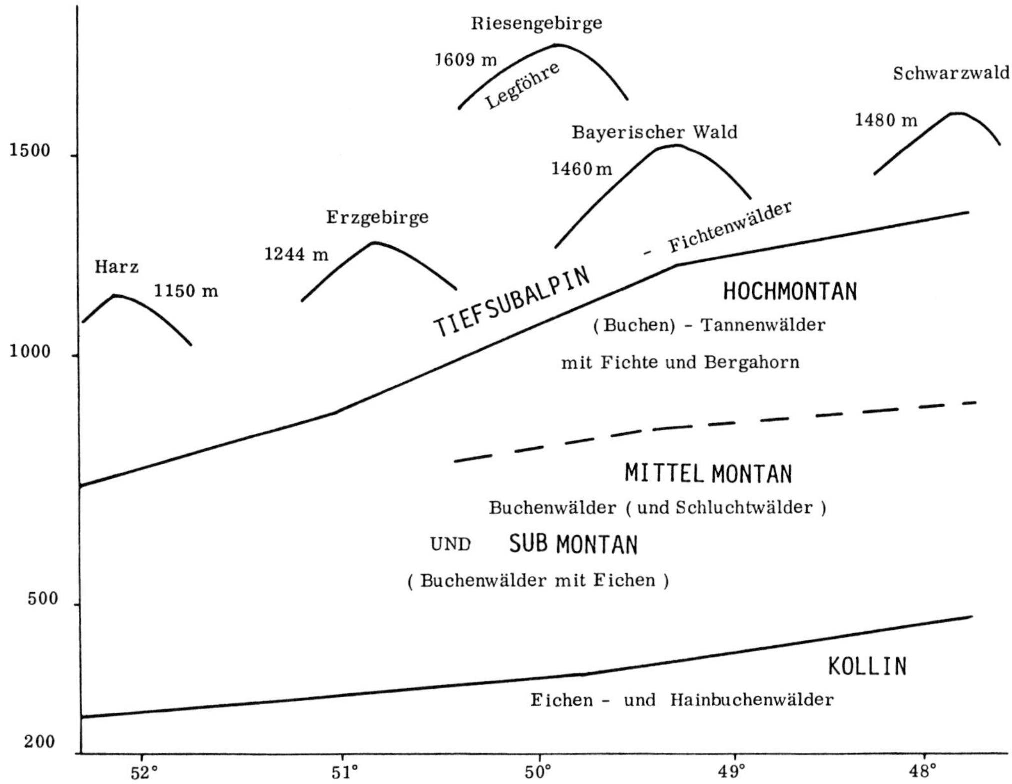

Abb. 11.2: Schematischer Überblick über die Höhenstufung im Mittelgebirge.

b) **Montane Stufe:** Durch ausreichende Niederschläge gehört die montane Stufe der Mittelgebirge, mit lokalen Ausnahmen wie am Ostabfall des Schwarzwaldes, fast überall zum Buchenwaldkomplex, wie dieser bei den Alpen genannt wurde und der fast die gesamte montane Stufe der Randalpen prägt (Kap. VII). Die Verwandtschaft zwischen dem alpinen und herzynischen Gebirge ist offensichtlich. Der Hauptunterschied besteht darin, daß alpin Kalk und herzynisch Silikat dominiert und daher die relative Verbreitung der Gesellschaften verschiedener Verbände ungleich ist. Nur ein quantitativer Unterschied ist gegeben, denn Gesellschaften mit vergleichbarer Ökologie treten in beiden Gebirgen mit eindeutig gleicher Zusammensetzung auf. Daher überrascht nicht, daß sich die Waldgesellschaften mittlerer Gebirgshöhen gut in die klassischen *Fagion*-Verbände einfügen, da diese Assoziationen und Verbände oft genau in diesen Gebirgen definiert wurden.

1. **Kalk-Buchenwälder** sind selten und kommen nur submontan vor. Bis 750 m gedeihen sie auf kristallinem Kalk auf den Vorbergen des Bayerischen Waldes, wo sie sich infolge langsam degradierender Bodenentwicklung halten können, während bei anderen Typen von Kalkvorkommen das Karbonat ausgewaschen wird. *Dentaria enneaphyllos* ist eine gute Charakterart.

2. **Silikat- und eutrophe Buchenwälder** bestocken fast die ganze Stufe. Die zahlreichen beschriebenen Typen stellen größtenteils regionale Rassen dar. Drei Höhen-Horizonte sind zu unterscheiden:

- **submontane Stufe** mit *Quercus robur*- und *Quercus petraea*-Eindringung
- **mittel-montane Stufe** mit oder ohne Tanne

- **hochmontane Stufe** oft mit Tannen-Buchen-Wäldern und vielen Fichten wie in den Randalpen. Ausführliche Darstellung bei HARTMANN 1974 und PETERMANN-SEIBERT 1979.

3. Der **anthropogene Einfluß** ist überall sehr stark. Die Fichten-Forstwirtschaft steht im Vordergrund und zahlreiche Aufforstungen mit Fichte in tieferen Lagen und auf ärmeren Standorten mit Kiefer vereinheitlichen die Bewaldung. Degradation führt zu *Calluna*-Heiden und *Nardus*-Wiesen. Weidewirtschaft (Abb. 11.3) überwiegt gegenüber zurücktretendem Roggen-, Hafer- und Kartoffelanbau.

4. Wie in den Voralpen beherbergt der montane Vegetationskomplex verschiedene **Satelliten-Gesellschaften:** *Actaea*- und *Lunaria*-Schluchtwälder *(Aceri-Fraxinion)*, Ufergesellschaften, Kiefern- und Birkenwälder auf oligotrophen Böden. Torfmoore sind verbreitet und durch glaziale arktisch-alpine Relikte wie *Ledum palustre*, *Salix lapponum*, *Betula nana* und *B. humilis* interessant.

c) **Subalpine Stufe:** Nur im böhmischen Gebirge gut ausgebildet, ist das Subalpin im Schwarzwald noch etwas entwickelt und fehlt in anderen Gebirgen des Sektors ganz.

Auftreten von drei Formationen:

1. **Subalpine Fichten-Serie,** die tiefsubalpin (allgemein «hochmontan» genannt) eingestuft werden kann. Jahresdurchschnittstemperatur zwischen 3 und 5 °C, Niederschlag 1100 bis 1800 mm, 120 bis 200 Schneetage/Jahr. Wie in analogen Alpen-Gesellschaften kennzeichnen Spitzfichten und schwacher Bestandesschluß. Die Strauchschicht ist schwach ausgebildet *(Sorbus aucuparia, Vaccinium myrtillus)*, Krautschicht noch stärker verarmt *(Streptopus, Trientalis)*. In Gebirgen wurden verschiedene Assoziationen beschrieben: *Athyrio alpestris-Piceetum* (HARTMANN), *Piceetum hercynicum* verarmt im Erzgebirge. Am bekanntesten ist das *Soldanello-Piceetum barbilophozietosum*, zwischen 1150 und 1450 m auf mehr oder weniger podsolierter Braunerde im Bayerischen Wald (PETERMANN-SEIBERT).
Der subalpine Fichtenwald alterniert mit *Calamagrostis villosa*-Rasen und einer intermediären Einheit als *Calamagrostio-Piceetum* beschrieben.

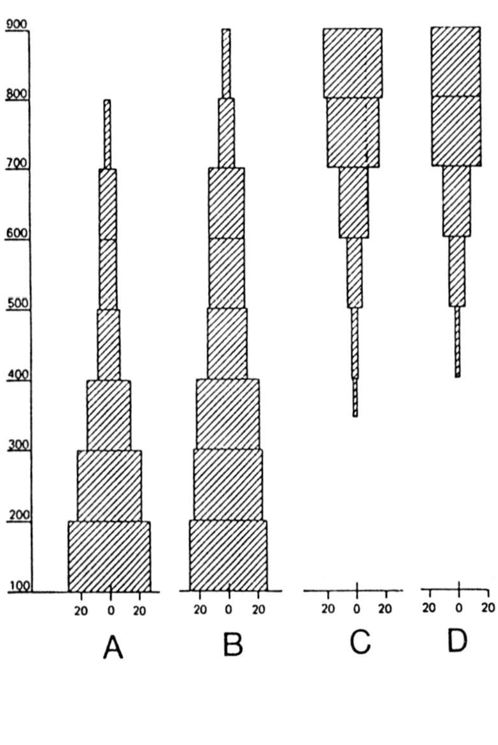

Abb. 11.3: Höhenverteilung der Wiesengesellschaften im Hessischen Mittelgebirge (nach SPEIDEL 1976, in BOHN 1981, verändert). Allmählicher Übergang der *Arrhenatherum elatius*-Einheiten in die *Trisetum flavescens*-Wiesen; die submontane-montane Grenze kann mit 500 m angenommen werden. Nach 845 Aufnahmen (Rhön, Vogelsberg, Westerwald, Meissner und Odenwald) sind die Prozentanteile (Abzisse) der Artengruppen wie folgt. A) Charakterarten des *Arrhenatherion: Arrhenatherum elatius*, *Crepis biennis*, *Galium album*, *Campanula patula*. B) Charakterarten der Fettwiesen der *Arrhenatheretalia: Anthriscus sylvestris*, *Heracleum sphondylium*, *Pimpinella major*, *Tragopogon pratensis*. C–D) Differentialarten der beiden ökologischen Gruppen frischer Bergwiesen: C) *Geranium sylvaticum*, *Crepis mollis*, *Poa chaixii*, *Lathyrus montanus*. D) *Nardus stricta*, *Calluna vulgaris*, *Antennaria dioica*, *Polygala vulgaris*.

2. **Waldfreie Gesellschaften und Mugetum:** Oberhalb von 1300 m bleibt der Fichtenwald aus und es bildet sich eine hochsubalpine Stufe mit Rasen, Heide- und stellenweise auch Latschengesellschaften.
Bei den **Wiesen** handelt es sich im wesentlichen um *Calamagrostis villosa-* und *Calamagrostis arundinacea-*Rasen auf tiefgründigen, humusreichen, teilweise podsolierten Böden mit langer Schneebedeckung, Vorkommen von *Sorbus sudetica (Sorbo-Calamagrostidetum).* Zum Teil anthropogene *Adenostyles-*Hochstaudenfluren sowie *Rubus chamaemorus-*Torfmoore, von anderen grasreichen Einheiten noch *Nardus-*Rasen.
Latschengebüsche sind vor allem im Böhmischen Gebirge anzutreffen, ähnlich wie in den Karpaten *(Pinetum mugi carpaticum).*

3. **Fragmente einer alpinen Stufe:** Von Spezial-Standorten wurden Gesellschaften beschrieben, die mit analogen in den Alpen ähnlich sind. *Salix herbacea-*Schneetälchen und fragmentarische *Festuca versicolor-*Einheiten, manchmal mit Polygonböden. Bergkämme mit geringer Schneebedeckung und Skelettböden, starke Winderosion (*Juncus trifidus-*Assoziation mit *Agrostis alba* im Böhmerwald und *Primula minima* im Riesengebirge). Sogar arktisch-alpine Arten treten auf, die in den Alpen fehlen, wie etwa die Flechte *Nephroma arcticum.*

1.2. Schwarzwald

Obwohl die Vegetationsdecke dieses Gebirges der oben beschriebenen Skizze entspricht, verdient der Schwarzwald besondere Aufmerksamkeit, da OBERDORFER 1971, 1979 und 1982 die gesamte Vegetation dargestellt hat und eine umfassendere Vegetationskarte von Baden-Württemberg von MÜLLER-OBERDORFER 1968 existiert.
Der Schwarzwald ist wie die Vogesen deutlich asymmetrisch mit einem feuchten Westabfall und atlantischer Vegetation sowie einem trockeneren Ostabfall mit mitteleuropäischer Vegetation (Abb. 11.4). Die Vegetation gehört vorwiegend zur **montanen Stufe** und weist nur mit einem kollinen Streifen am Westfuß und auf den Gipfeln subalpine Spuren auf.

1.2.1. Westabfall

Begrenzt von Hügeln, die teilweise vom Gebirge abgetrennt in den Badischen Rheinebenen liegen. Ein Beispiel dafür ist der Kaiserstuhl (557 m), mit 700 mm Niederschlag sehr trocken wie die gesamte Rheinebene. Die Vegetation dieser überwiegend aus Kalk aufgebauten Hügel setzt sich zu gleichen Teilen aus Eichen-Hainbuchen- und thermophilen Buchenwäldern sowie trockenen *Bromus-*Wiesen zusammen. Zahlreiche wärmeliebende Florenelemente haben sich entlang dieses kollinen Streifens ausgebreitet und Weinkulturen sind verbreitet.
Der Westabfall des eigentlichen Gebirges gliedert sich in eine submontane, mittelmontane und hochmontane Stufe.
Die **submontane Stufe** steigt bis rund 600 m und erinnert an die kolline Stufe durch Eichen-, Hainbuchen- und thermophile Buchenwälder, stark durchdrungen mit kollinen Einsprengungen wie *Quercus petraea.*
Die **mittlere montane Stufe** zwischen 600 m und 900 m bestockt ein acidophiler *Luzula-*Buchen-Tannenwald in relativ trockenen Gebieten und ein *Festuca altissima-*Buchen-Tannenwald. Fichte wird heute häufig angepflanzt, die nach Pollenanalysen ursprünglich in diesen Höhenlagen fehlte. Nach Degradierung und Rodung des Waldes entstehen subatlantische *Festuca-* und *Genista sagittalis-*Wiesen, *Cynosurus-*Weiden und Roggen-, Hafer- sowie Kartoffelkulturen.
Hochmontane Stufe von 900 bis zirka 1300 m. Buchenwälder machen einem *Luzulo-Fagetum* mit Tanne, angereichert mit Fichte und einem *Aceri-Fagetum* Platz, das letzte vergesellschaftet mit Hochstaudenfluren.

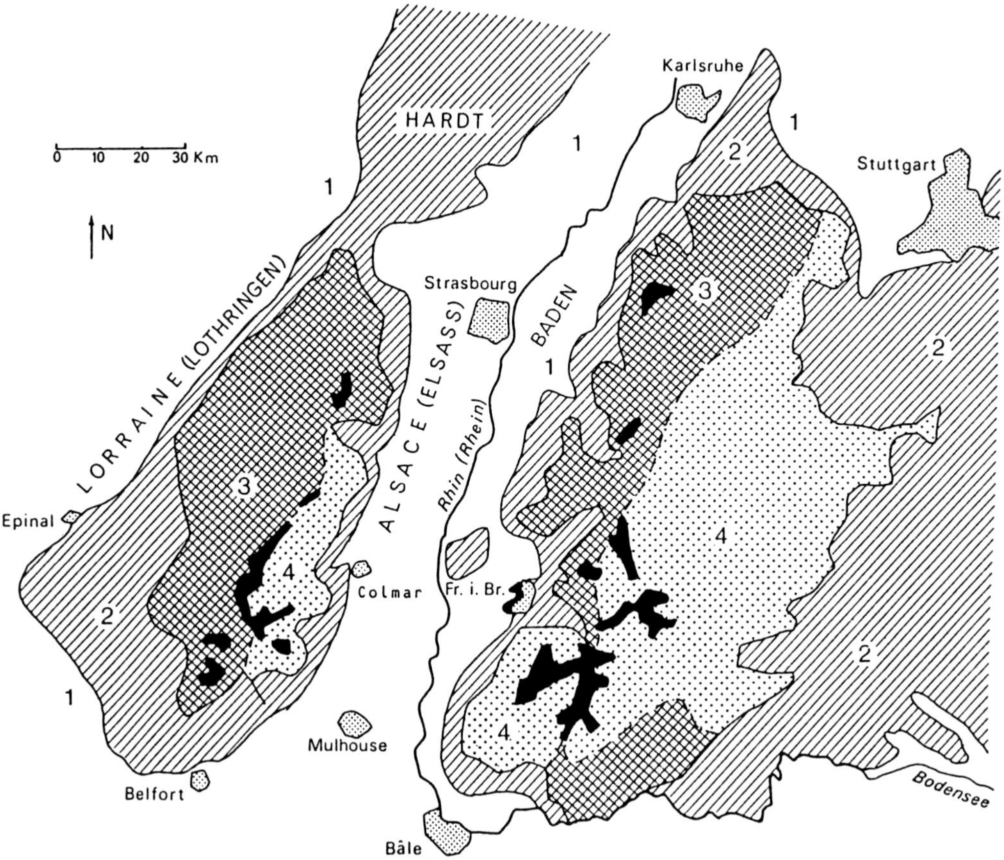

Abb. 11.4: Verbreitung der Vegetationsstufen in den Vogesen und im Schwarzwald. 1) Tief-kolline Ebenenstufe auf Rhein-Alluvionen (Auwälder und Kulturen) und an den ersten Abhängen Flaumeiche und Weinberge; 2) azidophile kolline Stufe (Traubeneiche und Hainbuche) und submontaner Buchenwald, der durch den Maßstab nicht ausgeschieden werden konnte; 3) mittel- und hochmontane Stufe am Westabfall der beiden Gebirge besiedeln Tannen-Buchenwälder; 4) mittel- bis hochmontane Stufe am Ostabhang mit dominierender Tanne, lokal mit Waldkiefer; 5) subalpine Stufe (schwarz). Die Asymmetrie zwischen 3) und 4) ist klimabedingt. Der Westabfall wird in der Tat viel stärker beregnet: So erhält am Fuße der Vogesen Epinal rund 1000 mm, dagegen Colmar auf der östlichen Elsaß-Seite nur 550 mm im Jahr.

1.2.2. Subalpine Stufe

Zwischen 1300 und 1500 m wechseln hochsteigende montane Einheiten mit einer moosreichen Fichtenwaldgesellschaft mit *Listera cordata*, *Lycopodium annotinum*, *Cetraria cucullata*-Flechten und anderen Hochlagenarten (Willmanns 1971) sowie mit *Pinus* gr. *mugo*-Torfmooren mit *Selaginella selaginoides* und *Swertia perennis* ab. Andere subalpine Einheiten werden durch Weidengebüsche *(Salicetum appendiculatae)*, Schneetälchen-Gesellschaften, bodensaure *Nardus*-, *Gnaphalium supinum*- und *Leontodon helveticus*-Wiesen sowie Rasen mit *Sorbus* und *Calamagrostis arundinacea* vertreten. Nach Oberdorfer 1979 formen diese verschiedenen Gesellschaften lokal einen typisch subalpinen Vegetationskomplex.

1.2.3. Ostabfall

Er ist morphologisch weniger gegliedert und niederschlagsärmer als der Westabfall. Nadelwälder dominieren weitgehend, Laubwälder sind lokal begrenzt. Die Unterschiede zwischen den beiden Gebirgsabhängen sind nicht nur anthropogen, sondern auch durch das Klima bedingt: das seltene Auftreten der Buche erscheint nebensächlich, aber auch ein Teil ihrer Begleitvegetation wie *Luzula albida*, *Luzula sylvatica*, *Festuca altissima* oder *Prenanthes pupurea* fehlt.
Nach der 1:25000 Vegetations-Karte des Bezirkes Hochwutach (LANG-OBERDORFER 1961) gehören die Wälder des Ostabfalls zwei großen Gruppen an: Verhältnismäßig trockener Fichten-Tannen-Wald, häufig mit *Pinus sylvestris* ssp. *hercynica*, und feuchterer Tannenwald mit *Galium rotundifolium*, *Oxalis acetosella* und *Lonicera nigra*. Diese beiden Gesellschaften haben einen subkontinentalen Charakter ähnlich wie im Bayerischen und Thüringer Wald sowie im Erzgebirge. Buchenwälder fehlen nicht ganz, sind aber infolge geringer Niederschläge (900–1000 mm), extrem schwankender Temperaturen und Spätfrösten örtlich begrenzt. Nach Pollenanalysen dominierte Tanne lange auf dem gesamten Ostabfall. Die Fichten-Ausbreitung wurde durch anthropogene Degradierung im Laufe der letzten fünfhundert Jahre begünstigt. Wiesen werden hauptsächlich vom *Trisetetum flavescentis* geprägt, wie am Westabfall auch Kartoffel-, Roggen- und Haferkulturen.

1.3. Nördliche Mittelgebirge

Diese Berggruppen erstrecken sich vom **Harz** im Osten bis zu den **Ardennen** im Westen: Hessisches Bergland (Rhön, Vogelsberg, Westerwald), Sauerland, Taunus, Hunsrück und Eifel. Der Thüringer Wald liegt dazwischen (NIEMANN 1964). Mit Ausnahme vom Harz (1140 m) erreichen alle diese Gebirge mit 600–900 m nur eine bescheidene Höhe. Tanne, Fichte und Kiefer fehlen natürlich ganz, ebenso die subalpine Stufe. Die Waldgesellschaften haben sich aus submontanen und montanen Buchenwäldern mit subatlantischen Arten entwickelt.
Sämtliche Gebirgsgruppen bestehen aus Silikatgestein, doch einige besitzen kalziumreiche Diabas- oder Basaltgesteine, die eutrophe Böden bilden. Typisch ist der Vogelsberg, ein großer Basaltkegel mit regelmäßiger Form. Einheitlich dominiert der *Buchenwald*, in tieferen Lagen ein *Melico-Fagetum* und in Hochlagen zwischen 500 und 900 m ein *Dentario bulbiferae-Fagetum* (GLAVAČ-BOHN 1970).
Die anderen Gebirgsmassive sind aus saurem Kristallin, Sandstein oder Silikatschiefer aufgebaut. Die natürlichen Wälder gehören zum *Luzulo-Fagion*, sind jedoch mit Flachlandarten gemischt (in der Pfalz *Quercus petraea*-Anteil bis zu 20%) sowie mit atlantischen und subatlantischen Elementen (*Ilex aquifolium*, *Hypericum pulchrum*, *Digitalis purpurea*, *Lonicera perilymenum*), die gegen Osten und Süden abnehmen. Diese Buchenwälder sind stark mit Nadelbäumen wie Fichte und Kiefer angereichert und großflächig durch reine Nadelbaum-Aufforstungen ersetzt. Bewaldete Fläche durchschnittlich 50%. **Degradationsgesellschaften** sind *Sarothamnus scoparius*-, *Calluna*- und *Vaccinium*-Heiden, magere *Nardus*-Rasen und in höheren Lagen Weiden. Landwirtschaftliche Kulturen steigen kaum noch über 500 m.

2. Westlicher Sektor

2.1. Vogesen

Die pflanzengeographischen Untersuchungen der Vogesen konzentrierten sich vor allem in drei Hauptarbeiten:

- eine Arbeit über den **Elsässer Gebirgsabfall** von Issler 1942;
- mehrere Untersuchungen über Böden und Vegetation der **höheren Lagen** (Hochlagenwälder und waldfreie Vegetation) von Carbiener 1962, 1963, 1966, 1969, 1970;
- eine Untersuchung des **Lothringischen Gebirgsabfalles;** Blätter Metz und Nancy der Vegetationskarte Frankreichs (Jacamon-Timbal 1977) und ausführliche Erläuterungen durch Timbal 1978.

Diese Untersuchungen wurden nach ganz verschiedenen Gesichtspunkten durchgeführt. Die Abgrenzung der Höhenstufen und groben Vegetations-Einheiten stimmt nicht überein, insbesondere in der subalpinen Stufe und die montanen Serien wurden von Timbal enger definiert als allgemein üblich. Die Ergebnisse dieser Studien in den Vogesen können in dem einheitlichen Modell zusammengefaßt werden, mit dem auch schon die Alpen und herzynischen Gebirge beschrieben wurden. Eine Übersicht von Timbal zielt in dieselbe Richtung (Abb. 11.5 A).
Die Vogesen bestehen im südlichen Teil aus Granit und im Norden aus Buntsandstein. Wie im Schwarzwald ist der **Klimacharakter** sehr unterschiedlich. Der lothringische Abhang ist viel niederschlagsreicher als der elsässische (Abb. 11.4). Die zentrale Achse wird durch eine lange Kammlinie gebildet, die 1400 m erreicht oder übersteigt, wodurch sich eine, wenn auch reduzierte, subalpine Stufe bilden kann.

a) **Kolline Stufe:** Durch nördliche Lage und feuchtes Klima steigt sie nicht weit über 300–400 m. Auf den niedrigsten Kalkhügeln stocken im Südelsaß **Flaumeichenwälder** und entsprechende Degradierungsformen, die trockenen *Bromus erectus*-Wiesen entsprechen und *xero-thermophile* Elemente wie *Sesleria varia*, *Carex humilis*, *Teucrium*, *Thymus* und sogar *Dictamnus albus*, *Fumana vulgaris*, *Artemisia camphorata* und *Ophrys* enthalten.
In der Regel prägt aber ein silikatreicher und (mit örtlichen Ausnahmen) acidophiler und sehr polymorpher *Quercus petraea*-Komplex diese Stufe. Timbal gliedert in mehrere Serien und Unterserien: *Quercus robur – Carpinus betulus*-Serie, *Fagus*-Serie mit drei submontanen Unterserien: *basiphil*, *mesoneutrophil* und *acidophil* mit zahlreichen *Fraxinus*-, *Betula*- und *Tilia*-Fazies.

b) **Montane Stufe:** Wie in allen Mittelgebirgen ist die Stufe stark bewaldet (mehr als 50 %), von submontanen Lagen abgesehen kaum mit Nadelbäumen gemischt.

Unterscheidung von drei Höhenlagen:

1. **Tiefmontane Stufe:** Wie in den Mittelgebirgen von einer acidophilen *Luzula albida*-Buchen-Serie bestockt, anthropogen zu *Sarothamnus scoparius*-Heiden degradiert, ist die Stufe oft mit Eichen durchsetzt und unterscheidet sich wenig von der oberen kollinen Stufe.

2. **Mittelmontane Stufe:** In rund 500 m an der Untergrenze der natürlichen Tannenwälder beginnend besteht die Stufe vorwiegend aus **Tannen-Buchenwald,** an Sandstein-Standorten und auf Sonnseiten mit trockener Fazies, insbesondere Kiefer.

3. **Hochmontane Stufe:** Beginnend bei 700–800 m ist der Tannen-Buchenwald wie allgemein in den Randalpen und den herzynischen Gebirgen mit Fichte und *Acer pseudoplatanus* angereichert. Über 900 m verschwinden Tanne sowie Fichte und die Klimaxvegetation wird wiederum vom **reinen Buchenwald** gebildet, der häufig verkrüppelt ist, von Carbiener als *Aceri-Fagetum (Ace-*

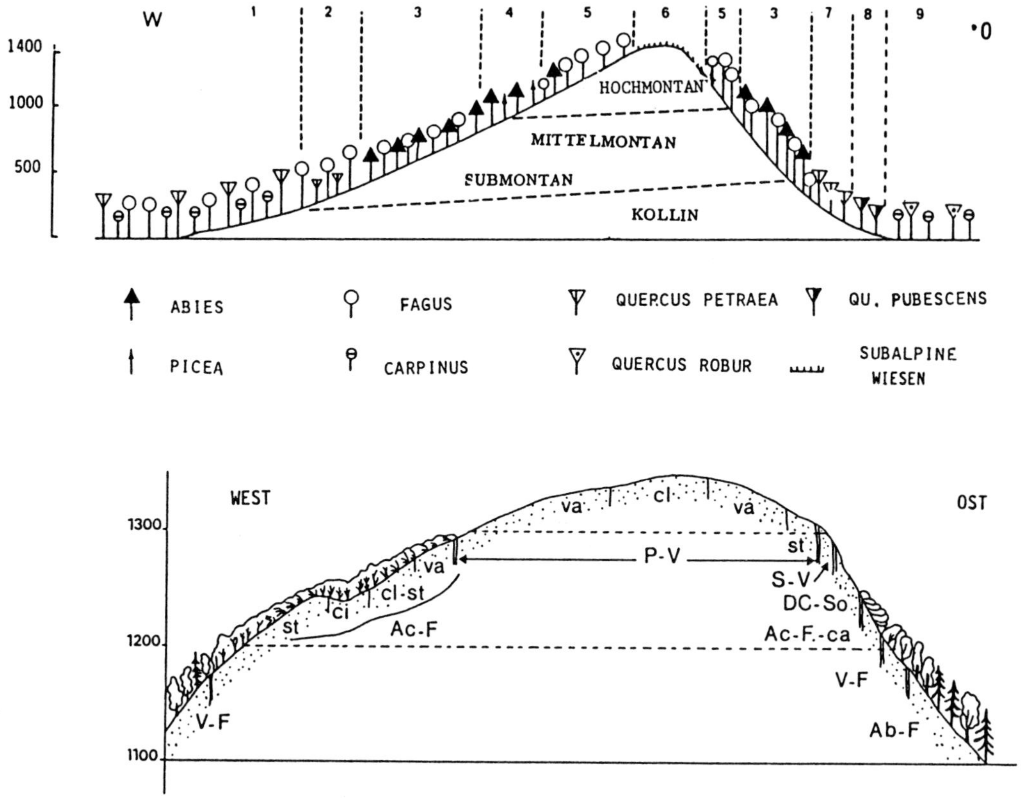

Abb. 11.5: Botanisches Profil durch die Vogesen, gegen Lothringen links, gegen Elsaß rechts.
Oben: Allgemeine Vegetationsstufung im Gebirge (nach TIMBAL in BECKER et al.). 1) Tieflagen-Eichenwald mit Hainbuche und Buche; 2) submontaner Buchenwald mit Hainbuche; 3) montaner Tannen-Buchenwald; 4) montaner Tannenwald mit Fichte; 5) hochmontaner Buchenwald, manchmal subalpin bezeichnet; 6) Heiden und Hochlagenwiesen (subalpin im engeren Sinne); 7) Traubeneiche; 8) Flaumeiche; 9) Stieleiche.
Unten: Hochmontanes und subalpines Profil durch den Gipfel des Kastelberges (nach CARBIENER, vereinfacht). Hochmontane Stufe: V–F) *Verticillato-Fagetum;* Ac–F) *Aceri-Fagetum:* st) *stellarietosum nemori;* ci) *cicerbitosum alpinae;* va) *vaccinietosum.* Ab–F) *Abieti-Fagetum* s. l. – Subalpine Stufe: P.V) *Pulsatillo alpinae-Vaccinietum:* va) *vaccinietosum;* cl) *cladonietosum* (Frostwechselboden); st) *stachyetosum officinalis;* S–V) *Sorbo chamaemespili-Vaccinietum;* DC–So) *Digitali grandiflorae-Calamagrostietum sorbetosum mougeotii.*

ri-Fagion) beschrieben, obwohl er als subalpin bezeichnet wird; er scheint derzeit über ein *Sorbus aucuparia*-Pionierstadium in Alm-Weiden vorzudringen, die ursprünglich nach Rodung dieses Gipfel-Buchenwaldes entstanden sind.

In montanen Stufen siedeln hochinteressante **Spezialgesellschaften:**

- Feuchte *Acer-* und *Tilia*-Schluchtwälder (z. B. am Schlucht-Paß)
- Reine **Fichten-Standorte auf Moorboden** mit *Sphagnum*, verschiedenen *Vaccinien* und Farnen, mitunter *Listera cordata* und *Corallorhiza trifida.* Diese wären die primären natürlichen Fichtenvorkommen. Fichte ist heute forstwirtschaftlich sehr verbreitet, scheint jedoch natürlich so selten zu sein, daß ihr spontanes Vorkommen in den Vogesen lange Zeit in Frage gestellt wurde.

- Zwei *Pinus uncinata*-Standorte, auf sauren *Sphagnum*-Torfmooren bei Gérardmer. TIMBAL stellt sie zur subalpinen Stufe, es dürfte sich aber, wie meist in den Randalpen (Abb. 7.11) oder dem Französischen Zentralmassiv, um tiefergelegene **Bergkieferenklaven** auf Torfmooren mitelmontaner Lagen handeln. Wie bei ähnlichen Standorten in Böhmen oder im Schwarzwald kann es sich um die Unterart *rotundata* handeln.

c) **Subalpine Stufe:** Nach dem Ausschluß des Gipfel-Buchenwaldes und der *Pinus uncinata*-Moorstandorte wird die Stufe nach unserer Auffassung von einer waldfreien Heiden- und Rasenvegetation («Hochalmen») geprägt, die über 1100 m dominiert und durch das Gipfelphänomen (Wind und Nebel) begünstigt wird. Jahresdurchschnittstemperatur 3–4°, Niederschlagsmenge mit 1800–2000 mm ziemlich hoch. Das Hohneck und sein glazialer Talkessel stellen den *locus classicus* dieser Formation dar.
CARBIENER unterscheidet in seinen eingehenden Arbeiten drei Vegetationstypen (Abb. 11.5B):

1. *Vaccinium uliginosum* und *Pulsatilla alpina*-Heide mit verschiedenen *Cladonia*-Untereinheiten an den durch Windfluß schneefreien Standorten (möglicherweise ähnlich den Heiden der Alpen) bzw. *Nardus*-Unterassoziationen auf länger schneebedecktem Gelände.

2. Thermophilere, sehr artenreiche *Calamagrostis arundinacea*-Gesellschaft auf Südhängen.

3. Zahlreiche **Spezialgesellschaften:** tiefgelegene Heiden mit verschiedenen *Sorbus*- und *Vaccinium*-Arten, durch Schnee geschützte chionophile *Luzula desvauxii*-Wiesen, Hochstaudenfluren und *Sibbaldia procumbens*-Schneetälchen.

Nach CARBIENER besteht zwischen dieser waldfreien Vegetation in den Vogesen und den anderen herzynischen Gebirgen eine Verbindung. So sind die *Calamagrostis*- Rasen durch **vikariierende Gesellschaften** vertreten: Im französischen Zentralmassiv ein *Senecio doronici-Calamagrostietum* in den Monts Dore zwischen 1500 und 1700 m; Puys- und Forezgebirge Fragmente, oder Mischformen zwischen dieser Assoziation und folgenden; Vogesen *Digitali grandiflorae-Calamagrostietum* in 1150–1250 m; Sudeten ein *Bupleuro longifolii-Calamagrostietum;* und Vogesen bis zum Riesengebirge ein *Sorbo-Calamagrostietum*, das in seinem östlichen Teil bis zu sechs *Sorbus*-Arten enthält.
Nach CARBIENER (1966, 1970) sind Frostwechseltätigkeit und **Bodenfließen** in den Hochvogesen häufige Phänomene.

Die **Torfmoore** der Vogesen werden seit langem intensiv studiert (DRESCH et al. 1967). Nach JALUT 1969 folgte auf die baumlose Vegetation des Spätglazials ein Kiefern- und Birkenstadium, das im Alleröd bis 700 m reichte. *Corylus* in mittleren und Eichenmischwald in tieferen Lagen treten nach und nach im Praeboreal auf, die ersten Buchen und Tannen erst im Atlantikum, Fichte noch später im Subatlantikum. Diese Ergebnisse wurden durch eine genaue Untersuchung des Karstenbergs von DE VALK 1981 bestätigt, der bis 800 m von Eichenmischwäldern und bis 1100 m von *Corylus* bewachsen war; im alten Atlantikum und jüngeren Subboreal erfolgte ein Rückgang, während sich der Tannen-Buchenwald einstellte. Die hohen Bergkämme scheinen oberhalb von 1200 m immer schon von *Calamagrostis*- und *Nardus*-Rasen, vermischt mit Zwergstrauchheiden, bewachsen gewesen zu sein. WOILLARD 1978 zeigte, daß das Moorprofil der **Grande Pile** bis in 20 Meter Tiefe über 140000 Jahre bis in die Rißeiszeit zurückgeht. JANSSEN 1981 hat schließlich in einem 70 km langen Streifen quer durch das Gebirge gründlich den Zusammenhang zwischen dem Pollenniederschlag und der gegenwärtigen Vegetation untersucht – eine methodische Arbeit, die nicht nur für die Vogesen von Bedeutung ist.

2.2. Französisches Zentralmassiv

Wenn dieses Gebirge durch eine 250 m-Niveaulinie begrenzt wird (Abb. 11.6A),

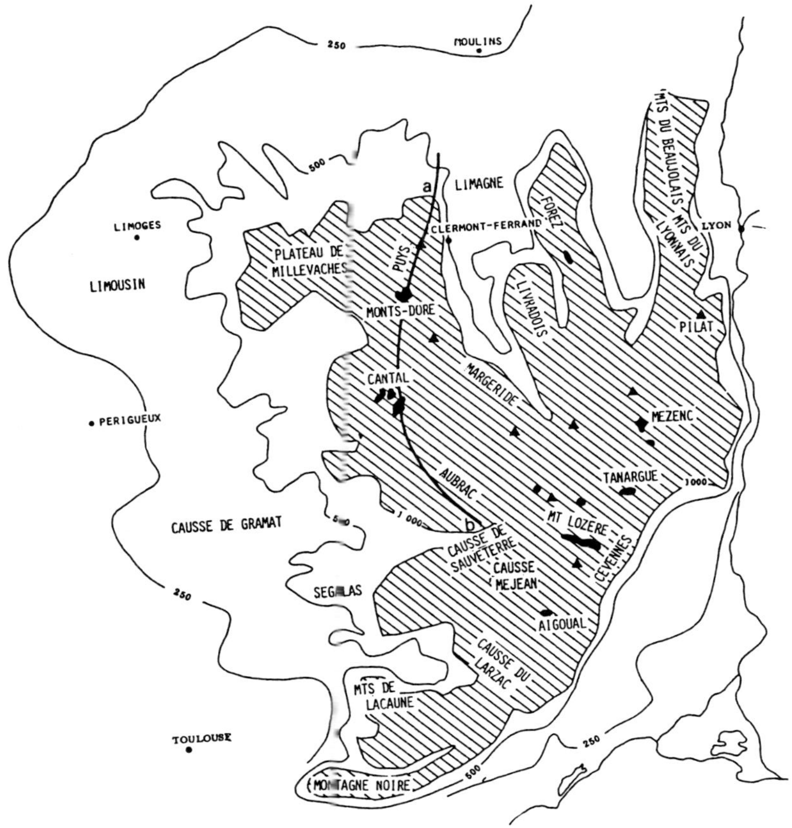

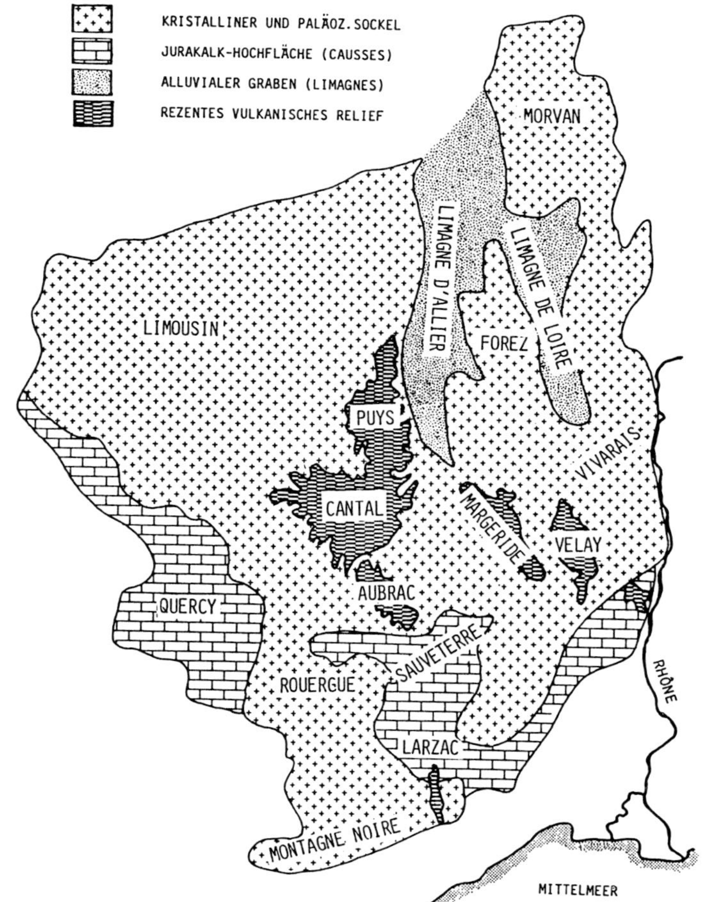

Abb. 11.6: Aufbau des Zentralmassivs. **Links:** Höhengliederung. Schraffiert Gebiete über 1000 m, schwarze Flecken Gebiete mit isolierten Gipfeln (Dreiecke) über 1400 m. Die Linie a–b markiert den Gebirgsrücken mit den Gipfeln der Gruppen: Puys, Monts-Dore, Cantal und Aubrac, der auch botanisch von Bedeutung ist (siehe Abb. 11.7). **Rechts:** vereinfachter geologischer Aufbau.

umfaßt der Gebirgsstock ungefähr 100000 km^2 (fast ein Fünftel der Fläche Frankreichs), von dem ein Drittel oberhalb von 1000 m liegt, mit Kulmination in 1880 m Höhe. Damit ist es das ausgedehnteste und höchste Gebirge des herzynischen Bogens.
Aus diesem Grund erfolgt eine etwas ausführlichere Beschreibung als bei den anderen herzynischen Gebirgen, da noch keine pflanzengeographische Gesamtdarstellung vorliegt.

2.2.1. Natürliche Umwelt

Geologischer und gesteinskundlicher Aufbau (Abb. 11.6 B):

- Der **granitische und kristalline Sockel** des Massivs wurde durch kaledonische und herzynische Faltungen verformt und bildete seit dem Ende des Paläozoikum eine Rumpffläche aus.
- Die Hauptmasse des Sockels wird von der Montagne Noire und ihren Ausläufern durch die sog. «Causses» getrennt. Das sind mächtige verkarstete **Kalkplateaus,** die vom Jura-Meer abgelagert wurden.
- Der **kristalline Sockel** wurde durch den Druck der alpinen Hebung am östlichen Rand angehoben. Bei Forez und den Lozère-Bergen erreicht er 1600 m Höhe, fällt gegen Westen regelmäßig ab und bildet insbesondere das Limousin-Plateau.
- Der Hebungsdruck der Alpen verursacht die zwei großen Grabenbrüche der Limagnes, die dem Oberlauf der Loire bzw. dem Allierbecken entsprechen sowie mächtige Vulkane, die im Pliozän und Quartär tätig waren und erst seit kurzem erloschen sind. Mit ihrer gut erhaltenen Morphologie repräsentieren sie die wichtigsten und höchsten Erhebungen des Massivs, die sog. «Puys» sowie die großen Basaltströme, «Planèzes» genannt.

Da das Zentralmassiv durch keine Erhebungen vom Meer abgeschirmt wird, erhält der Westteil reichlich atlantischen Regen, während der Südost-Rand direkt den mediterranen Stürmen ausgesetzt ist. Von den Limagnes abgesehen sind daher die Niederschläge überall reichlich und übersteigen am Kamm 2000 mm je Jahr. Durch eine kontinentale Temperaturamplitude sind die Winter sehr kalt und durch hohe Niederschläge fällt reichlich Schnee.
Das **Höhengefälle** des Sockels von West nach Ost, zwei Kammlinien hoher Erhebungen: Puys-Monts Dore-Cantal-Aubrac und Beaujolais-Pilat Vivarais-Cévennes, die Limagnesgräben und das von Westen nach Osten abnehmend mildere atlantische Klima haben zu einer Anordnung der Vegetation (außer im Süden) in breiten **Nord-Süd-Streifen** geführt (Abb. 11.7).

2.2.2. Montane Stufe

Die Vegetationsbeschreibung des Zentralmassivs wurde mit dieser Stufe begonnen, da die größte Ähnlichkeit mit den vorhergehenden Gebirgen besteht.
Die montane Stufe zwischen 700 und 1400 m wird weitgehend von **Buchenwäldern** geprägt, wie überall im herzynischen Bogen. Wie im Schwarzwald und in den Vogesen ist eine Asymmetrie zwischen einer ozeanischen Westflanke und einer subkontinentalen Ostflanke zu beobachten. Die Grenze zwischen diesen beiden Ausbildungen (Linie a-b, Abb. 11.6 und 11.7) verläuft nicht entlang der Wasserscheide von Loire und Rhône, sondern entlang der Kämme der hohen vulkanischen Erhebungen von Puys, Monts-Dore, Cantal und Aubrac.

1. Westlich dieser Linie werden die montanen Wälder von **subatlantischen Buchenwäldern** gebildet, die von Luquet 1926 und von Lemée 1951 und später noch genauer von Cusset-de Lachapelle 1961 untersucht wurden. Zwei Gruppen sind zu unterscheiden:

- **Acidophile Buchenwälder,** vor allem auf Silikatgestein und teilweise podsolierten Böden tiefmontan: *Luzulo-Fagetum* mit *Luzula sylvatica*, weniger acidophil als die gleichnamige Assoziation Mitteleuropas und ein *Deschampsio-Fagetum* mit *Vaccinium*.

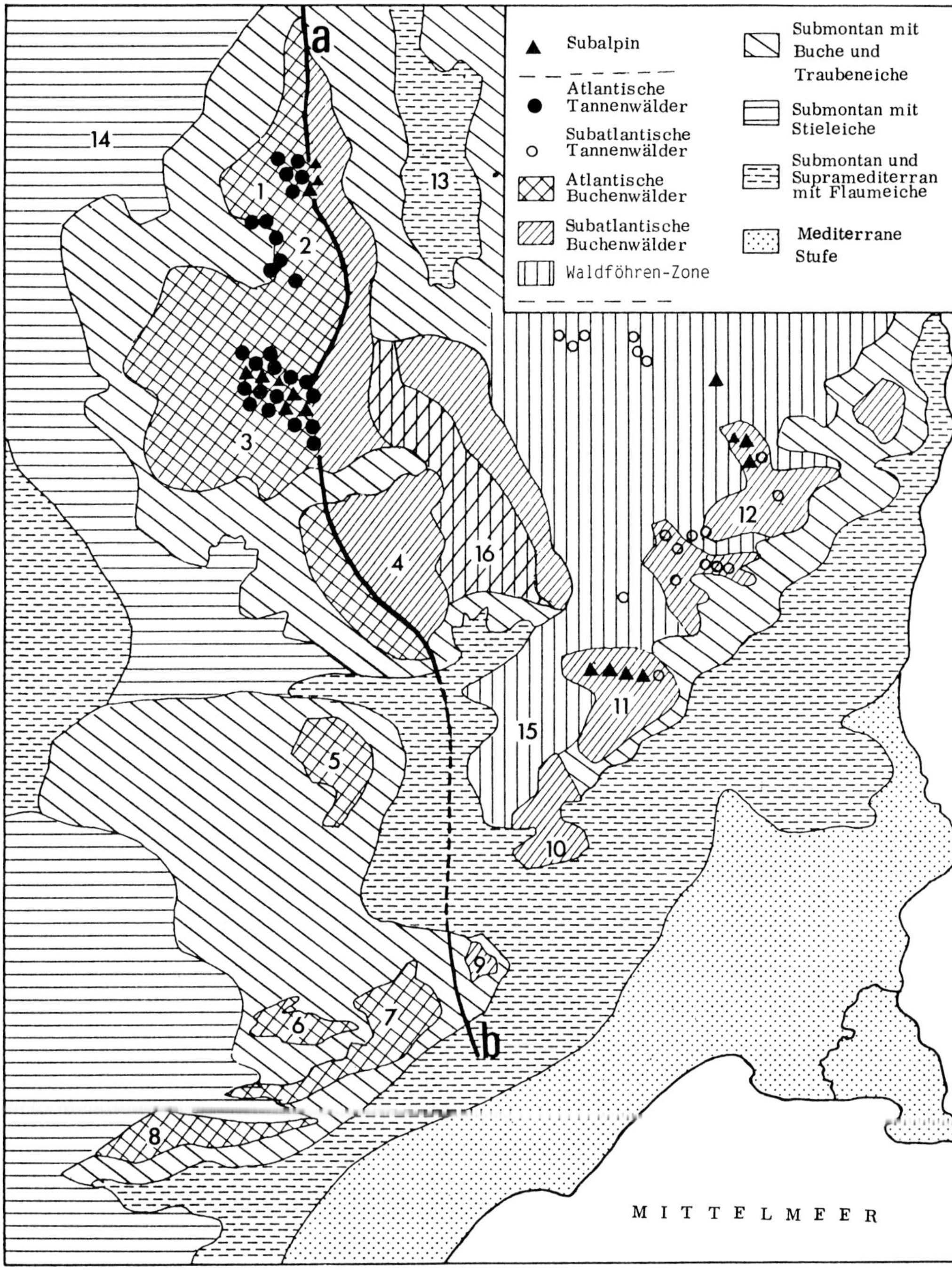

Abb. 11.7: Gliederungsentwurf für die botanischen Gebiete im Zentralmassiv. Einzelheiten im Text. Nummer 1 bis 16 sind geographische Richtpunkte: 1) Chaîne des Puys; 2) Monts-Dore; 3) Cantal; 4) Aubrac; 5) Levezou; 6) Monts de Lacaune; 7) Espinouse; 8) Montagne Noire; 9) Monts de Lodève; 10) Aigoual; 11) Mont Lozère; 12) Velay; 13) Limagne; 14) Bas-Limousin; 15) Grands Causses; 16) Margeride.
Die dicke Linie a–b trennt die atlantischen Buchenwälder (links) von den subatlantischen (rechts).

- **Braunerde-Buchenwälder,** im besonderen auf Basalt, bilden ein äußerst polymorphes *Scillo-Fagetum.* Typisch sind hier **atlantische Arten,** die in den Buchenwäldern der Pyrenäen wieder auftreten: überall und reichlich *Scilla lilio-hyacinthus*, *Euphorbia hibernica* (die *Euphorbia dulcis* der mitteleuropäischen Buchenwälder ersetzt), örtlich begrenzt *Meconopsis cambrica*, *Corydalis claviculata*, *Linaria striata*, *Galium hercynicum* und *Wahlenbergia hederacea.*

Ganz im Süden (Monts de Lacaune, Espinouze und Montagne Noire) gehören die Buchenwälder zwar noch dieser subatlantischen Gruppe an, sind jedoch von submediterranen Arten durchdrungen.

2. Östlich dieser Gratlinie bis zum Ostrand des Massivs setzt sich die montane Stufe aus besonders typischen **Buchenwäldern** zusammen, die sich jedoch von den benachbarten Randalpen durch **subatlantische Arten** und Silikatsubstrat unterscheiden. Sie bestocken einerseits die Ostflanken der großen zentralen Vulkanreliefs (Puys, Monts-Dore, Cantal) und Aubrac, den die eu-atlantischen Arten gerade noch streifen (Doche 1979) und andererseits die höheren Berge, die entlang des Saône- und Rhônetals die Ostgrenze des Zentralmassivs markieren. Von Norden nach Süden: Morvan, wo *Deschampsia*-Buchenwälder dominieren, dessen Westteil jedoch noch deutlich atlantisch ist (Bugnon-Rameau 1974), Beaujolais- und Lyonnais-Berge, deren geringe Höhe nur submontane Buchenwälder zuläßt, Madeleine- und Forez-Berge, Vivarais und Velay sowie Cévennes.

3. Im Zentrum dieser östlichen Buchenwälder befindet sich eine trockenere Senke, die vor allem vom oberen Loirebecken gebildet wird, wobei der Niederschlag vereinzelt bis 700 m absinkt. Die Kiefer ist auf den Abhängen, welche diese Zone umgeben (Osthang des Aubrac, Margeride, Vivarais und Pilat), noch mit der Buche vergesellschaftet, in diesem Zentralteil aber nur mehr stellenweise mit Tanne oder sie tritt rein auf. Das reichliche Vorkommen wurde sicher anthropogen begünstigt; Kiefer scheint aber im gesamten Velay die Klimaxart zu sein. Die Tannenwälder sind heterogen. In der **Kiefernzone** (Yssingeaux- und Le Puy-Region) sind sie trockener und artenärmer als in den anderen Gebieten des Massivs und mit dem zwischenalpinen *Abietetum* vergleichbar. Das Hochloire-Becken stellt bis zu einem gewissen Grad, wenn auch nicht so deutlich wie in anderen Gebirgen, eine Art «innere Zone» dar.

4. **Waldlose montane Stufe:** Der Waldanteil ist im französischen Zentralmassiv gering und wurde durch Rodung bis auf 10 % reduziert. Durch die Landflucht gingen auch die landwirtschaftlichen Kulturen zurück, die allerdings nie bedeutend waren. Den Boden bedeckten lange Zeit **Weiden,** die sich heute durch Verwilderung größtenteils zu Heiden entwickelten. Der Charakter dieser *Calluna*-, *Genista*- und *Sarothamnus*- Heiden und ihre Zuordnung zu dynamischen Serien sind ungenügend untersucht. Doche 1982 hat beispielsweise gezeigt, daß im Aubrac mit Buche als Klimaxbaumart die natürliche Wiederbewaldung nicht direkt zum Neuaufbau des Buchenwaldes führt. Auf dem Boden entwickelt sich zunächst eine dichte *Calluna vulgaris*-Heide, die nur von der Kiefer besiedelt werden kann. Später bildet sich dann *Calluna* durch Beschattung des dichten Kiefernbestandes wieder zurück und schafft freie Plätze, auf denen Buchenwald ankommen kann und allmählich die Kiefer herausdunkelt.

Die Aufforstung mit Nadelbäumen war im atlantischen Teil nicht so intensiv wie in der Osthälfte des Massivs. Kiefer wurde bevorzugt, die im Zentralmassiv nicht natürlich vorkommende Fichte, und in jüngster Zeit auch Douglasie wurden hauptsächlich zur Aufforstung der Heiden verwendet, aber auch in naturnahen Wäldern eingepflanzt.

Wie in den Randalpen und im übrigen herzynischen Bogen beherbergt die montane Stufe des Zentralmassivs **azonale Satelliten-Vegetation.** Am interessantesten sind **Hochmoore,** die sich infolge hoher Niederschläge und sauren Substrates bei den Kraterseen gut entwickeln konnten. Sie werden durch *Pinus uncinata* und arktische Arten, die teilweise in den Randalpen fehlen *(Salix lapponum, Ligularia sibirica)*, gekennzeichnet.

2.2.3. Subalpine Stufe

Die natürliche Obergrenze der montanen Stufe, im allgemeinen von Buchenwäldern und stellenweise von Tannenwäldern gebildet, liegt bei etwa 1500 m und wird häufig durch einen Saum verkrüppelter Bäume gekennzeichnet. Doch fast überall ist sie gedrückt, durch natürlichen Kammeffekt oder Weidewirtschaft, durchschnittlich 1400 m. Auf jeden Fall besteht das subalpine Gebiet, selbst bei Berücksichtigung des gesamten hohen waldfreien Bereichs, im Zentralmassiv nur aus kleinen Inseln, die in den Monts-Dore und im Cantal am ausgedehntesten und mannigfaltigsten sind.

Im **Cantal** haben QUÉZEL-RIOUX 1954 auf zwei besonders interessante Vegetationsformationen hingewiesen, die in geschützten nordseitigen Erosionslagen auftreten: Einige Relikte von *Pinus uncinata*, die in montanen Mooren häufiger ist, in der subalpinen Stufe jedoch völlig fehlt, und eine Reliktassoziation mit nahezu alpiner Ökologie, die *Saxifraga hieracifolia, S. androsacea, S. oppositifolia, Carex atrata* und *Hieracium piliferum* enthält. Andere bemerkenswerte Gesellschaften der subalpinen Stufe im Cantal:

- In den langen, schneebedeckten nordseitigen Rinnen über 1600 m eine *Saxifraga lamottei-* (Kleinendemit), *Saxifraga bryoides-* und *Androsace rosea*-Assoziation; *Empetrum hermaphroditum*-Heide, mit *Lycopodien* und Flechten, die bereits von LUQUET in den Monts-Dore beobachtet wurde sowie *Adenostyles alliariae*- Hochstaudenfluren.
- Den Hauptanteil der subalpinen Vegetation bilden *Vaccinium uliginosum-, Vaccinium myrtillus-, Calluna vulgaris-* und *Genista pilosa* var. *tortuosa*-Heiden mit verschiedenen Hochlagenarten wie *Gnaphalium norvegicum, Trifolium alpinum* und gelegentlich *Festuca paniculata* sowie *Juniperus alpina*. Diese Heiden bilden zwei sehr verwandte Assoziationen, *Vaccinio-Gentianetum luteae* und *Genisto-Pulsatilletum vernalis*.

Im Puy-de-Dôme, in den Monts-Dore oberhalb von 1500 m und im Forez hat CARBIENER 1969 *Calamagrostis arundinacea-* und *Senecio doronicum*-Rasen beschrieben, die im Westen das subalpine *Sorbo-Calamagrostidetum* ersetzen, das in den Vogesen und bis zu den Sudeten verbreitet ist. In den Monts du Forez gibt es tatsächlich eine Übergangsform zwischen diesen beiden Gesellschaften, was nach CARBIENER für eine Verwandtschaft dieser Bergkette mit den Vogesen spricht.

Weiter im Süden werden die subalpinen Heiden und Rasen allem Anschein nach durch südlichere Assoziationen aus dem *Juniperion nanae*-Verband abgelöst, die *Vaccinium-* und *Calluna*-Heiden prägen aber hie und da auch *Juniperus alpina, Festuca paniculata*, im Vivarais (Mézenc, LEMÉE 1953) *Senecio leucophyllus*, in der Mont-Lozère-Kette (BRAUN-BLANQUET 1953, BRESOLES 1967) *Sorbus aucuparia, Antennaria dioica* und sogar *Juncus trifidus*. Diese subalpinen Einheiten könnten vielleicht zu 2 oder sogar 3 geographischen Typen zusammengefaßt werden; dies ist jedoch noch verfrüht und infolge des fragmentarischen Charakters auch unsicher.

2.2.4. Typen der kollinen Stufe

Durch die südliche Lage des französischen Zentralmassivs ist die kolline Stufe ziemlich gut entwickelt und steigt häufig bis 800 und 900 m. Dennoch wird nur das Notwendigste skizziert, da die Stufe äußerst heterogen ist und weit mehr Verwandtschaft zur Vegetation des Vorlandes aufweist als zum Massiv selbst. Der oben beschriebene montan-subalpine Vegetationskomplex bildet nämlich einen zusammengedrängten Kern, der in die kolline Stufe eingefügt ist. Diese setzt sich entlang der Bergflanken aus heraufsteigenden submediterranen oder subatlantischen oder mitteleuropäischen Einheiten zusammen, die das Zentralmassiv umgeben.

1. Die eigentliche montane Stufe, die aus Buchenwäldern besteht, ist im unteren Teil fast überall von einem submontanen Saum eingefaßt, wo Traubeneiche *(Quercus petraea)* und Edelkastanie mit der Buche vergesellschaftet sind, den Baudière 1974 in den Espinouze-Bergen untersucht hat. Dieser **Saum,** den man noch zur montanen Stufe zählen könnte, liegt im zentralen und östlichen Teil des Massivs in 700 bis 1000 m Höhe. Im Westteil, wo infolge der atlantischen Feuchtigkeit die Buche nur in tieferen Lagen vorkommt, sinkt der Saum auf 500–800 m ab und die Stieleiche *(Quercus robur)* erreicht einen wichtigen Anteil.

2. Am **Westrand des Massivs** und besonders im Mittel- und Tief-Limousin geht das Submontan allmählich in das Kollin über, wo *Quercus robur* dominiert und von *Quercus petraea* und *Castanea* begleitet wird. Die kolline Stufe gegen Südosten wird von der Flaumeiche im Quercy und Périgord randlich umrahmt.

3. Im **Osten und Süden des Zentralmassivs** dominiert dagegen die Flaumeiche auch submontan, die von der eigentlichen kollinen Stufe nur schwer zu trennen ist. Der Buchenwald wird von einer breiten supramediterranen Stufe eingesäumt, die weiter unterteilt werden kann:

a) Am **Ostrand vom Vivarais** bis zu den Cévennes treten zwei Stufen auf: Oben ein schmaler Streifen von acidophilen **Eichenwäldern** mit *Quercus petraea* und Edelkastanie sowie mit einer acidophilen Flaumeichen-Ausbildung auf den Sonnenhängen. Tiefer ein typischer **supramediterraner Teil,** der in den Randalpen auf der anderen Seite der Rhône ein analoges Pendant hat. Selbst im unteren Ardèche-Becken hat sich eine *Quercus ilex-* und *Juniperus phoenicea*-Fels-Gesellschaft im tieferen supramediterranen Bereich erhalten.

b) Der **Süden des Zentralmassivs** wird durch große verkarstete Kalktafeln, den Causses, eingerahmt. Die Vegetation besteht fast ausschließlich aus einer **supramediterranen Flaumeichen-Serie,** die gegenüber den Randalpen eine leicht veränderte Form aufweist (*Genista cinerea* fehlt). Mehrere Höhenunterstufen (Dupias 1969, Braun-Blanquet 1970): eine mediterrane Serie der Flaumeiche, die die Causses randlich umgibt, eine tiefere supramediterrane Unterserie auf den niederen Plateaus, eine obere supramediterrane Unterserie, deren Klimax ein Eichen-Kiefern-Mischwald ist. Auf dem höchstgelegenen Plateau wie dem Causse Méjean geht dieser Mischwald über 1000 m in einen reinen Föhrenwald über, der als montane Kiefern-Serie angesehen werden kann, sich aber von jener im Hochloirebecken etwas unterscheidet.

4. Das **Clermont-Ferrandbecken** (Limagne d'Allier) besitzt auf seinen niederen Hügeln einen Flaumeichen-Gürtel vom nördlichen und nicht vom supramediterranen Typ, der höher von einer submontanen *Quercus petraea*-Stufe abgelöst wird.

XII. Zwei große Gebirgskomplexe: Pyrenäen und Karpaten

Ausgedehnte europäische Gebirgsketten, mit denen man die Alpen nach Ausdehnung und Mannigfaltigkeit vergleichen kann, sind die Pyrenäen, die Karpaten und der Kaukasus. Aber die Karpatenkette ist weniger mächtig und nicht so differenziert wie die anderen Gebirge und die Pflanzenwelt des Kaukasus weist, zumindest in den höheren Stufen, Charakteristika auf, die sehr deutlich von den Alpen abgrenzen. Dagegen ist die Vegetation der Pyrenäen am nächsten mit jener der Alpen verwandt, da alle Klimax-Baumarten ebenfalls in den Alpen vertreten sind.
Die Pyrenäen-Kette würde eine vergleichbare Studie wie bei den Alpen verdienen. Eine solche Synthese ist noch nicht realisierbar trotz der umfangreichen pflanzengeographischen Unterlagen – oder vielleicht gerade wegen dieses so differenzierten Materials. Eine ausführliche Studie dieses Gebirges kann deshalb in diesem Buch nicht vorgenommen werden, somit wird eine ziemlich unvollständige Darstellung der Pyrenäen-Vegetation, aber weitgehend kartographisch, versucht.
Zu Recht oder Unrecht scheint die Vegetationsstudie der Karpaten einfacher oder vielleicht hier zu sehr schematisiert zu sein. Das Ziel ist aber nicht eine erschöpfende Beantwortung, sondern inwieweit das in den Alpen erarbeitete Modell anzuwenden ist, um die Vegetation einer anderen großen Kette zu verstehen.

1. Pyrenäen

Man würde erwarten, daß eine Ähnlichkeit besteht, besonders zwischen **Pyrenäen** und **Ostalpen** hinsichtlich dem Ost-West-Verlauf (Abb. 12.1) und geologischem Aufbau, der in beiden Fällen ein kristallines Zentrum aufweist, das von Kalkmassiven umgeben ist (Abb. 12.2). Aber die Ostalpen sind eine verhältnismäßig gleichmäßig aufgebaute Kette, namentlich in klimatischer Hinsicht, mit ihren breiten ozeanisch beeinflußten Randalpen, welche die kontinentalen Innenalpen umgeben. Hingegen sind die Pyrenäen nach Struktur und Klima sehr ungleichmäßig aufgebaut, mit einem steilen, niederschlagsreichen Nordabfall und einem wesentlich breiteren Südabfall unter mediterranem oder semiaridem Klimaeinfluß.

Tatsächlich haben die Pyrenäen mit den Westalpen die größte Gemeinsamkeit durch einen gut entwickelten floristischen Artenbestand von großer Verwandtschaft zwischen den beiden Gebirgszügen (obzwar es Arten mit Verbreitung in den Ostalpen – Pyrenäen gibt), aber auch und vor allem nach Struktur und Klima.

1.1 Geographie

Mit rd. 400 km Länge und 150 km Breite im Zentrum haben die Pyrenäen ungefähr die Ausdehnung der Westalpen zwischen Genfer

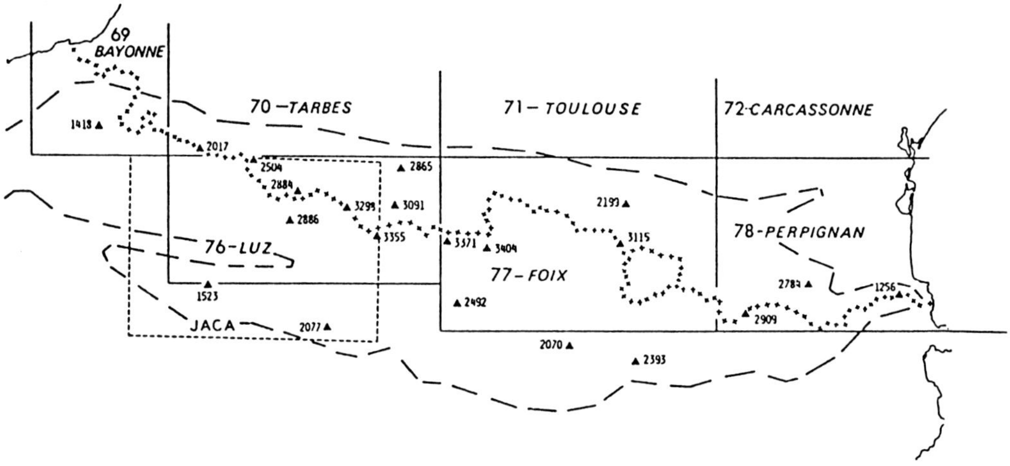

Abb. 12.1: Zusammenstellung der Vegetationskarten (1 : 200 000) der Pyrenäen. Diese Karten, gekennzeichnet mit ihren Nummern, sind durch das nationale Zentrum für wissenschaftliche Untersuchungen Frankreichs (CNRS) veröffentlicht. Das Blatt Jaca wurde veröffentlicht durch MONTSERRAT et al., Universität Jaca. Die Linie mit den Kreuzen ist die französisch-spanische Grenze, die weitgehend mit dem Verlauf des höchsten Bergkammes der Pyrenäen übereinstimmt. Bei den höchsten Gipfeln ist die Höhenlage angegeben. Die gestrichelte Linie entspricht annähernd dem Umriß der Kette, durch die Höhenschichtlinie von 1000 m bestimmt.

Abb. 12.2: Geologischer Aufbau der Pyrenäen (nach CASTERAS, in DEBELMAS, Geologie von Frankreich, vereinfacht).

See und Mittelmeer. Geographisch zeigen beide Gebirge ähnliche Merkmale:
– **morphologische Asymmetrie** der beiden Abdachungen;
– eine **kristalline Achse** ist vorwiegend von Kalkgebirgsstöcken umsäumt, die auf der sanften Seite sehr ausgeprägt sind;
– **klimatisch** existiert eine doppelte Ungleichmäßigkeit. Im Querprofil fällt der niederschlagsreichere Steilhang in eine feuchte und heiße Ebene ab (Aquitanien, Piémont), und entgegengesetzt mit einem sanften und trokkenen Hang in das submediterrane Gebiet (Aragon und Hochprovence). Im Längsverlauf existiert ein mediterraner Gebirgsteil (Ostpyrenäen und Seealpen) und ein ozeanisches Gegenüber (Atlantische Pyrenäen und Hochsavoyen).
Bei einer Drehung von 90° um den Golf von Lion (Abb. 12.3) könnten die beiden Gebirge korrespondieren.

Diese Ähnlichkeit wirkt sich auf die Vegetation aus:
Der **Steilabfall** wird in beiden Fällen montan vorwiegend vom azidophilen Buchenwald bestockt, während *Pinus sylvestris* eine sehr verschwindende Rolle spielt. Am entgegengesetzten Hang siedelt vorwiegend *Pinus sylvestris*, mit Vorkommen in beiden Ketten von *Juniperus thurifera* (Weihrauchwacholder) und starker Höhenausbreitung der Steineiche *(Quercus ilex)*.

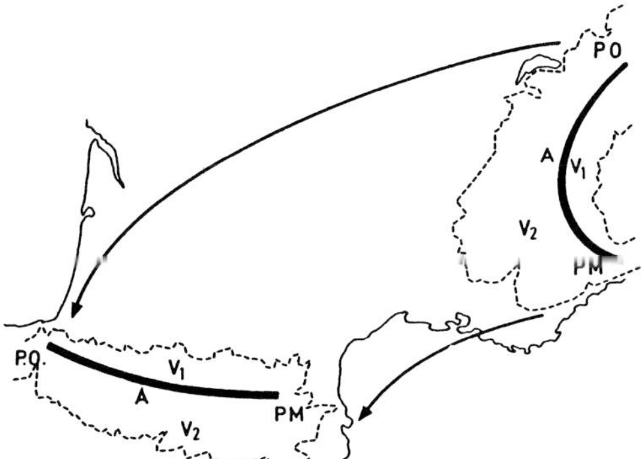

Abb. 12.3: Strukturelle Ähnlichkeit zwischen den Pyrenäen und den Westalpen. A) Hauptachse der beiden Gebirge; V1) rascher Gebirgsabfall; V2) langsamer Gebirgsabfall; P.O) ozeanischer Pol; P.M) mediterraner Pol.

Der **mediterrane Gebirgsabschnitt** ist ziemlich ähnlich: Unter beinahe identischen Ausbildungen treten die Korkeichen-Serie auf, kalkreiche tiefmediterrane Vegetation mit Steineiche und eine mediterrane *Quercus pubescens*-Serie.
Subalpin hat die Hakenkiefer einen wesentlichen Anteil in den Pyrenäen und Westalpen – den einzigen Gebirgen, in denen sie eine so wichtige Rolle spielt.

Damit ist die Ähnlichkeit erschöpft, denn es bestehen bemerkenswerte Unterschiede zwischen den beiden Gebirgen:

a) Die **Hochprovence** ist wesentlich feuchter als die ostspanischen Pyrenäen, wie die wesentliche Bedeutung der Buchenwälder beweist.

b) Umgekehrt kommt die Buche auch in den französischen Ostpyrenäen reichlich vor, die jedoch nahezu in den östlichen Seealpen fehlt.

c) Abschließend, das ist wahrscheinlich der wichtigste Punkt, besitzt allem Anschein nach die Pyrenäenkette kein biogeographisch ausgeprägtes Zentralgebiet wie in den Innenalpen. Darauf wird gesondert bei der montanen Stufe hingewiesen (Abb. 12.5).

1.2. Die Flora der Pyrenäen

Die Flora der Pyrenäen weist sowohl in ihrem heutigen Bestand als auch in ihrer Geschichte eine gewisse Verwandtschaft mit der Flora der Alpen auf. Dies erlaubt eine kurze Darstellung.
Diese Flora kann für die gesamten französischen und spanischen Pyrenäen auf ca. 3000 Arten geschätzt werden mit einem Artenreichtum pro 10000 km², der 2000 in den Ostpyrenäen übersteigt und von Ost nach West abnimmt. Die Baumvegetation ist wesentlich artenärmer als in den Alpen. Die Gymnospermen sind auf Tanne, Wald- und Hakenkiefer sowie Wacholderarten reduziert. Unter den Sträuchern sind jedoch Ericaceen reichlich vertreten und die Gattung *Salix* umfaßt ungefähr 20 Arten.

Durch Entstehung der Pyrenäen vor den Alpen und die südlichere Lage sollte folglich ein bedeutenderes arkto-tertiäres Florenelement vorhanden sein. Dies ist aber beinahe ganz verschwunden (einige Standorte von *Juniperus thurifera*, *Ramonda*, *Borderea* (Abb. 12.4). Die Differenzierung der Gebirgsflora von ursprünglich gemäßigten Arten mußte unter ähnlichen Bedingungen wie in den Alpen vor sich gegangen sein. Wanderungen waren durch die Nähe der beiden Gebirge und die Verbindung zum Zentralmassiv begünstigt.

Trotz der relativ mäßigen Höhe der Pyrenäen war die **Vergletscherung** stark, vermutlich infolge ozeanischer Feuchtigkeit. Arktisch alpine Arten sind zahlreich und umfassen selbst Vertreter, die in den mitteleuropäischen Gebirgen fehlen *(Salix lapponum, Phyllodoce coerulea)*. Die postglaziale Wiederbesiedlung profitierte vom Zuwandern aus dem weiten Territorium des iberischen Refugiums, nicht aber von östlichen Eindringlingen: Fichte, Lärche, *Pinus cembra*, Grünerle haben das Rhône-Tal nicht erreicht.

Der Prozentsatz der **Endemiten** ist, selbst nach Korrektur von extremen Lokal-Systematikern, hoch: 120 endemische Pyrenäen-Arten (sensu stricto) oder endemische pyreneo-iberische Arten. Das ist weniger als in den Alpen, aber ungefähr wie in den Karpaten. Dieser Endemismus unterscheidet sich durch bekannte Arten *(Saxifraga longifolia, S. aquatica, Androsace cylindrica)* und durch einen bedeutenden Anteil von supraspezifischen Taxa *(Xatartia, Ramonda, Borderea, Iris xyphioides;* Abb. 12.4*)*.

Nach den von Dupias (1977, 1981) ermittelten Arealflächen für 101 Arten der Alpin-Stufe und 142 der Felsstandorte, der Geröllhalden und subalpinen Heiden ergibt sich nachfolgende Aufgliederung:

a) Die 101 Arten der Alpin-Stufe verteilen sich wie folgt:

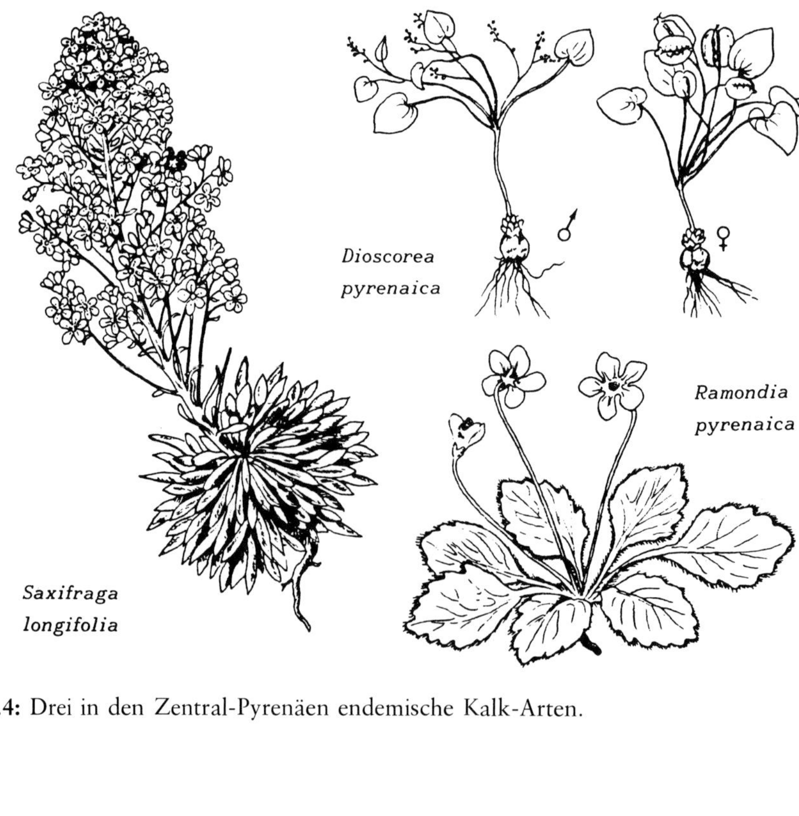

Abb. 12.4: Drei in den Zentral-Pyrenäen endemische Kalk-Arten.

Arkto-alpin	31	
Orophil-europäisch (s. l.)	14	
Orophil-pyrenäisch-alpin-karpatisch	9	
Orophil-pyrenäisch-alpin und südeuropäisch	9	78 %
Orophil-pyrenäisch-alpin	12	
Orophil-pyrenäisch-asiatisch-alpin	4	5 %
Orophil-pyrenäisch-asiatisch	1	
Pyrenäisch-endemisch u. pyrenäisch-nordiberisch	21	

Daraus geht die bedeutende Ähnlichkeit mit der Alpenflora (78 % gemeinsame Arten) und der schwache Kontakt mit asiatischen Gebirgen (5 %) hervor. Letzteres ist wahrscheinlich der extrem westlichen Lage der Pyrenäen zuzuschreiben und auch der Tatsache, daß wie in den Alpen manche Endemiten nicht in der waldfreien Stufe, aber in der montanen oder eben der hochkollinen wachsen.

b) Wenn man die alpine mit der subalpinen Stufe vergleicht, ist subalpin ein Zurückgehen des arktisch-alpinen Artenanteils, die Zunahme der Endemiten und das Auftreten eines Arten-Kontingentes zu beobachten, welches Gemeinsamkeiten mit den mediterranen, hauptsächlich iberischen Gebirgen aufweist:

	alpin	subalpin
Orophile alpine Gebirge (Pyrenäen, Alpen, Karpaten, Apennin)	47	47
Arktisch-alpin	31	14
Anteil von Pyrenäen-Arten, die auch in den Alpen vorkommen	78	61
Pyrenäen-Endemiten	21	29
Arten mediterraner Gebirge	–	10
Verschiedene	1	–

Eine grundlegende Studie über die Beziehungen der Flora der Pyrenäen mit jener der Alpen hat Kupfer (1972) ausgearbeitet. Die postglaziale Geschichte der Pyrenäen hat Jalut (1969, 1974) untersucht.

1.3. Kurze Beschreibung der Vegetationsstufen

Da es sich hauptsächlich um einen Vergleich mit den Alpen handelt, wird mit den Hochlagen begonnen, da eine enge Verwandtschaft innerhalb der alpinen Stufe in beiden Gebirgen besteht; die Berührungspunkte zwischen der Pyrenäen- und Alpen-Vegetation nehmen mit sinkender Höhe ab.

1.3.1. Alpine Stufe

Die Vegetation der alpinen Stufe der Pyrenäen ist vor allem in den Ostpyrenäen durch das Grundlagenwerk von Braun-Blanquet (1948) gut bekannt. Braun-Blanquet belegt darin tiefgreifende Ähnlichkeit dieser Vegetation mit ihrem alpinen Gegenstück. Da der Vergleich zwischen den Gebirgen hier vorzugsweise auf der Ebene der Gesellschafts-Verbände erfolgen soll, wird auf wesentliche Schlußfolgerungen dieses Autors hingewiesen, daß 16 der 22 Verbände, die in der alpinen Stufe der Pyrenäen vorkommen, ebenfalls in den Alpen vertreten sind. Die sechs anderen bilden sehr nahe stehende Verbände, wobei unter diesen die vier wichtigsten Rasen-Verbände enthalten sind. Die übergeordneten pflanzensoziologischen Einheiten, Ordungen und Klassen sind ausnahmslos **identisch** in der alpinen Stufe der beiden Gebirge. Unterschiede treten schließlich nur in der Ebene der Gesellschaften oder Unter-Gesellschaften auf. Diese Verwandtschaft ist umso bemerkenswerter, als die Ostpyrenäen am Ende des Gebirges liegen: man könnte erwarten, daß der mediterran-montane Klimaeinfluß dominierend wird. Tatsächlich ist dieser Einfluß, wie in den Seealpen mit ähnlicher geographischer Lage, kaum bedeutend in der montanen Stufe, und praktisch bedeutungslos in den subalpinen und alpinen Stufen.
Die gleiche Vegetation hoher Lagen erstreckt sich ohne nennenswerte Veränderungen gegen Westen in den **Ariéger und Katalanischen Pyrenäen,** wo die von Gruber beschriebe-

nen Gesellschaften identisch mit denen von BRAUN-BLANQUET sind, die Nomenklatur ausgenommen.
Die Ähnlichkeit mit den Alpen beginnt nahezu vollständig zu werden, wenn man die **Zentralpyrenäen** erreicht und selbst die Vikarianten der Alpen und der Pyrenäen der (in den Ostpyrenäen beobachteten) Rasen-Verbände sind ziemlich ähnlich. Unterschiede bestehen wiederum im Niveau der Gesellschaft (s. KLEIN 1979).
In den **Westpyrenäen** endlich fehlt die alpine Stufe westlich des Pic d'Anie (DENTALETCHE 1972), wo die Höhe der wichtigsten Gipfel nur etwa 2000 m erreicht (Abb. 12.8).
Die **Böden** der alpinen Stufe wurden von LABROUE in den Zentralpyrenäen studiert (besonders mikrobiologische Vorgänge) und durch BAUDIERE und SOUTADÉ in den Ostpyrenäen (periglaziale Erscheinungen).
Nachfolgend einige allgemeine Hinweise über Pionier-Gesellschaften und danach ausführliche Besprechung der wichtigsten Wiesen-Einheiten.

1.3.1.1. Pioniergesellschaften

Einheiten auf anstehendem Fels, Geröll, in Schneetälchen, an stagnierenden Gewässern, Bächen oder Mooren bilden einen Gesellschaftskomplex ähnlich wie in den Alpen. Jede Gesellschaft hat eine alpine Vergleichseinheit, von der diese sich nur durch einige pyrenäische Endemiten unterscheidet bis zu dem Punkt, wo neue Gesellschaften und ein oder zwei neue Verbände entstehen.
Bemerkenswert ist einerseits der relative Reichtum der **Wasserpflanzengesellschaft** mit *Sparganium*, aber andererseits das Fehlen des *Caricion bicoloris-fuscae* mit seinen glazialen Relikten.
Diese gesamten Einheiten hat GRUBER (1978) sehr eingehend studiert und darüber hinaus spezielle **Lokalgesellschaften** am spanischen Südabfall beschrieben.
Die Anpassungsformen der Schuttpflanzen wurden durch BAUDIERE-BONNET (1963) und SOMSON (1984) studiert.

1.3.1.2. Silikat-Rasen

Zusammensetzung, relative Lage und Ökologie der Gruppierungen weisen noch eine interessante Parallele zu den Alpen auf, aber die Gesellschaften unterscheiden sich ein wenig. **Drei Höhenstufen** werden ausgeschieden, wobei zwecks Einheitlichkeit der waldfreien Vegetation subalpine Wiesengesellschaften wie in den Alpen einbezogen werden.

a) In der **tiefsubalpinen Stufe** nimmt der verhältnismäßig thermophile Rasen mit *Festuca paniculata* (= *F. spadicea*), ausgeprägter als in den Südalpen, ein erhebliches Areal ein. In den Ost- und Ariége-Pyrenäen wird dieser Rasen ersetzt durch das *Hieracio-Festucetum* (BRAUN-BLANQUET 1948), welches die Südhänge ungefähr zwischen 1800 und 2250 m einnimmt und erreicht im Westen das Aran-Tal, wo NÈGRE eine sehr verwandte Gesellschaft *(Potentilleto-Festucetum)* beschrieben hat. In den Zentralpyrenäen wird diese Einheit durch das *Irido-Festucetum paniculatae* (NÈGRE et al. 1975) ersetzt und weiter im Westen hat derselbe Autor eine ökologische Vikariante auf Kalk beschrieben, das *Scorzonero-Festucetum paniculatae*.

b) In der **hochsubalpinen Stufe** wird die für subalpines Silikat-Gestein der Alpen so charakteristische *Festuca varia* durch die endemische Pyrenäenart *Festuca eskia* («gispet») ersetzt, auch diese bildet **Treppenrasen** aus. In den Ost- und zentralen Ostpyrenäen bis hin ins Aran-Tal und Aigues-Tortes siedelt das *Campanulo ficarioidei-Festucetum* eskiae (BRAUN-BLANQUET 1948) und in den Zentralpyrenäen das *Carici-Festucetum* eskiae (RIVAS-MARTINEZ 1974), dessen *Carex granitica* eine Unterart von *C. sempervirens* ist (vgl. auch BAUDIERE et al. 1973; NÈGRE 1974, 1977; NÈGRE-SERVE, 1979).
Alle diese subalpinen Silikat-Einheiten haben die Tendenz, sich in Richtung *Pinus-uncinata*-Klimaxbestockung zu entwickeln und stellen somit teilweise die krautreichen Ausbildungen beiden Serien dieser Art dar, die in der subalpinen Stufe beschrieben werden.

c) In der **alpinen Stufe** sollten noch Ausbildungen einerseits in den östlichen und zentralen Ostpyrenäen, im Osten die Massive vor Maladeta und Biciberri, und andererseits in den eigentlichen Zentralpyrenäen unterschieden werden.
In den **Ostpyrenäen** wird das alpine *Caricion curvulae* durch den vikariierenden Verband *Festucion supinae* ersetzt, dessen Hauptgesellschaft das *Hieracio breviscapi-Festucetum supinae* von BRAUN-BLANQUET (1948) ist, das dem *Festucetum halleri* der Südalpen entspricht. Dieses wird hochalpin ab ca. 2600 m von einer *Carex curvula*-Einheit, dem *Curvulo-Leontidetum pyrenaicum*, abgelöst, das BRAUN-BLANQUET, später BAUDIERE-SERVE (1975) von den Ostpyrenäen beschrieben haben und das CHOUARD bis im Aure-Tal wiedergefunden hat.

In den **Zentralpyrenäen** kommt dagegen *Carex curvula* in der gesamten Stufe vor, wobei die Leitgesellschaft das *Seslerio-Caricetum curvulae* ist (RIVAS-MARTINEZ 1974) mit *Sesleria (Oreochloa) disticha*. In der Gegend von Luchon hat NÈGRE (1969) ein *Gentiano alpinae-Caricetum curvulae* beschrieben.

1.3.1.3. Karbonat-Rasen

Auch hier, und vielleicht noch ausgeprägter als bei den Silikat-Rasen, ist die Parallele zu den Alpen eng (s. CHOUARD 1942, 1943, MONTSERRAT-VILLAR 1975).
In der ökologischen Gruppe der **Magerrasen** auf wenig entwickelten Böden wird das *Seslerion variae* der Alpen durch den vikariierenden Verband *Festucion scopariae* ersetzt und das *Seslerio-Semperviretum* durch ein *Festucetum scopariae*, das eine *Sesleria-Art (S. albicans)* beherbergt und fallweise *Carex sempervirens*. Eine verwandte Gesellschaft wird durch die endemische *Saponoria caespitosa* charakerisiert. Das *Elynetum* wurde durch ein *Elyno-Oxytropidetum* ersetzt. Das *Firmetum* scheint kein Pyrenäen-Äquivalent zu besitzen.
Innerhalb der Gruppe der Rasengesellschaften auf entwickelten, manchmal leicht sauren Böden entspricht dem alpinen *Caricion ferrugineae* in den Pyrenäen ein *Primulion intricatae*, das der alpinen Rasengesellschaft derart nahe steht, daß sich darin – zumindest in den Ostpyrenäen – das *Festuco-Trifolietum thalii* wiederfindet. Die Unterschiede beschränken sich praktisch nur auf die Benennung.

1.3.2. Subalpine Stufe

Höhengrenzen: Am Nordhang (Schattseite) wird mit 1600–2000 m eindeutig die unmittelbar anschließende Buchenwaldstufe überragt, am sonnseitigen Südhang (1800–2400 m) wird im allgemeinen *Pinus sylvestris* in einer Übergangszone abgelöst.
Die **Niederschläge** dürften durchwegs 2000 mm am Nordabfall des Gebirges übersteigen und 1300 mm am spanischen Südabfall; jedoch immer über 130 Regentage/Jahr und 10 Regentage/Monat während des Sommers. Nach indirekten Hinweisen – mangels ausreichender Beobachtungsstationen – schwankt die Jahrestemperatur etwa zwischen 0,5° und 3,5°.
Die subalpine Stufe der Pyrenäen ist wesentlich einfacher aufgebaut als in den Alpen:
Sie beherbergt **weniger Gebüsch-** und **Heide-Typen.** Tatsächlich fehlen Grünerle, *Pinus mugo* (Latsche) und *Rhododendron hirsutum*. Die *Vaccinien* nehmen einen relativ bedeutenden Platz ein, ebenso *Rhododendron ferrugineum*, das sich an der Arealgrenze befindet. Subalpine Sträucher sind vor allem vertreten durch Zwergwacholder und Bärentraube *(Arctostaphylos)*. Da die Rasen schon in der alpinen Stufe berücksichtigt wurden, werden sofort die Serien näher erläutert.

Die Struktur der Serien ist vereinfacht: Das pyrenäische Subalpin beherbergt nur einen einzigen Klimax-Baum, die Hakenkiefer. Die Vegetationskarte Frankreichs, auf den Arbeiten von GAUSSEN basierend, unterschied nur eine einzige Serie. RIVAS-MARTINEZ (1969) hat als erster zwei Serien von Hakenkiefern ausgeschieden, eine am Nordhang mit *Rhododendron*, die andere auf Südexposition mit *Arctostaphylos*. GRUBER (1978) teilt die

zweite Serie in zwei Untereinheiten auf Kalk und Silikat. Darüber hinaus bestätigte er das Auftreten einer **subalpinen Tannen-Serie** auf einigen Standorten sowie (nach GAUSSEN) das Vorhandensein einer Birkenunterstufe.
Ökologie und Dynamik der **subalpinen Kiefernwälder** wurden in der Cerdagne durch PUIG (1982) studiert.

1.3.2.1. Subalpine *Abies alba*-Serie

Wie in den See- und Ligurischen Alpen handelt es sich um ein hochmontanes Randvorkommen der Tannenwälder, an Arten von Buchen-Tannenwäldern verarmt und angereichert mit subalpinen Arten, so z.B. *Rhododendron ferrugineum* und *Homogyne alpina*. Die Pyrenäen-Gesellschaft *(Homogyno-Abietetum* von GRUBER*)* scheint mit dem *Rhododendro-Abietetum* identisch zu sein, das früher schon BARBÉRO-BONO in den Südalpen (1970)beschrieben haben und das ausreichend die gesamte Gruppierung umfaßt.
Die Zwergstrauchgesellschaften sowie die Hochstaudenfluren und Rasen sind identisch mit dieser der folgenden Serie, wo eine *Abies*--Fazies eine Übergangsform darstellt (RIVAS-MARTINEZ 1968).
Diese Serie ist lediglich **tiefsubalpin** zwischen 1600 und 1900 m vornehmlich auf Silikatgestein und einem humusreichen, sauren und genügend tiefgründigen Boden entwickelt. Mangels einer Kartierung, welche die Arealausdehnung beurteilen ließe als wesentliche Verbreitung der Serie, kann nur schwer entschieden werden, ob es sich um eine einfache montane-subalpine **Übergangsstufe** (montan-subalpin innerhalb der Tannenwälder) handelt oder um eine Vikariante der subalpinen *Picea*-Serie, die jene ökologische «Nische» einnimmt, die durch das Fehlen von Fichte in den Pyrenäen entstanden ist.

1.3.2.2. Schattseitige *Pinus uncinata*-Serie

Sie nimmt Nordhänge ein, in der gesamten subalpinen Höhenstufe von 1600 bis etwa 2300 m. Klimaxbestockung ist ein meist ziemlich **dichter Kiefernwald,** den *Rhododendron*-Heiden decken, mit *Vaccinium myrtillus* und seltener *V. uliginosum*, ferner *Homogyne alpina*, *Rosa pendulina*, *Sorbus aucuparia* und die beiden Pyrenäen-Endemiten *Gentiana burseri* und *Hypericum burseri*. Die krautreichen Gesellschaften gehören verschiedenen Fazies von Raseneinheiten mit *Festuca eskia* oder *Nardus* an. Geröll- und Felsengesellschaften und die hygrophilen Einheiten sind identisch mit jenen der alpinen Stufe.
Der größere Teil der Serie ist auf Silikat entwickelt, die in Hochlagen dominiert. Sie kann aber auch auf Kalk vorkommen, namentlich auf Devon-Kalk, der stark ausgewaschen ist, so daß die Glieder der Serie bis zu degradierten Rasen fast immer azidophil sind.
Einige Varianten (RIVAS-MARTINEZ 1968, GRUBER 1978): Mit *Betula pubescens* und manchmal *B. pendula* tiefsubalpin, hochsubalpin mit *Vaccinium uliginosum*, *Huperzia selago (Lycopodium)* an sehr stark exponierten Standorten sowie ein «waldfreies Rhododendron-Gebüsch» mit Krüppelkiefer in der Kampfzone.

1.3.2.3. Sonnseitige *Pinus uncinata*-Serie

Sie nimmt ebenfalls die gesamte Höhenstufe ein, jedoch auf südexponiertem Hang und in etwas größerer Höhe (1700 bis 2400 m) als die schattseitige Serie.
Die Klimax-Gesellschaft ist eine Baumbestockung, in der Kiefer mehr oder weniger spärlich vorkommt. Der Boden ist eine Rendzina auf kalkreichem Substrat. Die schüttere Bestockung begünstigt das Überwiegen von Beerensträuchern, wobei *Arctostaphylos uva-ursi*, *Juniperus nana* und *J. hemisphaerica*, *Cotoneaster integerrimus (Arctostaphylo-Pinetum uncinatae* von RIVAS-MARTINEZ 1969) vorherrschen. Öfter kommt *Sarothamnus purgans* und *Calluna vulgaris* auf Silikat im unteren Teil der Stufe vor.
Die krautreichen Gesellschaften sind je nach Substrat differenziert. Auf Kalk stocken xerophile Treppenrasen des *Festucion scopariae* und namentlich das *Seslerio-Festucetum gau-*

tieri, Vikariante des alpinen *Seslerio-Semperviretum*. Im Gegensatz dazu siedeln auf Silikat-Felsen *Festucion eskiae*-Rasen mit *Festuca eskia* oder *F. paniculata*. Feuchtigkeit und Schneelagen haben geringere Bedeutung als bei Nordlagen und bewirken eine geringere Podsolierung der Böden als in der schattseitigen» Serie, wo die Annäherung zwischen den Silikat- und Karbonat-Gesellschaften wesentlich früher als in der sonnseitigen Entwicklungsserie stattfindet.
Gesellschaften auf Felsen, auf Geröll sowie auf feuchten Standorten sind ebenfalls verschieden auf beiden Gesteinstypen, aber in beiden Fällen identisch mit denen der alpinen Stufe und mit den westalpinen Ausbildungen.
Wie oben erwähnt, wurde die sonnseitige Serie RIVAS-MARTINEZ durch GRUBER in **zwei** deutlich unterscheidbare **Unterserien,** eine basiphile und eine silikatische, gegliedert.

Wir schließen diese kurze Studie der subalpinen Stufe mit drei allgemeinen Feststellungen:

a) Schwer ist zu entscheiden, welche Serien der subalpinen Stufe der Alpen den Pyrenäen-Serien entsprechen, da das alpine Gesellschaftsgefüge in den Alpen wesentlich komplizierter ist. Die von GRUBER bezeichnete Gleichwertigkeit ist nur eine **«Analogie»,** denn es ist keineswegs sicher, daß kontinentale Standorte der alpinen Zirben- und Lärchen-Serie ein Gegenstück in den Pyrenäen haben.

b) Sorgfältig muß der ökologische Gegensatz zwischen «Schattseite» und «Sonnseite» (Nord- und Südexposition) innerhalb eines Tales und ebenso zwischen dem französischen und spanischen Abfall am Maßstab des Gebirges unterschieden werden: In Ariège wechselt die Rhododendron-Zwergstrauchheide manchmal von einer Hangseite auf die andere über infolge des sehr feuchten Klimas, und umgekehrt fehlt in den Sierras des Südens *Rhododendron* und dafür besiedelt die *Arctostaphylos*-Heide Sonn- und Schattseiten.

c) Am **West- und Ostrand der Pyrenäen** benötigt die subalpine Vegetation hochentwickelte Stadien. Die subalpine Stufe ist ohne *Pinus uncinata* in den Westpyrenäen, jenseits des Pic d'Anie, ausgebildet. In den Ostpyrenäen dagegen existiert sicher neben dem typischen subalpinen Kiefernwald eine altimediterrane Gesellschaft mit *Astragalus sempervirens*, die BAUDIÈRE-KUPFER (1968) ähnlich wie in der Hoch-Provence beschrieben haben.

1.3.3. Montane Stufe

Der französische und spanische Gebirgsabfall müssen infolge großer Unterschiede gesondert besprochen werden.

1. Der **französische Anteil** fällt gegen Norden ab und ist den atlantischen Winden des Gascogner Golfs (Biscaya) ausgesetzt. Diese Bedingungen begünstigen die Ausbreitung einer feuchten montanen Stufe, in welcher GAUSSEN (1948) drei Serien unterschieden hatte: Buchen-Serie für durchschnittliche Bedingungen, Tannen-Serie in niederschlagsreicheren Lagen, und umgekehrt eine *Pinus sylvestris*-Serie auf südexponierten Hängen. Auf dieser Grundlage basieren sämtliche Pyrenäen-Blätter der Vegetationskarte Frankreichs, deren Zusammenfassung Abb. 12.1 zeigt.
In Wirklichkeit ist das Vegetationsgefüge noch wesentlich komplizierter. Die Buchenwälder sind sehr heterogen und DUPIAS (1975) zeigte, daß anderswo die klassischen ökologischen Unterschiede auch auftreten, namentlich durch Dreiteilung in thermophile Karbonat-, azidophile und eutrophe Buchenwälder. Letzte sind schwierig von den Buchen-Tannenwäldern abzutrennen.

Exposition und analoges Klima legen einen Vergleich mit den nordöstlichen Randalpen nahe. Trotz der besonderen Stellung, die in beiden Fällen der Buchenwald-Komplex einnimmt, unterscheidet sich die Situation dennoch. Der Dominanz der kalkreichen Buchenwälder in den Randalpen steht in den Pyrenäen ein ausgeglichenes Vorkommen der drei großen ökologischen Typen gegenüber. Wenn auch das Verhältnis zwischen Buchenwald und Buchen-Tannenwald desselben Typs in beiden Gebirgen vergleichbar ist, so verändert das **Fehlen von Fichte** tiefgreifend das mittelmontane Waldbild. Schließlich kommt eine echte Klimax-Serie von *Pinus-sylvestris* vor und nicht nur wie in Bayern und Oberösterreich edaphisch bedingte Dauergesellschaften.

Die **montane Waldvegetation** wurde nicht im einzelnen untersucht wie in den Zentralpyrenäen durch NÈGRE im Becken von One (1972).

2. Die **spanische Gebirgsabdachung** ist bisher weniger gut bekannt. Waldkiefer dominiert weitgehend und Buche ist auf Nordhänge verbannt, nur vereinzelte Vorkommen. Auch die Kiefernwälder sind heterogen. Jedoch sind die bisherigen Untersuchungen noch weit entfernt, einen wünschenswerten genauen Vergleich mit den *Pinus sylvestris*-Wäldern der Südalpen zu gestatten; z. B. um den relativen Anteil der mesophilen Typen abzuschätzen, die vermutlich dominieren, und der xerophilen Typen, die sicher durch kontinentalen Einfluß im Zentrum des spanischen Gebirgsabfalles begünstigt werden.
Die montane Stufe der **südlichen Sierras** weitet sich gegen die zentral-iberischen Gebirge aus, gehört aber noch nach RIVAS-MARTINEZ zum reinen Pyrenäen-Typ.

3. Die **montane Vegetation am Nord- und Südabfall** ist so unterschiedlich und beide Typen sind so deutlich getrennt durch die subalpine und alpine Stufe der höchsten Kette, daß man meinen könnte, die zwischenalpine Zone hätte keine Entsprechung in den Pyrenäen.
Immerhin erlauben die neuen Einsichten (OZENDA 1981, 1982) in den Pyrenäen, wenn nicht schon wie in den Alpen eine xerische inneralpine Zone, so doch wenigstens eine vergleichbare Zwischenzone (Zwischenalpen) zu unterscheiden. In Cerdagne dominieren in montanen Hochlagen Kiefernwälder, die an die inneralpine Serie von *Pinus sylvestris* erinnern. Für die Täler von Noguera hat GRUBER jüngst Tannenwälder beschrieben, die eine echte, innere Tannen-Serie repräsentieren. Im Unterschied zu den Alpen fehlt aber ein zentraler Gebirgsraum, der von zwei humiden Randgebieten umgeben ist. Der Nord-Süd-Querschnitt besitzt drei deutliche Zonen: Nördliche humide Randpyrenäen, innere Zone und südliche submediterrane Randpyrenäen. Damit besteht ein direkter Kontakt zwischen der zentralen Gebirgszone mit einem mediterranen Vegetationskomplex.
In den Alpen existiert zumindest ein Beispiel eines solchen unmittelbaren Kontaktes. Im Osten der französischen See-Alpen (Hinterland von Nizza), durchdringt die inneralpine Zone die Randalpen und tritt in Kontakt mit der sub- und mittelmediterranen Stufe. Versuchsweise kann die Karte der Vegetation Frankreichs im Maßstab 1 : 200000 verwendet werden, um diese Hypothese durch einen detaillierten Vergleich der Blätter Nizza (OZENDA 1962) und Foix (GAUSSEN 1964) zu überprüfen. Der Überblick wird erleichtert, da beide Gebirge eine Ost-West-Orientierung besitzen. Man kann in beiden Fällen bemerken:
– **Nordhang** mit hygrophilen Buchenwäldern oder Buchen-Tannenwäldern;
– *Abietetum* in den mittleren Tälern am Südabfall;
– lokal **xerophile Kiefernwälder** auf Silikat, die in den Pyrenäen an das *Deschampsio-Pinetum* der Alpen erinnern;
– außergewöhnliches **Ansteigen der Stufengrenzen** in verschiedenen Tälern der spanischen Pyrenäen erinnern an die See-Alpen, wo der Ölbaum die 600 m-Grenze zu überschreiten vermag.
Zwischen beiden Regionen ist der geographische Maßstab annähernd gleich. Höhenlage des Hochgebirges sind gleich und die zentralen Becken haben analoge Dimensionen, etwas ausgedehnter auf dem Blatt Foix als beim Blatt Nizza. Die innere Zone umfaßt in den Pyrenäen das Hochtal von Aran, die Hochbecken der Noguera und des Rio Segre, von Andorra und der Cerdagne (Abb. 12.5). Eingehende Analysen sind notwendig, um die Biogeographie dieser Zone genau zu erfassen und zu erkennen, ob sich noch andere vergleichbare Gebiete in den übrigen Pyrenäen befinden. Die Frage der Kontinentalität in der gesamten Kette wurde neulich von IZARD et al. 1985 bearbeitet.

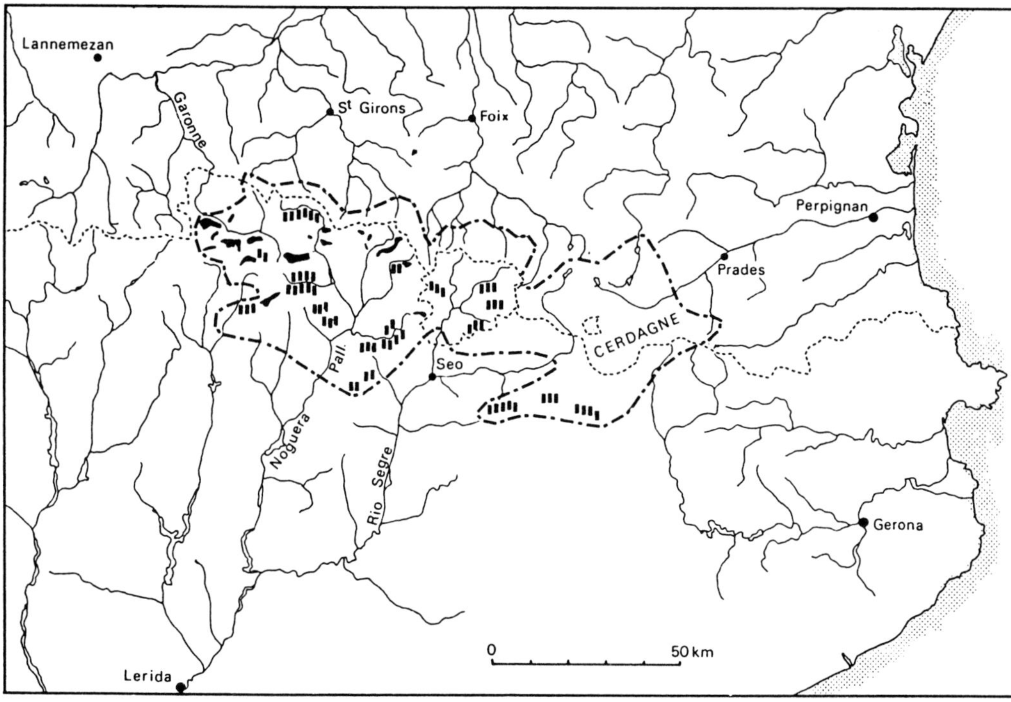

Abb. 12.5: Auftreten eines Zwischen-Pyrenäen-Gebietes (nach OZENDA 1981). Die vorgeschlagene Zwischen-Pyrenäen-Zone ist eingerahmt durch starke Strichpunkte (schwach gestrichelte Linien sind die Grenzen von Frankreich, Spanien und Andorra). Dicke schwarze Flecken kennzeichnen die Hauptmassive mit inneren, reinen Tannenwäldern außerhalb des Buchen-Areals. Vertikale Striche bedeuten die wichtigsten inneren Tannen-Mischbestände (im allgemeinen vergesellschaftet mit *Pinus sylvestris* oder *P. uncinata*).

Auf jeden Fall sind die **Inner-Pyrenäen** nach dem Grad der Kontinentalität nur den Zwischenalpen vergleichbar und der Kontinentalitätswinkel von GAMS überschreitet nicht 55°

1.3.4. **Tiefere Stufen** (kollin und supramediterran)

Unterhalb der montanen Stufe sind die Zusammenhänge verwickelter, da sich die Tieflagen-Vegetation von einem Gebiet zum anderen unterscheidet, wie die Vegetation der verschiedenen Pyrenäen-Vorland-Gebiete.

1.3.4.1. Ostpyrenäen

Die Gliederung der tieferen Stufen ist ähnlich wie in den See-Alpen, nur einfacher. Thermomediterran fehlt ebenso die Serie der Aleppo-Kiefer und jene der *Ostrya*. Die typische Gliederung dieser Region ist im Blatt Perpignan der Vegetationskarte Frankreichs (GAUSSEN 1948) gut entwickelt.

Die **mittelmediterrane** Stufe gliedert sich in zwei Typen:

– auf **Silikat** Korkeichen-Serie, die im Unterschied zur Provence, wo sie sich vollkommen von den Randalpen absetzt, in den Pyrenäen eindeutig zur Randkette gehört, deren letzte kristalline Berge bis zum Mittelmeer reichen;

– auf **Kalk** Steineichen-Serie, durch Kulturen stark aufgelöst, wird örtlich durch eine

mediterrane *Quercus pubescens*- Serie ersetzt.
Die **supramediterrane** Stufe ist durch eine einzige Serie mit *Quercus pubescens* vertreten, mit *Buxus* und sporadischen Vorkommen von *Pinus salzmanni.*
Gegen Süden umsäumt dieser meso-supramediterrane Rand die spanischen Ostpyrenäen und schließt sich kontinuierlich an die Vegetation der Randalpen von Aragon an.
Die thermomediterrane Stufe tritt an der Küste in Breite von Barcelona im katalanischen Gebirge auf, dessen geographische Lage in den Pyrenäen etwas an die Berge von Maures und Esterel in den Alpen erinnert.
Am **französischen Nordabfall** verarmt nach Westen die mesomediterrane Vegetation, noch gut in den nordöstlichen Pyrenäen entwickelt, sehr rasch und dringt nicht in Ariège ein; aber die supramediterrane Serie von *Quercus pubescens* kommt ziemlich weit gegen Westen auf Kalkhügel-Standorten der kleinen Pyrenäen vor, bis jenseits von Montréjeau, wo sie sich mit der atlantischen kollinen Stufe in den Tälern vermischt, die fächerförmig die Hochebene von Lannemezan zergliedern.

1.3.4.2. Der zentrale französische Nordabfall

Entlang der Zentral- und Westpyrenäen bis nach Béarn wird die Nordseite von atlantisch-aquitanischen, kollinen Vegetationstypen umsäumt, wo hauptsächlich die beiden Serien von Traubeneiche *(Quercus petraea)* auf sauren Böden und von Stieleiche *(Qu. robur)* auf tiefgründigen, tonhaltigen Böden abwechseln. Die Pyrenäeneiche *(Qu. pyrenaica)* ist nahezu überall eingesprengt.

1.3.4.3. Baskisches Hügelland

Sehr starke Niederschläge und saure Böden kennzeichnen den Übergang des aquitanischen Typs, der im Kontakt zur eu-atlantischen Vegetation vorkommt, wo die Korkeiche sogar lokal wieder auftritt, und bis in die Höhe der *Ericaceen*- und *Pteridium*-Heiden ansteigt, auch bis zum Buchenwald in relativ tiefer Lage. Vergleiche besonders die Arbeiten von Allorge-Jovet und für die Region der Haute Sioule von Vanden-Berghen (1968, 1969).

1.3.4.4. Spanischer Südabfall

Abgesehen von den beiden extremen baskischen und katalanischen Ausbildungen besitzt diese Seite supramediterran-kontinentalen Charakter. Die kolline Vegetation geht gegen Süden in jene des Ebro-Beckens über. *Quercus ilex* und *Qu. pubescens* werden durch die beiden verwandten Arten *Quercus rotundifolia* und *Qu. valentina* ersetzt, hochmediterran ist *Pinus salzmanni* häufig verbreitet. Die Aragon-Synklinale kann mehr als das Ebro-Becken selbst als südliche Grenze dieser kollinen Stufe angesehen werden. Dabei kann noch die Zugehörigkeit der südlichen Sierras zur Pyrenäen-Kette diskutiert werden.

1.4. Synthese-Versuch

Diese knappe Studie der Pyrenäen-Vegetation schließen zwei synthetische Abbildungen ab. In Abb. 12.6 gibt ein schematischer Querschnitt die Anordnung der Höhenstufen und wesentlichen Serien wieder, der aber noch weit davon entfernt ist, den sehr komplexen Aufbau der gesamten Kette zu erfassen. Abb. 12.7 versucht, die Pyrenäen in Gebiete zu unterteilen, ähnlich wie in den Alpen; diese Gliederung hat nur provisorischen Charakter.
Besondere Aufmerksamkeit verdient die Grenze zwischen den Pyrenäen und ihrer kantabrischen Verlängerung. Ähnlich wie beim alpinen Modell, dessen Anwendung versuchsweise getestet wird, haben die Pyrenäen noch eine subalpine Stufe, in der *Pinus uncinata* dominiert und eine montane Sufe mit Buchen-Tannenwäldern. Die **westliche Grenze** der beiden Baumarten *Pinus uncinata* und *Abies alba* stellt ein wichtiges Kriterium

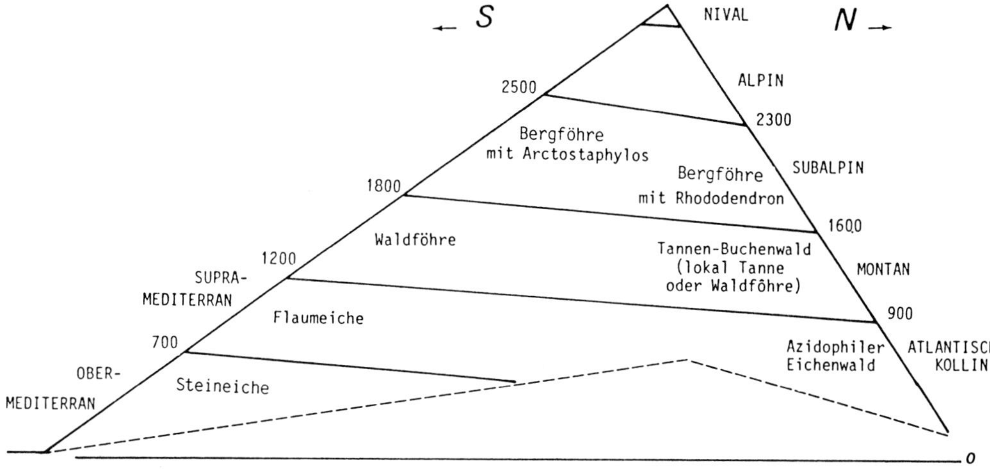

Abb. 12.6: Schematische Gliederung der Vegetationsstufen mit den wichtigsten Einheiten beim Querprofil durch die Zentral-Pyrenäen.

der Trennung von Pyrenäen und kantabrischer Kette dar. Diese Grenze befindet sich in jenem Gebiet, wo die Gipfelhöhe unter 2000 m sinkt, bei den Pics d'Anie und d'Orhy (Abb. 12.8). In diesem Abschnitt befindet sich auch die westliche Grenze von Rhododendron, Elyna und anderen subalpinen und alpinen Arten (GAUSSEN 1956).

Zusammenfassend ergibt sich, daß sich der Aufbau der Vegetation in den Pyrenäen gut interpretieren läßt, wenn ein vereinfachtes Modell des alpinen Typus angewendet wird, eher problematisch für den größeren Teil der spanischen Seite, die große Ähnlichkeit mit den zentraliberischen Gebirgen aufweist.

Dieser Vergleich mit der Vegetationsgliederung in den Alpen soll zur Diskussion gestellt bleiben, da die Pyrenäen eine eindeutige Originalität haben. Bei einem zu weitgehenden Vergleich der beiden Gebirge könnte nach Meinung eines Pyrenäen-Geographen «die Pyrenäen-Studie durch das Alpin-Modell infiziert werden». Wir müssen daran erinnern, daß in Wirklichkeit das «Alpin-Modell», zumindest wie es für die Westalpen existiert, dem historischen Pyrenäen-Modell entspricht, nur komplizierter, um den Alpen mit vielen unterschiedlichen Vegetations-Serien Rechnung zu tragen. Da die Pyrenäen-Autoren bisher kein generelles Schema vorgeschlagen haben, das in der Folge der Arbeiten von GAUSSEN über die östliche Hälfte der Pyrenäen Hinweise für das ganze Gebirge geben könnte, war es offensichtlich momentan verführerisch, den Vergleich mit dem alpinen Modell durchzuführen.

Jedenfalls existieren in Europa wenige Beispiele derartig vergleichbarer Gebirge wie bei Alpen und Pyrenäen. Die Übertragung eines Gliederungsprinzipes von einer Kette zur anderen sollte daher nicht von vornherein abgelehnt werden; sonst wären Vergleichsmöglichkeiten – auch zwischen anderen Gebirgen – tatsächlich zu unterlassen.

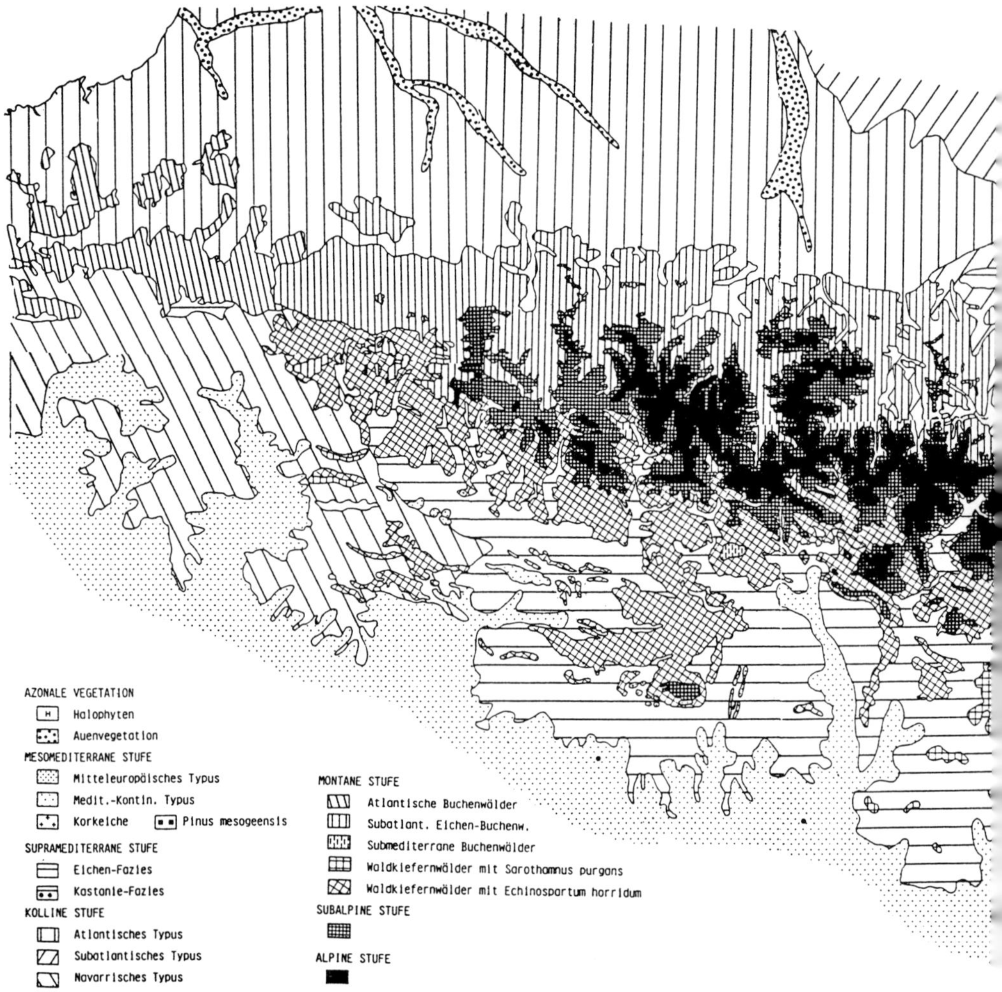

Abb. 12.7: Entwurf einer Gebietseinteilung der Pyrenäen (nach L. RICHARD und OZENDA, unveröffentlicht).

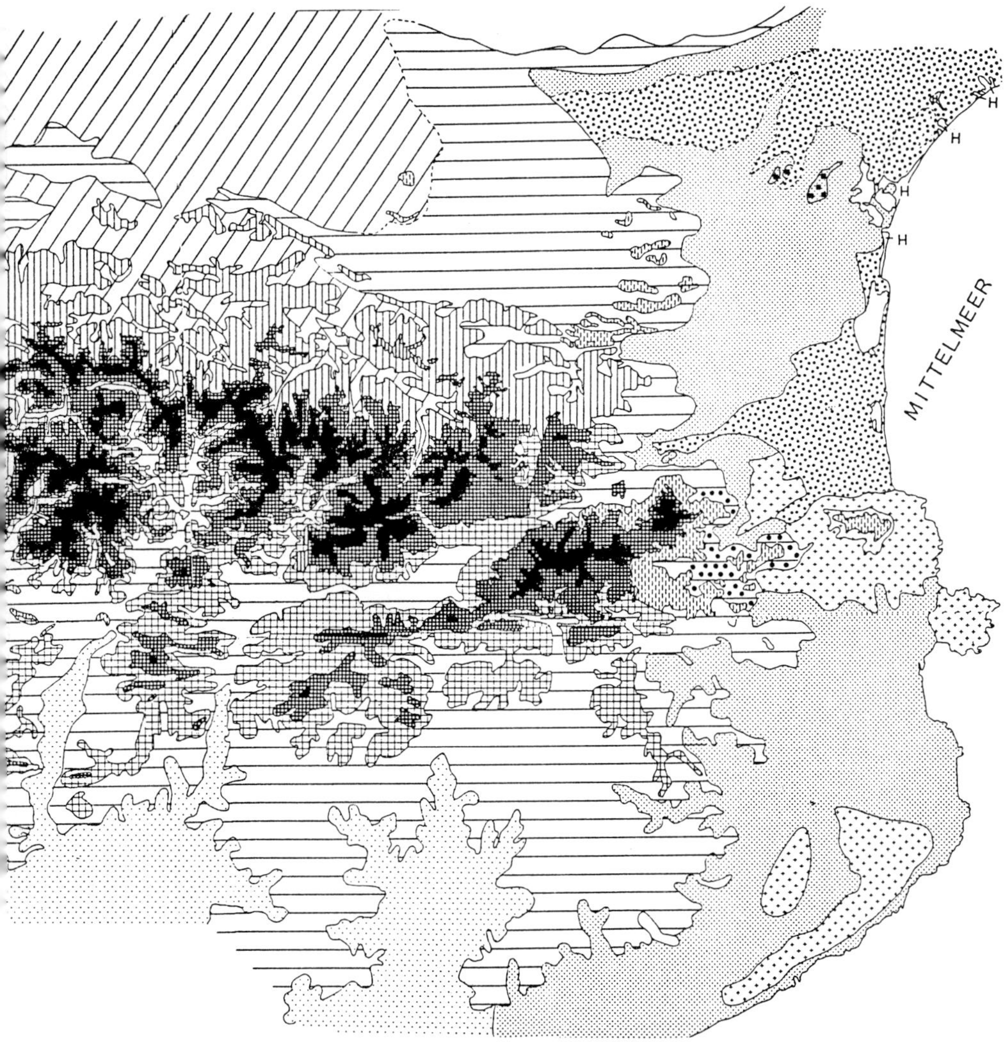
MITTELMEER
H
H
H
H

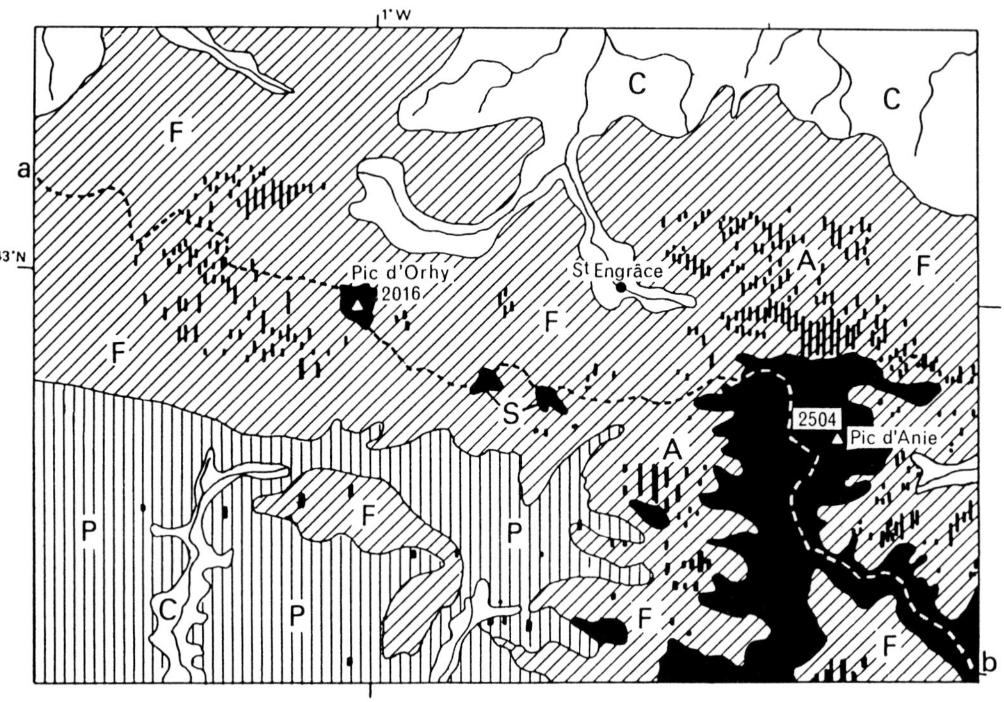

Abb. 12.8: Grenzen zwischen den Pyrenäen im engeren Sinne und ihrer baskisch-kantabrischen Verlängerung. Die dargestellte Zone liegt ungefähr 1° westliche Länge. Schwarz: subalpine Stufe noch zusammenhängend im Osten, die sich gegen Westen in Inseln auflöst; der westlichste am Pic d'Orhy. Schräge Schraffur: Montane humide Zone, hauptsächlich durch Buchenwälder (F) besiedelt, lokal durch Tannenwälder (A, senkrechte Balken), wobei die Westgrenze im Westen des Pic d'Orhy erkennbar ist.
Vertikale Schraffur: Montane trockene Stufe am spanischen Südabfall, beherrscht von *Pinus sylvestris*, P–C) kolline Stufe. Die Linie a–b entspricht dem Hauptkamm der französisch-spanischen Grenze.

2. Karpaten

Die Vegetation in den Karpaten unterscheidet sich wenig von der alpinen Vegetation. Besonders die Hauptbaumarten sind gleich und östliche oder balkanische Arten erreichen nicht oder nur ausnahmsweise die Karpaten.

Das Gebirge bildet wie die Alpen einen großen Bogen mit bedeutenden Unterschieden in der Breite. Er ist 1200 km lang, aber um die Hälfte enger und um die Hälfte niedriger als bei den Alpen.

Der Karpaten-Bogen wird gewöhnlich der Länge nach in drei Abschnitte gegliedert: Nordkarpaten mit dem kulminierenden Tatra-Massiv (2680 m), Ost- und Südkarpaten; die letzten, auch Transylvanische Alpen bezeichnet, überschreiten 2500 m nur wenig.

Der **geologische Aufbau** (Abb. 12.9) ist sehr unterschiedlich von den Alpen und vollkommen asymmetrisch. Die äußere Zone wird in der ganzen Länge von randlichen Sandsteinmassiven eingenommen (während die Rand-

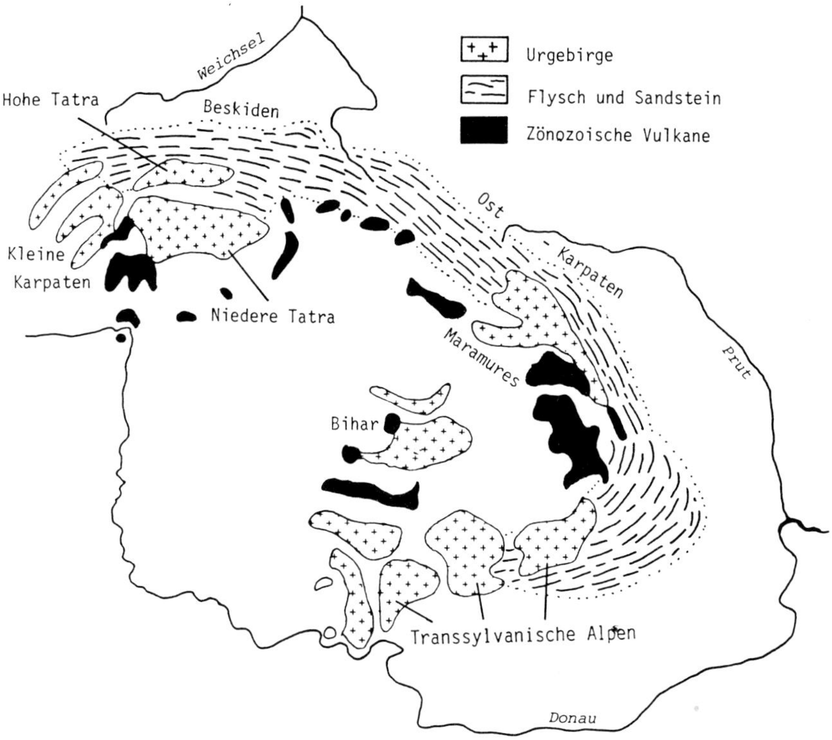

Abb. 12.9: Geologischer Aufbau der Karpaten (nach DE MARTONNE, sehr vereinfacht).

alpen aus Kalk aufgebaut sind), im Norden als «Beskiden» bezeichnet. Diese Sandsteinketten werden gegen die Innen-Karpaten durch Silikatmassive aufgestockt, die das höchste Relief formen und überwiegend aus Granit aufgebaut sind. In zentralen Gruppen nehmen vulkanische Formationen einen wichtigen Platz ein.

Geographisch liegen die Karpaten nördlicher als die Alpen (2° Breite im Durchschnitt). Das Klima ist, bei gleicher Breite und Höhe, etwas kühler. Im Süden besteht kein Vergleich mit den submediterranen Alpen.

Aufbau und Gliederung der Vegetationsstufen sind einfacher als in den Alpen (Abb. 12.10). Der Hauptanteil der Karpaten besteht, wie der herzynische Gebirgsbogen, aus einem sich weithin streckenden Komplex von Buchen- und Buchen-Tannenwäldern mit großem Fichten-Anteil in der hochmontanen Stufe. Die Breite dieses zusammenhängenden Buchenwaldgürtels schwankt zwischen 40 und 100 km (einschließlich der subalpinen und alpinen Enklaven). Durch die relativ schmale Ausbildung fehlt ein innerer Gebirgsraum; jedoch ist zwischen der Niederen und Hohen Tatra ein zentrales Becken erkennbar, das einzige Gebiet, in dem Lärche vorkommt. Die montane Gebirgsstufe mit Buche wird umsäumt von einem kollinen Eichen-Hainbuchenwaldgürtel, der verhältnismäßig schmal am äußeren Bogenrand ist, sich aber zur Mitte hin ausdehnt, da er den größeren Teil der Hochfläche einnimmt, welche die Hauptkette vom Bihar-Massiv trennt.

Die **subalpine Stufe** hängt nicht zusammen und bildet kleine bedeutsame Inseln in den Nord- und Südkarpaten und einen längeren Streifen in den Ostkarpaten. Sie wird hauptsächlich durch **Fichtenwälder** aufgebaut, lokal im höheren Teil durch *Pinus mugo*-Buschwald. Die alpine Stufe ist nur fleckenweise und relativ kleinflächig verbreitet, jedoch artenreich zusammengesetzt; hochalpine und nivale Stufen fehlen.

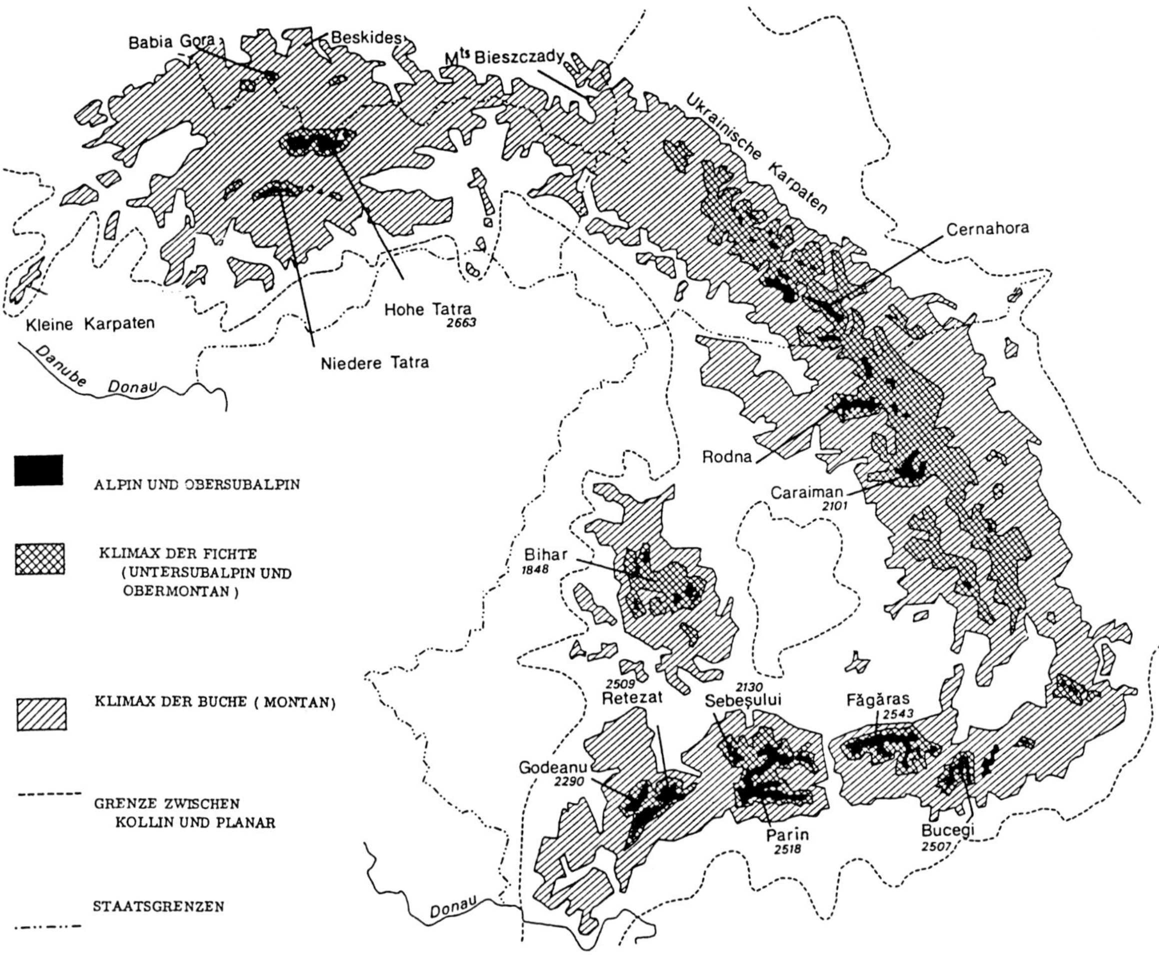

Abb. 12.10: Vegetationsstufen in den Karpaten (verändert nach der Karte 1 : 2000000, Vegetation der Donauländer; NIKLFELD et al.). Die Definition der Einheiten in der Karte entspricht nicht genau den hier behandelten Vegetations-Stufen: Die hochsubalpine Pinus mugo-Stufe ist mit der alpinen zusammengefaßt; der Fichtengürtel, durch die Autoren unterschiedlich aufgefaßt, vereinigt die Niveaus, die hier tiefsubalpin und hochmontan aufgefaßt werden.

Schätzungweise umfaßt die Fläche der montanen Stufe 70000 km^2, die subalpine 15000 km^2, die alpine lediglich 1000 km^2. Die kolline Stufe ist schwer abzugrenzen gegen ein oft ziemlich hohes Vorland.

2.1. Flora

Sie ist weniger reichhaltig als in den Alpen. Nach Teilzählungen bei einigen Gruppen dürfte die Flora ungefähr 3500 Arten besitzen.

Den **Endemismus** studierte detailliert PAWŁOWSKI (1970), der ungefähr dreifach geringer als in den Alpen ist, aber etwa so hoch wie in den Pyrenäen. Diese Verarmung geht nach PAWŁOWSKI auf die geringere Mächtigkeit der Höhenstufen und auf die relativ selten auftretenden Kalkunterlagen und Felsstandorte zurück.

	Alpen	Karpaten
Gesamtzahl endemischer und subendemischer Arten	452	146
Endemische Arten i. e. S.	383	116
Endemische Gattung oder Sektion	33	11

Obwohl sich die höchsten Gebirgsgruppen im Norden befinden, ist der östliche und südliche Teil der **rumänischen Karpaten** der artenreichste Teil.

	Endemiten	Endemiten und Subendemiten
Gesamtkarpaten	12	25
Westkarpaten	19	28
Südkarpaten	85	93

Nach der Höhenverbreitung sind die **Karpaten-Endemiten** weniger gebirgsspezifisch als in den Alpen.

Verhältnis der Arten	Alpen	Karpaten
– Tieflagen	19 %	31 %
– Mittellagen oder mit breiter Streuung	21 %	26 %
– ausschließlich Gebirgspflanzen	60 %	43 %

2.2. Entwicklung eines Höhenstufen-Modells

Die von verschiedenen Autoren beschriebenen unterschiedlichen Berggruppen haben zahlreiche Gemeinsamkeiten. Als Ausgangspunkt wird ein Gesamtschema verwendet, das ZARZICKY-GLOWACINSKI (1970 in RALSKA-JASIEWICZOWA 1972) entwickelt haben (vgl. Abb. 12.11A). Zwei montane Stufen korrespondieren physiognomisch in den zwei Randlagen, dominiert von Buchen- und Fichtenwäldern: dies entspricht am ehesten der Unterteilung, die bereits seit langem von alpinen Autoren angenommen wird, einer Laubwald- und einer Nadelwaldstufe. Darüber eine Bergkiefernstufe, die jener von *Pinus mugo* entspricht.

Abb. 12.11B bringt eine etwas andere Darstellung. Die Überprüfung der Autoren-Angaben und namentlich der Arbeiten von BORHIDI (1971) aus den Ostkarpaten zeigen, daß die **Fichtenstufe heterogen** ist: die Basis bildet eine montane Stufe, die mit Fichte angereichert ist, jedoch im engen Kontakt mit den Buchenwäldern steht. Nur der obere Teil des Fichtengürtels repräsentiert den typischen subalpinen Fichtenwald. Andererseits ist das deutliche Absinken der Stufengrenze im Zentralteil der Abb. 12.11A in Wirklichkeit nur scheinbar infolge der gewählten Anordnung der verschiedenen Berggruppen durch die Autoren. Wenn diese Gebirgsgruppen nach ihrer Breitenlage geordnet werden, ergibt sich eine homogenere Anordnung der Stufen mit einer positiven Verschiebung der Höhengrenzen von Norden nach Süden, deren Wert dem allgemeinen Gradienten von ungefähr 100 m Erhebung bei Verlagerung 1° Breite gegen Süden entspricht. Mit diesem neuen Modell (Abb. 12.11B) wird nun versucht, die Beschreibung der verschiedenen Massive einheitlich zu interpretieren.

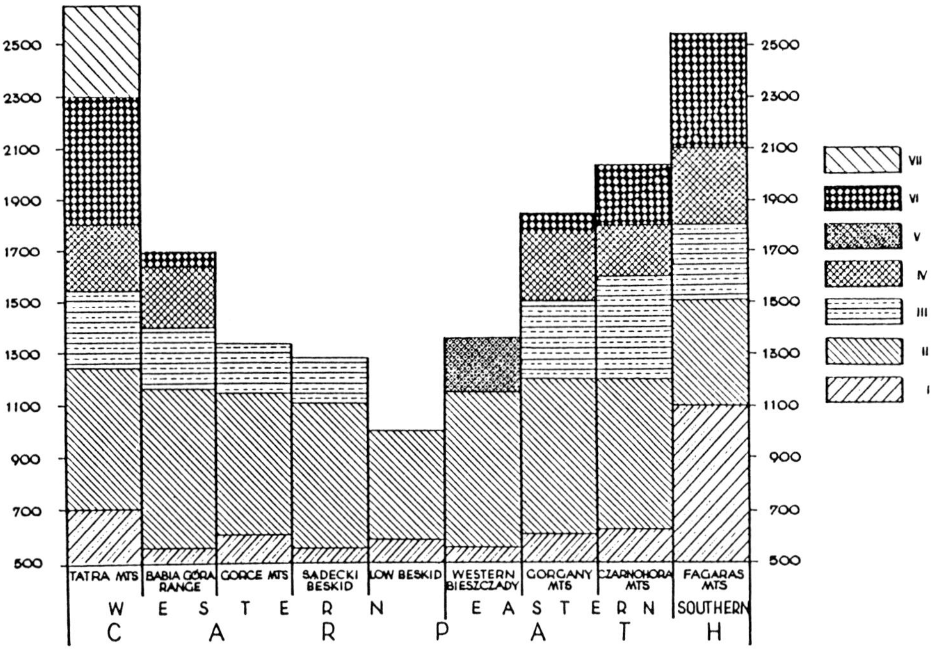
2500
2300
2100
1900
1700
1500
1300
1100
900
700
500
VII
VI
V
IV
III
II
I
TATRA MTS
BABIA GÓRA RANGE
GORCE MTS
SADECKI BESKID
LOW BESKID
WESTERN BIESZCZADY
GORGANY MTS
CZARNOHORA MTS
FAGARAS MTS
W E S T E R N
E A S T E R N
SOUTHERN
C A R P A T H

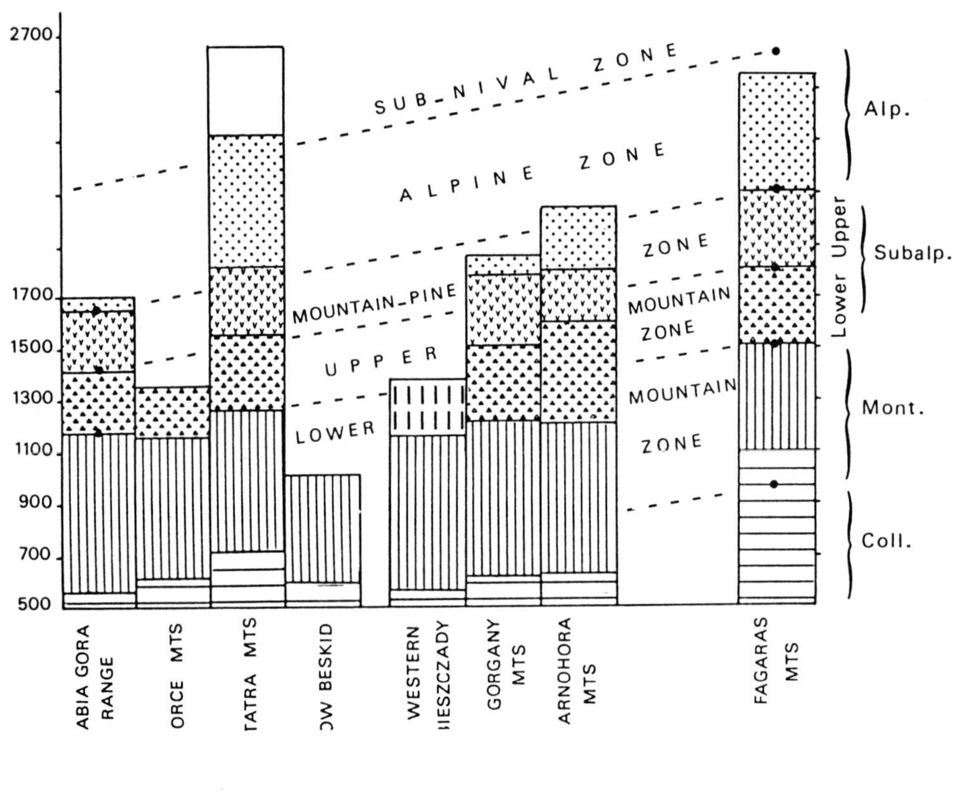
2700
1700
1500
1300
1100
900
700
500
SUB-NIVAL ZONE
ALPINE ZONE
MOUNTAIN-PINE ZONE
UPPER MOUNTAIN ZONE
LOWER MOUNTAIN ZONE
Alp.
Subalp.
Lower Upper
Mont.
Coll.
ABIA GORA RANGE
ORCE MTS
TATRA MTS
OW BESKID
WESTERN BIESZCZADY
GORGANY MTS
ARNOHORA MTS
FAGARAS MTS

2.3. Nordkarpaten (Polen und Slowakei)

Die typische **Höhenstufung** kann von der detaillierten Beschreibung, die Wojterski (1978) für das Babia Gora-Massiv in den polnischen Westbeskiden gibt, abgeleitet werden. Gipfelhöhe bei 1725 m, Flysch-Sandstein als geologische Unterlage.

Ein **kolliner Gebirgsfuß,** überwiegend verschiedene Gesellschaften des *Tilio-Carpinetum* mit *Arrhenatherum elatius*-Wiesen, wird von einer «tiefmontanen Stufe» überlagert. Diese setzt sich teilweise aus Buchenwäldern mit *Dentaria* (*Dentario glandulosae-Fagetum* mit drei Untergesellschaften) zusammen, die bis etwa 1100 m steigen und aus dem Buchen-Tannenwald *(Abieti-Fagetum montanum)*, der lokal 1200 m erreicht bei eindeutig dominierenden Fagetalia-Arten.

Darüber kommt eine sogenannte hochmontane Stufe (oberer Waldgürtel), die anscheinend der subalpinen Fichten-Serie in den Alpen entspricht. Die Stufe wird charakterisiert durch das *Piceetum carpaticum* mit drei Untergesellschaften: *typicum*, *athyrietosum* und *myrtilletosum*, die letzte im oberen Teil. Diese hochmontane (für uns tiefsubalpine) Stufe besitzt etwas Tanne an der Untergrenze und *Sorbus aucuparia* var. *glabrata* in Gipfellage. Die Höhengrenzen dieser **tiefsubalpinen Stufe** verlaufen am Nordhang zwischen 1100 und 1350 m, am Südhang zwischen 1200 und 1400 m. Wenn der Breitenunterschied berücksichtigt wird, entspricht dies gut der tiefsubalpinen Höhenstufe in den Alpen.

Der **hoch-subalpinen Stufe** wird *Pinus mugo* zugeordnet *(Pinetum mugi carpaticum)* mit zwei Ausbildungen auf Silikat mit *Vaccinium* und auf Kalkunterlage mit Hochstauden. Sie vergesellschaftet sich mit *Festuca*-Rasen *(Festucetum versicoloris babiagorense)* und mit *Calamagrostis villosa*.

Die Höhe der Berggruppe erlaubt **keine alpine Stufe** und die als alpin bezeichneten Rasen sind tatsächlich Einheiten, die azonal an die Gipfelphänomene oder an Schneetälchen gebunden sind: *Trifidi-Supinetum* mit *Festuca supina*, *Deschampsio-Luzuletum*.

In den montanen und tiefsubalpinen Stufen wird das waldfreie Gebiet durch *Gladiolus imbricatus*-Wiesen und durch *Agrostis tenuis (Gladiolo-Agrostidetum)* gekennzeichnet, eine geographische Rasse des *Trisetetum*, wobei noch bei verschiedenen Höhenlagen Untergesellschaften auftreten.

Die Stufung auf der polnischen Seite der **Hohen Tatra** durch Balcerkiewicz (in Wojterski 1978, Abb. 12.12) setzt sich ohne Änderung auf der **Slowakischen Seite** und in der Niederen Tatra fort (Sillinger). Zwei Punkte verdienen allgemeine Beachtung:

– **Entwicklung der alpinen Stufe.** Nach dem geologischen Aufbau ist die alpine Stufe nur auf Silikat gut repräsentiert. Hier (Abb. 12.13) treten bekannte Gesellschaften wie in der gleichen Stufe der Alpen und Pyrenäen auf. Die pflanzensoziologischen Verbände sind übereinstimmend oder nahezu gleich. Die Gesellschaften sind ebenfalls völlig gleich oder durch benachbarte vikariierende Rassen repräsentiert. Das *Curvuletum* fehlt und sein Platz wird durch ein *Trifido-Distichetum* mit

◀ **Abb. 12.11:** Vergleich zwischen den Beschreibungen der Vegetationsstufen durch polnische Autoren und die vorgeschlagene Unterteilung zur Verallgemeinerung des alpinen Modells.
Oben: Die Stufen nach Zarzycki-Glowacinski 1970, in Ralska-Jasiewiczowa 1972: I) Vorland-Zone, II) tiefmontan, III) hochmontan, IV) montane *Pinus mugo*-Zone, V) subalpine Wiesen (nur Biesczady-Gebirge), VI) alpin, VII) nival.
Unten: Die gleichen Kolonnen, nach der geographischen Breite der Gebirgsstöcke angeordnet. Die Vegetationsstufen im Zentrum der Abbildung, die originalen Bezeichnungen der polnischen Autoren angegeben, steigen von Norden nach Süden in Abhängigkeit von der Höhe. Rechts von der Darstellung die Grenzen und Benennung der Stufen wie in den Alpen.

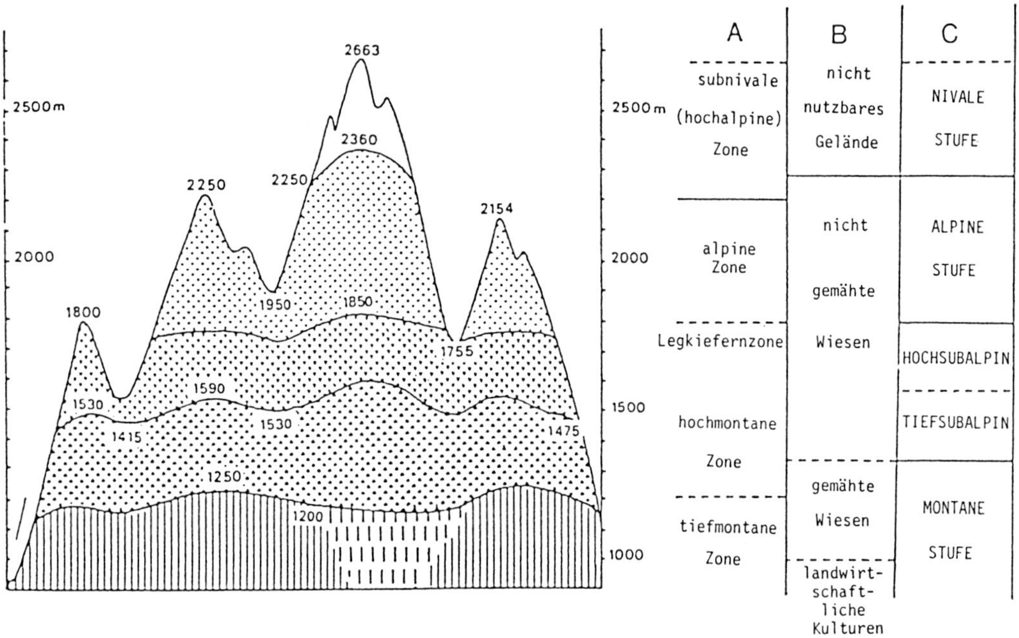

Abb. 12.12: Vegetationsstufung in der Hohen Tatra. Links, Abbildung von PAWŁOWSKI, in WOJTERSKI 1978; A) Höhenstufung durch diese Autoren; B) Landnutzung durch den Menschen in den verschiedenen Höhenlagen; C) vorgeschlagene Nomenklatur als Grundlage für einen Vergleich mit den Alpen.

GERÖLL		
Androsacion alpinae	:	Oxyrieto-Saxifragetum carpaticae
Festucion pictae	:	Luzuletum spadiceae tatricum, Festucetum pictae
SCHNEETÄLCHEN		
Salicion herbaceae	:	Polytrichetum sexangularis tatricum, Salicetum herbaceae tatricum
QUELLFLUREN		
Cardamino-Montion	:	Cratoneuro-Saxifragetum aizoidis, Epilobio-Cratoneuretum filicini, etc..
SAURE SÜMPFE		
Drepanocladion exannulati	:	Depranocladetum exannulati
Sphagnion fusci	:	Eriophoretum vaginati tatricum, Sphagneto-Caricetum pauciflorae tatricum, etc..
WINDEXPONIERTE ZWERGESTRAUCHHEIDEN		
Loiseleurio-Vaccinietum	:	Cetrario-Vaccinietum uliginosi tatricum, Myrtillo-Avenastretum versicoloris
RASEN AUF SAUREN BÖDEN		
Junción trifidi tatrense	:	Seslerietum distichae (= Trifideto-Distichetum tatricum), Agrostidetum rupestris subnivale
Festucion versicoloris	:	Festucetum versicoloris graniticum, Salicetum retusae kitaibeliandae

Abb. 12.13: Wichtigste Vegetationseinheiten der alpinen Stufe auf Silikat in der Hohen Tatra (nach verschiedenen slowakischen Autoren).

Juncus trifidus und *Oreochloa disticha* eingenommen.

– **Auftreten einer begrenzten Innenzone** in der Tatra (Abb. 12.14). Verhältnismäßige Schmalheit des karpatischen Bogens, der kaum 100 km Mächtigkeit überschreitet, und geringe Höhe randlicher Gebirgszüge schließen im größeren Teil der Karpaten eine typische Innenzone aus, mit Ausnahme im breitesten und höchsten Teil in der Tatra. Das Auftreten von **Lärche und Zirbe** in diesem Gebiet weist bereits darauf hin, obwohl diese Bäume in Mitteleuropa weniger typische Kontinentalitätszeiger sind wie in den Westalpen. Die neueste Vegetationskarte (1 : 500 000) der Slowakei (MICHALKO et al. 1980) bestätigt die Existenz einer Innenzone zwischen den Gebirgsgruppen der Hohen und der Niederen Tatra im Becken des Proprad-Flusses (Zone von 100 × 20 km), wo der montane Klimaxwald nicht, wie in den übrigen Karpaten, von Buche (oder

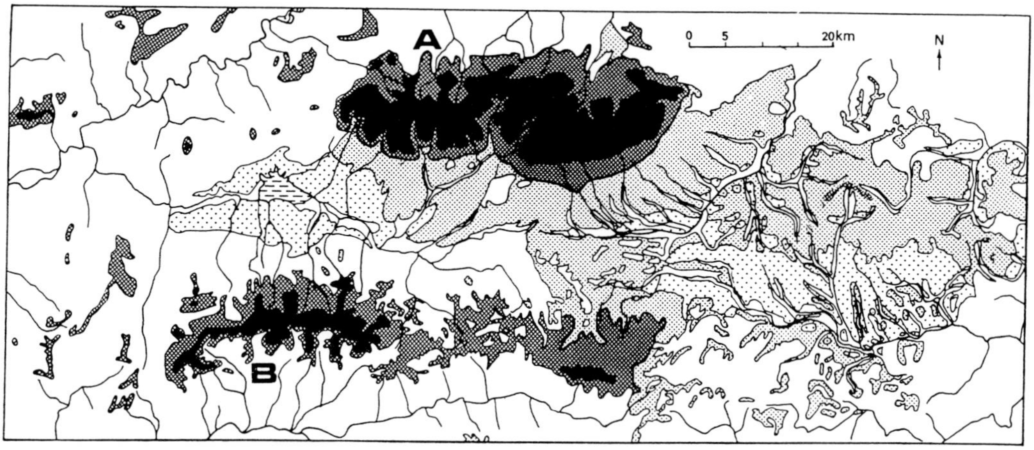

Abb. 12.14: Kontinentalitätszonen in der Tatra (nach OZENDA 1981; Darstellung nach der Vegetationskarte der Slowakei, 1 : 500000 von MICHALKO et al. 1980). A) und B) Hohe und Niedere Tatra. Alpine und hochsubalpine Stufe (letztere entspricht *Pinus mugo*) sind schwarz ausgezogen. Tiefsubalpin *(Piceetum subalpinum)* kreuzschraffiert. Das kontinentale Innenbecken ist geprägt durch eine weit ausgedehnte montane und kolline Stufe, die zum Fichten-Klimaxgebiet gehört und die in der regional durch Buchenwald charakterisierten Klimax eine zentrale Enklave bildet: eng punktiert, montaner Fichtenwald (teilweise *Abieti-Piceetum*); locker punktiert, kollines *Tilio cordatae-Piceetum;* weiß Buchenwald.

zumindest Buchen-Mischwald), sondern von einer fast reinen Fichten-Gesellschaft gebildet wird. Diese ist vielleicht schwierig im oberen Teil abzugrenzen gegenüber dem subalpinen Fichtenwald; sie reicht aber hinunter bis zur Hochfläche, die zweifellos der montanen Stufe angehört *(Piceetum montanum?)* und wahrscheinlich auch bis zum oberen Ende der kollinen Stufe *(Tilio cordatae-Piceetum)*. In den inneren Becken der slowakischen Westkarpaten zeigt die Palynologie (RYBNIČEK-RYBNIČKOVA 1985), daß die Fichte seit Alleröd dominiert, vielleicht hier interglaziale Refugialgebiete gefunden hat, und daß die Buche immer abwesend oder untergeordnet war.

2.4. Nordostkarpaten

Im Kontaktbereich zwischen den Nordwest- und Ostkarpaten sinkt die Gipfelhöhe und das Gebirge wird schmäler, das nur aus relativ kleinen Gruppen besteht, welche die Ostbeskiden formen. Eine Regionalstudie der **Bieszczady-Berge,** die das Ende der polnischen Karpaten gegen Osten bilden, wurde von RALSKA-JASIEWICZOWA (1972) erstellt. Die Berggruppe liegt in der Flyschzone, bestehend aus Kalk und Sandstein (bis zu 30 % Kalk), kulminiert bei 1350 m, ein kleiner Teil der Fläche liegt höher als 1000 m. Das Klima ist kontinentaler als in den vorherigen Gebieten.

Der Gebirgsfluß wird, wie im übrigen Teil der Beskiden, vom kollinen *Tilio-Carpinetum* bestockt, das bis ca. 500 m ansteigt und von einem weitgehend nadelbaumfreien Buchenwald bis 1200 m überlagert wird. Darüber folgt eine waldfreie Stufe mit *Nardus*-Rasen, *Vaccinium*-Heiden und *Alnus viridis*-Gebüsch mit einzelnen, wenig vitalen Fichten; insgesamt entspricht dies einer subalpinen Stufe, die sonst Fichtenbestände aufweist.

Im gleichen Massiv erlaubt die **Pollenanalyse** des Moores Tarnawa Wyzna (668 m), die holozäne Waldgeschichte dieses Gebietes zu rekonstruieren. Im Alleröd waren schon *Pinus sylvestris*, *Pinus cembra* und Lärche vorhanden, gefolgt 9400 v. Chr. von wenig Fichte, die scheinbar nie eine sehr ausgedehnte Vegetationsstufe gebildet hat. Zu Beginn des Postglazials erscheinen *Ulmus scabra*, *Corylus*, *Alnus incana*, wesentlich später gefolgt von Hainbuche und Buche gegen 2000 v. Chr. Tanne tritt wesentlich später als sonst in den Karpaten auf, erst gegen 900 v. Chr. Erste Spuren menschlicher Tätigkeit machen sich um 2500 v. Chr. bemerkbar. Die ausgedehnten Kulturrodungen scheinen erst nach dem 14. Jhdt. stattgefunden zu haben.

Die typischen **Ostkarpaten** liegen zum größten Teil auf ukrainischem Boden. Einen Gesamtüberblick geben SUKATSCHEV (1958) und STANIOUKOVITCH (1973). Die Stufung nach STANIOUKOVITCH ist weitgehend ähnlich wie in der Hauptkette und im angrenzenden Massiv von Cernahora, ebenfalls konform mit der Stufung in den Beskiden und rumänischen Nordkarpaten. Die kolline Eichenstufe erreicht 500–600 m. Montan existiert ein breiter Gürtel von Buchen- oder Buchen-Tannenwäldern, angereichert in höheren Lagen mit Fichte. Der reine Fichtenwald zwischen etwa 1300 und 1500 m ist als tiefsubalpin einzustufen. Eine Zone mit *Pinus mugo* reicht bis 1800 m, die der hochsubalpinen Stufe entspricht. Die alpine Stufe ist auf einige Bergstöcke begrenzt.

2.5. Rumänische Karpaten

Drei, relativ gut differenzierte Teile:
– **Südliche Ostkarpaten** liegen in der Verlängerung der ukrainischen Karpaten;
– **Südkarpaten,** oft als Transsylvanische Alpen bezeichnet, streichen Ost-West, wobei mehrere Bergstöcke 2500 m übersteigen;
– **Bihar-Massiv,** liegt deutlich vom Karpatenbogen abgelöst.

Eine Synthese führte DONIŢĂ (1965) durch. Die großen Waldformationen, Buchen- und Fichtenwälder, sind von VIDA (1963) und BORHIDI (1970) beschrieben worden. Andere Arbeiten beschäftigen sich mit detaillierten Monographien von Gebirgsgruppen der Südkarpaten. Von den Bucegi-Bergen hat DOMIN (1933, BELDIE 1967) bereits klar die Stufung und die wichtigsten Gruppierungen beschrieben: Sebeşului-Gebirge (BORZA 1959), Godenau-Gebirge (BOŞCAIU 1971).

Die **Höhenstufung** ist vom gleichen Typ in den drei Teilen der rumänischen Karpaten mit einem Höhenunterschied von 200 bis 300 m bei den Grenzen zwischen Norden und Süden, entsprechend einer Streuung von ungefähr zwei Breitengraden.

2.5.1. Alpine Stufe

Sie beginnt gegen 1950 m in den Ostkarpaten und bei 2250 m in den Transsylvanischen Alpen. Da die höchsten Gipfel knapp 2300 m bis 2500 m übersteigen, ist diese Stufe wenig entwickelt, fragmentarisch und reduziert auf den tiefalpinen Bereich, ausgenommen subnivale Standorte. Die wichtigsten Gruppierungen sind gut erkennbar.

Die zonale Silikat-Vegetation besteht aus *Juncus trifidus-Agrostis rupestris-* und *Festuca supina*-Rasen, mit Auftreten von *Carex curvula* und Flechten bei großer Höhe *(Cetraria, Thamnolia).* Auf südexponierten Hängen und auf Kalk vikariiert eine Gesellschaft von *Sesleria haynaldiana* und *Carex sempervirens* mit dem alpinen *Seslerio-Semperviretum.* Windexponierte Grate tragen Gesellschaften mit *Elyna bellardii* oder *Loiseleuria procumbens.* Auch Geröllhalden mit *Oxyria digyna* oder *Luzula spadicea* wurden beschrieben, Schneetälchen mit *Salix herbacea*, Quellfluren mit *Cardamine opizii*, *Cratoneuron* und *Philonitis*, usw.

2.5.2. Subalpine Stufe

Sie tritt auf größeren Flächen und ebenfalls in Gebirgsgruppen ohne alpine Stufe, wie im Bihar-Gebirge, auf (Abb. 12.15). Die untere Grenze liegt bei 1400 m auf Nordseiten und 1600 m auf Südseiten. Eine Besonderheit in den Südkarpaten stellt im Vergleich zu den übrigen Gruppen das Vorkommen von zwei *Ericaceen* dar: *Bruckenthalia spiculifolia* und das endemische *Rhododendron kotschyi.*

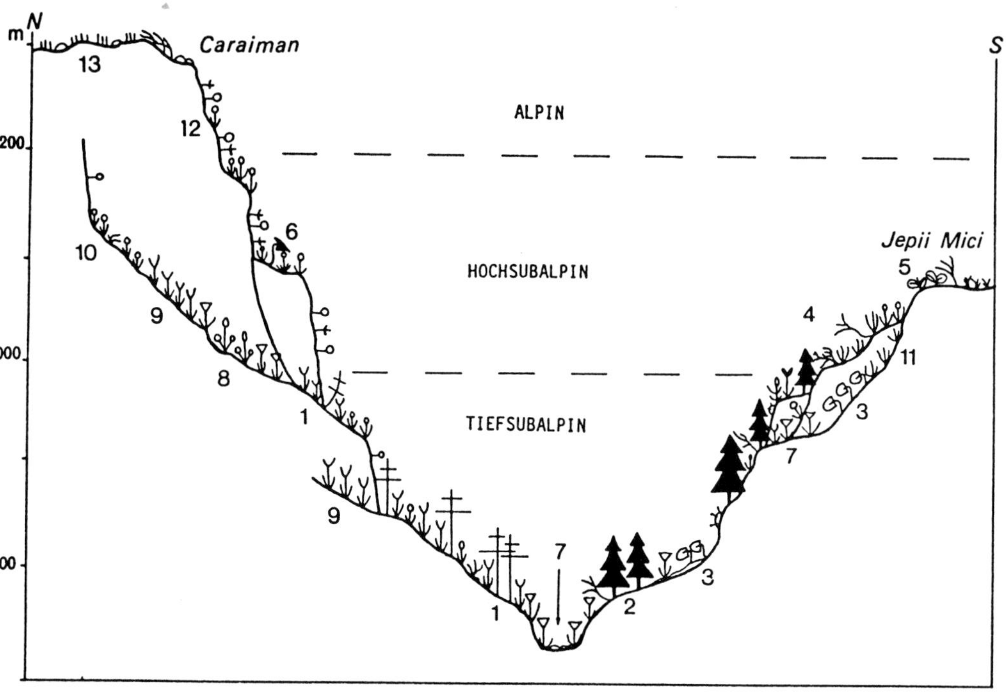

Abb. 12.15: Querschnitt durch die subalpine und alpine Stufe in einem Tal des Bucegi-Gebirges in den Südkarpaten (nach MEUSEL 1968). – 1) *Larix europaea*, 2) *Picea abies*, 3) *Alnus viridis*, 4) *Pinus mugo*, 5) *Rhododendron kotschyi*, 6) *Juniperus communis* und *Festuca amethystima*, 7) Hochstaudenflur mit *Heracleum palmatum*, 8) *Ligularia sibirica*, arktisch-alpines Relikt, 9) thermophiler *Calamagrostis arundinacea*-Rasen, 10) *Sesleria*- und *Carex sempervirens*-Rasen, 11) *Festuca carpatica*, 12) Felsgesellschaften mit *Gypsophila petraea* und *Artemisia petrosa*, 13) alpiner Rasen mit *Festuca supina*, *Kobresia myosuroides* und *Silene acaulis*.

Rasengesellschaften, wie sie in den Alpen und Pyrenäen mit der alpinen Stufe verbunden sind und den Hauptteil der waldfreien Vegetation bilden, werden durch Rasen mit *Sesleria*, *Carex sempervirens*, *Festuca versicolor* und *F. amethystina* vertreten. Durch die Weideintensität haben sich sekundäre, anthropogene Rasen mit *Festuca rubra* und *Nardus* stark ausgedehnt, die mehr als die Hälfte der Fläche bedecken.

Strauchgesellschaften wurden insbesondere von BUICULESCU studiert. *Alnus viridis*, die in den übrigen Karpaten fehlt, formt spezielle Gesellschaften *(Salici silesiacae-Alnetum viridis*, HUML et al.), die in montane Talmulden hinabsteigen. *Pinus mugo* stellt die wichtigste Buschgesellschaft dar: *Pinetum mugi carpaticum*. Am Südhang herrscht Zwergwacholder vor *(Junipero-Bruckenthalietum)*.

In der subalpinen Stufe unterscheidet DONIŢĂ eine Unterstufe, wo der Buschwald von lichten Fichtenbeständen begleitet wird und Relikte von Lärche und *Pinus cembra* vorkommen.

Einen Querschnitt der alpinen und subalpinen Stufe in den Bucegi-Bergen gibt Abb. 12.15 wieder.

2.5.3. Sog. boreale Stufe

Die rumänischen Autoren bezeichnen damit den **dichten Fichtengürtel,** der in den Ostkarpaten ein ununterbrochenes Band von ungefähr 200 × 70 km bildet, sich aber in den Transsylvanischen Alpen in vier ausgeprägte kleine Inseln auflöst.

Die untere Grenze dieses Fichtengürtels befindet sich bei 1200 m am Nordabfall und bei 1400 m am Südabfall. Infolge des Kontinentalitätseffektes reicht sie lokal auf 800 m, manchmal sogar auf 600 m in Tieflagen herab. (Dies entspricht vielleicht dem *Piceetum montanum* der inneren Alpentäler). Die Grenze geht auch tiefer auf der Ostseite der Ostkarpaten herab als auf dem Westabfall.
Die boreale Stufe ist wahrscheinlich **heterogen,** zumindest beim Vergleich mit den Alpen. Der obere Teil wird von reinen Fichtenwäldern gebildet *(Hieracio transsylvanici-Piceetum, Chrysanthemo rotundifolii-Piceetum,* BORHIDI), manchmal von Lärche durchsetzt. Diese Fichtenwälder können der **subalpinen Fichtenserie** entsprechen. Der tiefere Teil hingegen enthält Tanne und Buche (Saxifrago cuneifoliae-Piceetum und Hochstaudenfluren) und entspricht damit wahrscheinlich einer **hochmontanen Stufe,** vergleichbar zum *Aceri-Fagion.* Auch azonale Torfmoor-Gesellschaften treten auf *(Bazzanio-* und *Sphagno-Piceetum),* Pionier-Einheiten mit *Betula verrucosa* und *Populus tremula,* wie montan in den Alpen und anthropogene Rasen mit *Festuca rubra* und *Nardus.*

2.5.4. Sog. nemorale Stufe

Unter diesem Namen fassen rumänische Autoren die gesamte **Laubwaldstufe** zusammen. Nach unserer Auffassung ist noch ein oberer Teil zu unterscheiden mit reinen oder schwach mit Nadelbäumen angereicherten Buchenwäldern, die den Hauptteil der Gebirgsstufe einnehmen. In den Südkarpaten besteht diese Stufe (800 – 1100 m) nach DONIŢĂ aus Buche und Tanne, darüber mit Fichte angereichert. Entlang der Bäche ersetzt der *Alnus incana*-Uferwald das *Alnetum viridis* der höheren Lagen.
Der tiefere Teil des Nemorals besteht aus Eichenwäldern, in denen *Quercus petraea* auf Bergen oder *Quercus robur* in den Niederungen vorherrschen.

XIII. Das generalisierte alpine System

In den gesamten Alpen und den untersuchten Gebirgen konnte in drei Abschnitten (X bis XIII) die Vegetation im Rahmen eines allgemeinen Modells interpretiert werden, das wir als «alpines Modell» bezeichnen und im folgenden Abschnitt 1. definiert wird.
Allgemein kann dieses Modell in den Alpen und Berggruppen innerhalb eines weiten Umkreises angewendet werden, welches wir als pan-alpines System oder generelles alpines System bezeichnen wollen, dessen Vegetation weitgehende floristische und biozönotische Einheitlichkeit besitzt. Einige charakteristische Aspekte dieser Einheit werden unter 2 behandelt.
Die Grenzen dieses Systems können jetzt mit einer ausreichenden Genauigkeit festgelegt werden, denn an den Grenzen zeigt die Vegetation deutliche Diskontinuität gegenüber beispielsweise mediterranen oder atlantischen Gebirgen (3).
Endlich ein neuer Untersuchungsansatz, der darauf beruht, die Gebirge versuchsweise zu gruppieren (4) als Unterbestandteile eines Systems, die sich ausreichend von der üblichen geographischen Gliederung abheben.

1. Definition eines alpinen Modells

Die definierten und angewandten Prinzipien dieser Bearbeitung können wie folgt zusammengefaßt werden:

1. Der Vegetationsteppich kann nach «Höhenschichten» unterteilt werden, die primär von **Temperaturgradienten** abhängen; man spricht von «Vegetationsstufen». In den Alpen ist die Vegetation in fünf Stufen – von unten nach oben – unterteilt: kolline, montane, subalpine, alpine und nivale Zone. Zunächst bezeichnen wir unter dem Namen «planare Hügelstufe» die tiefsten Lagen, die der Ebenen-Vegetation entsprechen bzw. Gebiete mit geringer Höhe (praktisch unter 200 m). Dieses Alpenvorland ist eine tatsächlich sehr heterogene Stufe: mediterrane Vegetation der Provence, alluviale Formationen der Po-Ebene, pannonische Eichenwälder, submontane Eichen-Buchenwälder der bayerischen und schweizerischen Hochebene.

2. Bei den früheren Bezeichnungen der Vegetationsstufe besteht die Innovation darin, daß die Stufe nicht ein einfacher, zwischen zwei Höhengrenzen liegender Abschnitt ist, sondern ein Komplex von Biozönosen. Diese stehen in enger Verbindung zu ihren ökologischen Bedingungen und bilden eine ganzheitliche Struktur von Ökosystemen. Jede Stufe ist somit nicht mehr nur durch Höhengrenzen gekennzeichnet, sondern auch nach bioklimatischen Faktoren mit geobotanischen und ökologischen Kriterien, wie die Grenzen zu den beiden benachbarten Stufen definieren. Demnach kann die Höhenlage erheblich von einer Gebirgsgruppe zur anderen variieren (noch weitgehender von einer Kette zur anderen) und besonders sich vertikal verschieben. Wichtig ist in jedem Fall, den Einfluß der geographischen Breite auf diese Verschiebung zu bestimmen.

2.1.2. Flora außerhalb des Waldes

Wir besprechen nur zwei Beispiele, eines aus den Gebüschen, das andere aus den Rasen.

2.1.2.1. *Rhododendron*-Arten

Rhododendron ferrugineum ist in der gesamten subalpinen Stufe der Alpen und der Pyrenäen weit verbreitet; einige Vorposten (Relikte) im Nord-Apennin. *Rhododendron hirsutum* ist beschränkt auf die Zentral- und Ostalpen und greift aber im Osten auf die Dinariden über. Das Vorkommen stimmt einigermaßen mit der Zwergalpenrose überein, *Rhodothamnus chamaecistus*. Keine der drei Arten kommt in den Karpaten vor, aber eine vierte, *Rh. kotschyi*, ist in den rumänischen Karpaten endemisch.

2.1.2.2. Gattung *Soldanella*(Abb 13.2)

Dies ist das beste Beispiel für eine charakteristische und endemische Verbreitung einer Gattung im alpinen System (Abb. 13.2). Die Hauptart, *Soldanella alpina*, kommt im Großteil dieses Systems mit Ausnahme des östlichen Teils des herzynischen Gebirgsbogens und der Karpaten vor. Die neun anderen Arten oder Unterarten sind weniger weit verbreitet, einige sind stark lokal beschränkt. Aber alle siedeln innerhalb der Grenzen des alpinen Systems.

Noch zwei ausdrucksvolle Beispiele: die 23 Arten der Sektion *Auricula* der Gattung *Primula* und 9 der 11 Arten der Sektion *Euaizoonia* der Gattung *Saxifraga* sind in den Gebirgen des alpinen Systems endemisch oder subendemisch.

Wir haben sehr oft bedauert, daß kein Flora- oder Arten-Verzeichnis für die gesamten Alpen bisher vorhanden ist. Vor kurzem wurde diese Lücke teilweise durch Lippert (1981) und Pignatti (1982) geschlossen. Aber die Frage sollte in größerem Rahmen behandelt werden. Die Arten-Verbreitung in den Alpen kann nur dann sinnvoll beurteilt werden, wenn nicht der Überblick über die gesamte Verbreitung verloren geht. Man darf nicht vergessen, daß es keine eigentliche Alpenflora geben kann, sondern nur eine Flora der kühl-kalten Zonen Europas (auch Kältezonen Eurasiens). Dort besitzt die Alpenflora ihren Grundstock und ist nur ein spezieller, wenn auch sehr schwieriger Fall. Zu diesem Thema hat kürzlich Aeschimann (1985) eine bemerkenswerte Arbeit veröffentlicht über die Unterarten und Varietäten der kollektiven Art *Silene vulgaris* im Rahmen der ganzen Alpenkette und des alpinen Systems, vom herzynischen Bogen bis zu den Pyrenäen und den Dinariden. Ebenfalls wesentlich instruktiver wäre es, den Endemismus des erweiterten alpinen Systems (als nur den der Alpen, der Pyrenäen, der Karpaten, der Abruzzen) und den Endemismus verschiedener Gebirge als «Untergliederung» des Hauptendemismus zu betrachten. Am Beispiel der alpinen Stufe sollen anschließend diese Vorschläge erläutert werden.

2.2. Einheit der alpinen Stufe

Die ausgeprägte Ähnlichkeit der Hochgebirgsflora Europas und auch ihrer Pflanzengesellschaften ist längst ein biogeographisches Bindeglied geworden. Gaussen (1954) erwähnt bereits eine «Domäne der europäischen Gebirge» in seinem Entwurf der botanischen Gliederung Europas. Dieses Konzept scheint mangels vergleichender Analysen und detaillierter Statistik eine Art «nomen nudum» geblieben zu sein. Man sollte klären, welcher Teil in dieser Verwandtschaft zwischen den alpinen Stufen der verschiedenen Gebirge auf interglazialen Austausch zurückgeht, wobei die Einheit der floristischen Gemeinsamkeit erhalten blieb. Unter dem Einfluß des alpinen Klimas kann andererseits die Konvergenz uniformierend wirken, bei Teilen die aus sehr unterschiedlicher Herkunft stammen.

Jerosch (Kap. II, IX) hat 420 Arten geprüft, die nach seiner Auffassung die eigentliche alpine Flora der Schweiz bilden. Die Anzahl dieser Arten, die sich in anderen Gebirgen wiederfinden und das Verhältnis zu den 420

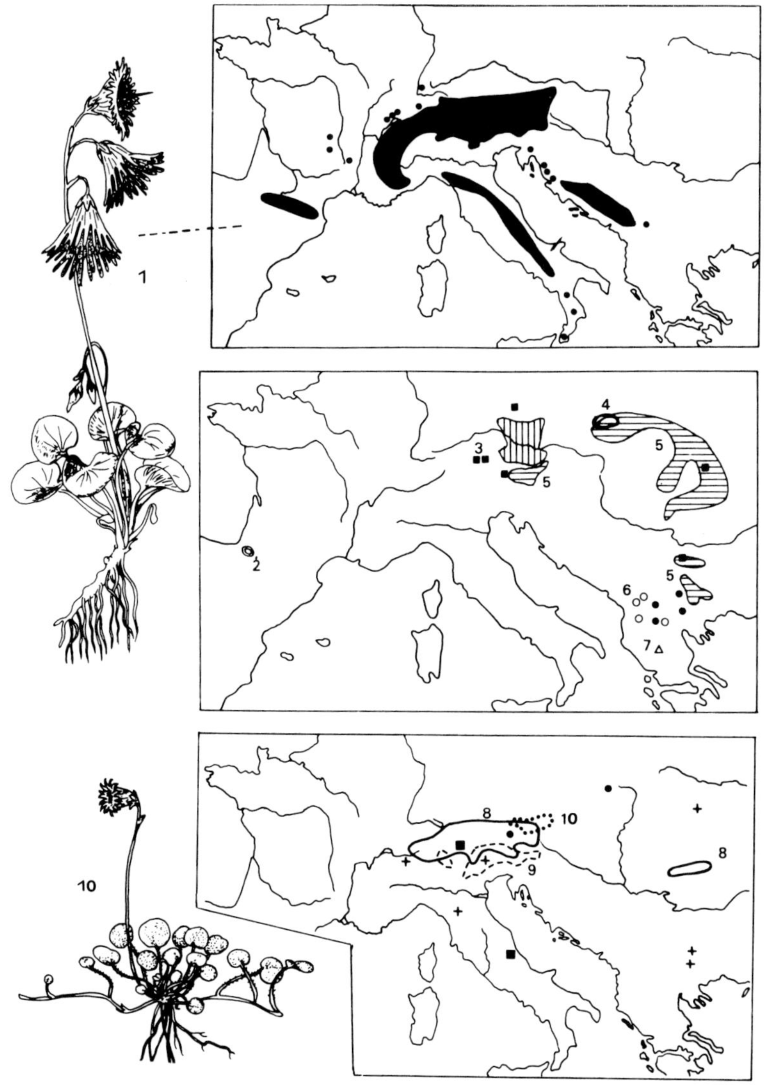

Abb. 13.2: Die Verbreitung der Gattung *Soldanella*, endemisch im alpinen Gebirgssystem. – 1) *Soldanella alpina*, am weitesten verbreitet: – 2 bis 7) andere Arten der Sektion *Crateriflores* mit trichterförmiger Krone: 2) *S. villosa;* 3) *S. montana* (senkrechte Schraffur, isolierte Standorte durch schwarze Vierecke dargestellt; 4) *S. carpatica;* 5) S. *hungarica* (waagrechte Schraffur und schwarze Punkte); 6) *S. demoniei* (weiße Kreise); 7) *S. pindicola* (Dreiecke); – 8 bis 10) Arten der Sektion *Tubiflores* mit glockenförmiger Blütenkrone, 8) (und Kreuz) *S. pusilla;* 9) (und Vierecke) *S. minima;* 10) (und Punkte) *S. austriaca* (nach HEGI, leicht abgeändert).

schweizerischen Arten, sind im folgenden wiedergegeben:

	Anzahl	%
Ostalpen	399	95
Zentralalpen	360	86
Westalpen	388	92
Pyrenäen	275	65
Karpaten	231	55
arktisch	137	33
Altai	129	31
Kaukasus	121	29
Ural	103	24
Himalaya	72	17

Diese Tabelle weist auf einen möglichen gemeinsamen, charakteristischen Zug des alpinen Systems hin. Die Gebirge, die zu dem alpinen System gehören, haben in ihrer alpinen Stufe mehr als 50% gemeinsame Arten mit der alpinen Stufe in den Zentralalpen.

Andere Statistiken weisen in die gleiche Richtung. Zählungen durch Lüdi (1956) bei den **iberischen Gebirgen** zeigen, daß die Zentral-Pyrenäen noch von typisch alpinem Typus sind, während die Picos de Europa, das Hauptmassiv der Kantabrischen Kordillere, bereits ein Grenzfall sind und die Zentral- und Subiberischen Gebirge eindeutig unterhalb der 50%-Marke liegen.

	Anzahl der betrachteten Arten	% gemeinsam mit der schweiz. alpinen Stufe
Spanische Zentralpyrenäen	111	85
Picos de Europa (Kantabrische Kordillere)	168	56
Sierra de Guadarrama	44	43
Sierra Nevada	198	35

Wenn wir nicht nur die Flora, sondern die Pflanzengesellschaften betrachten, erscheint die pflanzensoziologische Einheit der waldfreien Vegetation in den Alpen und in anderen Gebirgen des alpinen Systems nur als Ausbildung von Vikarianten derselben Gruppierungen zwischen den Gebirgen. In den vorangegangenen Kapiteln, besonders Pyrenäen, findet sich eine allgemeine Studie. Wir beschränken uns auf 3 Beispiele.

2.2.1. Silikatgeröll-Fluren

Wir betrachten nur mesophile Geröllstandorte, die nicht direkt südexponiert sind. Sie bilden in den Alpen den Verband *Androsacion alpinae*, besonders gekennzeichnet durch *Oxyria digyna: Oxyrietum digynae* typisch in den gesamten Alpen, Hohen Tauern, Südwestalpen, und lokal in den See-Alpen eine Assoziation mit *Adenostyles leucophylla*. In den Pyrenäen tritt auf etwas feuchten Nordhängen der alpinen Stufe ein *Oxyrio-Doronicetum viscosi*, in Korsika ein *Oxyrio-Doronicetum grandiflori* und in den Rhodopen ein *Oxyrio-Poetum contractae* auf.

2.2.2. Quellfluren

Sie sind charakterisiert durch eine Gruppe von Moosarten, die homogen scheint, aber noch ungenügend untersucht ist. Innerhalb der Gefäßpflanzen tritt von verwandten Artengruppen besonders die Gattung *Cardamine* auf:
- *C. amara – Alpen,*
- *C. asarifolia – Seealpen,*
- *C. latifolia – Pyrenäen,*
- *C. opizii – Karpaten,*
- *C. chelidonia – Korsika.*

2.2.3. Kalkrasen auf mageren Böden

Sie bilden die Ordnung der *Seslerietalia variae* und ihr Hauptareal reicht vom Balkan (zwei Verbände) bis zu den Pyrenäen *(Festucion scopariae)* mit dem durchgehenden *Seslerion variae* mit einem Areal in den Alpen, im Jura, in den Karpaten, im nördlichen Apennin und in den Dinariden.
Gemeinsamer, allgemeiner, ökologischer Charakter:
- **Höhenverbreitung** im subalpinen und im tiefalpinen Bereich mit gelegentlichem Absinken in die hochmontane Stufe (Rasen mit *Helictotrichum montanum* im besonderen);

– **Thermophiler Charakter** durch Beschränkung auf ausgeprägt exponierten Hanglagen, welche die kürzeste Schneebedeckungsperiode aller alpinen Rasen haben;
– **Basischer-neutrophiler Humuskarbonatboden;**
– **Physiognomie mit treppenartigen Rasen** bei meist unter 50% Deckungsgrad (sog. abgeschürfte Rasen).

Abb. 13.3 zeigt die Verbreitung im gesamten System der Vikarianten der zwei Hauptgesellschaften dieser Gruppe.

Eine ähnliche Tafel könnte für die Silikat-Rasen der *Juncus trifidus*-Gruppe erstellt werden.

2.3. Eigentümlichkeit der subalpinen Stufe

Die verschiedenartige subalpine Stufe der Alpen ist nur dann verständlich und ihre verschiedenen Komponenten sind interpretierbar, wenn man wieder das gesamte alpine System im weiteren Sinne berücksichtigt, selbst alle europäischen Gebirge. Die unterschiedlichen Serien fungieren als Vertreter von sechs Typen bestimmter Herkunft (Abb. 13.4):

a) **Nordischer Typ,** vertreten durch die subalpine Fichten-Serie, hat eine Vegetationsentsprechung in Nordeuropa, besonders im skandinavischen Gebirge. Dieser Typ ist in den Alpen, Karpaten und in der östlichen Hälfte des Herzynischen Mittelgebirges vertreten.

b) **Inneralpiner Typ** mit Lärche und Zirbe, die sicher aus dem Osten zugewandert sind, ist auf den zentralen Teil der Alpen beschränkt.

c und d) Zwei **wahrscheinlich autochthone Typen,** die derzeit zum alpinen System gehören und den «Bergkiefern» entsprechen. Östliche Herkunft mit *Pinus mugo* in den Ostalpen, Karpaten und Dinariden mit interessanten Vorposten in den See-Alpen, Abruzzen und in Balkangebirgen. Westliche Herkunft mit *Pinus uncinata* in den Westalpen, im Jura, im französischen Zentralmassiv und in den Pyrenäen.

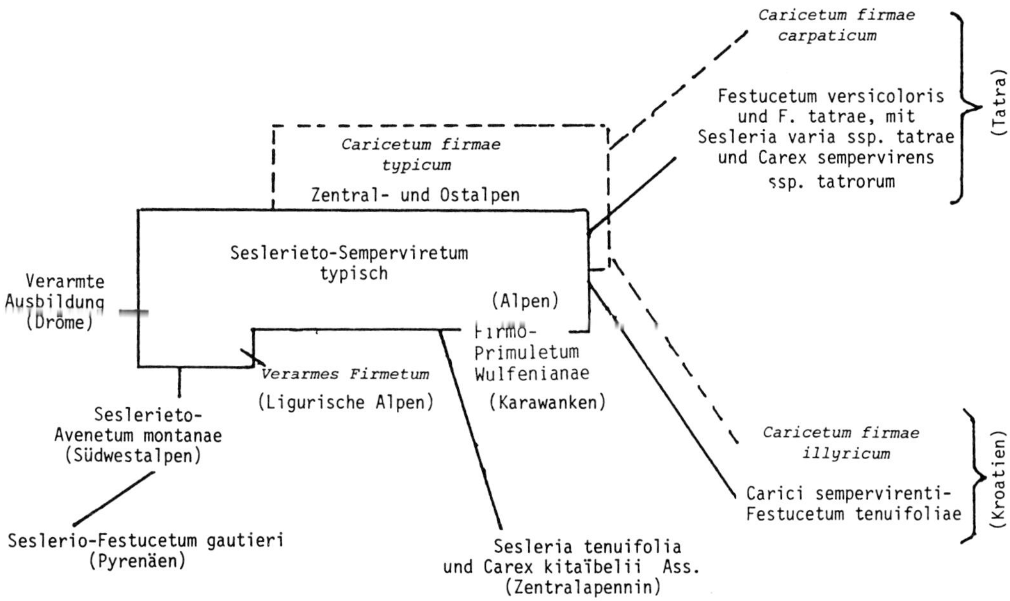

Abb. 13.3: Die vikariierenden Gesellschaften des *Firmetum* und *Seslerio-Semperviretum* in verschiedenen Gebirgen des alpinen Systems.

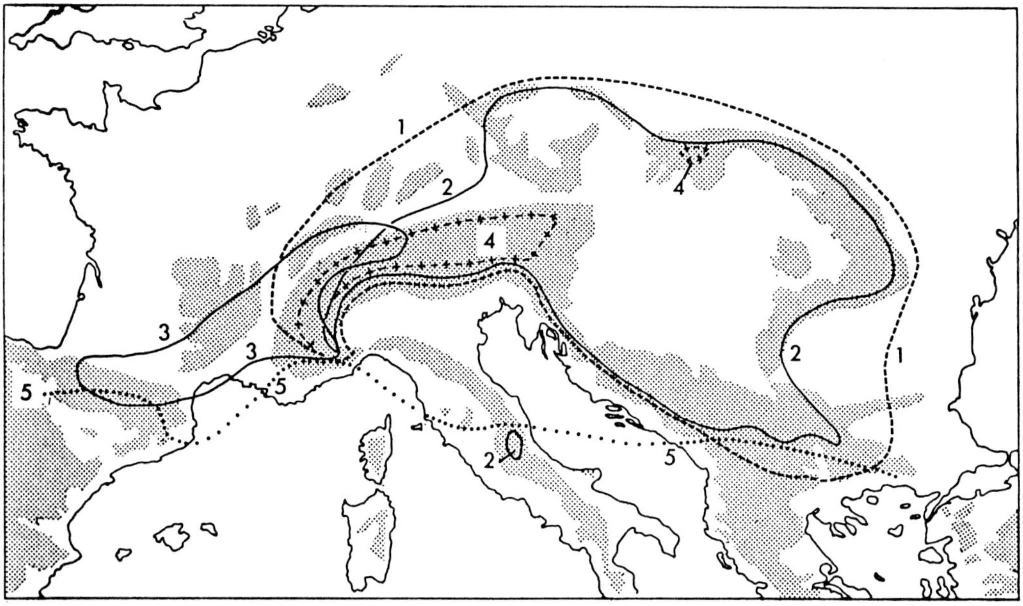

Abb. 13.4: Verbreitung der subalpinen Klimaxbestockung im gesamten alpinen Gebirgssystem. 1) Fichten-Typ; 2) Latschen-Typ; 3) Bergkiefern-Typ; 4) Zirben- und Lärchen-Typ. 5) Nördliche Grenze des altimediterranen Typs. Der subalpine Tannen-Typ der Südalpen und Pyrenäen ist nicht eingezeichnet. Grau, die Gebiete über 500 m.

e) Ein anderer **autochthoner Typ** ist auf die Alpen beschränkt, aber ökologisch sehr verwandt zu a), der lokal in den Südalpen und Pyrenäen ersetzt werden kann: **subalpine Tannen-Serie.**

f) **Altimediterraner Typ,** sehr beschränkt am Südrand des alpinen Systems in den Ost-Pyrenäen, der Haute Provence, den Ligurischen Alpen und wahrscheinlich zum Teil im Apennin und in den Dinariden.

Jedes Gebirge oder jeder Teil eines Gebirges besitzt ein oder zwei Typen, außer in den Alpen, wo sich die Zahl auf drei und ausnahmsweise auf fünf in den Südwestalpen erhöht, wo die subalpine Stufe sicherlich einen maximal verwickelten Aufbau in Europa besitzt. Nur die Typen a) und f) sind außerhalb des alpinen Systems vertreten. Von allgemeiner Bedeutung scheint, daß die Mannigfaltigkeit der subalpinen Nadelwälder eine spezifische Eigenheit dieses Systems darstellt, mindestens im Rahmen Europas.

2.4. Einheitlichkeit der montanen Stufe

Mit Ausnahme der inneralpinen Zone wird die montane Stufe des alpinen Systems hauptsächlich durch **Buchenwälder** gekennzeichnet, einschließlich ihrer Ausbildungen mit Tanne und Fichte. In einer früheren Bemerkung (Ozenda 1979) wurde vorgeschlagen, die gesamten europäischen Buchenwälder als drei umfassende Systeme anzusehen:

a) **Zentrum** bestehend aus den eigentlichen mitteleuropäischen Buchenwäldern, klassische Bezeichnung *Fagion medioeuropaeum*, deren Analyse weit fortgeschritten ist und deren Untergruppen bereits gut festgelegt sind (1, Abb. 13.5);

b) ein **Kranz** von nordatlantischen Buchenwäldern in Süd-Skandinavien und der Normandie (2), außerdem westlich des französischen Zentralmassivs und in den Pyrenäen (3), ferner des südlichen Teiles des *Fagion*

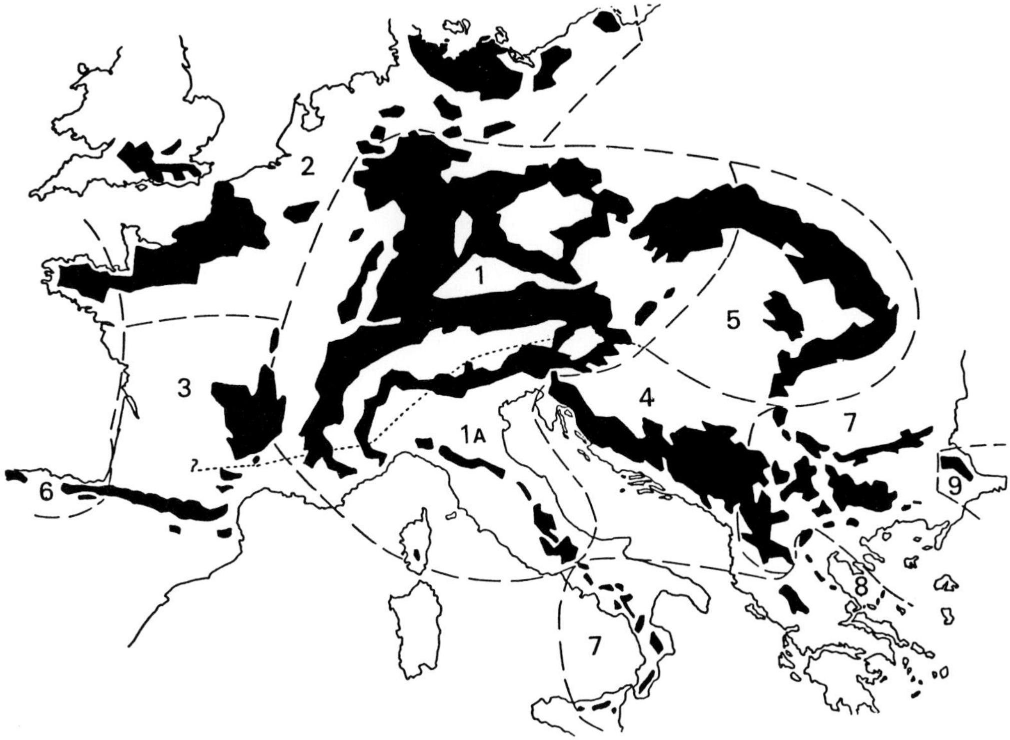

Abb. 13.5: Verbreitung (in Schwarz) der wesentlichsten Buchenwaldtypen in Europa. Erläuterung im Text (nach OZENDA 1979). 9, europäisches Areal von *Fagus orientalis*.

medioeuropaeum (1 A), der Dinariden (4) und Karpaten (5);

c) Insgesamt mehr aufgelöste **Randvorkommen** mit Buchenwäldern des Armoricain-Massivs und des Baskenlandes (6), des südlichen Italiens (7) und südöstlichen Balkans (8).

Vorkommen 1, 1 A, 3, 4 und 5 der Abb. 13.5 umfassen Buchenwälder des alpinen Systems, während die Einheiten 2, 6, 7 und 8 nicht dazugehören. Überall besteht die ökologische Gliederung in drei bestimmte Gruppen: Thermophiler Kalk-Buchenwald, Silikat-*Luzula*-Buchenwald und eutropher Buchen- oder Buchen-Tannenwald mit *Galium odoratum* (letztere sind gut gekennzeichnet durch *Cardamine*-Arten der Untergruppe *Dentaria*). Die Prüfung der floristischen Listen und Aufnahmen in Buchenwäldern der Dinariden und Karpaten erlaubt nicht, wenn man von endemischen Arten absieht, diese, wie Autoren das versuchen, eindeutig von mitteleuropäischen Einheiten zu trennen. Die Unterscheidung geographischer Einheiten wie *Fagion dacicum* und *Fagion illyricum* dürfte auf diskutierbaren Grundlagen beruhen; diese floristischen Unterschiede scheinen bedeutend weniger bezeichnend als die drei ökologischen Gruppen, die umfassenderen Wert besitzen.

Nach LACOSTE (1984) sind die Hochstaudenfluren der Südwest-, Nordwest- und Zentralalpen durch nahe geographische Formen repräsentiert; und nach GRUBER ähnelt diese Formation in den Pyrenäen derjenigen im französischen Zentralplateau und im Balkan, deutlich unterscheidet sie sich hingegen von den Gebirgen Zentralspaniens.

3. Grenzen des alpinen Systems

3.1. Südliche Begrenzung gegenüber den mediterranen Gebirgen

Früher wurde gezeigt (Ozenda 1975), daß die Vegetationsstufung in Gebirgen des mediterranen Beckens einem analogen Modell ähnlich dem mitteleuropäischen und alpinen Gebirgstyp ist. Dieses Modell ist jedoch sehr unterschiedlich biozönotisch zusammengesetzt. Bestimmte mediterrane Gebirge bestocken Buchenwälder mit teilweisen mitteleuropäischen Buchenwaldarten. Man kann diese **mediterranen Buchenwälder** mit jenen der montanen Stufe in den Alpen homolog ansehen; durch den großen Unterschied ist es notwendig, einen anderen Ausdruck («oromediterran») zu verwenden (um die Bezeichnung mediterran-montan zu vermeiden, den viele Autoren unterschiedlich oder ungenügend definiert angewandt haben, wodurch Verwirrung entstand). Sicherlich erreicht die oromediterrane Stufe größere Höhen, wenn südlicher gelegene Gebirge berücksichtigt werden. Abb. 13.6 zeigt die Übereinstimmung zwischen den Stufen des alpinen Modells und jenen, die zum Vergleich für mediterrane Gebirge vorgeschlagen wurden. Wir betonen, daß es von vornherein nicht selbstverständlich war, daß die Gliederung bei beiden Stufungen vergleichbar sein könnte; nur die ausführliche Vergleichsstudie hat gezeigt, daß diese Parallelität möglich ist.

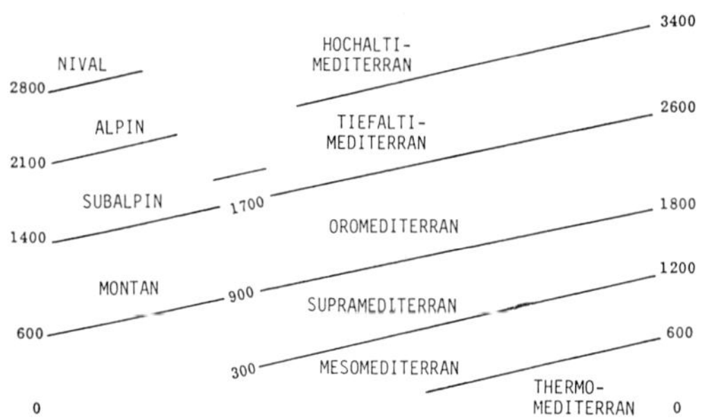

Abb. 13.6: Vorgeschlagene Gleichwertigkeit zwischen der Benennung der Höhenstufen in den Alpen (links) und in mediterranen Gebirgen (rechts). Durch die unterschiedliche geographische Breite steigen die Höhenstufengrenzen gegen Süden an, wie dies die ansteigenden Linien ausdrücken. Die Ziffern geben mittlere Grenzwerte der Höhenstufen, rechts Savoyen, Mitte Haute-Provence, rechts Hoher Atlas von Marokko (nach Ozenda 1975).

Der **gleitende Übergang** von alpinen Höhenstufen zu analogen mediterranen Stufen läßt sich gut im **Apennin** beobachten, der sich auf 7 Breitengrade (45° N – 38° N) erstreckt.

Nord- und Zentralapennin weisen über der mediterranen Stufe noch eine mittlere montane Stufe von mitteleuropäischem Charakter auf mit reichlich Niederschlag, der wiederum Buchen- und Buchen-Tannenwälder begünstigt, die sich deshalb weit gegen Süden erstrecken. Ein plötzlicher Wechsel vollzieht sich zwischen dem 42. und 41. Breitengrad, etwas südlich von Rom, auf einer schrägen Linie, die sich nördlich des Golfs von Gaeta im Norden bis zur Halbinsel Gargano erstreckt. Südlich dieser Breite tritt an den Küsten die thermomediterrane Stufe auf, über welcher die mesomediterrane Stufe keine nennenswerte Veränderung aufweist. Aber suprameditерran fehlen *Ostrya* und gleichzeitig viele verwandte Arten; die dominierende Rolle von Flaumeiche geht zurück zugunsten thermophiler Eichenarten mit balkanischer Verwandtschaft *(Quercus trojana)*. Die montane Stufe unterscheidet sich deutlich gegenüber Nord- und Zentralapennin. Buchen- und Buchen-Tannenwälder mit *Dentaria* oder *Trochiscantes* bleiben aus und geben einem «typischen mediterranen Buchenwald» Raum, so daß ein besonderer Verband entsteht, der als *Geranio-Fagion* bezeichnet wird und von mehr xerophilen Gesellschaften mit *Pinus laricio* durchdrungen wird. Subalpin verschwinden die letzten Bestände von *Pinus mugo* auf dieser Breite und weiter im Süden ersetzt die altimediterrane Stufe die subalpine, die praktisch baumlos ist mit Ausnahme einiger *Pinus leucodermis*-Bestände.

Auf der **Balkan-Halbinsel** vollzieht sich der Übergang der alpinen Höhenstufung noch gut kenntlich in den Nord- und Mittel-Dinariden (Kapitel X) zum mediterranen Stufungstyp (typisch in Mittelgriechenland und im Peloponnes) sehr allmählich. Zusammenfassung in Abb. 13.7. Wir bemerken, daß der Übergang von einem Typ zum anderen in der Tabelle einhängend abgebildet ist, umso ausgeprägter je mehr südliche Gebiete erreicht werden. Montane und höhere Stufen sind gegenüber dem mediterranen Einfluß widerstandsfähiger, da sie reichlicher Niederschlag empfangen als tiefere Höhenlagen.

Die **Iberische Halbinsel** ist ein sehr verwickelter Fall, auf den wir nicht näher eingehen. Wir erinnern nur daran, daß sich die gesamte Pflanzenwelt der Pyrenäen in das alpine System einfügt, selbst auf spanischer Seite, (Buchenvorkommen auch im Süden ähnlich) und zentraliberische Gebirge bereits ganz zum mediterranen System gehören.
Zusammenfassend kann nach kontinentalem Überblick der Übergang von der alpinen zur mediterranen Stufung auf einer Linie gelegen sein, die von Katalonien nach Chalkidike streicht und gleichzeitig mit dem nördlichen Rand der thermomediterranen Vegetation zusammentrifft.
Diese Linie verläuft zwischen **Korsika** und **Sardinien,** wobei sich die Vegetation dieser Inseln außerordentlich stark unterscheidet. Nördlich dieser mußte Korsika durch die Höhe der korsischen Gebirge, geologische Struktur, Lage zwischen Südwestalpen und nördlichem Apennin folgerichtig zum alpinen System gestellt werden. Tatsächlich ist diese Verbindung weitaus undeutlicher. Wahrscheinlich wegen einer sehr weit zurückliegenden Abtrennung ist die Pflanzenwelt des mittleren und höheren Gebirges stark verarmt und mitteleuropäische oder alpine Elemente werden fortlaufend von der mediter-

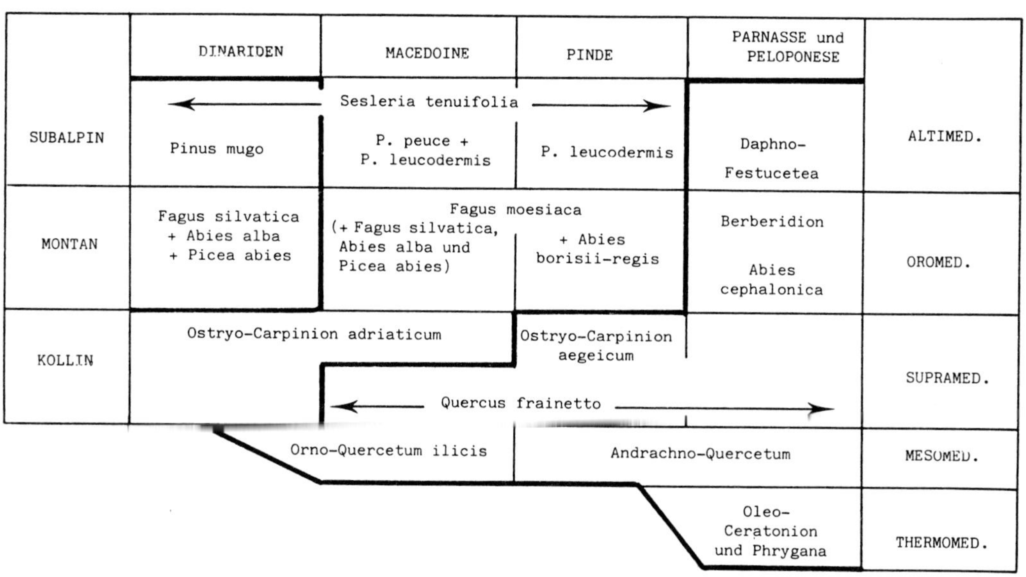

Abb. 13.7: Tabelle der wichtigsten Vegetationseinheiten in vier Gebieten des West-Balkans. Die stark umrahmten Felder repräsentieren: links die mitteleuropäischen Formationen, rechts die typischen mediterranen Formationen, dazwischen die Übergangseinheiten. Man sieht an diesem Beispiel, wie gegen Süden (rechts) zunehmend die tieferen mediterranen Stufen erscheinen und wie die kollinen, montanen und subalpinen Einheiten mit ihren homologen mediterranen ersetzt sind. (Nach Ozenda, 1975).

ranen Gebirgsvegetation verdrängt, mit der sie zusammen vorkommen.

An der **korsischen Küste** ist die thermomediterrane Stufe durch einige isolierte Standorte vertreten zum Unterschied von Sardinien, wo diese Stufe einen durchgehenden Gürtel bildet. Die mesomediterrane Stufe wird von einer Korkeichenwald-Vegetation beherrscht, ähnlich wie in der silikatischen Provence oder in Katalonien. Supramediterran ist schwer abgrenzbar: Die Waldvegetation ist stark degradiert, sommergrüne Eichenwälder gibt es nur lokal, hingegen fallen ursprüngliche Formationen wie *Alnus cordata*-Wälder und die Tieflagenstufe mit der Serie von *Pinus laricio* auf. Nur montan erinnert die Pflanzenwelt da und dort an die Alpen mit Buchen- und etwas Buchen-Tannenwäldern, deren Beziehung zum *Luzulo-Fagion* und *Abieti-Fagion* des Kontinents noch näher zu bestimmen ist trotz der ausgezeichneten Beschreibung der Inselvegetation durch GAMISANS (1976), der intensiv die neuen Gesellschaften beschrieben hat, weniger hingegen einen Vergleich mit anderen Gebirgen durchgeführt hat. Die subalpine Stufe ist unbewaldet, wie in allen mediterranen Gebirgen, weist aber einen alpinen Charakter auf, wie die bemerkenswerte Ausdehnung von Buschwäldern mit *Alnus viridis* ssp. *suaveolens* belegt. Eine über der Waldgrenze liegende Stufe vom alpinen Typ fehlt. Sie ist durch eine altimediterrane Stufe ersetzt, wo Gesellschaften mit alpiner Verwandtschaft sich auf Schattseiten einstellen und Gesellschaften des mediterranen Hochgebirges an Sonnseiten. Alles in allem scheint das **korsische Gebirge** wesentlich mediterraner getönt zu sein als zum Beispiel die kleine Kette der Apuaner Alpen, die nahezu auf gleicher Breite am Rand des toskanischen Apennin gelegen ist.

3.2. Grenze zum atlantischen Gebiet

Mangels einer vergleichenden Gesamtstudie der atlantischen Gebirge (Kantabrische Kordillere, Großbritannien, Irland, skandinavisches Gebirge), ist es noch unmöglich, eine modellhafte atlantische Stufung vorzuschlagen und mit der alpinen Stufung zu vergleichen. Die Entfernung der beiden Gebirgssysteme stellt eine zusätzliche Schwierigkeit dar. Das einzige Gebiet, wo sie zusammenhängen, ist entlang der pyrenäisch-kantabrischen Kette, der alleinige Abschnitt des atlantischen Gebirges mit Buchen-Vorkommen, ein geeigneter Anhaltspunkt als Schlüssel zur Studie des alpinen Systems.
Die **alpine Stufung** kann (Kapitel XI) auf die gesamten Pyrenäen angewandt werden, mit einigen Einschränkungen hinsichtlich mediterraner Einflüsse, die bis zu den Ost-Pyrenäen reichen, und des mediterran-kontinentalen Charakters der südlichen Sierras. Nur das äußerste Westende der Pyrenäen scheint sich der allgemeinen Regel zu entziehen: Wir haben (Abb. 12.8) gezeigt, daß eine scharfe Grenze bei 1° westl. Länge liegt, wo auf etwa 20 km Tanne, Hakenkiefer und Rhododendron verschwinden, Buchenwälder hingegen noch weiter westwärts, bis Galizien, auftreten bei deutlich abnehmender Höhenausbreitung. Eichenwälder steigen bis in die tiefmontane Stufe wie auch in britischen Bergen, wo die Eichenwälder der Konkurrenz durch Buche entgehen. Die Birke breitet sich in der gesamten montanen Stufe bedeutend aus. Der subalpinen Stufe entsprechende Standorte sind völlig frei von Baumarten und haben wenig mit der subalpinen Stufe in den Pyrenäen gemeinsam.
Wir lassen also die Westgrenze des alpinen Systems durch die Westpyrenäen verlaufen, indem wir die Baskischen Berge und vielleicht einen Teil von Béarn und Navarre von diesem System ausklammern.

Infolge der sehr nördlichen Lage wird das Problem des hohen skandinavischen Gebirges erst später erörtert.

3.3. Nördliche und östliche Grenze

Auf der Nord- und Ostseite wird das alpine System durch weite Ebenen begrenzt (Deutschland, Polen, Rußland und Ukraine), also von natürlichen Grenzen, so daß keine bemerkenswerten Analogien mit weiter entfernten Gebirgen bestehen: skandinavischer Schild, Ural, Kaukasus.
Ein Vergleich mit dem **skandinavischen Ge-**

birge und dem europäischen Teil des **Urals** am Westabfall erscheint sehr gewagt, da von allen Hauptbaumarten des alpinen Systems nur zwei, Fichte und Waldkiefer, in diesen nordischen Gebirgen auftreten. Die weite, gesamteuropäische Verbreitung dieser zwei Arten legt nahe, daß diese in verschiedenen Regionen des Kontinents in unterschiedliche Ökotypen differenziert sind, die in Ökosystemen, im strengeren Sinne nicht homologen, auftreten. Das Hochgebirge wäre wahrscheinlich vergleichbarer dank des Auftretens arktisch-alpiner Arten, wodurch analoge arktisch-alpine Gesellschaften korrespondieren sollten. Aber dies trifft nicht zu und die Höhenstufe, die in Skandinavien oder im Nord-Ural nach der Temperaturamplitude unserer alpinen Stufe entspricht, wird dafür von einer sehr unterschiedlichen Vegetation eingenommen, die eine extreme Ausbildung der Hochlagen-Tundra, sog. **Gebirgstundra,** darstellt. Wir rufen nicht ins Gedächtnis die Unterschiede zurück, die trotz der thermischen Ähnlichkeit das alpine und arktische Klima trennen. Ebenso legen wir nicht den typischen Charakter der Gebirgstundra dar im Vergleich zur alpinen Vegetation, da dies bereits behandelt wurde, ebenso die Abgrenzung der Gebirgstundra durch WALTER (1974). Eine wirklich **alpine Höhenstufe** existiert vielleicht nur **lokal** im südnorwegischen Hochgebirge, ebenso im Süd-Ural, obgleich die extreme kontinentale Klimatönung des letzten eine äußerste Abweichung von mitteleuropäischen Gebirgen verursacht.

Tieflagen- und montane **Höhenstufen des Kaukasus** lassen eine größere Ähnlichkeit mit den Alpen erkennen. Eine gewisse Parallelität zwischen der Höhenstufung in verschiedenen Abschnitten der beiden Gebirge wurde bereits skizziert (OZENDA 1976, GREBENCHTCHIKOV-OZENDA 1982). Dagegen unterscheiden sich höhere Gebirgsstufen zwischen den Alpen und dem Kaukasus sehr deutlich. Die Flora selbst hat z. B. weniger gemeinsame Berührungspunkte als zwischen den Alpen und dem Altai-Gebirge. Subalpin dominiert im Kaukasus ein Birkengürtel, wodurch der Abstand zum alpinen System deutlich wird. Das **alpine System** scheint, nach dem Stand unserer Kenntnisse, in den inneren **bulgarischen Rhodopen** sein Ende zu finden und deren Nordwest-Teil, speziell im Rila-Gebirge, noch ausgeprägt mit dem alpinen Modell übereinstimmt. Im Pirin-Gebirge beginnt ein subalpiner Charakter vom Balkan-Typ mit *Pinus peuce* und in den Ost-Rhodopen hat die montane Stufe mit dem Auftreten von *Fagus moesiaca* und anderen östlichen Arten bei Ausbleiben der Fichte (Abb. 13.8) Beziehungen zu Gebirgen des pontischen Systems.

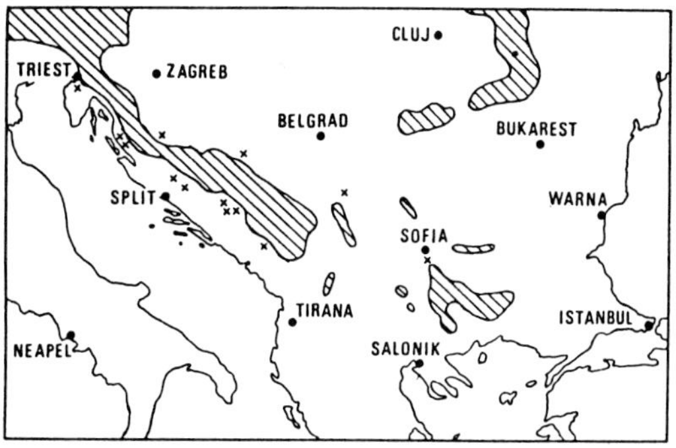

Abb. 13.8: Fichtenwaldverbreitung auf der Balkanhalbinsel (nach HORVAT et al.). Die Ostgrenze dieser Art entspricht etwa der Grenze zwischen *Fagus sylvatica* und *F. moesiaca*. Diese korrespondiert vielleicht mit dem südöstlichen Ende des alpinen Systems.

4. Untergliederung des alpinen Systems

Es ist reizvoll, ein so weit gespanntes Ganzes wie das alpine System zu untergliedern, das die meisten europäischen Gebirge umfaßt und nahezu einen Subkontinent darstellt. Man könnte einwenden, daß **Untereinheiten** nur dann sinnvoll sind, wenn jedes Gebirge ein System, einen spezifischen Fall, darstellt. Das wäre nach meiner Auffassung unfruchtbar, wie dies schon mehrmals dargelegt wurde, da es darin bestehen würde, sich mit der Rangerhebung von typischen Assoziationen von einer Kette zur anderen zu begnügen, wodurch praktisch identische Einheiten entstehen würden.

Im Gegensatz dazu scheint es viel interessanter, diese Untergliederung erneut auf einer lediglich biogeographischen Grundlage zu überprüfen, unter Berücksichtigung der Heterogenität der alpinen Ketten, die anderswo im alpinen System kein Pendant hat, und auch der Beziehungen, welche verschiedene Gebiete dieser Kette mit anderen Gebirgen innerhalb des Systems haben. Dadurch kann, was in den Kap. X bis XII erläutert wurde, weiter entwickelt werden (Abb. 13.9).

So haben wir als Zusammenfassung des Kap. X hypothetisch eine **periadriatische Untereinheit** abgeleitet, basierend auf den Analogien zwischen dem Vegetationsgefüge der Südostalpen, Ligurischen Alpen, des Nord- und Mittel-Apennin und der Dinariden (Abb. 10.9). Auch auf die Annäherung zwischen den nördlichen Randalpen und dem Jura wurde hingewiesen.

Zwischen den nördlichen und südlichen Randalpen bildet die **inneralpine Zone** eine genügend eigenständige Einheit, um eine so ausgeprägte Untereinheit auszuscheiden, die sich vom restlichen alpinen System deutlich abhebt, speziell montan und tiefsubalpin.

Der **herzynische Gebirgsbogen** bildet aus klimatischen (subatlantisches Klima) Gründen von Schlesien bis zu den Cevennen eine andere genügend einheitliche Untereinheit. Wir selbst haben es als einziges Gebirge zu betrachten, von dem jedoch die westliche atlantische Hälfte des französischen Zentralmassives ausgeklammert werden muß.

Die Interpretation ist verwirrender in den Bergen Südfrankreichs. Die südwestlichen Randalpen (mit Ausnahme der Ligurischen Alpen, die zum peri-adriatischen Gebiet gehören) sind deutlich mit den Pyrenäen verbunden, vor allem durch die außerordentliche Bedeutung, welcher subalpin *Pinus uncinata* zukommt. Ein solches Untersystem könnte **pyrenäisch-provenzalisch** genannt werden, von den Pyrenäen von Navarre und Béarn auf der einen und Dauphiné-Randalpen auf der anderen Seite. Diese Gruppe ist sehr heterogen und müßte vom Hauptareal abgetrennt werden; am subatlantischen Rand vor allem Buchenwälder mit *Euphorbia hibernica* am Westabfall des Zentralmassivs und in den nördlichen Pyrenäen. Andererseits ein mediterraner Randstreifen, repräsentiert durch die sehr niederschlagsarmen Ostpyrenäen und durch die Berge der Haute-Provence, die vielleicht einen nördlichen Abschluß der eu-mediterranen Berge bilden, die wir vom alpinen System ausnehmen.

Ich denke, daß einige dieser Hypothesen zu vielversprechenden Untersuchungen verleiten. Durch auf diese Art gewonnene Erkenntnisse ist es nur möglich, eine geoökologische Gliederung von Mittel- und Südeuropa auf den erarbeiteten Grundlagen durchzuführen, eher als mit traditionellen und etwas überholte floristische Gliederungen, die noch zu vielen Biogeographen genügen.

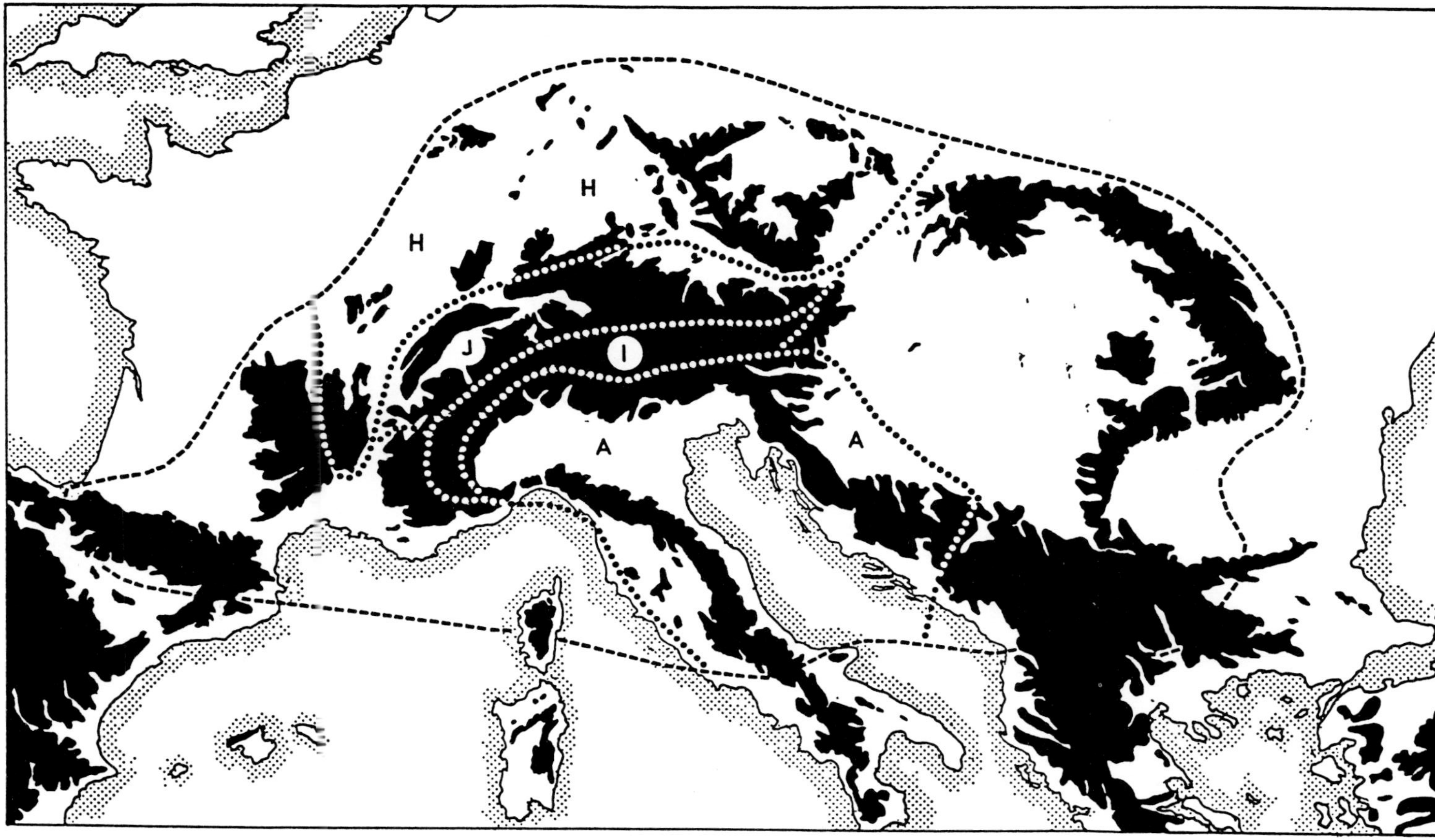

Abb. 13.9: Grenzen und Untergliederung des alpinen Systems wie in diesem Kapitel definiert. Untersysteme: A) peri-adriatisch, I) inneralpin, J) nordalpin und Jura, H) herzynisch. Schwarz, die Gebiete über 500 m.

Anhang: Vegetationskarten im Alpenraum

Die Karten sind nach zunehmendem Maßstab angeordnet. D, E, F, I: Legende auf Deutsch, Englisch, Französisch oder Italienisch.

1. Maßstab 1:500000
2. Maßstab 1:200000
2a. Vegetationskarte der Schweiz in 4 Blättern, Schmid 1939 bis 1950 (DFI).
2b. Alpine Blätter der Vegetationskarte Frankreichs (F) s. Abb. 14.2.
3. Maßstab 1:100000 bis 1:50000
3a. Vegetationskarten der Westalpen in Documents de Cartographie écologique, Bot. Inst. Univ. Grenoble (F) s. Abb. 14.2.
3b. Andere Vegetationskarten der Südwestalpen 1:50000 (F):
Entrevaux, Archiloque et al. 1974; Allos, Archiloque et al. 1980; Lavagne et al. 1983.
Vegetationskarten Tirols, Trentinos und der Lombardei s. Abb. 14.3.
4. Maßstab 1:25000. Von Osten nach Westen:

Österreich: Umgebung von Weiz, Steiermark, Pratt 1971; Komperdellalm, Tirol, Wagner 1965 (D).
Deutschland: Gebiet von Berchtesgaden, Lippert 1966, Thiele 1978 (D).
Schweiz: Nans, Dutoit 1983 (F).
Italien: Prealpi giulie, Paiero et al. 1975; Val di Sole, Trentino, Pedrotti 1968; Splügen, Giacomini et al. 1962; Chiomonte, Val Susa, Piemonte, Giordano et al. 1973; Val Pellice, Siemonte, Giordano et al. 1970 (I).
Frankreich: im Vanoise Massiv: Claudin et Gensac, 1973, Gensac et Rothé 1974, Amandier et Gasquez 1978; Umgebung von Larche, Haute-Presence, Lavagne, ohne Datum (F).

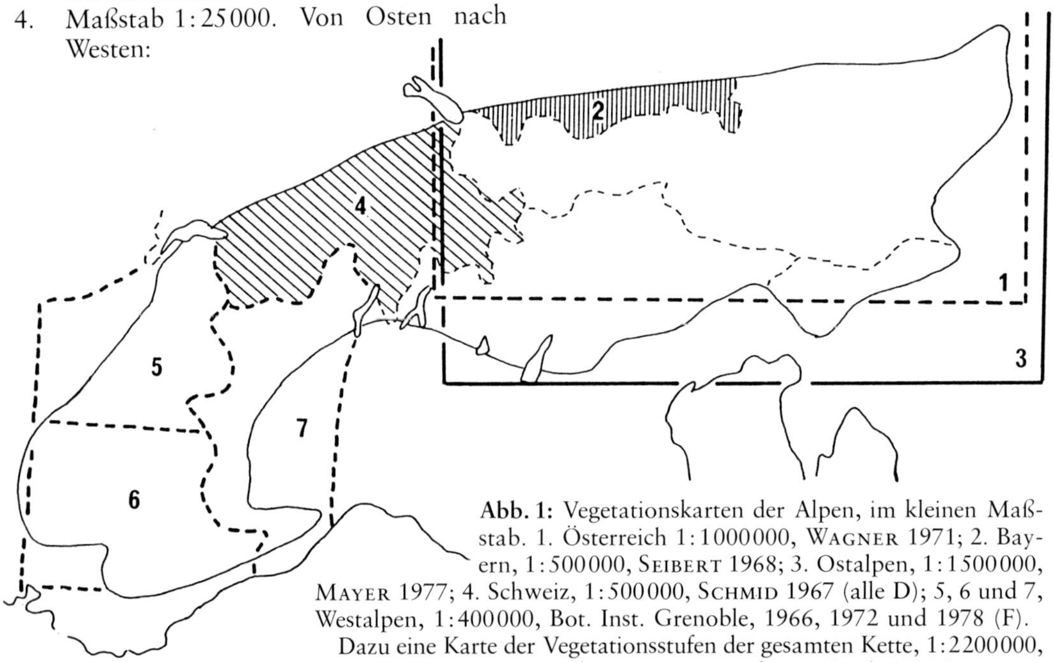

Abb. 1: Vegetationskarten der Alpen, im kleinen Maßstab. 1. Österreich 1:1000000, Wagner 1971; 2. Bayern, 1:500000, Seibert 1968; 3. Ostalpen, 1:1500000, Mayer 1977; 4. Schweiz, 1:500000, Schmid 1967 (alle D); 5, 6 und 7, Westalpen, 1:400000, Bot. Inst. Grenoble, 1966, 1972 und 1978 (F).

Dazu eine Karte der Vegetationsstufen der gesamten Kette, 1:2200000, Ozenda, 1982 (E, F) und 1:3000000, in diesem Buch (D, E).

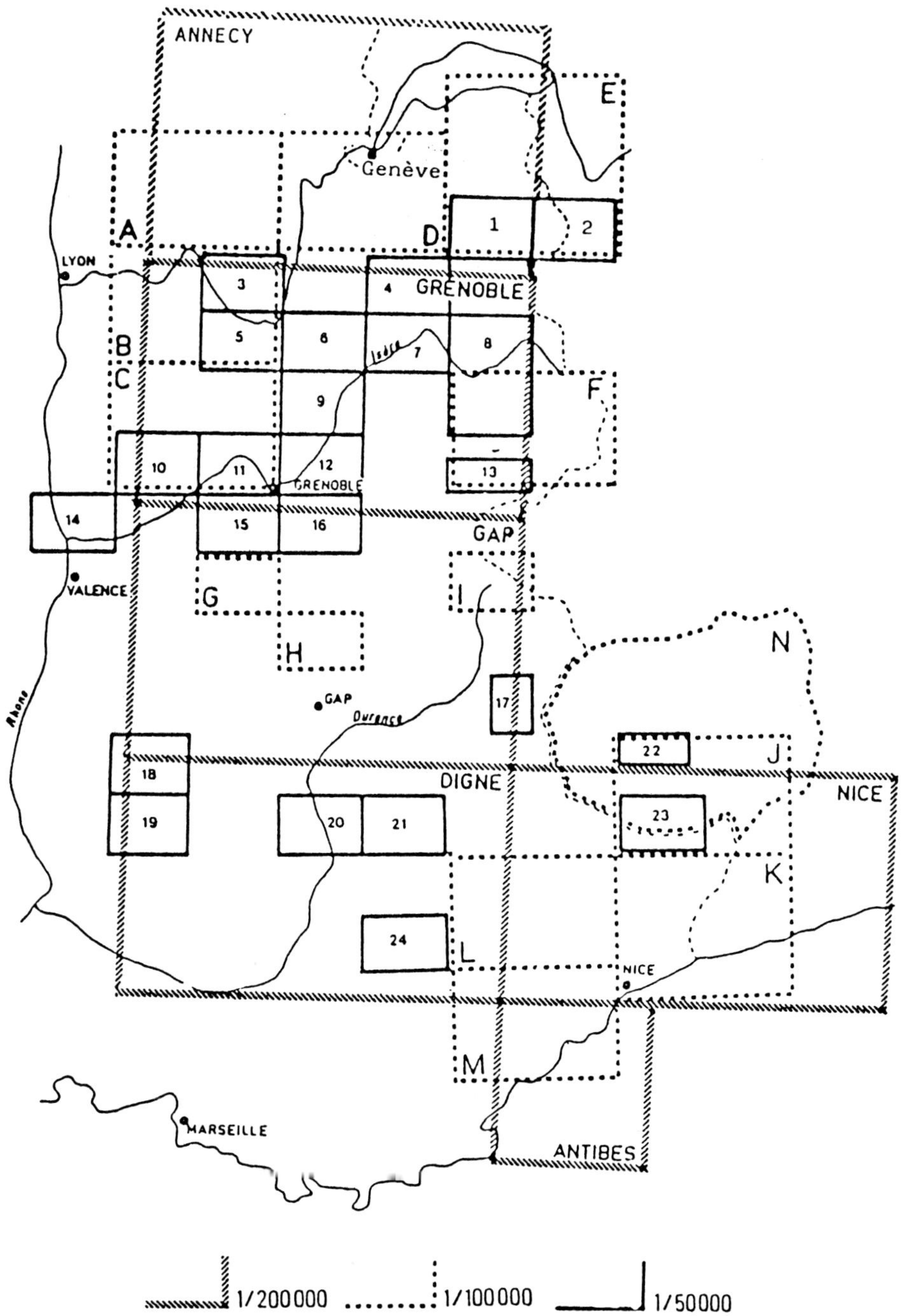

Abb. 2: Vegetationskarten der Westalpen. Die Blätter 1:200000 (Ozenda, Richard, Pautou et al.) werden durch das nationale Zentrum für wissenschaftliche Forschung (CNRS) publiziert (F). Die Blätter 1:100000 und 1:500000 sind im Documents de Cartographie eécologique, Grenoble, erschienen (F, mit Ausnahme von N, 22 und 23 in italienisch); verschiedene Autoren der Universitäten Grenoble, Chambéry, Turin und Marseille.

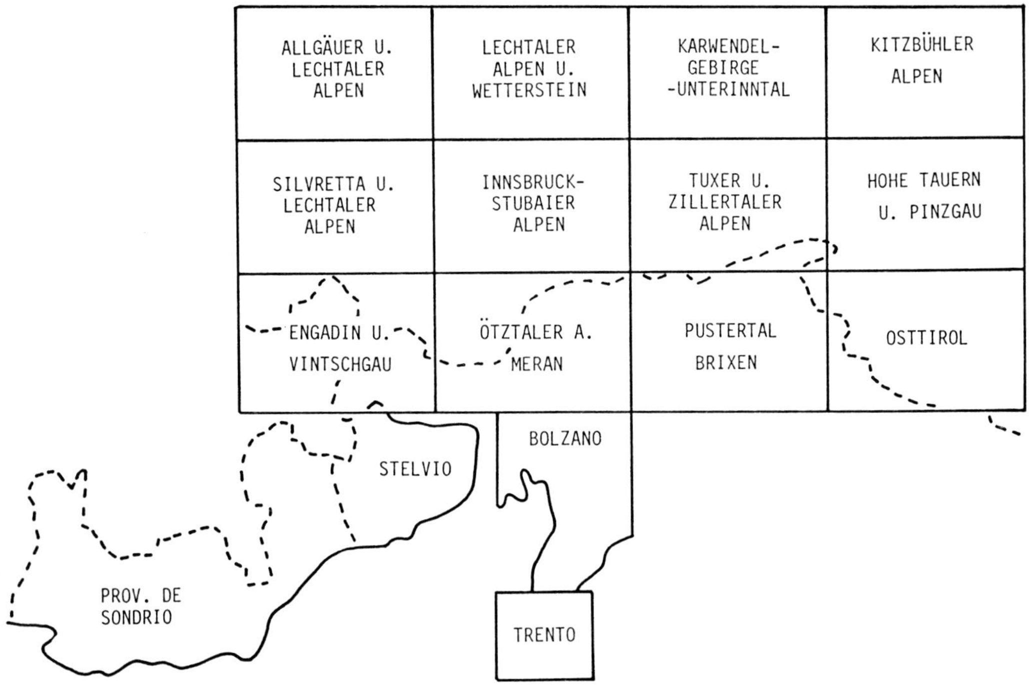

Abb. 3: Vegetationskarten 1:100000 in den Zentralalpen. Die 12 Blätter oben entsprechen der gesamten Fläche Tirols und angrenzender Gebiete, von SCHIECHTL, STERN et al., 1970–1986; sie wurden einerseits durch die Forstliche Bundesanstalt Innsbruck und andererseits in Documents de Cartographie écologique, vo. VIII bis XXX, veröffentlicht (D). Blatt Bozen (Bolzano) von PEER, 1980 (D); Blatt Trento von PEDROTTI, 1977 (I); Stelvio (Stilfserjoch) von PEDROTTI et al., 1974 (I); Blatt Sondrio von CREDARO und PIROLA, 1975 (I).

Literaturverzeichnis

Aeschiman, D. 1985: Etude biosystématique du Silene vulgaris s. l. dans le domaine alpin. Thèse Univ. Genève. – Candollea 38–40, 215f.

Aichinger, E. 1932: Höhenstufenumkehr der Vegetation durch Frostlöcher der montanen Stufe in den Karawanken.-Forstarchiv, 8.

– 1933: Vegetationskunde der Karawanken. Fischer, Jena, 314 p.

– 1958: Vom Kampfe des Waldes und der Verbreitung alpiner Pflanzen. Ver. z. Sch. d. Alpenfl. u. – Tiere, 37, 139–149.

Aime, S. et Sarrailh, J. M. 1974: Etude comparative du bilan hydrique de quelques bassins des Alpes du Sud. Première partie: le bilan hydrique selon Thornthwaite. – Ann. Mus. Hist. Nat. Nice, II, 57–75.

Aleffi, M., Amadori, C., Baldoni, A., Canfalone, A., Canullo, R., Filipponi, L., Giustini, A., Masi, A. M., Ortolani, P. et Venanzoni, R. 1981: Carta della vegetazione della Val Zebru (Parco Nazionale dello Stelvio). Univ. degli Studi, Camerino.

Allier, C. et Bresset, V. 1980: Les Hêtraies des Baronnies, des Préalpes de Digne et du pays de Seyne. Leur place dans les Alpes du Sud. – Ecologia mediterranea, 5, 113–146.

Amandier, L. et Gasquez, J. 1978: Contribution à l'étude phyto-écologique et floristique du vallon de la Rocheure (Parc National de la Vanoise). Boissiera, 27, 153 p.

Antonietti, A. 1968: Le associazioni forestali dell'orizonte submontano del Cantone Ticino su substrati pedogenetici ricchi di carbonati. – Mém. Inst. suisse de Recher. forest., 44, 83–226.

Archiloque, A. et Borel, L. 1965: Une série résiduelle du Genévrier thurifère dans les Alpes du Sud. – Doc. Carte Vég. Alpes, III, 119–132.

Archiloque, A., Borel, L. et Devaux, J. P. 1974: Feuille d'Entrevaux (XXV–41) au 1/50000e. Bull. Carte Vég. Provence et Alpes du sud, Marseille, 1, 87–129.

Archiloque, A., Borel, L. et Devaux, J. P. 1980: Carte phytosociologique d'Allos au 50000e (Feuille XXXV–40). Rev. Biol. Ecol. Méd., VII (4), 211–248.

Arno, S. F. und Hammerly, R. P. 1984: Timberline – Mountain and arctic forest frontiers. Seattle, The Mountainers, 304 p.

Arquilliere, S. 1983: Actions conjuguées du vent et de la neige sur la morphologie des arbres à la limite supérieure de la Pessière subalpine. – C. R. 108e Congrès Nat. Soc. Sav., fasc. II, 87–96.

Arquilliere, S. 1986: Morphologie, croissance, reproduction végétative de l'Epicéa (Picea abies) dans une zone de combat subalpine: Massif du Taillefer, Alpes dauphinoises. Thèse Univ. Grenoble, 265 p.

Aubert, S., Luquet, A. 1930: Etudes phytogéographiques sur la chaîne jurassienne. Recherches sur les associations végétales du Mt. Tendre. Grenoble, 50 pp.

Aubert, G., Borel, L., Lavagne, A. et Moutte, P. 1965: Feuille d'Embrun-Est 1/50000.– Doc. Carte Vég. Alpes, III, 61–86.

Aulitzky, H. 1974: Les régions menacées des Alpes et les mesures de prévention. – Collection Sauvegarde de la Nature, Conseil de l'Europe, Strasbourg, 118 pp.

Avena, G. C. et Blasi, C. 1980: Carta della Vegetazione del Massicio del Monte Velino 1/25000 (Appennino Abruzzese). – Cons. Nat. Ric., AQ/1/35, 18 pp.

Bachasson, B. 1975: Les peuplements forestiers des hautes vallées de l'Arve et du Giffre (Haute-Savoie). – D.E.S., Univ. Grenoble, 105 p.

Ballelli, S. et Biondi, E. 1982: Carta della vegetazione del Foglio Pergola. – Consiglio Naz. delle Ricerche, Roma, 33 pp.

Bannes-Puygiron, G. de, 1933: Le Valentinois méridional. Esquisse phytosociologique. – St. Intern. de Géobot. Médit. et Alp., 19, Montpellier, 200 p.

Barbero, M. 1970: A propos des Hêtraies des Alpes maritimes et ligures. – Ann. Fac. Sc. Marseille, XLIV, 43–78.

– 1979: Les remontées méditerranéennes sur le versant italien des Alpes. – Ecologia médit., 4, 109–132.

Barbero, M. et Bono, G. 1967: Groupements des rochers et éboulis siliceux du Mercantour-Argentera et de la chaîne ligure. – Webbia, 22, 437–467.

– 1970: Les Sapinières des Alpes maritimes, de l'Authion à la Ligurie et de la Stura au Tanaro. – Veröff. Bot. Inst. Rübel in Zürich, 43, 140–168.

– 1973: La végétation orophile des Alpes apuanes. – Vegetatio, 27, 1–48.

Barbero, M., Bono, G. et Ferrarini, E. 1970: Le Alpi apuane: i loro rapporti con le Alpi marittime et liguri, l'Appennino settentrionale, le Alpi orientali e Dinariche. – Arch. Bot. et Biog. Ital., XLVI, 135–152.

Barbero, M., Bono, G., Ozenda, P. et Mondino, G. P. 1973: Carte écologique des Alpes au 1/100000 Nice-Menton (R21) et Viève-Cuneo (R20). – Doc. Cart. Ecol., XII, 49–76.

Barbero, M. et Charpin, A. 1970: Sur la présence dans les Alpes ligures de groupements rélictuels à Carex firma Mygind ex Host et Carex mucronata All. –Fragmenta Floristica et Geobotanica, XVI, 137–149.

Barbero, M., Gruber, M. et Loisel, R. 1971: Les forêts caducifoliées de l'étage collinéen de Provence, des Alpes maritimes et de la Ligurie occidentale. – Ann. Univ. Provence, Sciences, XLV, 157–202.

Barbero, M., Lejoly, J. et Poirion, L. 1977: Carte écologique des Alpes au 1/100000. Feuille de Castellane. – Doc. Cart. Ecol., XIX, 45–64.

Barbero, M. et Loisel, R. 1971: Contribution à l'étude des pelouses à Brome méditerranéennes et méditerranéo-montagnardes. – Ann. Inst. A. J. Cavanilles, XXVIII, 91–166.

Barbero, M., Loisel, R. et Quezel, P. 1972: Etude phytosociologique des pelouses à Anthyllis montana, Ononis striata, Sesleria coerulea en France méridionale. – Bull. Soc. Bot. Fr., 119, 141–168.

Barbero, M., Du Merle, P., Guende, G. et Quezel, P. 1978: Le massif du Ventoux (Vaucluse). Eléments d'une synthèse écologique. La Terre et la Vie, 21–38.

Barbero, M. et Quezel, P. 1976: Les peuplements sylvatiques naturels du Mont-Ventoux. – Doc. Phytosoc., Lille, 15–18, 1–14.

Bartoli, Ch. 1962: Première note sur les associations forestières du massif de la Grande – Chartreuse. – Ann. Ecole nat. Eaux et Forêts, Nancy, XIX, 327–383.

Bartoli, Ch. 1966: Etudes écologiques sur les associations végétales forestières de la Haute – Maurienne. – Ann. Sc. Forest., 23, 432–751.

Baudiere, A. 1974: Les Hêtraies acidiphiles des Monts de l'Espinouze (Cévennes Occidentales). Composition floristique et relations avec les Chênaies caducifoliées. – Coll. Phytosociol., III, 1–16.

Baudiere, A. et Bonnet, A. 1963: Introduction à l'étude de la végétation des éboulis de la zone alpine des Pyrénées orientales. – Naturalia monspel., Bot., 15, 13–28.

Baudiere, A., Geslet, A., Chiglione, Cl. et Negre, R. 1973: La pelouse à Festuca eskia en Pyrénées centrales et orientales: esquisse taxinomique et écologique. – Acta bot. Acad. Sc. Hung., 19, 23–35.

Baudiere, A. et Kupfer, Ph. 1968: Sur les peuplements d'Astragales épineux de la partie orientale de la chaîne pyrénéenne. – Bull. Soc. Neuch. Sc. Nat. 91, 75–85.

Baudiere, A. et Serve, L. 1975: Les groupements à Carex curvula All. Subsp. curvula des Pyrénées – Orientales et leur interprétation phytogéographique. – Coll. phytosociol., fasc. 9–14, 1–8 (Lille).

Beaulieu, J. de, 1978: Contribution pollenanalytique à l'histoire tardiglaciaire et holocène de la végétation des Alpes méridionales françaises. – Thèse, Marseille, 358 p.

Becker, M., Picard, J. F. et Timbal, J. 1981: La forêt. – Coll. verte Masson, Paris, 192 p.

Beguin, Cl. 1970: Contribution à l'étude phytosociologique et écologique du Haut-Jura. – Thèse, Neuchâtel, 189 p.

Beldie A. 1967: Flora si vegetatia muntilor Bucegi. Acad. Republ. Social. Romania, Bucarest, 578 p.

Berset, J. 1969: Pâturages, prairies et marais montagnards et subalpins des Préalpes fribourgeoises. – Station Intern. de Géobot. Médit. et Alpine, 183, 55 p.

Bertolani-Marchetti, D. 1962: L'ambiente botanico degli itinerari del Monte Cimone. – Guido dell'Alto Appennino, 3–15.

Bischof, N. 1981: Gemähte Magerrasen in der subalpinen Stufe der Zentralalpen. – Bauhinia, 7, 81–128.

Billings, W. D. 1974: Adaptations and origins of alpine plants. – Arctic and Alpine Research, 6, 129–142.

Blanchard, R. 1956: Les Alpes occidentales. VII-Essai d'une synthèse. Grenoble, Arthaud, 600 p.

Bohn, U. 1981: Vegetationskarte der BRD 1/200000, Blatt Fulda. – Schrift. f. Vegetationsk., 15, 1–330.

Bonin, G., Gamisans, J. et Gruber, M. 1983: Etude des successions dynamiques de la végétation du Massif de la Sainte-Baume (Provence). – Ecologia mediterranea, IX, 129–172.

Bono, G. 1965: La valle Gesso e la sua vegetazione (Alpi marittime). – 1: La Flora. Webbia, 20, 1–216.

BONO, G. et BARBERO, M. 1976: Carta ecologica della Provincia di Cuneo (Scala 1/100000). – Doc. Cart. Ecol., XVII, 1–48.

BONO, G. et BARBERO, M. 1971: A propos des Cembraies des Alpes cottiennes italiennes, maritimes et ligures. – Allionia, 17, 97–120.

BOREL, A. et POLIDORI, J.L. 1983: Le Genévrier thurifère (Juniperus thurifera L.) dans le Parc National du Mercantour (Alpes-Maritimes). – Bull. Soc. Bot. Fr., 103, 227–242.

BOREL, J.L., JORDA, M. et MONJUVENT, G. 1984: Variations climatiques, morphogenèse et évolution de la végétation post-wurmienne dans les Alpes françaises. In: «Les Alpes», 25e Congrès Intern. de Géographie, Paris, 43–53.

BORHIDI, A. 1971: Die Zönologie der Fichtenwälder von Ost-Südkarpaten. – Acta Bot. Acad. Sc. Hung., 17, 287–319.

BORZA, A.L. 1959: Flora şi Vegetaţia vàil Sabeşului. – Editura Acad. Rep. Pop. România, 300 p.

BOŞCAIU, N. 1971: Flora şi Vegetaţia Munţilor Ţarcu Godeanu şi Cernei. – Editura Acad. Rep. Pop. Soc. România, 494 p.

BOURCET, J. 1984: Le Mélèze dans les Alpes internes. Revue forestière française, XXXVI, 19–32.

BRAUN-BLANQUET, J. 1948: La végétation alpine des Pyrénées orientales. – Cons. sup. de la Rech. scientif., Barcelone, et SIGMA n°98, 306 p.

– 1949: Übersicht der Pflanzengesellschaften Rätiens. – Vegetatio, 2, 341–360.

– 1953: Essai sur la végétation du Mont-Lozère comparée à celle de l'Aigoual. – Bull. Soc. Bot. Fr., 100, 46–59.

– 1954: La végétation alpine et nivale des Alpes françaises. – Etude botanique de l'étage alpin, 8e Congr. Int. Bot., Paris, 26–96.

– 1957: Ein Jahrhundert Florenwandel am Piz Linard (3414 m). – Bull. Jard. bot. Etat Brux., vol. jub. Robyns, 221–232 et SIGMA n°137.

– 1961: Die inneralpine Trockenvegetation. – Fischer, Stuttgart, 273 p.

– 1969: Die Pflanzengesellschaften der rätischen Alpen im Rahmen ihrer Gesamtverbreitung. – Stat. Intern. Géobot. Médit. et Alp., n°185, 100 p.

– 1970: La végétation des Causses méridionaux. – St. intern. Géobot. médit. et alp., n°186, et Pireneos 95, 47–74.

BRAUN-BLANQUET, J., ROUSSINE, N. et NÈGRE, R. 1951: Les groupements végétaux de la France méditerranéenne. – Montpellier, CNRS, 297 p.

BRESINSKY, A. 1965: Zur Kenntnis des circumalpinen Florenelementes im Vorland nördlich der Alpen. – Ber. d. Bay. Bot. Ges., 38, 1–67.

BRESOLES, P. 1967: Contribution à l'étude des étages de végétation du Mont-Lozère. 23 p.

BRESSET, V. 1971: Les forêts de Sapins du Boréon. Etude phytosociologique et pédologique. – Riviera Scientif., 58, 9–24.

BRESSOUD, B. et TROTEREAU, A. 1984: Le Caricion bicolori-atrofuscae, alliance arctico-alpine, dans les marais du massif de la Vanoise et des régions limitrophes. – Trav. sc. Parc Nat. Vanoise, XIV, 9–47.

BRUNO, F., FURNARI, F. et GIACOMINI, V. sans date: Carta della vegetazione del versante Sud-Est di M. Portella (Gran Sasso d'Italia), 1/3300. – Cons. Naz. Ric., Roma.

BUGNON, F. et RAMEAU, J.CL. 1974: Les forêts acidiphiles du Morvan. – Coll. Phytosoc., Lille, III, 45–52.

BUICULESCU, I. 1972: Associathle de Tufarisuri subalpine din Masivul Piatra Mare. – Studii Cerceteri de Biol., Seria Bot., 24, 483–506.

BUSCHARDT, A. 1979: Zur Flechtenflora der inneralpinen Trockentäler. Vaduz, Cramer, 419 p.

CADEL, G. 1980: Séries de végétation et sols du Subalpin Briançonnais sur roches-mères silicoalumineuses. Comparaison avec la Maurienne et la Tarentaise. – Bull. Ass. Fr. ét. du sol, 249–264.

CADEL, G. et GILOT, J.CL. 1963: Carte de la végétation des Alpes, Feuille Briançon 1/100000. – Doc. Carte Vég. Alpes, I, 91–140.

CADEL, G., OZENDA, P. et TONNEL, A. 1963: Feuille de St – Bonnet (XXXIII-37). Doc. Carte Vég. Alpes, I, 47–89.

CAPUTA, J. 1984: Potentiel de production agricole des sols d'altitude. In: Umbruch im Berggebiet, Berne, Haupt, 241–261.

CARBIENER, R. 1962: Les sols et la végétation des «chaumes» du sommet du Champ de Feu (Vosges centrales). – Bull. Ass. Fr. ét. du Sol, 18–33.

– 1963: Remarques sur un type de sol encore peu étudié: le «Ranker cryptopodzolique» de l'étage subalpin des massifs hercyniens français. – C.R. Acad. Sc., 256, 977–979.

– 1963: Les sols du massif du Hohneck. Leurs rapports avec le tapis végétal. – Centenaire Assoc. Philomathique d'Alsace et de Lorraine, 103–154.

– 1966: La végétation des Hautes Vosges dans ses rapports avec les climats locaux, les sols et la géomorphologie. Comparaison avec la végétation subalpine d'autres massifs montagneux à climat allochtone d'Europe occidentale. – Thèse, Paris-Orsay.

– 1966: Relations entre cryoturbation, solifluxion et groupements végétaux dans les Hautes-Vosges (France). – Oecol. Plant., I, 335–368.

– 1969: Subalpine primäre Hochgrasprärien im herzynischen Gebirgsraum Europas, mit besonderer Berücksichtigung der Vogesen und des Massif Central. – Mitt. Florist.-soziol. Arbeitsgem., 14, 322–345.

– 1970: Frostmusterböden, Solifluktion, Pflanzengesellschafts-Mosaik und -Struktur, erläutert am Beispiel der Hochvogesen. – Intern. Ver. f. Vegetationsk., Sympos. 1966.

Carles, J. 1951: Carte de la Végétation de la France, n°59, Le Puy. – CNRS, Toulouse.

Casteras, M. 1974: Les Pyrénées. In Debelmas, Géologie de la France. – Doin, Paris, 296–345.

Cernusca, A. 1977: Bodenstruktur, Mikroklima, und Energiehaushalt von Pflanzenbeständen des alpinen Grasheidegürtels in den Hohen Tauern. – Veröff. d. Österr. MaB-Hochgebirgsprogramm, 1, 25–45.

– 1979: Ökologische Auswirkungen von Schipisten und deren Berücksichtigung in Raumplanung und Umweltschutz. – MaB-6-Projekt «Alpine Ökosysteme», 38 p.

Charpin, A. 1968: Le Carex firma et le Caricetum firmae Br. Bl. dans les Préalpes des Bornes (Haute-Savoie). – Candollea, 23, 121–130.

Chouard, P. 1942 et 1943: Le peuplement végétal des Pyrénées Centrales. I. Les montagnes calcaires de la vallée de Gavarnie. – Bull. Soc. Bot. Fr. 89, 257–260 et 90, 25–29.

– 1948: Coup d'oeil sur les groupements végétaux des Pyrénées centrales. – Bull. Soc. Bot. Fr., 96 (10), 145–155.

– 1950: Esquisse de la géographie botanique du plateau karstique de Caussols (Alpes-Maritimes). – Bull. Soc. Bot. Fr., 97 (10), 202–224.

Claudin, J. et Gensac, P. 1973: Carte de la végétation et conditions écologiques de la région du col de Chavière (Vanoise). Trav. Scient. Parc Nat. Vanoise, III, 27–40.

Clerc, J. 1964: Feuille de Grenoble 1/50000. – Doc. Carte Vég. Alpes, II, 37–68.

Credaro, V. et Pirola, A. 1975: La vegetazione della Provincia di Sondrio. – Amministr. Prov. Sondrio, 104 p.

Cusset, G. et Lachapelle, B. de, 1961 et 1962: Etudes botaniques dans les Monts Dores. – Rev. Sc. Nat. Auvergne, 27, 82 p. et 28, 81 p.

David, B. 1979: Carte écologique des Alpes. Feuille Albertville 1/50000 (Savoie). – Doc. Cart. écol., XXI, 95–125.

Debelmas, J. et Lemoine, M. 1964: La structure tectonique et l'évolution paléogéographique de la chaîne alpine d'après les travaux récents. Information scientifique, 1, 33 p.

Delpech, R. 1976: Recherches sur la végétation des alpages (inventaire et typologie, utilisation, potentialité, valeur bio-indicatrice, dynamique et expérimentation). – Trav. Scient. du Parc Nat. de la Vanoise, VII, 69–90.

– 1977: Recherches documentaires sur la productivité herbagère des alpages de haute montagne. – Trav. scient. Parc Nat. Vanoise, VIII, 41–65.

Dendaletche, Cl. 1972: Le peuplement végétal des montagnes entre les pics d'Anie et d'Orhy (Pyrénées occidentales): Notes écologiques, floristiques et phytocénotiques. – Pirineos, 105, 11–26.

De Valk, E. J. 1981: Late Holocene and present Vegetation of the Kastelberg (Vosges, France). – Pressa Trajectina, Utrecht, 294 p.

Dobremez, J.F. 1967: Feuille de Beaurepaire (XXI–34). Doc. Cart. Vég. Alpes, V, 173–205.

Dobremez, J.F. et Vartanian, M.C. 1974: Climatologie des séries de végétation des Alpes du Nord. – Doc. Cart. Ecol., XIII, 29–48.

Doche, B. 1979: L'Aubrac: Ecologie et carte de la végétation à 1/100000. – CNRS, Paris, 124 p.

Domin, K. 1933: Die Vegetationsverhältnisse des Bucegi in den rumänischen Südkarpaten. – Veröff. Geobot. Inst. ETH Stiftung Rübel, Zürich, 10, 96–144.

Doniţă, N. 1965: Vegetationsstufen in den Karpaten Rumäniens. – Rev. Roum. Biol., sér. Bot., 10.

Dorne, A.L. 1968: Influence de la température sur la germination des graines de Silene inflata et Alyssoides utriculatum, récoltées à différentes altitudes. – Bull. Soc. Bot. Fr., 115, 489–500.

– 1977: Influence de l'altitude de développement de quelques plantes sur l'aptitude à la germination de leurs semences. Etude plus particulière de Chenopodium bonus-henricus L. – Thèse de Doct. ès-Sciences, Grenoble, 181 p.

Douguedroit, A. et de Saintignon, M.F. 1970: Méthode d'étude de la décroissance des températures en montagne de latitude moyenne: exemple des Alpes françaises du Sud. – Rev. Géogr. Alp., Grenoble, LVIII, 453–472.

Dresch, J., Elhai, H. et Denefle-Labiole, M. 1967: Analyse pollinique de quatre tourbières du Ballon d'Alsace (Vosges, France). – C.R. Soc. Biogéogr., 375–376, 78–89.

Duchaufour, Ph. 1948: Recherches écologiques sur la Chênaie atlantique française. – Ann. Ecole Nat. Eaux et Forêts, 332 p.

– 1983: Pédogénèse et classification. Masson, Paris, 491 p.

Dugelay, A. 1948: L'Ostrya carpinifolia dans les Alpes-Maritimes. – Rev. Forest. 359–438.

Dupias, G. 1969: Notice détaillée de la feuille Rodez. – Carte de la Végétation de la France au 1/200000. CNRS, Paris, 117 p.

– 1975: Fleurs des Pyrénées. – SAEP, Colmar, 203 p.

– 1977: Atlas floristique du Parc national des Pyrénées occidentales. – 1. Etage alpin, 67 p.

– 1981: Fleurs du Parc national des Pyrénées occidentales. Etage subalpin, lère partie, Pau, 183 p.

Durin, L. 1962: Les groupements à Buxus du Bas Chablais. – Bull. Soc. Roy. Bot. Belg., 95, 85–107.

Dutoit, A. 1983: La végétation de l'étage subalpin du vallon de Nant. Thèse, Fac. Sci. Univ. de Lausanne, 131 p.

Duvigneaud, P. 1953: Les groupements végétaux de la France méditerranéenne, in «Notes sur la Végétation Rég. Médit. Fr.» – Les Naturalistes Belges, 34, 205–233.

Eggler, J. 1951: Walduntersuchungen in Mittelsteiermark (Eichen- und Föhren-Mischwälder). – Mitt. naturwiss. Ver. f. Steiermark, 79–80.

Ellenberg, H. 1963: Vegetation Mitteleuropas mit den Alpen. Ulmer, Stuttgart, 943 p. – Id., 4e éd., 1986, 989 p.

Ellenberg, H. et Klötzli, F. 1972: Waldgesellschaften und Waldstandorte der Schweiz. – Mém. Inst. suisse de Rech. forest., 48, 589–930.

Em, H. 1970: Höhengürtel in der Vegetation der Hochgebirge Mazedoniens. – Mitteil. d. ostalpin-dinarischen Gesells. f. Vegetationskunde, 11, 33–44.

Engler, A. 1903: Die Pflanzen-Formationen und die pflanzengeographische Gliederung der Alpen. – Notizblatt Königl. bot. Gartens u. Mus. zu Berlin, VII, 1–96.

Faure, Ch. 1968: Feuille de Vif 1/50000. – Doc. Carte Vég. Alpes, VI, 7–69.

Favarger, Cl. 1972: La Flore et la Végétation. In Guide du naturaliste dans les Alpes, 113–232. Delach. et Niest., Neuchâtel.

Favarger, Cl. 1972: Endemism in the Montane Floras of Europe. In Valentine, Taxonomy, Phytogeography and Evolution, Academic Press, 191–204.

Felbert, F. 1986: Distribution des cytodèmes d'Anthoxanthum odoratum L. s. lat. en Suisse. Les relations Alpes-Jura. Bot. Helv., 96.

Fenaroli, L. 1971: Flora delle Alpi. – Martello, Milan, 429 p.

Fenaroli, L. et Giacomini, V. 1958: Conosci l'Italia: la Vegetazione. – T.C.I., Milan, 272 p.

Ferrarini, E. 1972: Carta della Vegetazione delle Alpi apuane e zone limitrofe. Note illustrative. – Webbia, 27, 551–582.

– 1982: Carte della Vegetazione dell'Appennino tosco-emiliano 1/50000. – Bull. Mus. Sc. Nat. Lunig., II, 5–25.

Feurstein, G. 1971: The economic and social situation in the Alpine regions of Central Europe. – Conseil de l'Europe, Strasbourg.

Firbas, F. 1947: Über die späteiszeitlichen Verschiebungen der Waldgrenze. – Naturwiss., 34, 114–118.

Flahaut, Ch. 1897: La distribution géographique des végétaux dans la région méditerranéenne française. Lechevalier, Paris.

Fleury, Ph. 1983: La phénologie des espèces des prairies montagnardes du Beaufortin (Savoie) utilisée comme indicateur microclimatique et agronomique. – 108è Congrès Soc. Sav., Grenoble, II.

Fliri, F. 1974: Niederschlag und Lufttemperatur im Alpenraum. – Wiss. Alpenvereinshefte 24, 109 p.

– 1975: Das Klima der Alpen im Raume von Tirol. Monogr. z. Landesk. Tirols, I, 454 p.

Fossati, A. 1980: Keimverhalten und frühe Entwicklungsphasen einiger Alpenpflanzen. – Veröff. d. Geobot. Inst. ETH, Zürich, 73, 186 p.

Fourchy, P. 1952: Ecologie du Mélèze, particulièrement dans les Alpes françaises. – Ann. Ec. Nat. Eaux et Forêts, XIII, 1–137.

Fournier, J. et Richard, L. 1983: La température du sol, facteur de caractérisation des groupements végétaux. – C.R. 108è Congrès Nat. Soc. Sav. (Sciences), II, 97–107.

Francalancia, C. et Orsomando, E. 1981: Carta della vegetazione del foglio Spoleto 1/50000. – Cons. Nat. Ric., AQ/1/84, 25 p.

Franz, H. 1979: Ökologie der Hochgebirge. – Ulmer, Stuttgart, 495 p.

Frenzel, B. et al. 1972: Vegetationsgeschichte der Alpen. – Fischer, Stuttgart, 188 p.

Fukarek, P. 1970: Beitrag zur Kenntnis der oberen Waldgrenze in einigen Gebirgszügen der südlichen Dinariden. – Mitteil. d. ostalpin-dinarischen Gesells. f. Vegetationskunde, 11, 45–54.

Galland, P. 1982: Etude de la végétation des pelouses alpines au Parc National suisse. – Thèse, Neuchâtel, 177 p.

Gamisans, J. 1976: La végétation des montagnes corses. – Phytocoenologia, 3, 425–498 et 4, 35–179 et 317–432.

Gams, H. 1931–1932: Die klimatische Begrenzung von Pflanzenarealen und die Verteilung der hygrischen Kontinentalität in den Alpen. – Zeitsch. d. Ges. f. Erdkunde, 1931, 321–346 et 1932, 52–68 et 178–198.

– 1958: Die Alpenmoore. Jahrb. Ver. z. Schutze d. Alpenpfl. u.-Tiere, 23, 15–28.

– 1967: Les types de tourbières des Alpes. – C.R. Soc. Biogéogr., n°375–376, 89–92.

– 1973: Aus der Geschichte der Moorforschung in den Alpen. – Veröff. d. Geobot. Inst. ETH, Stiftung Rübel, Zürich, 51, 96–100.
– 1975: Vergleichende Betrachtung europäischer Ophiolith-Floren. – Veröffentl. d. Geobot. Inst. ETH Stiftung Rübel Zürich, 55, 117–140.
GAUSLAA, Y. 1984: Heat resistance and energy budget in different Scandinavian plants. – Holarctic ecology, 7, 1–78.
GAUSSEN, H. 1926: Végétation de la moitié orientale des Pyrénées. Lechevalier, Paris, 552 p.
– 1948: Carte de la végétation de la France, feuille n°78, Perpignan. CNRS, Toulouse.
– 1954: Géographie des plantes, 2è édit. Armand Colin, Paris, 224 p.
– 1954: Théories et classification des climats et microclimats. – C.R. du 8è Congr. Internat. de Bot., sect. 7, 125–130, Paris.
– 1956: La végétation des Pyrénées espagnoles. – Veröffentl. d. Geobot. Inst. Rübel Zürich, 31, 90–123.
– 1964: Carte de la végétation de la France, 1/200000 feuille 77 Foix. CNRS, Toulouse.
GEHU, J.M., RICHARD, J.L. et TÜXEN, R. 1972: Compte rendu de l'excursion de l'Association internationale de Phytosociologie dans le Jura en juin 1967. – Doc. phytosoc., I, 1–44 et II, 1–50.
GEHU, J.M. et al. 1984: Les Mégaphorbiaies. Coll. Phytosociol., Bailleul, XII, 191 p.
GEISSLER, P. 1976: Zur Vegetation alpiner Fliessgewässer. – Beit. z. Kryoptogamenfl. d. Schweiz, 14, 52 p.
GENSAC, P. 1967: Les forêts d'Epicéa de Tarentaise. – Rev. Gén. Bot., 74, 425–528.
– 1970: Les pessières de Tarentaise comparées aux autres pessières alpestres. – Veröff. Geobot. Inst. ETH, Stiftung Rübel, 43, 104–139.
– 1974: Catalogue écologique des plantes vasculaires du Parc National de la Vanoise et des régions limitrophes. – Trav. scient. du Parc Nat. Van., IV, 1–232.
– 1977: Sols et séries de végétation dans les Alpes nord-occidentales (partie française). – Doc. Cart. Ecol., XIX, 21–44.
GENSAC, P. et ROTHE, B. 1974: Carte de la végétation de la Réserve de la Grande Sassière. Trav. Scient. Parc Nat. Vanoise, V, 76–103.
GENTILE, S. 1974: Ricerche sui faggeti dell'Appennino ligure. – Notiziaro della Soc. Ital di Fitosociologia, 9, 131–138.
GERDOL, R. et PICCOLI, F. 1980: Contributo alla Conoscenza delle Faggete del Monte Baldo. – Not. della Soc. Ital. di Fitosociol., 16, 39–45.
GIACOMINI, V., PIROLA, A. et WIKUS, E. 1962: I pascoli di altitudine dello Spluga. – Delpinoa, nuova serie, 4, 233–304.
GILOT, J.CL. 1967: Note écologique sur divers groupements à Rhododendron ferrugineum L. se développant sur substrat calcaire: exemple des Préalpes occidentales françaises. – Oecol. Plant. 2, 139–162.
– 1972: Note sur la Cembraie de Chamrousse (Isère) et la végétation environnante. – Doc. Carte Vég. Alpes, X, 25–40.
GIORDANO, A., MONDINO, G.P., PALENZONA, M., ROTA, L. et SALANDIN, R. 1970: Ecologia ed utilizzazioni colturali prevedibili dell'alta val Pellice. Ann. Ist. Sper. Selvic., Arezzo, I, 425–537.
GIORDANO, A., MONDINO, G.P., PALENZONA, M., ROTA, L. et SALANDIN, R. 1974: Ecologia ed utilizzazioni prevedibili della valle di Susa. Ann. Ist. Sper. Selvic. Arezzo, V, 195 p.
GLAVAČ, V. et BOHN, U. 1970: Quantitative vegetationskundliche Untersuchungen zur Höhengliederung der Buchenwälder am Vogelsberg. – Bundesanst. f. Vegetationsk., V, 135–192.
GOBERT, J., OZENDA, P., THIEBAUT, M. et TONNEL, A. 1963: Feuille de la Chapelle en Vercors. – Doc. Carte Vég. Alpes. II, 25–46.
GOBERT, J. et PAUTOU, G. 1969: Feuille de Vaison la Romaine. – Doc. Carte Vég. Alpes, VII, 145–194.
GORCHAKOVSKI, P.L. 1966: La flore et la végétation de la chaîne de l'Oural (en russe). – Travaux Inst. Biol. Oural, Acad. Sc., Sverdlovsk, 270 p.
GREBENCHTCHIKOV, O.S. et OZENDA, P. 1981: Principaux traits de ressemblance et de différence de la couverture végétale du Caucase et des Alpes. Rev. Géogr. Alp., LXIX (2), 333–351.
GRUBER, M. 1978: La végétation des Pyrénées ariégeoises et catalanes occidentales. – Thèse, Marseille, 303 p.
GUICHONNET, P. 1962: La population de la Haute-Savoie en 1962 et l'évolution démographique depuis 1948. – Rev. Géogr. alpine, 25–52.
GUINIER, PH. 1906: Le roc de Chère. Etude phytogéographique. – Revue savoisienne, Annecy, 124 p.
GUINOCHET, M. 1938: Etudes sur la végétation de l'étage alpin dans le bassin supérieur de la Tinée (Alpes-Maritimes). – Thèse, Grenoble, 458 p.
GUINOCHET, M. et DROUINEAU, G. 1944: Notes sur le sol et la végétation aux environs d'Antibes (Alpes-Maritimes). – Rec. des Trav. Inst. Bot. Montpellier, I, 22–40.
HAFENSCHERER, J. et MAYER, H. 1986: Stand-

ort, Aufbau, Entwicklungsdynamik und Verjüngung von Latschenbeständen im Karwendeltal/Tirol. Schweiz. Z. Forstwes., 137 (3), 177–203.

Hartl, H. 1970: Südliche Einstrahlungen in die Pflanzenwelt Kärntens. – Mitt. d. Naturwissensch. Ver. f. Kärnten, 30, 75 p.

– 1975: Die Vegetation Kärntens. – Die Natur Kärntens, Klagenfurt, 229–283.

– 1983: Einige ostalpine Vorkommen des Goldschwingelrasens (Hypochoeris uniflora-Festucetum paniculatae Hartl 1983). – Carinthia, 43–54.

Hartmann, F.K. 1974: Mitteleuropäische Wälder. – Fischer, Stuttgart, 214 p.

Hartmann, F.K. et Jahn, G. 1967: Waldgesellschaften des mitteleuropäischen Gebirgsraumes nördlich der Alpen. – Fischer, Iena, 2 vol.

Hartmann, F.K. et Schnelle, F. 1970: Klimagrundlagen natürlicher Waldstufen und ihrer Waldgesellschaften in deutschen Mittelgebirgen. – Fischer, Stuttgart, 176 p.

Heiselmayer, P. 1979: Die Lindenwälder im Val Bavona (Tessin). – Veröff. d. Geobot. Inst. d. ETH Stiftung Rübel, Zürich, 46, 90–116.

Hofmann, A. 1974: Dalle Madonie alle Alpi giuilie attraverso le faggete italiane. – Notiz. della soc. Ital. di Fitosoc., 9, 3–14.

Horvat, I. 1962: Vegetacija planina zapadne Hrvatske (Végétation des montagnes de Croatie occidentale). – Prirodoslovna Istrazivanja 30, 1–179.

Horvat, I., Glavač, V. et Ellenberg, H. 1974: Vegetation Südosteuropas. – Fischer, Stuttgart, 768 p.

Huber, B. 1960: Im Orneto-Ostryon des mittleren Eisack- und oberen Etschtales. – Mitteilungen der Deutschen Dendrologischen Gesellschaft, 62, 1–15.

Hulten, E. 1950: Atlas of the distribution of vascular plants in the NW Europe. – Kartografiska Institut, Stockholm, 511 p.

Humbert, H. 1950: Dauphiné méridional: vallée de la Durance, Briançonnais, Gapençais, Dévoluy, Trièves. – Bull. Soc. Fr., 98 (10), 109–116.

Huml, O., Leps, J., Prach, K. et Resmanek, M. 1979: Zur Kenntnis der Quellfluren, alpinen Hochstaudenfluren und Gebüsche des Fagaras-Gebirges in den Südkarpaten. – Preslia, 51, 35–45.

Hundt, R. 1985: Untersuchungen zur Höhenstufendifferenzierung der Polygono-Trisetion-Gesellschaften im Gebiet von Davos. Ber. Geobot. Inst. ETH, Stiftung Rübel, Zürich, 52, 74–116.

Isard, S.A. 1986: Factors influencing soil moisture and plant community distribution on Niwot Ridge, Front Range, Colorado, USA. Arct. Alp. Res., 18, 83–96.

Issler, E. 1942: Vegetationskunde der Vogesen. – Pflanzensoz., V, 192 p.

Izard, M., Casanova, B., Devau, B. et Pautou, G. 1985: Continentalité et notion de zone interne dans les Pyrénées. Acta Oecol., Oecol. Gener., 6, (4), 317–344.

Jacamon, M. et Timbal, J. 1977: Carte de la Végétation de la France, feuilles n°27, Nancy et n°35, Metz. – CNRS, Toulouse.

Jacquier, J.P. et Jouglet, C. 1976: Recherches sur les écosystèmes montagnards: Productivité des pâturages de haute altitude. – Inst. nat. d'études rurales mont., Grenoble, n°98, 405 p.

Jakucs, P. 1961: Die phytozönologischen Verhältnisse der Flaumeichen-Buschwälder Südostmitteleuropas. Akademaiai Kiado, Budapest, 314 p.

Jalut, G. 1969: La végétation dans les Vosges, le Jura, les Alpes septentrionales et les Pyrénées pendant le Tardiglaciaire et le Post-glaciaire. – VIIIe Congr. Intern. de l'INQUA, Paris, 8 p.

– 1974: Evolution de la végétation et variations climatiques durant les quinze derniers millénaires dans l'extrémité orientale des Pyrénées. – Thèse, Toulouse, 181 p.

Janssen, C.R. 1981: Contemporary pollen assemblages from the Vosges (France). – Rev. of Paleobot. and Palyn., 33, 183–313.

Karner, A., Kral, F., Mayer, H. 1973: Das inneralpine Vorkommen der Tanne im Vintschgau. Centralbl. ges. Forstw., Wien, 90 (3), 129–163.

Kawecka, B. 1974: Effect of organic pollution on the development of diatom communities in the alpine streams Finstertaler and Gurgler Ache (Northern Tyrol, Austria). – Ber. nat.-med. Ver. Innsbruck, 61, 71–82.

Klein, J.C. 1979: Application de l'analyse factorielle des correspondances à l'étude phytosociologique de l'étage alpin des Pyrénées centrales.

Klika, J. 1938: Xerotherme Pflanzengesellschaften der Kovacover Hügel in der Südslowakei. – Beih. Bot. Centralbl. 58, 435–465.

Klötzli, F. 1970: Über einige Moore und Quellsümpfe der Westalpen. – Veröff. d. Geobot. Inst. Rübel in Zürich, 43, 166–185.

Köstler, J.N. et Mayer, H. 1970: Waldgrenzen im Berchtesgadener Land. – Ver. z. Schutze d. Alpenpfl. und -Tiere, 35, 35 p.

– 1974: Wälder im Berchtesgadener Land. München, 42 p.

Kral, F. 1971: Pollenanalytische Untersuchungen zur Waldgeschichte des Dachsteinmassivs.

– Veröff. des Inst. f. Waldbau der Univ. Bodenkultur in Wien, 145 p.

– 1979: Spät- und postglaziale Waldgeschichte der Alpen auf Grund der bisherigen Pollenanalyse. – Veröff. Inst. f. Waldbau d. Univ. f. Bodenkultur in Wien, 175 p.

KUGLER, H. 1971: UV-Musterungen bei Alpenblumen. – Ver. z. Schutze d. Alpenpfl. u. -Tiere, 36, 61–65.

KUOCH, R. 1954: Wälder der Schweizer Alpen im Verbreitungsgebiet der Weisstanne. – Ann. Inst. Fed. Rech. Forest., 30, 1–314.

KUOCH, R. et AMIET, R. 1970: Die Verjüngung im Bereich der oberen Waldgrenze der Alpen. – Mitt. Schweiz. Anst. Forstl. Versuchswes., 41, 63–85.

KUPFER, PH. 1974: Recherches sur les liens de parenté entre la flore orophile des Alpes et celle des Pyrénées. Boissiera, 23, 322 p.

LABROUE, L. 1976: Etude écologique des sols alpins du Pic du Midi de Bigorre. – Thèse, Toulouse, 230 p.

LACOSTE, A. 1964: Premières observations sur les associations subalpines des Alpes-Maritimes: étude phytosociologique des pelouses sèches basophiles. – Bull. Soc. Bot. Fr., 111, 61–69.

– 1967: Les groupements méditerranéo-montagnards à Lavandula angustifolia Mill. et Genista cinerea (Vill.) DC. dans les bassins supérieurs et moyens du Var et de la Tinée (Alpes-Maritimes). – Bull. Soc. Bot. Fr., 114, 95–102.

– 1971: Les groupements à Festuca spadicea (L.) des Alpes-Maritimes et la définition d'un Festucetum spadiceae des Alpes austro-occidentales. – Actes du colloque sur la Flore et la végétation des chaînes alpine et jurassienne. – Ann. Univ. Besançon, 125, 45–62.

– 1972: La végétation de l'étage subalpin du bassin supérieur de la Tinée (Alpes-Maritimes). Application de l'analyse multidimensionnelle aux données floristiques et écologiques. –Thèse, Paris Orsay, 295 p.

– 1984: Essai de synthèse sur les mégaphorbiaies subalpines (Cicerbito-Adenostyletum) des Alpes occidentales et centrales. Coll. phytosoc., Bailleul, XII, Séminaire mégaphorbiaies, 35–48.

– 1984: Relations entre aulnaies vertes et mégaphorbiaies subalpines: signification et conception syntaxonomique. Coll. Phytosoc., Séminaire mégaphorbiaies, XII, 27–33.

LAKUSIĆ, R. 1969: Vergleich zwischen den Elyno-Seslerietea Br. Bl. der Apenninen und der Dinariden. – Mitteil. d. ostalpin-dinarischen Pflanzensoz. Arbeitsgem., 9, 133–143.

LANG, H.P., 1967: Grundlagen zur Baumartenwahl im vorderen Flysch-Wienerwald. – Diss. Hochsch. f. Bodenkultur, Wien.

LANG, G. et OBERDORFER, E. 1961: Vegetationskundliche Karte des oberen Wutachgebietes (Ostschwarzwald-Baar). Karlsruhe.

LARCHER, W., CERNUSCA, A. et SCHMIDT, L. 1973: Stoffproduktion und Energiebilanz in Zwergstrauchbeständen auf dem Patscherkofel bei Innsbruck. – Ökosystemforschung, 175–194.

LASCOMBES, G. 1966: Les facteurs de la morphogenèse végétale à haute altitude. – Oecologia Plantarum I, 275–300.

LASEN, C., PIGNATTI, E., PIGNATTI, S. et SCOPEL, A. 1977: Guido botanica delle Dolomiti di Feltre e di Belluno. – Manfrini, Trento, 187 p.

LAVAGNE, A., ARCHILOQUE, A., BOREL, L., DEVAUX, J.P., MOUTTE, P., avec la coll. de CADEL, G. 1983: La végétation du Parc naturel régional du Queyras. Carte phyto-écologique au 50000e. Rev. Biol Ecol. Méd., X, (3), 175–248.

LAVAGNE, A., sans date. Carte phytosociologique du vallon de Lauzanier et de la région de Larche, 1/20000. Univ. de Provence, Marseille.

LEGROS, J.P. et CABIDOCHE, Y.M. 1977: Les types de sols et leur répartition dans les Alpes et les Pyrénées cristallines. – Doc. Cart. Ecol., XIX, 1–19.

LEJOLY, J. 1975: Phytosociologie écologique en moyenne montagne méditerranéenne. La région d'Entrevaux-Peyresq (Alpes de Haute Provence). – Thèse, Bruxelles, 2 vol., 594 p.

LEMEE, G. et CARBIENER, R. 1956: La végétation et les sols des volcans de la chaîne des Puys. – Bull. Soc. Bot. Fr., 103, 7–29.

LEROY, R. 1957: Les forêts des Alpes françaises. – Rev. Géogr. Alp., 45, 441–557.

LIPPERT, W. 1966: Die Pflanzengesellschaften des Naturschutzgebietes Berchtesgaden. – Ber. Bayer. Bot. Ges., XXXIX, 67–122.

– 1981: Fotoatlas der Alpenblumen. – Gräfer u. Unger, München, 260 p.

LÖVE, D. 1970: Subarctic and subalpin: where and what? Arct. Alp. Res., 2, 63–73.

LÜDI, W. 1944: Die Gliederung der Vegetation auf der Apenninenhalbinsel, insbesondere der montanen und alpinen Höhenstufen. – In Rikli, Pflanzenkleid der Mittelmeerländer, 573–596.

– 1945: Besiedlung und Vegetationsentwicklung auf den jungen Seitenmoränen des großen Aletschgletschers. Veröff. Geobot. Forsch. Inst. Rübel in Zürich, 35–112.

– 1956: Einige Betrachtungen zur Pflanzenwelt der alpinen Höhenstufe in Spanien. – Veröffentl. d. Geobot. Inst. Rübel Zürich, 31, 186–198.

– 1958: Beobachtungen über die Besiedlung von Gletschervorfeldern in den Schweizeralpen. – Flora, 146, 387–407.

LUQUET, A. 1926: Essai sur la géographie botanique de l'Auvergne. Les associations végétales du Massif des Monts-Dores. – Brulliard, Saint-Dizier, 263 p.

MARCHESONI, V. 1957: Storia climatico-forestale dell'Apennino Umbro-Marchiziano. – Ann. Bot., XXV, 459–497.

MARGL, H. 1973: Waldgesellschaften und Krummholz auf Dolomit. – Angew. Pflanzensoz., XXI, 3–50.

MARINČEK, L. 1981: Predalpski Godz bukve in velike Mrtve Koprive v. Slovenizi. (La Hêtraie préalpine en Slovénie). – Razprave, XXIII, 61–96.

MARTIN-BOSSE, H. 1967: Schwarzföhrenwälder in Kärnten. – Angew. Pflanzensoz., XX, 1–97.

MATHON, CL.-CH. 1952: Etude phytosociologique de la Montagne de Lure. – Thèse, Toulouse.

MAURER, W. 1966: Flora und Vegetation des Serpentingebietes bei Kirchdorf in Steiermark. – Mitt. Landesmus. Joanneum in Graz, 25, 15–76.

MAYER, H. 1959: Waldgesellschaften der Berchtesgadener Kalkalpen. – Mitteilungen aus der Staatsforstverwaltung Bayerns, 30, 164–216.

– 1963: Tannenreiche Wälder am Nordabfall der mittleren Ostalpen. – München, Bayer. Landwirtschaftsverlag, 208 p.

– 1966: Waldgeschichte des Berchtesgadener Landes (Salzburger Kalkalpen). – Beihefte z. Forstwissenschaft. Centralblatt, 22, 42 p.

– 1973: Möglichkeiten und Grenzen der Schalenwildhege im Gebirgswald. «Wald + Wild». Beih. Zeitschr. Schweiz. Forstverein, 52, 90–118.

– 1974: Wälder des Ostalpenraumes. – Gustav Fischer Verlag. Stuttgart, 344 p.

– 1975: Der Einfluß des Schalenwildes auf die Verjüngung und Erhaltung von Naturwaldreservaten. Forstw. Centralbl. 94/4–5, S. 209–224.

– 1976: Gebirgswaldbau – Schutzwaldpflege. Gustav Fischer Verlag, Stuttgart, 436 p.

– 1977: Karte der natürlichen Wälder des Ostalpenraumes 1/600000. – Centralbl. f. d. gesamte Forstwesen, 94, 147–153.

– 1983: Waldgebiete der Alpen. Tuexenia, 3, 307–318.

– 1984: Wälder Europas. Gustav Fischer Verlag, Stuttgart, New York, 691 p.

– 1985: Waldverwüstende Immissionsschäden in Österreich. Institut für Waldbau, BOKU Wien, 51 p.

MAYER, H., FELDNER, R. et GRÖBL, W. 1967: Montane Fichtenwälder auf Hauptdolomit im Naturschutzgebiet Ammergauer Berge. – Ver. z. Sch. der Alpenpfl. u.-Tiere, 32, 1–25.

MAYER, H., SCHLESINGER, B. et THIELE, K. 1967: Dynamik der Waldentstehung und Waldzerstörung auf den Dolomit-Schuttflächen im Wimbachgries (Berchtesgadener Kalkalpen). – Ver. z. Schutze der Alpenpfl. u. -Tiere, 32, 29 p.

MAYER, H. et HOFMANN, A. 1969: Tannenreiche Wälder am Südabfall der mittleren Ostalpen. – BLV-Verlagsges., München.

MAYER, H., ZUKRIGL, K., SCHREMPF, W., SCHLAGER, G. und viele Mitarbeiter 1987: Urwaldreste, Naturwaldreservate und schützenswerte Naturwälder in Österreich. Institut f. Waldbau, BOKU Wien, 971 Seiten.

MAYER, H., RAMSKOGLER, K., SCHROLL, H.-P., LAINER, A., HOLZINGER, A., KRAL, F., KRIMPELSTÄTTER, L., REIMOSER, F. und WALACH, G. 1987: Schipistenökologische Umweltverträglichkeitsprüfung im Gasteiner Schi-Zirkus. Forschungsauftrag des MAB-Komitees der Österr. Akademie d. Wiss. Wien (im Druck).

MERXMÜLLER, H. 1952: Untersuchungen zur Sippengliederung und Arealbildung in den Alpen. – München, 105 p.

– 1963: Gustav Hegi's Alpenflora, 19 Aufl. – Hanser, München, 112 p.

MEUSEL, H. 1968: Geobotanische Beobachtungen in den Südost-Karpaten. – Arch. Naturschutz u. Landschaftsforsch., 8, 175–210.

MEUSEL, W. et HEMMERLING, J. 1979: Pflanzen zwischen Schnee und Stein. Leipzig, 328 p.

MICHALKO, J., BERTA, J., MAGIC, D. et MAGLOCKY, S. 1979: Carte de la Végétation potentielle de la Slovaquie à 1/500000. – Ustav experimentalnej biologie a ekologie SAV, Bratislava.

MIKYSKA, R. et al. 1968: Geobotanische Karte der Tschechoslowakei. 1-Böhmische Länder. Vegetace CSSR, Acad. Sc. Tchécosl., 133–195.

MOHR, E. 1961: Die Gstettneralm – der mitteleuropäische «Kältepol». – Ver. z. Schutze d. Alpenpfl. und -Tiere, 26, 38–42.

MOIROUD, A. et GONNET, J.F. 1977: Jardins de glaciers. Allier, Grenoble, 126 p.

MOLINIER, R. 1934: Etudes phytosociologiques et écologiques en Provence occidentale. – Ann. Mus. Hist. Nat. Marseille, S.I.G.M.A., 27.

– 1958: Le massif de la Sainte-Baume. Considérations d'ensemble d'après la nouvelle carte au 1/20000. – Bull. Museum Hist. Nat. Marseille, 18, 45–104.

– 1963: Vue d'ensemble sur la végétation du Grand et du Petit Lubéron (Vaucluse). – Bull. Mus. Hist. Nat. Marseille, 23, 5–28.

– 1967: La végétation des gorges du Verdon. – Bull. Mus. Hist. Nat. Marseille, 27, 1–91.

Mondino, G. P. 1965: La vegetazione della valle Grana (Alpi Cozie). – Allionia, 10, 115–170 et 183–264.

Montacchini, Fr. 1972: Lineamenti della vegetazione dei boschi naturali in Valle di Susa. – Allionia, XVIII, 195–252.

Monserrat, P. et Villar, L. 1975: Les communautés à Festuca scoparia dans la moitié occidentale des Pyrénées (notes préliminaires). – Doc. Phytosoc. 9–14, 207–221.

Moser, W. 1970: Öko-physiologische Untersuchungen an Nivalpflanzen. – Mitteil. d. ostalpin-dinarischen Gesells. f. Vegetationskunde, 11, 121–134.

– 1973: Licht, Temperatur und Photosynthese an der Station «Hoher Nabelkogel» (3184 m). – Ökosystemforschung (H. Ellenberg), 203–223.

Müller, Th. und Oberdorfer, E. 1974: Die potentielle natürliche Vegetation von Baden-Württemberg. – Das Land Baden-Württemberg, I, 73–94.

Müller, H. et Wegmüller, S. 1982: Satureja grandiflora (L.) Scheele im Simmental: Vorposten oder Relikt. – Mitt. Naturforsch. Ges. in Bern, 39, 131–149.

Negre, R. 1950: Contribution à l'étude phytosociologique de l'Oisans: la haute vallée du Vénéon (Massif Meije-Ecrins-Pelvoux). – Phyton, 2, 23–50.

– 1969: Le Gentiano-Caricetum curvulae dans la région luchonaise (Pyrénées centrales). – Vegetatio, XVIII, 167–202.

– 1972: La végétation du bassin de l'One (Pyrénées centrales). Quatrième note: les forêts. – Veröff. des geobot. Inst. Rübel, 49, 3–125.

– 1974: Nouvelle contribution à l'étude des Gispetières pyrénéennes. – Bol. Soc. Brot., 2è série, XLVIII, 209–251.

– 1977: Vue d'ensemble sur les pelouses à Festuca eskia et à F. paniculata en Pyrénées. – Doc. Phytosoc., I., 189–194.

Negre, R. et Serve, L. 1979: Prospection dans les groupments à Festuca eskia en Pyrénées orientales. – Doc. phytosociol., IV, 731–756.

Neuhäusl, R. 1981: Entwurf der syntaxonomischen Gliederung mitteleuropäischer Eichen-Hainbuchenwälder. – Ber. Int. Symp. der Int. Ver. f. Vegetationskunde, Syntaxonomie, 533–546.

Neuwinger, I. 1970: Böden der subalpinen und alpinen Stufen in den Tiroler Alpen. – Mitteil. d. ostalpin-dinarischen Gesells. f. Vegetationskunde, 11, 135–150.

Neuwinger, I. et Czell, A. 1961: Böden in den Tiroler Zentralalpen. – Mitteil. d. forstl. Bundesversuchsanst. Mariabrunn, 59, 371–410.

Niemann, E. 1964: Beiträge zur Vegetations- und Standortsgeographie in einem Querschnitt über den mittleren Thüringer Wald. – Archiv. f. Naturschutz u. Landschaftsforschung, 4, Berlin.

Niklfeld, H. 1973: Natürliche Vegetation, in Atlas der Donauländer. – Farbige Karte 1/2000000.

Oberdorfer, E. 1964: Der insubrische Vegetationskomplex, seine Struktur und Abgrenzung gegen die submediterrane Vegetation in Oberitalien und in der Südschweiz. – Beitr. naturk. Forsch. SW – Deutsch., XXIII, 141–187.

– 1967: Beitrag zur Kenntnis der Vegetation des Nordapennins. – Beitr. Naturk. Forsch. SW Deutsch., XXVI, 83–139.

– 1971: Die Pflanzenwelt des Wutachgebietes. – In «Die Wutach», Natur- und Landschaftsschutzgebiete Baden-Württ., 6, 261–321.

– 1979: Vegetation des Schwarzwaldes. – Mitteilg. dtsch. Bodenkundl. Gesellsch. 28, 41–53.

– 1982: Erläuterungen zur vegetationskundlichen Karte Feldberg 1/25000. – Beih. Veröff. Naturschutz Landschaftspflege Bad.-Württ., 27, 3–86.

Orsino, F. 1972: Rhododendron ferrugineum nelle Alpi liguri orientali. – Giorn. Bot. Ital. 106.

Orsomando, E. 1972: Nuova statione di abete bianco (Abies alba Mill.) sui Monti della Laga nelle Marche. – Archiv. bot. e biogeogr. ital., XLVII, 124–130.

Oswald, H. 1963: Verteilung und Zuwachs der Zirbe (Pinus cembra L.) der subalpinen Stufe an einem zentralalpinen Standort. – Mitteil. d. forstl. Bundesversuchsanst. Mariabrunn, 60, 437–499.

Ott, E. 1984: Das forstwirtschaftliche Potential. In Umbruch im Berggebiet, Bern, Haupt, 251–263.

Ozenda, P. 1954: La température, facteur de répartition de la végétation en montagne. – Ann. Biol., 31, 295–312.

– 1954: Observations sur la végétation d'une région semi-aride: les Hauts-Plateaux du Sud algérois. – Bull. Soc. Hist. Nat. Afr. du N., 45, 189–224.

– 1954: Les groupements végetaux de moyenne montagne dans les Alpes maritimes et ligures. – Doc. Carte prod. végét., série Alpes, 1, 1–40.

– 1961: La détermination de la zone montagneuse à l'aide des limites altitudinales de végétation. – Bull. Fédér. fr. Economie montagnarde, nouv. sér., II, 49–57.

– 1962: Carte de la Végétation de la France, feuille n°68, NICE. – CNRS, Toulouse.
– 1963: Principes et objectifs d'une cartographie de la végétation des Alpes à moyenne échelle. – Doc. Carte Vég. Alpes, I, 5–18.
– 1966: Perspectives nouvelles pour l'étude phytogéographique des Alpes du Sud. – Doc. Carte Végét. Alpes, IV, 198 p.
– 1970: Carte de la Végétation de la France au 1/200000, feuille n°67, DIGNE. CNRS, Toulouse.
– 1970: L'originalité phytogéographique des Alpes occidentales. – Veröff. d. geobot. Inst. Rübel, Zürich, 43, 3–15.
– 1970: Sur une extension. de la notion de zone et d'étage subméditerranéens. – C.R. Soc. Biogéogr., n°415, 92–103.
– 1974: Les impacts de l'intervention de l'homme sur la flore et la végétation des Alpes. – Symp. Intern. sur l'Avenir des Alpes, UICN, Trente, 28–38.
– 1975: Sur les étages de végétation dans les montagnes du Bassin Méditerranéen. – Doc. Cart. Ecol., XVI, 1–32.
– 1976: Les grandes lignes de la Végétation du Caucase, vues par un biogéographe alpin. – Congr. Intern. Géogr. Moscou, 12, 143–145.
– 1978: Les écosystèmes de montagne: leur intérêt spécifique, leur fragilité. Impact humain et problèmes de conservation. – C.R. Acad. Agricult.
– 1978: La cartographie écologique. – Courrier du CNRS, 24, 2–10.
– 1979: Les relations biogéographiques des Alpes avec les chaînes calcaires périphériques (Jura, Apennin, Dinarides). – Biogeographica, 16, 19–33.
– 1979: Sur la correspondance entre les Hêtraies medioeuropéennes et les Hêtraies atlantiques et subméditerranéennes. – Documents phytosociologiques, IV, 767–782.
– 1981: Végétation des Alpes sud-occidentales. Centre Nat. Rech. Scient., Paris, 258 p.
– 1982: La cartographie de la végétation des Alpes, centre de gravité d'une étude phytogéographique des montagnes européennes. – Angew. Pflanzensoz., 26, 113–133.
– 1982: Les végetaux dans la Biosphère – Doin, Paris, 431 p.

OZENDA, P. et LANDOLT, E. 1970: Zur Vegetation und Flora der Westalpen. – Veröff. d. geobot. Inst. Rübel in Zürich, 43, 203 p.

OZENDA, P., PAUTOU, G., FOURCY, A., GARREC, J.P., GILOT, B. 1979: Quelques problèmes relatifs à l'interface urbain-rural dans les grandes valées alpines. – Coll. CNRS Ecologie et Développement, Paris, 319–326.

OZENDA, P., REPITON, J., RICHARD, L. et TONNEL, A. 1964: Feuille de Domène 1/50000. – Doc. Carte Vég. Alpes. II, 69–118.

OZENDA, P., TONNEL, A. et VIGNY, F. 1968: Feuille de Vizille 1/50000. – Doc. Carte Vég. Alpes, VI, 71–87.

OZENDA, P. et WAGNER, H. 1975: Les séries de végétation de la chaîne alpine et leurs équivalences dans les autres systèmes phytogéographiques, – Doc. Cart. Ecol., XVI, 49–74.

OZENDA, P. et al. 1979: Carte de la végétation de l'Europe à 1/3000 00. – Conseil de l'Europe, Strasbourg, 100 p.

PACKER, J.G. 1974: Differentiation and dispersal in alpine floras. – Arctic and Alpine Research, 6, 117–128.

PAIERO, P., LORENZONI, G.G. et WOLF, U. 1975: La vegetazione del settore occidentale delle prealpi Giulie. Ann. Acad. Ital. Sci. Forest., Firenze, XXIV, 187–250.

PAUTOU, G. et al. 1978: Carte de la végétation de la France à 1/200000, feuille n° 54, Grenoble. – CNRS, Toulouse.

PAWŁOWSKI, B. 1969: Der Endemismus in der Flora der Alpen, der Karpaten und der balkanischen Gebirge im Verhältnis zu den Pflanzengesellschaften. – Mitt. ostalp. – din. pflanzensoz. Arbeitsgem., 9, 167–178.
– 1970: Remarques sur l'endémisme dans la flore des Alpes et des Carpates. – Vegetatio, 21, 181–243.

PECHLANER, R. 1968: Beschleunigte Eutrophierung im Pipurger See, Tirol. – Ber. nat. med. Ver. Innsbruck, 56, 143–161.

PEDROTTI, F. 1968: Carta fitosociologica della media Val di Sole (Trento), 1/15000. Cons. Naz. delle Ricerche, Firenze.

PEDROTTI, F. 1969: Einführung in die Vegetation des Zentralapennins. – Mitteil. d. ostalpin-dinarischen Pflanzensoz. Arbeitsgem., 9, 21–57.
– 1980: Guido all'escursione della Societa Botanica Italiana in Val Addige; e nel Parco Nazionale dello Stelvio. – Univ. Camerino, 63 p.
– 1982: Carta della Vegetazione del foglio Acquasanta 1/50000. – Cons. Naz. Ric., AQ/1/88, 27 p.

PEDROTTI, F., ORSOMANDO, E., CORTINI PEDROTTI, C. 1974: Carta della vegetazione del Parco Nazionale della Stelvio 1/50000. – Ediz. Amministraz. Parco Naz. Stelvio, Bormio, 87 p.

PEER, TH. 1980: Karte der aktuellen Vegetation Südtirols 1/100000, Blatt Bozen. Doc. Cart. Ecol., XXIII, 25–46.

PETERMANN, R. et SEIBERT, P. 1979: Die Pflanzengesellschaften des Nationalparks Bayerischer Wald. Bayer. Staatsmin. Ernährung, Landwirtschaft und Forsten, 142 p., carte 1/25000.

Pignatti, S. et al. 1982: Flora d'Italia. Edagricole, Bologna, 3 vol.

Pitschmann, H. et al. 1970: Waldforschung und Vegetationsgrenzen im Hochgebirge. – Mitteil. d. ostalpin-dinar. Ges. für Vegetationskunde, 11, 276 p.

Pitschmann, H. und Reisigl, H. 1954: Zur nivalen Moosflora der Ötztaler Alpen (Tirol). – Rev. Bryol. et Lichénol., 23, 123–131.

– 1954: Beiträge zur normalen Flechtenflora der Ötztaler und Ortleralpen. – Rev. Bryol. et Lichén., 24, 138–143.

Pitschmann, H., Reisigl, H. et Schiechtl, H. 1959: Bilder-Flora der Südalpen. Fischer, Stuttgart, 278 p.

Plesnik, P. 1970: Grundbesonderheiten der oberen Waldgrenze und der Vegetationsstufen in den Westkarpaten und im französichen Teil der Alpen und der Pyrenäen. – Argumenta Geographica, 12, 104–124.

Plesnik, P. 1971: Horna hranica lesa vo vysokych a v belanskych Tatrach (Die obere Waldgrenze in den Hohen und Belauer Tatra). – Acad. Sc. Slovaque, Bratislava, 238 p.; deutsche Zusammenfassung, 203–238.

Pottier-Alapetite, G. 1943: Recherches phytosociologiques et historiques sur la végétation du Jura central et sur les origines de la flore jurassienne. – Stat. Int. Gébot. Médit. et Alp. Montpellier, 80, 333 p.

Pratl, F. 1971: Vegetationskarte des Berg- und Hügellandes von Weiz (Steiermark). – Doc. Carte Vég. Alpes, IX, 133–145.

Puig, J. P. 1982: Recherches sur la dynamique des peuplements forestiers en milieu de montagne: contribution à l'étude de la régénération en forêt d'Osséja. – Thèse, Toulouse, 188 p.

Pumpel, B. 1977: Bestandesstruktur, Phytomassevorrat und Produktion verschiedener Pflanzengesellschaften im Glocknergebiet. – Veröff. d. österr. MaB-Hochgebirgsprogramms, 1, 83–101.

Puncer, I. et Župančić, M. 1970: Vergleich der Vegetationsgrenzen bzw. der Vegetationsprofile in verschiedenen Gebirgssystemen auf Karbonat und Silikatunterlage in Slowenien. Mittl. ostalp.-din. Ges. f. Vegetationskunde, 11, 187–196.

Quantin, A. 1935: L'évolution de la végétation à l'étage de la Chênaie dans le jura méridional. – Univ. Paris, Thèse, 377 p.

Quezel, P. 1950: Les groupements rupicoles calcicoles dans les Alpes-Maritimes. Leur signification biogéographique. – Bull. Soc. Bot. Fr., 97, 181–192.

Quezel, P. et Rioux, J. A. 1954: L'étage subalpin dans le Cantal (Massif Central de France). – Vegetatio, IV, 345–378.

Ralska-Jasiewiczowa, M. 1972: Remarks on the Lateglacial and Holocene History of Vegetation in the Eastern Part of Polish Carpathians. – Ber. Deutsch. Bot. Ges., 85, 101–112.

Rehder, H. 1971: Zum Stickstoffhaushalt alpiner Rasengesellschaften. – Ber. d. Deutsch. Bot. Ges., 84, 759–767.

Reimoser, F., Mayer, H., Holzinger, A. und Zandl, J. 1987: Einfluß von Sommer- und Wintertourismus auf Waldschäden durch Schalenwild im Angertal (Badgastein). Centralbl. f. d. ges. Forstw., 104/2, 95–118.

Reisigl, H. 1964: Von der Pflanzenwelt des Monte Baldo. – Ver. z. Schutze der Alpenpfl. und -Tiere, 29, 1–13.

Reisigl, H. und Pitschmann, H. 1958. – Obere Grenzen von Flora und Vegetation in der Nivalstufe der zentralen Ötztaler Alpen (Tirol). – Vegetatio, VIII, 93–128.

Rey, P. 1960: Essai de cinétique biogéographique. – Thèse, Toulose, 399 p.

Richard, J.-L. 1961: Les forêts acidophiles du Jura. – Comm. phytogéogr. Soc. Helv. Sc. Nat., 38, 164 p.

– 1962: Comparaison entre la Chartreuse et le Jura. – Ann. Ecole Nat. E. et F., XIX, 374–377.

– 1965: Extraits de la Carte phytosociologique des forêts du canton de Neuchâtel. – Comm. Phytogeogr. Soc. Helv. Sc. Nat., 47, 48 p.

– 1966: Les forêts naturelles d'Epicéas et de Pins de Montagne du Jura. – Bull. Soc. Neuchât. Sc. Nat., 99, 101–112.

– 1968: Quelques groupements végétaux à la limite supérieure de la forêt dans les hautes chaînes du Jura. – Vegetatio, XVI, 205–219.

– 1972: La végétation des crêtes rocheuses du Jura. – Ber. d. Schweizer. Bot. Gesellschaft, 82, 67–102.

– 1973: Dynamique de la végétation au bord du grand glacier d'Aletsch (Alpes suisses). – Ber. Schweiz. Bot. Ges., 83, 159–174.

– 1985: Pelouses xérophiles subalpines et alpines des Alpes pennines valaisannes (Suisse). Doc. Ecol. Pyr., III–IV, 125–130.

– 1985: Observations sur la sociologie et l'écologie de Carex fimbriata Schkuhr dans les Alpes. Bot. Helv., 95, (2), 157–164.

Richard, L. 1967: L'aire de répartition de l'Aune vert (Alnus viridis Chaix). – Doc. Carte Vég. Alpes, V, 81–113.

– 1968: Ecologie de l'Aune vert. – Doc. Carte Vég. Alpes, VI, 107–158.

– 1969: Une interprétation éco-physiologique de

la répartition de l'Aune vert. – Doc. Carte Vég. Alpes, VII, 7–23.
– 1970: Les séries de végétation dans la partie externe des Alpes nord-occidentales. – Veröffentl. des Geobot. ETH Rübel, Zürich, 43, 65–103.
– 1971: Feuille de Montmélian 1/50000. – Doc. Carte Vég. Alpes, IX, 9–78.
– 1983: Les Mégaphorbiaies. – C.R. 108è Congrès Nat. Soc. Sav., fasc. II, 75–85.
– 1984: Les mégaphorbiaies montagnardes et subalpines des Alpes nord-occidentales. Coll. Phytosco., Bailleul Séminaire mégaphorbiaies, XI, 1–26.
– 1985: Contribution à l'étude bioclimatique de l'arc alpin. Doc. Cart. Ecol., XXVIII, 33–64.
RICHARD, L. et PAUTOU, G. 1983: Végétation des Alpes du Nord et du Jura méridional. Notice détaillée des feuilles GRENOBLE et ANNECY, – Editions du CNRS, Paris, 315 p.
RIVAS-MARTINEZ, S. 1968: Estudio fitosociologico de los bosques y matorrales pirenaicos del piso subalpino. – Publ. Inst. Biol. Appl., XLIV., 5–44.
– 1969: La vegetacion de la alta montana espanola. – Publ. Univ. Sevilla (Ve. Simposio Flora Europaea), 53–60.
– 1974: Los pastizales del Festucion supinae y Festucion eskiae (Juncetea trifidi) en el Pirineo central. – Collect. Bot. IX, 5–23.
– 1969: Las communidades de los ventisqueros (Salicetea herbaceae) del Pirineo central. – Vegetatio, XVII, 232–250.
ROTH, C. 1979: Soziologisch-ökologische Untersuchungen im Grenzbereich Fagus silvatica. L./Pinus silvestris L. in der nördlichen Schweiz. – Veröffentl. d. Geobot. Inst. Rübel, Zürich, 66, 1–79.
RÜBEL, E. 1930: Pflanzengesellschaften der Erde. – Huber, Bern, 464 p.
RYBNICEK, K. et RYBNICKOVA, E. 1985: A palaeological reconstruction of precultural vegetation in the intermontane basins of the Western Carpathians. Ecol. Médit., XI, (1), 27–31.
SANDOZ, H. 1987: Recherches sur les principales expèces forestières de l'étage subalpin des Alpes, principalement dans les Alpes maritimes et ligures. Thèse Univ. Marseille, 650 p.
SANDOZ, H. et Barbero, M. 1974: Les Fruticées à Rhododendron ferrugineum et Juniperus nana et les Mélézeins des Alpes-Maritimes et ligures. Biol. et Ecol. médit., I.
SAPPA, F. 1955: Carta della vegetazione forestale della Langhe. – Allionia, 2, 269–292.
SAPP, Fr. et CHARRIER, 1950: Saggio sulla vegetazione della Val Sangone (Alpi Cozie). – Nuovo Giorn. Bot. Italiano, LVI, 106–187.
SCHARFETTER, R. 1938: Das Pflanzenleben der Ostalpen. Fr. Deuticke, Wien, 419 p.
SCHIECHTL, H. 1971: Karte der potentiellen und aktuellen Vegetation der Kitzbüheler Alpen, 1/100000. Kitzbühel-Atlas.
SCHIECHTL, H.M. et al. 1967–1987: Karte der aktuellen Vegetation von Tirol 1/100000. Elf Blätter erschienen. – Doc. Carte Vég. Alpes, VIII, 7–34 et IX, 109–132; Doc. Cart. Ecol., XI, 33–48; XIV, 17–32; VX, 59–72; XVII, 73–84; XXIII, 47–68; XXV, 67–88; XXVI, 29–48; XXVII, 65–84; XXX, 25–48.
SCHIECHTL, H. und STERN, R. 1983: Die aktuelle Vegetation der Hohen Tauern. Vegetationskarten 1/25000 Matrei und Großglockner. – Veröff. Österr. MaB-Programm, Innsbruck, VII, 33–60.
SCHIMPER, A. et FABER, F.C. 1935: Pflanzengeographie auf physiologischer Grundlage – Jena, 3é éd.
SCHMID, E. 1939 à 1950: Carte de la Végétation de la Suisse au 1/200000. – Kümmerly et Frey, Berne, 4 feuilles.
SCHÖNFELDER, P. 1968: Adalpin-dealpin, ein historisch-chronologisches Begriffspaar. – Mitt. floritist.-soziolog. Arbeitsgem., 13, 5–9.
– 1970: Die Blaugras-Horstseggenhalde und ihre arealgeographische Gliederung in den Ostalpen. – Ver. z. Schutze d. Alpenpfl. und -Tiere, 35, 10 p.
SCHRÖTER, C. 1908: Das Pflanzenleben der Alpen. – Ranstein, Zürich, 806 p. – 2é éd., 1926, 1288 p.
SCHUTZ, M. et URBANSKA, K.M. 1984: Germinating behavior and growth potential in Taraxacum alpinum ($2n = 32$) from the Swiss Alps. – Veröff. Geobot. Inst. ETH Rübel in Zürich, 51, 118–131.
SCHWEINGRUBER, F.H. 1972: Die subalpinen Zwergstrauchgesellschaften im Einzugsgebiet der Aare (Schweizerische nordwestliche Randalpen). – Inst. suisse de Rech. forest., 48, 197–504.
– 1973: Föhrenwälder im Berner Oberland und am Vierwaldstättersee. – Ber. Schweiz. Bot. Ges., 83, 175–204.
SEIBERT, J. 1958: Die Pflanzengesellschaften im Naturschutzgebiet «Pupplinger Au». – Bayer. Landesstelle für Gewässerkunde, 1, 79 p.
SEIBERT, P. 1968: Übersichtskarte der natürlichen Vegetationsgebiete von Bayern 1/500000 mit Erläuterungen. – Bundesanstalt f. Vegetationskunde, Naturschutz u. Landschaftspflege, 3, 84 p.
SILLINGER, P. 1933: Monographical study of the vegetation of the Nizke Tatry (Low-Tatra-

Mountains) in Czechoslovakia. – Prague, Res. Board for Slovakia and Ruthenia of the Slov. Inst., 6, 339.

Somson, P. 1984: Structure des organes hypogés de quelques espèces lithophiles pyrénéennes en relation avec la dynamique des pierriers. – Ber. Geobot. Inst. ETH, 51, 78–117.

Souchier, B. 1979: Un exemple de séquence altitudinale dans les Carpates roumaines. Comparaison avec les Alpes occidentales. Ann. Univ. de Savoie, 4, 7–11.

Stanioukovitch, K. V. 1973: La végétation des Montagnes de l'U.R.S.S. (en russe). Duchambe, 416 p.

Starkel, L. 1985: The reflection of the Holocene climatic variations in the slope and fluvial deposits and forms in the European mountains. – Ecologia Mediterranea, I, 91–97.

Storch, M. 1983: Zur floristischen Struktur der Pflanzengesellschaften in der Waldstufe des Nationalparks Berchtesgaden und ihre Abhängigkeit vom Standort und der Einwirkung des Menschen. Diss. Univ. München, 407 p.

Straka, H. 1985: L'histoire tardi- et postglaciaire de la végétation de l'Eifel volcanique (Allemagne de l'Ouest). – Ecologia Mediterranea, I, 99–105.

Sugar, I. 1970: Das Vegetationsprofil des Ucka Gebirges. – Mitteil. d. ostalpin-dinarischen Gesells. f. Vegetationskunde, 11, 213–218.

Sukachev, V. N. 1958: Studies on the flora and vegetation of High-Mountain areas. – Israel Progr. scient. translat., Jerus., 293 p.

Sutter, R. et Bettschart, A. 1982: Zur Flora und Vegetation der Karstlandschaft des Muotatales (Schweiz). – Ber. der Schwyzerischen Naturforsch. Ges. 8 Hefte, 13–80.

Szafer, W. 1966: The vegetation of Poland. – Pergamon Press, Oxford, 738 p.

Teppner, H. 1969: Anthoxantum alpinum und seine Verbreitung in der Steiermark. – Phyton, 13, 305–312.

Thiele, K. 1978: Vegetationskundliche und pflanzenökologische Untersuchungen im Wimbachgries. – Naturschutzgebiete Bayerns, 1, 74 p.

Thorn, K. 1957: Prealpin-Adalpin, Wandlungen eines Arbeitsbegriffes. – Mitt. Flor. Soz. Arbeitsgem., N.F. 6–7, Stolzenau.

Timbal, J. 1978: Notice détaillée des deux feuilles lorraines 18-Metz et 27-Nancy. – Editions du CNRS, Paris, 118 p.

Timbal, J., Turrel, M. et Ducrey, M. 1985: Les facteurs de productivité du Pin noir d'Autriche dans les Alpes du Sud. Ann. Sc. Forest., 42, 265–282.

Tolmatschew, A. 1971: Über einige quantitative Wechselbeziehungen der Floren der Erde. – Feddes Repertorium, 82, 343–356.

Tomaselli, R. 1949: Contributions à l'étude de la végétation des Monts du Vaucluse. Ière note: la Hêtraie de Lagarde. – Bull. Soc. Bot. Fr., 96.

– 1970: Carta della Vegetazione naturale potenziale. Minist. Agric. et For., Rome, 1 carte couleurs au 1/1000000 et notice de 64 p.

– 1979: La vegetazione forestale d'Italia. – Minist. Agric. e Foreste, Collana verde, 33, 25–60.

Tonnel, A. et Ozenda, P. 1964: Séries de végétation de la moitié sud du département de l'Isère. – Doc. Carte Vég. Alpes, 2, 9–35.

Tranquilini, W. 1979: Physiological Ecology of the Alpine Timberline. Tree Existence in high Altitudes with special reference to the European Alps. – Ecological Studies, 31, Springer, Berlin, 137 p.

Trepp, W. 1968: Die Pflanzengesellschaften im schweizerischen Nationalpark. – Ergebn. d. wissensch. Unters. im Schweiz. Nationalpark, XI, 19–42.

Trinajstić, I. 1970: Höhengürtel der Vegetation und die Vegetationsprofile im Velebit-Gebirge. – Mitteil. d. ostalpin-dinarischen Gesells. f. Vegetationskunde, 11, 219–224.

Tschager, A., Hilscher, H., Franz, S., Kull, U. und Larcher, W. 1982: Jahreszeitliche Dynamik der Fettspeicherung von Loiseleuria procumbens und anderen Ericaceen der alpinen Zwergstrauchheide. Oecol. Plant., 3, 119–134.

Tschermak, L. 1935: Die natürliche Verbreitung der Lärche in den Ostalpen. – Mitt. forstl. Versuchsw. Österr., 43, 361 p.

– 1950: Waldbau auf pflanzengeographisch-ökologischer Grundlage. – Springer, Wien.

Vaccari, L. 1901: Flora cacuminale della Valle d'Aosta. – Nuovo giorn. bot ital., VIII.

Valk, E. J. de, 1983: Late holocen and present Vegetation of the Kastelberg (Vosges, France). – Thèse, Utrecht, 294 p.

Vanden Berghen, C. 1968: Les forêts de la Haute Soule (Basses-Pyrénées). – Bull. Soc. Roy. Bot. Belgique, 102, 107–132.

– 1969: La végétation méditerranéenne-montagnarde en Haute-Soule (Pyrénées occidentales, France). – Mitt. florist.-soziol. Arbeitsgem., Heft 14, 299–308.

Verger, J. P. 1979: Origine des sols sur prasinites et serpentinites sous végétation pionnière en climat alpin (Val d'Aoste). – Doc. Cart. Ecol., XXI, 127–138.

– 1983: Contribution à la connaissance d'un groupement alpin climacique original sur serpentines: le Caricetum fimbriatae. Phytosociologie et Pédologie. – C. R. Acad. Sc., 296, 775–779.

– 1987: Vegetation et pédogénèse sur roches vertes et gneiss acide dans une séquence altitudinale Montagnard-Alpin en Val d'Aoste. Thèse, Univ. Grenoble, 216 p. et annexes.

VERI, L. et TAMMARO, F. 1980: Aspetti vegetazionali del Monte Sirente (Appennino Abruzzese). – Cons. Naz. Ric., AQ/1/83, 22 p., carte à 1/25000.

VEYRET, P. 1972: Le Climat des Alpes, in Guide du Naturaliste dans les Alpes. – Delachaux et Niestlé, Neuchâtel, 89–111.

VEYRET, P. et G. 1979: Atlas et Géographie des Alpes françaises. – Flammarion, Paris, 316 p.

VIDA, G. 1963: Die zonalen Buchenwälder des ostkarpatischen Florenbezirkes (Transsilvanicum) auf Grund von Untersuchungen im Parîng-Gebirge. – Acta Bot. Acad. Sc. Hung. IX, 177–196.

VIDAL, L. et OFFNER, J. 1905: Les colonies de plantes méridionales des environs de Grenoble. – Allier, Grenoble, 61 p.

VILLAR, L. 1982: La vegetacion del Pireneo occidental. Estudio de geobotanica ecologica. – Principe de Viana, 2, suppl., 263–433.

WAGNER, H. 1965: Ost- und Westalpen, ein pflanzengeographischer Vergleich. – Angewandte Pflanzensoziologie, XVIII–XIX, 265–278.

– 1965: Die Pflanzendecke der Komperdellalm in Tirol. – Doc. Carte Vég. Alpes, IV, 7–59.

– 1970: Zur Abgrenzung der subalpinen gegen die alpine Stufe. – Mitt. ostalp.-din. Ges. f. Vegetationskunde, 11, 225–234.

– 1971: Natürliche Vegetation, in Österreich-Atlas, IV/3. (Carte de la vég. potentielle d'Autriche et des régions voisines au 1/1000000).

– 1979: Das Virgental/Osttirol, eine bisher zu wenig beachtete inneralpine Trockeninsel. – Phytocoenologia, 6, 303–316.

– 1985: Die Pflanzendecke Österreichs. Erläuterungen zur Vegetationskarte 1/1000000 im Österreich-Atlas. Österr. Ak. d. Wiss., 63 f.

WALTER, H. 1951: Grundlagen der Pflanzenverbreitung, III–1: Standortslehre – Ulmer, Stuttgart, 566 p.

– 1968: Vegetation der Erde, vol. II. – Fischer, Jena, 1001 p.

WALTER, H. et LIETH, 1960: Klimadiagramm-Weltatlas. Fischer, Jena.

WALTER, H. et STRAKA, H. 1970: Arealkunde. – Einführung in die Phytologie, III/2. – Ulmer, Stuttgart, 478 p.

WEGMÜLLER, S. 1966: Über die spät- und postglaziale Vegetationsgeschichte des Südwestlichen Jura. – Beitr. z. geobot. Landesaufnahme d. Schweiz., 48, 143 p.

– 1977: Pollenanalytische Untersuchungen zur spät- und postglazialen Vegetationsgeschichte der französischen Alpen (Dauphiné). –Paul Haupt, Bern, 185 p.

WELTEN, M. et SUTTER, R. 1982: Atlas de distribution des Ptéridophytes et des Phanérogames de la Suisse. Birkhäuser, Bâle, 2 vol.

WELTER, A. 1979: Etude d'un complexe polyploıde: Sempervivum arachnoideum L. dans la flore orophile d'Europe centrale et méridionale. – C.R. Acad. Sc. Paris, 288 D, 387–390.

WENDELBERGER, G. 1979: Das Waldreservat «Les Follatères» ober Fully (Wallis). Eine pflanzensoziologische Studie. – Veröff. Geobot. Inst. d. ETH Stiftung Rübel, 46, 117–144.

WIDMANN, M. 1951: Discussion sur les migrations du Genévrier thurifère. – Bull. Soc. Bot. Fr., 98 (10), 127–129.

WIKUS, E. 1960: Die Vegetation der Lienzer Dolomiten (Osttirol). – Arch. Bot. et Biogeogr. ital., XXXIV–XXXVII, 189 p.

WOLLARD, G. 1978: Grande Pile Peat Bog: A Continuous Pollen Record for the Last 140000 Years. – Quaternary Research, 9, 21 p.

WOJTERSKI, T. 1978: Guide to the Polish International Excursion, Univers.-Poznan, série biol., 11, 400 p.

WRABER, 1970: Das submediterran-illyrische Element in der mitteleuropäischen Laubwaldvegetation Sloweniens. – Feddes Repert., 81, 279–287.

ZIMMERMANN, A. 1972: Pflanzenareale am niederösterreichischen Alpenostrand. Florengeschichtliche Deutung. – Dissertationes Botanicae, 18, 176 p.

– 1976: Ein tiefgelegenes Vorkommen subalpinalpiner Pflanzensippen im Wildbachgraben der Koralpe (Steiermark). – Mitt. naturwiss. Ver. Steiermark, 101, 201–208.

– 1982: Erica-reiche Silikat-Föhrenwälder in den östlichen Zentralalpen (III): überregionaler Vergleich. Phyton, Austria, 22, 289–316.

ZOLLITSCH, B. 1966: Soziologische und ökologische Untersuchungen auf Kalkschiefer in hochalpinen Gebieten. – I, Ber. d. Bayer. bot. Ges., XL, 38 p. – II, id., XL, 59 p.

ZUKRIGL, K. 1973: Montane und subalpine Waldgesellschaften im Alpenostrandgebiet unter mitteleuropäischem, pannonischem und illyrischem Einfluß. – Thèse, Wien.

ŽUPANČIĆ, M. 1969: Vergleich der Bergahorn-Buchengesellschaften (Aceri-Fagetum) im alpinen und dinarischen Raume. –Mitteil. d. ostalpin-dinarischen Pflanzensoz. Arbeitsgem., 9, 119–131.

– 1980: Die Fichtenwälder der Frostlagen im dinarischen Gebiet Sloweniens. Slovenska Akad. znamosti i umetnosti, 24.

Register